神　繁　司　著

移民ビブリオグラフィー
―書誌でみる北米移民研究―
〈普及版〉

Imin Bibliography : A Guide to Japanese Immigrants
in Hawaii and North America, By Shigeji Jin

PAPER BACK EDITION

クロスカルチャー出版

凡　　例

1. 本書は国立国会図書館専門資料部(現主題情報部)編/発行国立国会図書館『参考書誌研究』に補遺を含む 7 回にわたって連載した、「ハワイ・北米における日本人移民および日系人に関する資料について」の連載をまとめたものである。

2. 底本は下記のとおり。
   - 『参考書誌研究』47 号(1997 年 3 月), pp.1-49.
     「ハワイ・北米における日本人移民および日系人に関する資料について(1)」
   - 『参考書誌研究』48 号(1997 年 10 月), pp.18-53.
     「ハワイ・北米における日本人移民および日系人に関する資料について(2)」
   - 『参考書誌研究』52 号(2000 年 3 月), pp.17-88.
     「ハワイ・北米における日本人移民および日系人に関する資料について(3)」
   - 『参考書誌研究』54 号(2001 年 3 月), pp.79-128.
     「ハワイ・北米における日本人移民および日系人に関する資料について(4)」
   - 『参考書誌研究』58 号(2003 年 3 月), pp.62-102.
     「ハワイ・北米における日本人移民および日系人に関する資料について(5)」
   - 『参考書誌研究』66 号(2007 年 3 月), pp.1-91.
     「ハワイ・北米における日本人移民および日系人に関する資料について(6)」
   - 『参考書誌研究』67 号（2007 年 10 月), pp.17-39.
     「ハワイ・北米における日本人移民および日系人に関する資料について(補遺)」

3. 〈普及版〉では適宜縮小して収めた。

4. 刊行に際し、〈普及版〉にあたって及び索引を付した。

〈普及版〉にあたって

　2016年夏、リオデジャネイロ五輪における史上初「難民選手団」の出場が、多くを語っているだろうか。一縷の燭光と、それにもかかわらず、更なる深淵を。

　「多から一へ」とは、アメリカの国是ともいえる共通理念であった。いま地球大の移民・ディアスポラなど、人の移動が社会にもたらす変容とは如何なるものか。アメリカの人種・民族・コミュニティ間のコンフリクト、ヨーロッパにおける国を二分する難民問題、あえて傍観視する日本。

　日本におけるこれまでの移民研究は、主として、北米・中南米への出移民や移民地コミュニティでの分析・検証が対象であったといえる。

　「いま移民研究に何ができるのか？」、日本移民学会の第26回年次大会（2016年6月）のテーマである。「2016年は、これまでになく移民・難民が人々の注目を集め、その是非が各所で論じられている。人の移動を扱ってきた移民研究は、このような現実に対してどのように関与することができるだろうか。」（日本移民学会第26回年次大会趣旨）。

　「マルチ・エスニック・ジャパニーズ」（○○系日本人）という日本語も示すように、いま地球大で生起している諸課題は、もはや単一民族国家とは言い逃れられない日本の喫緊の課題でもある。

　今般、『移民ビブリオグラフィー』の普及版を刊行する。本書はもともと国立国会図書館発行の『参考書誌研究』に掲載されたものであり、その趣旨等については「解説」をご参照いただきたい。2011年刊行時は東日本大震災発災の年であり、福島原発事故に伴う避難民の状況はいまも好転はしていない。国内におけるディアスポラである。

　五年を経て普及版の刊行に際しても、移民研究の現況課題に資する改訂をなしたわけでもなく、忸怩たる思いはなお変わらない。しかし著者の虞とは裏腹に、国内外の大学図書館や公共図書館等で蔵書としていただき、版元でも在庫僅少の状況であるという。

　「デジタル万能の時代にあってこそ、本書が、レファレンスに携わる図書館関係者並びに移民研究・日本近現代史を志す学徒にとって、原資料アクセスのための簡便な羅針盤であることを願ってやまない。」という思いも変わらない。

　雑誌記事の連載であったため、索引がなく使いにくいというレファレンスツールの致命傷を幾分緩和する意味で、「主要事項・人名索引」を付した。著者の力量もあり、紙幅の都合もあり、完全なものとは程遠い。本文エントリーよりも注釈が多いのが本書の唯一の特徴である。注釈部分からは、原則として索引を採っていないので、利用者は索引から本文へと、本文注釈番号から注釈の森へと踏み入って、トリビアを読む楽しさも味わっていただければ、著者望外の幸いである。

神　繁司

移民ビブリオグラフィー

―書誌でみる北米移民研究―
〈普及版〉

目　次

〈普及版〉にあたって

解説 ……………………………………………………………………………… i〜x

「ハワイ・北米における日本人移民および日系人に関する資料について(1)」……… 1〜49

「ハワイ・北米における日本人移民および日系人に関する資料について(2)」……… 50〜85

「ハワイ・北米における日本人移民および日系人に関する資料について(3)」……… 86〜158

「ハワイ・北米における日本人移民および日系人に関する資料について(4)」……… 159〜208

「ハワイ・北米における日本人移民および日系人に関する資料について(5)」……… 209〜249

「ハワイ・北米における日本人移民および日系人に関する資料について(6)」……… 250〜340

「ハワイ・北米における日本人移民および日系人に関する資料について(補遺)」… 341〜363

索引 …………………………………………………………………………… (1)〜(4)

移民ビブリオグラフィー
―書誌でみる北米移民研究―

Imin Bibliography : A Guide to Japanese Immigrants
in Hawaii and North America, By Shigeji Jin

解　説

神　繁司

（元国立国会図書館職員）

— はじめに —

 2011年3月11日14時46分、日本の観測史上最大のマグニチュード9.0の東日本大震災発生。誰もが、これまで経験したことのないような激しい揺れと、底なしの恐怖感に襲われたに違いない。国会議事堂内4階にある私の職場でも、書架が倒れ資料が飛散し、幾度となく繰り返す強い余震に、「もはやこれまで」と思ったほどであった。参議院の審議中継では、外国人からの政治献金問題で窮地に立たされる菅総理が映し出されていた・・・ 急ぎチャンネルを変え・・・刻々映し出される数多の惨状は、日本がこれから長い月日をかけて復興・創生するために、我々日本人が拠って立つべき原風景であり、爾後の政府の鈍足あるいは拙速・弥縫的な対応は、もって糾弾されるべき歴史的原罪そのものである。
翌12日は私の60歳の誕生日、定年退職を目前にした春の悪夢であった。
 大震災と大津波、世界有数の地震国・日本における原子力発電依存に警鐘を鳴らす実に多くの本や論説が、まさに東日本大震災発生の直前に出版・発表されていたことを後日知り、日本人としての自分の無関心ぶりに、改めて驚かされた。
 2006年に永眠した記録文学の泰斗・吉村昭の傑作に『三陸海岸大津波』(文春文庫, 2004／『海の壁—三陸沿岸大津波』中公新書, 1970、『三陸海岸大津波』中公文庫, 1984)がある。勿論、最近の著作ではないが、今次の大震災にも適用できたであろう多くの示唆に富む証言・記録が収録されている。ここで逐一紹介することは紙幅が許さないが、吉村の印象に深く残ったという、岩手県田野畑村の古老の言葉を記しておきたい。古老は、明治29年の大津波以来昭和43年の十勝沖地震津波まで4回の大津波を経験していた。「津波は、時世が変わってもなくならない、必ず今後も襲ってくる。しかし、今の人たちは色々な方法で十分警戒しているから、死ぬ人はめったにないと思う」と。(合掌)

— 『移民ビブリオグラフィー』の刊行について —

 この度、クロスカルチャー出版より『移民ビブリオグラフィー』を刊行することとなった。本書の原本は、「ハワイ・北米における日本人移民および日系人に関する資料について」と題して、国立国会図書館発行の『参考書誌研究』に1997年から2007年にかけて7回にわたって掲載されたものである。もとより筆者は移民研究に関わる者でも日本近現代史研究に関わる者でもなく、国立国会図書館で主に利用者サービスに関わって来た一図書館職員である。拙稿執筆の契機について詳しくは、第1回(『参考書誌研究』第47号)の「はじめに」で紹介しているので参照されたいが、北米移民資料収集という自分の経験も踏まえ、図書館のレファレンス業務ツールの一典型として移民を取り上げたものである。最終稿まで10年という歳月が流れ、その間、移民研究における課題認識も「移民」から「移動」へと大きな潮流をみせ、研究分野・準拠枠の多様化は現在ますます広がりを見せている。その意味で、2007年の最終稿「補遺」(『参考書誌研究』第67号)さえ、もはや「補遺」たり得ないのが現状であろうか。また資料のデジタル化や検索方法など、資料を取り巻く環境が原本執筆時とは全くと言っていいほど変貌を遂げつつある。更に、長期にわたる掲載で、整合性が取れていない記述や、なお正誤を記すべき記述も少なからずある(例:『参考書誌研究』第48号、p.31 沖縄史料編集所紀覧→『沖縄史料編集所紀要』／『参考書誌研究』第67号、p.23 国籍関係→国際関係)。故に、今回、原本の補筆・訂正等新たな改訂作業を経ずして、『移民ビブリオグラフィ』と題し復刻刊行するについて、筆者として忸怩たる思いが残る。
 それでもなお、ここに『移民ビブリオグラフィ』を刊行する意義が決して減じられるものではないと思うのは、吉村昭『三陸海岸大津波』を読了した所為かも知れない。歴史を紡ぎ伝えることの重要さ、筆者が言うまでもなく自明ことではあるが、伝えられた史資料だけでなく、それを新たなフレームワークで再生産していくことこそ、学究のみならず我々同時代

人の使命なのだと。
　移民研究の立場から言えば、「二一世紀の今日、日本において移民の歴史を考察するということは、単に過去の事例を追及するにとどまらず、過去から現在へと連続している多くの事象と問題群を直視し、解釈し、新たな移民像を構築することである」(坂口満宏「移民史研究の射程」『日本史研究』500：2004.4, p.148)。その意味で本書(拙稿)が、北米移民関係資料の単なる一書誌を超えて、移民(研究)及び日本近現代史(研究)の素材集・読物として、また原資料への橋渡しとして、公共図書館・大学等図書館・各種研究機関等で活用して頂けるならば、筆者望外の幸せである。

― 『移民ビブリオグラフィー』の利用について及び若干の補足 ―

　本書を利用するに際して留意すべきは、最新の情報が収録されていないことに尽きる。また、本書(拙稿)は、外交史料・文献目録・概説書・新聞・雑誌など資料形態別に整理した総論とでも言うべきものであり、当初目指した主題別文献の各論整理については着手できなかったことは、偏に筆者の能力の限界に帰すものではあるが、下掲、移民研究会編『日本の移民研究』などを併せてご活用いただくことで、ご寛恕願いたい。
本書刊行に際して、出版社からアップデートするように要請されたことは勿論であるが、与えられた1週間ほどの間に、ここ数年の原資料にあたり解題を施すことは至難の業である。時あたかもゴールデンウイーク、資料の宝庫・国立国会図書館にも頼ることができない(NDL-OPAC が終日稼働しないのも玉に瑕)。そこで、アームチェア・ディテクティブならぬサイバー・ビブリオグラファーに徹し、極めて独りよがりではあるが、若干の補足を加えるにとどめ置いたことをご了承願いたい(掲出書中＜＞内記号は、従前通り、国立国会図書館請求記号)。
　以下、国立国会図書館の NDL-OPAC 検索や関係諸機関・団体等のウェブサイトにより、拙稿最終号収録以降の主要と思われる文献(2007 年‐2011 年)を掲出する。文献掲出にあたっては、大陸(満蒙)移民・中南米移民・国際労働移民(日本の外国人労働者)・純然たる文学作品・伝記類・一部関係論文が含まれる論集並びに継続刊行中の復刻版は省略し、移民研究の動向理解に資するものを中心に限定した(一部既出資料再掲)。また、博士論文及び科研費報告書(文部科学省科学研究費補助金研究成果報告書)も重要ではあるが、資料利用の利便性(利用者登録による国立国会図書館関西館からの取寄せ)を考慮し、省略した。博士論文及び科研費報告書の検索及び利用については、国立国会図書館の以下のページを参照されたい。
http://rnavi.ndl.go.jp/research_guide/entry/theme-honbun-100044.php　(博士論文)
http://rnavi.ndl.go.jp/research_guide/entry/theme-honbun-205003.php　(科研費報告書)
　(Internet Accessed 10 May 2011　以下ウェブサイト最終アクセス日は同日付、記述省略)

【国立国会図書館 NDL-OPAC 検索結果】 http://opac.ndl.go.jp/index.html
(何れも刊行年・出版年 2007 年‐2011 年で検索)

検索語(条件) DB	書誌検索・和図書 (件)	書誌検索・博士論文 (件)	雑誌記事索引 (件)
移　　　　民	292	24	973
ハ　ワ　イ	470	5	353
日系アメリカ	15	3	41
日系カナダ	4	1	11
分類記号／DC812	310	*DC812 は「国立国会図書館分類表」の経済・産業‐経済史・事情‐人口‐(移植民) 日本	
件名／移民・植民(日本)歴史	8	**ほかに、「移民・植民(日本)」及び「移民・植民(日本)‐書目」があり、検索にブレ(注参照)	

注＊＊①タイトル「移民研究」で検索すると『日本の移民研究 動向と目録』（日外アソシエーツ，1994）『日本の移民研究 Ⅰ』『日本の移民研究 Ⅱ』（明石書店，2008）の3冊共ヒット。②タイトル「移民」では、奇妙な事に『日本の移民研究 動向と目録』（1994）及び『日本の移民研究 Ⅱ』（2008）のみヒット。③『日本の移民研究 Ⅱ』（2008）の件名「移民・植民（日本）－書目」で検索すると『日本の移民研究 動向と目録』（1994）はヒットしない（件名が「移民・植民（日本）」だからです）。このように、整理時期により適用している「目録規則」「分類表」「件名標目表」に変遷があるため、国立国会図書館蔵書の完全にトータルな検索には一定の限界があることに留意すべき。それにしても②の事例は不可解です（掲載書誌は下掲）。

【国立情報学研究所（NII）GeNii 検索結果】http://ge.nii.ac.jp/genii/jsp/index.jsp
（CiNii 及び KAKEN は出版年・採択年 2007 年 - 2011 年で検索、Webcat Plus は出版年 2007 年 - 2011 年の各年合計、*NII-DBR* 及び *JAIRO* は全件検索結果数）

DB 検索語	CiNii （件）	Webcat Plus （件）	KAKEN （件）	*NII-DBR* （件）	*JAIRO* （件）
移　　　民	1036	715	134	*2321*	*629*
ハ　ワ　イ	349	971	15	*389*	*251*
日系アメリカ	47	37	2	*153*	*50*
日系カナダ	13	9	2	*35*	*10*

＜GeNii：[ジーニィ]NII 学術コンテンツ・ポータルの構成＞
＊CiNii [サイニィ]（NII 論文情報ナビゲータ）
　　学協会刊行物・大学研究紀要・国立国会図書館雑誌記事索引データベース等の学術論文情報を検索、本文へナビゲートする（一部有料）。
＊Webcat Plus [ウェブキャット プラス]（NII 図書情報ナビゲータ）
　　大学図書館や国立国会図書館の所蔵目録、新刊書の書影・目次 DB、古書店の在庫目録、電子書籍 DB などの情報源を統合し、検索結果を本・作品・人物の軸で整理した形で提供。
＊KAKEN [カケン]（科学研究費補助金データベース）
　　科学研究費補助金（文部科学省及び日本学術振興会の交付分）により行われた研究の、採択時のデータと研究成果の概要を収録。
＊NII-DBR（学術研究データベース・リポジトリ）
　　学術機関や研究者が作成した各分野の専門的なデータベース。移民関係では、「日本アメリカ研究文献情報データベース」（アメリカ学会）や、トヨタ財団等民間の学術研究助成団体による助成研究成果（概要）の DB「民間助成研究成果概要データベース」（助成財団センター）を収録。
＊JAIRO [ジャイロ]（学術機関リポジトリポータル）
　　学術機関リポジトリ（大学等研究機関の知的生産物を集積・保存・公開するための電子アーカイブ）に登録された学術論文・学位論文・研究報告書・学会発表資料・教材等の研究成果を収録（2011 年 5 月 10 日現在 180 機関）。本文が登録されている場合は各成果物へリンク。

【関係諸機関・団体等のウェブサイト】
①「日本移民学会」http://www.gssm.musashi.ac.jp/research/imin/index.html
　　『移民研究年報』＜Z3-B399＞の特集や掲載論文、書評等を参照した。日本移民学会の動向（次掲表）については、「日本移民学会 Newsletter」を参考に纏めたが、原資料未確認のものもあり、年度・回次・号数等の異同につきご寛恕願いたい。日本移民学会は、移民研究に特化した国内唯一の学会として 2001 年に設立され、2010 年に記念すべき第 20 回年次大会を開催した。この間の学会の歴史及び最近の動向等を知るためには、『日本移民学会ワーキンググループ最終報告書－20 周年目の日本移民学会を迎えるにあたって』（日本移民学会ワーキンググループ，2009、第 19 回年次大会で会員配布、未

見）が重要。また「20周年記念出版物」（2011年刊行予定）の早期刊行も待たれる。なお、ホームページの迅速な更新及び情報発信の更なる強化が急務であろうか。

	年次大会テーマ	ワークショップ	『移民研究年報』特集
2007年度	17回「労働力としての移民女性と日本社会」（2007.6.23-24／大阪商業大学）	「戦後沖縄における韓国人労働者」「移民を授業する」（2007.8.4-5／JICA横浜移住資料館）	14号：2008.3＜特集なし＞（論文：森本豊富「日本における移民研究の動向と展望－『移住研究』と『移民研究年報』の分析を中心に」）
2008年度	18回「ブラジル移民百年－移民記念祭のつくられ方 ブラジル、ハワイ、カナダ」（2008.6.28-29／東京学芸大学）	「日本の女性移民史の発掘－写真花嫁と戦争花嫁のたどった道」（2008.8.2-3／日本女子大学）	15号：2009.3＜特集：ブラジル日系移民の百周年／移民周年祭研究序説／カナダ日系移民百年祭＞
2009年度	19回「移民による文化創造の系譜－ブラジル、ハワイ、フランス」（2009.7.4-5／同志社大学）	①「アジア移民研究の現在・課題・方法－『移民・移動研究』への比較と交差」（2009.9.12-13／神戸市 中華会館） ②「シンポジウム：アメリカ移民の過去・現在・未来」（2010.3.20／国立歴史民俗博物館）	16号：2010.3＜特集：移民と宗教－共生の模索＞
2010年度	20回「基本コンセプト：原点に戻って語り合おう」（2010.6.26-27／立命館大学）	「国際会議：トランスナショナルな「日系人」の教育・言語・文化－過去から未来に向って」（2011.3.5-6／早稲田大学）	17号：2011.3＜特集：移民社会とリーダーシップ＞（「Newsletter」では情報に齟齬があり17号及び18号の特集が特定できない。国立国会図書館未整理）
2011年度	21回「横浜と移民－人と文化の交差する港町」（2011.6.25-26／JICA横浜移住資料館）予定	未詳	18号：2012.3＜特集：移民社会と芸能－スポーツ＞（「Newsletter」では情報に齟齬があり17号及び18号の特集が特定できない。未刊）

② その他参照した（すべき）ウェブサイト
- 「外交史料館」http://www.mofa.go.jp/mofaj/annai/honsho/shiryo/index.html
  『外交史料館報』＜Z1-442＞を発行。
- 「琉球大学 移民研究センター」http://www.imin.u-ryukyu.ac.jp/index.html
  『移民研究』＜Z71-N979＞を発行。
- 「早稲田大学 移民・エスニック文化研究所」
  http://www.kikou.waseda.ac.jp/WSD322_open.php?KikoId=01&KenkyujoId=1N&kbn=0
- 「アメリカ学会」http://www.jaas.gr.jp/
  『アメリカ研究』＜Z8-43＞『アメリカ学会会報』＜Z8-3683＞『The Japanese Journal of American Studies』＜Z52-D309＞（関西館所蔵）を発行。
- 「移民研究会」（独自のHPは無し）
  http://www.discovernikkei.org/ja/organizations/imin/about/
- 「マイグレーション研究会」http://migration.cocolog-nifty.com/blog/
  2005年に設立された研究会、前身は関西移民研究会。『マイグレーション研究会会報』＜Z71-R625＞を発行。
- 「海外移住資料館」http://www.jomm.jp/index.html
  『JICA横浜海外移住資料館研究紀要』＜Z71-S281＞『海外移住資料館だより』＜Z71-P176＞『JICA横浜海外移住資料館報』＜Z71-X659＞を発行。『研究紀要』は重要、PDF版あり。
- 「和歌山市民図書館移民資料室」
  http://www.lib.city.wakayama.wakayama.jp/wkclib_doc/imin/imin-top.htm
- 「広島市デジタル移民博物館」http://dms-hiroshima.eg.jomm.jp/index.html

- 「国際交流基金日米センター」http://www.jpf.go.jp/cgp/index.html
  「日系アメリカ人リーダー招聘事業」(外務省と共催)の一環として、「日系アメリカ人リーダーシップ・シンポジウム」を開催。報告書はPDF版で利用可。2007年以降のシンポジウムは以下の通り。
  2007.3.9「岐路にたつ日系アメリカ人－過去・現在・未来をつないで－」(広島)
  2008.3.6「日系アメリカ人との再会－移民百年の歴史を越えて－」(福岡)
  2009.3.5「新たな絆の構築：「変革」する日系アメリカ人と日本との関係」(那覇)
  2010.3.3「リーダーシップとは何か：キャリア、コミュニティ、そして文化への価値観を語る」(東京)
  2011.3.7「「内向き志向」への挑戦：グローバル競争時代における教育の役割」(大阪)
  なお、日米関係を含む講演会やシンポジウム等の成果物は、原則無料で郵送可。
- 「海外日系人協会」http://www.jadesas.or.jp/publication/index.html
  「海外日系人大会」を開催(事務局)、『季刊海外日系人』＜Z3-1360＞『Nikkei network：海外日系人協会だより』＜Z71-Y371＞を発行。
- 「UCLA Asian American Studies Center」http://www.aasc.ucla.edu/
  『AMERASIA JOURNAL』＜Z52-E79＞(関西館所蔵)は必読誌。『Cross Currents: Newsmagazine of the UCLA Asian American Studies Center』＜Z59-D647＞(関西館所蔵)はPDF版で利用可(http://www.aasc.ucla.edu/cm/ccxarchives.asp)。まず「Japanese American Research Project：JARP」及びYUJI ICHIOKAについて理解しておく必要がある(http://www.aasc.ucla.edu/yi/default.asp)。
- 「Japanese American National Museum (全米日系人博物館)」http://www.janm.org/
  「Hirasaki National Resource Center：HNRC」収蔵資料のデジタル化が待たれる。
- 「University of Hawai`i Press」
  出版目録「Asian Studies」及び「Hawai`i & the Pacific」(onlineのみ)のチェックが重要。http://www.uhpress.hawaii.edu/cart/shopcore/?db_name=uhpress
- 「Hawaiian Historical Society」http://www.hawaiianhistory.org/
  『The Hawaiian Journal of History』＜未所蔵＞を発行。

【研究史・文献目録】

1994年に刊行された(資料番号199)移民研究会編『日本の移民研究 動向と目録』日外アソシエーツ,1994＜DC812-E190＞は、研究史を整理し主要邦語文献を網羅した唯一の体系書として高い評価を得てきた(『参考書誌研究』第48号,pp.29-30参照)。しかしながら、本書刊行後の移民研究の発展及び研究分野の多様化はめざましく、これを俯瞰する改訂が望まれていた。この準備作業は2004年から始められ、1994年版の改訂増補(明治初期-1992年9月)と爾後(1992年10月-2005年9月)の動向・文献を収録して、下掲2冊本が刊行された。これも2005年時点での纏めであるので、なお最新の動向については十分とは言えないが、まず参照すべき必読書である(移民研究の新動向につき『参考書誌研究』第66号,pp.30-37参照。また拙稿観点からの2007年時点での追加資料につき『参考書誌研究』第67号「補遺」を参照のこと)。本書刊行の予定(内容構成)については「補遺」に記したが、2冊本としての構成を、章立てを省略し改めて記す。
○移民研究会編『日本の移民研究 Ⅰ 明治初期-1992年9月』明石書店,2008(日外アソシエーツ1994年刊の増訂) ＜DC812-J19＞
　第1部 研究史整理　Part1：出移民　送り出し国に関する諸問題(基本的理解／地域的背景／移民斡旋(移民会社、金融機関、輸送機関)／移民思想・教育／母国・母村への影響／からゆきさん／沖縄県における移民史研究の現状)　Part2：日系人　受け入れと定着に関する諸問題(アメリカ合衆国本土／ハワイ／カナダ／ブラジル／中南米／大洋州／文学・ノンフィクション)　Part3：国際関係のなかの移民(総説／明治初年／日布関係／日米関係／日加関係／日

豪関係／国際会議）　第 2 部　文献目録　　索引
○移民研究会編『**日本の移民研究 Ⅱ　1992 年 10 月－2005 年 9 月**』明石書店, 2008（日外アソシエーツ 1994 年刊の増訂）　　　　　　　　　　　　　　　　　＜DC812‒J20＞
　　第 1 部　研究の動向と展望　Part1：移民と国家（出移民／国際関係／越境、帰米、新移民）Part2：コミュニティ（戦時収容、再定住、リドレス／コミュニティと経済／宗教／教育、言語／マスメディア、ジャーナリズム／芸術／女性／医療、健康、福祉）Part3：アジア、オセアニア、中南米（アジア　植民地・勢力圏への移民／オセアニア／中南米、在日南米日系人）　第 2 部　文献目録（文献目録／在日南米日系人に関する文献目録／復刻版目録）　　索引
○奥泉栄三郎『**北米関係総合出版年表編**』文生書院, 2006（『初期在北米日本人の記録』第一期別冊「パイオニア情報館」②）　　　　　　　　　　　　　　　　＜DC812‒H193＞
　　1258 年（正嘉 2 年）から 2005 年までの、初期在北米日本人に関わる出版情報・歴史・世相・事象を簡略に整理。移民地における刊行物を知るうえで類書がなく有用（既出）。
○森本豊富「**日本における移民研究の動向と展望－『移住研究』と『移民研究年報』の分析を中心に**」『移民研究年報』14：2008.3, pp.23-45　　　　　　　　＜Z3-B399＞
　　『移住研究』（海外移住事業団→国際協力事業団　1967-1996）＜Z3-854＞掲載論文、日本移民学会年次大会（1991‒2006）の自由論題報告及び『移民研究年報』（1995‒2006）掲載論文を分類整理し、1950 年代以降の移民研究の動向を纏め、展望と課題を提示。
○坂口満宏「**移民史研究の射程**」『日本史研究』500：2004.4, pp.131-151（「日本」史を見直す＜特集＞）　　　　　　　　　　　　　　　　　　　　　　　　　　＜Z8-258＞
　　国民国家におけるヒトの越境・移動を視座として、近年の移民史研究の拡大を総括し、学際的研究の必要性（移民史研究の課題）を論じる（既出）。
○坂口満宏「**日本の海外移民・略史**」『人権と部落問題』59（2）（通号 755）：2007.2, pp.6-11（移民の歴史と課題＜特集＞）　　　　　　　　　　　　　　　　　　＜Z6-59＞

　立命館大学国際言語文化研究所のプロジェクト「環太平洋地域における日本人の国際移動に関する学際的研究」の一連の成果は、これまでの移民研究に新たな視座を提供し、また移民研究における「移民」から「移動」への方向性を象徴するものとして重要である。
○米山裕「**日本人の国際移動と太平洋世界の形成－「大西洋史」の成果を踏まえて**」『立命館言語文化研究』21（4）（通号 100）：2010.3, pp.5-11（国際シンポジウム：環太平洋地域における日本人の国際移動）　　　　　　　　　　　　　　　　　　　　　＜Z12-830＞
　　国際シンポジウム「環太平洋地域における日本人の国際移動」（2009 年 10 月 10 日―11 日、立命館大学）の基調報告（巻頭論文）。
　http://www.ritsumei.ac.jp/acd/re/k-rsc/lcs/kiyou/pdf_21-4/RitsIILCS_21.4pp1-2SympoProgram.pdf
○米山裕「**はじめに　近代における日本人の移動性－移民研究から移動研究へ**」『立命館言語文化研究』17（1）：2005.8, pp.3-6（既出）　　　　　　　　　　　　＜Z12-830＞
○米山裕「**アメリカ史記述の越境化と日本人の国際移動－移民史の枠組みの解体と再構築に向けて**」『立命館文大學』597：2007.2, pp.350-359　　　　　　　　＜Z22-364＞
○米山裕「**太平洋史の可能性－太平洋の島々と環太平洋地域から日本人の国際移動を考える**」『立命館言語文化研究』20（1）：2008.9, pp.3-7　　　　　　　　＜Z12-830＞
○米山裕・河原典史編『**日系人の経験と国際移動－在外日本人・移民の近現代史**』人文書院, 2007　　　　　　　　　　　　　　　　　　　　　　　　　　　＜DC812-H264＞
　　立命館大学国際言語文化研究所のプロジェクト「環太平洋地域における日本人の国際移動に関する学際的研究」の成果、移動者の主体性に着目した社会学・地理学・歴史学からの総合的アプローチ（既出）。
以上、米山による同趣旨の先行論文（詳細書誌省略）。また、米山を代表者に、19 世紀末から 20 世紀前半にかけての環太平洋地域を対象に、日本人の移動の実態と社会形成、移動

先国家との関係及び環太平洋地域の地域システムとしての統合過程を検証する「**環太平洋地域における日本人の国際移動に関する学際的研究**」（文部科学省科学研究費補助金研究・基盤研究（A），2006年度‐2009年度）がある。各分担研究者の各年度の成果一覧につき、「KAKEN（科学研究費補助金データベース）」http://kaken.nii.ac.jp/ja/p/18201049 を参照のこと。

○清水さゆり「パシフィック・ヒストリーに向けて‐アメリカにおける研究動向を中心に」『立命館言語文化研究』21（4）（通号100）：2010.3, pp.13-26（国際シンポジウム：環太平洋地域における日本人の国際移動：1.太平洋世界の多様性・多元性と日本人の国際移動）　　　　　　　　　　　　　　　　　　　　　　　　　　　　　　　　<Z12-830>
　　アメリカにおけるパシフィック・ヒストリーの研究動向に照らし、パシフィック・ヒストリーの一局面としての日本人海外移動研究への適用可能性について検討する。

○坂口満宏「**誰が移民を送り出したのか‐環太平洋における日本人の国際移動・概観**」『立命館言語文化研究』21（4）（通号100）：2010.3, pp.53-66（国際シンポジウム：環太平洋地域における日本人の国際移動：1.太平洋世界の多様性・多元性と日本人の国際移動）
　　　　　　　　　　　　　　　　　　　　　　　　　　　　　　　　<Z12-830>
　　移植民関係における「太平洋の政治構造」を総合的に把握するという意識のもと、環太平洋という舞台における日本人の国際移動の基本構造と、移民会社や海外協会など出移民に関わった役者を概観することで、新たな出移民研究の基礎を提供する。

○白水繁彦編『**移動する人びと、変容する文化‐グローバリゼーションとアイデンティティ**』御茶の水書房，2008　　　　　　　　　　　　　<EC212-J18>
○森本豊富編『**移動する境界人‐「移民」という生き方**』現代史料出版，2009
　　　　　　　　　　　　　　　　　　　　　　　　　　　　　　　　<DC811-J5>
○足立伸子編，吉田正紀・伊藤雅俊訳『**ジャパニーズ・ディアスポラ‐埋もれた過去闘争の現在不確かな未来**』新泉社，2008，文献あり　　　　<DC812-J44>
○武者小路公秀監修，浜邦彦・早尾貴紀編『**ディアスポラと社会変容‐アジア系・アフリカ系移住者と多文化共生の課題**』国際書院，2008（国際シンポジウム：移住者の人権と多文化共生を目指して‐アジアとアフリカのディアスポラの比較，アジア太平洋研究センター叢書3）　　　　　　　　　　　　　　　　　　　　　　　　　　<DC811-J1>
○CPC journal 刊行委員会編『**CPC JOURNAL**』4：2011.5（移動と文化的接触〈特集〉）
　　　　　　　　　　　　　　　　　　　　　　　　　　　　　　　　<未所蔵>
　　異文化交流・歴史・文学を守備範囲とするクロスカルチャー出版の学術情報宣伝誌。移民・移動関係の小論5編を収録。

【史資料】
○石川友紀「**九州福岡・佐賀・長崎・熊本4県の移民資料調査報告**」『JICA 横浜海外移住資料館研究紀要』4：2009, pp.31-38　　　　　　　<Z71-S281>
○原口邦紘「**移民研究と史料‐鹿児島県の場合**」『JICA 横浜海外移住資料館研究紀要』4：2009, pp.39-52　　　　　　　　　　　　　　　　　　<Z71-S281>
○権並恒治「ブリティッシュ・コロンビア大学図書館日本語蔵書回顧概観（1959-2002）」『大学図書館研究』79：2007.3, pp.53-61　　　　　　　<Z21-397>
○権並恒治「**「海外在日本語蔵書」をリテラシー史の視点から読み解く**」『リテラシー史研究』2：2009, pp.43-56　　　　　　　　　　　　　　<Z71-V344>
　　権並「日系カナダ人史料コレクション‐ブリティッシュ・コロンビア大学中央図書館特殊資料室所蔵」『移住研究』28：1991.3, pp.55-68 <Z3-854>（既出）も参考にされたい。

【移民史】
○山本岩夫, ウェルズ恵子, 赤木妙子編『南北アメリカの日系文化』人文書院, 2007, 文献あり　　　　　　　　　　　　　　　　　　　　　　＜DC812-H247＞
○堀雅昭『ハワイに渡った海賊たち - 周防大島の移民史』弦書房, 2007, 文献あり　　　　　　　　　　　　　　　　　　　　　　　　　　　　　＜DC812 - H268＞
○松本紘宇『アメリカ大陸コメ物語 - コメ食で知る日系移民開拓史』明石書店, 2008, 文献あり　　　　　　　　　　　　　　　　　　　　　　　　　＜DM212-J11＞
○天沼香『故国を忘れず新天地を拓く - 移民から見る近代日本』新潮社, 2008（新潮選書）　　　　　　　　　　　　　　　　　　　　　　　　　＜DC812 - J62＞
○デイビッド・T. ヤマダ, 日系アメリカ市民連盟モンテレー半島支部歴史口述記録委員会, 石田孝子訳『モンテレー半島日本人移民史 - 日系アメリカ人の歴史と遺産 1895-1995 - 米国カリフォルニア州』溪水社, 2009, 文献あり（The Japanese of the Monterey peninsula の翻訳）　　　　　　　　　　　　　　　　　　　　　＜DC812-J124＞
○Michi Kodama-Nishimoto, Warren S. Nishimoto, Cynthia A. Oshiro, ed. **Talking Hawaii's Story : Oral Histories of an Island People.** Honolulu : Published for the Biographical Research Center by the University of Hawaii Press, 2009（Biography monograph）　　　　　　　　　　　　　　　　　　　　　　　　　＜GJ123-B12＞

【日系アメリカ人・強制収容】
○山代宏道監修『岐路にたつ日系アメリカ人 - 過去・現在・未来をつないで』国際交流基金日米センター, 2007（日系アメリカ人リーダーシップ・シンポジウム報告書）
　　　　　　　　　　　　　　　　　　　　　　　　　　　　　＜DC812-H285＞
○国際交流基金日米センター監修『日系アメリカ人との再会 - 移民100年の歴史を越えて』国際交流基金日米センター, 2008（日系アメリカ人リーダーシップ・シンポジウム報告書）　　　　　　　　　　　　　　　　　　　　　　　　　＜DC812-J110＞
○国際交流基金日米センター監修『新たな絆の構築 - 「変革」する日系アメリカ人と日本との関係』国際交流基金日米センター, 2009（日系アメリカ人リーダーシップ・シンポジウム報告書）　　　　　　　　　　　　　　　　　　　　　　　　　　　＜未所蔵＞
○南川文里『「日系アメリカ人」の歴史社会学 - エスニシティ、人種、ナショナリズム』彩流社, 2007, 文献あり　　　　　　　　　　　　　　　　　　＜DC812-H255＞
○村川庸子『境界線上の市民権 - 日米戦争と日系アメリカ人』御茶の水書房, 2007, 文献あり　　　　　　　　　　　　　　　　　　　　　　　　　　　　　　＜DC812-J12＞
○森田幸夫『アメリカ日系二世の徴兵忌避 - 不条理な強制収容に抗した群像』彩流社, 2007, 年表あり・文献あり　　　　　　　　　　　　　　　　　　　　　＜DC812-H276＞
○和泉真澄『日系アメリカ人強制収容と緊急拘禁法 - 人種・治安・自由をめぐる記憶と葛藤』明石書店, 2009　　　　　　　　　　　　　　　　　　＜AU-711-J5＞

【女性移民史】
○島田法子編『写真花嫁・戦争花嫁のたどった道 - 女性移民史の発掘』明石書店, 2009（日本女子大学叢書 7）　　　　　　　　　　　　　　　　　　　　＜DC812-J163＞
○ユリ・コチヤマ, 篠田左多江・増田直子・森田幸夫訳『ユリ・コチヤマ回顧録 - 日系アメリカ人女性人種・差別・連帯を語り継ぐ』彩流社, 2010（Passing it on の翻訳）
　　　　　　　　　　　　　　　　　　　　　　　　　　　　　　＜GK457-J2＞

【日系新聞】
○水野剛也『「敵国語」ジャーナリズム - 日米開戦とアメリカの日本語新聞』春風社, 2011
　　　　　　　　　　　　　　　　　　　　　　　　　　　　　　＜UC23-J11＞

【移民地文芸】
○島田法子編『俳句・短歌・川柳にみるハワイ日本人移民史 - 英訳俳句・短歌』島田法子［出版地不明］, 2009, 文献あり　　　　　　　　　　　　　　　　　　　　　　　　　＜DC812-J160＞
○篠田左多江「黎明期のハワイ日系日本語文学 - 尾籠賢治を中心に」『移民研究年報』13：2007.3, pp.41-58　　　　　　　　　　　　　　　　　　　　　　　　　　　　　　　＜Z3-B399＞
○粂井輝子「在米日本人「移民地文芸」覚書（1）アメリカの「亡者」- 翁久允の長編二部作『悪の日影』と『道なき道』」『白百合女子大学研究紀要』41：2005.12, pp.117-134
　　　　　　　　　　　　　　　　　　　　　　　　　　　　　　　　　　　　　＜Z22-340＞
○粂井輝子「在米日本人「移民地文芸」覚書（2）「我が名を」永遠に−自由律俳句と直原敏平」『SELLA』35：2006.3, pp.15-26　　　　　　　　　　　　　　　　　　　　＜Z12-466＞
○粂井輝子「在米日本人「移民地文芸」覚書（3）「かへらぬふるさと」- 下山逸蒼の自由律俳句」『白百合女子大学言語・文学研究センター言語・文学研究論集』7：2007.3, pp.53-63
　　　　　　　　　　　　　　　　　　　　　　　　　　　　　　　　　　　　　＜Z71-E812＞
○粂井輝子「在米日本人「移民地文芸」覚書（4）太い根が必要だ - 外川明の自由詩戦前編」『白百合女子大学研究紀要』43：2007.12, pp.87-105　　　　　　　　　　　＜Z22-340＞
○粂井輝子「在米日本人「移民地文芸」覚書（5）石は直角する - 加川文一の自由詩の探究」『白百合女子大学言語・文学研究センター言語・文学研究論集』9：2009.3, pp.55-65
　　　　　　　　　　　　　　　　　　　　　　　　　　　　　　　　　　　　　＜Z71-E812＞
○粂井輝子「在米日本人「移民地文芸」覚書（6）―加川文一の移民労働詩」『SELLA』38：2009.3, pp.37-53　　　　　　　　　　　　　　　　　　　　　　　　　　　　　＜Z12-466＞
○粂井輝子「在米日本人「移民地文芸」覚書（7）大地の市民 - 外川明と故郷創成神話」『白百合女子大学研究紀要』46：2010.12, pp.69-91　　　　　　　　　　　　　＜Z22-340＞

　『移民ビブリオグラフィー』の原本「ハワイ・北米における日本人移民および日系人に関する資料について」が掲載された『参考書誌研究』は、最新号を除き、創刊号から国立国会図書館ホームページ（http://rnavi.ndl.go.jp/bibliography/）でダウンロード・印刷することができる。また本書（本稿）に収録された明治・大正・昭和前期刊行の図書のほとんども「近代デジタルライブラリー」（http://kindai.ndl.go.jp/index.html）でダウンロード・印刷することができる。ただ、今回補足を成すにあたって、多くの部分をウェブに頼ったが、まさに冷や冷やものであった。同じ資料でも書誌事項が異なっていたり、事実関係が不明であったりと。
　まさに、おもちゃ箱をひっくり返したような旧稿が、クロスカルチャー出版川角功氏のご尽力によって、ここに一書『移民ビブリオグラフィー』として日の目を見ることになった。デジタル万能の時代にあってこそ、本書が、レファレンスに携わる図書館関係者並びに移民研究・日本近現代史を志す学徒にとって、原資料アクセスのための簡便な羅針盤であることを願ってやまない。

ハワイ・北米における日本人移民および日系人に関する資料について（１）

神　繁司

はじめに
Ⅰ．外交史料（外務省資料）
　［１］外務省記録
　［２］日本外交文書
　［３］領事報告
　［４］その他
Ⅱ．府県庁等地方公文書・県史等地方史誌
　［１］地方公文書
　［２］地方史誌
Ⅲ．統計・名簿・名鑑・年表
　［１］統計
　［２］名簿・名鑑
　［３］年表

はじめに

　国立国会図書館では，昭和56年度に，日本人移民関係資料を収集する方針を決定し，「岸コレクション」（アメリカのアジア系移民資料）「楡木コレクション」（ブラジル移民資料）「山本コレクション」（ハワイ移民資料）という，現在の特別資料室所蔵移民関係資料の中核をなす資料群を収集してきた。また昭和59年度からは「南米移民資料収集七ケ年計画」が実施され，派遣職員により，中南米移民関係資料の調査及び収集が行なわれた。「七ケ年計画」は，その後延長されたが，平成４年度をもって一応の収束をみた[1]。平成５年度からは，その対象地域を北米へと移し，初年度はハワイを中心に，合衆国太平洋沿岸諸州及びカナダにおける調査，収集が開始され，現在に至っている。

　筆者は，平成５年度及び６年度にこの計画に携わる機会を得た。本稿は，その間に纏めた20頁ほどの，「北米移民資料」に関するメモ書きを敷衍させたものである。

　「移民資料」目録については，近時，移民研究会編『日本の移民研究　動向と目録』

の刊行をみるまで，二，三の機関の所蔵目録以外纏ったものもなく，当館におけるレファレンス業務においても，有用なトゥールを欠いていたというのが実情であった。国立国会図書館においても，いわゆる，特別資料室所蔵の上記三大コレクション及び派遣職員収集資料以外にも，多岐にわたる移民関係資料を分散して所蔵しており，その全体的把握が必要となってくる。特別資料室所蔵の，派遣職員収集コレクションについては，「目録」の刊行が予定されているが，例えば，憲政資料室所管資料のなかにも，移民関係資料が含まれている。これらはパンフレットのようなものが多いが，他では所蔵しない貴重な資料も少なくない[2]。また，アメリカ議会資料には多くの「移民関係」公聴会記録が含まれ，法令議会資料室の所管となっている。そこで「移民関係資料」とは，一体如何なる資料を指すのかが問題となってくるが，本稿では，「移民に関するあらゆる資料」という最広義の概念を採り，移民送出の歴史的・社会的背景に関する史資料から，送出・受入側の公文書，移住地での生活史，創作，概説書，雑誌論文，AV資料等々に至るまで，邦語のみならず，英語文献も含め総覧的に収録することとした。さらに，単に「日本人移民」のみならず，最近のエスニック・マイノリティ研究の動向・成果を含めた資料の鳥瞰ができるように腐心した。本稿タイトル「……日系人」の意味するところである。

　本稿は，このような「移民関係資料」を一堂に集め，いわば架空の「移民関係資料室」を構築しようとするものであるが，主に国立国会図書館が所蔵する「移民関係資料」についての，緩やかな概観を与えようとするものであって，もとより，学術的厳密さには馴染まないものであることを，あらかじめご了承願いたい。事実誤認，重要史資料の遺漏等お気付きの点があれば，ご教示いただければ幸いである。

　なお，本稿の頁数が当初の予定よりはるかに超過してしまったため，本号には，外交史資料，地方史資料，統計等を中心にした邦語基本資料を収録し，ハワイ・アメリカ政府文書や文献目録，概説書，主題別文献等については，次号以降に収録することとした。

　各資料書誌事項中，〈　〉内記号は，国立国会図書館請求記号。そのうち，YDMは，明治期マイクロ化資料，移（　）－は，派遣職員収集移民資料の請求記号である。未所蔵の場合は，その旨表記した。外交史料館所蔵史料の分類番号は《　》で表記した。

　なお注記資料には，煩瑣を避けるため，特別な場合を除き，原則として請求記号を表記しなかった。

注
1）　これまでの移民関係資料収集経過及びその意義につき，以下の文献を参照されたい。
　　若槻泰雄「移民関係資料―キシ・コレクション―故ジョージ・山本旧蔵コレクション」『国立国会図書館月報』252：1982.3, pp.20-21〈Z21-146-TO #〉，三塚俊武「ブラジルの日本移民資料―その実態と収集計画―」『国立国会図書館月報』279：1984.6, pp.2-9，大口欣一「移民資料で渡伯して―ブラジルあちこち見てある記―」『国立国会図書館月報』287：1985.2, pp.24-27，収集整理部「ブラジル移民関係資料の収集について」『国立国会

図書館月報』295：1985.10, p14, 花満弘文「南米における日本移民関係資料を求めて―伯国とその周辺諸国―」『国立国会図書館月報』313：1987.4, pp.2-9, 和田上英雄「南米の日系社会とその資料」『国立国会図書館月報』325：1988.4, pp.2-9, 村木榮四郎「移民関係資料収集の現状と今後の計画」『国立国会図書館月報』343：1989.10, pp.2-10, 一星章文「中南米諸国における移民資料収集に携わって」『国立国会図書館月報』387：1993.6, pp.16-21
2） 国立国会図書館専門資料部編『斎藤実関係文書目録 書類の部1 (海軍・朝鮮総督時代)』国立国会図書館, 1993 (憲政資料目録第17) pp.304-305〈GK123-E100ほか〉, 同『書類の部2 (昭和期・日記・伝記資料等)』1995 (憲政資料目録 第18) pp.150-151〈GK123-E100ほか〉参照。

I 外交史料（外務省資料）

　ハワイ・北米における日本人の歴史は，いわゆる前史時代の漂着，寄港を別にすれば，実質的には1868年（慶応4）の「元年者」に始まり，1885年（明18）の「官約移民」により本格化する[1]。移民の数にしろ，ヴァン・リード，ロバート・ウォルカー，アーウィン等の人物について調査するにしろ，はたまたカラカウア王日本訪問のエピソードを拾うにしろ，——移民問題は，取りも直さず日布・日米間の極めて緊要な外交問題だったのであり——「外務省外交史料館」所蔵の外交史料が，基本的かつ必須の資料となっている[2]。外交史料のなかで，一次資料としての「外務省記録」（[1]参照）については，当然「外交史料館」で検索・閲覧しなければならないが，公刊されている『日本外交文書』（[2]参照）を始め，各外交史料の復刻出版，マイクロ化等により，外交史料へのアクセスは，それ程困難を極めるという状況ではない。それでもなお，資料的には馴染みにくいと思われるので，外交史料一般に関する基本文献を以下に掲げ，続いて，移民資料として重要だと思われる外交史料（外務省資料）について略述する。

○外務省百年史編纂委員会編『**外務省の百年**』下巻，原書房，1969, pp.1279-1313（第四章　外務省記録と日本外交文書）　　　　　　　　　　　　　　〈AZ-631-2〉
○長岡新次郎「外務省」『**日本古文書学講座**』第9巻 近代編 I，雄山閣，1979, pp.129-130（5　公文書Ⅲ　各省文書）　　　　　　　　　　　　　〈GB39-19〉
○長岡新次郎「外務省外交史料館」『**日本古文書学講座**』第11巻 近代編Ⅲ，雄山閣，1979, pp.99-110（5　文書館・公文書館の近代文書とその分類）　〈GB39-19〉
○藤本　芳男「外交記録の管理と公開」『**国際問題**』193：1976.4, pp.27-34　〈Z1-31〉

○白井　勝美「外務省記録と『日本外交文書』」『みすず』200：1976.9-10, pp.52-60
　　　　　　　　　　　　　　　　　　　　　　　　　　　　　　〈Z21-66〉
○吉村　道男「外交文書編纂事業の経緯について」『**外交史料館報**』1：1988.3, pp.60-80　　　　　　　　　　　　　　　　　　　　　　　　　　　　〈Z1-442〉
○吉村　道男「日本外交文書」『**日本近代思想大系**』別巻（近代史料解説・総目次・索引），岩波書店，1992, pp.36-47　　　　　　　　　　　〈HA121-E2〉
○山田　宙子「外交史料館所蔵記録の整理と閲覧について」『**びぶろす**』39(5)：1988.5, pp.9-18　　　　　　　　　　　　　　　　　〈Z21-114-TO #〉
○柳下　宙子「『外務省記録総目録』の刊行を終えて―目録刊行作業で学んだ『外務省記録』のこと―」『**外交史料館報**』6：1993.3, pp.123-134　　　〈Z1-442〉
○角山栄編著『**日本領事報告の研究**』同文館出版，1986　　　〈AZ-631-52〉
○角山　栄「『領事報告』について」『**経済理論**』167：1979.1, pp.1-19　〈Z3-213〉
○角山　栄「解説『領事報告資料』」角山栄・高嶋雅明監修『**マイクロフィルム版 領事報告資料収録目録**』雄松堂フィルム出版，1983, pp.1-13
　　　　　　　　　〈マイクロ資料はYA-88，収録目録は新館書誌コーナー〉
○高嶋　雅明「領事報告制度と領事館報告について」『**経済理論**』168：1979.3, pp.62-85　　　　　　　　　　　　　　　　　　　　　　　　　　〈Z3-213〉
○高嶋　雅明「復刻版『通商彙纂』解説」『**復刻版 通商彙纂**』第1巻，不二出版，1988, pp.1-20　　　　　　　　　　　　　　　　　　　　〈DE213-E2〉
○古屋　哲夫「初期官報の海外情報」『**図書**』411：1983.11, pp.8-13　〈Z21-184〉

[1] 外務省記録

　外務省「記録」とは，公信・覚書・電信・親書・条約書・諸帳簿等公務に関する一切の外務省「文書」のうち，処理済みとなった「記録文書」をテーマ別に編纂（ファイリング）したものをいう。（「外務省文書編纂規定」昭6.5）
　戦前の「外務省記録」ファイルの事前検索には，下記の目録が有用である。
1. 外務省外交史料館編『**外交史料館所蔵外務省記録総目録 戦前期**』全3巻，原書房，1992-93，（第1巻 明治大正編，第2巻 昭和戦前編，別巻 索引・参考資料編）
　　　　　　　　　　　　　　　　　　　　　　　　　　　　　　〈A1-E14〉
　移民関係ファイルは，明治・大正期（旧記録）では「3門 通商」の大項目中「8類 帝国臣民移動」及び「9類 外国人移動」に，昭和戦前期（新記録）では「J門 移民，旅券」及び「K門 内外人外国在留，旅行及保護，取締」に分類されている。しかし，例えば「7類 労働」（旧記録の場合）等，他の分類にファイリングされている記録も多く，更に各ファイル中の個々の文書については，逐一の検索が必要である。
　この不便解消を図るため，阪田安雄監修『日系移民資料集 北米編 第18巻 解説・資料編』（書誌事項につき後述）は，「在米本邦人ノ状況並渡米者取締関係雑纂」《3.8.2.12》「北米合衆国ニ於ケル本邦人渡航制限及排斥一件」《3.8.2.21》中の個別文書につ

いて,『日本外交文書』へのレファレンスを付したリスト化を試みている(巻末資料 pp. 3-128)。また,『カナダ移民史資料 第1巻』(書誌事項につき後述)の解題・解説において,佐々木敏二も,「外務省記録」に収録されるカナダ移民関係の件名を抽出している (pp.18-20)[3]。

[2] 日本外交文書

　『日本外交文書』とは,「外務省記録」から主要関係文書を選別,編纂し,公刊したもの。1936年(昭11)に第1巻(明治元年)が公刊され,明治・大正期は,いわゆる「編年方式」で編纂され,1987年(昭62)までに完結した。昭和期に関しては,戦災等による史料消失により,「編年方式」のみでの編纂継続が困難となり,これに数年間を纏めた「多年度方式」を併用することで編纂,現在刊行中である。『日本外交文書』には,主に外務本省が発出または接受した主要外交文書が収録されるのであり,「外務省記録」の全てがではないことに留意する必要がある[4]。

2. 外務省調査部編『**大日本外交文書**』1-12 (慶応3.10-明治9.12), 日本国際協会, 1938-40 　　　　　　　　　　　　　　　　　　　　　　　〈319.1-G13d〉
3. 外務省編『**日本外交文書**』明治期 1-73 (慶応3.10-大正元.12, 別冊・追補11冊), 日本国際連合協会, 1947-63 　　　　　　　　　　　　　　　〈A99-Z-12〉
   (1-12は『大日本外交文書』の再刊。出版者:3-12は日本外交文書頒布会, 20は国際連合研究会)
   外務省編『**日本外交文書**』明治期 復刻版, 巌南堂書店, 1993～(刊行中)
   　　　　　　　　　　　　　　　　　　　　　　　　　　〈A99-Z-E184〉
4. 外務省編『**日本外交文書**』大正期 全57冊(大正2-15, 別冊・追補7冊), 外務省, 1964-87 　　　　　　　　　　　　　　　　　　　　　　〈A99-Z-12ほか〉
   大正期の追補として『**対米移民問題経過概要**』(大正期第24冊, 1972)及び『**対米移民問題経過概要附属書**』(大正期第26冊, 英文, 1973)がある。本追補は,外務省通商局編の調査『対米移民問題ニ関スル日米交渉経過』並びに同『英文附属書』(1933, 昭8)の復刊であり,移民及び東洋人排斥の濫觴から1924年「排日移民法」制定後の情勢に至る,対米移民問題の変遷を叙述する。
5. 外務省編『**日本外交文書**』昭和期, 外務省, 1977～(刊行中)
   * 「満州事変」第1巻第1冊～ 　　　　　　　　　　　　　〈A99-Z-77〉
   * 「昭和期Ⅰ」第1部第1巻(昭和2-6)～ 　　　　　　　　〈A99-Z-12〉
6. 『**「外務省編日本外交文書」総索引**』明治期全10巻, 大正期全7巻, 日本図書センター, 1992-93 　　　　　　　　　　　　　　　　　　　〈A99-Z-E135〉
   『日本外交文書』の目次と索引を復刻,集成したもの。
7. 外務省編『**日本外交文書 総目次日附順索引 慶応3年-明治9年**』世界文庫, 1972 　　　　　　　　　　　　　　　　　　　　　　　　　〈A99-Z-12〉
8. 外務省編『**日本外交年表竝主要文書**』2冊, 日本国際連合協会, 1955, (日本外

交文書別冊） 〈319.1-G13n〉

　『日本外交文書』が完結するまでの間，研究・執務上の一助とするために，幕末から太平洋戦争終結までの年表と，条約その他主要文書を収録したもの。
　外務省編『**日本外交年表竝主要文書**』，上・下巻，原書房，1965-66（明治百年史叢書） 〈319.1-G13n-h〉
　原書の欠陥を補い，改訂再刊したもの。

[3] 領事報告

　「領事報告」とは，在外公館，主として領事館から本国政府へ送られた現地の通商経済関係の諸報告である。これには，外務省系と農商務省系があり，各省の定期刊行物等様々な媒体によって国民に知された。外務省通商局編『通商彙編』を嚆矢とする一連の「領事報告」群は，海外在留邦人の人口や職業等に関する統計類を多く含み，移民関係資料として，『日本外交文書』に勝るとも劣らない貴重な記録となっている[5]。阪田前掲『日系移民資料集 北米編 第18巻』は，領事報告中，『官報』掲載（明24.2-26.12）及び『通商彙纂』掲載（明27.1-大正元.8）の「重要なものを選んで」リスト化している（巻末資料 pp.129-139）。
　外務省刊行「領事報告」の継承関係は次の通りである。
『通商彙編』（明14-19）→『通商報告』（明19.12-22.12）→『官報』の「通商報告」欄（明23.1-25.12）―『官報鈔存 通商報告』（明23.1-10）―及び「公使館及領事館報告」（明26.1-明38.12）→『通商彙纂』（明26.12，改号-明27.1-大2.3）→『通商公報』（大2.4-13.12）→『日刊海外商報』（大14.1-昭3.3）→『週刊海外経済事情』（昭3.4-9.12）→『海外経済事情』（昭10.1-18.10），『外務省通商局日報』（昭10.1-18.10）

9. 『**通商彙編**』明治14-18年，外務省記録局，[15-19]，6冊　〈YDM44301〉
　　　『**通商彙編**』明治19，外務省記録局編，日報社，明22　〈YDM44302〉
10. 『**通商報告**』71-131号（明21.7-22.12），『**官報鈔存通商報告**』明治23年1-10月，外務省報告課　〈雑45-102〉
11. 『**官報**』1号（明16.7）～，大蔵省印刷局　〈CZ-2-2ほか〉
12. 『**通商彙纂**』1-259号（明27.1-36.3），明治36年1号-大正2年17号（明36.4-大2.3），外務省通商局　〈雑45-107〉
13. 『**通商彙纂索引**』明治41年，外務省報告課，明42　〈YDM44303〉
14. 『**通商公報**』1-278号（大2.4-4.12），12巻279号-47巻1228号（大5.1-13.12），外務省通商局　〈雑45-107〉
15. 『**日刊海外商報**』1-1135号（大14.1-昭3.3），日刊海外商報社　〈雑45-107イ〉
16. 『**週刊海外経済事情**』1-57号（昭3.4-4.3），2年1号-6年51号（昭4.4-8.12），昭和9年1-54号（昭9.1-12），外務省通商局　〈雑45-107イ〉
17. 『**海外経済事情**』昭和10年1号-18年10号（昭10.1-18.10），外務省通商局
　　〈雑45-107イ〉

18. 『外務省通商局日報』昭和10年1号-17年293号（昭10.1-17.12），外務省通商局
〈雑45-100〉
19. 外務省通商局編『**通商彙纂**』全185巻,不二出版,1988〜（刊行中）　〈DE213-E2〉
『通商彙編』から『通商彙纂』までの復刻版。引き続き『通商公報』も復刻が予定されている。（第1巻に，高嶋前掲「復刻版『通商彙纂』解説」を収録。領事報告の形成過程と，その資料としての特色を解説する。）
20. 角山栄・高嶋雅明監修『**マイクロフィルム版 領事報告資料**』全75リール，雄松堂フィルム出版，1983　　　　　　　　　　　　　　　　〈YA-88〉
『通商彙編』から『通商彙纂』までのマイクロ資料。（付録『収録目録』に，角山前掲「解説『領事報告資料』」を収載。）

「領事報告」のうち，編纂もの及び個別に印刷・刊行されたもので，国立国会図書館所蔵の資料は，次項［4］に収録した。

また，注に示したように，榎本武揚主宰の「殖民協会」機関誌『殖民協会報告』（のち『殖民時報』と改題。書誌事項につき後述）にもハワイ・北米関係の領事報告が多く転載されている。

［4］その他

ここには，「領事報告」のうち個別に印刷・刊行されたもの（但し，国立国会図書館所蔵），執務資料等並びに外交史料館所蔵の「外務省記録」以外の主な記録・文書類を収録する。

21. 外務省編『**布哇糖業報告**』第1-9，明21　　　　　　　　　　〈YDM43052〉
官約移民及びハワイ糖業の実況詳細を求めた外務大臣井上馨ノ訓令に基づく，在ホノルル総領事安藤太郎の報告。『通商報告』（抜粋）『日本外交文書』（関係回のみ）に登載されたが，国内糖業の参考に供するために，全体を印刷刊行したもの[6]。各回の報告内容は次の通りである。

第1（明治19年4月29日付/各耕地我労働者就業上ノ優劣如何，耕地反別ニ労働者使用ノ割合及「ルーナ」（労働者監視人）ノ人員給料ノ割合）

第2（明治19年5月31日付/甘蔗種藝方法，下種ノ期節，苗莖ノ種類及其貯存法，下種溉水剝葉等ノ培養法，收穫後ノ事附肥料，復耕ノ事，地位気候ノ事）

第3（明治19年7月8日付/各耕地就業上ノ問答）

第4（明治19年8月31日付/在布外国移住民ト我邦人ノ間労役ノ優劣及給料ノ比較，布哇人概況）

第5（明治19年10月7日付/製糖ノ市価）

第6（明治19年11月19日付/布哇甘蔗種藝ノ起原及其進捗ノ概況，土地売買及貸借ノ方法，種藝者ノ営業組織）

第7（明治20年2月10日付……明治21年ト記/気候，地質及水利）

第8（明治20年4月11日付/製糖機械所，甘蔗壓搾法，砂糖製作ノ法，機械価格〈製糖機械略図添〉）

第9（明治20年6月2日付/砂糖ノ市況，「ハワイ」島「ヒロ」耕地ノ鉄道新設）
22. 外務省編『**海外出稼人契約書類聚**』外務大臣官房移民課，明25　〈YDM41428〉
「布哇国政府ト同国我出稼人トノ契約書」（布哇国弁理公使兼移住民事務局特派委員「ロベルド，ダブリウ，アルヰン」氏ノ代表スル同国政府甲約者トナリ日本人、、、、、乙約者ト成リ締結シタル約定證書）他，次の契約書を収載する（布哇及び「日本吉佐移民会社」のものは，英文併記）[7]。
* 仏国「ニッケル」会社代理人「ルツシェー」ト日本吉佐移民会社トノ契約證
* 日本吉佐移民会社ト北「クヰンスランド」ニ於ケル諸雇主代理者「バアンス，フヒリップ」会社トノ契約證
* 日本明治移民株式会社ト英国人「フランク，アプトン」トノ契約書
* 日本明治移民株式会社ト被雇者トノ契約書

23. 『**英領哥倫比亜地方探険報告**』外務省通商局第二課，明27　〈YDM26887〉
晩香坡（バンクーバー）領事館事務代理 清水精三郎の調査及び「ウヰリアム・マックレネー」氏への嘱託調査報告。カナダにおける，本邦人の出稼・移住適地の地勢的，社会・経済的情勢全般を叙述する[8]。

24. 『**太平洋沿岸地方探険報告書**』外務省通商局第二課，明27　〈YDM26913〉
拓地殖民事業の参考に供するため，本邦人の移住・出稼に関する事項を，桑港（サンフランシスコ）領事館が，同地在留 菅原伝及び日向武に嘱託した調査報告。太平洋沿岸地方の地勢一般，南カリフォルニア・西オレゴン・アイダホ・新メキシコ及アリゾナ・コロラド高原・インデオ地方の概況に加え，「官有地及其払下ニ関スル法律」「カリフォルニヤニ於テ外人土地所有権」「コロラド水利会社の事業」を収録[9]。

25. 『**北米合衆国「アイダホ」州移民地探険報告**』外務省通商局第二課，明28
〈YDM26964〉
桑港（サンフランシスコ）領事館から同地在留 成田安輝への嘱託調査報告。愛多圃（アイダホ）地方の地勢一般の他，移住適地の産業，労働条件，地元民の対日感情等を報告する[10]。

26. 外務省通商局編『**移民調査報告**』第1回—第13回（明41.12-大3.3），全12冊
〈YDM41413〉
　　外務省通商局編『**移民調査報告**』第8，12回（号）　　〈Z334.41-G1〉
　　外務省通商局編『**移民調査報告**』第1回—第13回，復刻版，雄松堂出版，1986
〈DC812-245〉
在外公館からの，実地調査に基づいた移民地事情及び関係資料の報告を編集したもの。各回報告中，ハワイ・北米関係は以下の通りである。
第1回（北米南加州移民事情報告，北米ネバダ、ユタ及コロラド州本邦人移民地視察報告・附ワイヲミング及アイダホ州報告，北米ノース、ダコタ州本邦人土地開墾状況報告，北米テキサス州移民地取調報告，アラスカ事情，布哇移民状況報告，英領加奈陀移民事情報告）

— 8 —

第2回（北米合衆国「アイダホ」州移民調査報告書・北米合衆国「ワイオミング」州本邦移民事情,「カンザス」州「ガーデンシチー」付近日本人農業経営者ニ関スル報告・「ノースダコタ」州農業地視察報告書・合衆国南部農業殊ニ「テキサス」州米作調査報告書, 加州「サクラメント」在住日本人事情, 米領「アラスカ」事情）

　　第6回（北米合衆国東南部諸州調査報告, 中央「オレゴン」州事情調査報告）

　　第9回（「インピリアル, ヴァレー」ノ開発ト綿花栽培ノ現況, 北米合衆国「アイダホ」及「ワイヲミング」州日本人事情報告, 北米「モンタナ」州視察復命書, 北米南部華盛頓州哥倫比亜河流域視察報告, 馬哇島視察報告, 英領哥倫比亜州北部沿岸地方事情並ニ在留日本人ノ状態）

　　第10回（晩香坡島事情, 北米合衆国西部華盛頓州産業視察報告, 加州「サクラメント」平野ニ於ケル本邦在留民事情視察報告書）

　　第11回（米国移民調査委員報告書 太平洋沿岸及「ロッキー」山脈諸州ニ於ケル日本人）

27. 外務省通商局編『**移民地事情要覧**』明42,43,（明治41年12月編纂 移民調査報告撮要） 〈YDM41412〉

　　前掲『移民調査報告』に依拠し, 気候・風土, 交通の便否, 労働及び職業の種類, 賃金, 居住の便否, 物価・生活費等から移住上将来の見込, 本邦運送船回航の当否まで12の事項につき, 簡便に纏めたもの。北米関係は, 南部加州・ネバダ州・ユタ州・コロラド州・ワイオミング州・アイダホ州（西部）, ノースダコタ州・テキサス州（中央部及び南部）, 及びアラスカ, 布哇というグループで纏めて記載されている。

28.『**布哇ニ於ケル本邦人ノ現在及将来ニ就テ**』外務省通商局,［大8］
　　　　　　　　　　　　　　　　　　　　　　　　　　〈DC812-221〉

　　在ホノルル諸井六郎総領事からの, 大正7年3月（第7章）及び9月（その他の章）の報告。米本土で排日運動が激化し始めた当時の, ハワイの産業並びに本邦人の状況を詳らかに伝え, 在布本邦人の将来について, 消極的放任方針, 積極的振興方針（本邦人発展重視論, 日米親善重視論）両論を提示している。報告各章を以下に示す[11]。

　　第一章　布哇ニ於ケル人口問題
　　第二章　本邦人ノ情況一班
　　第三章　布哇ニ於ケル土地ト産業トノ関係
　　第四章　布哇ニ於ケル糖業
　　第五章　布哇ニ於テ独立農発達スル余地アリヤ否ヤ
　　第六章　布哇出生日本人増加ニ関連セル縣制変更問題
　　第七章　布哇ニ於ケル本邦人ノ教育問題
　　第八章　布哇ニ於ケル本邦人経営事業
　　第九章　布哇ニ於ケル本邦人ノ将来及之ニ対スル方針

29.『**米国ヲ中心トシテ観タル移民問題**』外務省情報部, 大13　〈524-152〉

　　1924年（大13）「排日移民法」制定に際し, 外務省 武藤事務官が, 米国におけ

る移民の概要とその政策の変遷を纏めた小冊子。「移民ノ増加及其ノ種類ノ変遷」「移民渡来ノ理由」「旧移民ト新移民」「米国移民政策ノ変遷」からなる。「米国の移民政策は当初の放任時代は最早過去の伝説となり，今や極端なる制限政策に変化するに至ったのである。」との結語が，当時の移民問題を象徴する。

30. 『外務省執務報告 亜米利加局』全3巻，クレス出版，1994 〈A99-Z-E209〉

   外務省亜米利加局「執務報告」（機密）8冊の復刻。局内三課の主管事務は，第一課が「カナダ，北米合衆国及びその属地に関する外交及び移民に関する事務」第二課が「アメリカにおける諸国（カナダを含む）及びその属地中第一課所管の地域以外の地域に関する外交及び移民に関する事務」第三課が「旅券に関する事務」であった。第一課関係執務報告は昭和11年度のみ，第二課は11年度～13年度，第三課が11年度～17年度まで現存する。原本は外交史料館所蔵。この期の外務省記録を塡補・補完する資料として貴重である。

31. 外務省調査部編『日米外交史』クレス出版，1992，（日本外交史料集 2）
   〈A99-ZU-E101〉

   1939年（昭14）に外務省調査部が執務用に編纂した部外秘資料の復刻。未定稿ではあるが，膨大な外交文書を基に編纂されており，移民問題にも多くの頁（329-425）が割かれ，日米関係悪化の中での移民問題に対する外務省の対応を知ることができる。

32. 『紀元二千六百年奉祝 第一回在外同胞代表者会議議事録』拓務省・外務省，昭15 〈DC812-137〉

   紀元二千六百年奉祝式典に海外より参集した「同胞」を，「北米部会」「中南米部会」「南洋部会」に分け，1940年（昭15）11月6日から9日まで開催された会議の議事録。支那事変から太平洋戦争へと至るこの時期の，各地移民の動静，排日の状況等が「在外同胞代表者」により語られる。

33. 『時局下ニ於ケル在米加邦人ノ現状並其ノ対策』外務省亜米利加局第一課，昭16 〈DC812-152〉

   1940年（昭15）9月三国同盟加入後，対日感情悪化の一途を辿る時局下，米本土・ハワイ・カナダにおける邦人の現状分析と，日米有事の際の対策を提言する極秘文書[12]。内容は以下の通り。

   一．最近ニ於ケル在米加邦人ノ状況 (1) 米国本土 (2) 米領布哇 (3) 英領加奈陀
   二．日米関係最悪ノ場合ニ処スル在留民ノ覚悟 (1) 第二世ノ将来ニ対スル考慮 (2) 数十年ニ亘リ築キ上ケタル地盤ニ対スル執着及引揚後ノ生活ニ対スル不安 (3) 船舶不足ニ対スル考慮 (4) 米人残留邦人取扱ニ対スル見透
   三．日米有事ノ場合ヲ考慮シ在留民ニ対スル措置 (1) 在米各公館ヲシテ行ハシムヘキ措置 (2) 本邦ニ於テ講スヘキ対策 (3) 敵国人取締ニ関スル日米相互間ノ協定
   〈付録〉
      一．米国強制徴兵法内容要綱
      二．米国強制徴兵法ニ依ル日系市民登録者及徴集者数

三．在米外国人指紋登録法及登録者数
　　四．米国新国籍法中日系市民ニ関係アル条項
　　五．加奈陀政府ノ東洋人系問題ニ関スル特別委員会ノ報告並勧告書要点
　　六．加奈陀首相ノ「ブルガリヤ」国及外二国トノ外交関係断絶ニ関スル「ステートメント」要旨
　　七．在米加邦人並第二世人ロト地域的分布状況
　　八．在米加邦人ノ資産
　　九．在米加邦人ノ本邦向送金額
　　十．前欧州大戦当時ニ於ケル米国ノ敵国人取締法
　　十一．日米間ニ戦争開始ノ場合在米邦人及其ノ財産ニ及ホス影響ニ関スル研究

34．外務省管理局経済課編『**日本人移民に関する将来の諸問題**』外務省管理局経済課，昭24　〈DC812-244〉

　　戦後，経済が壊滅状態のなか約8,000万の人口を抱え，無責任な海外移民論が拡大する気運のなかで，「人口問題移民問題に関連する諸問題について科学的に的確な認識をもつこと」が「外務省員にとって刻下の急務であると」いう認識で纏められた，同課の調査研究の執務参考用中間報告（部外秘）。「国際移民問題（労働力国際移動論）」という枠組みが援用されている。

35．**ハワイ日本人移民関係記録**《外交史料館所蔵》

　　1987年（昭62）在ホノルル日本国総領事館より外交史料館に移管された記録，全117冊。移民の本籍，住所，生年月日を始め，ハワイ渡航後の配耕先（プランテーション名），その後の動静，身分関係に関する記録等が含まれる。整理が終了次第公開される予定である。

36．**アーウィン関係文書**《外交史料館所蔵》

　　駐日ハワイ総領事 Robert Walker Irwin（1844-1925）旧蔵の資料476点。ハワイ官約移民100年にあたる1985年（昭60），孫の John Irwin より寄贈された。アーウィンは，ハワイ官約移民制度成立の最大功労者とされ，「官約移民制度」は「アーウィン・システム Irwin's system」とも呼ばれている。ハワイ国内務省移民局からアーウィン宛の書簡類，ハワイ入国に際しての各種手続書類等ハワイ側の対応を知ることができる。

　　山田宙子「アーウィン関係文書について」『外交史料館報』2：1989.3, pp.80-101〈Z1-442〉は資料の概要と内容リストを付し，検索トゥールとなっている。

　　上に掲げた史資料の他に，個別事項に関するものはそのつど収録するが，法律関係資料のみ以下に列記し，日本人移民に関係のある合衆国「移民法」について略述する。

37．『**北米合衆国予約労働者移住禁止条例・北米合衆国改定外国人移住条例**』外務大臣官房移民課，明25　〈YDM301048〉

38．外務省編訳『**新旧加州土地法**』外務省，大9（英文併記，付：加州在留日本人ノ現勢）　〈AU-1454-1〉

39. 『一九二四年米国移民法制定及之ニ関スル日米交渉経過』外務省，大13
〈AU-631-E5〉
40. 外務省通商局編『移民保護規則及施行細則』外務省通商局第二課，明27（付：英訳）　〈YDM301037〉
41. 『移民保護法及施行細則』外務省通商局，明29（付：外務省告示第7号）
〈YDM37401〉

　アメリカは，1875年（明8）「出身国で政治犯罪以外の重罪を犯し有罪判決を受けた外国人の入国を禁止する法律」（Act.Mar.3,1875,C.141,18 Stat.477）を制定し，外国人犯罪者や売春婦の入国を禁止した。この法律により，初めて移民はその「質」により規制されることになった。

　1885年（明18）「予約労働者移住禁止条例（契約移民禁止令）」（Act.Feb.26,1885,C.146,23 Stat.332）では，芸人・美術家・音楽家・講演者・教育者・宗教家とその従者を除く，全ての外国人予約労働者（契約労働者）の米国移住が禁止された。そして，1891年（明24）「改定外国人移住条例（移民法）」（Act.Mar.3,1891,C.551,26 Stat.1084）では，更に，精神薄弱者・貧困者・疾病者・伝染病患者が追加され，移民制限の傾向が顕著になっていった。1898年（明31）7月，アメリカのハワイ併合により，1900年（明33）6月からハワイにも「契約移民禁止令」が適用され，以後アメリカへの移民は，全て「自由移民」となった。

　排日運動の温床カリフォルニア州では，1913年（大2），帰化不能外国人の土地所有禁止と借地期限の制限を趣旨とする「外国人土地法」が施行された。帰化不能外国人とは実質的には日本人のことであり，この法律は「排日土地法」と呼ばれる。1920年（大9），帰化不能外国人の借地禁止，帰化不能外国人の親が子の後見人として土地を購入することを禁止する，「修正外国人土地法」いわゆる「インマン法」が成立し，この動きは，米国太平洋沿岸諸州へと波及していった。

　1924年（大13）の「合衆国への外国人の入国を制限する法律（1924年移民法）」（Act. May 27, 1924,C.190,43 Stat.153）は，「アジア移民禁止地帯 Asiatic Barred Zone」条項により人種的制限を規定した「1917年移民法」とともに，現行法に至るまでの最も重要な法律である。この法律は，「出身国別割当制度 National Origins Quota System」の規定により移民の「量」を規制した。また，帰化不能外国人の入国拒否を規定（13条C項）することで，日本人のアメリカへの移民禁止が決定的になったのである。他のアジア人は既に移民禁止となっており，この規定は明らかに唯一日本人をその対象としたものであり，「排日移民法」と呼ばれる所以である[13]。

Ⅰ．注
1) 移民以前の日本・ハワイの関係及び文献につき詳しくは，渡辺礼三『ハワイの日本人日系人の歴史』上巻，ハワイ報知社，1986，pp1-67及び，石川榮吉『日本人のオセアニア発見』平凡社，1992を参照。万延元年の遣米使節に関する文献は，渡辺同書（pp.68-89），石川同書（pp.137-234）を始め，枚挙に遑がないが，日米修交通商百年記念行事運営会編『万

延元年遣米使節史料集成』全7巻,風間書房,1960-61がまず参照されるべきものであろう。同『史料集成』第6巻は,遣米使節一行のハワイ寄港を巡るハワイ王国新聞記事及び米国における動静を伝える合衆国新聞記事(何れも英文)を収録し,第7巻には,概説(「総説編」),資料の解説及び1961年までの解題文献目録(「資料編」)が収録されている。

「元年者」につき,今井輝子「『元年者』移民無免許ハワイ渡航問題についての一考察」『津田塾大学紀要』11:1979.3,pp.37-66,同「近代日本最初の集団海外移住とその波紋—『元年者』移民無許可ハワイ渡航について」『移住研究』17:1980.3,pp.1-11等を参照。

2) 「外務省外交史料館」は,外務省記録の保存・公開及び『日本外交文書』の編纂を行なうために設置され,1971年(昭46)4月に開館した。

「官約移民の数」につき,児玉正昭『日本移民史研究序説』渓水社,1992は,外務省記録「日本人民布哇国へ出稼一件(官契約) 出稼人名簿之部」《3.8.2.5-14》,在ホノルル日本総領事館の各年報告(『官報』掲載)及びハワイ国移民局年報の統計の異同について比較考察し,移民研究の基本的,実証的分野の遅れを指摘する(pp.138-141)。児玉正昭「官約移民数について」『広島県史研究』7:1982.3,pp.75-93,注[7],Ⅲ注[2]の文献及び『沖縄県史料 移民名簿Ⅰ,Ⅱ』(後述Ⅲ[2]100)「解題」pp.10-12,10-14も参照せよ。

「ヴァン・リード」についての外務省記録は,「布哇国総領事『ウエンリート』無免許本邦農民傭入同国へ渡航一件」《3.8.2.1》,「アーウィン」については「本邦移民布哇渡航一件」《3.8.2.3》「在本邦各国領事任免雑件 布哇国之部」《6.1.8.3-15》「外国人叙勲雑件米国人之部」《6.2.1.5-7》他に見られる。

「カラカウア王」訪日の件は,外務省記録「外国貴賓ノ来朝関係雑件 布哇、埃及、韓国、『アフガニスタン』之部)」《6.4.4.1-2》にファイルされ,『日本外交文書』第14巻にも「布哇国皇帝来航ノ件」として収載されている(pp.260-270)。これにつき,渡辺前掲書,pp.405-468参照。また随員アームストロングの『周航随行記』の抄訳に,荒俣宏,樋口あやこ共訳『カラカウア王のニッポン仰天旅行記』小学館,1995がある。ハワイ側資料は,州立文書館,ビショップ・ミュージアムが所蔵。ハワイ側文献についても渡辺前掲書が整理している。

3) アラン・T・モリヤマ『日米移民史学—日本・ハワイ・アメリカ』PMC出版,1988(Imingaisha: Japanese emigration companies and Hawaii, 1894-1908.の翻訳)も,「外務省記録」に多く依拠した研究であるが,その引用「外務省記録」を,分類番号順にリスト・アップしている(pp.293-302)。

4) Matsuda, Mitsugu. The Japanese in Hawaii: An Annotated Bibliography of Japanese Americans. rev. ed., Univ. of Hawaii, 1975〈移(四)-Y11〉は「ハワイにおける日本人」に言及した『日本外交文書』(ハワイ大学所蔵)の巻数及び頁を抽出している(p.183)。村上義和・橋本誠一編「近代外国人関係法令年表(1)~」『法経研究』(静岡大学)41(1):1992.4~は,『日本外交文書』をその引用典拠とし,関連事項欄に移民関係事項を収録する。

5) 領事報告を資料とした研究として,児玉正昭『明治後期のハワイ移民と移民会社に関する研究—領事報告からみたハワイ移民』文部省科学研究費補助金一般研究C研究成果報告書,1989〈Y151-S62510181〉,同前掲書,pp.180-222(第一編 第五章 領事報告からみた移住地の状況),『官報』掲載の統計資料に基づく研究に,吉田秀夫「明治初年のハワイ出稼(上)(下)」『拓殖論叢』3(2):1941.10 pp.1-53, 3(3):1942.1 pp.1-34(吉田秀夫

『日本人口論の史的研究』河出書房,1944に再録)等がある。
6) 「井上外務大臣ヨリ『ホノルル』在勤安藤総領事ノ赴任ニ際シ宛テタル訓令案」『日本外交文書』第19巻,明19,pp.470-471参照。『布哇糖業報告』は『通商報告』及び『日本外交文書』に登載 (1・3-6は第19巻, pp.482-506。2については,報告3註に「今回送達セラレタルハ糖業報告第三編ニシテ第二編ヲ缺ク」とあり、7・8についても登載されなかったようである。9は第20巻,pp.388-394)。その後も『続布哇糖業報告』として報告,登載されたが,糖業関係以外に,参考となる農工商関係記事及び日常雑事の報告も多くなり,結局1-9を以て『布哇糖業報告』が印刷刊行された。
7) ハワイへのいわゆる「官約移民」(明治18-27年の間に26回行なわれた) は,当初この「渡航約定証書」に基づいて行なわれたが,現地雇用主との間でトラブルが多発し,その対応に苦慮した。そこで明治19年 (1886),「日布渡航条約」が締結され,条約締結以前の第1回,第2回の移民に対しても,適用されることとなった。明治20年,ハワイ砂糖価格の下落により,「渡航約定証書」も改正され,第4回移民より適用された。「約定証書」は,その後も部分改正され,本書収載の契約書も何度かの改正を経たものである。児玉前掲『序説』pp.18-21,115-128,『日本交文書』第19巻,pp.461-470,第20巻,pp.350-456参照。

第4回移民より適用された改正で,渡航費用が自己負担となったが,これは「日布渡航条約」違反であるとして,議会に「布哇国移住民ニ関スル質問」書(明治26年2月17日付) が提出された。『帝国議会衆議院議事速記録』6巻 (第4回議会 下) 第37号,pp.831-834〈BZ-6-11ほか〉参照。

「渡航約定証書」には本書に収載される「農夫」用の他に,ハワイ政府の周旋による「水夫 (ハワイ商船水夫,荷物揚卸工夫)」出稼人用のものもある。児玉『序説』pp.118-123参照。児玉は,「このような呼寄型の出稼人を官約移民に加えるかどうかで人数に違いが生ずる」としている。同書,p.123参照。阪田安雄は「19世紀後半にアメリカに渡航した日本人と『移民統計』―偽る数字―」『キリスト教社会問題研究』38:1990.3,pp.51-102において,逆の意味で (水夫には通常の旅券が下付されない),アメリカ行旅券発給数とアメリカ「移民統計」数値との齟齬を指摘する。
8) 本報告は,『殖民協会報告』18:1894.10,pp.43-81に転載されている。

清水精三郎には『英領加奈陀移民事情報告』という調査報告もあるが,原本は確認できなかった。なお本報告は,文献26『移民調査報告』〈YDM41413〉第1回に収録されている。
9) 本報告は,『殖民協会報告』19:1894.11,pp.47-95に転載されている。
10) 本報告は,『殖民協会報告』31:1895.11 pp.23-64,32:1895.12 pp.45-72に転載されている。
11) 諸井六郎在ホノルル総領事は大正5年2月着任,同8年8月に帰朝した。その間,「木曜午餐会 Thursday Luncheon Club」という日系人の学習・交流会を創立した (大7.9.19)。ヌアヌ街YMCAのカフェテリアで午餐をとった後,ゲスト・スピーカーの講演を聴くというもので,爾来脈々とその伝統は受継がれている。参会者の顔ぶれに,相賀安太郎日布時事社長,奥村多喜衛牧師,原田助博士等々,ゲストには,三浦環,上山草人,藤原義江,竹久夢二……と時代が偲ばれる。金武朝起編『木曜午餐会六十五周年・故諸井総領事追悼記念誌』木曜午餐会,1984〈移(四)-21〉参照。
12) 粂井輝子『外国人をめぐる社会史―近代アメリカと日本人移民』雄山閣,1995,pp.208-

218は，本文書及びカリフォルニア大学ロサンゼルス校（UCLA）日系人研究プロジェクト（JARP）コレクション資料（後述）に依拠し，この間の日本人社会の動静を伝える。

13) 中国人は，1882年「中国人排斥法 *Chinese Exclusion Act*」(Act. May 6, 1882, C.126, 22 Stat.58)により，日本とフィリピンを除く他のアジア人は，1917年「外国人の入国並びに居住を規制する法律」(Act. Feb. 5, 1917, C.29, 39 Stat.874)によって移民禁止となっていた。1922年11月13日，アメリカ最高裁は「日本人は，コーカサス人種ををを指す白人ではなく，従って市民権を得る資格のない（帰化不能）外国人である」旨の判決を下した。―Ozawa v. U.S., 260 U.S. 178-199(1922)―〈CU-2113-3〉参照。この最高裁判決を受けて，1924年「排日移民法」が成立した。フランク・F・チューマン『バンブー・ピープル』上巻，サイマル出版会，1978(The Bamboo People: The Law and Japanese - Americans.の翻訳), pp.100-108, Daniels, Roger. Asian America: Chinese and Japanese in the United States since 1850. Univ. of Washington Pr., 1988, p.151, Ichioka, Yuji. The Issei: The World of the First Generation Japanese Immigrants, 1885-1924. Free Pr., 1988, pp.210-226（邦訳『一世 黎明期アメリカ移民の物語』pp.233-250）等参照。

「排日移民法」で初めて規定された，WASP (*White Anglo-Saxon Protestant*) 至上主義を背景にした「出身国別割当制度」は，その後の移民割当算出の基礎となり，「1952年移民国籍法」（いわゆる「マッカラン・ウォルター法」）にも踏襲された。しかし，「1965年修正移民法」（いわゆる「ケネディ・ジョンソン法」）が，1965年10月3日，大統領官邸ではなく，晴天のニューヨーク湾リバティ島，移民国家アメリカの象徴「自由の女神」の下でジョンソン大統領によって署名された時，「40年間アメリカの移民政策を歪めてきた……（ジョンソン大統領演説）」この制度は廃止された。

文献39『一九二四年……』は，特別議会が閉会する前に急遽編纂，両院議長に送付されたものであり，懸案中の問題について，多数かつ最新の外交文書が公表された嚆矢である。「排日移民法」発効の7月1日を「国辱の日」（徳富蘇峰）「米禍記念日」（対米同志会）とし，国をあげての排米運動が展開された。この間の事情につき，粂井前掲書，pp.184-192参照。日露戦争後，明治後期から大正年間にかけて，日米戦争をテーマにした近未来戦争小説が数多く刊行されたのも，アメリカにおけるこのような排日運動が大きく影響していたと思われる。横田順彌『明治「空想小説」コレクション』PHP研究所，1995（3 われら，かく戦えり）参照。「排日移民法」を，17年後の「現実の」真珠湾攻撃の濫觴だとする見方も少なくない。「排日土地法」及び「排日移民法」についての文献は後述する。

アメリカ合衆国移民法の沿革について，香山直之『外国人の出入国管理に関する各国の法制について』（『法務研究報告書』第42集第2号），川原謙一『アメリカ合衆国における外国人出入国管理の実証的研究』（『法務研究報告書』第43集第5号）が有用であるが，国立国会図書館〈未所蔵〉。布井敬次郎『米国における出入国及び国籍法』上巻〈解説編〉（第一章 米国移民法の歴史的背景），有斐閣，1985，川原謙一『アメリカ移民法』信山社，1990（第一章 移民法の歴史）は，数少ない概説書。関野昭一「アメリカ合衆国における外国人の法的処遇」宮崎繁樹編著『亡命と入管法―各国における法的処遇』築地書館，1971, pp.55-94は，1952年「マッカラン・ウォルター法」現行法時での概要であるが，合衆国移民法の沿革をコンパクトに纏めている。

II 府県庁等地方公文書・県史等地方史誌

　移民が特定県の, 更に特定地域に集中していること（移民卓越地域）の諸要因については, 既に多くの優れた研究があるが, いわゆる「非移民」県でさえ, 移民が皆無だった訳ではない。これら移民送出の構造分析及び比較研究に際し, 地方公文書, 利用の便からすれば, それらを基に編纂された地方史誌は,「日本全域における出移民の状況を把握し, 各県のもつ特性を相対化する」ための諸情報を提供する資料として重要である[1]。

[1] 地方公文書

　名称の如何はともかく, 地方における公文書は, 行政系列に従って下記のように分類されている[2]。近年の歴史資料保存及び文書館設置の弛まざる運動の成果として, 徐々にではあるが, これら膨大な量の公文書についての所在情報及び利用体制が整備されつつあるといえるだろう[3]。しかし, 極めて重要ではあるが, 移民資料としての各地方公文書の内容及びその検索方法について, 本稿で逐一記するには, 余りに制約が多過ぎよう。基本文献を掲示し, 注により補筆するに留める[4]。

```
├─府県庁文書
│　　慶応4年の府県設置から地方自治法成立前昭和20年までの公文書。戦後の行
│　政資料まで含める考え方もある。府県の合併・改廃による新管轄県への引継ぎ,
│　文書保存規則による廃棄処分, そして震災・戦災による焼失と, その現存状況
│　は各県各様である[5]。
├─郡役所文書
│　　明治11年「郡区町村編制法」から大正10年「郡制廃止法」による郡役所廃止
│　（大15）に至るまでの郡政文書。郡役所は, 約50年近くに亘り府県行政の出先
│　機関として, 国政委任事務や県政事務を遂行し, その文書の史料的価値は高い。
│　これらの文書は, 郡役所廃止時に「主として府県に引継がれているはず」だが,
│　その概要についての確たる論考は殆どない[6]。
├─戸長役場文書
│　　明治4年「戸籍法」による戸籍区設置から明治22年の市制・町制施行までの
│　戸長及び大小区等関係文書[7]。
├─市町村役場文書
│　　明治22年の市制・町村制施行以降の市役所・町村役場の行政文書。
```

これら地方公文書の所在情報について，例えば次のような文献によって，刊行目録等の有無と所蔵史料の概略を知ることができる。これらの文献は，[2]地方史誌における都道府県史等の検索にも共用のものである。

（【　】内略号は資料の内容をあらわす
目録：目録の情報　　図書：関連一般図書
史誌：地方史誌の情報）

○地方史研究協議会編『**歴史資料保存機関総覧**』2冊（「東日本」「西日本」）増補改訂版，山川出版社，1990　　　　　　　　　　　　　　　　〈UL55-E7〉
　　初版（1979，〈UL55-21〉）刊行後10年間の大幅な機関増加に伴う改訂版。5,820機関を収録し，各都道府県の冒頭頁に史料保存状況と保存機関の概観をおく。【目録】
○全国歴史資料保存利用機関連絡協議会編『**JSAIデータブック全国歴史資料保存利用機関連絡協議会機関会員総覧 '94**』第一法規出版，1994　　〈UL2-E13〉
　　全国歴史資料保存利用機関連絡協議会に加盟する110機関（1993年9月アンケート時）の公文書，行政刊行物等所蔵史料に関する情報を収録。【目録】
○一橋大学経済研究所日本経済統計文献センター編『**明治期における府県総括統計書書誌―『勧業年報』によるデータベース編成事業報告書（6）**』一橋大学経済研究所日本経済統計文献センター，1982，（統計資料シリーズ No.25）　〈DA49-124〉
　　各都道府県の簿冊保存状況（主要目録を含む）の記述あり。附録の参考文献目録には，簿冊保存状況に記載されている以外の簿冊目録を収録する。【目録】
○国文学研究資料館史料館編『**近世・近代史料目録総覧**』三省堂，1992 〈GB1-E33〉
　　史料館が1991年10月現在所蔵する目録類約4,700タイトルを収録。地方史誌類や逐次刊行物に掲載された目録も含む。「史料所在情報の調査・収録経過」等「解題」も示唆に富み有用である。『史料館所蔵目録一覧 近世史料・郷土資料の部』（国立史料館，1980,1979.10現在〈GB1-55〉）の増補改訂版となるもの。【目録】
○国立国会図書館参考書誌部編『**日本地方史誌目録総覧**』国立国会図書館，1971
　　　　　　　　　　　　　　　　　　　　　　　　　　　　　　　　〈GB1-16〉
　　主に国立国会図書館が所蔵する，明治から昭和45年（1970）12月までに刊行された地方史誌目録。国立国会図書館未所蔵のものについては，関係書目より採録。行政資料目録，文書目録，史料目録を含む。【目録＋解題（部分）】
○名著出版編集部編『**全国市町村史刊行総覧**』名著出版，1989　　〈GB1-E13〉
　　戦後刊行された自治体編纂・発行の市町村史（都道府県史を含む）を，1988年（昭63）3月末現在で収録。刊行を準備中のものについて日程が付される等，各自治体へのアンケート結果ならではの情報も多い。【史誌】
○阿津坂林太郎編『**地方史文献総合目録**』上・下巻・索引，巌南堂書店，1970-82
　　　　　　　　　　　　　　　　　　　　　　　　　　〈GB1-6〉〈GB1-107〉

上巻(戦前編)には,1868年(明治元)から1944年(昭19)までに刊行若しくは手稿・手写された地方史6,635タイトルを,下巻(戦後編)には,1945年(昭20)から1970年(昭45)までに刊行されたもの約5,500タイトルを収録。【史誌】

○中村誠司『**沖縄の字誌等刊行資料目録―市町村別1982〜1992**』1992 〈未所蔵〉
○クオリ編『**全国地方史誌関係図書目録 1994―国立国会図書館納本非流通図書―**』クオリ,1995 〈GB1-G9〉

国立国会図書館発行『日本全国書誌』から,地方史誌及び関係図書を抽出,その書誌情報を県別市町村別に配列。1989年版(1990年発行)〜年刊。(1995年版が1996年11月に刊行されている。)【目録・史誌・図書】

○日外アソシエーツ編『**日本近代史図書目録**』日外アソシエーツ,1994,(歴史図書総目録 4) 〈GB1-E51〉

1945年(昭20)から1990年(平成2)までに刊行された,近代(明治維新から太平洋戦争敗戦)関係図書を「網羅的に集めた」もの。「地方史」の分野見出しの下,地方史一般,地方,自治体史,自治体史史料と細分化される。【目録・史誌・図書】

○岡田陽一・小杉生奈子『**全国地方史誌文献案内 歴史・民俗・考古 1992**』上・下巻,三一書房,1995 〈GB1-G2〉

1992年(平成4)に刊行された地方史誌の図書及び自治体発行報告書等,いわゆる非流通図書を中心に収録,解題したもの。岡田陽一『全国地方史誌文献案内 歴史・民俗・考古1989〜1991』上・下巻,三一書房,1993〈GB1-E49〉に続くものである。『1989〜1991』版では,各都道府県の冒頭頁に「県史の動向」として,県史の構成・目録等の概要を記す。【目録・史誌・図書+解題】

○国文学研究資料館史料館編『**史料館収蔵史料総覧**』名著出版,1996 〈GB5-G19〉

史料群一件ごとに出所情報,歴史,数量,内容等を記す,史料群ごとの概要目録。史料館収蔵史料への「総合ガイド」を意図したもの。

(本目録は,「国立史料館」の収蔵史料目録であるが,ISAD(G)(国際標準記録史料記述:一般原則 *General International Standard Archival Description*)を配慮する等,今後の史料目録編纂のモデルとなるべきものと思われるので紹介する[8]。

[2] 地方史誌

地方史誌編纂刊行における諸問題については,編纂終了後の史資料の利用・保存体制とも絡み,これまでに多々論じられてきたところである[9]。ここでは,移民資料の情報源としての地方史誌について述べることが主眼であるので,その問題については言及しない。

地方史誌も,その行政レベルに応じて,都道府県史,市町村史,或いは沖縄の「字」誌に至るまで多種多様である。戦前・戦後を通じ,都道府県レベルでは,殆どの自治体がその史誌を編纂・刊行している[10]。

地方史誌における「移民」の扱いにつき,移民研究会編「日本の移民研究 動向と目

録」(書誌事項につき後述)が,「県人海外発展史」の類も加え整理している[11]。これらを参考にし,戦後刊行の県史レベルでの移民に関する主な記述を纏めると,次のようになる。[12]

> ……以下の記述は,県史においては章・節・項目等の題を,発展史等においては個人の経歴情報・名簿類の「題」を表す。北米以外の地域のみ記述の場合は,項目・該当頁数に下線を付した。なお,満蒙のみの場合省略したものもある。
>
> —平成8年12月末現在—

青　森＊青森県海外協会編『青森県海外移住史』青森県,1971,366p〈DC812-11〉……「移住地で活躍する県人」(写真入名鑑)「国別,出身地域別,個人移住者名簿」

宮　城＊宮城県史編纂委員会編『宮城県史 6 厚生』宮城県史刊行会,1960〈212.3-M592-M〉……厚生事業史/海外移植民,pp.41-42

　　　＊宮城県海外協会編『海外移住に牽かれた人々』宮城県海外協会,1969,369p〈未所蔵〉

秋　田＊秋田県海外移住史編集委員会編『南十字星とともに―秋田県海外移住70年の歩み―』秋田県,1978,699p〈DC812-85〉・南米

山　形＊山形県編『山形県史 本編4 拓殖編』山形県,1971〈212.5-Y241y-(s)〉……第三編 南方諸地域/第一章 ハワイ移民,pp.837-854

　　　＊山形県編『山形県史 5 近現代編下』山形県,1986〈GC31-55〉……移民と昭和むらの建設,p.743

群　馬＊群馬県史編さん委員会編『群馬県史 資料編21 近代現代5 政治・社会』群馬県,1987〈GC52-37〉……社会生活/社会生活一般/<u>ブラジル移民・群馬村の概況,pp.886-890</u>

神奈川＊神奈川県県民部県史編集室編『神奈川県史 各論編1 政治・行政』神奈川県,1983〈GC74-3〉……神奈川県下の海外移住,pp.591-621

　　　＊神奈川県企画調査部県史編集室編『神奈川県史 資料編11 近代・現代(1)』神奈川県,1974〈GC74-3〉……<u>罹災者ブラジル移住計画の件通牒,p.784</u>

新　潟＊新潟県編『新潟県史 通史編7 近代2』新潟県,1988〈GC85-70〉……第二章 日露戦争後の政治と社会/第三節 生活難と民衆/四 移民と出稼ぎ,pp.338-350

　　　＊新潟県編『新潟県史 資料編19 社会文化編』新潟県,1983〈GC85-70〉……第二章 移民・出稼ぎの本格化/第四節 移民と出稼ぎ/<u>海外移民の増加とペルー移民事件,pp.215-230</u>

富　山＊富山県編『富山県史 通史編5 近代上』富山県,1981〈GC89-3〉……第七章 県民生活の諸相/第一節 農村の疲弊と県外移住/六 本県からの海外移住,pp.846-851

　　　＊富山県編『富山県史 通史編6 近代下』富山県,1984〈GC89-3〉……第七章 不況と戦争の中の県民生活/第二節 <u>ブラジル・満蒙への移住,pp.1000-1029</u>

　　　＊富山県編『富山県史 史料編7 近代下』富山県,1982〈GC89-3〉……III 社会/二 社会問題/(8) 移住・移民・出稼,pp.1089-1126

— 19 —

山　梨＊東京オリンピック郷土訪問海外県人歓迎委員会編『山梨県海外移住史』［山梨県］，1965，180p〈未所蔵〉……「海外山梨県人住所録」
　　　＊山梨県海外協会創立50周年記念行事実施委員会編『山梨県海外協会創立50周年記念誌』［山梨県海外協会］，1980，214p〈未所蔵〉
長　野＊長野県編『長野県史 通史編8 近代2』長野県史刊行会，1989〈GC117-29〉……第四章 県民生活の向上と娯楽・スポーツ/第一節 県の人口構成と県民の海外移住/三 県民の海外移住，pp.373-383
　　　＊永田稠編『信濃海外移住史』信濃海外協会，1952，324p〈DC812-81〉
静　岡＊静岡県海外移住協会編『静岡県海外移住史』静岡県海外移住協会，1970，192+134p〈DC812-17〉……「海外在住静岡県人名簿」
三　重＊三重県編『三重県史 資料編 近代4 社会・文化』三重県，1991〈GC145-70〉……第三章 第一次大戦後の生活と文化/第二節 海外移住，pp.1048-1064，第四章 戦時下の生活と文化/第二節 海外移住/132 三重県人の海外移住状況，p.1163
　　　＊［三重県人北米発展史編纂委員会編］『三重県人北米発展史』三重県海外協会，1966，349p〈未所蔵〉
滋　賀＊滋賀県史編さん委員会編『滋賀県史 昭和編2 行政編』滋賀県，1974〈GC149-25〉……第九章 人口と地域構造/第一節 人口構成の推移/1 人口推移の概要/海外移住者，pp.816-817
兵　庫＊兵庫県海外発展史編集委員会編『兵庫県海外発展史』兵庫県，1970，756+24p〈DC812-63〉……「海外における兵庫県人の足跡」
和歌山＊和歌山県史編さん委員会編『和歌山県史 近現代1』和歌山県，1989〈GC178-16〉……終章 海外移民，pp.947-1026
　　　＊和歌山県編『和歌山県移民史』和歌山県，1957，1193p〈334.4-W38w〉……（本文中収載者の）「人名索引」
鳥　取＊鳥取県編『鳥取県史 近代4 社会編・文化編』鳥取県，1969〈217.2-To575t₂〉……第三章 社会保障の進行/第七節 海外移住と引揚援護/一 移住の奨励，pp.392-395（ブラジル）
　　　＊鳥取県海外協会編『鳥取県海外移住史 第1編 鳥取県海外協会史（戦前の部）』鳥取県海外協会，1967，54p〈未所蔵〉
岡　山＊岡山県史編纂委員会編『岡山県史 10 近代1』岡山県，1985〈GC216-63〉……第五章 明治後期の産業と経済/第一節 農林水産業の発展/八 移民，pp.478-486
広　島＊広島県編『広島県史 近代1』広島県，1980〈GC221-7〉……Ⅶ 資本主義確立期の社会問題/一 海外への移民，pp.988-1035
　　　＊広島県編『広島県史 近代2』広島県，1981〈GC221-7〉……Ⅲ 社会問題と社会運動/七 人口の流動と海外への移民/3 海外への移民，pp.629-654
　　　＊広島県編『広島県史 近代現代資料編3』広島県，1976〈GC221-7〉……第二部 日清・日露戦争期/Ⅰ 移民問題，pp.89-130
　　　＊広島県編『広島県移住史 通史編』広島県，1993，640+57p〈DC812-E111〉……後述42参照

	*広島県編『広島県移住史 資料編』広島県，1991,958p〈DC812-E111〉……後述43参照
	*広島県編『広島県移住史 資料編』第一法規出版，1991，(外売版)〈DC812-G13〉
山 口	*準備中[13]
徳 島	*徳島県史編さん委員編『徳島県史 5』徳島県，1966〈218.1-To4533t₂〉……第二章 経済/第二節 土地と人口/二人口/(五)海外移住 p.206
香 川	*香川県編『香川県史 6 通史編 近代2』香川県，1988〈GC247-36〉……第十六章 暗い谷間の時代/第七節 海外移住/一 ブラジル移民，二 満州開拓民，pp.572-598
	*香川県編『香川県史12 資料編 近代・現代史料2』香川県，1988〈GC247-36〉……第十六章 暗い谷間の時代/第六節 海外移住/一 南米移住，二 満州移住，pp.646-673
愛 媛	*愛媛県編『愛媛県史概説 下巻』愛媛県，1960〈218.3-E362e〉……外編/第五章 移民，pp.562-602
	*愛媛県史編さん委員編『愛媛県史 部門史 社会経済5 社会』愛媛県，1988〈GC252-47〉……愛媛県の海外移住，pp.443-658
	*愛媛県史編さん委員編『愛媛県史 資料編 社会経済 下』愛媛県，1986〈GC252-47〉……第四章 海外移住，pp.845-949
高 知	*高知県編『高知県史 近代編』高知県，1970,〈218.4-Ko6753k₂〉……第六章 経済と社会/第五節 開拓移住と海外移民，pp.303-323
佐 賀	*[佐賀県編]『佐賀県海外移住史』佐賀県農林部農業振興課，1986〈DC812-E20〉……「佐賀県の海外移住機関と在外佐賀県人会(現存する組織)」「海外移住者名簿(市町村別)」
熊 本	*熊本県編『熊本県史 近代編2』熊本県，1962〈219.4-Ku7962k₂〉……第一二章 社会厚生/第一節 社会/二 熊本県と海外発展，pp.695-702
	*熊本県編『熊本県史 近代編3』熊本県，1963〈219.4-Ku7962k₂〉……第一三章 社会・厚生/第三節 熊本県人の海外発展，pp.518-526
	*熊本県編『熊本県史 近代編4』熊本県，1963〈219.4-Ku7962k₂〉……第一三章 社会・厚生/第一節 社会/二 熊本県人の海外発展，pp.531-535（南米）
	*熊本県編『熊本県史 現代編』熊本県，1964〈219.4-Ku7962k₂〉……第一三章 社会・厚生/第一節 社会/二 熊本県人の海外発展，pp.709-716
宮 崎	*宮崎県総務部総務課編『宮崎県民の海外発展 20年のあゆみと新しい海外への道』宮崎県，1973,338p〈DC812-51〉・南米
鹿児島	*鹿児島県編『鹿児島県史 4』鹿児島県，1967(1943の復刊)〈219.7-Ka177k₂〉……第三編 県政の躍進/第七章 社会事業/第六節 移植民，pp.1096-1101.
	*鹿児島県編『鹿児島県史 5』鹿児島県，1967〈219.7-Ka177k₂〉……第九章 農業/第十四節 海外移住，pp.649-651
沖 縄	*沖縄県教育委員会編『沖縄県史 7 各論編6 移民』沖縄県教育委員会，1974〈219.9-O559〉……後述44参照
	*沖縄県教育委員会編『沖縄県史 7 各論編6 移民』国書刊行会，1989(1974年刊の複製)〈GC311-E65〉

上記県史等のうち，とりわけ『広島県移住史』及び『沖縄県史 7 移民』は，両県ともに有数の「移民県」だけあって，質量ともに他の追随を許さないものがある。特に『広島県移住史』は，その編集にあたって「かならずしも広島県に限定せず，日本人移民に関する重要事項を必要におうじて取り入れるようつとめた」結果,「日本移民史」とでも言うべき内容となっている[14]。

42. 広島県編『**広島県移住史　通史編**』広島県，1993, 640+57P　〈DC812-E111〉
　　　明治期（出稼ぎ移民），大正期（出稼ぎより永住定着へ），昭和前期（移民奨励より国策移民へ），昭和後期（移民中絶から再開へ）という，各期移民の特質に着目した章立ての下，ハワイ・北米・中南米・アジア等への（広島県）移民を詳述する。広島県移民が多かったハワイ・北米に関する記述の比重が大きい。巻末に「海外渡航者統計（1　都市別渡航者数，2　主な渡航地別渡航者数，3　渡航地別渡航者，4　渡航地別送金・持戻金）」「広島県移住史年表」を付す。

43. 広島県編『**広島県移住史　資料編**』広島県，1991, 958p　〈DC812-E111〉
　　　「広島県民の海外移住に関する資料を体系的に編集・収録し，巻末に解説を付」す。「ハワイへの移民」「北米大陸への移民」「中南米への移民」「オセアニア・アジア地域への移民」「海外移民と広島県」「戦争と移民」「第二次大戦後の海外移住」の七章から構成され，収録資料には表題が付され，ほぼ年代順に配列されている。『通史編』同様多くの移民研究者の協力を得て，県内・国内はもとより，海外諸機関所蔵の資料も数多く収録する。巻末の「解説」は，そのまま「日本移民史」及び「日本移民史資料」の概説となっている[15]。

44. 沖縄県教育委員会編『**沖縄県史　7　各論編6　移民**』沖縄教育委員会，1974, 571+70p　〈219.9-O559〉
　　　沖縄における移民の重要性を反映し，「移民史」を県史中の一巻に充てる唯一のもの。上記『広島県移住史』に比べると，やや読みにくいという印象が残るが，沖縄における史料状況や発行年（1974）を考慮すれば，やはり先駆的業績として評価されるべきものである。「総説」「移民の社会的背景」「海外移民の展開」「県外出稼ぎと県内移住」「国策としての拓殖移住」の五章から成り，「付表」に，移民数・海外在留者数・送金額等の基本統計（本文中の統計及び『県史 20 沖縄県統計集成』収録の統計は除く）を収録。県史に引き続き，『沖縄県史料』が刊行中であり，「移民名簿」（後述，Ⅲ［2］102）等が収録されている。

Ⅱ. 注

1) 個別の研究につき，移民研究会編『日本の移民研究　動向と目録』日外アソシエーツ，1994, pp.17-30, 44-49を参照。児玉前掲『日本移民史研究序説』は，外交史料並びに市町村役場文書，戸長役場文書を始めとする地方公文書史料に広く依拠した好例である。
2) 本分類は，『日本古文書学講座』第9巻　近代編Ⅰ，雄山閣，1979における項目立てに拠った。

3) いわゆる「全史料協」(全国歴史資料保存利用機関連絡協議会)運動の経緯につき,佐久間好雄「全国歴史資料保存利用機関連絡協議会の歩み」地方史研究協議会編『地方史の新視点』雄山閣,1988(地方史研究協議会第37回大会論文集)pp.204-236が資料も含めよく整理されているが,「公文書館法」制定 (1987.12)以前での纏め。全史料協編『日本の文書館運動―全史料協の20年―』岩田書院,1996は全史料協結成20年の軌跡と戦後の歴史史料保存運動を俯瞰し,現時点での到達点を示す。
4) 詳しくは,前掲『日本古文書学講座』第9巻(上條宏之「府県庁文書」pp.260-275,「郡役所文書」pp.276-282,大井隆男「戸長役場文書」pp.282-290,「市町村役場文書」pp.291-302),木村礎編『文献資料調査の実務』柏書房,1974,(地方史マニュアル 2)(海野福寿「戸長役場文書」pp.130-144,大井隆男「市町村役場文書」pp.145-164,高橋善七「県庁文書」pp.165-183),古島敏雄「明治前期郷土史研究法」古島敏雄・和歌森太郎・木村礎編『郷土史研究講座』6,朝倉書店,1970,pp.1-25,大島美津子「地方行政関係史料」『日本近代思想大系』別巻(近代史料解説・総目次・索引),岩波書店,1992,pp.144-151等を参照。また,『日本古文書学講座』第11巻 近代編III,雄山閣,1979は,「5 文書館・公文書館の近代文書とその分類」として,国立公文書館・外務省外交史料館・国文学研究資料館史料館・北海道総務部行政資料課・福島県文化センター歴史資料館・埼玉県立文書館・東京都公文書館・京都府立総合資料館・大阪市立図書館・山口県文書館・藤沢市文書館の例を紹介する。
5) 高橋「県庁文書」(p.167)によれば,太平洋戦争時の空襲により22府県で全焼,4都県が半焼となっている。現在の保管場所も,府県庁の倉庫,県立・議会等の図書館,公文書館,資料館と,各都道府県の事情に応じて多様である。また,所管以外の所蔵機関として,「国文学研究資料館史料館」(群馬・愛知両県庁文書,戸長役場等文書)「天理図書館」(各県庁文書)等がある。

「国立公文書館」では,明治7年に太政官達147「歴史編輯例則」により各使府県に提出を命じた沿革史料の稿本2,166冊(「府県史料」)を所蔵,公開している(高橋同書及び,桐澤昭夫「国立公文書館所蔵文書」『文献資料調査の実務』pp.184-196を参照)。これの成立経緯,内容につき,福井保「『府県史料』の解題と内容細目」『北の丸』2:1974.3,pp.67-125〈Z21-441-TO #〉が詳しい。
6) 木村編前掲書も,「郡役所文書の行方がはっきりしない。……諸賢の御教示をえたい。」として,郡役所文書についての解説を断念している(pp.18-19)。上條前掲「郡役所文書」は,長野県における個別事例を基にしたものである。長野県編『長野県史 近代史料編2(2)郡政』長野県史刊行会,1982は,県内諸機関・個人蔵の史料を始め,国立公文書館,国文学研究資料館史料館,東京大学,早稲田大学等広く県外諸機関所蔵史料をも収集・収録し,郡政解明に資する貴重な一巻となっている。
7) 海野前掲「戸長役場文書」は静岡県(榛原郡五和村旧蔵文書),大井前掲「戸長役場文書」は長野県(上水内郡小川村・大日向家文書)の事例を中心にしたものである。なお,戸長役場史料についての最新の研究に,丑木幸男「戸長役場史料論(一)〜」『史料館研究紀要』24:1993.3〜がある。
8) 同『総覧』,「編集にあたって」pp.3-13を参照。

ISAD(G)は,記録史料記述の国際的標準化を図るべく,ICA(国際文書館評議会 *International Council on Archives*)が1994年に公表した。その解説及び日本語訳につき,国

際文書館評議会記述基準特別委員会編「国際標準記録史料記述：一般原則」ICA Ad Hoc Commission on Descriptive Standards.ISAD(G)：General International Standard Archival Description,1994.『記録と史料』6：1995.9,pp.106-117を参照。

青山英幸「『史料館収蔵史料総覧』を手にして」『史料館報』65：1996.8,pp.1-4は、『総覧』「各史料群記載項目およびその作業上の記述項目」とISAD(G)の記述要素を比較し、更に将来の「ガイド」作成への建設的意見も示し、「書評」の枠を超えて刺激的である。

9) 詳しくは、以下の文献を参照されたい。　児玉幸多・林英夫編『市町村史等刊行の実務』柏書房，1975,（地方史マニュアル10），藤本篤「地方史誌編纂と編纂体制」前掲地方史研究協議会編『地方史の新視点』, pp.102-117, 西垣晴次「自治体史編纂の現状と問題点」『岩波講座日本通史』別巻2（地域史研究の現状と課題），岩波書店，1994,pp.33-56，「今日の自治体史編纂〈特集〉」『歴史評論』506：1992.6,pp.11-74,「戦後五〇年 史料の公開と保存〈座談会〉」『日本歴史』577：1996.6,pp.143-182,「市町村文書館の創造〈特集〉」『記録と史料』7：1996.10,pp.1-49, 高橋実『文書館運動の周辺』（第二編 史料保存運動と公文書館法）岩田書院，1996（高橋の近刊に『自治体史編纂と史料保存』がある。）

10) 地方史誌の編纂状況につき、西垣前掲書，pp.43-50，沖縄における「字」誌づくりにつき，田里修「戦災実態調査と字誌」前掲『岩波講座日本通史』別巻2,pp.385-398, 中村誠司「沖縄の『字誌』づくり」『記録と史料』5：1994.9,pp.32-39を参照。

唯一，自治体がその県史を編纂していないのは奈良県である。県史関係についてこれまでに，古文書・古記録に依拠した『大和志料』が，県教育委員会から大正3-4年に刊行され，奈良県史編集委員会編『奈良県史』名著出版発行が，昭和59年（1984）から現在刊行中である。その公刊の言葉は次のようである。「……由来，『奈良県史』公刊は極めて難事業として実現することなく，県史未公刊の全国唯一県たる所以も，実は県史が国史たることにも起因したのであろう。しかしながら，戦後における県内市町村史の公刊は……驚異的に進捗し……当然のことながら斬新な視野を一県単位に求める動向が急速に進展し，ここに念願の『奈良県史』公刊の気運が熟したわけである。……」。しかし，文書館・史料館がないという事情も反映してか，「通史編」「資料編」という構成による，いわゆる県の編纂になる『県史』は，依然として刊行されていない。

11) 村川庸子「県史及び県人海外発展史」（pp.17-21），石川友紀「沖縄県における移民史研究の現状」（pp.44-49）参照。

12) 村川の言うように，「ほぼ全て（完全ではない）の県史」を所蔵する国立国会図書館に於いてさえ，多数巻に亘り，ある場合は異なる請求記号を持つ等，明治期刊行のものから現在刊行中のものまで，県史を網羅的に調査するには，かなりの時間と忍耐が必要であろう。

本稿では，県史レベルのみを対象としたが，市町村レベルでの「史誌」及び「発展史」は，より地域に密着した，ミクロな資料源として重要である。『坂町海外活躍史』（広島県），『周防大島町誌』（山口県），『宜野座村誌』『北中城村史』『国頭村海外移民史』（沖縄県）等いわゆる「移民県」の市町村はもとより，例えば，移民数が必ずしも多くはない青森県の，鶴田町という町の町誌にも，「第十五章 世界へ飛躍する鶴田町/第一節 フード・リバー市と姉妹都市締結/第二節 移民と鶴田町・南米移民と鶴田町」（鶴田町町誌編纂委員会編『鶴田町誌 下巻』鶴田町，1979,pp.883-915）という章があり，オレゴン州への移民の一大拠点である *Hood River* との姉妹都市締結の経緯や海外活躍者のプロフィールが記

— 24 —

述されている。
13) 山口県では，1992年（平成4）山口県史編さん委員会を発足，同時に県史編さん室を開設し，『山口県史』の編纂事業を開始した。約20年間の計画で「通史編」「資料編」合わせ四十余巻の刊行を予定。この過程での調査・研究を逐次紹介，蓄積していく一環として『山口県史研究』（年刊）を刊行，調査事項等の進捗状況が「編さん室報告」に掲載されている。1996年（平成8）5月には，第1回『山口県史 史料編 中世1』が刊行された。広島県と並ぶ一大「移民県」であるので，「移民」に関する扱いに注目したい。
14) 『広島県移住史 資料編』解説，p.917，『同 通史編』あとがき参照。沖縄においては，先の沖縄戦で，戦前の文書類全てが灰燼に帰したのであり，『沖縄県史』の編集にあたっても，在京の「公的機関が所蔵する史料の調査収集から始めざるをえなかった」という事情が存在する。中村前掲書，p.32。沖縄県では，『県史』(1965-77)に引き続き『沖縄県史料』が刊行中（1978～）であり，「沖縄公文書館」の開館（1995年）とも相俟って，地域史（市町村史誌，字史誌）としての移民史編纂が益々盛んになると思われる。石川前掲書 参照。
15) 『広島県移住史』編纂のための，海外諸機関の資料調査状況につき，安藤福平「広島県移住史海外調査報告」『広島県立文書館紀要』2：1990.3, pp.100-119を参照。

III 統計・名簿・名鑑・年表

統計・名簿・年表類も，I及びIIにおいて述べた外交史料，地方公文書・地方史誌等のなかに，一次データとして重要な資料が含まれている[1]。ここでは，それらも視野に入れながら，それらを基に編纂，加工された二次的資料としての刊行物を中心に略述する。

[1] 統計

移民に関する調査・研究において，統計数値は，最も基本となる資料であるが，前述I外交史料 注2)7)でも触れたように，各統計数値間の齟齬や当該統計の時代背景等，その数値の信頼度についての検証が必要である場合も少なくない[2]。

また，『帝国統計年鑑』や諸官庁「統計年報」から「府県統計書」，市町村統計に至るまで，移民送出における社会的・経済的統計データを利用する際には，戦前期の統計編成業務の実態及び特徴を捉えておくことも，最低限必要であろうか[3]。

以下主要な書誌・目録及び統計書を掲げ，移民に関するどのような数値が収載されているのか，纏めてみたい。

○内閣統計局編『**統計資料解題**』全国経済調査機関聯合会，昭11　　〈722-54〉
○内閣統計局編『**統計資料解題**』復刻版，大空社，1988　　〈D1-E27〉

各省庁・学校・民間調査機関・諸団体等に照会して得られた報告を基礎に，内閣統計局の調査によるものを補足，重要性を勘考し，多少取捨した統計資料を収録。「解説之部」（統計の概要及び書誌的事項）と「索引之部」（事項別索引及び五十音順索引）からなる。

　移民に関する統計資料については，事項別索引の款「2．人口」の項「在外本邦人」「渡航及移民」の各事項に付された索引番号により，解説之部に収録された資料を検索する。（例えば，「帰国移民員数」には，42.1235.8219と索引番号が付され，その番号により，当該統計数値は『日本帝国統計年鑑』の「2．人口-42 移民」（索引番号42），『大正八年—昭和三年海外渡航及在留本邦人統計』の「第十一表帰国本邦移民員数年表」（索引番号1235）及び『海外移住統計』（拓務省）の「一六 在留地別帰国本邦海外移住者員数表」（索引番号8219）に在ることがわかる。しかし，『最近十年間移民渡航許可員数及最近十年間帰国員数表』も，タイトルの示す通り，在留地別帰国移民員数を掲載しているが，索引にはその索引番号1224が付されていない。このような例は他にもあり，検索の際は注意する必要がある。）

　本書に収録される移民関係統計資料は次の通りである。（各統計に収録される事項については後掲各統計を参照せよ）

　　　内閣統計局　　　＊日本帝国統計年鑑
　　　外務省亜米利加局＊外国旅券下付者数表
　　　　　　　　　　　＊移民員数種別表
　　　外務省通商局　　＊昭和五年在外本邦人国勢調査報告
　　　　　　　　　　　＊昭和五年在外本邦人国勢調査職業別人口表
　　　　　　　　　　　＊自大正二年至同十二年渡航地別海外渡航者数表
　　　　　　　　　　　＊最近十年間移民渡航許可員数及最近十年間帰国員数表
　　　　　　　　　　　＊大正八年—昭和三年海外渡航及在留本邦人統計
　　　外務省調査部　　＊海外各地在留本邦人人口表
　　　　　　　　　　　＊海外在留本邦人送金額調査
　　　拓務省大臣官房　＊拓務統計
　　　拓務省拓務局　　＊海外移住統計

○細谷新治『**明治前期日本経済統計解題書誌 富国強兵篇（上の1-3，下，補遺）**』一橋大学経済研究所日本経済統計文献センター，1976-80，（統計資料シリーズ No.4, 8, 11, 3, 14）　　　　　　　　　　　　　　　　　　　　　　　　〈D1-123〉

　明治元年から，近代統計調査体系が確立した明治17年（『統計年鑑』「府県統計書」の様式が定められ，明治18年には太政官制にかわり内閣制度が設けられ，統計院が廃止され統計局が設置された。）までの明治前期における，総括統計書，各省の業務総括統計書，業務年報等につき，所在・統計内容注記，沿革等解題を付し，この期統計調査の実態を把握する。

○『**明治以降都道府県統計書総合目録**』国立国会図書館一般考査部，1958，（昭和31年6月現在）　　　　　　　　　　　　　　　　　　　　　　　　　　　〈350.31-Ko548m〉

○『都道府県統計書目録』東京大学経済学部, 1965, (和書主題別目録 3)
〈350.31-To456t〉
○『総理府統計局図書館都道府県統計書目録 昭和56年3月現在』総理府統計局図書館, 1981 〈D1-293〉
○一橋大学経済研究所日本経済統計文献センター編『明治期府県の総括統計書解題—『勧業年報』によるデータベース編成事業報告書(1)』一橋大学経済研究所日本経済統計文献センター, 1980, (統計資料シリーズ No.15) 〈DA49-124〉
○一橋大学経済研究所日本経済統計文献センター編『明治期における府県総括統計書書誌』 〈DA49-124〉
　前掲II [1] 参照
○一橋大学経済研究所日本経済統計文献センター編『「郡是・市町村是」資料目録』一橋大学経済研究所日本経済統計文献センター, 1982, (付：産業調査書) (統計資料シリーズ No.23) 〈D1-324〉
○一橋大学経済研究所日本経済統計情報センター編『「郡是・市町村是」資料目録 追録・総索引』一橋大学経済研究所日本経済統計情報センター, 1994, (統計資料シリーズ No.47) 〈D1-324〉
　「郡是・市町村是」とは、「統計のための調査ではなく、是、すなわち政策の樹立・実行のための調査を主眼と」するものであり、その調査の企画、立案は各自治体、農会によって行なわれた。農業が国家の基幹だった時代の農村構造、地域経済及び地方行政の調査資料として重要である[4]。

---

45. 内閣統計局編『日本帝国統計年鑑』1-59回（明15-昭15）, 東京統計協会, 明15-昭16, (56回以降は『大日本帝国統計年鑑』) 〈351-N6892-N〉
　各省庁の統計報告を原資料とし、必要な場合は直接府県に照会して編纂。国勢全般にわたり、主要事項に関する統計資料を収録する、わが国で最も包括的、基礎的な統計書。昭和16-23年の間中断したが、戦後、1949年（昭和24）に『日本統計年鑑』〈351-N689-S〉として復刊された。『日本帝国統計年鑑』の戦前の刊行態様は、以下の通りである[5]。　（なお本年鑑を長期にわたり利用する際は、復刻版を含めた、参考図書室排架の資料〈Z41-788-(SA #)-B, DT31-7〉が便利である。）
　　統　計　院/統計年鑑（明15）・第二統計年鑑（明16）～第四統計年鑑（明18）
　　内閣統計局/日本帝国第五統計年鑑（明19）～
　　内閣統計課/日本帝国第十三統計年鑑（明27）～
　　内閣統計局/日本帝国第十八統計年鑑（明32）～
　　国勢院第一部/日本帝国第三十九統計年鑑（大10）・日本帝国第四十統計年鑑（大10）
　　統　計　局/第四十一回日本帝国統計年鑑（大11）～
　　内閣統計局/第四十三回日本帝国統計年鑑（大13）～第五十六回大日本帝国統計年鑑（昭12）～第五十九回大日本帝国統計年鑑（昭16）

(本年鑑を長期にわたり利用する際は、復刻版を含めた、参考図書室排架の資料〈Z41-788-(SA #)-B, DT31-7〉が便利である。)

移民関係統計は、「2. 人口」に収録されている。

〈収録統計/第53回（昭9年刊）に拠る〉

* 外国旅券下付人員 (外務省調査/大13-昭8 公用, 修学, 農業, 商業, 漁業, 視察等目的別旅券下付男女人員)[6]
* 移民 (外務省調査/大13-昭8 渡航地別男女渡航許可員数〈移民取扱人によるもの、よらないもの別〉及帰国移民数、在外本邦人総金額……昭7以前は渡航地別はなし/昭8府県別男女渡航許可員数〈移民取扱人によるもの、よらないもの別〉、在外本邦人総金額。職業別男女渡航許可員数〈移民取扱人によるもの、よらないもの別〉。年齢5, 20, 30, 50歳未満, 50歳以上男女渡航許可員数〈移民取扱人によるもの、よらないもの別〉)
* 在外内地人 (外務省調査/昭7年10月1日 洲国別, 本邦在外領事館管内別 在外内地人男女数)
* 在外本邦人職業別 (昭5年10月国勢調査/洲国別 職業大分類別在外本邦人男女数)

46. 日本統計協会編『**日本長期統計総覧**』全5巻、日本統計協会、1987-88

〈DT31-E1〉

明治元年(1868)から昭和60年代に至る、約120年にわたる『日本帝国統計年鑑』『日本統計年鑑』等の統計を、長期時系列で編集したもの。

移民関係は、第1巻（2 人口）に掲載。(戦後のみの統計は省略した)

統 計 表 題（掲載期間）	原 資 料 名
* 男女別海外在留日本人数（明14-昭13）	……内閣統計局『日本帝国統計年鑑』各年版
* 男女別旅券下付人員（明治元-昭9）	……法務省『海外渡航及在留本邦人統計』昭5,『昭和8年海外移住統計』/内閣統計局『56回大日本帝国統計年鑑』
* 渡航目的別旅券下付人員（明32-昭9）	……法務省『旅券下付数及移民統計』大10,『海外渡航及在留本邦人統計』昭5,『昭和8年海外移住統計』/内閣統計局『56回大日本帝国統計年鑑』

（上記原資料名は、『日本長期統計総覧』「注記及び資料」(p.350)よりの引用であるが、「法務省」は「外務省」の誤り。また、『昭和8年海外移住統計』は「拓務省」所管の誤りか。）

47. 東洋経済新報社編『**明治大正国勢総覧**』東洋経済新報社、1975,（『東洋経済新報』創刊30周年記念出版 第2輯昭和4年刊の複製） 〈DT31-11〉

明治元年から大正15年まで59年間の「国勢観察上必要な統計的事実」をすべて収録しようと試みたもの。

移民関係は、第六篇（土地気象人口）及び附録（各国国勢比較）に掲載。

統 計 表 題（掲載期間）	原 資 料 名
＊海外在留本邦人国別及職業別人口表（大9.10現在）	……内閣統計局『帝国統計年鑑』各年版
＊目的別外国旅券下付人員累年表（明13-大14）	……内閣統計局『帝国統計年鑑』各年版
＊各国移出入民比較表（大2-14）	……内閣統計局『国際統計摘要』
＊各国在留外国人比較表（明43調-大13調）	……内閣統計局『国際統計摘要』

48．東洋経済新報社編『**完結昭和国勢総覧**』全4巻，東洋経済新報社，1991

〈DT31-E7〉

　『昭和国勢総覧』全2巻，東洋経済新報社，1980〈DT31-24〉を全面的に改訂したもの。各省庁等公的機関調査の統計を基本とし，一部，民間機関・個人の調査をも含み，昭和期（大15-昭63）における国勢各部門の推移を計数的に総括する。
　移民関係は，第1巻（2 人口・労働力）及び第3巻（20 国際比較統計）に掲載。「資料解説」「統計調査要覧」等を収録する第4巻も有用である。（戦後のみの統計は省略した）

統 計 表 題（掲載期間）	原 資 料 名
＊戦前の海外在住本邦人（大15-昭13）	……拓務省『拓務統計』昭10，昭13
＊主要在留地別の海外在住本邦人（昭10）	……拓務省『拓務統計』昭10
＊渡航許可官庁別の移民渡航者（昭5,10）	……拓務省『拓務統計』昭10
＊戦前の渡航地別移民渡航者（大15-昭12）	……拓務省『拓務統計』昭10，昭13
＊戦前の主要在留地別在外邦人（大15-昭13）	……内閣統計局『日本帝国統計年鑑』各年版
＊戦前の移民，非移民別海外渡航者(大15-昭12)	……拓務省『拓務統計』昭10，昭13

49．東洋経済新報社『**国勢調査集大成 人口統計総覧**』東洋経済新報社，1985

〈DT221-255〉

　明治5年から昭和59年に至る100年の日本の人口推移と将来動向を把握するために」大正9年の第1回から昭和55年第13回までの「国勢調査」を中心に，その他の公的機関調査の各種人口統計を合わせ，集大成したもの。
　移民関係は，Ⅰ人口（Ⅰ-1 全人口）及びⅢ 人口動態［2］（社会動態）（Ⅲ-1 人口移動）に掲載。（戦後のみの統計は省略した）

統 計 表 題（掲載期間）	原 資 料 名
＊戦前の男女別海外在留日本人数（明14-昭13）	……内閣統計局『日本帝国統計年鑑』各年版

50．『**わが国民の海外発展 移住百年の歩み(資料編)**』外務省大臣官房領事移住部，[1971]

〈DC812・18〉

　戦前・戦後の海外移住統計を編集，収録。戦前の統計は下記の通り。

- *時代別，地域別，邦人移住者数（明治元-昭20）
- *年次別，地域別，邦人移住者数（明治元-昭20）
- *渡航地別本邦海外移住者員数表（明32-昭10）
- *明治元年から同33年までの旅券交付数（明治元-明33）
- *旅券下付数累年比較（明治元-明38）
- *国別，年別，在留日系人数（明治37年-昭43，5年毎）
- *在外同胞職業別人口（昭10年10月1日現在）

51. 『マイクロフィルム版 明治年間府県統計書集成』全500リール，雄松堂フィルム出版，1963，（付：『マイクロフィルム版 明治年間府県統計書集成 解説（山口和雄）・収録書総目録』） 〈YD-77〉

52. 『マイクロフィルム版 大正・昭和年間府県統計書集成』全636リール，雄松堂フィルム出版，1963-71，（付：『マイクロフィルム版 大正・昭和年間府県統計書集成 増補改訂版 収録書総目録』） 〈YD-78〉

53. 外務省亜米利加局編『移民渡航者統計』刊行期間不明　〈未所蔵〉

54. 外務省亜米利加局編『外国旅券下付者数表』明治元年-終期不明　〈未所蔵〉
(典拠：上掲『統計資料解題』)

外国旅券下付者数に関する統計を移民・非移民に分け，以下の事項を収録。

〈収録統計/昭8年調に拠る〉
- *渡航地別の再渡航，初渡航別男女数
- *渡航地別の渡航目的別男女数，同伴者数
- *旅券下付及渡航許可官庁別男女数
- *移民旅券下付出発港地方庁別男女数

55. 外務省亜米利加局編『移民員数種別表』明31-終期不明　〈未所蔵〉
(典拠：上掲『統計資料解題』)

移民渡航許可員数に関し，以下の事項を収録。

〈収録統計/昭8年調に拠る〉
- *昭和1-8年渡航許可男女員数（移民取扱人によるもの，よらないものの別），帰国移民男女数，再渡航移民男女数
- *昭和8年同渡航地別
- *職業別渡航許可男女数（移民取扱人によるもの，よらないものの別）
- *年齢別渡航許可男女数（移民取扱人によるもの，よらないものの別）
- *官庁別渡航許可男女数（移民取扱人によるもの，よらないものの別）
- *取扱人別の契約移民，非契約移民別渡航許可男女員数
- *出発港地方庁別の契約移民，非契約移民別渡航許可男女員数

56. 外務省通商局編『海外各地在留本邦人職業別表』外務省通商局
明治40-43年 各12月31日現在調，外務省通商局，明42-44，4冊 〈YDM45469〉
大正2-8年 各6月末現在調，外務省通商局，[大3-9]，7冊　〈14.4-336〉

〈収録統計/大正8年調に拠る〉
- *第四表 南北亜米利加（各領事館管内，119の職業別本邦内地人男女員数，前年同期

- との増減比較, 戸数)
  - ＊付録 海外在留地別本邦内地人々員表/各年六月末現在海外在留本邦内地人々員比較表（明43-大8年）

57. 外務省通商局編『**旅券下付数及移民統計 明治元年-大正九年**』外務省通商局, 大10　　　　　　　　　　　　　　　　　　　　　　　〈DC812-151〉

  〈収録統計〉
  - ＊旅券下付数累年比較(明治元-8年累計, 明9-39各年 渡航地別, 旅券下付男女員数)
  - ＊旅券下付数 (明39-大9 渡航地別, 各県別, 旅券下付男女員数)
  - ＊渡航地及目的別旅券下付数(明32-大7年累計 公用, 修学, 農業, 商業, 漁業, 視察, 移民等目的別, 男女別旅券下付数/大3-8 渡航地別, 公用, 修学, 農業, 商業, 漁業, 視察, 移民等目的別, 旅券下付男女員数)
  - ＊海外在留本邦人男女別 (大4-9 地域別, 戸数, 男女別海外在留本邦人人口)
  - ＊移民渡航許可数 (明31-大9 渡航地別, 移民取扱人によるもの〈契約移民・非契約移民別〉, 移民取扱人によらないもの別移民渡航者男女員数/移民取扱人別〈契約移民・非契約移民別〉男女員数/年齢20以下, 30以下, 40以下, 40以上男女員数/渡航許可地方官庁別, 移民取扱人によるもの〈契約移民・非契約移民別〉, 移民取扱人によらないもの別移民渡航者男女員数)
  - ＊北米合衆国本土, 布哇及英領加奈陀ニ渡航シタル本邦人月別(明41-大9 標記地域別, 移民〈再渡航・呼寄・組合農夫等目的別〉, 非移民〈公用・修学・商用・視察等目的〉, 月別渡航者男女員数)
  - ＊北米合衆国本土, 布哇及英領加奈陀ヨリ帰国シタル本邦人月別(明41-大2 標記地域別, 一等・二等・三等船客別, 月別帰国者員数/大3-9 標記地域別, 一等・二等・三等船客別, 月別帰国者男女員数)

58. 外務省通商局編『**海外渡航及在留本邦人統計 大正八年-昭和三年**』外務省通商局, 昭5　　　　　　　　　　　　　　　　　　　　　　　〈14.4-847〉

　大正8年から昭和3年まで10年間の, 本邦人海外渡航者, 移民渡航者, 帰国移民及び海外在留邦人に関する統計を編纂, 収録。大正9年以前については, 上掲『旅券下付数及移民統計』に収録する。

  〈収録統計〉
  - ＊本邦人海外渡航者員数年表(明治元-30 海外渡航者男女員数/明31-昭3 非移民, 移民別海外渡航者男女員数)
  - ＊渡航地別本邦人海外渡航者員数年表(明11-大7, 大8-昭3 渡航地別海外渡航者男女員数)
  - ＊旅券下付官庁別本邦人海外渡航者員数年表(明39, 大5, 大8-昭3 官庁別海外渡航者員数)
  - ＊渡航目的別海外渡航者員数年表(明32, 42, 大8-昭3 公用, 修学研究, 農業, 視察遊歴, 再渡航, 再渡航者に同伴又は呼寄家族, 移民等目的別海外渡航者員数)
  - ＊渡航地別本邦移民渡航者員数年表(明32, 42, 大8-昭3 渡航地別移民渡航者男女員数)
  - ＊渡航許可官庁別本邦移民渡航者員数年表(明32, 42, 大8-昭3 渡航許可官庁別移民渡航者員数)

* 移民取扱人別本邦移民渡航者員数年表（大8-昭3 移民取扱人によるもの〈契約移民・非契約移民別〉，移民取扱人によらないもの別移民渡航者男女員数）
* 初渡航及再渡航別本邦移民渡航者員数年表（大13-昭3 初渡航，再渡航〈帰国後1年経過しないもの・帰国後1年以上経過したもの別〉別移民渡航者員数）
* 職業別本邦移民渡航者員数年表（大13-昭3 職業別移民渡航者男女員数）
* 年齢別本邦移民渡航者員数年表（大8-12 年齢5，20，30，40未満，40歳以上別男女員数/大13-昭3 年齢5，5-20，20-30，30-50未満，50歳以上別男女員数）
* 帰国本邦移民員数年表（明41-大7，大8-昭3 在留地別帰国移民員数）
* 海外在留本邦人員数年表（明37，大3，8-昭3 在留地別本邦人員数）

59. 外務省通商局編『**在外本邦人国勢調査報告**』昭和5年，外務省通商局，昭6
〈14.4-891〉

内閣統計局の要求により，昭和5年国勢調査と同時に行なった在外邦人についての調査結果を編集したもの。邦人の分布状況，年齢，配偶関係，職業に関する概要並びに関係諸統計を収録する。

〈収録統計〉
* 人口（洲別，国別，在外帝国領事館管轄区域別 男女人口）
* 民籍別人口（洲別，国別，在外帝国領事館管轄区域別 内地人，朝鮮人，台湾人別男女数）
* 民籍及年齢別人口（洲別，国別 内地人，朝鮮人，台湾人別年齢0-14，15-19，20-29，30-39，40-49，50-59，60以上，不詳別男女数）
* 民籍及配偶関係別人口（洲別，国別 内地人，朝鮮人，台湾人別未婚，有配偶，死別，離別，不詳別男女数）
* 民籍年齢及配偶関係別人口（洲別，国別 上掲年齢別及び配偶関係別事項男女数）
* 職業（中分類）別人口（洲別，国別，在外帝国領事館管轄区域別 職業大分類及び中分類別男女数）
* 民籍及職業（小分類）別人口（洲別，国別 内地人，朝鮮人，台湾人別職業小分類別男女数）

外務省通商局編『**在外本邦人国勢調査職業別人口表**』昭和5年，外務省通商局，昭6
〈14.4-885〉

上掲『国勢調査報告』から，職業に関する統計のみを収録し，別冊としたもの。

〈収録統計〉
* 在留本邦人ノ分布（洲別，国別，在外帝国領事館管轄区域別 男女数）
* 在留本邦人ノ民籍及ビ職業（洲別，国別，在外帝国領事館管轄区域別 内地人，朝鮮人，台湾人別男女数/職業大分類及中分類別男女数）

60. 外務省通商局編『**在外本邦実業者調**』昭和10，11年12月末現在，外務省通商局，昭12
〈670.35-G13z〉

昭和10年12月末及び昭和11年12月末現在の，海外在留邦人又は本邦人経営の，営業主等・称号・営業種別・資本・取引高等・使用人員を，各領事館管内ごとに纏めたもの。機密扱い。北米は，以下の領事館管内の各市，地方ごとに収録する。
* 在ホノルル総領事館管内　* 在ロスアンゼルス領事館管内（昭和9年末調査分）

＊在桑港総領事館管内(報告遅延のため巻末に追録) ＊在シャトル領事館管内 ＊在ポートランド領事館管内 ＊在紐育総領事館管内 ＊在シカゴ領事館管内 ＊在ニューオルレアンス領事館管内 ＊在晩香坡領事館管内 ＊在オタワ領事館管内

61. 外務省通商局編『**海外各地在留本邦人職業別人口表**』大正9,11-13年 各6月末現在調,外務省通商局,［大10,12-14］,4冊 〈14.4-336〉

  大正14-15年,昭和2-3年 各10月1日現在調,外務省通商局,［大15-昭2,昭3-4］,3冊 〈14.4-336〉

  大正9年12月1日内閣訓令第1号「国勢調査ノ職業ニ関スル標準分類」に拠り,在外帝国公館からの報告に基づいて調製したもの。

  〈収録統計/昭和3年調に拠る〉
  ＊第一表 海外各地在留本邦内地人人口表(在留地別男女員数/前年同期在留数/対前年増加人口)
  ＊第二表 海外各地在留本邦内地人人口比較表(大正8-昭和3年)(年別在留人口,対前年増加人口)
  ＊第二十表 在シヤトル及ポートランド領事館管内
  ＊第二十一表 在桑港総領事館管内 ＊第二十二表 在ロス・アンゼルス領事館管内
  ＊第二十三表 在紐育総領事館,シカゴ及ニュー・オルレアンス領事館管内附玖馬国
  ＊第二十四表 布哇
  ＊第二十五表 英領加奈陀
  (各領事館管内 本業者・家族別60の職業別男女員数/各領事館管内 州・地方別男女員数)

62. 外務省通商局第三課編『**海外各地在留本邦人人口表**』昭和6年10月1日現在-昭和7年10月1日現在,外務省通商局,［昭7-8］,2冊 〈14.4-942〉

  昭和6,7年10月1日現在の在外帝国公館報告に基づいて編纂した,海外在留本邦内地人の「国別人口」「在外公館別男女人口」「職業別人口」及び「明治三十七年乃至昭和六年ニ於ケル比較数」を収録。

  〈収録統計/昭6年調に拠る〉
  ＊海外各地在留本邦内地人数 ＊在外公館別在外本邦内地人数 ＊職業別在外本邦内地人数 ＊海外各地在留朝鮮人及台湾人数 ＊海外各地在留本邦内地人数(明37-昭6) ＊海外在留本邦内地人数増減比較(明37-昭6) ＊昭和五年在外本邦人国勢調査職業別人口表

63. 外務省調査部第二課編『**海外各地在留本邦人人口表**』昭和8-11年 各10月1日現在,外務省調査部,［昭9-12］(調 第8,35,77,112号),4冊 〈14.4-942〉

  在外帝国公館の報告に基づき,在外本邦人の人口を洲別,国別,在外公館別,地域別及び職業別(大分類)に編成,収録。

  〈収録統計/昭11年調に拠る〉
  ＊在外本邦人国別及在外公館別人口 ＊在外本邦内地人国別人口 ＊在外本邦内地人在外公館別人口 ＊在外本邦内地人国別,洲別及職業別(大分類)人口 ＊在外本邦内地人職業別(大分類)人口累年比較(昭5-11) ＊在外本邦内地人職業別(大分

類）人口増減比較（昭5年度及び10年度との比較）　＊在外本邦内地人国別及洲別人口累年比較(明37-昭11)　＊在外本邦内地人男女別人口(明37-昭11)　＊在外本邦内地人人口増減比較(明37-昭11)　＊在外本邦内地人国別及職業別（細分類）人口一覧　＊在外本邦内地人国別及職業別（細分類）人口一覧

64. 外務省調査部編『**海外各地在留本邦内地人職業別人口表**』昭和10-12, 14年 各10月1日現在調, 外務省調査部, 昭11-13, 15（調 第83,115,156,208号）,4冊

〈14.4-336〉

上掲63と同事項統計を，細分類職業別としたもの。

〈収録統計-昭14年調に拠る〉
- ＊在外本邦内地人国別及職業別（大分類）人口
- ＊在外本邦内地人五大洲別及職業別（大分類）人口
- ＊在外本邦内地人職業別（大分類）人口累年比較（昭5-14）
- ＊在外本邦内地人職業別（大分類）人口増減比較（昭5年度及び13年度との比較）
- ＊在外本邦内地人国別職業別（細分類）人口一覧
- ＊在外本邦内地人職業別（細分類）一覧前年トノ増減比較
- ＊在外本邦内地人在外公館別及職業別（細分類）人口

65. 外務省調査部編『**在外本邦人調査報告**』昭和10年, 外務省調査部, 昭11

〈14.4-604〉

昭和10年10月1日に於ける国勢調査と同時に，在外公館を通じ，海外各地在留本邦人について調査した結果を編集。邦人の分布状況，年齢，配偶関係，常住地等の概要並びに関係諸統計を収録する。上掲59と同趣旨のもの。

〈収録統計〉
- ＊在外内地人
- ＊年齢（11区分）別在外内地人
- ＊配偶関係別在外内地人
- ＊年齢（11区分）及配偶関係別在外内地人
- ＊常住地別在外内地人

66. 外務省調査部編『**海外在留本邦人送金額調査**』大正7-終期不明　〈未所蔵〉

（典拠：上掲『統計資料解題』）

海外在留邦人の送金額について，内地各地方庁に委嘱調査した結果に基づき編纂したもの。

〈収録統計/昭8年調に拠る〉
- ＊海外在留本邦人送金額調（昭8府県別 在外人員, 送金人員, 在留地別送金額）
- ＊最近十年間海外在留本邦人送金額調（国別）（大13-昭8在留地別送金額）
- ＊最近十年間海外在留本邦人送金額調（地方庁別）（大13-昭8海外在留本邦人送金額）

67. 外務省移住局編『**海外移住統計**』外務省移住局, 1964　〈334.41-G13k〉

「全般的移住者統計」「渡航費貸付移住者統計」「戦前の移住統計」「海外諸国の在留同胞調査」「世界の海外移住統計」を収録。「戦前の移住統計」は次の通りで

ある。
    〈収録統計〉
    * 時代別，地域別，邦人移住者数
    * 年次別，地域別，邦人移住者数
    * 明治元年から同33年までの旅券交付数
    * 旅券下付数累年比較（明治元-38）
    * 渡航地別本邦海外移住者員数表（明32-昭16）

68. 外務大臣官房領事移住部編『**海外在留邦人数調査統計**』外務大臣官房領事移住部，1968〜　　　　　　　　　　　　〈DT221-1,Z41-546-KO-Bほか〉
    （編，発行者は，組織変更により当該「課」名に変遷あり。また大蔵省印刷局発行の外売版もあり。）
    海外に在留する日本国民（3ヶ月以上の長期滞在者及び永住者）の実態を，外務省が毎年10月1日現在で調査，作成するもの。参考統計として，以下の戦前の統計を収録する。
    〈収録統計/平7年現在に拠る〉
    * 年別海外渡航者数（明治元-30 男女別/明31-昭9 移民，非移民別/昭10-16 移民，非移民別）
    * 年別海外在留邦人数（明37-昭13）

69. 『**海外移住統計**』昭和27〜44年度（1971）―昭和27〜47年度（1974.1），海外移住事業団　　　　　　　　　　　　　　　　　　　　　〈DC812-13〉
    「海外移住統計」昭和27〜48年度（1974.12）―昭和27〜59年度（1985），国際協力事業団　　　　　　　　　　　　　　　　　　　　　〈DC812-13〉
    「海外移住統計」昭和27〜60年度（1986）〜，国際協力事業団
    　　　　　　　　　　　　　　　　　　　　　　　〈Z41-4727-SA(KO)-B〉
    昭和27年度から各年度の間に国際協力事業団（海外移住事業団）が取扱った海外移住者及び海外開発青年（昭60〜），移住相談（昭59〜）についての統計資料を中心に，海外移住に関する参考統計資料を加え纏めたもの。戦前の統計は以下の通りである。
    〈収録統計/昭27〜平5年度に拠る〉
    * 図表 戦前の海外移住推移年譜　* 戦前（明治元-昭16）の国別移住者数　* 戦前（明32-昭16）の県別移住者数

70. 拓務大臣官房文書課編『**拓務統計**』昭和6-14年，拓務大臣官房文書課，昭8-16（昭14版発行者は日本拓殖協会）　　　　　　　　　〈14.4-860ほか〉
    外地官公署の調査報告に基づき，土地及気象，人口を始め，移植民及海外拓殖事業等拓務行政関係事項に関する統計を収録。参考として内地の統計も掲載する。創刊は昭和5年。移民関係は，「移植民及海外拓殖事業」中に以下の諸統計が収録されている。
    〈収録統計/昭6年版に拠る〉
    * 六大洲別海外在留本邦人

　　　　＊海外在留本邦人職業別人口
　　　　＊海外渡航者
　　　　＊海外渡航者各十年比較
　　　　＊取扱別移民渡航者
　　　　＊渡航許可官庁別移民渡航者
　　　　＊渡航地別移民渡航者
　　　　＊目的別移民渡航者
　　　　＊職業別移民渡航者
　　　　＊年齢別移民渡航者
　　　　＊初渡航及再渡航別移民渡航者
　　　　＊移民帰国者
　　　　＊列国移民

71．拓務省拓務局編『海外移住統計』昭和7年8月，8年10月，10年10月，11年10月，
　　拓務省拓務局，昭7-12　　　　　　　　　　　　　　　　　〈14.4-930〉
　　　外務省調査の移住関係統計，その他関係官庁の報告等から，本邦人の海外移住動態に関する統計を摘録転載したもの。昭和5年創刊。
　　　参考にした主な原統計資料及び収録統計は，下記の通りである。
　　　　〈原統計資料〉
　　　　外務省亜米利加局編『外国旅券下付者数一覧表』（各年印刷）
　　　　外務省亜米利加局編『移民渡航許可員数及種別表』（各年印刷）
　　　　外務省亜米利加局編『移民情報』（各月刊）
　　　　外務省亜米利加局編『非移民海外渡航者統計』『移民渡航者統計』『非移民渡航者統計』
　　　　外務省通商局編『旅券下付数及移民統計』（大10）
　　　　外務省通商局編『海外渡航及在留本邦人統計』（昭5）
　　　　外務省調査部編『海外各地在留本邦人職業別人口表』（各年刊）
　　　　内閣統計局編『日本帝国統計年鑑』（各年刊）
　　　　海外興業株式会社編『移民地事情』（各月刊）
　　　　〈収録統計/昭11年版に拠る〉
　　　　【一般渡航関係】
　　　　＊本邦人海外渡航者員数表（明治元-昭10　本邦人海外渡航者男女員数）
　　　　＊渡航目的別本邦人海外渡航者員数表（大15-昭10　公用，修学研究，農業，視察遊歴，再渡航，再渡航に同伴又は呼寄家族，移民等目的別海外渡航者員数）
　　　　＊渡航地別本邦人海外渡航者員数表（大15-昭10　渡航地別海外渡航者員数）
　　　　＊渡航許可官庁別本邦移民海外渡航者員数表（昭10年10月1日現在　官庁別海外渡航者員数）
　　　　【在留邦人関係】
　　　　＊海外在留本邦人人口比較表（明43-昭10　在留本邦人人口/対前年増加人口）
　　　　＊世界六大洲別在留本邦人人口表（大15-昭10　洲別在留本邦人人口）
　　　　＊在留地別海外在留本邦人人口表（大15-昭10　国別在留本邦人人口）

【海外移住関係】
* 渡航地別本邦海外移住者員数表 其の三 北米・其他各地の部（明32-昭10 渡航地別本邦海外移住者員数）
* 旅券下付官庁別本邦海外移住者員数表（明32-昭10 官庁別本邦海外移住者員数）
* 移民取扱人別本邦海外移住者員数表（明31-昭10 移民取扱人によるもの〈契約移民・非契約移民別〉，移民取扱人によらないもの別海外移住者男女員数）
* 年齢別本邦海外移住者員数表（明32-昭10 年齢5歳，5-20, 20-30, 30-50, 50歳以上別海外移住者男女員数）
* 職業別本邦海外移住者員数表（大15-昭10 職業別海外移住者男女員数）
* 在留地別帰国本邦海外移住者員数表（明41-昭10 在留地別帰国本邦海外移住者男女員数）
* 初渡航及再渡航別本邦海外移住者員数表（大15-昭10 初渡航，再渡航〈帰国後1年経過しないもの・帰国後1年以上経過したもの別〉別海外移住者男女員数）

【列国移民関係】
* 列国移出民表（1925-1934 国別出移民数）
* 列国移入民表（1925-1934 国別入移民数）

72. 拓務省拓務局編『**列国人口及移民統計**』昭和11年7月，拓務省拓務局，昭11
〈14.4-599〉

『日本帝国統計年鑑』『列国国勢要覧』（内閣統計局）及び League of Nations "Statistical Year-Book", ILO "Statistics of Migration", "ILO Year-Book"を参考に，列国の人口状態及び移住に関する統計を摘録転載したもの。

〈収録統計〉
* 列国の面積及人口　* 在留外国人（帝国……北米合衆国，加奈陀……）　* 最近三箇年間に於ける出生死亡及自然増加　* 列国の移民（……南北亜米利加洲の諸国……1927-34年の主要国に於ける純移動数）　* 一九二七年移出先別移民数（実数/割合）　* 一九二七年列国移民帰国数（実数/割合）

73. 『**海外旅券下付（附与）返納表進達一件**』外務省記録　《3.8.5.8》
旅券を発行された個人ごとに，本籍地・氏名・年齢・戸主との続柄・保証人名（又は移民取扱人名）・渡航地・渡航目的・旅券下付年月日・返納年月日を記載[7]。

[2] 名簿・名鑑

名簿・名鑑の類ほど，その必要とする資料に，個人差が著しいものはないだろう。加えて，「……名簿」「……名鑑」と冠されず，本文中に埋もれているものも多く，一人の移民の住所を，略歴を，そして写真を捜し出すのは，よほどの著名人か成功者の場合を除いては，まさに「幸運」以外の何物でもないだろう。さもなくば「資料が呼ぶ」時か。上記「統計」資料と異なって，一定の検索パターンといったものもないようだし，移民者の数ほどに，検索すべき資料の数があるといえるだろう。そこでこの項では，主に，特別資料室所蔵の開架資料を中心に，「移民者の埋もれた足跡を辿る」

一助となりそうな資料を，その名称の如何に関わらず列記する。なお，この項では，Ⅱ［2］地方史誌において記した，「県人海外発展史」類に収録される名簿等は再録しないので，当該資料も参照されたい。

（……以下の記述は，名簿・名鑑のタイトルがあれば，その「題」，名簿・名鑑が資料中の一部であるものについては，その該当ページ，【収録地域／収録年代／収録対象／略→略歴・写→写真／その他】を表す。）

【在外邦人団体】

74. 『在外邦人団体名簿（仮版）』外務省通商局，1932.11　　　　〈D4-544〉

「日本人会」（公共の利益を目的とし，内地の市町村に準ずる団体）と「各種団体」（日本人会以外の全ての法人団体）とに分かち，北米関係では，布哇（ハワイ）・加州（カリフォルニア）・央州（オレゴン）・華州（ワシントン）・其他・加奈陀（カナダ）の各団体につき，団体名・宛名（住所）・会員数・管轄在外公館を記し，備考欄に，日本人学校の経営，日本人共同墓地の管理，会報の発行等を略号を以て示す。

各種団体には，同県人・実業・男女青年・教育及学術・宗教・社交，慈善，体育其他の各団体が含まれる。例えば，ハワイの宗教団体のうちホノルルに限っても，昭和7年当時，40の団体があることが分かり，その勢力の指標である会員数も一目瞭然である。

【北米】

75. 『日系移民人名辞典　北米編』全3巻，別巻，日本図書センター，1993

〈D4-E422〉

第1巻：『在米日本人人名辞典』（日米新聞社，大正11年刊）の複製（書誌事項下掲79参照）

第2巻：曾川正男『布哇日本人銘鑑』（布哇日本人銘鑑刊行会，昭和2年刊）の複製（書誌事項下掲88参照）

第3巻：松枝與四松編『加奈陀在留同胞総覧』（日加時報社，大正9年刊）の複製　　　　〈原本未所蔵〉

……pp.43-478【英領カナダ／－／カナダ在留者約500名／略・写／原籍，現住所】

第4巻：『人名索引』本辞典全3巻に収録された，全ての人名を五十音順に配列し，各人の出身都道府県名を記す。別に県別索引も付す。

本辞典により，大正末期の北米及び昭和初期のハワイにおける日系移民約8,700名について調べることができる。北米の他の地方について，下掲84『山中部と日本人』所収「山中部日本人名鑑」（大正12年末調査）等を参照することで，同時期ハワイ・北米在留日本人をかなりカバーすることになる。

76. 『北米年鑑』第1-4号，シヤトル，北米時事社，明43-大2　　〈YDM26969〉

〈第4号：大2刊に拠る〉

……第二編「日本人事情」（96p）に各州農業を中心とした産業別名簿あり（出

身県も付す）
　　　……付録「加奈太日本人住所姓名録」「オレゴン州日本人住所姓名録」「ワシントン州日本人住所姓名録」「在米官庁，団体，店舗所在録」(176p)（出身県別，一部出身県の記載ないものあり）
77.『日米年鑑』第5-8,10-12，桑港，日米新聞社，明42-45，1914-1918
　　　　　　　　　　　　　　　　　　〈YDM26935（5-8のみ），14.4-197〉
　　〈第10：1914刊に拠る〉
　　　……「加州日本人の農業者姓名」pp.62-122【加州/大正3年現在/農業者/-/耕作物の種類，所有反数，借地その他】
　　　……「ユタ(付ネヴァダ)，アイダホ，コロラド，ネブラスカ，テキサス，アリゾナ，オレゴン各州農業者姓名及反別」pp.123-136【概ね同上】
　　　…… 付録「在米日本人住所姓名録」(228p)【全米/大正3年現在/-/-】
78.『日米住所録』1919-1926年，桑港，日米新聞社，1919-1926　　〈14.4-194〉
　　　……【全米/各年/-/-】
79.『在米日本人人名辞典』桑港，日米新聞社，大11　　　　　　　〈519-15〉
　　（上掲75に複製所収）
　　　……pp.89-733【合衆国全土，英領カナダ，メキシコ/大正10年10月～11年3月調査時点/-/略/出身地，現住所】
80.『米国日系人百年史 在米日系人発展人士録』Los Angels,新日米新聞社，1961
　　　　　　　　　　　　　　　　　　　　　　　　　　　　　　〈移(四)-1〉
　　　……「在米日系人発展人士録」（本文「各州日系人発展史 地方篇」に併録）pp.409-1427【全米/-/-/略・写】
81.『全米日系人住所録 1955』羅府，新日米新聞社，1955　　　〈移(四)-2〉
　　　……【全米/-/-/写（一部，グラビア）】
82.『海外日系人大鑑 第1巻』（太平洋沿岸諸州及メキシコ篇）新日本公論社，
　　1973　　　　　　　　　　　　　　　　　　　　　　　　　〈DC812-41〉
　　　……「人物編」pp.121-537【加州，コロラド，シカゴ市，ワシントン，オレゴン，メキシコ/-/-/略・写】
83.『南加日本人年鑑 第2号（1918-1919）』ロスアンゼルス，帝国印刷所出版部，
　　1919　　　　　　　　　　　　　　　　　　　　　　　　〈DC812-134〉
　　　……「南加日本人年鑑住所録」pp.C1-E62【南加，北加，アリゾナ，ニューメキシコ，メキシコ国，サンフランシスコ/大正7年末現在/-/-】
84.『山中部と日本人』Salt Lake City,絡機時報社，1925　　〈DC812-138〉
　　（『日系移民資料集 北米編 第12巻』日本図書センター，1994（在米日本人史 4）〈DC812-E118〉に複製所収）
　　　……「山中部日本人名鑑」pp.273-591【アイダホ，ワイオミング，ユタ，ネバダ，コロラド/大正12年末調査/-/略】

【ハワイ】

85. 山下草園『元年者ハワイ渡航史』米布時報社，1956　　　　　　〈移(四)-39〉
　　……「『元年者』移民年令別人名簿」pp.112-116【ハワイ/慶応4年/元年者/-/-】
86. 『官約日本移民布哇渡航五十年記念誌』ホノルル，日布時事，1935.2.16
　　　　　　　　　　　　　　　　　　　　　　　　　　　　　　〈移(四)-24〉
　　……「一回船渡航布哇現存者」「二回船渡航布哇現存者」随所（各名簿はpp.45-62, pp.63-87）【ハワイ/昭10年当時/第1-2回官約移民現存者/略・写】
87. 『布哇同胞発展回顧誌』ホノルル，日布時事社，1921（「日布時事」創刊25週年記念付録）　　　　　　　　　　　　　　　　　　　　　　〈移(四)-3〉
　　　　　　　　　　　　　　　　　　　　　　　　　　　　　　　　ママ
　　……【ハワイ/-/各界成功者/略・写】随所
88. 曾川政男『布哇日本人銘鑑』ホノルル，布哇日本人銘鑑刊行会，1927
　　　　　　　　　　　　　　　　　　　　　　　　　　　　　　〈移(四)-4〉
　　……「布哇人物略伝」（90p）【ハワイ/-/約780名収録/略・写（一部）/物故者も含む】
89. 渡部七郎『布哇歴史』興学会教育部，昭10　　　　　　　　　〈移(四)-8〉
　　……付録（二）「日本人人名録」（8+219p）【ハワイ/-/-/略・写（一部）】
90. 『布哇年鑑 1964-1965』ホノルル，布哇毎日新聞社，1964　　〈移(四)-6〉
　　……「布哇紳士録」pp.47-91【略・写（一部）】「布哇紳士録各島別名鑑」pp.92-172【住所のみ】「布哇日系人住所録」pp.173-558【住所のみ，島別】
91. 『ハワイ島日本人移民史』ヒロ，ヒロタイムス，1971　　　　〈移(四)-9〉
　　……（第六部 名簿）「一九四一年（昭和十六年）ハワイ島日系人人名録」pp.399-526【ハワイ島/昭16年当時/全日系人/-/出身県，職業】
　　……「一九〇九年（明治四十二年）全島日本人人名録」pp.527-666【ハワイ/明42年当時/全日本人/-/出身県，職業】
92. 吉武八郎『カワイの香り』米布時報社，1957　　　　　　　　〈移(四)-11〉
　　……「人物紹介（九十歳組，八十歳以上）」「人物紹介（地域ごと）」pp.185-405【カワイ島/-/-/略・写】
93. 古屋翠渓『配所転々』ホノルル，布哇タイムス社，1964　　　〈移(四)-97〉
　　……「一世の大陸移動者氏名」（第1回船：1942.2.20—第10回船：1943.12.2）pp.438-459【ハワイ/太平洋戦争時/強制収容者/-/名簿のみ】
94. ハワイ日本人移民史刊行委員会編『ハワイ日本人移民史』ホノルル，布哇日系人連合協会，1964　　　　　　　　　　　　　　　　　　〈移-10〉
　　……「日米修交百年祭に表彰された功労者名簿」pp.436-438
　　……「ハワイ官約日本人移住七十五年祭に表彰された高齢者名簿」pp.439-455
95. 『殿堂記念 洋上の光』ホノルル，布哇浄土宗教団本部，昭9　〈移(四)-62〉
　　……「浄土宗布哇各教会及開教使」pp.41-492【ハワイ/-/浄土宗開教使/略・写】
　　……「布哇浄土宗信徒名簿」pp.493-529【ハワイ/-/浄土宗信徒/-】

【移民送出県人】

96. 高橋莞治『**福島移民史 ハワイ帰還者の巻**』福島ハワイ会, 昭33　〈移(一)-356〉
　　……「ハワイ帰還者銘々伝」pp.17-222【ハワイ/明治31-/福島県人（帰還者）291名/略・写（一部）】
　　……「ハワイ在留福島県人銘鑑」pp.223-261【ハワイ/明治31-/福島県人（在留）503名/略】
97. 『**富山県海外移住者名簿**』富山県海外移住家族会, 1979　〈DC812-129〉
　　……【殆ど中南米/昭和54年3月現在/富山県人（各市町村別）/-/続柄・生年月日・渡航前住所・渡航年月日・船名・渡航先・国内連絡先住所（氏名）・摘要（死亡等）】
98. 川崎愛作『**海を渡った近江の人たち 滋賀県海外移住史**』滋賀県, 1986
　　　　　　　　　　　　　　　　　　　　　　　　　〈DC812-E38〉
　　……「移住者たちの軌跡（県人の記録, カナダ, アメリカ）」の部分 pp.311-346【北米・カナダ/-/滋賀県人/略/物故者も含む】
99. 稗田秀吉編『**和歌山県人海外人材録 北米・カナダ・メキシコ 1965年版**』紀州社, 1966　〈334.45-H434w〉
　　……【北米・カナダ・メキシコ/1965年現在/和歌山県人/略・写（グラビア頁）】
　　……巻末「和歌山県出身者住所」
100. 大久保源一編『**布哇日本人発展銘鑑 防長版 1939-1940**』ヒロ, 布哇商業社, 1940
　　　　　　　　　　　　　　　　　　　　　　　　　〈移(四)-5〉
　　……下編「人物略歴」pp.1-315【ハワイ/昭和14-15年現在/山口県人/略・写（一部, グラビア頁にもあり）】
101. 比嘉太郎編著『**移民は生きる**』日米時報社, 1974　〈移(四)-44〉
　　……「北米在住の沖縄系人物紹介」pp.472-494【北米/-/沖縄県人/略・写（一部）】
　　……「ハワイ人物紹介」pp.345-397【ハワイ/-/沖縄県人/略・写（一部）】
102. 沖縄県立図書館史料編集室編『**沖縄県史料 近代5 移民名簿1（明治32年～明治39年）**』沖縄県教育委員会, 1992　〈GC311-354〉
　　沖縄県立図書館史料編集室編『**沖縄県史料 近代6 移民名簿2（明治40年～明治44年）**』沖縄県教育委員会, 1994　〈GC311-354〉
　　「移民取扱人ヲ経由セル海外渡航者名簿」と「移民取扱人ニ依ラザル移民」の二部から成る。それぞれ, 外務省外交史料館所蔵の外務省記録「移民取扱人ヲ経由セル海外渡航者名簿」《3.8.2.38》,「移民取扱人ニ依ラザル移民ニ対シ渡航許可ヲ与ヘタル者ノ姓名月表警視庁府県ヨリ報告一件」《3.8.2.90》から, 沖縄県出身移民の名簿を抽出, 収録したもの。移民名簿に欠落している住所・身分等は, 同記録「海外旅券下付（附与）返納表進達一件」（前掲73参照）によって補足されている。引き続き刊行（昭和15まで確認済）が予定されている[8]。
　　……「移民取扱人ヲ経由セル海外渡航者名簿」【各地/明治32年～/沖縄県人/-/旅券番号・渡航許可官庁及び年月日・氏名・族籍職業・年齢・渡航目的・

渡航地・渡航年月日・契約期限・(出身地・本籍地・身分)】
……「移民取扱人ニ依ラザル移民」【各地/明治29年～/沖縄県人/-/旅券番号・氏名・族称・職業・戸主との続柄・本籍地・生年月日・下付月日・(渡航目的・渡航地等)】

[３] 年表

　移民に関する年表は，外交関係の年表や県史等の総合年表にその関係事項が含まれるもの，移民関係の概説書・研究書・記念誌等の巻末に付されるもの，雑誌論文に含まれるもの，個別テーマを扱った年表として発表されるもの……等々，上述［２］名簿・名鑑同様，その把握が難しい資料のひとつである。
　「近年の研究成果をふまえ，出典を明示したより詳細な年表」は，まだ作成されていないが，「移民研究会」が「年表」の作成を進めているということで，その成果が期待される[9]。
　ここでは，筆者が把握している一般年表，移民関係年表及び個別テーマに関する年表で，主に戦前期関係のものを例示的に収録し，特徴的な年表には解説を付す。

【一般・外交関係】

103．岩波書店編集部編『近代日本総合年表』第３版，岩波書店，1991　〈GB9-E41〉
　8．外務省編『日本外交年表竝主要文書』(前掲Ｉ［２］)
　　　　　　　　　　　　　　　　〈319.1-G13n〉〈319.1-G13n-h〉
104．鹿島平和研究所編『日本外交史 別巻３　年表』鹿島研究所出版会，1974
　　　　　　　　　　　　　　　　　　　　　　　　　　　〈A99-Z-8〉
105．「小年表＊日米文化の交流」亀井俊介他編『日米文化の交流小事典』エッソ石油株式会社広報部，1983（エナジー小事典　第二号）pp.186-193　〈GB8-130〉
106．「小年表・海外の日本人」芳賀徹他編『海外の日本人小事典』エッソ石油株式会社広報部，1985（エナジー小事典　第五号）pp.198-205　〈Y84-7688〉
107．村上義和・橋本誠一「近代外国人関係法令年表（1～7）」『法経研究』(静岡大学) 41(1)：1992.4 pp.33-86, 41(2)：1992.8 pp.129-176, 41(3)：1992.11 pp.101-130, 41(4)：1993.3 pp.87-120, 43(1)：1994.6 pp.39-82, 44(2)：1995.7 pp.145-212 44(3)：1995.11 pp.217-283　〈Z6-85〉
　村上義和・橋本誠一「近代外国人関係法令年表（8～）」『静岡大学法政研究』1(1)：1996.9～,pp.533-598　〈Z2-B631〉
　　近代（1854-1945年）日本において発布された，外国人に関する法令資料を編年体で編集・整理したもの。〈関連事項欄〉に，外国人に関する諸事件，日本臣民を一般的に律する法令で「国際化」に関わるもの，外国に居住する日本人を対象とする法令，当時の時代状況を示す諸事件等を収録する[10]。

【移民全般】

108．「邦人海外発展年表」『日本拓殖協会季報』2(2)：1940.11, pp.137-148

〈雑2-149〉

109. 「邦人海外発展史年表」入江寅次『邦人海外発展史』下, 井田書店, 昭17, 巻末 pp.1-8 〈334.41-I496h〉
「邦人海外発展史年表」入江寅次『邦人海外発展史』下, 原書房, 1981 (明治百年史叢書, 昭和17年刊の複製), 巻末 pp.1-8 〈DC812-145〉
110. 「海外移住年表」『わが国民の海外発展 移住百年の歩み (資料編)』外務省大臣官房領事移住部, [1972], pp.613-636, 〈DC812-18〉
111. 押本直正「海外移住百年史年表」『移住研究』3：1968.11, 巻末 〈Z3-854〉
「ハワイ」「北米・カナダ」等5地域に分類,「日本」「世界」の重要事件を併記。地域併列式で他地域との比較, 関連関係が一覧できる。(解説「海外移住百年史年表に添えて」pp.45-49がある。)
112. 押本直正「海外移住年表」「近代百年と移民〈特集〉」『歴史公論』5(1)：1979.1, pp.10-15 〈Z8-1317〉
113. 「海外移住年表」吉田光邦編『明治大正図誌 16 海外』筑摩書房, 1979, pp.148-150 〈GB641-50〉
114. 「日本と世界に見る日系移民史年表」小林正典編『日本人と海外移住・異文化交流 '89.9.20シンポジウム報告書』コンベンションクリエイト, 1991, pp.55-77 〈DC812-E124〉
115. 米国日語協会一世史編集委員会編『一世史年表』San Francisco, 米国日語協会, 1984 〈移(四)-105〉
1492年 (室町・戦国時代) から1950年 (昭20) までの日本及び日本外交に関する事項を収録。他に「大使領事館表」「キリスト教会表」「仏教会表」「学校表」を併録する。

【移民送出県】

116. 「秋田県海外関係年表」渡部誠一郎『海外にはばたいた秋田の先覚 異色ドキュメント』五城目町 (秋田県), 1980, pp.352-370 〈DC812-110〉
117. 「信濃海外発展年表」永田稠『信濃海外移住史』信濃海外協会, 1952, pp.285-300 〈DC812-81〉
118. 「年表―日本・世界の動きと滋賀県」川崎愛作『海を渡った近江の人たち 滋賀県海外移住史』滋賀県, 1986, pp.380-406 〈DC812-E38〉
119. 「和歌山県移民史年譜」和歌山県編『和歌山県移民史』和歌山県, 1957, pp.1115-1129 〈334.4-W38w〉
120. 「広島県移住史年表」『広島県移住史 通史編』広島県, 1993, 巻末 pp.1-17 〈DC812-E111〉
121. (佐賀県)「海外移住史年表」『佐賀県海外移住史』佐賀県農林部農業振興課, 1986, pp.395-427 〈DC812-E20〉
122. (沖縄県)「海外移住年表」『沖縄県と海外移住』国際協力事業団沖縄支部, 1982, pp.54-73 〈DC812-E53〉

123. 田港朝和「沖縄移民史年表」『**新沖縄文学**』45：1980.6, pp.306-321
〈Z13-1198〉

【ハワイ】

124. 「ハワイ日本人移民史年表」足立聿宏『**ハワイ日系人史―日本とアメリカの間に在りて―**』葦の葉出版会，1977, pp.223-229　〈DC812-57〉

125. 「日本・ハワイ関係年表」島岡宏『**ハワイ移民の歴史―新天地を求めた苦難の道―**』国書刊行会，1978, pp.264-269　〈DC812-75〉

126. 「ハワイ略年表」中嶋弓子『**ハワイ・さまよえる楽園―民族と国家の衝突**』東京書籍，1993, pp.458-463　〈GJ123-E1〉

127. 「ハワイ諸島関係略年表」ウィリアム・N・アームストロング著，荒俣宏，樋口あやこ共訳『**カラカウア王のニッポン仰天旅日記**』小学館，1995, pp.326-329
〈GB648-E27〉

128. 「ハワイ日系移民関連年表」パッツィ・スミエ・サイキ著，伊藤美名子訳『**ハワイの日系女性―最初の一〇〇年―**』秀英書房，1995, pp.227-241　〈DC812-G3〉

129. 「『元年者』移民関係年表」山下草園『**元年者ハワイ渡航史**』米布時報社，1956, pp.116-124　〈移（四）-39〉

【北米・カナダ】

130. 「日米移住史年表」永井松三編『**日米文化交渉史　5　移住編**』洋々社，1955, pp.611-629　〈210.6-Ka186n〉

「日米移住史年表」永井松三編『**日米文化交渉史　5　移住**』原書房，1981（東洋文庫蔵の複製）pp.611-629　〈GB385-15〉

131. 「アメリカ・カナダ移民年譜」今野敏彦，藤崎康夫編著『**移民史　Ⅲ　アメリカ・カナダ編**』新泉社，1986, pp.405-415　〈DC812-200〉

132. 「日系アメリカ人関係史年表」トマス・K・タケシタ，猿谷要共著『**大和魂と星条旗　日系アメリカ人の市民権闘争史**』朝日新聞社，1983（朝日選書 243，山手書房昭和42年刊の改訂新版），pp.229-231　〈DC812-197〉

133. 「南加州日本人七十年史年表」南加州日本人七十年史刊行委員会編『**南加州日本人七十年史**』ロスアンゼルス，南加日系人商業会議所，1960, pp.747-752
〈DC812-104〉

134. 山本剛郎「年表にみる米国南加州における日本人の動向：1890〜1918年」『**関西学院大学社会学部紀要**』59：1989.3, pp.85-112　〈Z6-109〉
主に『南加州日本人史』前・後篇，南加日系商業会議所，1956-57〈国立国会図書館「後篇」のみ所蔵，334.453-O883n〉に依拠し，1890年代後半から1918年までの，カリフォルニア南部における日本人・日系人の活動を纏めたもの。
経済生活―労働（雇用・自営）/職業，社会生活―団体（組織）/宗教/教育・出版/排日/人物往来・その他に区分。

135. （日系社会―シカゴ）「転住日記」藤井寮一編著『**シカゴ日系人史**』シカゴ，シカゴ日系人会，1968, pp.365-385　〈DC812-136〉

136. (日系カナダ人)「関係略年表」新保満『日本の移民―日系カナダ人に見られた排斥と適応―』評論社, 1977 (日本人の行動と思想 64), pp.217-227　〈DC812-67〉
137. (日系カナダ人)「関係事項略年表」新保満他著『カナダの日本語新聞』PMC出版, 1991, pp.262-275　〈UC151-E7〉
138. 「カナダ日系移民関係年表」吉田忠雄『カナダ日系移民の軌跡』人間の科学社, 1993, pp.320-325　〈DC812-E160〉

【黄禍・排斥】

139. 「黄禍の年譜」高橋経『還らない日本人　偏見と差別に耐えた北米日本人移民100年史　黄禍篇』同時代社, 1991, 巻末4p　〈DC812-E117〉

【強制収容】

140. (強制収容)「略年表」ディロン・S・マイヤー著, 森田幸夫訳『屈辱の季節　根こそぎにされた日系人』新泉社, 1978, pp.287-293　〈DC812-82〉
141. 「強制立ち退き・収容と再定住の年表」島田法子『日系アメリカ人の太平洋戦争』リーベル出版, 1995, pp.271-286　〈DC812-E221〉

【団体】

142. 「ホノルル日本人商工会議所七十年史年代事件録」『虹の橋　日商工七〇年史』ホノルル, 日本人商工会議所, 1970, pp.58-80　〈移(四)-18〉

【邦字・日系新聞】

143. 「海外邦字新聞雑誌創刊改題年表」蛯原八郎『海外邦字新聞雑誌史』名著普及会, 1980 (昭和11年刊の複製), pp.349-372　〈UC123-7〉
144. 「北米初期日系新聞関係年表」田村紀雄, 白水繁彦編『米国初期の日本語新聞』勁草書房, 1986, pp.435-453　〈UC151-9〉

【文学・芸術】

145. 「日系アメリカ人文学関係年表」『思想の科学』93：1987.9, pp.86-97　〈Z6-1457〉
146. (日系画家)「展覧会関連年表」『「アメリカンシーンの日本人画家たち」展図録』練馬区立美術館, 1995, pp.109-114　〈未所蔵〉
147. (日系画家)「関連年表 1896-1945」『「アメリカに生きた日系人画家たち　希望と苦悩の半世紀 1896-1945」展図録』日本テレビ放送網, 1995, pp.140-155　〈未所蔵〉

【宗教】

148. 「ハワイ日系宗教史年表」柳川啓一, 森岡清美編『ハワイ日系人社会と日本宗教―ハワイ日系人宗教調査報告書―』東京大学宗教学研究室, 1981 (昭和52及び54年度文部省科学研究費海外学術調査報告書), pp.237-255　〈HK61-4〉
149. 坂口満宏「アメリカ西北部日本人移民年表―『大北日報』にみる日本人キリスト教会―」1, 2, 3~,『キリスト教社会問題研究』34：1986.3 pp.179-240, 39：1991.3 pp.128-164, 42：1993.7 pp.173-212　〈Z9-77〉
　　アメリカ西北部シアトル地方における, 日系人社会と宗教, 特にキリスト教と

の関わりを,資料量及び保存面で比較的すぐれた『大北日報』(国立国国会図書館所蔵,マイクロフィルム〈YB-114〉)に主に依拠し,作成した年表。その他の参照資料の典拠も示す。

150. (キリスト教)「アメリカ(ハワイ),カナダ関係事項年表 1854-1942」同志社大学人文科学研究所「海外移民とキリスト教会」研究会編『**北米日本人キリスト教運動史**』PMC出版,1991,pp.859-892　　　　　　　　　　〈HP77-E17〉

【漁業】
151. 「海外漁業発展史年表 戦前編」(1. 北洋海域, 7. 北米・中南米海域)『**海外漁業発展史年表**』海外漁業協力財団,1985,pp.115-135,185-195　〈DM615-170〉

【エスニック】
152. 「アメリカ・エスニック史年表」有賀貞編『**エスニック状況の現在**』日本国際問題研究所,1995(現代アメリカ 4),pp.355-362　　　　　　〈EC131-E14〉

これまでの研究成果をふまえ,出典を明記した詳細な年表,即ちこれから日本において「作成されるべき」年表の,ひとつの例として,欧文資料のなかから次の年表を掲げておく。

153. "Chronology of Japanese American History" Niiya, Brian ed. **Japanese American History: An A‐to‐Z Reference from 1868 to the Present**. Facts On File, 1993, pp.24-87 (Complete Citations for Chronology, pp.88-92)　　　　　　　　　　　　　　　　　　　　　〈特別資料課事務用〉

III. 注

1) 「外務省記録」には,例えば,「日本人民布哇国ヘ出稼一件(官契約) 出稼人名簿之部」《3.8.2.5-14》という,唯一全国規模での出稼人名簿(第1～26回,住所・氏名・年齢・性別・族籍・職業等記載)があるし,同新「記録」(昭和戦前期)にも「移民ニ関スル統計及調査関係雑件 三冊,移民年表 三冊」《J.1.2.0 J8-1》が含まれている。『日本外交文書』には,例えば,「日本移住民人員費額統計表」(明治21年5月7日付「在布哇国日葡移住民統計報告」,第21巻,pp.411-414)のような,領事報告の統計類が登載される。

「県史」には,通史編・資(史)料編の他に,通常「統計」「年表」の巻が,別建てされている。「府県統計書」の類も,マイクロ化され(本文記載『集成』)利用し易い。

児玉正昭「瀬戸内地域の官約移民」佐藤陽一編『瀬戸内海地域の史的展開』福武書店,1978,pp.325-360は,「日本人民布哇国ヘ出稼一件(官契約) 出稼人名簿之部」及び『広島県統計書』等により,移民送出地域の農業構造の地域差を分析している。

2) 阪田前掲「19世紀後半にアメリカに渡航した日本人と『移民統計』—偽る数字—」『キリスト教社会問題研究』38は日本政府の旅券発給数(典拠:『日本帝国統計年鑑』)とアメリカ政府の移民統計(典拠:United States Bureau of Statistics, Annual Reports on the Commerce and Navigation of the United States. etc.)を資料とし,その数値の相違は,黄禍・排日を背景にした「統計の操作」にあるとする。

前掲書,上掲書の他,移民(数)の統計に関する主な論考に以下のものがある。

石川友紀「統計よりみた日本出移民—第1報—第2報—第3報—」『地理科学』11:1969.

5 pp.39-49, 14：1970.11 pp.39-43, 16：1972.2 pp.25-32

石川友紀「ハワイにおける日本移民の職業構成の変遷と移動」『ハワイ日本人官約移民百周年記念講演集』(財)ハワイ日本語普及教育振興基金，1986,pp.7-34

猪間驥一「戦前六十八年間のわが移民統計の概観」『経商論纂』60：1955.2,pp.97-103

押本直正「統計からみた戦後海外移住の傾向」『移住研究』1：1967.10,pp.9-17

外務省管理局編『移民の送出・受取に関する日本及び主要外国統計の史的解説』1949〈未所蔵〉

川崎愛作「滋賀県海外移住史 資料II―戦前の海外移住者統計(滋賀県統計書から)」『移住研究』19：1982.3,pp.105-118

菊地義昭「福島県移民史研究 I,II-明治期の海外出稼ぎの統計資料を中心に(1)(2)」『東北社会福祉研究』(東北ソーシャルワーカー協会)10,12：1979,1981,pp.122-134,69-78〈未所蔵〉

木村健二「明治期日本人の海外進出と移民・居留民政策(2・完)」『商経論集』(早稲田大学大学院)36：1979.1,pp.95-118

高嶋雅明「第一次大戦前における海外在留日本人商工業者について―『海外日本実業者之調査』の紹介を中心として―」『経済理論』214：1986.11,pp.48-69

舟橋和夫『出移民100年間の地域的特徴とその生活史的研究』文部省科学研究費補助金一般研究C研究成果報告書，1992〈Y151-H02610097〉

山田宙子「わが国海外移住の足跡『移民用旅券』について」『移住情報』93：1985.9,pp.64-70

吉田恵子「東日本における明治期出移民の実態-明治31〜45年の福島県出移民旅券データから―」『移住研究』29：1992.3,pp.74-88

若槻泰雄「アメリカ移民多出地区の要因分析」『玉川大学農学部研究報告』19：1979.12,pp.104-123

3) 例えば，佐藤正広「戦前日本の統計編成業務と行政資料」『記録と史料』6：1995.9,pp.8-14参照。付図「戦前期における総括統計 書編成の流れ」は同書(p.11)より引用転載した。

竹内啓他編『統計学辞典』東洋経済新報社，1989も統計制度史の概観を得るのに有用(V統計制度,pp.826-919)。

本文掲載，細谷新治『明治前期日本経済統計解題書誌 富国強兵篇(上の1)』も統計調査機構の整備確立過程を叙述する(pp.17-86)。

4) 『「郡是・市庁村是」資料目録』pp.19-23参照。

5) 細谷上掲書は，『帝国統計年鑑』の書誌事項，統計内容注記，解題(沿革・調査目的・調査対象・調査系列・根拠法)を詳述し，参考になる(pp.130-165)。

渡辺和一郎「わが国における統計思想の成立―『日本帝国統計年鑑』の創刊―」『新潟大学法経論集』12(4)：1963.3,pp.17-35も参照せよ。

6) 木村前掲「明治期日本人の海外進出と移民・居留民政策(2・完)」は，『帝国統計年鑑』(第一,二,四,六,十二,十六,十八,三十一)「海外行事由」において，「公用・留学・商用・職工及奴婢・漁業・要用」(第一)という項目が，「公用・修学・商用・移民・漁業・雑」(第三十一)へと変遷する過程に着目して，「移民数」の問題点を指摘する(pp.101-103)。

7) 吉田前掲「東日本における明治期出移民の実態―明治31〜45年の福島県出移民旅券デー

タから一」は，本記録に依拠し，渡航目的欄に，労働・農業・出稼・採鉱業・職工・大工・鉄道工夫・鉱夫・契約・呼寄・商業・漁業・再渡航（含同行）・携帯児と記載された者を分析，明治期の福島県移民の実態を考察する。

8) 外務省記録「移民取扱人ヲ経由セル海外渡航者名簿」は，移民会社が募集斡旋した移民の名簿。この名簿は，「移民保護規則施行細則」（明27）第7条により，移民会社が外務大臣に報告（地方長官経由）することが義務づけられていた。同「施行細則」は明治29年に改正，「移民保護法施行細則」となり，その第23条に定められた書式に従って「渡航者名簿」「帰国者名簿」「死亡者名簿」を提出することが義務づけられた。この書式には，住所欄がなく，従って『沖縄県史料 移民名簿』では，これを外務省記録「海外旅券下付（附与）返納表進達一件」により補足したものである。

「移民取扱人ニ依ラザル移民ニ対シ……」は，移民会社とは無関係に，親兄弟，夫，親戚等の呼寄せで渡航した移民の名簿であり，外務大臣の内訓により，各地方長官にその報告が義務づけられていた。

9) 移民研究会『日本の移民研究 動向と目録』p.15，「はじめに」参照。

10) 同「年表(1)」『法政研究』（静岡大学）41(1)：1992.4，解題 参照。移民関係事項の典拠は，主に『日本外交文書』。

付図　戦前期における総括統計書編成の流れ

凡例	
□ 調査主体　□ その他団体　⬚ 団体（調査対象・調査員等）　---- 情報・文書の流れ	

情報（上申、照会、督促等）の流れ	レベル	結果刊行物等
統計局 （府県から直接進達されない業務データ等） 農商務省・文部省・内務省・その他中央省庁	中央省庁	帝国統計年鑑 国勢調査等 諸官庁統計年報等
道府県 統計担当 部局	道府県	府県統計書等
学校・鉄道等／商業会議所・諸組合等	民間・中央官庁の出先機関	年報等
市役所　郡役所 町村役場 区長　統計調査委員　小学校教諭・児童等	郡・市町村	郡市統計書 郡是等 町村経済調査　町村是・事務報告等 （郷土誌等）
調査対象（住民、工場、会社など）	住民等	

＊　市役所の下にも、町村役場と同様の組織があるが、本図では省略した。
＊＊　同一の行政組織内部における統計担当部局と他の部局との関係は省略した
　　（例：県統計課と、同じ県の勧業課の関係など）。
佐藤正広「戦前日本の統計編成業務と行政資料」『記録と史料』6より引用転載

ハワイ・北米における日本人移民および日系人に関する資料について（２）

神　繁司

はじめに
I. 外交史料（外務省資料）
　　[1] 外務省記録
　　[2] 日本外交文書
　　[3] 領事報告
　　[4] その他
II. 府県庁等地方公文書・県史等地方史誌
　　[1] 地方公文書
　　[2] 地方史誌
III. 統計・名簿・名鑑・年表
　　[1] 統計
　　[2] 名簿・名鑑
　　[3] 年表

（以上第47号）

IV. 文献・史資料目録
　　[1] 各機関所蔵目録
　　　(1) 国内諸機関所蔵目録
　　　(2) ハワイ・アメリカ諸機関所蔵目録
　　　(3) カナダ諸機関所蔵目録
　　[2] 邦語文献目録
　　[3] 欧文文献目録
V. レファレンス・ワーク
　　[1] 辞典・事典
　　[2] 参考図書

（以上本号）

IV. 文献・史資料目録

　本稿（1）で前述（『参考書誌研究』No.47, pp.1-2）したように，また，今日「移民研究」にすぐに「役立つ日本語の文献・論文目録―たとえば解説付―は，……皆無に等しい。」と言われるように，移民研究・調査における基礎的な環境の整備は，必ず

しも充分ではない[1]。そこで、ここでは、先行諸論考を参考にし、不充分ながら「文献・史資料目録の目録」たることを志向して、これまでの各種「文献目録」を整理、収録する。

[1] 各機関所蔵目録

　1985年（昭和60）のハワイ官約移民百周年を頂点に、1970年代後半から80年代にかけての、いわゆる「移民ブーム」期には、多くの移民関係著作・研究が公刊、発表され、また各自治体・大学等わが国諸機関によって、在外諸機関が所蔵する日本人移民関係史資料の収集がなされた。しかし現在においても、各機関が所蔵する「移民関係史資料」の刊行目録は、それ程多くはない。国立国会図書館においても、『**国立国会図書館特別資料室所蔵移民関係資料目録**』の刊行が近々予定され、ようやく、その一部ではあるが、特別資料室所蔵「移民関係資料」利用の便がはかられることになった[2]。
　以下、各機関「所蔵移民関係史資料」目録のみならず、部分的に移民関係資料を収録する所蔵目録、例えば「人口関係目録」や国立国会図書館の「蔵書目録」類等も含め、(1)国内、(2)ハワイ・アメリカ、(3)カナダ、と各機関の所在地域別に分けて紹介する。なお、ハワイ・北米所在諸機関所蔵目録については、その利用の有用性も考慮し、主要なものに限り収録し、米国国立公文書館所蔵史資料をはじめ、日本人移民・日系人関係史資料を所蔵する、諸機関の概要については、別途後述する。

(1)　国内諸機関所蔵目録
【国際協力事業団図書館（海外移住事業団）】
154.　押本直正「移住関係文献解題目録」『**移住研究**』5：1969. 8, pp. 67-97〈Z3-854〉
　　　海外移住事業団所蔵（若干の私蔵本を含む）の移住関係資料に解題を付したもの。「移・植民政策論」「移・植民史および史料」「調査・研究」「現地事情」「伝記・人物・回想」「紀行」「文学・記録」「文献目録・定期刊行物他」「海外移住事業団作成資料」に分類される。「あとがき」に海外移住事業団（図書）資料室草創の経緯が略述される。
155.　海外移住事業団調査室「移住関係文献解題目録（II）」『**移住研究**』8：1972. 3, pp. 80-97　　　　　　　　　　　　　　　　　　　　　　　　　　　〈Z3-854〉
　　　上掲154「解題目録」の続篇をなすもの。
110.　「移住関係参考文献」『**わが国民の海外発展　移住百年の歩み（資料編）**』外務省大臣官房領事移住部，[1972], pp. 573-612　　　　　　　　〈DC812-18〉
　　　海外移住事業団所蔵の移住関係資料に解説を付したもの。上掲154「解題目録」と同内容。
156.　国際協力事業団総務部情報管理課編『**国際協力事業団図書資料室所蔵移住関係図書資料目録（旧移住事業団引継図書資料）**』国際協力事業団, 1983〈YQ2-1155〉
　　　財団法人日本海外協会連合会、海外移住振興株式会社及び海外移住事業団が昭

和49年7月までに収集し、国際協力事業団図書資料室に承継された図書資料の目録。北米・アメリカ合衆国・カナダ等の地域区分の下に、主題分類「23　人口，移植民」として移民関係図書資料が収録される。書名索引付き。
157. 国際協力事業団図書館編『**移住図書目録**』国際協力事業団図書館, 1990
〈未所蔵〉

【和歌山市民図書館】
158. 京都大学移民史研究会, 和歌山市民図書館編『**和歌山市民図書館所蔵移民資料目録　和文篇 1**』和歌山市民図書館移民資料室, 1985　　　〈D1-421〉
　　和歌山市民図書館移民資料室が、昭和59年10月までに収集した、整理済みの和文資料・写真・絵画及びオーラル・ヒストリーを収録。形態により、「図書」「新聞」「雑誌」「小冊子」「その他の資料」に区分。「図書」は、日本十進分類法（新訂8版）に準拠しつつ、移民資料という特質を勘案、若干の変更を加え13に細分される。「書名索引」「著者索引」を付す。
　　移民資料特有の写真・絵画及びオーラル・ヒストリー等の非図書資料も収録した、「移民資料目録」の先駆的原型である[3]。

【沖縄県立図書館史料編集室（沖縄史料編集所）】
159. 「移民関係文献資料目録」『**沖縄史料編集所紀要**』1：1976. 3, pp. 130-143（解説：石川友紀）　　　　　　　　　　　　　　　　　　　　　　　　　　〈Z8-1380〉
　　『沖縄県史 7　各論編 6　移民』（前掲44）の編集に際し、沖縄史料編集所（現沖縄県立図書館史料編集室）が、国内外で収集した資料229点を収録。

【東京大学アメリカ研究資料センター】
160. 新川健三郎編『**移民研究基本図書リスト**』東京大学教養学部アメリカ研究資料センター, 1991　　　　　　　　　　　　　　　　　　　　　　　〈D1-E103〉
　　同センター所蔵の移民関係和・洋図書を、アメリカ社会史研究の観点で収録。移民研究一般・政策・理論、出身地域別、カテゴリー別に分類される[4]。

　　1　GENERAL
　　　1.1　General
　　　1.2　Policy
　　　1.3　Theory
　　2　ASIANS
　　　2.1　Japanese
　　　2.1.1　General
　　　2.1.2　Japanese in Hawaii
　　　2.1.3　Japanese in Canada
　　　2.1.4　Japanese outside the U. S.
　　　2.1.5　Evacuation and Relocation
　　　2.2　Chinese
　　3　EUROPEANS

　　　　3.1　Dutch
　　　　　　〜
　　　　3.10　Other Europeans
　　　4　JEWS
　　　5　HISPANICS
　　　Author Index

【国立民族学博物館】
161.　『**国立民族学博物館所蔵日本人移民関係図書目録 1986.2 現在**』コンピュータ打出しリスト[5)]　　　　　　　　　　　　　　　　　〈特別資料課事務用〉

【外務省外交史料館】
　1.　外務省外交史料館編『**外交史料館所蔵外務省記録総目録　戦前期**』全3巻，原書房，1992-93　　　　　　　　　　　　　　　　　〈A1-E14〉
　　　外交史料館所蔵戦前期「外務省記録」の目録。(「外務省記録」については『参考書誌研究』No. 47, pp. 4-5参照)
162.　山田宙子「アーウィン関係文書について」『**外交史料館報**』2：1989. 3, pp. 80-101 (「文書リスト」pp. 85-101)　　　　　　　　　　〈Z1-442〉
　　　外交史料館所蔵「アーウィン関係文書」のリスト (前掲36参照)。

【総務庁統計図書館】
163.　国立国会図書館支部総理府統計局図書館編『**邦文人口関係文献並資料解題　附：人口関係論文目録**』国立国会図書館支部総理府統計局図書館，1951 (特殊資料目録　第3)　　　　　　　　　　　　　　　　　〈334-So653h〉
　　　総理府統計局図書館所蔵資料 (昭和26年8月現在) の解題目録。「人口関係論文目録」を付す。
　　　＊「人口関係文献並資料解題」
　　　　第3編　人口政策と対策／第2章　移植民政策 (pp. 68-74)
　　　　第6編　人口関係資料／第6章　人口政策と対策　第1節　移植民政策 (pp. 184-189)
　　　＊「人口関係論文目録」
　　　　第3編　人口政策／第1章　人口政策—2.移植民政策 (pp. 54-57), 3.日本移植民政策 (pp. 57-63)
　　　(本書は，図書館科学会監修『社会科学書誌書目集成』全60巻，日本図書センター，1996〜　中の第55巻として復刻，刊行が予定されている。)

【国立国会図書館】
　　次に，国立国会図書館の「蔵書目録」類に収録される「移民関係資料（図書）」について例示する。前述（『参考書誌研究』No. 47, p. 2）したように，国立国会図書館が所蔵する「移民関係資料」は多岐にわたり，他の資料同様，単一の目録で網羅することは困難である。資料の検索に際しては，当該資料の種々の特質・発行時期・国立国会図書館での整理時期等々を基本的に認識することが必要である。国立国会図書館の

「蔵書目録」類の概要・利用法について詳しくは,宇津純,中村規子『**国立国会図書館目録・書誌の使い方**』国立国会図書館図書館協力部図書館研究所編,国立国会図書館,1992(研修教材シリーズ No. 9)〈UL731-E16ほか〉を参照されたい[6]。

164. 国立国会図書館整理部編『**国立国会図書館所蔵明治期刊行図書目録**』国立国会図書館,1971-76 〈UP111-53〉

国立国会図書館蔵書のうち,明治年間に刊行された図書の目録。日本人及び日本機関が外国で出版したものも含む。明治百年を記念して刊行。

* 「第1巻 哲学・宗教・歴史・地理の部」
* 「第2巻 政治・法律・社会・経済産業・統計・教育・兵事の部」
* 「第5巻 総記・児童図書・欧文図書・補遺の部」

上記各巻中「歴史」「地理」「法律」「経済産業」「欧文図書」の分類を一覧するか,「書名索引」の巻により検索する。

165. 国立国会図書館図書部編『**国立国会図書館蔵書目録 明治期**』国立国会図書館,1994-95 〈UP111-E123〉

上掲目録刊行後に国立国会図書館が受け入れた,明治期刊行図書約3,500件を追加し,新たに「著者名索引」の巻を編成したもの。各巻末にも「書名索引・著者名索引」を付す。また,巻頭の「主題索引」は,キーワード検索に至便。移民関係資料は,下記各編各分類に収録されている[7]。

* 「第2編 歴史・地理」/「地理.地誌.紀行—南北アメリカ」(pp. 483-487)
* 「第3編 社会科学」/「経済—人口.移植民」(pp. 405-412)

166. 国立国会図書館参考書誌部編,Catalog of materials on Japan in Western languages in the National Diet Library formerly in the Collections of the Ueno Library, 1872-1960.

『**国立国会図書館所蔵 日本関係欧文図書目録(支部上野図書館旧蔵分)**』国立国会図書館,昭和41(1966) 〈016.952-K79cu〉

国立国会図書館支部上野図書館旧蔵の日本関係欧文図書資料約5,000点を収録。移民関係は,〔III. SOCIAL SCIENCE/Foreign Affairs ; Foreign Relations/Relations with U. S. A.— Problems of the Japanese in U. S. A.〕(pp. 90—92)に収録。巻末に「主題索引」「著者索引」を付す。

167. 国立国会図書館参考書誌部編,Catalog of materials on Japan in Western languages in the National Diet Library, 1948-1975.

『**国立国会図書館所蔵 日本関係欧文図書目録(昭和23年—50年)**』紀伊國屋書店,1977 〈GB1-30〉

国立国会図書館設立の1948年(昭和23)から1975年(昭50)まで収集した日本関係欧文資料約7,800点を収録。移民関係は,〔III. SOCIAL SCIENCE/SOCIAL AFFAIRS/JAPANESE IN FOREIGN COUNTRIES - Bibliographies - Japanese in U.S.A.—Japanese in Other Countries〕(pp. 236-240)に収録。巻末に「著者索引」を付す。

168. 国立国会図書館専門資料部編, **Catalog of materials on Japan in Western languages in the National Diet Library, 1976-1986.**『国立国会図書館所蔵 日本関係欧文図書目録（昭和51年-61年）』紀伊國屋書店, 平成4 (1992) 〈GB1-A40〉

　1976年（昭51）から1986年（昭61）8月までに収集した日本関係欧文資料約4,700点を収録。移民関係は，[IV. SOCIAL AFFAIRS／JAPANESE IN FOREIGN COUNTRIES—Japanese in United States of America—Japanese in Canada] (pp. 73-78) に収録。巻末に「著者名索引」「書名索引」を付す。

　本目録収録以降（1986年9月以降）整理分の欧文図書については，国立国会図書館内及び一部館外で，オンライン検索ができる。

169. 国立国会図書館専門資料部編『世界のみた日本 国立国会図書館所蔵日本関係翻訳図書目録』国立国会図書館, 1989 〈GB1-E18〉

　戦後刊行され，1989年（平成元）6月末までに整理した，外国人が著した日本関係邦文図書の目録。日本語による著作も含むが，翻訳書が主体であり，原書の所蔵状況も記され便利。「書名索引」「著者名索引」「原書名索引」を付す。

　移民関係は，事項別分類「歴史」中「太平洋戦争／捕虜」に，「経済」中「移民」に収録されている。

170. 国立国会図書館図書館協力部編, "Books on Japan in Western languages recently acquired by the National Diet Library." **National Diet Library Newsletter, Special issue,** 1990. 7 〈Z55-A358-TO#〉

　1986年（昭61）から1989年（平成元）末までに整理，入力した，日本関係欧文図書を収録。移民関係資料は，[Economics and Industries] 等に収録。

　National Diet Library Newsletter は，国立国会図書館の英文広報誌。"Books on Japan ……" は，次掲のように，1994年12月より，Newsletter から分離刊行されている。

171. 国立国会図書館図書館協力部編, **Books on Japan in Western languages recently acquired by the National Diet Library.** 〈Z52-E381〉

　National Diet Library Newsletter のサプルメントだった "Books on Japan ……" は，1994年12月より，Newsletter から分離・独立し，年2回の頻度で刊行されている。

　移民関係資料は，〔D Economics and Industries—DC Economic history and conditions〕等に収録されている。

【県立図書館・大学等所蔵郷土資料】

　以上の他，各県，特に下に例示するような「移民送出県」の県立図書館等の，いわゆる「郷土資料目録」にも「移民関係資料」が収録されている。これらの目録は，国立国会図書館参考図書室の「地方史（誌）コーナー」で，概ね開架利用できる。

172. 広島県立図書館編『広島県立図書館蔵書目録 第5集 第6巻（郷土資料）』(1979年4月～1992年3月受入分) 広島県立図書館, 1993 〈UP111-383〉

旧分類（1982年以前発行及びその継続資料）では「33 経済」に，新分類（1983年以降発行の資料）では「334 移民」に，移民関係資料が収録されている。

173. 沖縄図書館協会編『**沖縄県郷土資料総合目録**』(昭和47年3月1日現在) 新星図書，1973　　　　　　　　　　　　　　　　　　　　　　〈GB2-89〉
    琉球大学図書館・県立図書館・県議会図書館・沖縄史料編集所・那覇市史編集室等の沖縄県内諸機関及び国立国会図書館所蔵の資料を併せた総合目録。分類「K334 人口・移民」で収録。

174. 琉球大学附属図書館整理係編『**琉球大学沖縄関係資料目録 増加版**』(昭和40年8月～昭和53年12月末現在) 琉球大学附属図書館，1980　　　　　〈GB2-276〉
    日本十進分類法（新訂6A版）に準拠した分類で，移民関係は「330 経済」に収録。

175. 琉球大学附属図書館編『**琉球大学沖縄関係資料目録 増加版 第2集**』(1984年8月末現在) 琉球大学附属図書館，1985　　　　　　　　　　　〈GB2-276〉
    上掲『目録 増加版』刊行後1984年8月までに収集・整理したものを収録する追補版。移民関係は同じく「330 経済」に収録。

176. 財団法人沖縄協会編『**沖縄協会資料室図書目録 第2版**』沖縄協会，1993
    　　　　　　　　　　　　　　　　　　　　　　　　　　　　〈GB2-E243〉
    移民関係資料は，分類「移民」に収録。

　(2)　ハワイ・アメリカ諸機関所蔵目録

【ハワイ州諸機関】

177. Matsuda, Mitsugu. **The Japanese in Hawaii, 1868-1967：A Bibliography of the First Hundred Years.** Hawaii Series 1. Honolulu：Social Science Research Inst., Univ. of Hawaii, 1968.　　〈岸-729〉〈移(四)-Y10〉
    「ハワイ大学」の各コレクション，「ハワイ州立公文書館」「ハワイ糖業協会図書室 *Hawaii Sugar Planter's Association Library*」や日系新聞社，寺社及び個人蔵まで含め，その所蔵機関を明記した解題総合目録。邦語文献378タイトル，英語文献505タイトルを収録。「ハワイにおける日本人移民・日系人」に関する最も基本的な書誌である。

178. Matsuda, Mitsugu. **The Japanese in Hawaii：An Annotated Bibliography of Japanese Americans, Rev. Dennis M. Ogawa with Jerry Y. Fujioka.** Hawaii Series 5. Honolulu：Social Science and Linguistics Inst., Univ. of Hawaii, 1975.　　　　　　　　　　　　　〈岸-730〉〈移(四)-Y11〉
    上掲177を「英語を常用とする学生のため」及び「資料の利用可能性」という基準で改訂したもの。英語文献764タイトルを収録し，付録として，英文新聞・雑誌33タイトルを収録，邦語文献は，原書の378タイトルそのままを付録として残した。Matsuda原書から引用した解題は[M543]，同様に，後掲223 Rubano文献目録から引用した解題は[R17]のように原書のエントリー・ナンバーを付記する。

179. Hori, Joan. **The Japanese in Hawaii：A Bibliography of Publications, Audiovisual Media, and Archival Collections Supplementing the Bibliography, The Japanese in Hawaii by Mitsugu Matsuda and revised by Dennis Ogawa.** 1988. 〈移(四)-ハワイ-1-④〉

上掲177, 178に未収録のもの，及び1987年末までの新刊を増補する，未定稿の事務用レファレンス・トゥール。ただし英語文献のみ収録。オーラル・ヒストリーを含むAV資料並びに，ハワイ州内の図書館(室)・博物館・ハワイ大学の特殊コレクション等で所蔵する主要文書類及びその概要も，新たに収録する。

180. Ethnic Studies Oral History Project, ed. **Catalog of the ESOHP Collection, 1976-84.** Honolulu：Ethnic Studies Oral History Project, Social Science Research Inst., Univ. of Hawaii, 1984. 〈移(四)-Y12〉

ハワイ大学の 'Ethnic Studies Oral History Project' が1976年創設以来1984年までに行なったオーラル・ヒストリー・プロジェクト11本のリスト（project description と interview description からなる）。1983年までのプロジェクトの完全な索引は, Master Index to ESOHP Interviews, 1976-83.〈未所蔵〉

各プロジェクトのタイトルは以下のとおり。多くの日本人移民・日系人の口述が収録されている。（国立国会図書館では，本プロジェクトに伴うビデオ・テープを収集，所蔵する。詳細については後述する。）

* Waialua and Haleiwa：The People Tell Their Story.
* Life Histories of Native Hawaiians.
* Remembering Kakaako：1910—1950.
* Waipi'o：Mano Wai (Source of Life).
* The 1924 Filipino Strike on Kauai.
* Women Workers in Hawaii's Pineapple Industry.
* Stores and Storekeepers of Paia and Puunene, Maui.
* Uchinanchu：A History of Okinawans in Hawaii.
* A Social History of Kona.
* Five Life Histories.
* Kalihi：Place of Transition.

カタログには，これらの「記述記録 transcripts」のハワイ州での所蔵（寄託）機関も記す。これらプロジェクトの中から, Uchinanchu：A History of Okinawans in Hawaii. 〈DC812-A2〉〈移(四)-Y46〉及び Hanahana：An Oral History Anthology of Hawaii's Working People. 〈移(四)-Y47〉が公刊されている。

181. **Hawaii Business and Industry：Historical Resources Guides.** Honolulu：The Humanities Program of the State Foundation on Culture and the Arts in cooperation with The Hawaiian Historical Society, 1986〜

ハワイの産業に関する史料・文献等のガイド・シリーズ。特に農業関係では日

本人移民・日系人の関与・貢献が大であった経緯から，貴重な関係ローカル資料が多く含まれる。文献目録・図書・雑誌・新聞・政府刊行物・学位論文・文書類・年報・営業記録・地図・写真・AV資料・オーラルヒストリー・史蹟に関する情報等を収録，ハワイ州における所蔵機関を記す。(#1-3は，当初 Hawaii Business and Agriculture：Historical Resources Guides シリーズとして刊行。)

#1 **Coffee in Hawaii：A Guide to Historical Resources.** 1986.
〈移(四)-Y5〉
#2 **Sugar in Hawaii：A Guide to Historical Resources.** 1986.
〈移(四)-Y6〉
#3 **Rice in Hawaii：A Guide to Historical Resources.** 1987. 〈移(四)-Y7〉
#4 **Maritime Industries of Hawaii：A Guide to Historical Resources.** 1987. 〈未所蔵〉
#5 **Ranching in Hawaii：A Guide to Historical Resources.** 1988.
〈移(四)-Y8〉
#6 **Pineapple in Hawaii：A Guide to Historical Resources.** 1990.
〈移(四)-Y9〉

【LC】 米国議会図書館：*Library of Congress*

182. Library of Congress, General Reference and Bibliography Division, Jones, Helen D., comp. **Japanese in the United States：A Selected List of References.** Washington：GPO, 1946. 〈016. 32573-UL616j〉

LCの4図書館(室)の他に，Stanford, Harvard, 両大学及び New York Public Library 所蔵資料も所収。1940年以降発行のもの，文献目録・図書及び小冊子・逐刊物・雑誌記事・学位論文，文書等非刊行資料からなる。著者名及び件名を併せた索引を付す[8]。

【UCLA】 カリフォルニア大学ロサンゼルス校：*University of California at Los Angeles*

183. Ichioka, Yuji, et al., comp. **A Buried Past：An Annotated Bibliography of the Japanese American Research Project Collection.** Berkeley and Los Angeles：Univ. of California Pr., 1974. 〈D1-207〉〈岸-702〉

UCLA, University Research Library 所蔵日系人研究プロジェクト (JARP) コレクション（後述）全般にわたる邦語資料解題目録。

'Japanese Government Archival Documents' 'Background to Emigration' 'Japanese Exclusion Movement' 'General Historical Works' 'Economics' 'Religion' 'Second Generation' 'Socio-Cultural Materials' 'Japanese Associations' 'Literature and Poetry' 'Newspapers, Periodicals, Yearbooks, and Who's Whos' 'Autobiographies and Biographies' 'Personal Papers' 'World War II and Internment' 'Published Photographic Albums' 'Oral History Tapes' 'Dissertations and Theses' 'Miscellaneous' 及び 'Index' からなる。冒頭で研究史を

整理し，JARPコレクションの沿革と，本目録の凡例を記す。北米最大の日系関係コレクションである，JARPコレクションの目録であるにとどまらず，前掲177〜179及び次掲184とともに，日本人移民・日系人の研究・調査に携わる者が，まずひもとくべき，基本書でもある。

184. Sakata, Yasuo, comp. **Fading Footsteps of the Issei：An Annotated Check List of the Manuscript Holdings of the Japanese American Research Project Collection.** Los Angeles：UCLA Asian American Studies Center, UCLA Center for Japanese Studies, and Japanese American National Museum, 1992. 〈移(四)-Y2〉

上掲183の続編となる，UCLA, University Research Library 所蔵日系人研究プロジェクト（JARP）コレクション（後述）の邦語資料，特に個人文書を詳細に解題した目録。

'Personal Papers' 'Japanese Government Documents and Records' 'Organizational Records and Papers' 'Japanese Language Schools and Education of the Second Generations' 'Pacific War and Internment' 'Published Materials' 'Published Photographic Albums' 'Documents, Records, and Office Files relating to the Nation-Wide Issei Survey of the JARP, UCLA' 及び 'Indices' からなる。ボックス・ナンバー及びファイル・ナンバーが付され，閲覧用の検索トゥールともなっている。Sakata による 'Fading Footsteps of the Issei' と題された Introduction (pp. 1-17) の移民史及び資料・研究史整理もまた有用である。

185. Niiya, Brian, comp. **Japanese Americans during World War II：A Selected, Annotated Bibliography of Materials Available at UCLA.** Los Angeles：UCLA Asian American Studies Center Reading Room, 1992.
〈未所蔵〉

UCLA, Asian American Studies Center Reading Room 及び UCLA の他の9図書館（室）が所蔵する，第二次大戦期の日系人，特に強制収容に関する資料324タイトルを収録，解題する。非公刊の会議資料・文書類・新聞及び一般雑誌の記事等は省く。

186. Jayanti, Vimala, comp. **The UCLA Oral History Program：Catalog of the Collection, 2nd ed.** Los Angeles：UCLA Oral History Program, Dept. of Special Collections, 1992. 〈移(四)-Y3〉

1959年に設立された *UCLA Oral History Program* (Dept. of Special Collections) の目録。南カリフォルニアの歴史という視点から，日系人は少ないが，日系人の強制収容に反対した ACLU, *American Civil Liberties Union* の指導者の口述等，日系人，特に強制収容との関わりで貴重なものが含まれる。

【UCB】 カリフォルニア大学バークリー校：*University of California at Berkeley*

187. Barnhart, Edward N., comp. **Japanese American Evacuation and Resettlement：Catalog of Material in the General Library.** Berkeley：UCB General

— 27 —

59

Library, 1958. 〈岸-703〉

UCB, General Library が Document Department 及び Bancroft Library で所蔵する，日系人強制収容に関する膨大な資料の目録。主な資料源は，1942年，UCB に創設された JERS, *Japanese American Evacuation and Resettlement Study* 及び「戦時再定住局（WRA）*War Relocation Authority*」が刊行，収集したものである[9]。

188. Nakamura, Norman N., et al., comp. **The Bancroft Library Collection of WRA Photographs on the Japanese American Internment and Resettlement.** Japanese American Citizens League, Visual Communications Committee, UCLA Asian American Studies Center, 1971. 〈岸-699〉

UCB, Bancroft Library が所蔵する，WRAが撮影した約5,000枚の写真のコレクション・リスト。冒頭でコレクションの概要，利用・複写規則等が記され，Selected Photographsにおいて，アルバム毎個別の写真の被写体及び写真の状態等が叙述される。

【その他のカリフォルニア州諸機関】

189. Lum, William W. with Asian American Research Project, Univ. of California, Davis, comp. **Asians in America：A Bibliography.** Davis：Univ. Library, Univ. of California, 1969. 〈岸-725〉
　　supplement Ⅰ, Ⅱ 〈岸-726〉

190. Nimura, Frank T., comp. **Japanese in the United States：A Bibliography.** Bibliographic Series #5. Sacramento：Sacrament State College Library, 1969. 〈岸-734〉

191. Claremont Colleges Library, comp. **Materials on the Pacific Area.** Claremont：Claremont Colleges Library, 1939. 〈岸-706〉

【ワシントン大学】

192. Univ. of Washington Libraries, Priestley, Marilyn, comp. **Comprehensive Guide to the Manuscripts Collection and the Personal Papers in the University Archives.** Seattle：Univ. of Washington, 1980. 〈移(四)-Y4〉

ワシントン大学図書館 Manuscripts and University Archives が1979年までに収集，所蔵する文書類の解題目録。1955年以降，「日系市民協会（JACL）*Japanese American Citizen's League*」シアトル支部の協力を得て収集した，シアトル及びオレゴン州東部の日系人，特に強制収容関係の史資料（*Japanese-American Project*）を収録する。

193. **Inventory, Japanese Association of North America.** Manuscripts and University Archives, Univ. of Wasington Libraries, [1986]
〈特別資料課事務用〉

Edward M. Burke 寄贈になる「北米日本人会 *Japanese Association of North America*」「シアトル日本人商工会議所 *Seattle Japanese Chamber of Commerce*」

等関係記録の検索用目録。

(3) カナダ諸機関所蔵目録[10]

【UBC】 ブリティッシュ・コロンビア大学：*University of British Columbia*

194. Hives, Christopher and Mary Oh, comp. **Sources for Researching the History of Japanese Canadians in British Columbia in the Special Collections and University Archives Division.** Special Collections and University Archives Division, Univ. of British Columbia Library, 1991.

〈特別資料課事務用〉

UBC図書館，Special Collections and University Archives Division で所蔵する，日系カナダ人に関する史資料の目録。図書（和・洋）・政府刊行物・小冊子・学位論文・新聞・雑誌・文献目録・文書類等に分類される。

195. 権並恒治「日系カナダ人史料コレクション―ブリティッシュ・コロンビア大学中央図書館特殊資料室所蔵―」**『移住研究』** 28：1991. 3, pp. 55-68 〈Z3-854〉

ブリティッシュ・コロンビア大学特殊資料室所蔵「日系カナダ人コレクション *Japanese Canadian Collection*」のうち邦語図書の目録（pp. 60-65）。他に，本コレクションの経緯・概要を記す。ブリティッシュ・コロンビア大学特殊資料室では，この他に多くの日系カナダ人関係史資料を所蔵するが，史資料の概要について詳しくは後述する。

[2] 邦語文献目録

ここでは，単行及び雑誌掲載の主要「移民関係主題目録」「移民関係を含む主題目録」を収載し，概説書等に含まれる文献目録・参考文献の類については，そのつど，書誌事項及び解題で明記する[11]。

【全般】

196. 木村健二「戦前期移民関係邦語文献目録」（「戦前期日本移民学の軌跡」所収）**『移住研究』** 26：1989. 3, pp. 19-28 〈Z3-854〉

後述 Ⅵ.概説書［1］研究史 注[1] 収載の文献目録や雑誌より抽出した，戦前期の邦語単行書及び雑誌論文を発行年次順に収録。

197. 198.「文献目録」（粂井輝子，飯野正子「日本におけるアメリカ研究の発達と現状―Ⅰ.日本における日本人移民・日系アメリカ人研究」所収）**『東京大学アメリカ研究資料センター年報』** 13（1990年）：1991. 3, pp. 31-42 〈Z41-1712-B〉

同センター主催のアメリカ研究研究会「日本における日本人移民・日系アメリカ人研究」（1990年（平成2）10月20日）における，粂井・飯野両報告（後述 Ⅵ.概説書［1］研究史197, 198）に伴う文献目録。戦後以降1990年までの文献を収録。

199. 移民研究会編**『日本の移民研究 動向と目録』** 日外アソシエーツ，1994

〈DC812-E190〉

「第2部 文献目録」(pp. 167-243)は，一部戦前の文献も含み，1992年前半までに日本で刊行された「研究文献」を収録。現時点で最も網羅的な文献目録である。これ以降の文献については，次掲200廣部「文献目録」でフォローできる。本書については，V. レファレンス・ワーク［2］参考図書—199 で詳述する。

200. 「文献目録」(廣部泉「日本におけるアメリカ研究の発達と現状—II. 日本におけるアメリカのエスニシティ研究（2）アジア系移民に関する歴史研究を中心に」所収)『**東京大学アメリカ研究資料センター年報**』17（1995年）：1996. 3, pp. 86-94 ⟨Z41-1712-B⟩

同センター主催のアメリカ研究研究会「日本におけるアメリカのエスニシティ研究」（1995年（平成7）12月23日）における廣部報告（後述VI. 概説書［1］研究史—200）に伴う文献目録。1991年～95年前半の文献を収録。

201. 金中利和「本と本 移住・日系人関係図書の紹介」海外日系新聞協会編『**季刊 海外日系人**』海外日系人協会, 19：1986. 10～（連載中） ⟨Z3-1360⟩

文献目録ではないが，収録各書に懇切な解説が付され，移民（移住）・海外日系人関係新刊図書のダイジェストとして便利である。「一般」「北米」「南米」「アジア」に分かつ。

【人口問題】

202. 日本学術会議ユネスコ委員会, 日本ユネスコ国内委員会共編『**人口問題関係文献目録 昭和20年—昭和26年**』日本ユネスコ国内委員会, 1952（同英訳 Literature on population problems in Japan 1945—1951Iを附す） ⟨334. 3-N684z⟩

日本学術会議ユネスコ委員会, 日本ユネスコ国内委員会共編『**人口問題関係文献目録 昭和20年—昭和26年**』日本ユネスコ国内委員会, 1952 ⟨334. 3-N691z⟩

終戦以降昭和26年末までに，わが国で公刊された人口問題に関する，学術論文と単行書を収録。

　　＊C. 人口問題の社会経済的分析
　　　　IV. 移民問題（pp. 24-25）

（本書は，図書館科学会監修『社会科学書誌書目集成』全60巻，日本図書センター, 1996～ 中の第56巻として復刻，刊行が予定されている。）

【国際協力事業団（海外移住事業団）】

203. 国際協力事業団移住事業部編『**作成資料目録（移住関係）**』国際協力事業団移住事業部, 1993,（業務資料 No. 867） ⟨D1-E36⟩

前身の海外移住事業団を含む国際協力事業団移住部門が，昭和38年以降平成5年2月までに作成した資料の目録。

【ハワイ・アメリカ・カナダ】

204. 日外アソシエーツ編『**アメリカ関係図書目録**』日外アソシエーツ, 1995（地域別図書目録 1） ⟨GH1-E1⟩

1945年から1993年までに日本国内で刊行された図書14,618点を収録する。地域別・国別に「見出し」を立て，必要に応じ「中見出し・小見出し」で細分化する。

「地名索引」「著者名索引」「書名索引」を付す。「社会・労働・教育／移民」「太平洋地域／ワシントン州……ハワイ州—真珠湾」「カナダ／……」等の見出しのもとに移民関係図書が収録される。

205. **『カナダ関係邦語文献目録』**カナダ大使館広報部, 1979　　　　　〈GH3-1〉
    カナダ大使館が日本カナダ学会に収集を依頼した文献カードを編纂したもの。新聞を除く, 1978年までに刊行された約1,300点を収録。「カナダ関係の纏った邦語文献目録としては」初めてのもの。「単行本」「論文・記事」に分かれ, それぞれ「日系移民」の項目をもつ。

206. **『カナダ関係邦語文献目録 II』**1979～1982, 日本カナダ学会, 1983　　〈GH3-1〉
    上掲目録の続編。1979—82年12月の間に出版・発表された単行書・雑誌論文等を収録。前編とは異なり,「日系移民」の項目中に単行書・論文・記事を, 編著者名順に配列する。

207. **『カナダ関係邦語文献目録』『カナダ関係邦語文献目録 補遺』**日本カナダ学会, 1988-89　　　　　　　　　　　　　　　　　　　　　　　　〈未所蔵〉

【沖縄】[12]

208. 天久斉編**『奄美・沖縄学文献資料目録　新版』**沖縄古書センター　ロマン書房本店, 1991（沖縄古書センター　ロマン書房本店古書目録　第6号）　〈GB2-E176〉
    古書店の「販売目録」であるが, 解説及び**『沖縄大百科事典』**（全4巻, 沖縄タイムス社, 1983〈GB8-121〉, 後掲239）へのレファレンス（例えば,『北米沖縄人史』については,『沖縄大百科事典』に石川友紀が執筆している。）を付したことで,「生きた目録」となっている。
    移民関係は,「総記」「郷土史誌」「歴史」等の項目にも関連書が収録されているが,「人文地理」の下位項目「移民・移住」に収録される。

209. 「沖縄歴史関係主要論文目録」**『沖縄史料編集所紀覧』**1：1976.3-11：1986.3,**『史料編集室紀要』**12：1987.3〜　　　　　　　　　　　　　　〈Z8-1380〉
    「論文（雑誌・紀要・その他）」は掲載誌の五十音順,「歴史関係論文記事（新聞）」は掲載紙の発行月順に収録。「単行本」では,［総記・新聞］［考古・歴史］［地域史］に関連書が収録される他,［移民］の項目に収録。

210. 石川友紀「沖縄県移民に関する文献紹介」**『新沖縄文学』**45：1980. 6, pp. 292-305（「沖縄移民〈総特集〉」）　　　　　　　　　　　　　　　　〈Z13-1198〉
    沖縄県移民に関する主要文献を, 第二次世界大戦前と大戦後に大別し, それを「移民送出母県母村」と「移民受入国」に分け, 解題を付す。「沖縄移民」研究史というべきもの。

【日系新聞】

211. 山田晴通「北米日系新聞関係日本語文献表（第1稿）」**『松商短大論叢』**42：1994. 3, pp. 255-295　　　　　　　　　　　　　　　　　　　　　〈Z3-287〉
    ハワイ・北米における日系新聞に関する邦語文献に, 簡単な説明を付したもの。1993年までの「日系新聞研究会」（後述）の成果が網羅される。

[3]　欧文文献目録

「移民こそがアメリカ史である」と言われるように，アメリカのあらゆる歴史をひもとくうえで，移民史は，避けて通ることのできないものの一つである。その中で比較的新しい移民集団であるアジア系アメリカ人についても，上述［1］（2）におけるような，太平洋沿岸諸州の大学に設置された Asian American Studies Center 等を中心に，近年，個々の民族集団の研究枠を超えた，アジア系アメリカ人という枠組みでの研究が一つの大きな潮流となっている[13]。

ここに収録した文献目録は，そのような歴史的所産及び知的営為の記憶装置であり，未来のアジア系アメリカ人へ遺すべき財産目録でもある。ここでもアンソロジーの一章をなす文献目録を除き，概説書・通史等の巻末文献目録は省略した。

【文献目録】

212. Endo, Russell, comp. "Asian American Bibliographic Resources: 1968-1988." Nomura, Gail M. et al. ed. **Frontiers of Asian American Studies: Writing, Research, and Commentary.** Pullman: Washington State Univ. Pr., 1989, pp. 317-338. 〈未所蔵〉

　　1968年から1988年までの20年間に編纂された，アジア系アメリカ人に関する「文献目録の目録」。ERIC (*Educational Resources Information Center*) ドキュメントも含む[14]。同じ編者による，"Bibliographic Materials on Asian and Pacific Americans," Ethnic Forum. 3: 1983, pp. 94-107の改訂版となるものであり，アジア系アメリカ人一般の他に，日系人関係21タイトルの文献目録を収録。

【全般・アジア系アメリカ人】[15]

213. Janeway, William R., comp. **Bibliography of Immigration in the United States 1900-1930.** Columbus: H. L. Hedrick, 1934. Reprint 1972. 〈岸-718〉

　　アメリカへの移民問題が広汎な論議を醸した，1900年から1933年までの，ヨーロッパ系移民も含んだ，文献を収録[16]。

214. Fujimoto, Isao, et al., comp. **Asians in America: A Selected Annotated Bibliography.** Working Publication No. 5, Asian American Research Project. Davis: Asian American Studies Division, Dept. of Applied Behavioral Sciences, Univ. of California, 1971. 〈岸-712〉

　　前掲189の3目録，後掲218学位論文目録，及び "Bibliography of Law Journal Articles on the Legal Aspects of the Asian Experience in America." 所収文献約2,000タイトルから約800タイトルを厳選し，解題したもの。各民族別・年代別収録文献数は次頁の表（同書，p. 4より引用）のとおりである。

　Asians in America: A Selected Annotated Bibliography: An Expansion and Revision. 1983.

　　1971年刊の改訂増補版であるが〈未所蔵〉，未見である。

	Pre-1880	80-	90-	1900-	10-	20-	30-	40-	50-	60-	70-
Chinese	12	5	8	9	6	15	20	42	49	84	9
Japanese	1	0	1	7	16	52	36	100	56	80	8
Filipinos					5	26	8	3	7		1
Koreans								1		3	
East Indians					1	2		1		6	
Asians				7	3	15	15	10	9	29	10
Bibliographies								2	1	14	8

215. Chan, Sucheng, comp. "Asian Americans : A Selected Bibliography of Writings Published Since 1960s." Okihiro, Gary Y., et al., ed. **Reflections on Shattered Windows : Promises and Prospects for Asian American Studies.** Pullman : Washington State Univ. Pr., 1988, pp. 214-237. 〈未所蔵〉

1960年代から20年間に公刊された文献を収録。1960年代以前の資料でも，その情報が有用である時には，補完的に収録する。

216. Kitano, Harry H. L., et al., comp. **Asian Americans : An Annotated Bibliography.** Los Angeles : Asian American Studies Center, UCLA, 1971.
〈岸-721〉

各民族別(Chinese, Filipinos, Japanese)に分け，General, Psychology, Sociology……Evacuation-Relocation と項目毎に小分類する。1,500の文献情報から約300タイトルを精選し，解題した初学者向けの目録。因みに，General—Japanese in the United States には，18タイトルの概説書を収録。

217. Kitano, Harry H. L., comp. **Asians in America : A Selected Bibliography for Use in Social Work Education.** New York : Council on Social Work Education, 1971. 〈岸-722〉

前掲216と同体裁であるが，ソーシャル・ワーカーを意識したと，前書きに述べる。Koreans及び学位論文(下掲220より精選したものは解題なし。新収した2タイトルのみ解題。)が，新たに収録された[17]。

218. Kim, Hyung-chan, ed. **Asian American Studies : An Annotated Bibliography and Research Guide.** Bibliographies and Indexes in American History, No. 11, New York, Westport, London : Greenwood Pr., 1989.　〈E1-A104〉
　(Ⅴ．レファレンス・ワーク［２］参考図書-218を参照のこと。)

219. "Annual Selected Bibliography" in **Amerasia Journal.**
〈14(1)：1988～, Z52-E79〉
UCLA, Asian American Studies Center発行。アジア系アメリカ人を研究対象

にする唯一の学術雑誌で，Vol. 4, No. 2 (1978) より "Annual Selected Bibliography" を掲載。現在は年三回刊，通常No. 3 に年間文献目録が掲載される。研究領域の広汎化を反映して，コンピュータ・データベース *Amerasia Journal Cumulative Bibliography* (1996年末で約22,000件強収録) の年間新収録レコードの約 3 割程度しか掲載されないが，この分野における最も網羅的な文献目録である。国立国会図書館では，Vol. 14, No. 1 より所蔵。詳細については後述する。

【学位論文】

220. Lum, William W., comp. **Asians in America : A Bibliography of Master's Theses and Doctoral Dissertations.** Working Publication No. 2. Davis : Asian Amrican Research Project, Asian American Studies Division, Dept. of Applied Behavioral Sciences, Univ. of California, Davis, 1970. 〈岸-727〉

'Asian experience in America' に関連する学位論文750タイトルを収録する文献目録（予備版）。全体の75％を中国系・日系が占める。「著者名索引」及び参照した各大学の「学位論文目録」等を付す。

221. Ong, Paul M. and William Wong Lum, comp. **Theses and Dissertations on Asians in the United States, with Selected References to Other Overseas Asians.** Davis : Asian American Studies, Dept. of Applied Behavioral Sciences, Univ. of California, Davis, 1974. 〈岸-743〉

上掲220の増補改訂版。約800タイトルを新たに収録し，「件名索引 (Key Word Index)」も付した。1970年版と違い，民族別の構成をとるが，やはりアジア系一般・中国系・日系のテーマが多くの割合を占める。'Asians in the Other Americas' 'Other Overseas Asians' の項目を新設したのも，研究の広がりを示すものであろう。

【日系アメリカ人】

日系アメリカ人に関する全般的な文献目録は，想像以上に多くはなく，国立国会図書館で所蔵するものもほとんどない。アジア系一般に含まれるもの及び諸機関所蔵資料の目録は，前述したとおりである。概説書等の文献目録類は，邦語目録の場合同様，そのつど，書誌事項及び解題で明記する[18]。

222. Matsusita, Karl K., comp. **Books-in-Print : Japanese in the America in English with Indexes and Glossary.** San Francisco : Japanese American Library, 1986. 〈特別資料課事務用〉

1986年刊行時において，入手しうる図書の解題目録。収録485タイトルのうち日系アメリカ人に関するものは349タイトル，児童書も含む。'Japanese American Vernacular Newspaper' 'Subject and Geographical Indexes' 'Glossary' 等を付す。年刊の予定だが，刊行状況不明。

【ハワイ】

223. Rubano, Judith. **Culture and Behavior in Hawaii : An Annotated Bibliography.** Hawaii Series 3. Honolulu : Social Science Research Inst., Univ. of

Hawaii, 1971. 〈岸-739〉

1914年から1970年までの，ハワイに関する「行動科学 behavioral science」的視点からの文献627タイトルを収録。ハワイにおける日本人に関する文献が多数含まれる。

224. Young, Nancy Foon. **Asian-Americans in Hawaii : Selected Readings, Chinese, Japanese, Koreans, Okinawans.** Honolulu : General Assistance Center for the Pacific, Educational Foundations, College of Education, Univ. of Hawaii, 1975. 〈未所蔵〉

225. Hiura, Arnold T., and Stephen H. Sumida. **Asian American Literature of Hawaii : An Annotated Bibliography.** Honolulu : Hawaii Ethnic Resource Center, Talk Story, 1979. 〈未所蔵〉

226. "Hawaiiana in *1991~* : A Bibliography of Titles of Historical Interest" in **The Hawaiian Journal of History.** 〈25 : 1991~, 移(四)-Y15〉

「ハワイ歴史協会 *Hawaiian Historical Society*」の機関誌，年刊。図書・学位論文及びハワイ州外で発行された，若干の逐刊物掲載論文を収録する。日系関係文献は，一時期に比べ減少傾向にある。国立国会図書館特別資料室では，第25巻(1991年)より所蔵。雑誌記事の箇所で詳述する。

【人種差別・エスニシティ】

227. Kolm, Richard, comp. and ed. **Bibliography of Ethnicity and Ethnic Groups.** Rockville : Center for Studies of Metropolitan Problems, National Inst. of Mental Health, 1973. 〈岸-732〉

228. Weinberg, Meyer, comp. **Racism in the United States : A Comprehensive Classified Bibliography.** Bibliographies and Indexes in Ethnic Studies, No. 2, New York : Greenwood Pr., 1990. 〈E1-A135〉

'Affirmative Action' 以下アルファベット順に 'Women, Minority' まで85の件名を設け，その後に 'General' 及び 'Bibliographies, General' の項目を置く「最も包括的な」人種差別に関する文献目録。内容がタイトルから自明でない場合のみ解題を付す。日本人移民・日系人関係は，'Concentration Camps' に集中する他 'Immigration' 等に散見される[19]。

【文学】

229. Cheung, King-Kok and Stan Yogi. **Asian American Literature : An Annotated Bibliography.** New York : The Modern Language Association of America, 1988. 〈未所蔵〉

アメリカ合衆国及びカナダにおける，アジア系作家による文学作品の，基本的目録。民族別の散文・詩・劇作の一次資料と，評論・学位論文等の二次資料に大別し，非アジア系による著作も付す。約3,400タイトルを収録し，簡明な解題を付す。'Bibliographical and Reference Works' 'Background Sources : Selected Works' に，アジア系移民の背景等の理解に有用な文献目録・概説書等を収録す

る。

【農業】

230. Hennefrund, Helen E. and Cummings, Orpha, comp. **Bibliography on the Japanese in American Agriculture.** Bibliographical Bulletin No. 3, United States Dept. of Agriculture, Washington, DC : U. S. GPO, 1943. 〈岸-717〉

1890年代から約50年間の，米本土及びカナダにおける日系農業についての，解題及び内容詳細を付した目録。土地所有・農作物・農業労働者としての特質・外国人土地法制・強制収容問題等に関する文献を収録する。

【強制収容】

231. アラン・T・モリヤマ著，金子幸子訳「アメリカ日系人強制収容に関する文献 研究動向と課題」『汎』12：1989.4, pp. 206-222（共同研究 日系人強制収容の全体像を追う ②） 〈Z23-548〉

日系人強制収容に関する研究を，第一期（1944-54），第二期（1955-70），第三期（1971-82），第四期（1983-）の四時期に分け整理する。文献目録ではないので収録数は多くないが，強制収容関係の英語文献について，日本語で解説した貴重な論考である[20]。

【文書等目録】

232. DeWitt, Donald L., comp. **Guide to Archives and Manuscript Collections in the United States : An Annotated Bibliography.** Bibliographies and Indexes in Library and Information Science, No. 8, Westport, London : Greenwood Pr., 1994. 〈UL1-A90〉

全米の図書館・文書館・博物館等で所蔵する，原則として非刊行の文書類等史資料の「検索トゥール *finding aids*」（calendars, directories, inventories, checklists, registers）の解題目録。（例えば例外的に，文書類とともに，刊行された資料も多数収録する，前掲183. Yuji Ichioka. Buried Past. 等も収録されている。）'General Collections' 'Ethnic Minorities and Women' 'Federal Archives—General, Library of Congress, National Archives, Smithsonian Institution' 'Regional Collections' 等のパートに，本稿関係諸機関のトゥール類が収録されている。

IV. 注

1) 阪田安雄「移民研究の歴史的考察とその課題」『日系移民資料集 北米編 第18巻 解説・資料編』pp. 7-8。阪田は，同書，註（pp. 41-42）において，本稿収録197, 198の粂井・飯野「文献目録」の他に，戦前の（邦文）論文・文献検索に「役立つ目録」として，以下の目録を掲げている。参考までに（ ）内に複製本の書誌事項を略記した。

○神戸高等商業学校商業研究所編『経済法律文献目録』宝文館, 1927
○神戸高等商業学校商業研究所編『経済法律文献目録 第二輯』宝文館, 1931
（神戸高等商業学校商業研究所編『経済法律文献目録』2冊，ゆまに書房, 1985 宝文

館 昭和2～6年（1927～1931）刊の複製〈E1-124〉）
○天野敬太郎編『法政経済社会論文総覧』刀江書院, 1927
（石山洋［ほか］編『明治・大正・昭和前期雑誌記事索引集成 第7巻』（大正15年）皓星社, 1994 『法政経済社会論文総覧』正編 第1分冊の複製〈UP54-E16〉, 『明治・大正・昭和前期雑誌記事索引集成 第8巻』（大正15年）皓星社, 1994 『法政経済社会論文総覧』正編 第2分冊の複製〈UP54-E16〉）
○天野敬太郎編『法政経済社会論文総覧 追篇』刀江書院, 1928
（石山洋［ほか］編『明治・大正・昭和前期雑誌記事索引集成 第9巻』（大正15年～昭和2年）皓星社, 1994 『法政経済社会論文総覧』追編の複製〈UP54-E16〉）
○本庄栄治郎『日本経済文献』全6巻, 日本評論社, 1953-1969
○黒正巌・菊田太郎編『経済地理学文献総覧』叢文閣, 1937（『経済地理学講座別巻』）
（本書は, 図書館科学会監修『社会科学書誌書目集成』全60巻, 日本図書センター, 1996～ 中の第12巻として復刻, 刊行されている。〈未所蔵〉）
○上田貞次郎編「人口問題文献（続）」『日本人口問題研究』第3輯, 協調会, 1937
○総理府統計局図書館編『邦文人口関係文献並資料解題 附：人口関係論文目録』総理府統計局図書館, 1951
（本書は, 図書館科学会監修『社会科学書誌書目集成』全60巻, 日本図書センター, 1996～ 中の第55巻として復刻, 刊行が予定されている。）
○英修道編『日本外交史関係文献目録』慶應義塾大学法学研究会, 1961
（本書は, 図書館科学会監修『社会科学書誌書目集成』全60巻, 日本図書センター, 1996～ 中の第28巻として, 1969年発行の同『目録（追補版）』とともに復刻, 刊行されている。〈未所蔵〉）
○角山栄・高嶋雅明監修『マイクロフィルム版 領事報告資料収録目録』雄松堂フィルム出版, 1983
○『「殖民協会報告」解説・総目次・索引』不二出版, 1987

2) 国立国会図書館特別資料室所蔵の「移民関係資料」は, 「岸コレクション」「楡木コレクション」及び「山本コレクション」の三大コレクションと「派遣職員収集資料」であるが, 『国立国会図書館特別資料室所蔵移民関係資料目録』（平成9年内刊行予定）は, 昭和59年度より開始された「派遣職員による収集」資料を収録する。その内容は, 図書・逐次刊行物・文書類・マイクロ資料・録音テープ等であるが, 派遣期間の関係から, ハワイ・北米関係はそれ程多くない。なお, ハワイ・北米については, 現在も資料収集が続けられており, 『ハワイ報知』（1912年10月創刊号―1961年12月, ホノルル, ビショップ博物館所蔵）や"Japanese Canadian research collection" "Pitt Meadows Japanese Farmer's Association" 及び『山家安太郎文書』（いづれもカナダ, ブリティッシュ・コロンビア大学所蔵）をマイクロフィルムで収集した。

3) 和歌山市民図書館では, その建設計画段階より, 有数の「移民送出県」という歴史を背景に, 移民資料の収集が計画され, 京都大学移民史研究会の協力を得て, 昭和59年12月「移民資料室」を開室, 翌60年3月に本目録が刊行された。「移民資料室」の詳細については後述する。

4) 「東京大学アメリカ研究資料センター」の淵源は, 第二次大戦後にロックフェラー財団の援助によって, 東京大学とスタンフォード大学が共催した「アメリカ研究夏期セミナー」

(1950—1956)に遡る。この間に蓄積されたアメリカ研究図書を核に，1957年暫定的に発足，1967年教養学部附属施設として正式に設立された。この間の事情・現状については，本間長世「東京大学アメリカ研究資料センター」『東京大学アメリカ研究資料センター年報』1, pp. 46-47，西堀わか子「東京大学アメリカ研究資料センター」『東京大学アメリカ研究資料センター年報』8, pp. 98-102，新川健三郎「アメリカ研究資料センターの30年―回顧と展望―」『東京大学アメリカ研究資料センター年報』17, pp. 118-125を参照。

「センター」の活動状況・研究成果は，『東京大学アメリカ研究資料センター年報』(No.1-7〈GH81-24〉, No.8-17〈Z41-1712-B〉)『東京大学アメリカン・スタディーズ』(『年報』の改題, Vol.1 : 1996.4〜〈Z8-B527〉) に掲載。また，新川の論考には，「東京大学アメリカ研究資料センター活動リスト」があり，これまでのセンターでの研究会が一覧できる他，日本におけるアメリカ研究の状況も鳥瞰でき，記事掲載『年報』の号数も付され便利である。

『移民研究基本図書リスト』の他に，センター所蔵資料の目録類には次のようなものがある。

○『東京大学アメリカ研究資料センター蔵書目録 1』(文学・地域文化論・伝記・歴史) 1980〈GH2-4〉
○『東京大学アメリカ研究資料センター蔵書目録 2』(総記・哲学・宗教・社会・政治・法律・経済・教育・芸術) 1981〈GH2-4〉
○『東京大学アメリカ研究資料センター所蔵文献資料リスト』(蔵書目録 補遺) 7:[1985]―16:1994〈GH2-6〉(本リストは『東京大学アメリカ研究資料センター年報』にも掲載されている。)
○『東京大学アメリカ研究資料センター所蔵逐次刊行物リスト』[1986]〈GH2-8〉
○新川健三郎編『アメリカ外交史研究基本図書リスト』1991〈A1-E9〉

なお，日本におけるアメリカ研究について，国際文化会館のプロジェクト「日本におけるアメリカ研究の状況に関する総合調査」が進行中であるが，日本の大学におけるアメリカ研究の教育プログラムについては，『日本におけるアメリカ研究教育プログラム ―現状と課題―』(アメリカ研究ワークショップ，1994年9月9日・10日開催，報告書) (財)アメリカ研究振興会，1996〈GH81-G2〉が現状と問題点を纏めているので参照されたい。

5) 国立民族学博物館では，平成9年4月現在，図書445,888点を所蔵し，そのうち日本語図書は169,620点，データベース件数は186,851件である。『国立民族学博物館要覧』1977, pp. 15-17参照。

6) なお簡易に，国立国会図書館蔵書(和・洋図書)を検索・利用するには，『国立国会図書館 図書利用のてびき』〈広報パンフレット〉を参照されたい。最新刊行の冊子目録まで含み，アップ・トゥ・デイトである。

7) 明治期刊行図書約11万タイトル，16万冊は，1989年(平成元)より約3年を費やしマイクロ化された(『国立国会図書館所蔵 明治期刊行図書マイクロ版集成』丸善)。現在，国立国会図書館での，明治期刊行図書の利用は原則として，マイクロフィッシュに限られており，本蔵書目録に収録される資料の請求記号も，一部を除きマイクロフィッシュ番号〈YDM〉が付されている。(原書請求記号も，書誌事項中に( )内表示)したがって本稿でも，明治期刊行図書の請求記号については，オリジナル資料(原書)ではなく，マイクロフィッシュ資料番号で統一した。

1995年9月に，本蔵書目録のCD―ROM版が刊行された。この概要及び特徴については，

吉武敬子「明治期刊行図書のCD—ROM版—『NDL CD—ROM Line 国立国会図書館蔵書目録 明治期』—」『書誌索引展望』20(2)：1996. 5, pp. 12-19〈Z21-864-TO#〉を参照のこと。

8) LCでは，本目録に先行して LC, Division of Bibliography, Baden Florence S. comp. Immigration in the United States : A Selected List of Recent References. Washington : GPO, 1943〈016. 32573-Ul697i〉を刊行している。この目録の場合は，LCの5図書館(室)所蔵資料に限っており，日系関係一般は，Nationalities-Orientals-Japaneseに29タイトル所収されている。因みにインド系は4タイトル，韓国系は雑誌の論文が1タイトル所収されているに過ぎない。

9) JERS及びWRA関係資料の経緯については，本目録 Introduction, pp. i-ix, 及び Ichioka, Yuji, ed. Views from Within : The Japanese American Evacuation and Resettlement Study. Los Angeles : Asian American Studies Center, UCLA, 1989.〈移(四)-Y61〉所収のYuji, Ichioka. "JERS Revisited : Introduction." pp. 3-27 他の論文を参照のこと。また，日系人強制収容に関する文献整理について，アラン・T・モリヤマ著，金子幸子訳「アメリカ日系人強制収容に関する文献 研究動向と課題」『汎』12：1989. 4, pp. 206-222（共同研究 日系人強制収容の全体像を追う ②）（IV-[3]231）が有用である。

10) Gonnami, Tsuneharu, "Japanese Collections in Canadian Libraries."(Presented by Tsuneharu Gonnami, Japanese Librarian, Asian Studies Library of the Univ. of British Columbia to the 1989 Annual Meeting of *AAS-ASPAC Library Panel on East Asian Libraries held on July 2, 1989, at the Prince Kuhio Hotel, Honolulu, Hawaii.*AAS-Association for Asian Studies／ASPAC-Asian Studies on the Pacific Coast）は，日系カナダ人関係のみならず，カナダにおける日本関係コレクション全般についての纏めである。本ペーパーは，Committee on East Asian Libraries Bulletin. 89：1990. 2, pp. 24-32〈Z55-B307〉に再録されている。

11) 移民関係の通史・概説書のみならず，アメリカ史・アメリカ研究の分野においても有用な「文献目録」を含むものが少なくない。例えば，斎藤眞，嘉治元郎編『アメリカ研究入門』東京大学出版会, 1969〈GH81-1〉，本間長世，有賀貞編『アメリカ研究入門 第2版』東京大学出版会, 1980〈GH81-27〉は，今だにアメリカ研究の古典であり，文献解題には必須の基本文献を収録し，数多くはないが移民関係文献も含まれる。日本語による文献については，『アメリカ研究邦語文献目録』東京大学出版会ほか，1973～〈GH2-1〉等が有用である。また，日本におけるアメリカ史研究の動向を知るためには，『史学雑誌』〈Z8-321〉の毎年5月号に掲載される「回顧と展望」が有用である。

12) 沖縄については，例えば，次のような書誌や目録も参照のこと。
○新城安善編著『沖縄書誌総覧 沖縄書誌の書誌』沖縄県図書館協会, 1991〈GB2-E160〉（本書について詳しくは，新城安善「『沖縄書誌総覧—沖縄書誌の書誌』ノート」『書誌索引展望』16(2)：1992. 5, pp. 41-47〈Z21-864-TO#〉を参照のこと。「沖縄書誌の歴史的動向」も記される。）本書誌に収録される移民関係書誌は以下のとおりである。
＊名護市史編さん室編『移民・出稼関係新聞記事目録』名護市史編さん室, 1985（名護市史研究資料 第23集）
＊「移民関係文献資料目録」『沖縄史料編集所紀要』1：1976. 3 （前掲159）
＊「移民関係文献資料目録 備考欄訂正表」『沖縄史料編集所紀要』4：1979. 3

- ＊石川友紀，上村晶司編「沖縄移民関係資料」『新沖縄文学』45：1980.6
- ＊石川友紀編「沖縄県移民に関する文献紹介」『新沖縄文学』45：1980.6（前掲210）
- ＊「『雄飛』総目次」『雄飛』44：1989.2
- ＊琉球大学海外移住問題研究会編『在沖移住関係文献目録解題』琉球大学海外移住問題研究会，1970
- ○新城安善「沖縄県関係の二次資料」『書誌索引展望』17(3)：1993.8, pp.33-38（地域文献案内 32）
- ○「沖縄関係図書目録」（「沖縄関係新刊図書分類目録」「沖縄関係新刊図書目録」の号もあり）『新沖縄文学』51：1982.3 -95：1993.5

13) 「アジア系アメリカ人 Asian American」という呼称は，1968年，「アジア系アメリカ人政治同盟（AAPA）Asian American Political Alliance」結成時に，現UCLA教授のユージ・イチオカ Yuji Ichioka の命名による，と言われる（下掲 村上『アジア系アメリカ人』p.18）。1991年に『地理』36(5)：1991.5が，「アジア系アメリカ人」を特集したが，それ以外の雑誌論文を国立国会図書館の雑誌記事索引データベース（P001／1984.1～）で検索しても，「アジア系アメリカ人」をタイトルとするものは，本稿執筆時，以下の3タイトル4件であった。ただし「アジア系アメリカ女性」「アジア系アメリカ文学」等は考慮していない。
- ○横山穣「アメリカにおける地域精神衛生サービス―アジア系アメリカ人の抱えるもの」『社会福祉研究』43：1988.10, pp.69-74
- ○ジョージ・R・ハラダ「アメリカ法におけるアジア系アメリカ人(上)正義への闘い」『広島経済大学研究論集』17(4)：1995.3, pp.13-49
- ○ジョージ・R・ハラダ「アメリカ法におけるアジア系アメリカ人―正義への戦い―下―」『広島経済大学研究論集』18(1)：1995.6, pp.1-22
- ○武田興欣「アジア系アメリカ人学生のアイデンティティの多様性 ―プリンストン大学における調査」『アメリカ研究』31：1997, pp.193-206

単行書所収論文の主なものは，次のとおりである。
- ○飯野正子「『日本たたき』と日系およびアジア系アメリカ人」有賀貞編『米国のエスニック・グループの現状と日本』日本国際問題研究所，1993, pp.56-64
- ○飯野正子「『日本たたき』と日系およびアジア系アメリカ人」有賀貞編『日米関係におけるエスニシティーの要素』総合研究開発機構，1995, pp.85-98
- ○飯野正子「アジア系アメリカ人―『汎アジア系』のアイデンティティ？」有賀貞編『エスニック状況の現在』日本国際問題研究所，1995, pp.131-175
- ○ゲイル・M・ノムラ「アジア系アメリカ人の日本観」有賀貞編『日米関係におけるエスニシティーの要素』総合研究開発機構，1995, pp.67-84

しかし，Ⅳ．[2] 邦語文献目録及び後掲Ⅵ．[1] 研究史―200 廣部論考は，「アジア系移民」研究が，わが国でもようやく認知され始めたことを明らかにしている。

このような状況のなかで，ロナルド・タカキ『もう一つのアメリカン・ドリーム―アジア系アメリカ人の挑戦』岩波書店，1996〈GH82-G7〉(Strangers from A Different Shore：A History of Asian Americans. Boston：Little, Brown, 1989〈DC821-A99〉の抄訳）が刊行され，村上由見子『アジア系アメリカ人―アメリカの新しい顔』中央公論社，1997（中公新書1368）が刊行された。上掲，飯野「アジア系アメリカ人……」もその歴史，現在及び問題点をコンパクトに纏めた優れた論文であるが，村上『アジア系アメリカ人』は，「ア

— 40 —

ジア系アメリカ人の全体像を平易にしかし内容濃く描いた」日本語で書かれた初めての書物である（『アジア系アメリカ人』書評：石川好，『日本経済新聞』 1997.8.17 付）。以下も参照のこと。前掲153. Japanese American History：An A-to-Z Reference from 1868 to the Present. ('Asian American' 'Asian American movement' 'Asian American Political Alliance' pp. 107-109) 及び，後掲 The Asian American Encyclopedia., Dictionary of Asian American History. 等の該当項目。

14) 「文献目録の目録」について，同時期に刊行された，本文後掲218. Asian American Studies：An Annotated Bibliography and Research Guide. 1989の 'Bibliographies'(pp. 469-473) 及び 229. Asian American Literature：An Annotated Bibliography. 1988の 'Bibliographical and Reference Works' (pp. 1-5) も参照のこと。

　　国立国会図書館におけるERICドキュメント（マイクロフィッシュ資料・抄録誌・索引等）の所蔵状況は複雑であるが，マイクロフィッシュ資料は，大別して，1966-77年は特別資料室所蔵〈YD5-13〉，1984年以降は，一部ではあるが，官庁・国際機関資料室で所蔵〈EDI. 310／2：〉しているものもある。

15) ますます混沌の度合いを深める現代アメリカ社会における，アジア系アメリカ人の，多様なアイデンティティーと歴史的経験の検証に資する最新の文献目録として，Ropp, Steven Masami, et al., comp., Lee, Marjorie, ed. **Prism Lives／Emerging Voices of Multiracial Asians：A Selective, Partially Annotated Bibliography.** Los Angeles：UCLA, Asian American Studies Center, Reading Room／Library, 1995. がある。'Race and Ethnicity' 'Interracial Marriage and Relations' 'Multiracial Asian and Asian American Experiences' 'Amerasians' 'Identify Development' 'Transracial Adoption' からなり，約600件の文献をエントリーするが，未見である。これとともに, Amerasia Journal, 最新号（Vol. 23, No. 1）〈特集 "No Passing Zone：The Artistic and Discursive Voices of Asian-descent Multiracials"〉 に収録された，Steven Masami Ropp 他の論文は，Asian American Studies が，現実問題としても，今まさに，Multiethnic, Multiracial, Mixed-Race……Asian, の方向に進み始めていることを，明示するものであろう。

16)　この時期の，日本人移民に関する重要事件は，以下のとおりである。

　　1900―サンフランシスコの労働者大会排日決議 '01―カリフォルニア州及びネヴァダ州議会排日決議 '02―ハワイから米本土転航盛ん '05―カリフォルニア州議会排日法案／黄禍論流布 '06―サンフランシスコ市日本人学童隔離教育決議／司法省日本人の帰化申請拒否指令 '07―ハワイから米本土転航禁止 '08―紳士協約締結／ハワイへの新規移民渡航禁止 '09―オアフ島大ストライキ '13―カリフォルニア州外国人土地法 '14―小沢孝雄帰化権試訴提起 '17―日本人移民能力試験実施 '19―カリフォルニア州東洋人排斥協会／写真婚廃止宣言 '20―カリフォルニア州排日土地法 '21―ワシントン州・テキサス州・ネブラスカ州排日土地法 '22―米最高裁日本人の帰化権否認（小沢事件）'24―排日移民法 '27―外国語学校取締法関係試訴日本語学校側勝訴（ハワイ，米最高裁）'31―満州事変 '33―アメリカ経済恐慌

17)　因みに，216では General-Japanese in the United States 収録文献は18タイトルであったが，217では17タイトルと，1タイトル減となっている。削除されたのは，McWilliams, Carey. Factories in the Field. Boston：Little Brown ＆ Co., 1939. である。しかし同書は，1860年～90年の，カリフォルニア農業における中国人労働力に言及したものであり，単に216におけるミス・レイアウトだと思われる。

18) 前掲212, Endo, "Asian American Bibliographic Resources：1968-1988." の本文及び注（1960年代以前の主要なもの）には、計24タイトル（25タイトル収録されているが、1タイトルは重複）の日系アメリカ人に関する文献目録（一部中国系と併録、所蔵目録、特殊テーマ目録を含む）が収録されている。それを刊行（収録）形態別に分類すると、次のようになる。これをみても、日系アメリカ人に関する全般的な文献目録の少なさが例証されるが、このことは、単一民族の研究もさることながら、当時既に、アメリカにおいては、「アジア系アメリカ人という枠組み」のなかでの単一民族（日系人）研究、或いは比較研究が主流だったことの証左なのではなかろうか。

①単行のもの
  * Barnhart, Edward N. （前掲187）
  * Conner, John. Japanese Culture in the United States of America：An Annotated Bibliography. Sacramento：Cross Cultural Resource Center, California State Univ., 1977, ERIC Document #ED-175-958.
  * Hennefrund, Helen E, et al. （後掲230）
  * Hildebrand, Lorraine. Issei, Nisei, Sansei, Yonsei：A Bibliography of Japanese Holdings Including a Short List of Materials on the Japanese Internment and the U. S. Internal Security Act. Tacoma：Friends of Tacoma Community College Library, Pearl Wanamaker Library, and Instructional Resource Center, 1972.
  * Ichioka, Yuji, et al. （前掲183）
  * Jones, Helen. （前掲182）
  * Kitano, Harry. Japanese in North America. Balch Institute Historical Reading List, No. 15, Philadelphia：Balch Inst., 1975.
  * Matsuda, Mitsugu. （前掲177, 178）
  * Matsushita, Karl. （後掲222）
  * Rockman, Ilene. Japanese American Identity in the United States, 1945-Present：A Selected Annotated Bibliography. unpublished paper, 1975, ERIC Document #ED-102-091.
  * White, Anthony. An Urban Minority：Japanese Americans. Council of Planning Librarians Exchange Bibliography, No. 478, Monticello：Council of Planning Librarians, 1973, ERIC Document #ED-143-719.

②概説書・研究書所収のもの
  * Daniels, Roger. The Politics of Prejudice：The Anti-Japanese Movement in California and Struggle for Japanese Exclusion. Berkeley and Los Angeles：Univ. of California Pr., 1962, pp. 153-160. （Paperback ed. by Atheneum, 1967. republished with a new supplementary bibliography by the Univ. of California Pr., 1977）
  * Daniels, Roger. Asian America：Chinese and Japanese in the United States Since 1850. Seattle：Univ. of Washington Pr., 1988, pp. 345-372.
  * Daniels, Roger, et al. Japanese Americans：From Relocation to Redress. Salt Lake City：Univ. of Utah Pr., 1986, pp. 14, 24-26, 77, 132-133, 190.
  * Herman, Masako. The Japanese in America, 1843-1973：A Chronology and Fact Book. Ethnic Chronology Series, No. 15. Dobbs Ferry：Oceana Pub., 1974, pp. 147

-148.
- * Ichioka, Yuji. "A Buried Past : A Survey of English Language Works on Japanese American History." in Emma Gee. ed. Counterpoint : Perspectives on Asian America. Los Angeles : Asian American Studies Center, Univ. of California, 1976, pp. 14-19, ERIC Document #ED-147-378.
- * Kodama, Michiko (ed.) Uchinanchu : A History of Okinawans in Hawaii. Honolulu : Ethnic Studies Oral History Project, Univ. of Hawaii and United Okinawan Association of Hawaii, 1981, pp. 577-589.（前掲180参照）
- * Okamura, Raymond. "The Concentration Camp Experience from a Japanese American Perspective : A Bibliographical Essay and Review of Michi Weglyn's Years of Infamy" in Emma Gee. ed. Counterpoint : Perspectives on Asian America. Los Angeles : Asian American Studies Center, Univ. of California, 1976, pp. 27-30, ERIC Document #ED-147-378.
- * Spicer, Edward and Janet Moone. "A Bibliography of Life in the War Relocaton Centers" in Edward Spicer et al. Impounded People : Japanese-Americans in the Relocation Centers. Tuscon : Univ. of Arizona Pr., 1969, pp. 317-331.
- * Sugimoto, Howard. "A Bibliographical Essays on the Wartime Evacuation of Japanese from the West Coast Areas" in Hilary Conroy and T. Scott Miyakawa, ed. East Across the Pacific : Historical and Sociological Studies of Japanese Immigration and Assimilation. Santa Barbara : American Bibliographical Center —Clio Pr., 1972, pp. 140-150.

③雑誌所収のもの
- * Chang, Alice "A Chinese and Japanese Bibliography", RQ, 10 : 1971. Summer, pp. 299-308.
- * Ichioka, Yuji. "Recent Japanese Scholarship on the Origins and Causes of Japanese Immigration," Immigration History Newsletter, 15 : 1983. 11, pp. 2-7.
- * Nishi, Setsuko, et al. "Bibliography on Redress : Wartime Relocation and Internment of Japanese Americans," P／AAMHRC Research Review, 2 : 1983. 1, pp. 6-8.
- * Okamura, Raymond. "Records of Infamous Past," Bridge, 4 : 1976. 11, 43-45. republished as, "Revisions in Japanese American History : A Review of Books Published in 1976," Journal of Ethnic Studies, 3 : 1977. Fall, pp. 112-115.

19) アジア系アメリカ人，特に中国系，日系，に対する人種差別・排斥運動に関しては，次の文献の 'Select Bibliography' (pp. 303-307) も参照のこと。Foner, Philip S., Rosenberg, Daniel, ed. Racism, Dissent, and Asian Americans from 1850 to the Present : A Documentary History. Contributions in American History, No. 148. Westport : Greenwood Pr., 1993.〈A68-U-A13〉本書については，後述する。

20) 日系人強制収容に関する一次資料は，近時，例えば『日系人強制収容白書 War Relocation Authority Quarterly and Semiannual Reports』全2巻，復刻版，日本図書センター，1991（日系人強制収容所資料集 第Ⅰ期）〈GA82-A209〉, Records of the War Relocation Authority, 1942-1946. Chadwyck-Healey, マイクロフィルム〈未所蔵〉及び，Papers of

the U. S. Commission on Wartime Relocation and Internment of Civilians. University Publications of America, マイクロフィルム〈YE-57〉等が復刻及びマイクロ化され，利用し易くなった。また前者には，林春男「『日系人強制収容白書』解説」(WRAの沿革・組織・国立公文書館のWRA文書・本書収録『定例報告書』の構成，第2巻巻末 pp. 3-15) 及び鈴木廣司「『日系人強制収容白書』解題」(同 pp. 17-24) が付され有用である。

Ⅴ．レファレンス・ワーク

ここには，移民及びその歴史的背景の理解に有用だと思われる辞典・事典類，その他の参考図書類を，周辺領域のものも含め，収録する。

[1] 辞典・事典

【歴史一般】
233. 国史大辞典編集委員会編『**国史大辞典**』全15巻 (17冊)，吉川弘文館，1979-1997 〈GB8-60〉
 総項目数54,000余，歴史用語から隣接分野まで，日本歴史の全領域を網羅する，わが国最大の歴史大百科。項目末尾に基本的参考文献を付す。
234. 日本歴史大辞典編集委員会編『**日本歴史大辞典**』新版，全10巻，別巻2，河出書房新社，1985—1986 〈GB8-142〉
235. 『**日本史大事典**』全7巻，平凡社，1992-1994 〈GB8-E67〉
236. 地方史研究協議会編『**地方史事典**』弘文堂，1997 〈未所蔵〉
 既存の辞(事)典類で周知されている事項を網羅することなく，地方の視点にそぐわないものは除外する，という「地方の立場」に基づいた編集。特定の視点から項目をランク付けせずに，1テーマ1ページで構成し，参考文献を付す。「海外移民（広島県）」「海外移民（和歌山県）」等の項目がある。
237. **Kodansha Encyclopedia of Japan.** 9v. Kodansha, [1983] 〈GB8-17〉
 日本に関する英文百科では最大のもの。執筆陣も，Roger Daniels, Don Nakanishi らを起用し，内容的にも中身の濃い解説となっている。'emigration' 'Japanese American Citizens League' 'Japanese Americans' 'Japanese Americans in Hawaii' 'wartime relocation of Japanese Americans' 'Japanese Immigrants in Canada'……等の項目がある。

【郷土史】
238. 中国新聞社編『**広島県大百科事典**』全2巻，中国新聞社，1982 〈GB8-165〉
239. 沖縄大百科事典刊行事務局編『**沖縄大百科事典**』全4巻，沖縄タイムス社，1983 〈GB8-121〉

240. 沖縄県教育委員会編『**沖縄県史　別巻　沖縄近代史辞典**』国書刊行会，1989（沖縄県教育委員会1977年刊〈219.9-O559〉の複製）　　　　　　　〈GC311-E65〉

　　　原則として，異国船渡来及び牧志・恩河事件の時期（19世紀中葉）から沖縄戦終結（1945年）までの約百年間の重要項目を収録する。収録項目数742件，関連『沖縄県史』の巻数，他主要参考文献を付す。「アメリカ移民」「アルゼンチン移民」「移民」「移民会社」「移民周旋人」「『移民之友』」……と，移民関係項目が並ぶ。

【外交史】

241. 外務省外交史料館日本外交史辞典編纂委員会編『**日本外交史辞典**』大蔵省印刷局，1979　　　　　　　　　　　　　　　　　　　　　　　　〈A2-32〉
　　　外務省外交史料館日本外交史辞典編纂委員会編『**日本外交史辞典**』新版，山川出版社，1992　　　　　　　　　　　　　　　　　　　　　　〈A2-E18〉

　　　外交関係における「移民問題」は，最重要な課題のひとつとして，多くの優れた論考がある¹⁾。『日本外交史辞典』新版では，多くの移民研究者によって，日本移民史上重要な42項目が解説されている。

【民族問題・マイノリティ】

242. 松原正毅［ほか］編『**世界民族問題事典**』平凡社，1995　　〈A2-G1〉

　　　各民族の歴史性と地域的固有性を視野に入れながら，近現代を中心とした，多角的な情報に焦点をあてた，わが国では類書のない「問題発見の事典」。「アメリカ移民法」「アメリカ化」「アメリカ合衆国／移民の流入」「アメリカ帰化法／中国人・日本人の帰化制限」「黄禍論」「サラダ・ボウル論」「日系アメリカ人」「日系アメリカ人強制収容」「日系カナダ人」「日系カナダ人強制収容」「日系コロニア」「メルティング・ポット論」等を収録。参考文献，巻末に「地域別項目ガイド」を付す。

243. マイノリティ・ライツ・グループ編，マイノリティ事典翻訳委員会訳『**世界のマイノリティ事典**』明石書店，1996（World Directory of Minorities.〈A57-A7〉の翻訳）　　　　　　　　　　　　　　　　　　　　　　　　〈A57-G6〉

　　　上掲242と同様，「これまで無視されてきた分野のユニークな」事典。ロンドンに本部のある，マイノリティの権利擁護団体である「マイノリティ・ライツ・グループ *Minority Rights Group*」が，1970年以来出版してきた百数十冊に及ぶ「マイノリティ・グループ・レポート」をもとに編纂したもの。「アジア系アメリカ人」「日系アメリカ人」「日系カナダ人」について解説。

【アメリカ（移民）】

244. 常松正雄［ほか］編『**アメリカ文学研究資料事典　アメリカ研究図書解題**』南雲堂，1994　　　　　　　　　　　　　　　　　　　　　　　〈KS181-E3〉

　　　Harold H. Kolb, Jr., A Field Guide to the Study of American Literature. Charlottesville：The University Press of Virginia, 1976 に増補改訂を加えたもの（未刊）の全訳に編者による増補を加え（第Ⅰ部　アメリカ文学研究資料），併せて，日本国内で刊行されたアメリカ文学とアメリカ研究に関する資料（第Ⅱ部

日本で出版された研究資料）を収録，解題する。

　「第Ⅱ部／Ⅶ アメリカ研究関係基本図書—E 人種，民族，女性」等に移民関係資料を収録する他，「文献目録」「学術雑誌と定期刊行物」「学術雑誌と定期刊行物の「特集（記事）」リスト」等，アメリカ文学のみならず，移民研究・調査の基礎文献を知るうえで有用である[2]。

245. 角間隆『**アメリカを読む事典 3 社会篇**』PHP研究所，1982（PHP Business Library）　　　　　　　　　　　　　　　　　　　　　　　　　　　　　〈GH8-5〉

　「第3章 燃えたぎるルツボ—人種問題の歴史と展望」において，アメリカ社会を構成する移民・エスニック集団及び関連事項を解説。簡便なレファレンス・ブックとして役に立つ。

246. Auerbach, Susan, ed. **Encyclopedia of Multiculturalism.** 6v, New York：Marshall Cavendish, 1994.　　　　　　　　　　　　　　　　　〈GH8-A31〉

　アメリカ社会における，児童・老人・障害者・同性愛者等のマージナル・グループをも対象とし，アメリカ社会の多様性を検証する。重要な歴史的事実における，マイノリティの役割に力点を置いた解説となっている。'Time Line-Key Events in the History of American Multiculturalism' 'Selected Multicultural Resources' 'Filmography' 'Bibliography—General Sources on American Multiculturalism' 等有用な付録があり，'Subject List' 'Index' を付す。本稿に関係のある項目は数えきれないが，'Japan-bashing' 以下 'Japantowns' まで，'Japan' 関連語だけでも，9項目16頁に及ぶ解説がなされており，写真も随所に取り入れられている。

247. Thernstrom, Stephan, ed. **Harvard Encyclopedia of American Ethnic Groups.** Cambridge, London：Belknap Pr. of Harvard Univ. Pr., 1980

　　　　　　　　　　　　　　　　　　　　　　　　　　　　　〈GH8-44〉

　'Groups and Definitions' 'Thematic Essays' 'Maps' 'Tables' からなる。「日本」の項は，ペリー来航から説き起こし，ハワイ・カリフォルニア・強制収容・戦後の状況，と11頁に及ぶ。Harry H. L. Kitano が執筆。'American Identity and Americanization' (pp. 31-58) 'Assimilation and Pluralism' (pp. 150-160) ……等 'Thematic Essays' に属する解説は，ひとつの論文に匹敵する内容である。各項目にそれぞれ，整理された 'Bibliography' を付す。

248. Cordasco, Francesco, ed. **Dictionary of American Immigration History.** Metuchen, London：The Scarecrow Pr., 1990.　　　　　　　〈D2-A83〉

　冒頭で，1880年代から1986年（'Immigration Reform and Control Act of 1986'）までの，米国移民法を略述する。'Americanization Movement' 'Japanese' (pp. 437—445) 'Japanese-Americans in Hawaii' 'Japanese, experiences in Canada and United States' 'Relocation Centers' 等の他，'Immigrant Historical Societies' 'Immigrant Images in American Film and Television' 'Immigration Legislation'……のような基礎的事項の解説も多い。付録に 'American Immigration：A Handlist of Selected Bibliographies and Reference Works'を付す。

【アジア系アメリカ人】

249. Kim, Hyung-Chan, ed. **Dictionary of Asian American History.** New York：Greenwood Pr., 1986. 〈D2-A78〉

'Essays'（各民族集団についての概説 'Japanese in the United States' 等7論文、及び 'Asian Americans and American Immigration Law' 等分野別論文8篇からなる。）'Dictionary' 本体、及び 'Appendix-A：Select Bibliography, -B：Chronology of Asian American History, -C：1980 Census Data' 'Index'で構成される。

250. Ng, Franklin, ed., Wilson, John D., Managing ed. **The Asian American Encyclopedia.** 6v, New York：Marshall Cavendish, 1995 〈E2-A122〉

アジア系アメリカ人の歴史及び文化に関する、初めての大百科。2,000強のエントリーと約1,100の図版を収録する。'Index (Vol. 6, pp. III—XIX)'。'Introduction' において、'Asian Americans and American Society' 'The History of Asians in the United States' 'Asian American Studies' を概観する。'Japan' 以下 'Japantown Art and Media Workshop' まで 'Japan' 'Japanese……' 関連語だけでも48項目（Vol. 3, pp. 704-787）に及ぶ。第6巻巻末の各付録（下掲）も有用。

* Time Line（1521～1994年までのアジア系アメリカ人関連解説年表）
* Organizations（アジア系アメリカ人関係団体のディレクトリー）
* Museums（アジア系アメリカ人関係博物館・美術館のディレクトリー）
* Research Centers and Libraries（全米各大学のAsian American 研究所及び図書館のディレクトリー）
* Asian American Studies Programs（全米各大学におけるAsian American Studiesの講座・研究プログラム一覧）
* Newspapers, Newsletters, Magazines, and Journals（アジア系アメリカ人関連エスニック・メディアのディレクトリー）
* Films and Videos（アジア系アメリカ人関連映画・放送番組・ビデオの一覧）
* Bibliography（pp. 1746-1788, 各民族別のSources by Population Groupsと芸術・文化・移民等分野別のSources by Subject Areasからなる、付録としては圧倒的な量の文献目録。）
* Subject List（本百科収録のエントリーを、民族別にリストアップするEntries by Population Groupと、芸術・文化・移民等分野別にリストアップするEntries by Subject からなる。）

【日系アメリカ人】

153 Niiya, Brian, ed. **Japanese American History：An A-to-Z Reference from 1868 to the Present.** New York：Facts On File, 1993. 〈特別資料課事務用〉

日系アメリカ人に関する唯一の事典。Gary Y. Okihiro による 'The Japanese in America' という概説がある（pp. 1-23）。事典エントリーの他に、'Chronology of Japanese American History' 'Complete Citations for Chronology'（年表・年表典拠）'One Hundred Titles：A Basic Library on Japanese Americans'（文献目録）からなる。

【人口】
251. 『**人口大事典**』平凡社, 1957 〈334.036-H418z〉
「人口理論」「人口学説史」「人口と社会」（経済学），「人口統計」（統計学），「人口と社会」（社会学），「人口の生物学」（生物学・医学），「家族計画」（医学・政策学），「海外移住」「人口政策」（政治学・経済学）等，世界にも類例のない，人口問題に関する学際的事典。「Ⅺ 海外移住」（pp. 681-731）において，海外移住の概念・形態・理論・歴史・政策・国際関係等が纏められるが，「出移民」に関する研究史整理の最も先駆的業績だと言われている[3]。

【各種人名・人物辞(事)典】
79. 『**在米日本人人名辞典**』桑港，日米新聞社, 大11 〈519-15〉
前掲75『**日系移民人名辞典　北米編**』全3巻〈D4-E422〉も見よ。
252. 富田仁編『**海を越えた日本人名事典**』日外アソシエーツ, 1985 〈GB12-66〉
移民と直接は関係ないが，漂流民・遣米使節・留学生等，同時代における「海を越えた」日本人の活動は，移民と比較すべき諸点も多い。付録に「年別渡航者名一覧」「国別渡航者名一覧」を付す。同種のものとして，下掲255がある。
253. 近代日本社会運動史人物大事典編集委員会編『**近代日本社会運動史人物大事典**』全5巻，日外アソシエーツ, 1997 〈未所蔵〉
1868年（明治維新）から1945年（第二次大戦終結）まで，労働運動・農民運動・住民運動等，近代日本の社会運動に関わった人物約15,000人を収録，参考文献も付す。この事典成立の経緯については，第1巻に，いいだもの「[自画自賛]近代日本を創り出し・近代日本を超え出ようとした1万5千人を記憶する全5巻の紙碑―序にかえて」という序に詳しいが，女性・沖縄・アイヌ等マイノリティーの活動についても，重点を置いている。その観点から，カール・ヨネダ等「海外における活動家」59名が収録されている（執筆：田村紀雄）[4]。

[２] 参考図書

【移民】
199. 移民研究会編『**日本の移民研究　動向と目録**』日外アソシエーツ, 1994
〈DC812-E190〉
これまで多岐にわたってなされてきた，日本の「移民研究」の到達水準を，各項目別に纏めたもの[5]。第1部「研究史整理」で，「Ⅰ 出移民―送り出し国に関する諸問題」「Ⅱ 日系人―受け入れと定着に関する諸問題」「Ⅲ 国際関係の中の移民」の大項目に分け，以下「地域的背景」「移民思想・教育」「母国・母村への影響」「アメリカ合衆国本土」「ハワイ」「日布関係」「日加関係」……といった具体

的テーマの小項目のもと，諸論考を整理し，問題点・課題を提示する。第2部「文献目録」は，筆者名の五十音順・出版年順で配列。明治期以降1992年9月までに，日本国内で出版された，植民地・勢力圏への移民研究を除いた，文献を収録する。現時点で，最も網羅的な文献目録であり，研究史整理である。

254. 吉田光邦編『**明治大正図誌　第16巻　海外**』筑摩書房, 1979 (海外移住年表：pp. 148-150) 〈GB641-50〉

この時期における，日本（人）の「海外進出」（遣外使節・遊芸人・博覧会・留学・植民・移民等）を捉える一巻。移民関係は「第三章　移民の哀歌」(pp. 87-112) 及び押本直正「日本人海外移住抄史」(pp. 144-147) が本文及び解説。タイトルの示すとおり，何よりふんだんな図版が理解を助けてくれる。

【海外渡航者】

255. 手塚晃, 国立教育会館編『**幕末明治海外渡航者総覧**』全3巻, 柏書房, 1992 〈GB13-E58〉

国立教育会館の「海外渡航者データベース」に登録されている，文久元年（1861）から明治45年（1912）までに，留学・視察等で海外へ渡航した人物約4,200名のリスト。第1巻・第2巻は「人物情報編」で姓名・生年月日・出身教育機関等の個人情報及び渡航に関する諸情報が収録される。第3巻「索引編」には，次の7種類の索引が収録される。「渡航時所属機関別索引」「渡航先別索引」「渡航時期別索引」「渡航目的別索引」「渡航形態別索引」「留学先別索引」「出身地別索引」。前掲252と同種のもの[6]。

【マイノリティ】

256. 秋山愛子（作成）「米国マイノリティ団体リスト」反差別国際運動, 日本太平洋資料ネットワーク編『**みんながマイノリティ　アメリカに見る民族複合事情**』現代企画室, 1992, 巻末pp. i-xxiii 〈EC131-E6〉

「第一部　米国マイノリティ運動の現況」「第二部　米国マイノリティと日本」「第三部　多様なマイノリティの運動―第九章　アジア太平洋系社会」「第四部　日米マイノリティ会議報告」が本文の構成であるが，資料として「米国マイノリティ団体リスト」と「米国マイノリティ統計」を付す。「米国マイノリティ団体リスト」（マイノリティの権利，福祉，公民権を擁護している米国内団体のリスト）は，「団体名」「所在地」「電話番号」「創立年・目的・会員・団体の規模・主な活動内容」を記載する。Ⅰ　インディアン・Ⅱ　アフリカ系アメリカ人・Ⅲ　アジア系・Ⅳ　中南米系・Ⅴ　移民, 難民・Ⅵ　公民権擁護団体　に分類され，アジア系のうち，純「日系関係」は8団体がエントリーされている。「米国マイノリティ統計」は，1990年米国国勢調査（*1990 Census Information, CENDATA*）をもとに「人種別人口：全米，主な地域」「人種別人口：州別」「人種別人口：200万以上の都市圏」「アジア太平洋系人口内訳：州別」を纏めたもの。

257. Miller, Wayne C. **A Handbook of American Minorities.** New York : New York Univ. Pr., 1976. 〈EC131-46〉

— 49 —

アメリカにおけるマイノリティ・グループについて，その歴史的概観及び主要な資料整理を纏めたもの。アジア系アメリカ人については，中国系・日系・フィリピン系・その他アジア系アメリカ人一般が取り上げられ，日系アメリカ人については，'The Japanese-American Experience' (pp. 163-169) が，開国から Yuji Ichioka "Buried Past" までを概観する。

【アジア系アメリカ人・人種差別】

258. Ebihara, Wataru, comp., ed. **An Asian American Internet Guide.** Los Angeles: Amerasia Journal, Asian American Studies Center, UCLA, APNet, 1995. 〈未所蔵〉

　アジア系アメリカ人に関する，様々な情報アドレスを解説付きでリストアップする。'Electronic Documents' 'Electronic Mailing Lists' 'Newsgroups' 'Organizations Online' に分け，冒頭でアクセスの方法も述べる[7]。

259. **American Journey: The Asian-American Experience.** Los Angeles: Amerasia Journal, Asian American Studies Center, UCLA, Primary Source Media, 1996. (CD-ROM) 〈未所蔵〉

　アジア系及び太平洋系アメリカ人の歴史に関するマルチメディアCD-ROM。アジア系・太平洋系アメリカ人の歴史，文化及び現在の諸問題に関する，19篇の論文と，それにリンクした約100点の一次資料及び画像情報を収録する。学生向け。上掲258とともに，アジア系アメリカ人研究における新時代の到来を告げる，新しいスタイルの資料である。

218. Kim, Hyung-chan, ed. **Asian American Studies: An Annotated Bibliography and Research Guide.** Bibliographies and Indexes in American History, No. 11, New York, Westport, London: Greenwood Pr., 1989. 〈E1-A104〉

　Charles Choy Wong による 'Research Guide: Toward Research in History and the Social Sciences: The Asian American Experience' と，'Bibliography, Pt.I: Historical Perspectives, Pt.II: Contemporary Perspectives' からなる。文献目録は，社会科学・行動科学・人文科学分野における，アジア系アメリカ人に関する文献3,396タイトルを収録，解題を付す。ただし，政府刊行物は含まない[8]。文学（創作）分野における文献については，前掲229がある。文献目録各パートの冒頭にはそれぞれ，'Pt.I -Introduction: Pacific Migration Defined by American Historians and Social Theorists up to the 1960s.' 'Pt.II—Introduction: Asian American Studies in the First Decade: Trends and Themes; Failures and Revisions 1960s-1970s.' という Shirley Hune による詳細な資料・研究史整理があり，有用である。

260. Foner, Philip S., Rosenberg, Daniel, ed. **Racism, Dissent, and Asian Americans from 1850 to the Present: A Documentary History.** Contributions in American History, No. 148, Westport, London: Greenwood Pr., 1993.

〈A68-U-A13〉

'Law and Dissent' 'Statements by Public Figures' 'The Views of the Glergy' 'The Labor Movement' 'African-Americans' 'Relocation and Protest' のパートに分かち，重要ドキュメントのさわりを掲載し，「アジア系アメリカ人に対する差別・排斥の歴史」をたどる資料集。本書には，強烈なエスノセントリズム *ethnocentrism*（自民族中心主義）を発露する史資料とともに，シンパセティックな動向があったことを示す資料もまた，多く収録されている。'Select Bibliography'（pp. 303-307）を付す。

【日系アメリカ人・強制収容】

261. Japanese American Citizens League, National Education Committee, ed. **The Japanese American Experience : A Lesson in American History ; Curriculum and Resource Guide.** San Francisco : Japanese American Citizens League, [199-] (loose-leaf) 〈移(四)-Y1〉

日系アメリカ人強制収容に関する「日系市民協会（JACL）*Japanese American Citizens League*」の教育プログラム用カリキュラム・ガイド。以下の各パートからなる。

* Historical Overview（概説）
* Important Dates（年表）
* Selected Book Lists（AV資料を含む，初学者向け文献目録）
* Curriculum Guides（各団体・学校のプログラム及び教師用手引き書のガイド）
* Resources（地域別情報源）
* Learning Activities（具体的教材による実践的指導法）
* Appendix（教材用資料等，Hongo, Florence M. and Burton Miyo, ed. Japanese American Journey : The Story of a People. San Mateo : Japanese American Curriculum Project, 1985.のリプリント）

【資料所在情報】[9]

262. Buttlar, Lois J., Wynar, Lubomyr R., comp. **Guide to Information Resources in Ethnic Museum, Library, and Archival Collections in the United States.** Bibliographies and Indexes in Ethnic Studies, No. 7, Westport, London : Greenwood Pr., 1996. 〈E2-A130〉

全米の博物館・図書館・文書館等で所蔵する民族系資料コレクションのガイド。'Alphabetical Guide to Ethnic Resources' 'Institution Index' 'Geographic Index' からなる。'Asian American Resources' に18館，'Japanese American Resources' に8館のエントリーがあり，各館の概要・コレクションの内容を掲載，コメントが付される。

263. Western Regional Japanese Library Conference, ed. **A Guide to the Japanese Library Collections of Western North America.** 1989. 〈未所蔵〉

米国西部及びカナダ西部所在の19の大学図書館で所蔵する，日本関係史資料の

ガイドブック。1987年の第二回 *Western Regional Japanese Library Conference* (at UCB) で刊行が決定されたもの。内容に精粗はあるが，UBC の 'Japanese-Canadian Archives' や UCLA のコレクション等についてのアウトラインが得られる。コレクション内容とともに，「オンライン目録」の状況や「刊行目録」についても記述される。

264. Conrad, Agnes C., Dunn, Barbara E., comp. **Hawai'i Museums and Related Organizations.** 3rd ed. Honolulu : Hawai'i Museums Association, 1992.

〈未所蔵〉

一般公開されている，ハワイの67の博物館等類縁機関のディレクトリー。所蔵史資料の概要及び刊行物等についての，簡単な説明がある。各島別に分類。プランテーション関係やビジネス関係等，ハワイにおけるローカルな日系関係資料に「あたり」をつけるには有用である。

V．注

1) 『日本の移民研究　動向と目録』pp. 149-166参照。
2) 詳しくは，常松正雄「『アメリカ文学研究資料事典—アメリカ研究図書解題』について」『書誌索引展望』20(2)：1996. 5, pp. 28-35〈Z21-864-TO#〉を参照のこと。
3) 『日本の移民研究　動向と目録』p. 11参照。
4) 本書につき，渡辺一衛「完成した『近代日本社会運動史人物大事典』」『出版ニュース』1997.1／上・中，pp. 54-57を参照のこと。
5) 「移民研究会」の発足及び活動経過等については，多少古い情報になるが，飯野正子「移民研究会」『東京大学アメリカ研究資料センター年報』5：1982, pp. 95-96（アメリカ研究関係の学会・研究会の活動状況）がある。
6) 本総覧につき詳しくは，手塚晃「『幕末明治海外渡航者総覧』の編集意図と実態の概要」『書誌索引展望』17(2)：1993. 5, pp. 48-53〈Z21-864-TO#〉を参照のこと。
7) 因みに UCLA, Asian American Studies Center のサイト (http://www.sscnet.ucla.edu/aasc) は，'Teaching' 'Research' 'Community' 'Publications' 'Readingroom' 'Resources' 'Crosscurrents' 'Calender' という構成で，"Amerasia Journal" "Crosscurrents"（AASCの広報誌，半年刊）とともに，AASCの動向，即ち Asian American Studies の動向，いち早く知るうえで，見逃せない情報源である。また，IV. 注[12]掲，村上由見子『アジア系アメリカ人—アメリカの新しい顔』巻末にも，参考文献とともに，アジア系アメリカ人関連インターネット・サイトが収録されている (pp. 267-268)。

インターネットのガイドとして，アリアドネ『調査のためのインターネット』筑摩書房，1996（ちくま新書 84）も，アメリカはじめ，世界の専門リソース・サイトが満載され，移民研究・調査においても有用である。
8) 政府刊行物に関しては，Greenwood Pr., から Kim, Kyu S. ed. Federal Literature : An Annotated Bibliography. の刊行が予定されている。
9) 資料所在情報については，基本的レファレンスブックである以下のものも参照のこと。
　　Ash, Lee, et al., comp. Subject Collections : A Guide to Special Book Collections and Subject Emphases as reported by University, College, Public, and Special Libraries and

Museums in the United States and Canada. 7th ed., rev. & enl., 2 vol. New York, London : R. R. Bowker, 1993. 〈UL331-A37〉 国立国会図書館では, 他に, 1st ed. (1958 〈026-A819s〉), 3rd ed. (1967 〈UL331-11〉), 5th ed. (1978 〈UL331-37〉) を所蔵。事項別 ('Emigration and Immigration' 'Japan' 'Japan—Histoy' 'Japanese Americans' 'Japanese American Research Project (JARP)' 'Japanese in Canada' 'Newspapers, Japanese American' 'Japanese in the U. S.' 等) に各機関所蔵資料の概要を記す。

　DeMaggio, Janice A., ed. Directory of Special Libraries and Information Centers. 14th ed., 3 vol. Detroit : Gale Research, 1991 〈Z65-A263-TO〉 アメリカ, カナダの図書館, 情報センター19,800館以上をアルファベット順に収録。第2巻は地名・人名からの索引, 第3巻は第1巻のサプルで, 新規収録の機関。国立国会図書館では, 第11版 (1968) より所蔵。

　ハワイについては, 文献264の原型のような, Levin, Marc A. et al., ed. A Directory of Special Libraries in Hawaii. prepared for Special Libraries Association 70th Annual Conference, Honolulu, Hawaii, Honolulu : Special Libraries Association／Hawaii, 1979. 〈UL331-A3〉がある。

ハワイ・北米における日本人移民および日系人に関する資料について(3)

神　繁司

はじめに
I. 外交史料（外務省資料）
　[1] 外務省記録
　[2] 日本外交文書
　[3] 領事報告
　[4] その他
II. 府県庁等地方公文書・県史等地方史誌
　[1] 地方公文書
　[2] 地方史誌
III. 統計・名簿・名鑑・年表
　[1] 統計
　[2] 名簿・名鑑
　[3] 年表

（資料番号：1－153，以上第47号）

IV. 文献・史資料目録
　[1] 各機関所蔵目録
　　(1) 国内諸機関所蔵目録
　　(2) ハワイ・アメリカ諸機関所蔵目録
　　(3) カナダ諸機関所蔵目録
　[2] 邦語文献目録
　[3] 欧文文献目録
V. レファレンス・ワーク
　[1] 辞典・事典
　[2] 参考図書

（資料番号：154－264，以上第48号）

VI. 概説書
　[1] 研究史
　[2] 通史・概説書
　　(1) 移民政策・移植民論
　　(2) 通史・概説
　　(3) 資料集・叢書

（資料番号：265－447，以上本号）

［資料の配列について］

資料への配列は，概ね，各項目において一般的・総論的なものから個別主題的なものへ，また各資料の刊行順を原則とし，同一編著者によるものは，各資料の刊行順に纏めて収録した。また邦語・欧文と区別していない項目においては，邦語資料・欧文資料の順で収録し，それぞれ翻訳のあるものについては，原書に続けて翻訳書を収録し，解説を付した。なお，既出資料については，初掲の資料番号のままで再録し，適宜参照を入れた。既出箇所の解説も併せて参照されたい。注[18]参照。

VI. 概説書

「VI. 概説書」では，まず［1］研究史で，様々な問題意識の基に多様なアプローチを採る「移民研究」の史的整理を行なう文献を概観し，次に［2］通史・概説書では，「移民政策・移植民論」を含め，いわゆる主な「通史・概説・研究」書の類，近年その傾向が顕著な，重要史資料を底本とする復刻「資料集」及び一般向けのアンソロジーを収録する。

［1］ 研究史

この分野に属する論稿は，移民の概念・背景・問題意識・研究法・論点等において顕著かつ重要な数多の関係資料・文献を，一定の引照基準に従って整理しており，資料検索のガイドとして何れもまず眼を通すべきものである。全般的なもののほかに，個別主題及び英文資料に関する研究史，並びに「研究動向」と題するものも若干収録した。

なお，「日本移民学会」第7回大会（1997年12月，於：関西学院大学）シンポジウムは「移民研究の現状と課題」をテーマとし，その報告及びコメントが『移民研究年報』第5号に掲載されているので，最近の移民研究の動向を概観するものとして併せて参照されたい（「移民研究の現状と課題 I〈特集〉」『移民研究年報』5：1998. 12, pp. 53-97〈Z3-B399〉）。

【全般】

199．移民研究会編『**日本の移民研究 動向と目録**』日外アソシエーツ，1994
〈DC812-E190〉

「第1部 研究史整理」（pp. 9-166）は，現時点での日本における移民研究史の集大成として，問題ごとの資料把握に際し，第一に頼られるべきレファレンス・ワークである。「I 出移民―1 基本的理解―A 研究史整理および目録」（pp. 11-12）

において，いわゆる「研究史整理」を纏めており，前掲215『人口大事典』平凡社，1957〈334.036-H418z〉(『参考書誌研究』No. 48, p. 48参照) を「当時の研究水準が手際よくまとめられ」た「戦後の移民研究の出発点」として掲げている。

265．木村健二「明治期日本人の海外進出と移民・居留民政策 (1, 2・完)」**『商経論集』** 35：1978. 9 pp. 73-90, 36：1979. 1 pp. 95-118 〈Z3-101〉

（1）において，明治初頭より日清戦争後に至る日本人の海外進出と移民・居留民政策を，ハワイ・アメリカへの「奴隷的」移民と植民圏への「侵略的」進出を対比させ論じ，(2・完) において，「補論 明治期移民問題の研究史整理」として，「用語」「統計数量」「移民の総過程」「時期区分」について整理，問題提起を行なう。年表「移民保護法における『移民』規定の変遷」「『帝国統計年鑑』「海外行事由別人数」における項目の変遷」等有用な表も多い。

196．木村健二「戦前期日本移民学の軌跡」**『移住研究』** 26：1989. 3, pp. 10-28
〈Z3-854〉

各種文献目録から移民関係文献を抽出[1]。戦前段階での移民研究の到達点を，「人権」に関する位置づけの変遷という問題意識で，「人口論」「社会政策」「地理学」「移民政策」「移民会社・団体」「移住先に関する提言」「排日とその対応策」「在米日系二世問題」「国際会議」「移民の経済的価値」「各国への出移民」の項目で整理する。しかし，移民送出と「同時代的に発表された論稿を『研究史』の枠内に入れて評しうるかという問題がある」という指摘（自評）がある[2]。本文と対応した「戦前期移民関係邦語文献目録」(pp. 19-28) を付す (『参考書誌研究』No. 48, p. 29参照)。

266．木村健二「近代日本の移植民研究における諸論点」**『歴史評論』** 513：1993. 1, pp. 2-15 〈Z8-284〉

上掲265「明治期……」，196「戦前期……」の続編となるもの。「移植民研究の問題意識について」「移植民の用語について」「統計数値の掌握と相互比較の必要」の項目で，いわゆる「移民ブーム」期の資料を中心に近年の研究動向における問題意識を整理する。

267．正田健一郎「日本資本主義と移民」社会経済史学会編**『社会経済史学の課題と展望』** 有斐閣，1984 (社会経済史学会創立50周年記念)，pp. 309-318 〈DC2-28〉

移民問題を，日本が世界資本主義体制に参入していく過程で直面しなければならなかった最先鋭な問題として捉えることで，「対米移民と満州移民との関連性」を問題意識とし，研究史を整理する。

268．石川友紀「日本移民研究のための基礎理論」『汎』1：1986. 6, pp. 36-53 (講座 "移民学" 確立への方向性を探る) 〈Z23-548〉

「移民本質論／(一)「移民」の定義 (二) 移民の理念 (三) 移民の動機・要因」「移民研究の意義および研究法」「移民史研究の重要性」「現地調査による移民の事例研究」「比較移民論」の構成で，移民研究のアウトラインを提示する。その分析・整理に基づき，「移民研究総論の充実」「現地調査による移民の事例研究，比

較移民論等各論の充実」「学際的〈移民学〉構築への努力」「科学的実証的研究推進のための共同研究体制の必要性」「〈移民学〉会の組織化」を提案する。

269. 佐々木敏二「日本人移民史研究にいま何が必要か『石川友紀論文』の問題提起を補完して」『汎』3：1986.12, pp.200-209（講座〝移民学〟確立への方向性を問う）
〈Z23-548〉

「移民という概念の内包と外延」「移民の動機・要因」「移民研究の意義と研究法」「移民史研究の重要性」「現地調査による移民事例研究」「比較移民論」「移民受入国の移民史の課題」「『移民の理念』批判」という枠組みで，上掲石川論文(268)のアプローチに対する，もう一つの方法論を提示する。

197. 粂井輝子「日本におけるアメリカ研究の発達と現状—Ⅰ．日本における日本人移民・日系アメリカ人研究（1）1920年代以前」『東京大学アメリカ研究資料センター年報』13（1990年）：1991.3, pp.18-24（文献目録：pp.31-42）〈Z41-1712-B〉

「出移民」「ハワイ」「アメリカ合衆国（1920年代まで）」の区分で，アメリカ研究における「日本人移民・日系アメリカ人研究」の位置づけを問題意識とし，1990年までの到達水準を整理する。

198. 飯野正子「日本におけるアメリカ研究の発達と現状—Ⅰ．日本における日本人移民・日系アメリカ人研究（2）1930年代以降」『東京大学アメリカ研究資料センター年報』13（1990年）：1991.3, pp.25-30（文献目録：pp.31-42）〈Z41-1712-B〉

上掲197．粂井との共同報告。1930年代以降のアメリカ及びカナダにおける「日本人移民・日系アメリカ（カナダ）人」に関する研究を，「強制立退きと収容」「市民権」「同化・アイデンティティ」「カナダの日系人」のテーマで整理する。

200. 廣部　泉「日本におけるアメリカ研究の発達と現状—Ⅱ．日本におけるアメリカのエスニシティ研究（2）アジア系移民に関する歴史研究を中心に」『東京大学アメリカ研究資料センター年報』17（1995年）：1996.3, pp.79-94（文献目録：pp.86-94）
〈Z41-1712-B〉

上掲，粂井（197）・飯野（198）両報告の補遺となるもので，爾後5年間の研究動向を整理する[3]。「出移民」「ハワイ」「カナダ」「第二次世界大戦，強制立退き・収容，再定住，補償運動」「アメリカ合衆国及びその他」と旧来の区分けが踏襲されているが，日系アメリカ人からアジア系アメリカ人の研究へ，また各マイノリティ相互関係の研究等，この分野での新たな趨勢を反映して，「日系以外のアジア系移民研究」が調査範囲に加えられたのが特徴的である。

【日系カナダ人】[4]

270. 飯野正子「文献解題」『日系カナダ人の歴史』東京大学出版会，1997，巻末pp.7-20
〈DC812-G56〉

日系カナダ人に関する，数少ない，文献解題及び研究史。多文化主義やアメリカとの比較にもふれ，英語文献も収録する。

【出移民の社会地理学的研究】[5]

271. 石川友紀「研究史及び本研究の意義」『日本移民の地理学的研究—沖縄・広島・

山口一』榕樹書林, 1997, pp. 18-41　　　　　　　　　　〈DC812-G53〉
　　地理学的観点から, 出移民の研究史を第二次世界大戦前と大戦後に大別して考察。移民論・植民論, 移民の適応・順応, 同化・変容についても整理する。

【日系社会・移民農業】
272．矢ケ崎典隆「日本におけるアメリカ研究の発達と現状―Ⅰ．日本におけるアメリカ地理研究（1）アメリカ人文地理研究」**『東京大学アメリカ研究資料センター年報』** 15（1992年）：1993. 3, pp. 26-38（文献一覧：pp. 34-38）　〈Z41-1712-B〉
　　同センター主催のアメリカ研究研究会「日本におけるアメリカ地理研究」（1992年（平成4）11月28日）における報告。日本における「アメリカ人文地理学」の研究課題を,「地誌的な研究」「農業・農業地域の研究」「民族・社会・文化の研究」「その他の研究」に大別して検討。「民族・社会・文化の研究」において, 日系社会・日系移民農業の研究史を概観する。北米における移民農業に関する研究は, 日系移民史の他の分野に比べ, 比較的蓄積の少ない領域であるので, この纏めは有用である。**『移民農業　カリフォルニアの日本人移民社会』**古今書院, 1993〈DM81-E14〉（後掲）は, カリフォルニアの日系移民農業に関する, これまでの矢ケ崎の論稿を纏めたもの。「序章　カリフォルニア農業と日本人移民」（pp. 1-16）で, 移民農業に関する地理学研究を展望している。

【日系宗教】
273．吉田　亮「研究史」**『アメリカ日本人移民とキリスト教社会―カリフォルニア日本人移民の排斥・同化とE・A・ストージー』**日本図書センター, 1995, pp. 11-14　　　　　　　　　　　　　　　　　　　　　　　〈HP77-G1〉
　　アメリカ宗教史及びアメリカ日系宗教研究史を概観する。

【日系文学】
274．小林富久子「日本におけるアメリカ研究の発達と現状―Ⅱ．日本におけるアメリカのエスニシティ研究（1）アジア系アメリカ文学に関する研究」**『東京大学アメリカ研究資料センター年報』** 17（1995年）：1996. 3, pp. 66-78（日本におけるアジア系アメリカ文学研究文献リスト：pp. 73-78）　〈Z41-1712-B〉
　　同センター主催のアメリカ研究研究会「日本におけるアメリカのエスニシティ研究」（1995年（平成7）12月23日）における報告。日本における「日系文学に関する研究―文学史／一世の日系文学／強制収容所内の日系文学／二, 三世の日系文学」「日系以外のアジア系文学研究」について概観する。

【日系新聞】[6]
275．太田　勇「アメリカの民族新聞研究の動向と課題」**『地理学評論』**Ser. A, 65（9）：1992. 9, pp. 689-715（文献：pp. 711-713）　　　　　〈Z8-571〉
　　アメリカの社会状況に焦点を当て,「民族の同化・吸収, 疎外」論における民族新聞の役割に関する研究動向を, 主要民族グループ別に紹介。「Ⅲ　個別民族集団の民族紙研究　2．アジア系紙　1）日本系紙」（pp. 698-700）において, 邦語・英語各4の文献, 新聞記事及び聞き取り調査を基に, 日系新聞の消長を辿る。「地理学

が民族紙の存立基盤をいかに捉えるべきか」という観点から，日系新聞に関するいわゆる「研究史」とはなっていないが，日系新聞の今後の帰趨に関し示唆的である。

【強制収容・戦時交換・戦後送還】

231. アラン・T.モリヤマ著，金子幸子訳「アメリカ日系人強制収容に関する文献 研究動向と課題」『汎』12：1989. 4, pp. 206-222（共同研究 日系人強制収容の全体像を追う②）　　　　　　　　　　　　　　　　　　　　　　〈Z23-548〉

強制収容関係英語文献の整理（前掲『参考書誌研究』No. 48, p. 36参照）。

276. Sugimoto, Howard H. 'A Bibliographical Essay on the Wartime Evacuation of Japanese from the West Coast Areas', Conroy, Hilary and Miyakawa, T. Scott, eds. **East Across the Pacific : Historical and Sociological Studies of Japanese Immigration and Assimilation**. Santa Barbara and Oxford : American Bibliographical Center-Clio Pr., 1972, pp. 140-150. (with Rhoads Esther B. "My Experience with the Wartime Relocation of Japanese.", pp. 127-140)
〈DC812-8〉〈岸-138〉

日系移民全般も含め強制収容に関する研究・著作の整理。WRAほか政府刊行物についても纏める。

277. 村川庸子・粂井輝子「従来の研究概略と文献」『**日米戦時交換船・戦後送還船「帰国」者に関する基礎的研究—日系アメリカ人の歴史の視点から—**』トヨタ財団，1992（トヨタ財団助成研究報告書 025），pp. 10-16　　　　　　〈DC812-E139〉

日系アメリカ人の戦争体験，強制立ち退きから戦時交換船・戦後送還船に至る日・米史資料の纏め。

【移民研究と資料】

278. 阪田安雄「移民研究の歴史的考察とその課題」『**日系移民資料集 北米編18 解説・資料編**』日本図書センター，1994　　　　　　　　　　　　　〈DC812-E118〉

「はじめに」において，移民研究における原資料の問題性を指摘し，移民研究の充実発展には，研究者が研究に専心できる環境の整備が必要であり，解説付文献目録の作成・資料の覆刻・資料集成の編纂が，その重要な第一歩であるとする。その認識の基に「I 移民研究における二つの空間—アメリカの日系人研究資料コレクションの評価—」では，サンフランシスコ大火や強制収容による消失資料を軸に，カリフォルニア大学ロサンゼルス校（UCLA）「日系人研究プロジェクト（JARP）*Japanese American Research Project*」コレクション（後述，以後本号，'UCLA・JARPコレクション'と略記。）の概観・評価を行なう。「II『日系移民資料集』北米編・解説」では，『日系移民資料集 北米編』所収資料と所収されなかった重要資料の解題がなされる。本文・注釈を併せ，邦語・英語の重要文献が網羅され，単なる資料集の解説にとどまらず，監修者阪田の持論が如何なく発揮された「移民資料概論」となっており，移民研究において熟読玩味すべき必携の一巻となっている。（以後，『日系移民資料集 北米編18 解説・資料編』を引用す

るときは，基本的に，阪田278『資料集 解説・資料編』と略記,〈巻末資料〉「北米移民」関係文書・文献資料目録（明治・大正期）部分の引用に際しては，阪田278『資料集 解説・資料編』〈巻末資料〉と略記する。）

279．阪田安雄「戦後50年と日系アメリカ人史研究―語られない1930年代―」『**移民研究年報**』1：1995. 3, pp. 3-42 〈Z3-B399〉

「Ⅰ.『**在米日本人史**』研究の基礎となる文献資料に内在する『偏向』」「Ⅱ. 戦後の日系人研究資料蒐集―その理想と現実」「Ⅲ. 戦後に沈黙を守る一世」「Ⅳ. 事件発生時の記録と『回顧談』―微妙な食い違い」「おわりに―強制収容に対する補償問題と1930年代の歴史」以上の構成で，いわゆる「両大戦間期」における「日系人史研究の空白」の原因とその影響を，浩瀚な資料の裏付けの基に考究する。

280．阪田安雄「『渡り鳥（birds-of-passage）』とその社会―秘められた過去」同志社大学人文科学研究所編『**在米日本人社会の黎明期「福音会沿革資料」を手がかりに**』現代史料出版, 1997（同志社大学人文科学研究所研究叢書 27），pp. 3-78
〈HP77-G4〉

いわゆる研究史ではないが，史実と資料（研究）という観点から黎明期の在米日本人史（ハワイを除く）研究の問題点を考察する。阪田安雄・吉田亮による「序」（pp. I-X）も参照のこと。

【エスニシティ】

281．綾部恒雄「日本民族学におけるエスニシティ研究」『**現代世界とエスニシティ**』弘文堂, 1993, pp. 273-297 〈EC131-E10〉

エスニシティ概念を「民族集団やその成員の表出する性格やアイデンティティの総体」として明確に認識した，1990年までの日本の民族学研究史を概括する。「アメリカ合衆国及びブラジルのエスニシティ」「カナダのエスニシティ」において民族集団一般及び日系社会に関するエスニシティ論を整理する。

【英語文献】[7)]

282．小川全夫, Charles Choy Wong「アメリカ在住日本人及び日系人研究の動向」『**山口大学文学会誌**』40：1989. 12, pp. 47-63 〈Z22-433〉

個々の研究史整理ではなく，日系アメリカ人社会の動向とその研究テーマを，「書誌分析」を基に概観する。

183．'A Survey of the Historical Literature', Ichioka, Yuji, et al., comp. **A Buried Past : An Annotated Bibliography of the Japanese American Research Project Collection**. Berkeley and Los Angeles : Univ. of California Pr., 1974, pp. 4-11. 〈D1-107〉〈岸-702〉

英語文献による研究史を概観し，日本語史資料に基づく研究の必要性を説く[8)]。前掲184. Sakata, **Fading Footsteps of Issei**., pp. 1-17〈移(四)-Y2〉も参照のこと。

218．Kim, Hyung-chan, ed. **Asian American Studies : An Annotated Bibliography and Research Guide**. Bibliographies and Indexes in American History,

No. 11, New York, Westport, London: Greenwood Pr., 1989. 〈E1-A104〉
英語文献に関する研究史整理では最も精緻なものだと思われる（前掲『参考書誌研究』No. 48, p. 50参照）。

283．'Bibliographic Essay', O'Brien David J., Fugita, Stephen S. **The Japanese American Experience**. Minorities in Modern America, Bloomington: Indiana Univ. Pr., 1991, pp. 147-154. 〈DC812-A44〉〈移(四)-Y21〉
日本人一般の特質から初期の移民，強制収容及び第二次大戦後の日系社会，日系アメリカ人の将来まで，本文の構成にあわせて英語文献を整理。

284．'Bibliographic Essay: The State of Japanese American History', Spickard, Paul R. **Japanese Americans: The Formation and Transformations of an Ethnic Group**. Twayne's Immigrant Heritage of America Series, New York: Twayne Publishers; London: Prentice Hall International, 1996, pp. 177-185.
〈未所蔵〉
年代順及びそのアプローチの方法等により研究史を整理。比較的最新の文献まで含まれるので有用。カナダや中南米における日系移民及び他民族集団との比較研究を提示する[9]。

[2] 通史・概説書

ここでは，いわゆる通史・概説書の類を取り上げるが，「（1）移民政策・移植民論」「（2）通史・概説」「（3）資料集・叢書」という分け方は，あくまでも便宜的分類であり，特に移民政策・移植民論と通史等，一刀両断に判然としかねる資料も多い。「渡米論」は「（1）移民政策・移植民論」に含め，個々のテーマに特化しない「研究書」の類は「（2）通史・概説」に含めた。復刻・再録資料については，原本における複製版の注記，及び復刻資料における原本の注記を省略したものもあるので，（1）（2）（3）を相互に参照されたい。また，「移民関係資料についての緩やかな概観を与える」という本稿の目的からして，基本的かつ重要だと思われる資料を選択収録せざるをえず，個々の収録資料についても単に目次掲出にとどまっている点等，ご理解を願えれば幸いである。

（1） 移民政策・移植民論[10]
285．武藤山治『米国移住論』丸善，明20 〈YDM41359〉
「緒言」「気候」「農業」「工業」「商業」「支那移住民事情」「カルホルニヤ洲近隣諸洲ノ状況」「移住会社設立ノ必要ヲ論ス」からなる。1885年（明18）第一回官約移民船に乗船，渡米。滞米三年，カリフォルニアの中国人労働者の成功に刺激を受け，移民会社設立の必要性を説き，下層労働者の米国移住を奨励する。（武藤山治全集刊行会編『武藤山治全集』第1巻，新樹社，1963〈081.8-M995m〉に再録。）

286. 長澤別天（説）『ヤンキー』敬業社，明26　　　　　　　　〈YDM26978〉
　　長澤別天は，志賀重昂・三宅雪嶺らを中心とした国粋主義雑誌『日本人』『亞細亞』の編集に携わった，いわゆる「政教社」同人。『ヤンキー』は，スタンフォード大学留学中の北米通信や諸文を纏めたアメリカ論・日米関係論。アメリカ建国から説き，その歴史・社会・経済・文学等全般に及ぶなか「合衆国に於ける四千の同胞」「布哇の現勢、日本人の参政権」等移民問題を論じ，人口過剰対策としての日本の殖民政策を批判する。(伊藤整他編『日本現代文学全集 13 明治思想家集』講談社，1968〈918.6-N6842-I〉に抄録。松本三之介編『明治文学全集 37 政教社文学集』筑摩書房，1980〈918.6-M4482〉に，「日本人問題」等ともに再録。)[11]

287. 奥宮健之『北米移民論 附・人口問題』明義舎出版部，明36　　〈YDM41360〉
　　「第一章 北米の地理及ひ其の発達」「第二章 各国移民の状況」「第三章 日本移民の現状」「第四章 日本人排斥の真相」「第五章 渡航者の制限を全廃し移住殖民を国是と為す事」「附録／一 人口論／二 北米通信併に最近シーヤトル新聞記事／三 北米合衆国制定移民に関する諸條例各規則」からなる。マルサス『人口論』に影響を受け，貧困の原因を人口過剰にあるとして，渡航制限全廃と移民国是策を提唱，北米移民による解決を図る。(阿部恒久編『奥宮健之全集』上巻，弘隆社，1988〈A22-E6〉に，「渡米航海日記」「米国見聞記」「シヤトル通信」等ともに再録。)[12]

288. 大河平隆光『日本移民論』文武堂，明38（新渡戸稲造閲）　　〈YDM41343〉
　　＊緒論／「第一章 人類移動の歴史」「第二章 植民と移民」「第三章 近時宇内の大勢と日本の地位」＊本論／「第四章 本邦移民徙住の原因」「第五章 本邦移民徙住の方法」「第六章 本邦移民の徙住地」「第七章 本邦移民の労働」「第八章 本邦移民の海外に於ける状態」「第九章 本邦移民排斥の運動」「第十章 本邦移民の我国に及ぼす影響」＊結論／「第十一章 移民に関する論争」「第十二章 政策及経営」「第十三章 本邦移民の将来」からなり，「獨逸移民保護法及附属諸法規」を付す。[13]

289. 東郷　実『日本植民論』文武堂，明39（新渡戸稲造校閲）　　〈YDM41346〉
　　植民・移民の概要とともに，特に朝鮮・満州・台湾における農業植民の急務を説く。日露戦争の後だけに，日本の軍事的優位性にとって植民が必要であることを論ずる。[13]

290. 穴田秀男「我が移民及移民政策の過去と其の将来に対する考察」『名古屋高等商業学校創立第拾周年記念論文集』名古屋高等商業学校創立第十周年記念論文集編輯委員，昭6，pp. 373-414　　　　　　　〈特201-22〉〈552-330〉
　　「一、移民及移民政策の意義」「二、過去に於ける我が移民政策」「三、我が現行移民政策」「四、我が海外移民の現況」「五、我が移民政策の将来に対する考察」よりなる。

291. 浜野秀雄『日本移民概史』海外興業，昭12　　　　　　　　〈653-370〉
　　「序説 一 明治以前に於ける邦人の海外発展」「二 近代日本移民史総説」「第一章 布哇移民時代」「第二章 北米移民時代」「第三章 南米移民時代」「第四章 移

民政策の変遷」からなる。

292．日本海外協会連合会編『**海外移住の効果 その経済的観点よりの考察**』日本海外協会連合会，1957　　〈334.4-N685k2〉

「海外移住の効果」について，経済的・統計的事実に基づいて調査。「第一節 母国訪問に際して消費する金額」「第二節 運輸会社に支払った金額」「第三節 本国への物品贈与」「第四節 本国への送金額」「第五節 日本の在外銀行に対する経済的寄与」「第六節 本邦会社と在外日系人との共同企業」「第七節 移住者が海外に在住することによる輸出増加額」「第八節 結語」からなり，付録として，「I 和歌山県における移住の経済的効果についての調査」「II 移住に関する予算の変遷」「III 海外移住と国内開拓との比較」を付す。充分ではないが，貴重な統計資料が含まれる。

293．長尾武雄「昭和初期の海外移植民事業」『**移住研究**』6：1970.3, pp. 19-24
　　〈Z3-854〉

移民事務主務官庁と実務機関，啓発活動，国の助成等の変遷を通じ，海外移住事業推進の必要性を説く。（ブラジル）

294．若槻泰雄・鈴木譲二『**海外移住政策史論**』福村出版，1975　　〈DC812-48〉

戦後移住再開（1952年）後20年を経過し，「国策としての移民政策」は完了したと考えるべき時点での，移民政策全般についての綿密な研究。「第一章 海外の移住状勢」「第二章 日本の海外移住再開の道程と姿勢」「第三章 移住の形態」「第四章 移民の階層と移住の動機及び目的」「第五章 入植の経緯と移住地の選定」「第六章 移住地の条件」「第七章 移民の状況」「第八章 移民に対する援護助成」「第九章 移住機構」「第十章 当面の問題と今後の見通し」からなる。

（2）　通史・概説[14]
【全般・ハワイ・北米】

295．横山源之助（有機逸郎）『**海外活動之日本人**』松華堂，明39（島田三郎序）
　　〈YDM41424〉

『日本之下層社会』の著者横山源之助が，実地踏査者の見聞に材料を得，統計上の数字を外務省及び領事の報告に拠って，「生活問題解決の一策として」の移殖民問題を論じ，海外で活躍する人物（赤羽忠右衛門・我孫子久太郎・相川之賀ほか）を紹介する。「第一 北米合衆国」「第二 英領加奈陀」「第三 アラスカ」「第四 南米大陸」「第五 墨西哥共和国」「第六 布哇諸島」「第七 東洋諸国」「第八 南洋諸島」で構成。[15]

296．大日本文明協会編『**日本人の海外発展**』大日本文明協会事務所，大5（新渡戸稲造序）　　〈334.41-D17n〉

「開国進取」の国民的精神を鼓舞，併せて同胞の海外発展の実況を紹介し，今後の進歩に資するという，第一次大戦下の時勢の急務に応じ刊行。「第一章 緒論／一 過去に於ける海外発展／二 海外発展の現況と今後の大勢」「第二章 支那本

部」「第三章 満蒙及西比利亜」「第四章 印度及東南亜細亜」「第五章 比律賓及南洋諸島」「第六章 濠洲及布哇」「第七章 北米の日本人／一 加奈陀の日本人／二 日米関係と移民問題／三 米国日本移民の沿革／四 合衆国太平洋沿岸の日本人／五 合衆国他地方の日本人／六 墨西哥及中米」「第八章 南米の日本人」「第九章 歐洲諸国及南阿」からなる。「海外発展は必至の国是」という観点が貫かれる。

297. 入江寅次『**邦人海外発展史**』上，海外邦人史料会，昭11 〈716-73〉〈移(一)-56〉
298. 入江寅次『**邦人海外発展史**』上，国際日本協会，昭11 〈716-73イ〉
299. 入江寅次『**邦人海外発展史**』上・下，移民問題研究会，昭13
〈716-73ロ〉〈移(三)-139・移(一)-57〉
300. 入江寅次『**邦人海外発展史**』井田書店，昭17 〈716-73ハ〉〈山本-243〉
109. 入江寅次『**邦人海外発展史**』上・下合本，井田書店，昭17 〈334.41-I496h〉
　　入江寅次『**邦人海外発展史**』上・下，原書房，1981（明治百年史叢書）（井田書店，昭和17年刊の複製）（邦人海外発展史年表：下巻巻末pp. 1-8）〈DC812-145〉

　　上掲各版の刊行事情については，109. 原書房(明治百年史叢書)版下巻巻末に，矢野暢による解説がある。『邦人海外発展史』は，一貫した「膨張主義的海外発展論」に裏付けられてはいるが，外交文書等に依拠した千頁余に及ぶ大作は，その後多くの研究者の引用するところとなり，日本移民史研究における「古典」となっている[16]。以下に章立てを省略し，章題のみを記す。

　　「史頭の概観」「『海外へ』の刺戟時代」「布哇官約移民開始と移民渡航後の騒動」「布哇政府の暴状と官約十年の収穫」「移民運動の勃興と移民周旋人」「各地創始移民事情」「布哇私約移民時代」「布哇移民上陸禁止事件」「南洋邦人黎明期」「榎本子墨国植民地計画とその失敗」「渡米者の増加とその活躍」「米国排日運動の勃興とカナダ及アラスカの同胞」「秘露移民開始」「秘露第一回移民就働後の紛擾」「濠洲同胞の活躍と白濠主義」「米国の比島経営と日本移民」「布哇移民自由渡航時代」「日露戦争前後の在米同胞」「米国排日の炎上と転航禁止」「カナダ，メキシコの同胞と北米転入状況」「日伯移民交渉由来」「ブラジル移民渡航前景」「ブラジル移民渡航開始と渡航後の動揺」「第一回ブラジル移民離散の真因と移民会社の困難」「忍苦十年、ペルーの同胞」「布哇同胞の抗争とその敗北」「護謨企業の勃興と南方移民」「加州排日土地法施行前後」「聖州政府の宣告と朝野の対伯関心」「歐洲大戦と南洋の同胞」「敗残の夢の跡、南洋群島開拓者」「危難殺到の北米同胞」「秘露契約移民廃止と転向商業者の発展」「ブラジル同胞の躍進と植民地創設者の苦心」「邦人北米渡航の終焉」「亜国その他の南米同胞」「秘露同胞の現勢と移民制限令」「対伯企業陣の整備と移民制限」「南洋企業の壮観と同胞の展望」「初期の在満邦人」「日露戦争後の在満邦人」「満州事変後の満州発展」「南進論、北進論の一瞥」「我国に於ける移民施設の変遷」

301. 入江寅次『**移民九十年**』外務省移住局第一課，1958 〈未所蔵〉
　　（〈国際協力事業団図書館所蔵〉 前掲154. 押本「移住関係文献解題目録」参照）
302. 入江寅次『**海外移住100年の歩み**』外務省領事移住部，1968 〈未所蔵〉

（〈国際協力事業団図書館所蔵〉前掲154．押本「移住関係文献解題目録」参照）

303．大蔵省管理局［編］『**日本人の海外活動に関する歴史的調査**』12冊，ソウル，高麗書林，1985（複製） 〈AZ-641-31〉

　　1946年（昭21），大蔵省に「対連合国関係の賠償問題その他在外資産処理問題に関する内部執務資料の調査・収集・整備を担当する」機関として「在外財産調査会」が設置された。同調査会は，日本及び日本人の在外財産，特にその歴史的生成過程に関する調査を行い，1947年12月，各地域ごとの報告書11篇を脱稿した。その後1950年7月までに，「取扱注意」内部資料として200部が印刷され，大蔵省管理局名義で刊行された。本書は，その複製版（海賊版）である[17]。国立国会図書館では，原本第25冊「関東州篇 満州篇第4分冊」〈DC812-G18〉のみ所蔵。北米移民関係は，以下の巻・章・節に収録されている。

　　#通巻第一冊（総論の二）「第三章 日本及その植民地域に於ける人口の発達」―「第二節 日本の海外移民（一）／一、海外移民に関する統計／二、海外移民の渡航方向／三、海外移民政策の変遷」「第三節 日本の海外移民（二）／一、ハワイ移民／二、濠洲移民／三、米国移民／四、カナダ移民」（pp. 168-194）

　　#通巻第三十五冊（欧米其の他諸地域篇）「第二章 北米」―「緒論」「第一節 対米貿易／一、維新前の貿易／二、明治以降の貿易／三、世界第一次大戦以降の対米貿易／四、貿易上より観たる日米の関係／五、船会社、保険会社、金融機関」「第二節 米国移民／一、米国移民の沿革／二、移民問題／三、移民法修正問題／四、我が移民の現況並に其の資産」「第三節 加奈陀貿易」「第四節 加奈陀移民／一、加奈陀移民の沿革及現況／二、移民問題／三、加奈陀移民の投資及資産」（pp. 30-67）

130．永井松三編『**日米文化交渉史　5　移住編**』洋々社，1955（日米移住史年表：pp. 611-629） 〈210.6-Ka186n〉〈山本-230〉

　　永井松三編『**日米文化交渉史　5　移住**』原書房，1981（東洋文庫蔵の複製）（日米移住史年表：pp. 611-629） 〈GB385-15〉

　　「アメリカ本土の部」と「ハワイの部」に分け，それぞれ漂流期から概ね1930年（昭5）までの通史と社会・文化・宗教・教育・産業等別歴史を詳細に綴る。本土部分は，『在米日本人史』（本号364）等に基づき，入江寅次・藤賀輿一・鈴木孝志・川村政平が史稿を提供。ハワイ部分は，森田『布哇日本人発展史』（本号312），山下『日本布哇交流史』（本号318）等に基づき，山下草園が史稿を提供している。

　　『日米文化交渉史』全6巻中，他の巻（1：総説・外交，2：通商産業，3：宗教・教育，4：学芸風俗，6：本文総索引）も，移民関係資料として有用なレファレンスとなっている。

304．『**わが国民の海外発展　移住百年の歩み（本編）**』外務省大臣官房領事移住部，1971 〈DC812-18〉

　　1968年（昭43），移住百周年を迎え，その歩みを顧みるとともに新情勢に対応すべく，海外移住諸資料を集大成したもの。次掲50『同（資料編）』と併せ，唯一の

— 28 —

オフィシャルな移民史として依拠すべきものであろう。構成は以下のとおり，（ ）内は主な内容。

「第1章 海外移住の意義および施策」（外務省の基本的海外移住観と現行諸施策）「第2章 海外移住の歩み」（明治以前の邦人海外進出を含め，移住百年の概要，ハワイ・米本土・ブラジルへの移住の概略及び移住政策の変遷）「第3章 移住者の送出および受入れ」（送出については時系列，受入については受入国ごとの，戦前及び戦後の状況）「第4章 移住形態および移住先国の多様化」（技術移住・企業移住など移住形態の変化，米国・カナダ移住の進展とオーストラリア移住の展望）「第5章 移住関係政府機構の変遷」（移住主務官庁・関係官庁，海外移住審議会，海外移住事業団，海外協会，日本海外移住振興株式会社）「第6章 世界の移住の流れ」（欧州・米州諸国の移住，移住に関する国際協力及び国際機関）

50. 『**わが国民の海外発展 移住百年の歩み（資料編）**』外務省大臣官房領事移住部，[1971]（移住関係参考文献：pp. 573-612，海外移住年表：pp. 613-636）
〈DC812-18〉

戦前の統計及び年表につき前掲（『参考書誌研究』No. 47, pp. 29-30, p. 43）[18]。全体の構成は以下のとおり。

1. 移住統計及び移住地概況／（1）戦後の海外移住統計（2）渡航費政府貸付・支給分についての戦後の海外移住統計（3）戦前の海外移住統計（4）海外諸国在留同胞調査（5）移住地概況
2. 移住関係法令／（1）国内関係法令（2）日本と中南米諸国との移住協定（3）ブラジルの法令（4）パラグアイの法令（5）ボリヴィアの法令（6）アルゼンティンの移住促進に関する政令（7）米国移民・国籍法改正法（8）カナダ移民法施行規則（9）オーストラリアの法令
3. 財政関係資料／（細目省略）
4. 移住関係団体，邦字紙，移住関係文献／（1）主要移住関係団体リスト（2）主要邦字紙一覧表（3）移住関係参考文献
5. 海外移住年表及地図

131. 今野敏彦・藤崎康夫編著『**移民史 III アメリカ・カナダ編**』新泉社，1986（アメリカ・カナダ移民年譜：pp. 405-415）　〈DC812-200〉

第一部「アメリカ編」（ハワイを含む），第二部「カナダ編」とし，入江『邦人海外発展史』（299）及び加藤『米国日系人百年史』（80），その他主にアメリカ・ハワイ・カナダで発行された資料に基づき，移民前史の漂流奇談から太平洋戦争後の動向までの，「差別」の足跡を辿る。前掲200．廣部「文献目録」は『移民史 III アメリカ・カナダ編』増補版，1994を収載しているが，国立国会図書館〈未所蔵〉，確認できなかった。『移民史 I 南米編』（1984年刊）『移民史 II アジア・オセアニア編』（1985年刊）は，既にそれぞれ増補版が刊行されている（1994年，1996年）。

305. 児玉正昭『**日本移民史研究序説**』渓水社，1992　〈DC812-E138〉

著者のこれまでの論文を再構成し、新たな論稿を書き加え、「第一編 ハワイの官約移民」「第二編 移民会社と移民」「第三編 明治後期の日本人移民の諸相」とし、明治期出移民の送出要因・送出過程、移住地での受入れ状況、移民の影響等について解明した本格的研究書。外交史料や地方公文書等基本資料に基づいた基礎的・実証的研究は、日本出移民研究にとっての大きな財産として高く評価されている(『日本の移民研究 動向と目録』p. 24)[19]。

306. 鈴木譲二『**日本人出稼ぎ移民**』平凡社, 1992 (平凡社選書 145) (参考文献：pp. 288-291) 〈DC812-E146〉

「初期の出稼ぎ移民」「オーストラリアへの出稼ぎ移民」「ハワイへの出稼ぎ移民」「アメリカへの出稼ぎ移民」「ペルーへの出稼ぎ移民」「ブラジルへの出稼ぎ移民」「そのほかの地域への出稼ぎ移民」「他国への転住」「密航者」「母国送金」「第二次大戦後の出稼ぎ移民」の章立てで、『日本外交文書』を主な典拠として纏めた国別移民史[20]。

42. 広島県編『**広島県移住史 通史編**』広島県, 1993 (広島県移住史年表：巻末pp. 1-17, 付表 海外渡航者統計：巻末pp. 19-57) 〈DC812-E111〉

前述のように (『参考書誌研究』No. 47, p. 22)、包括的な記述は、同『資料編』(前掲43) とともに日本人移民史としても有用[21]。

271. 石川友紀『**日本移民の地理学的研究―沖縄・広島・山口―**』榕樹書林, 1997
〈DC812-G53〉

「出移民地域・移民母村における移民送出の過程」「移民受入国における移民の実態」「帰国移民の母村への影響」について、現地調査・地方公文書・家蔵文書・面接聴取調査等に基づき、地理学的アプローチで実証的・科学的に究明する。1982年提出の博士論文 (広島大学, 文学博士) を基に加筆修正し、新たな研究成果を加えたものであるが、上掲305. 児玉『日本移民史研究序説』とともに、日本出移民研究史における一つの到達点を示す研究書である。

307. Kawakami, Karl Kiyoshi. **Asia at the Door : A Study of the Japanese Question in Continental United States, Hawaii and Canada**. New York : F. H. Revell, 1914. 〈Ba-547〉〈特7-01107〉

日本人移民の「同化可能説」論者としての立場を旗幟鮮明にした書。野口英世・高峰譲吉・牛島謹爾 (ポテト王, George Shima) 等アメリカにおける日本人 (移民) の偉業を讃え、アメリカへの強い帰属意識を訴える。ハワイ・カナダの状況についても多くの頁を割く。[22]

308. Buell, Raymond Leslie. **Japanese Immigration**. World Peace Foundation, Pamphlets, v. 7, no. 5-6, pp. 281-380, Boston : World Peace Foundation, 1924.
〈325.252-B928j〉

1910年代から20年代にかけての、アメリカにおける日本人移民問題を中心に、カナダ・オーストラリア・ニュージーランド等におけるに日本人移民の受容について客観的に略述する。「紳士協約」(1907-08年)「排日移民法」(1924年) 等この

間の排日の動向を，日・米の外交史料等により検証。小冊子ながら，日・米の外交書簡，米最高裁判決等'Appendix'(pp. 342-380) が充実している。

309. Ichihashi, Yamato. **Japanese in the United States : A Critical Study of the Problems of the Japanese Immigrants and Their Children**. Stanford : Stanford Univ. Pr., 1932. (Select Bibliography : pp. 409-417)
〈325.252-I16j〉〈325.252-I89j〉

Ichihashi, Yamato. **Japanese in the United States : A Critical Study of the Problems of the Japanese Immigrants and Their Children**. The American Immigration Collection, New York : Arno Pr. and The New York Times, 1969. (reprint of the 1932 ed.) 〈岸-291〉

日本人移民の到着から，排日運動，二世問題に至る1800年代後半から1930年代にかけてのハワイ及びアメリカ本土の日本人移民問題を考察する。排日運動の最中，日本人移民を保護し，アメリカ国民を啓蒙するために著された本書は，日本人による，日系移民に関するスタンダードなテキストとして，今日なお比類なく重要である。[23]

310. Smith, Bradford. **Americans from Japan**. The Peoples of America Series, ed. by Louis Adamic, Philadelphia : J. B. Lippincott, 1948. (Notes on Sources : pp. 390-392) 〈325.73-S643a〉〈岸-569〉

ハワイへの日本人移民到着から第二次世界大戦の終結まで，第一部ではハワイ，第二部では強制収容を軸に，米本土における日本人移民・日系人の歴史を描写する。日系移民史における「二世」の重要性が基調となっている。

276. Conroy, Hilary and Miyakawa, T. Scott, eds. **East Across the Pacific : Historical and Sociological Studies of Japanese Immigration and Assimilation**. Santa Barbara and Oxford : American Bibliographical Center-Clio Pr., 1972. 〈DC812-8〉〈岸-138〉

「元年者」(1868年)から強制収容まで，ハワイ・太平洋諸島圏及び北米における，日系移民に関する歴史学的考察と，文化受容・同化等に関する社会学的考察の部分から成る。Masaji Marumoto. "'First Year' Immigrants to Hawaii & Eugene Van Reed." (pp. 5-39), Yukiko Irwin, Hilary Conroy. "Robert Walker Irwin & Systematic Immigration to Hawaii." (pp. 40-55) 等しばしば引用される論文が収録されている。

283. O'Brien David J., Fugita, Stephen S. **The Japanese American Experience**. Minorities in Modern America, Bloomington : Indiana Univ. Pr., 1991. (Bibliographic Essay : pp. 147-154, Refereces : pp. 155-168) 〈DC812-A44〉
(paperback ed. 〈移(四)-Y21〉

移民初期から強制収容及び日系アメリカ人の将来まで，ハワイ及び米本土西海岸の日系コミュニティの歴史のなかに，日本人及び日系アメリカ人の文化・特質を探る。

284. Spickard, Paul R. **Japanese Americans : The Formation and Transformations of an Ethnic Group**. Twayne's Immigrant Heritage of America Series, New York : Twayne Publishers ; London : Prentice Hall International, 1996. (Bibliographic Essay ; The State of Japanese American History : pp. 177-185)
〈未所蔵〉

(1996, paperback ed.〈未所蔵〉)

一世・二世・三世，そして戦後の新移民まで，広範な史資料により，日系アメリカ人のエスニック・アイデンティティの形成とその変容過程を検証する。'Bibliographic Essay' は英語文献・研究史の纏めとして有用（本号，p. 24参照）。

【ハワイ】[24]

311. 藤井秀五郎（玄溟）『**新布哇**』太平館，明33（附録：日英布会話，在布日本人出身録）　　〈YDM26910〉

藤井秀五郎（玄溟）『**新布哇**』改訂増補，文献社，明35（附録：在布哇日本人出身録）　　〈YDM26911〉〈山本-223〉

ハワイへの移民希望者を対象とし，「章を立つること二十二，節目を分かつこと二百，布哇に於ける諸般の状態は，悉く之を網羅せんことを期」したハワイ及びハワイ日本人移民の歴史と現状。日本人によるこの種の著作の嚆矢となったもの。改訂増補版は，初版紙上で予約を募ったうえで，事実の遺漏・誤謬，出身録の調査漏れ等を訂正し，刊行された（巻末「再版予告」）。

312. 森田　栄『**布哇日本人発展史**』ワイパフ，真栄館，1915

〈DC812-34〉〈山本-222〉

在布日本人による初めてのハワイ日本人移民史。漂流時代から1915年（大4）8月までの「総ゆる方面に於ける同胞社会に関する事蹟沿革を網羅編纂」したもの。新聞・公文書・著者自身のフィールド・ワーク等に基づき，統計類も多数収録し，次掲313が刊行されるまで，ハワイ日本人移民史に関する最も基本的な文献であった。「第一章　日布間の歴史的関係」には，「明治以前布哇に於ける日本人」「隠れたる日本布哇史」等，志賀重昂のホノルル金曜会講演「要領」（大正元―3年）を収録する（本号注[36]参照）。

313. 森田　栄『**布哇五十年史**』ワイパフ，森田栄，1919　　〈山本-221〉

上掲312を，天皇皇后両陛下並びに皇太子殿下に献納，展覧台覧の光栄に浴したのを記念し，併せて，日本人のハワイ渡航満五十年を期に改訂増補，改題したもの。多くの研究者が引用する最重要な基本書の一つである。

314. 渡辺七郎『**布哇歴史**』大谷教材研究所，昭5　　〈578-318〉

ハワイの通史―「第一編　古代史」「第二編　近代史」（キャプテン・クックのハワイ発見から米布併合まで）「第三編　現代史」（米布併合以降）及び，日本人社会の発展史―「第四編　日布関係史」からなる。「簡明にして要を得た叙述」で基本書の一つとなっている。「帝國軍艦ホノルル寄港年表」「布哇同胞職業別人員表（1928年12月調査）」「人種別砂糖耕地労働者」等の統計を第四編-第五章「日布関

89. 渡辺七郎『**布哇歴史**』改訂版，興学会教育部，昭10　〈山本-219〉〈移（四）-8〉
   上掲314に，「附録（一）日本語學校沿革」（2＋10＋118p）及び「附録（二）日本人人名録」（8＋219p）を付して改訂したもの。これらの付録は資料的に有用。

315. 木原隆吉編著『**布哇日本人史**』文成社，昭10　〈334.476-Ki138h〉〈山本-224〉
   前掲311，312，313等ハワイの日本人に関する通史的資料が絶版となっている状況に鑑み，その後発見された新史実も加味し「官約移民布哇渡航満五十周年記念史」として編纂，出版されたもの。「布哇事情概論」「日本人社会変遷史」「日本史実物語」からなり，ハワイ政府文書及び日本の外交史料・新聞・刊行書等から多くの統計も引用されており，「資料としての信憑性と価値とが高く評価され」た基本書の一つとして，278. 阪田監修『日系移民資料集 北米編』第13巻〈DC812-E118〉にも収録されている。

316. 藤井秀五郎『**大日本海外移住民史 第一編 布哇**』海外調査会，昭13　〈430-107〉
   上巻は，「第一章 布哇の歴史」「第二章 日本人の移住／第一節 概説（各種統計）／第二節 移住の回顧／第三節 明治初年の交渉」からなり，漂流時代から「渡航五十年祝典」までの日本人移民史を概観する。中巻は「同胞事業の発達」として，各種団体・実業界・産業……娯楽趣味に至るまで，日系社会における組織的・個人的活動状況を記録する。下巻「人物大観」（97p）は，約450名の在布日本人の略歴。藤井は，「平和の戦士としての移住者の功労」を讃え，表彰すべきことを議会に請願，採択されている（昭和10年3月18日，第67帝国議会衆議院請願委員会「海外移住功労者表彰ニ関スル件」）。

317. 山下草園『**日本人のハワイ**』世界堂書店，昭17　〈334.45-Y44ウ〉〈移（四）-37〉
   ハワイを太平洋制覇の礎石として認識し，ハワイ同胞の再出発の前提たることを意図して，ハワイの興亡史・日布関係史・日本人移民史を「流麗軽妙なる筆致」で描く。

318. 山下草園『**日本布哇交流史**』大東出版社，昭18（東亜文化叢書 第8）
   〈777-41-(8)〉〈GJ123-11〉〈山本-167〉
   「元年者」（1868年）以前の漂着，1868年から第一次世界大戦までの日本人移民問題，及びハワイ日本人移民史を踏まえた日布王朝間のエピソードからなる。山下は元『日布時事』記者で，ハワイ及び日布関係について多くの著作がある。『**布哇諸島**』東京講演会出版部，昭17〈276-Y44ウ〉は，ハワイ史に関するより一般的な概説書。

319. 鬼頭イツ子『**布哇史ものがたり**』東都書籍，昭18　〈276-Ki13ウ〉〈山本-108〉
   キャプテン・クックのハワイ「発見」（1778年）から太平洋戦争時までの一般向け通史。

320. 相賀渓芳（安太郎）『**五十年間のハワイ回顧**』ホノルル，「五十年間のハワイ回顧」刊行会，1953（ハワイ日本人年表：巻末pp. 1-6）
   〈334.476-So624g〉〈山本-201〉〈移-13〉

『日布時事』編集長でハワイ日系社会の指導的立場にあった著者の，ハワイ渡航（1896年）から太平洋戦争終結後まで，約50年間の日系社会に関するエッセイ。付録に「ハワイ日本人年表」「帝國軍艦ホノルル寄港年表」「ホノルル駐在歴代日本領事官」を付す。

321．川添樫風（善市）**『移植樹の花開く　ハワイ日本人史実落ち葉篭』**ホノルル，「移植樹の花開く」刊行会，1960　〈DC812-E56〉〈山本-236〉〈移(四)-41〉

『布哇タイムス』『商業時報』に掲載したものを，内容に従って年代順に並べたもの。傍題「……ハワイ日本人史実落ち葉篭」としたのは，奥村多喜衛『楽園落ち葉』の題を借用したもの。

322．川添樫風（善市）**『移民百年の年輪　椰風蕉雨』**ホノルル，移民百年の年輪刊行会，1968（「移植樹の花開く」姉妹編）　〈DC812-60〉〈山本-237〉〈移(四)-42〉

上掲『移植樹の花開く』刊行後に『布哇タイムス』に掲載したトピックを，「元年者」以降年代順に纏めたもの。

94．ハワイ日本人移民史刊行委員会編**『ハワイ日本人移民史』**ホノルル，布哇日系人連合協会，1964（ハワイ官約移住七十五年祭記念）　〈334.476-H351〉〈移-10〉

「ハワイ官約移住七十五年祭」（1960年）記念事業の一つとして刊行。「ハワイの日本人史は，日本民族史の特異な一環であり，また世界人類の変遷史にもつながる」ものであるという観点から，その漂流期から現代まで，百年にわたる歴史を形成する事件・問題，及び生活変遷の実態等を考証する。巻頭「写真編」（pp.1-133，注：〈移-10〉本は，大幅落丁あり。）に，漂民時代から戦後時代まで，五百数十点の写真を時代別・事件順に配列する。以下に「本史」の内容を掲出する。

「第一章　総説」「第二章　初期の接触から先駆移民の渡航に至るまで」「第三章　日布国交の進展と移民の渡航再開」「第四章　日本人移民の定時渡航と紛争事件」「第五章　永住土着への移行から帰化革新期へ」「第六章　日本人移住者の労働と創業」「第七章　日本人移住民の宗教と教育」「第八章　日本人移住者の社会と文化」「第九章　日本人移住民の生活とアメリカへの同化」。この他に，「記念諸行事写真編」（ハワイ官約移住七十五年祭，日米修好百年祭）「附録史／第一編　世紀の祝典・記念諸行事／第二編　ハワイ日系人の過去と現勢」及び「ハワイ日系人団体名簿録」（pp.523-579）等を収録し，ハワイ日系移民史研究に必須の資料集ともなっている。

323．ハワイ日本人移民史刊行委員会編**『ハワイ日本人移民史』**増補2版，ホノルル，ハワイ日系人連合協会，1977（ハワイ官約移住七十五年祭記念日本人移民一〇〇年祭，天皇・皇后両陛下御来訪，アメリカ建国二〇〇年祭祝賀記念）

〈DC812-185〉〈山本-288〉

上掲94に，付録として「ハワイ日系人連合協会の歩み」「日本人移民百年祭写真集」「天皇・皇后両陛下奉迎写真」「アメリカ建国二百年祭記念写真」「日系人連合協会参加各団体名」等を付し，増補再版したもの。「本史」部分は，1964年刊と同内容。

324. 村山 有『**ハワイ二世 屈辱から栄光へ**』時事通信社，1966（時事新書）
〈334.476-M982h〉〈岸-1490〉〈山本-43〉
　　ハワイ二世を，日本民族海外進出の苦闘と栄光の象徴とし，アメリカ史に新たな足跡を記すニュー・アメリカンを描くことで，日本民族の真価を伝える。

325. 牛島秀彦『**ハワイの日系人―真珠湾体験からの出発**』三省堂，1969（三省堂新書）
〈DC812-3〉
　　真珠湾体験を出発点として，「ハワイの日系人」「日本」「アメリカ」を考える。ハワイの日本人・日系人史のコンパクトな纏め。

326. 牛島秀彦『**行こかメリケン、帰ろかジャパン ハワイ移民の100年**』サイマル出版会，1978（参考文献およびハワイ移民関係資料：pp. 249-253）　〈未所蔵〉
　　牛島秀彦『**行こかメリケン、戻ろかジャパン ハワイ移民の100年**』講談社，1989（講談社文庫）（参考文献およびハワイ移民関係資料：pp. 297-303）　〈DC812-E66〉
　　「明治型日本人」から「ジャパニーズ・アメリカン」へ，ハワイの多数派「日系米人」変貌百年の歴史を辿る。表題「行こかメリケン、帰ろかジャパン」は，砂糖キビ耕地労働者の流行歌「ホレホレ節」の唄い出し（下掲330『ホレホレソング』参照）。文庫版は，サイマル出版会（1978年刊）版より写真（グラビア頁）を多く収録。

91. ヒロタイムス［大久保清］編『**ハワイ島日本人移民史**』ヒロ，ヒロタイムス，1971（移民百年記念）　〈山本-299〉〈移（四）-9〉
　　『ヒロタイムス』『コナ反響』等の記事を中心に纏めたもの。断片的ではあるが，ジャパン・ボーン（日本生れ）最後のジャーナリスト大久保の独特の語り口が，当時の日系社会を活写する。「ハワイ移民五十周年記念祭」から「明治村『ハワイ移民記念館』」までを記録する「第一部 ハワイ島の百年」は，「第六部 名簿」（『参考書誌研究』No. 47, p. 40参照）とともに資料的に有用。

124. 足立聿宏『**ハワイ日系人史―日本とアメリカの間に在りて―**』葦の葉出版会，1977（ハワイ日本人移民史年表：pp. 223-229，参考文献：pp. 231-232）
〈DC812-57〉〈山本-200〉
　　「第一章 移民時代から太平洋戦争まで」「第二章 太平洋戦争と日系人」「第三章 戦後の日系人」からなる。一般的通史の体裁を取っているが，「文化社会学的、又は、社会心理学的な見地に立って」書かれた「ハワイ日系人の生活文化史と呼ぶべき」ものである。

125. 島岡 宏『**ハワイ移民の歴史―新天地を求めた苦難の道―**』国書刊行会，1978（日本・ハワイ関係年表：pp. 264-269，参考文献：pp. 270-275）　〈DC812-75〉
　　「元年者」（1868年）を日本民族海外発展の出発点・ハワイ日系人活躍の礎とし，日本近代史に正当に位置づけ，評価するという意図で，その経緯・足跡を中心に，「米布併合（ハワイ併合）」（1898年）までを描く。「ハワイ漂流奇談」「咸臨丸ハワイ寄港」等，日布関係前史についても多くの頁を割く。

327. 土井弥太郎『**山口県大島郡ハワイ移民史**』マツノ書店，1980（参考文献：pp. 198

-201)　　　　　　　　　　　　　　　　　　　　　〈DC812-114〉
「山口県大島郡におけるハワイ移民史（大島郡学術調査報告 12)」『山口大学農学部学術報告』8：1957, pp. 775-849〈Z18-589〉を補足改訂したもの。土井論文は，出移民の実態を実証的に分析したものとして，その後のハワイ移民研究に多く引用されることとなったが，327『山口県大島郡ハワイ移民史』は，「資料解釈が主となり、世界史的観点からハワイ移民の位置付けが行われていない」という評がある（前掲271．石川『日本移民の地理学的研究』p. 25）。大島町誌編纂委員会編『周防大島町誌』大島町，1959〈GC227-65〉のハワイ移民の部分（「第十編 海外発展と大島町」—「第二章 布哇移民」）も，土井の上掲論文に拠るところが大きい。[25]

328．王堂フランクリン，篠遠和子『**図説ハワイ日本人史 1885-1924**』ホノルル，バニース・パウアヒ・ビショップ博物館出版局，人類学部，ハワイ移民資料保存館，1985（日本人官約移民ハワイ到着100年記念出版物）（文献目録：pp. 224-227）
〈移-17〉

329．Odo, Franklin and Kazuko Sinoto. **A Pictorial History of the Japanese in Hawai'i 1885-1924**. Honolulu: Hawaii Immigrant Heritage Preservation Center, Dept. of Anthropology, Bernice Pauahi Bishop Museum, 1985.
〈未所蔵〉

「ハワイ移民資料保存館（HIHPC）*Hawaii Immigrant Heritage Preservation Center*」が，日本人官約移民ハワイ到着百周年を記念して刊行[26]。ビショップ博物館所蔵及びHIHPC収集の写真・文書類を中心に，ハワイ史における日本人の立場とその貢献に焦点をあてる。なにより約250点の貴重な写真が，ハワイ日本人移民史を物語る。製糖会社との間の労働契約書の複製（原色）を付す。

330．ジャック・Y. タサカ『**ホレホレ・ソング 哀歌でたどるハワイ移民の歴史**』日本地域社会研究所，1985（コミュニティ・ブックス）（参考文献：pp. 197-198）
〈DC812-233〉
ホレホレ・ソング（節）は，砂糖耕地で働く日本人移民労働者の間で歌い継がれた哀歌。往時には百をこえたというホレホレ節の歌詞に，ハワイ日本人移民社会の歴史を辿り，日本の移民送出地域の作業歌にそのルーツを探る。「ホレホレ」とは砂糖キビの茎から枯葉を剥ぐ作業。

331．山崎俊一『**ハワイ出稼人名簿始末記 日系移民の百年**』日本放送出版協会，1985
〈DC812-256〉
NHK特集「ザ・ハワイアン～海を渡った一世紀」（1985年2月4日放送）の取材記。移民それぞれのライフ・ヒストリー（聞き書き）を軸に，往時と現在のハワイの状況を交錯させ，ハワイ日本人移民百年の歴史を綴る。Barbara F. Kawakami・大久保清・児玉正昭・嘉屋文子等，移民研究に関係のある人々も多く登場する[27]。

332．渡辺礼三『**ハワイの日本人・日系人の歴史**』上巻, ホノルル，ハワイ報知社，1986（日

本人ハワイ官約移民百年祭記念） 〈DC812-E22〉

「前史時代の日布関係（漂着）」から「元年者」(1868年),「官約移民」(1885-1894年）の発足時までを，邦語・英語の基本文献及び外交史料を比較検討し，再構築する。下巻は上巻の二倍から三倍の分量になる予定だったが，未刊のままなのが惜しまれる。

333. Wakukawa, Ernest K. **A History of the Japanese People in Hawaii**. Honolulu : Toyo Shoin, 1938. 〈325.35209969-W149h〉

「難破船のハワイ漂着」から「官約移民50周年記念祭」(1935年）までのハワイの日本人・日系人の通史。アジア系住民の参政権を事実上剥奪したいわゆる「ベイオネット憲法 *Bayonet Constitution*」(1887年),「ハワイ革命」(1893年）によるハワイ王朝の終焉，アメリカによる「ハワイ併合」(1898年）及び「ハワイ立州運動」等，米布関係史における日本側の対応についても詳しい[28]。

334. Ladenson, Alex. **The Japanese in Hawaii**. Chicago : Univ. of Chicago, 1938. (Bibliography : pp. 195-205) 〈DC812-A48〉

シカゴ大学での学位論文（Ph. D., 1938）。ハワイの政府文書や新聞等の基本史資料を使用しておらず，十分な考察がなされていない面もあるが('Preface')，ハワイにおける日本人に関する初期の英語文献として掲げておく。「官約移民」(1885-1894年）前の日布関係から「排日移民法」成立（1924年）までの通史のほか，在布日本人の経済発展及び同化について考察する。

335. Conroy, Hilary. **The Japanese Frontier in Hawaii, 1868-1898**. Univ. of California Publications in History, v. 46, Berkeley and Los Angeles : Univ. of California Pr., 1953. (Bibliography : pp. 161-170) 〈325.252-C754j〉〈岸-137〉

Conroy, Hilary. **The Japanese Frontier in Hawaii, 1868-1898**. The Asian Experience in North America : Chinese and Japanese, New York : Arno Pr., 1978. (reprint of the 1953 ed.) (Bibliography : pp. 161-170) 〈DC812-26〉

日布公式外交の濫觴である「遣米使節団のハワイ寄港」(1860年，万延元）に筆を起こし，「元年者」(1868年),「官約移民」(1885-1894年）の時代を経て「ハワイ併合（米布併合）」(1898年）に至る日布関係及びハワイ日本人移民史を考察する。学位論文 "The Japanese Expansion into Hawaii, 1868-1898."（Univ. of California at Berkeley, Ph. D., 1949）に基づき発展させたもの。

日・布・米の外交史料，公文書及び刊行・非刊行の二次資料にも多く依拠し，その後多くの研究に引用される基本書となっている。これらの文献資料を整理した 'Bibliography' は，特に「ハワイ（州立）公文書館」所蔵の関係史料（ファイル）を知るうえで有用である。

336. Okahata, James H., ed. **A History of Japanese in Hawaii**. Honolulu : United Japanese Society of Hawaii, 1971. 〈DC812-6〉〈岸-1429〉〈移(四)-Y32〉

「漂流民」,「元年者」(1868年）から「日本人移民百年祭」(1968年）まで，百年にわたるハワイの日本人・日系人の広範な歴史を解説する。Vol. I : Drifters and

Gannen-mono／Pt. 1: Age of Drifters（Chap.1-4)／Pt. 2: Contacts Enter Official Stage（Chap. 5-6)／Pt. 3: Gannen-mono Tribulations（Chap. 7-9, Bibliography), Vol. II : Immigrants and Their Contributions to Hawaii からなる。Vol. II各章（Chap. 1-32)のタイトルは次の通り。

Sugar Prosperity and Labor/King Kalakaua and Emperor Meiji/Japan Accedes to Hawaii's Request for Immigrants/Resumption of Immigration/ Government Contract Immigrants/Immigration Convention/Immigration Statistics/Immigration Prefectures in Japan/Plantation Life/The Hawaiian Revolution and Annexation/Hawaii Turns to China for Laborers/Exploitation of Immigrants/The Early Japanese Community/The Tentative Settling Down Period/Struggle for Equality/The Planter's Dilemma/1920 Plantation Strike/The Japanese Menace/The Growth of the Japanese Community/The Japanese and Local Industries/Finances/Language Schools/Religion/Press/ Organizations/Naturalization/Immigrant's Children/Statehood Campaign/ War Clouds/Enemy Aliens/Japanese Americans in Action/A New Pacific Race. 補遺として「日本人移民百年祭 Centennial Celebration (1868-1968)」「ハワイ官約移住七十五年祭 75th Anniversary Celebration of Contact Immigration (1885-1960)」「日米修好百年祭 Centennial Celebration of Opening of U. S. —Japan Relations」の概要等を付す。同じく「ハワイ日系人連合協会 *The United Japanese Society of Hawaii*」による前掲94,・323の英語版というべきもので，ハワイ日系移民史研究に必須の資料である。

337. Ogawa, Dennis M., with the assistance of Glen Grant ; foreword by Lawrence H. Fuchs. **Kodomo no tame ni, For the Sake of the Children : The Japanese American Experience in Hawaii**. Honolulu : Univ. of Hawaii Pr., 1978. (Bibliography : pp. 601-606) 〈DC812-20〉〈岸-484〉
(1980, paperback ed. 〈未所蔵〉)

契約労働者から政治的・経済的一大勢力となるまでに至った，ハワイにおける日本人・日系人の苦難の歴史とアイデンティティを綴るアンソロジー。論文・新聞記事・演説等々，多種多様な資料を「ハワイにおける日系アメリカ人の体験」という連綿たる叙事詩として纏め上げた編者の問題意識に対する評価は高い[29]。各章冒頭の編者によるエッセイが，収録資料を踏まえ，各テーマの背景を概観する。

338. Takaki, Ronald. **Pau Hana : Plantation Life and Labor in Hawaii, 1835-1920**. Honolulu : Univ. of Hawaii Pr., 1983. (Bibliography : pp. 203-208)
〈DM236-A2〉
(1984, paperback ed. 〈未所蔵〉)

339. ロナルド・タカキ著，富田虎男・白井洋子訳『**パウ・ハナ ハワイ移民の社会史**』刀水書房，1986（刀水歴史全書 24）(338. Pau Hana : Plantation Life and Labor

in Hawaii. 1983 ed. の翻訳)(参考文献:pp. 270-278, 日系ハワイ移民史関係邦語文献目録:pp. 279-287) 〈DC812-237〉

プランテーション(砂糖耕地)の形成からオアフ島耕地第二次大ストライキ(1920年)に至る,ハワイ移民労働者の社会史。プランテーションの経営戦略と移民労働者の歴史的経験の相関関係のなかで,ハワイ多民族社会の形成過程を辿る。「パウ・ハナ」とはハワイ語で「仕事を終えて」の意。ハワイのプランテーションに関する史資料を概観する「参考文献」は有用である。日本語版には,訳者による「日系ハワイ移民史関係邦語文献目録」を別に付す。[30]

340. Moriyama, Alan Takeo. **Imingaisha : Japanese Emigration Companies and Hawaii, 1894-1908**. Ann Arbor : University Microfilms International, 1983.
〈DC812-A7〉

Moriyama, Alan Takeo. **Imingaisha : Japanese Emigration Companies and Hawaii, 1894-1908**. Honolulu : Univ. of Hawaii Pr., 1985. (Sources Cited : pp. 233-253) 〈DC812-A21〉

341. アラン・T. モリヤマ著, アラン・T. モリヤマ, 金子幸子共訳『**日米移民史学——日本・ハワイ・アメリカ**』PMC出版, 1988(340. Imingaisha : Japanese Emigration Companies and Hawaii, 1894-1908. 1985 ed. の翻訳)(引用文献:pp. 293-310)
〈DC812-E39〉

森山のUCLAでの学位論文(Ph. D., 1982:1983年公刊)。日本語版(原本:ハワイ大学出版, 1985年刊)は,原本の誤りを訂正し,日本人読者向けに省略乃至加筆して刊行された。日・米の史資料を基に,1894年(明27,「官約移民」廃止)から1908年(明41,「紳士協約」)に至る,いわゆる「私約移民」時代における,「移民会社(移民取扱人)」による日本人移民の送出・受入過程に関する実証的研究として評価が高い。外務省外交史料館所蔵史料を含む「引用文献」及び原本'Appendix'(日本語版では割愛)も有用(『参考書誌研究』No. 47, p. 13, 注[3]参照)。

森山の「移民研究」方法論について,森山アラン武雄[述]『アメリカ日系史学についての一考察 森山アラン武雄氏講演原稿』国際協力事業団, 1981(業務資料 no. 608)〈DC812-127〉がある。

342. Kotani, Roland. **The Japanese in Hawaii : A Century of Struggle**. Honolulu : Hawaii Hochi, 1985 (The Official Program Booklet of the Oahu Kanyaku Imin Centennial Committee) (Bibliography : pp. 165-169)
〈DC812-A30〉〈移-Y2〉

「(オアフ島)官約移民百年記念祭」の公式出版物。「官約移民」(1885-1894年)から「三世」の時代まで,ハワイの日本人・日系人百年の苦闘の歴史を,トピック・事件を中心に,豊富な写真を添え綴る。

343. Hazama, Dorothy Ochiai and Komeiji, Jane Okamoto. **Okage Sama De : The Japanese in Hawai'i, 1885-1985**. Honolulu : Bess Pr., 1986. (Selected Bibliography : pp. 281-288) 〈DC812-A26〉〈移(四)-Y37〉

「官約移民」(1885-1894年)以前の日布関係も含め,「官約移民百年記念祭」(1985年)時までのハワイの日本人・日系人百年の歴史を,アメリカン・ドリーム具現化の過程として,次世代のジャパニーズ・アメリカンに伝える。

344. Kimura, Yukiko. **Issei : Japanese Immigrants in Hawaii**. Honolulu : Univ. of Hawaii Pr., 1988. (Bibliography : pp. 277-279) 〈DC812-A29〉
(1992, paperback ed.〈未所蔵〉)

邦語・英語の基本文献及び著者の50年にわたるフィールド・ワークに基づく,「官約移民」(1885-1894年)から1970年代までの,ハワイにおける一世及び日系社会に関する社会歴史学的考察。移民の時代的背景,出身県の相違による対立,一世が従事した多様な職業,日系社会安定要因としての家族・宗教・組織等の影響,両大戦時における一世の立場等々が簡明かつ鮮明に描写される。著者は,ハワイ大学 ‘Romanzo Adams Social Research Laboratory’ (後述)に在職中,ハワイにおける日本人に関する多くの研究を発表している(前掲178. Matsuda, The Japanese in Hawaii. pp. 77-79参照)。

345. Okihiro, Gary Y. **Cane Fires : The Anti-Japanese Movement in Hawaii, 1865-1945**. Asian American History and Culture Series, Philadelphia : Temple Univ. Pr., 1991. 〈未所蔵〉

砂糖耕地の沿革を端緒に,日本人移民の導入から第二次大戦終結までの,「民族の楽園」ハワイにおける日本人排斥運動を,米本土におけるマイノリティの歴史との関連を意識し描く[31]。

346. Tamura, Eileen H. ; foreword by Roger Daniels. **Americanization, Acculturation, and Ethnic Identity : The Nisei Generation in Hawaii**. The Asian American Experience, Urbana : Univ. of Illinois Pr., 1994. (Work Cited : pp. 293-318) 〈EC136-A84〉
(1994, paperback ed.〈移(四)-Y39〉)

日本人移民が「出稼」者(sojourners)から「永住」者(settlers)へとその性格を変えていくなか,日・米両文化の狭間で,そのエスニック・アイデンティティはどのように確立されていったのか。著者は,第一次世界大戦を機に米本土・ハワイで吹き荒れた「アメリカ化」(Americanization)「同化」(assimilation)政策と,エスニック・アイデンティティの確立を伴った「文化受容」(acculturation)の過程とを峻別し(本書, p.52),多民族文化の共存するハワイにおける日系「二世」の教育問題—「ピジン (pidgin) 英語」(Hawaii Creole English),「公立学校」(English Standard school)対「日本語学校」(Japanese language school)等—に焦点をあて,日系人学生のライフ・ヒストリー(‘William Carlson Smith Papers.’)を効果的に織り込みながら,分析する[32]。

【ハワイ史】[33]

347. 瀬谷正二『**布哇**』忠愛社,明25 〈YDM26936〉

日本語で書かれた,ハワイに関する最初の概説書。瀬谷は元「日本移住民監督

官」。当時既に二万人（ハワイの人口の二割強）を数えた在布日本人移民のための教養書とでもいうべきもの。ハワイの地勢・慣習・文化・政治・歴史等を纏め、「人口減損の原因」「支那人排斥の始末」を付す。

348．外山義文編『**日本と布哇 一名・革命前後之布哇**』博文館，明27（社会文庫 第二編）　　　　　　　　　　　　　　　　　　　　　　　　　　　　　〈YDM28291〉

　　外山は，サンフランシスコに本拠を置く民権派団体「愛国同盟 *Patriots' Union*」員。「愛国同盟」は，ハワイ問題を「国権の消長と国利の伸縮に至大の関係を有するもの」とし，ハワイ革命（1893年）の際に，菅原伝ら4名を急派し，在布日本人の参政権回復運動を行っている[34]。本書は，「愛国同盟倶樂部」（帰朝愛国同盟員の組織）における菅原らの帰朝報告会に呼応して刊行されたもの。「布哇論」「布哇革命の顛末」を中心に，「布哇の風土・沿革」も記す。

349．武居熱血編『**布哇王朝史**』ホノルル，日布時事社，1917　　　　〈未所蔵〉

　　布哇王朝に関する項目約270を収録する小百科。志賀重昂のホノルルに於ける講演も収録する（本号注[36]参照）。

350．吉森実行『**ハワイを繞る日米関係史**』文芸春秋社，昭18　　〈276-Y91ウ〉

　　「布哇併合」（1898年）をアメリカのモンロー主義から帝国主義への転換の一環として捉え，ハワイの世界史的地位の重要性を強調する。本書は，著者が外務省在職時に作成した調書「アメリカのハワイ併合と日本の抗議」を基に，米布関係を中心にしたハワイ史，及び併合以後のハワイをめぐる日米関係を加筆したもの。[35]

351．近盛晴嘉 他『**知られざる日布交流史―カラカウア王来日百周年―**』ヒロ，ハワイ・カラカウア王顕彰委員会，1981　　〈GJ123-13〉〈移-16〉〈移（四）-38〉

　　ハワイ王朝最後の王「カラカウア」の来日（1881年，明14）百周年を記念した小冊子[36]。次掲352．Armstrong書，宮内省臨時帝室編修局編修『明治天皇紀』その他の資料を基に，関係写真を添え，その間の事情を簡単に纏めたもの。大久保清「ハワイ日本人移民小史」（上掲91『ハワイ島日本人移民史』pp. 1-12の再録）他一篇を収録。

126．中嶋弓子『**ハワイ・さまよえる楽園―民族と国家の衝突**』東京書籍，1993（主要参考文献・ハワイ略年表：pp. 451-463）　　　　　　　　　　〈GJ123-E10〉

　　ハワイ「発見」（1778年）から「主権回復運動」「王朝転覆100周年」行事（1993年1月）の顛末に至るハワイの近現代史を，日米関係の確執を基調に描いた，日本語による初めてのハワイ通史。「ハワイという『辺境』の歴史が，『中央』に直結した」（本書，p. 439），ハワイ史の命運において果たした日本及び日本人移民問題の重要性を指摘する。[37]

352．Armstrong, William N. **Around the World with a King**. New York : Frederick A. Stokes, 1903.　　　　　　　　　　　　　　　　　　　　　〈未所蔵〉

　　（国立国会図書館では，London : W. Heinemann版［発行年記載なし］を所蔵。〈岸-11〉）

Armstrong, William N., with an introduction to the new edition by Terence Barrow. **Around the World with a King**. Rutland and Tokyo: Charles E. Tuttle, 1977. 〈未所蔵〉

Armstrong, William N. **Around the World with a King**. Honolulu: Mutual Publishing, 1995.（pap. ed.） 〈未所蔵〉

カラカウア王世界周航（1881.1.20-10.29）に，「移民政策担当官」として随行した，司法長官アームストロングの『周航随行記』。カラカウア王崩御（1891年）の後，アームストロングの死（1905年）の直前に刊行された[38]。

127. ウィリアム・N. アームストロング著，荒俣宏・樋口あやこ共訳『**カラカウア王のニッポン仰天旅行記**』小学館, 1995（352. Around the World with a King. Stokes版, 1904 ed. の抄訳）（関係略年表：pp. 326-329） 〈GB648-E27〉

原書のうち，出発から最初の訪問国アメリカ（サンフランシスコ）及び日本ほか東洋部分の翻訳とその他の部分の要約に，訳者による脚注・関係写真・図版を付したもの。巻末資料として，外務省記録・ビショップ博物館所蔵資料・当時の新聞記事を収録する（pp. 280-325）。

353. Kuykendall, Ralph S. **The Hawaiian Kingdom**. 3v, Honolulu: Univ. of Hawaii Pr., 1938-67. 〈未所蔵〉

クックのハワイ「発見」（1778年）から「ハワイ革命」による暫定政府成立（1893年）までの浩瀚たるハワイ史三部作。各巻は，v. 1: 1778-1854, Foundation and Transformation., v. 2: 1854-1874, Twenty Critical Years., **v. 3: 1874-1893, The Kalakaua Dynasty**. という時代区分で，カラカウア王即位（1874年）から「ハワイ共和国」憲法発布（1894年）までを描く第3巻『カラカウア王朝史』が，「元年者」（1868年）から「官約移民」廃止（1894年）までの日本人移民について記す。「ハワイ州立公文書館」所蔵史料はじめ米・英の公文書・外交文書，及び多数の刊行資料に基づいた綿密な考証は，ハワイ史に関する古典中の古典となっている[39]。Kuykendall, The Earliest Japanese Labor Immigration to Hawaii. Univ. of Hawaii Occasional Papers, No. 25, Honolulu: Univ. of Hawaii, 1935. は「元年者」に関する評価の高い研究。

354. Fuchs, Lawrence H. **Hawaii Pono: A Social History**. New York: Harcourt, Brace & World, [1961].（includes Bibliography） 〈未所蔵〉

Fuchs, Lawrence H. **Hawaii Pono: A Social History**. San Diego: Harcourt Brace Jovanovich, [1983], c1961.（Bibliography: pp. 450-484） 〈岸-212〉

Fuchs, Lawrence H. **Hawaii Pono=Hawaii the Excellent: An Etnic and Political History**. Honolulu: Bess Pr., [1992?].（Sources and Acknowledgments: pp. 450-484） 〈未所蔵〉

「米布併合（ハワイ併合）」（1898年），ハワイ領土政府成立（1900年）から「立州」（1959年）を経て，本書刊行前1960年までのハワイ近・現代史。1983年paperback版 'Preface' において，1960年以降の経済・政治・民族状況について概観（sketch）

する．'Part One : Ways of Life, 1900-1941'-Chap. 4 Pride and Place（pp. 106-137）が，日本人の特質から真珠湾攻撃前夜までの日系社会を描く．上掲353. Kuykendall書以降のハワイ史に関する文献として，次掲355. Daws書とともに重要である．

355. Daws, Gavan. **Shoal of Time : A History of the Hawaiian Islands**. New York : Macmillan, 1968.（Bbliography : pp. 399-417） 〈岸-164〉
　　Daws, Gavan. **Shoal of Time : A History of the Hawaiian Islands**. Honolulu : Univ. of Hawaii Pr., 1974.（reprint of the 1968 ed.）（Bbliography : pp. 399-417） 〈未所蔵〉
　　クックのハワイ「発見」（1778年）からハワイ「立州」（1959年）までの通史．「元年者」（1868年）から太平洋戦争時まで，日本人（移民）問題についても多くの考察がなされている．上掲353, 354と並びハワイ史のスタンダードな概説書である．

【アメリカ】[40)]
356. 加藤十四郎『**在米同胞発展史 附・名士列伝**』博文館，明41 〈YDM41444〉
　　北米地勢・日本人移民史・排日運動等を概観し，ニューヨーク・シカゴを始め，英領カナダ・アラスカを含め，特に西北部各州の初期日本人社会の社会的・経済的・政治的発展を記す．併せて，各地有為・知名の人士百数十名の経歴を述べる．筆者はサンフランシスコ『新世界新聞』の記者を経て，当時シアトル『旭新聞』の主筆．

357. 桜府日報社編『**桜面都平原日本人大勢一覧**』第2号，サクラメント，桜府日報社，明42 〈YDM41445〉
　　サクラメント平原（カリフォルニア州）の地理・農業・営業・教育の概説・人口統計及び民法・刑法等各法律手続からなり，「櫻面都平原事業家列伝」（pp. 116-209）「櫻面都平原日本人住所姓名録」（pp. 210-227）を付す．「櫻府日報社」から年刊で出されていたもの．

358. 植村　寅『**北米の日本人 一名・在米同胞発展事情**』内外出版協会，明45（付：日米通商航海条約ほか） 〈YDM41362〉
　　北米合衆国国勢一斑・北米日本人移民の背景を概観し，カリフォルニア・ワシントン・オレゴン・英領コロンビア各州・太平洋沿岸以外の諸州及びハワイ・アラスカにおける発展状況を記す．「移民の本国に付加する富」「日米貿易との関係」「排日運動」「日本の移民政策」等についても記す．初期の北米日本人に関する包括的な考察．

359. 寅井順一『**北米日本人総覧**』中央堂書房，大3 〈347-17〉
　　在米日本人社会の発展を日本に紹介し，後世史家の資料とすることを目的に編纂．ワシントン・オレゴン・カリフォルニア各州日本人発展地の一般状況に加え，同胞奮闘の経路と各地の特色を知らせるために，指導的人物の略歴を加える．「北米に於ける日本人排斥の沿革」「日本人土地所有権禁止法案の成立」を付す．

360．紐育日本人会［水谷渉三］編『**紐育日本人発展史**』紐育，紐育日本人会，大10
〈398-3〉

　　日米貿易の展開と密接な関係を有する紐育(ニューヨーク)在留邦人の初期発展史。日本人発展の基因たる幕府開港に筆を起こし，日米貿易の趨勢を時代区分により概観し，貿易品目別の「観察」と貿易機関としての金融・海運・各会社等の沿革を述べる。社会的・経済的・宗教的諸団体の沿革も含め，日本人社会の発展状況は，「第參編在留邦人發展の徑路及び現狀」において詳述される。他に各種「遣米使節團」「米人の日本觀」及び，代表的な人物（新井領一郎・高峰譲吉等）の略伝・逸話等を収録し，最後に「日米貿易の大宗たる本邦生糸の輸入旺盛なるに對照して頗る興味ある」「米國蠶業失敗史」を略記する[41]。（後掲444『日本人海外発展史叢書』に復刻・収録。〈DC812-213〉）

361．北加日本人会出版部編『**北加日本人発展史**』[Chico]，北加日本人会出版部，大11
〈397-315〉

　　合衆国国勢・カリフォルニア州の歴史及びチーコを中心とした北加地方邦人の発展を概観し，「チーコ日本人会」の活動内容を記録する。

362．竹内幸次郎『**米国西北部日本移民史**』シヤトル，大北日報社，昭4　〈591-143〉
　　竹内幸次郎『**米国西北部日本移民史**』2冊，雄松堂出版，1994（大北日報社，昭和4年刊〈591-143〉の複製），監修・解説：奥泉栄三郎，（付：大北日報1918年1月1日号）　〈DC812-E185〉

　　ワシントン州及びオレゴン州における日本人についての初期の包括的な歴史。特にシアトルに重きがおかれている。各地在留日本人の状況のほか，「日本人會發達史」「排日史」「歸化問題と二重國籍」「同胞社會の經濟」「實業」「在留同胞の農業」「日本移民の勞働狀態」「移民地の教育事業」「移民地の宗教」「移民地社會史」「移民地の新聞雜誌」「移民地の文壇」等を詳述し，「附録 邦人に關する諸統計」(pp. 789-831)「米國西北部在留邦人名鑑（日本人發展史）」(pp. 832-1204)を付す(復刻版では下巻に分冊収録，頁に乱れ有り)。1,300頁に及ぶ本書は，その後の「在米日本人史」シアトル部分の下敷きとなっており，米国西北部初期日本人移民史の『『正史』的な位置を占め」ている。著者，竹内幸次郎（青巒(せいらん)）はシアトル『大北日報』社長兼主筆。奥泉栄三郎「『米国西北部日本移民史』解説」（雄松堂出版，1994（複製），下巻所収）が，竹内及び本書の移民関係史料上の位置づけについて詳述する。

363．谷津利一郎『**在米宮城県人史**』ロスアンゼルス，南加宮城県人会，昭8
〈640-206〉

　　「宮城県海外協会」創立（昭和5年）を機に，在米宮城県人の足跡・奮闘の史実を郷土に伝え，県人の海外雄飛を奨励鼓舞し，更に「邦國人在米發展史」として殖民政策の資料となすことを目的に編纂。高橋是清・菅原伝らが序文を寄す。排日問題・カリフォルニア在留同胞の発展過程を説き，在米宮城県人各地の発展，「南加宮城県人会」及び「北加東北人会」の活動を記す。在米県人約200名の略伝

— 44 —

を紹介し（pp. 161-285），「在米宮城縣人住所錄」（pp. 331-351）を付す。[42]

364. 在米日本人会事蹟保存部編『**在米日本人史**』San Francisco, 在米日本人会, 1940　　　　　　　　　　　　　　　　　　　　　〈334.45-Z11z〉

　　本書は，当初「在米日本人事蹟保存会」において刊行が計画されたが，1940年，「在米日本人会」と合流し，「在米日本人会」内に特設された「事蹟保存部」において，紀元二千六百年奉祝記念事業として編纂刊行されたもの（本書, pp. 1291-1293「『在米日本人史』出版経過」）。1,300頁にも及ぶ本書の刊行までわずか半年という短期間であったため，「不備の多かるべきは免れ得ざる所」と言われているが（本書，「措詞―竹内俊一」），在米日本人に関する最初の総合史として，また，その後の「在米日本人史」の基礎となったものとして，様々な意味において重要である[43]。（後掲444『日本人海外発展史叢書』に復刻・収録。〈未所蔵〉）内容は以下のとおり（篇中，章立ては省略）。

　　「第一篇　在米日本人史總篇／在米日本人黎明時代／在米日本人開拓時代／在米日本人發展時代／在米日本人全盛時代と排日／在米日本人定着時代と第二世」「第二篇　在米日本人史各篇／在米日本人の農業／商業／漁業／勞働／宗教／教育／邦人社会に於ける刊行物／運動競技／人口及び職業／公館及び團體／社會事業／戰役，事變，災害と在米邦人／儀禮行事／藝術，趣味，娛樂」「第三篇　在米邦人地區別概觀／中，北，加州／南加州／山中部及び山東部／西北部及加奈陀／中部及東部」「第四篇　米國の排日史／米國の移民問題と東洋人／移民入國制限問題の發生／米國排日史／立法的排日の沿革／排日暴動と其記錄／土地法に對する試訴／華州土地法試訴／日米條約と加州華州及合衆國憲法上の試訴」「第五篇　日系市民（二世）概觀／二世問題／日系市民協會／歸米日系市民／日系諸團體／二世と産業」「第六篇　日米國交史（省略）」「（附錄）北米關係參考法規／北米合衆國憲法／北米合衆國移民法」

365. 藤岡紫朗編『**米国中央日本人会史**』ロスアンゼルス, 米国中央日本人会, 1940　　　　　　　　　　　　　　　　　　　　　〈DC812-141〉

　　1915年（大正4）8月，ロサンゼルス帝国領事館の設置を機に，南加各地日本人会（19団体）の中央機関として「南加中央日本人会 *Central Japanese Association of Southern California*」が創立された（1915年9月1日から事務開始）。皇紀二千六百年（1940年），日米両国間に「相剋摩擦の度が加重し，將さに驟雨臻らんとして風樓に滿つる」情勢下，同会の創立25周年を記念し，同会記録の保存と先駆者貢献の足跡を遺す目的で編纂。「南加中央日本人会」会長・書記長を歴任した藤岡紫朗が，同会記録を基に「何らの潤色を施さず，文彩を加へ」ずに，「キープ、カリフォルニヤ、ホワイト」の排日スローガンに抗するに「キープカリフォルニヤ、グリーン」の標題でもってしたカリフォルニア同胞二十五星霜の事件・事項を編纂した正史[44]。（後掲278『日系移民資料集　北米編』第2巻に覆刻・収録。〈DC812-E118〉

366. 藤岡紫朗『**歩みの跡　北米大陸日本人開拓物語**』Los Angeles, 歩みの跡刊行後援

会, 1957（日米関係米国並にハワイ同胞史一斑（年表）: pp. 656-661）

〈334.453-H952a〉

　　北米における日本人80有余年の歴史のなかで,「各時代各地方に起った諸々の重要問題の真相を詳かにし, またこれに携わった人物の風貌とその活躍舞台の光景を描」いた日本人発展の外史（本書,「序文—笹森順造」p. 5）。『羅府新報』に1954-56年まで3年間にわたり連載されたものに, 添削を施し纏めたもの。個人を主に団体を従とし, 一世の難戦苦闘の足跡を精確に記述することを目的としており, 人物録としても有用である（「本書収録人名索引」pp. 665-696）。著者は在米60年, 実業家・社会事業家として, また新聞人として在留邦人の啓発指導に尽力し, 高い評価と尊敬を得ている[45]。内容は以下のとおり。

　　「歩みの跡あちらこちら」「米国の歴史に残る人々」「輝く四四二戦闘部隊」「メキシコ開拓の先駆者」「南部諸州に活躍した人々」「中部諸州に於ける事跡」「米国官憲, 邦人を疑う」「開戦と戦時収容所」「戦後同胞の移動状況」「故国で活躍する米国関係者」「逸材シアトル市に集まる」「半世紀に亘る栄枯盛衰」「古い歴史を持つオレゴン州」「カナダとアラスカ」「加州の開拓年表と排斥年表」「フレスノ地方の事跡と米作事業」「北部カリフォルニアの全貌」「北加に巨跡を残した先覚者」「在留邦人の中心地ロスアンゼルス市」「邦人の手で開拓した帝国平原」「南部カリフォルニアの全貌」「カリフォルニア州排日土地法とその抹殺」「デンバー市の傑出人物展望」「〝歩みの跡〟を求めて（追補篇）」「附録 混合法案の立法化と日本人の受ける恩恵／日米関係米国並にハワイ同胞史一斑／在アメリカ合衆国日本国外交官」

367. 海老名一雄『**カリフォルニアと日本人**』六興出版部, 1943（太平洋図書館 太平洋協会編）

〈334.45393-E17k〉

　　カリフォルニア州の歴史, 及び漂流民から排日・強制収容までの, カリフォルニアにおける日本人の発展略史。特にカリフォルニア農業における日本人の貢献について記す。太平洋戦争時, 太平洋地域の世界文化上の重要性と日本民族の地歩前進を根底認識とし, 当該地域の知識普及のために刊行された叢書「太平洋図書館」の一冊。「太平洋会議」日本代表として対日国際世論の悪化防止に努めた鶴見祐輔が, 本叢書編纂「太平洋協会」の専務理事。

368. 南加日系人商業会議所編『**南加州日本人史**』ロスアンゼルス, 南加日系人商業会議所, 1956

〈未所蔵〉

　　邦字紙を基に, 1885-1918年までの, 南カリフォルニア在住日本人に関する事件・事項を編纂した編年史。下掲369『南加州日本人史 後篇』とともに, 戦後刊行された「南加州日本人」に関する基本的文献となっているが, 未見。内容詳細は不明である。

369. 南加日系人商業会議所［越智道順］編『**南加州日本人史 後篇**』ロスアンゼルス, 南加日系人商業会議所, 1957（南加日本人年表: pp. 740-744）

〈334.453-O883n〉〈山本-278〉

前掲368『南加州日本人史』(1918年まで記述)の後篇。「第一期 戦前篇(排日史)」「第二期 戦事篇(苦難史)」「第三期 戦後篇(帰化権獲得史)」に分け，南カリフォルニア同胞の歴史を年代順に記述する。内容は以下のとおり（篇中，章立ては省略）。

「第一 戦前篇(1919-41年)／加州排日史／排日の原因を探る／排日の諸相／外人土地法対策／在留日本人社会／日系人と文化活動／一九一九年より開戦までの南加に於ける主な出来事」「第二 戦時篇(1941-45年)／日系人の強制立退／戦時転住所(WRA)設置／転住所(リロケーション・センター)／戦時抑留所／戦時交換船／二世兵士の武勲」「第三 戦後篇(1945-55年)／帰還と一般社会／経済復興／公共団体の復興／戦後に於ける県人会再建／同胞の文化生活／移民帰化法の成立／二世の進出」，附録として「日系人関係重要法規（加州土地法／移民・帰化及び国籍法／立退賠償法／難民救済法／ソーシャル・セキュリテー法と修正法の概要／加州養老年金法）」等を付す。

133. 南加州日本人七十年史刊行委員会編『**南加州日本人七十年史**』ロスアンゼルス，南加日系人商業会議所，1960（南加州日本人七十年史年表：pp. 747-752）

〈DC812-104〉〈山本-277〉

当初，上掲368『南加州日本人史』(1918年まで記述)の続篇として刊行が計画され，編纂が進められた。しかし，出版が「日米修好百年祭」と重なることから，これを「南加日系人商業会議所」の百年祭記念事業とし，南加州における日本人社会の形成(1890年)から1959年までの通史及び各分野別発展史に地方史を加え，百年祭記念行事の大要を特集として収録し，全史『南加州日本人七十年史』としたもの。内容は以下のとおり（篇中，章立ては省略）。

「第一編(ママ) 南加州日本人七十年史 総篇／移民前史／移民先駆時代／初期開拓時代／大陸移民全盛時代／発展，排日時代／定着，隆盛時代／戦時，戦後の日本人／南加州の驚異的発展と産業」「第二篇 南加州日本人七十年史各篇／南加州日本人の農業／花卉、植木、苗物業／南加州の日本人と商業／南加州日本人貿易、金融界／南加州の日本人漁業／庭園業の大発展／南加州の日本人と労働／南加州日本人宗教界／新聞、放送、刊行物／南加州の日本人教育界／日本人文化生活史／日本人スポーツ界／南加州日本人主要公共団体／社会事業」「第三篇 日本人の排斥苦闘史／排日問題の諸相」「第四篇 戦時下の受難時代／開戦、忽ち敵性人の数年／開戦前後と立退まで／戦時転住所(WRA)設置／転住、抑留所の実態／二世兵士の武勲／立退賠償と市民権回復」「第五篇 南加州の日系市民／日系市民の成長／日系市民の社会進出／日系市民の成長と活動／帰米日系市民の活動／戦後の二世活躍／全米市民協会の功績／歴史的移民帰化法の成立」「第六篇 南加州日本人地方史／ロスアンゼルス市／ロスアンゼルス郡／オレンジ郡／サンデーゴ郡／インペリアル郡／リバサイド郡／サンバナデノ郡／ベンチュラ郡／サンタバーバラ郡／サンルイスオビスポ郡」

80. 加藤新一編『**米国日系人百年史 並に在米日系人発展人士録**』Los Angeles, 新日

米新聞社，1961（日米修好百年祭記念）　　　　〈334.453-Si474b〉〈移(四)-1〉

　　移民前史に始まり，1860年（「万延元年遣米使節」）から1960年（「日米修好通商百年祭」）に至る，米国日系人の歴史を記述する「米国日系人百年史」と各地方人士の在米奮闘記録である「在米日系人発展人士録」を併せて収録したもの。約1,500頁にも及ぶ大冊であるが，3分の2程が人士録である[46]。内容は以下のとおり（篇中，章立ては省略）。

　　「第一篇 米国日系人百年史 総篇／米大陸移民史／米国日系人の農業—花卉，植木，養鶏，養豚業／米国日系人の商業／米国日系人水産業の盛衰／米国日系人と労働／米国日系人の教育／米国日系人と文化／米国日系人の刊行物／米国日系人の宗教／米国日系人のスポーツ界／排日と日系人苦闘史／日系市民の成長と発展／日米戦争下の在米日系人／半世紀の宿望・帰化権獲得／日米国交と在米日系人」「第二篇 各州日系人発展史 地方篇 併録＝在米日系人発展人士録／北部加州／南部加州／中部加州／オレゴン州／アイダホ州／ワシントン州／……南部沿岸諸州」

370．加藤新一『**アメリカ移民百年史**』3冊，時事通信社，1962（時事新書）
　　　　　　　　　　　〈334.453-Ka662a〉〈岸-1488〉〈山本-90〜92〉
　　上掲80『米国日系人百年史』普及のため，「第一篇 米国日系人百年史総篇」と「第二篇 各州日系人発展史 地方篇」の歴史記述部分を要約し，3分冊で刊行したもの。

371．村山　有『**アメリカ二世 その苦難の歴史**』時事通信社，1964（時事新書）
　　　　　　　　　　　　　　　　　　　〈334.453-M982a〉〈岸-1489〉
　　「アメリカに忠誠を誓った二世」と「日本の軍役に服した二世」，二世の苦難の歴史を辿ることで，複雑な二世問題の背景を探る。最終章において，二世問題の典型として「東京ローズ事件」を考察する。

135．藤井寮一編著『**シカゴ日系人史**』シカゴ，シカゴ日系人会，1968（転住日記（年表）：pp. 365-385）　　　　　　　　　　　　　　　　〈DC812-136〉
　　「シカゴ日系人会」が明治百年記念事業の一環として刊行した，「ハートランド・オブ・アメリカ」シカゴ初の「日系人史」。日系人の中心的団体である「定住者会」「シカゴ共済会」「日系人会」の発展を軸に，宗教・文化等諸団体の活動でこれを補足し，戦後「転住（再定住）relocation」により急激に膨張した，シカゴ日系人社会の発展過程を再現する。冒頭，イリノイ州及びシカゴの歴史を概観する。[47]

372．伊藤一男『**北米百年桜**』シアトル，北米百年桜実行委員会，1969（北米百年桜・年表：pp. 1027-1085，『北米百年桜』編集参考書：pp. 1097-1102）　〈DC812-8〉

373．伊藤一男『**続・北米百年桜**』シアトル，北米百年桜実行委員会，1972（「続・北米百年桜」年表：pp. 426-430，「続・北米百年桜」参考文献：pp. 431-434）
　　　　　　　　　　　　　　　　　　　　　　　　　　　　　　〈未所蔵〉

374．伊藤一男『**北米百年桜**』正・続2冊，日貿出版社，1973　　〈DC812-195〉

375．伊藤一男『**北米百年桜**』『**続・北米百年桜**』4冊，PMC出版，1984（付 (16p)：

— 48 —

117

対談「北米百年桜と遙かなニッポンの間」)(日本人海外発展史叢書)(374．日貿出版社，1973年刊の複製) 〈DC812-241〉

376. Ito, Kazuo, translated by Shinichiro Nakamura and Jean S. Gerard. **Issei : A History of Japanese Immigrants in North America**. Seattle : Executive Committee for Publication of Issei, c/o Japanese Community Service, 1973. (translation of 372. (Hokubei) Hyakunen Sakura.) (Chronological Table : pp. 895-959, Bibliography : pp. 968-972) 〈DC812-10〉

「デクショナリー」としての移民史ではなく，埋もれた古老達のライフ・ヒストリーに基づいた，ワシントン・オレゴン・アイダホ等アメリカ西北部各州及びカナダ（ブリティッシュ・コロンビア州）における「一世苦闘史の集大成」。往時の貴重な写真を多数収録し，「読む移民史であると共に，見る移民史」ともなっている。正・続併せ1,600頁にも及ぶ浩瀚な「生活記録」は，前掲366『歩みの跡』同様，当該地域の人物録としても有用であり，検索には「人名索引」(正：pp. 1117-1140，続：pp. 435-452) が役立つ。また各編「年表」（1868年・明治元-1972年・昭47）も詳細である。北米日系移民史における基本書の一つとなっている。372, 373は非売品。374は限定版として刊行されたもの。375（『日本人海外発展史叢書』）は374（正・続）の復刻版。376（英語版）は「二世以下，日本語を解さない子孫に伝え」るために，基金を募り，372『北米百年桜』を完訳したもの。

377. 伊藤一男『**シカゴ日系百年史**』Chicago，シカゴ日系人会，1986 〈DC812-240〉

前掲135．藤井『シカゴ日系人史』の空白部分（戦前及び1968年以降）を埋めるため，「シカゴ日系人会」創立二十周年記念事業として刊行されたもの。移民のライフ・ヒストリー（聞き取り）を軸に，「外交文書」・北米各邦字紙・藤井『シカゴ日系人史』その他の先行書等に基づき，移民史におけるミクロ部分を意識し，著者が「これまで手がけた移民史のなかで全く新しい視点に基づく国際交流史」としたもの。「日米交流史序章（1872-99年）」「日本人漂着最盛期（1900-20年代）」「太平洋上嵐の前夜（1930年代）」「日米戦争苦悩の三年九ヵ月（1940年代）」「戦後日誌一（1945-75年）」「戦後日誌二（1976-1985年）」の構成で，資料として「日系人関係団体」(pp. 463-474) を付す。本書取材過程での「聞き取り」調査を基に，『**市俄古に燃ゆ―明治自由人の足跡**』PMC出版，1985 〈DC812-242〉 が刊行されている。

378. 若槻泰雄『**排日の歴史 アメリカにおける日本人移民**』中央公論社，1972（中公新書）(参考文献：pp. 202-205) 〈A68-U-13〉

排日に先行する中国人排斥から，カリフォルニア州での排日の勃興，「排日移民法」（1924年）まで，「黄禍論」も踏まえ，排日運動の経過を詳細に辿り，戦後もなお人種的偏見が続いていることを指摘する。

379. 鶴谷 寿『**アメリカ西部開拓と日本人**』日本放送出版協会，1977（NHKブックス 302）(参考文献：pp. 211-215) 〈DC821-5〉

380. Tsurutani, Hisashi, translated by Betsey Scheiner, with the assistance of

Mariko Yamamura. **America-Bound : The Japanese and the Opening of the American West**. Tokyo: Japan Times, 1989. (translation of 379. Amerika Seibu Kaitaku to Nihonjin.) 〈DC812-A27〉

中国人排斥運動により,アメリカ西部開拓の労働力として中国人に取って代わった日本人「出稼」移民。移民送出の背景から,労働運動への参加とその日本の社会運動への影響まで,鉱山労働・鉄道労働を中心に,アメリカ西部開拓における日本人「一世」労働者の実態を検証する[48]。

381. 黒川省三『**アメリカの日系人**』教育社,1979(入門新書 時事問題解説)(参考文献:p. 174) 〈DC812-96〉

多民族国家アメリカにおいて「モデル・マイノリティ」としての地位を確立した,ハワイを含む日系アメリカ人(一世・二世・三世・帰米二世)の多様な軌跡を辿り,その意識の変遷と実態を紹介し,問題点を提示する。

382. 岡元彩子『**アメリカを生き抜いた日本人 屈辱と栄光の百年**』日本経済新聞社,1980(日経新書)(参考文献:pp. 216-217) 〈DC812-105〉

「在米日本人」から「日系アメリカ人」へ,カリフォルニアに生きた日本人の百年にわたる苦闘の歴史をコンパクトに纏める。

383. 北米沖縄人史編集委員会編『**北米沖縄人史**』[Los Angeles] 北米沖縄クラブ,1981 〈DC812-163〉

384. The Okinawa Club of America, comp., translated by Ben Kobashigawa. **History of the Okinawans in North America**. [Los Angeles] : Resource Development and Publications, Asian American Studies Center, UCLA and the Okinawan Club of America. 1988. (translation of 383. Hokubei Okinawajin shi) 〈移(四)-Y23〉

1927年,「北米沖縄クラブ」の前身である「沖縄海外協会南加支部」が「在米沖縄県人史」の編纂を企画,資料収集に努めたが,結局未刊に終わった。本書は,その当時執筆された資料等に基づき,「いざ行かん,我等の家は五大洲」(当山久三)に呼応して海外雄飛の名のもと新天地を目指した,北米沖縄県人の苦闘と発展の一世紀を記録する。「沖縄救援聯盟」による戦災救援運動についての詳細な記述は貴重であり,ペルー日系人についても若干の記述がある。内容は以下のとおり(章立ては省略)。

「移民前史」「在米沖縄県人概史」「在米沖縄県人会」「沖縄戦災救援復興運動」「北米沖縄クラブ」「職業」「文化運動」「北米沖縄系人のプロフィール」「回想録」

385. 戸上宗賢編著『**ジャパニーズ・アメリカン 移住から自立への歩み**』ミネルヴァ書房,1986(龍谷大学社会科学研究叢書.Ⅶ)(参考文献:pp. 462-479) 〈DC812-E4〉

龍谷大学社会科学研究所の共同研究『意識と行動様式の変化に関する国際比較研究―とくに日系アメリカ人とその集団についての学際的究明―』(1979.4-1983.3)の成果を纏めたもの。一世から二世・三世へと,日本人移民・日系人がアメリ

カ社会に定着する過程での「歴史的，社会的かつ経済的背景」及び「意識や社会的態度」の変遷を解明する。「移民送出の歴史的事情」「アメリカ社会への適応過程」更に，戦後の「集団」対米移動である「日本企業のアメリカ進出」をアプローチの視座として各論稿を構成する。内容は以下のとおり（章立ては省略）。

「第Ⅰ部 移住から定住への過程／出移民の社会経済的メカニズムに関する分析視点／滋賀県における北米移民の空間分布／出移民集落の社会経済的性格—滋賀県犬上郡における計量分析／「アメリカ村」と呼び寄せ移民／移民母村の社会経済史的考察—広島県佐伯郡宮内村を素材として」「第Ⅱ部 アメリカ社会への適応と自立の過程／アメリカ史における日本人移民とその農業コミュニティ—カリフォルニア州と大和コロニーを中心として／日系米人コミュニティにおける文化活性化運動の意味について／北米における日系仏教徒の活動／1910年代の排日と「写真結婚」／アイデンティティの葛藤をめぐる問題／／コロンブス以前のアジア系アメリカ人—合衆国における文明，文化変容，少数民族の理解ために／在米日本人の収容過程—第2次世界大戦前から戦中にかけての実態」「第Ⅲ部 現代アメリカ社会における日本人の経済活動／対米進出日本企業の現状と課題—製造企業の対米進出を中心として／対米進出日本企業の企業経営上の諸問題—その現状と経営国際化の方向」

386．村山裕三『**アメリカに生きた日本人移民 日系一世の光と影**』東洋経済新報社，1989　　　　　　　　　　　　　　　　　　　　　　　　　　　　　〈DC821-E10〉

米国西北部，特にワシントン州の初期日本人移民に焦点をあて，計量経済史の観点から，その生活の底流にあったアメリカ経済との関連を解明する。**The Economic History of Japanese Immigration to the Pacific Northwest, 1890-1920**. Ann Arbor : University Microfilms International, 1983 〈DC812-A6〉は，本書の基になった博士論文（Washington Univ., Ph. D., 1982：1983年公刊）。

139．高橋 経『**還らない日本人 偏見と差別に耐えた北米日本人移民100年史 黄禍篇**』同時代社，1991（参考文献：p. 299, 黄禍の年譜：pp. 301-309）　〈DC812-E117〉

カリフォルニア州の排日運動から第二次世界大戦の終結まで，日本人移民の生活を軸に，黄禍・「偏見の実態」を物語体で綴る。「第九章 遺された足跡」はアメリカと関わった種々な人物の略伝。

387．粂井輝子『**外国人をめぐる社会史 近代アメリカと日本人移民**』雄山閣出版，1995（参考文献：pp. 226-231）　　　　　　　　　　　　　　　　〈DC812-E222〉

日米関係というマクロ的視点と移民の生活史というミクロ的視点の相互関係のなかで，多民族国家アメリカにおける「国境を越えた」日本人移民の社会史を展開する。明治期の「移植民論」から日米開戦に至るまでを扱う。日・米の史資料を駆使し，「出移民史と日系アメリカ移民史を関連づけた本書の意義は大きい」と評価されている[49]。

388．佐渡拓平『**カリフォルニア移民物語 気骨のジャーナリスト尺魔が刻した**』亜紀書房，1998（年表（「鷲津尺魔」「アメリカにおける日本人排斥等」関連）：pp. 283

-285，主な参考文献等：巻末pp. 1-3)　　　　　　　　〈DC812-G107〉

　　在米日本人社会のジャーナリストとして評価が高かった「鷲津尺魔(鷲頭文三)」の生涯を通してみたカリフォルニア移民史。19世紀末の日本人社会・「大和殖民地」・日系移民社会の指導者「安孫子久太郎」との交遊等が語られる。尺魔は，『**在米日本人史観**』ロスアンゼルス，羅府新報社，1930〈DC812-188〉(後掲)の著者として知られ，彼の新聞連載記事(「歴史煙滅の嘆」「吾輩の米国生活」，『日米新聞』掲載)も，当時の日本人社会をよく伝えるものとして，しばしば引用されているが，尺魔自身の詳細については，これまで余り知られていなかった[50]。鷲津尺魔は著者の母方の祖父にあたる。本書は一種の「ルーツ探し」の記録であるが，これにより尺魔に関する空白が埋められることになった。

389. Hale, Robert Moffett. **The United States and Japanese Immigration**. Chicago : Univ. of Chicago, 1945. (Bibliography : pp. 179-188)　〈DC812-A47〉

　　シカゴ大学での学位論文(ph. D., 1945)。アメリカにおける日本人移民問題を，「紳士協約」(1908年)「カリフォルニア外国人土地法(排日土地法)」(1913年)「排日移民法」(1924年)等の成立過程における議会文書や世論等により分析し，結果として，日本人に対する早急な移民割当(quota)を提示する[51]。

390. Kitano, Harry H. L. **Japanese Americans : The Evolution of a Subculture**. Ethnic Groups in American Life Series, Englewood Cliffs : Prentice-Hall, 1969. (Bibliography : pp. 149-153)　　　　　　　〈EC136-5〉〈岸-347〉

　　Kitano, Harry H. L. **Japanese Americans : The Evolution of a Subculture. 2nd ed**. Prentice-Hall Ethnic Groups in American Life Series, Englewood Cliffs : Prentice-Hall, 1976. (Bibliography : pp. 215-223)　　　〈未所蔵〉

391. ハリー・H. L. キタノ著，内崎以佐味訳『**アメリカのなかの日本人　一世から三世までの生活と文化**』東洋経済新報社，1974 (390. Japanese Americans : The Evolution of a Subculture. 1969 ed. の翻訳) (参考文献：pp. 283-290)

〈EC136-1〉

　　日系アメリカ人の文化変容の過程を，本叢書 'Ethnic Groups in American Life Series' の監修者であるゴードン博士 (Dr. Milton M. Gordon) の「文化変容と同化」分析モデルを援用し，ロサンゼルス地区の調査を基に社会学的に分析。同化における文化と組織の重要性を検証する。ハリー・キタノは社会福祉学専攻で，前掲216，217「文献目録」も編纂(『参考書誌研究』No. 48, p. 33)。本書は，社会科学者による日系アメリカ人社会に関する初めての包括的・専門的分析として，アメリカの多くの大学でテキストとして使われ，日系アメリカ人研究においてしばしば引用される資料となっている。第三版の刊行も予定されている。

392. Chuman, Frank F. **The Bamboo People : The Law and Japanese-Americans**. Del Mar : Publisher's Inc., 1976.　　　　　　　　　　　〈岸-121〉

393. フランク・F.チューマン著，小川洋訳『**バンブー・ピープル　日系アメリカ人試練の100年**』上・下，サイマル出版会，1978 (392. The Bamboo People : The Law

and Japanese-Americans. の翻訳) 〈AU-631-2〉

アメリカ本土への最初の移民(「若松移民」1869年)から排日・強制収容の試練を経て,「ケネディ・ジョンソン法」(1965年修正移民法), 1972年の対敵通商法修正に至る日系アメリカ人の苦節の歴史を, 法律的問題を中心に描く。表題は, 日系人を嵐に耐えるしなやかな「竹(バンブー)」になぞらえたもの。

394. Wilson, Robert A., Hosokawa, Bill. **East to America : A History of the Japanese in the United States**. New York : Morrow, 1980. 〈DC812-42〉
Wilson, Robert A., Hosokawa, Bill. **East to America : A History of the Japanese in the United States**. New York : Quill, 1982. 〈未所蔵〉

395. ロバート・ウィルソン, ビル・ホソカワ著, 猿谷要監訳『**ジャパニーズ・アメリカン 日系米人・苦難の歴史**』有斐閣, 1982 (有斐閣選書 R6) (394. East to America : A History of the Japanese in the United States. 1980 ed. の翻訳)
〈DC812-182〉

他の移民集団と異なり一時的な「滞在者」(sojourners)としてアメリカに渡った日本人, しかし時代時代の複雑な状況, とりわけ真珠湾(奇襲)攻撃とそれに続く強制収容が, 在米日本人・日系アメリカ人の運命を大きく変えることになった。1960年,「全米日系市民協会(JACL) *Japanese American Citizens League*」は, アメリカの歴史のなかで埋もれ忘れ去られようとしている, 日系アメリカ人の歴史を調査・編纂する計画を決定した。この「日系人研究プロジェクト(JARP) *Japanese American Research Project*」(本書邦訳では「日系アメリカ人調査計画」)の目的の一つが「日系アメリカ人の歴史について, 決定版となるような学問的書物を出版する」ことであり, その成果が本書である[52]。本書は「合衆国へ入ってきた日本移民の全体験についての最善で完璧な記録」(エドウィン・O. ライシャワー)であり,「移民の労務者や貧困な農夫から始まり, 今では完全なアメリカ市民となって……めざましい貢献をしているところまでを描いている。」(マイク・マンスフィールド)[53]。

396. Walls, Thomas K. **The Japanese Texans**. San Antonio : Univ. of Texas, Institute of Texan Cultures at San Antonio, 1987. (Sources : pp. 235-245)
〈移(四)-Y26〉

397. トーマス・K. ウォールス著, 間宮國夫訳『**テキサスの日系人**』芙蓉書房出版, 1997 (396. The Japanese Texans. の翻訳) (資料・文献 : pp. 247-257)
〈DC812-G50〉

西海岸諸州とは幾分異なった状況にあった, テキサス日系人についての最初の研究書。テキサス日系人は1890年3人, 現在でも州総人口の0.1%を占めるにすぎないが, 他のマイノリティに比べ, その貢献度は絶大であった。西原清東・片山潜等による米作経営やその他の農業経営の歴史を中心に, 太平洋戦争と日系人社会, 強制収容所での生活(ペルー日系人の収容を含む), 戦後のテキサス日系人の状況等について, インタビューや地元紙記事も多用し描く。

398. Ichioka, Yuji. **The Issei : The World of the First Generation Japanese Immigrants, 1885-1924.** New York : Free Pr., London : Collier Macmillan Publishers, 1988. (Bibliography : pp. 293-309) 〈DC812-A22〉
　　　　　　　　　　　　　　　(Free Pr., 1990, paperback ed.〈未所蔵〉)
399. ユウジ・イチオカ著, 富田虎男 [ほか] 訳『**一世　黎明期アメリカ移民の物語**』刀水書房, 1992 (刀水歴史全書 32) (398. The Issei : The World of the First Generation Japanese Immigrants, 1885-1924. 1988 ed. の翻訳) 〈DC812-E145〉
　　　「苦学生」「売春婦」「出稼労働者」に始まる, アメリカにおける「帰化不能外国人」としての初期日本人の移民史。1885年 (ハワイ「官約移民」到着) から1924年 (「排日移民法」成立) までを記述する。「出稼」から「定住」への過程で排日運動と闘い続けた日系「一世」に関する, 最初の包括的研究書であり, 日米両国において高い評価を得ている ('The Outstanding Book Prize of the National Association for Asian American Studies' 受賞)。「日本人移民の歴史は労働史でもある」という観点から「人夫請負制」「労働組織」等についても多くの頁が割かれている。本書は, 主に'UCLA・JARPコレクション'所収資料に基づいて書かれているが, 邦訳書では, 原書の「注記」及び「文献目録」が割愛されており, 更に「索引」が付されていないこともあり, 研究書としての資料価値が一等減ぜられているのが惜しまれる。

【カナダ】[54]
400. トロント日系市民協会一世部編『**三十五年史 1949-1981**』Toronto, トロント日系市民協会一世部, 1983 (付：カナダ日系人略史) (一世部年譜：pp. 170-183)
　　　　　　　　　　　　　　　　　　　　　　　　　　　　　　〈DC812-223〉
　　　戦後の「再定住」により人口が急増, カナダ最大の日系人集中地となったトロント (オンタリオ州) の「日系市民協会一世部」の歴史。「全加日系市民協会 (NJCCA) *National Japanese Canadian Citizens Association*」結成から「日系カナダ人百年祭」の概要等を記述する[55]。「カナダに於ける日系人―カナダ日系人史―」(pp.1-18) が日系人史を概観する。
401. 新保　満『**石をもて追わるるごとく　日系カナダ人社会史**』Toronto, 大陸時報社, 1975 〈DC812-E60〉
402. 新保　満『**石をもて追わるるごとく　日系カナダ人社会史**』新版, 御茶の水書房, 1996 〈DC812-G23〉
　　　一世移民草創の期から排日, 太平洋戦争における総移動, 戦後の現状までの日系カナダ人「社会史」。多くの研究者の引用する日系カナダ人史の「原典」となっている。新版は, ブリティッシュ・コロンビア大学図書館「日系カナダ人史料コレクション *Japanese Canadian Research Collection*」(後述) 蒐集の経緯を記す「日系資料の蒐集と本書成立の背景について」を補遺として加筆したもの。
136. 新保　満『**日本の移民―日系カナダ人に見られた排斥と適応―**』評論社, 1977 (日本人の行動と思想 64) (参考文献：pp. 211-215, 関係略年表：pp. 217-227)

⟨DC812-67⟩

「新しい産業社会」カナダにおけるマイノリティ（日系人）の排斥と適応の過程を「移動均衡理論 *Moving Equilibrium Theory*」に基づき分析する。カナダ法制上の日系人の地位変動により,「日系人社会の形成（1877-1907）」「日系人社会の展開（1908-1940）」「日系人の戦時社会（1941-1949）」「日系人の戦後社会（1950-）」の四時期に分け, 日系人社会の存続と変動を, 優位集団（白人）・劣位集団（日系人）間のインプット・アウトプットの交換サイクルとしてとらえ, 百年にわたる日系カナダ人史の諸事例を検証する。「はじめに」において, 諸概念を規定し, アプローチの方法を検討し, 援用モデルと時代区分を提示する。

403. 新保　満『**カナダ移民排斥史　日本の漁業移民**』未来社, 1985（引照文献：pp. 229-235）　　　　　　　　　　　　　　　　　　　　　　　⟨DC812-224⟩
　　　新保　満『**カナダ移民排斥史　日本の漁業移民**』新装版, 未来社, 1996（引照文献：pp. 229-235）　　　　　　　　　　　　　　　　　　⟨DC812-G34⟩
　　　日系カナダ人のなかでも, とりわけ排斥が顕著だった日系漁業者について, カナダ日系コミュニティの一大中心地だったスティヴストンに焦点を据えて記述する[56]。

404. 新保　満『**カナダ日本人移民物語**』築地書館, 1986（文献：pp. 307-325）
　　　　　　　　　　　　　　　　　　　　　　　　　　　　　　　　　⟨DC812-254⟩
　　　序章において, カナダにおける日本人移民・日系人史理解の背景として, カナダ及びブリティッシュ・コロンビア州発展のパターンを「経済史」の立場から概観し, 第一章以下, 移民第一号（永野万蔵）から戦後史まで, 時代を追って日系カナダ人の足跡を辿る[57]。終章において,「四世」の時代には, 日系社会が, 生物学的にも文化的にも, 白人社会に吸収されるであろうと予測している。

405. 辻　信一『**日系カナダ人**』晶文社, 1990（参考文献：pp. 304-305）
　　　　　　　　　　　　　　　　　　　　　　　　　　　　　　　　　⟨DC812-E98⟩
　　　11人の一世及び二世のインタビューや手記を編集・再構成した"ものがたり"としての日系カナダ人の歴史と文化。著者は,「少数民族」「人種差別」「補償要求 redress 運動」を現代の日本人自身の問題として投げかけている。

138. 吉田忠雄『**カナダ日系移民の軌跡**』人間の科学社, 1993（カナダ日系移民関係年表：pp. 320-325）　　　　　　　　　　　　　　　　　　　　⟨DC812-E160⟩
　　　カナダ移民前史を含め, 初期の日本人移民から「補償要求 redress 運動」の成功まで, 多民族国家カナダにおける日系人とその家族の歴史を, 日・加の諸政策との関わりでとらえる。

270. 飯野正子『**日系カナダ人の歴史**』東京大学出版会, 1997（文献解題：巻末pp. 7-20）　　　　　　　　　　　　　　　　　　　　　　　　　　⟨DC812-G56⟩
　　　「第一章　移民の始まり」「第二章　ヴァンクーヴァ暴動とルミュー協約」「第三章　複雑さを増す日本人移民問題」「第四章　太平洋戦争と日系人」「第五章　再定住」「第六章　日系人コミュニティと補償要求運動」と一世紀以上にわたる日系カ

ナダ人の歴史を,国際関係における日系移民問題及び日系アメリカ人との比較を視座に考察する[58]。

406. 佐々木敏二『**日本人カナダ移民史**』不二出版,1999　　　　　〈未所蔵〉
著者のこれまでの論稿(共同研究を含む)に加筆訂正・補筆し纏めた,太平洋戦争直前までの日系カナダ人移民史。「序章 私と日本人カナダ移民史」「第1章 カナダ・ユニオン炭坑契約移民と神戸移民会社」「第2章 滋賀県人・和歌山県人の定住への過程―1912(明治45)年を起点として」(下村雄紀との共同研究)「第3章 初期日本人移民社会の諸組織」「第4章 ハワイよりカナダへの転航移民と晩香坡暴動」「第5章 戦前のヴァンクーヴァー日本人街の発展過程」(下村雄紀との共同研究)「第6章 排日の嵐に抗して」「第7章 太平洋戦争直前の日本人社会の状況と日本人街」からなる。歴史的調査と基本資料に基づいた実証的研究は,上掲270. 飯野『日系カナダ人の歴史』と並び,日系カナダ人史に関する一つの到達点を示すものである。

407. Young, Charles H., Reid, Helen R. Y. **The Japanese Canadians**. with a second part on Oriental Standards of Living by W. A. Carrothers; edited by H. A. Innis. Toronto: Univ. of Toronto Pr., 1938. (Selected Bibliography: pp. 194-198)　　　　〈DC812-A23〉

Young, Charles H., Reid, Helen R. Y. **The Japanese Canadians**. with a second part on Oriental Standards of Living by W. A. Carrothers; edited by H. A. Innis. The Asian Experience in North America: Chinese and Japanese, New York: Arno Pr., 1978. (reprint of the 1938 ed.) (Bibliography: pp. 194-198)
　　　　〈DC812-30〉

ブリティッシュ・コロンビア州における人種問題,即ち「日本人問題」の改善に資するという目的で,日本人移民の到来・定着から発展へと,カナダ日系社会の歴史と現況を客観的に記述・分析する。'Editor's Preface' 'Introduction to Part I' が中国人との比較において本研究の意義を解説する。日系カナダ人について,英語で書かれた初めての包括的研究として,基本文献となっている。Pt.II "Oriental Standards of Living." は,「カナダ国際問題研究所 *Canadian Institute of International Affairs*」と「太平洋問題調査会(IPR) *Institute of Pacific Relations*」共催のプロジェクト報告の一部。「東洋人の生活水準」を科学的に調査し,政治的・経済的に平等な機会を与えることで,東洋人も白人同様の生活水準を維持できる,としている[59]。

408. Adachi, Ken. **A History of the Japanese Canadians in British Columbia, 1877-1958**. Tronto: National Japanese Canadian Citizen's Association, 1958. (Bibliography: p. 44)　　　　〈未所蔵〉
(下掲411. Daniels, Two Monographs on Japanese Canadians. Arno Pr., 1978. に復刻・収録)

409. Iwaasa, David. **Canadian Japanese in Southern Alberta, 1905-1945**. Univ. of

Lethbridge Research Paper, Lethbridge : Univ. of Lethbridge, 1972. (includes Bibliography) 〈未所蔵〉
(下掲411. Daniels, Two Monographs on Japanese Canadians. Arno Pr., 1978. に復刻・収録)

410. Adachi, Ken. **The Enemy That Never Was : A History of the Japanese Canadians**. Toronto : McClelland and Stewart, 1976. (Bibliography : pp. 435-448) (国立国会図書館では, 1977年刊 (再版) を所蔵) 〈DC812-17〉

Adachi, Ken. **The Enemy That Never Was : A History of the Japanese Canadians**. Generations : A History of Canada's Peoples, Toronto : McClelland and Stewart, 1976. (pap.ed.) (Bibliography : pp. 435-448) (国立国会図書館では, 1979年刊 (再版) を所蔵) 〈DC812-A1〉

Adachi, Ken. ; afterword by Roger Daniels. **The Enemy That Never Was : A History of the Japanese Canadians**. Generations : A History of Canada's Peoples, Toronto : McClelland and Stewart, 1991. (Bibliography : pp. 453-466) 〈EC136-A74〉

日本と西洋との接触に筆を起こし, カナダ日系人社会の草創期から1975年までの, ブリティッシュ・コロンビア州を中心とした日系人社会の発展と排日運動の過程を考察した「通史」。日本語資料を「全く使用しておらず, 戦前期に関する記述にはしばしば誤りがある」という指摘があるが(佐々木敏二「『カナダ移民史資料』解題・解説」『カナダ移民史資料』(後掲443) 第1巻, p.17), 本号401. 新保満『石をもて追わるるごとく』とともに, 数少ない日系カナダ人通史として利用されてきた[60]。

1976年刊紙装版は, カナダの多文化主義の理解に資することを目的とした, 多様な民族集団史のシリーズ 'Generations : A History of Canada's Peoples' の一冊として刊行されたもの。1991年刊版は, 同じく 'Generations' シリーズの一冊として, Roger Danielsによる, 1988年のカナダ政府の謝罪と補償に至る爾後15年間の補遺を「あとがき」として付したもの。

411. Daniels, Roger, ed. **Two Monographs on Japanese Canadians**. The Asian Experience in North America : Chinese and Japanese, New York : Arno Pr., 1978. (reprint of the 1958 ed. of K. Adachi's A History of the Japanese Canadians in British Columbia, 1877-1958. and of the 1972 ed. of D. Iwaasa's Canadian Japanese in Southern Alberta, 1905-1945.) 〈DC812-31〉〈DC812-A66〉

上掲408, 409を併せ, Arno Pr., 'The Asian Experience in North America : Chinese and Japanese' シリーズの一冊として復刻したもの。

408. Adachi. は, 将来包括的な日系人の歴史を刊行するための予稿として書かれた, ブリティッシュ・コロンビア州日系人の簡略史。Adachiはその後, 上掲410. The Enemy That Never Was. を上梓している。

409．Iwaasa．は，ブリティッシュ・コロンビア州に次いで日系人が多かったアルバータ州の日系人について書かれた序説的なもの。各団体記録等の一次資料や多くの日本語資料に基づいており，両州の状況を比較するうえでも重要であろうか。

412．Japanese Canadian Centennial Project Committee, ed. **A Dream of Riches : The Japanese Canadians, 1877-1977**. [Vancourver : Japanese Canadian Centennial Project, 1978]. (Text in English, Japanese, and French in parallel columns.) (Bibliography : pp. 189-190)　　　　　　　　　　〈DC812-49〉

日系百年祭プロジェクト委員会［編］『**千金の夢 日系カナダ人百年史1877-1977**』トロント，ドレッドノート出版，1977（英語書名：A Dream of Riches, 仏語書名：Un Reve de Richesses, 英文・仏文併記）（参考文献：pp. 189-190）
　　　　　　　　　　　　　　　　　　　　　　　　　　　　　　〈DC812-184〉

「日系カナダ人百年祭」（1977年）プロジェクトの一環として開催された巡回写真展の記録集。世代間の溝が深まっている「日系社会」において，「千金の夢を追って古の国より渡って来た」日系カナダ人の，百年にわたる体験が生み出した「千金にもまさる夢」を分かち合う事の必要性，が強く意識されている。写真とともに，史実を記述し，「聞き取り」や新聞・著書からの引用を挿入し，日系カナダ人百年の悲哀の歴史を綴っている。[61]

413．Ward, W. Peter. **The Japanese in Canada**. Canada's Ethnic Groups ; Booklet no. 3, Ottawa : Canadian Historical Association, 1982. (Suggestions for Further Reading : p. 21)　　　　　　　　　　　　　　　　　　〈DC812-A56〉

「カナダ歴史協会 Canadian Historical Association」がカナダ政府の 'Multiculturalism Program' の一環として刊行している小冊子 'Canada's Ethnic Groups' シリーズの一冊。「日系カナダ移民の背景」「一世・二世・三世の特質」「中国人移民との比較」を概観する。

414．Takata, Toyo. **Nikkei Legacy : The Story of Japanese Canadians from Settlement to Today**. Toronto : NC Pr., 1983. (Bibliography : pp. 172-173)
　　　　　　　　　　　　　　　　　　　　　　　　　　　　　　〈DC812-A57〉

「日系カナダ人百年祭」（1977年）を記念して刊行された「図説」日系カナダ人史。日系移民第一号「永野万蔵」の密航（1877年）に始まる初期日系社会の歴史，カナダ各地における定住の歴史と一世パイオニア達の活躍，「強制立ち退き」(evacuation)・「再定住」(resettlement)，そして戦後の日系人の状況まで，貴重な写真を中心に物語る[62]。

415．Nakayama, Gordon G. ; preface by Joy Kogawa. **Issei, Stories of Japanese Canadian Pioneers**. 2nd rev. ed., Toronto : NC Pr., 1984.　〈DC812-A51〉

416．ゴードン・中山吾一著，G. G. 中山，ホール孝子共訳『**一世 日系カナダ人開拓者物語**』[Vancouver]，聖愛刊行委員会，1987（415. Issei, Stories of Japanese Canadian Pioneers. の翻訳）　　　　　　　　　　　〈DC812-E58〉

カナダ日系移民第一号「永野万蔵」を始め，相賀安太郎・林林太郎等各分野における日系パイオニア約40名の苦労と成功の物語。著者の娘である作家ジョイ・コガワ (Joy Kogawa) が序文を寄せている。初版は，Britania Printers, 1983年刊と思われるが，邦訳416は，一般に流布している，NC Pr. 改訂第2版を原本として翻訳されている。

【アメリカ・カナダ移民一般／アジア系アメリカ人】

　今日，「移民研究」が様々な視点・問題意識の基に多様なアプローチを採っていることは本号冒頭で述べ，「研究史」の整理を試みたところである。また，アメリカ史及びカナダ史における「日本人移民・日系人」の位置づけという従来の方法のみならず，エスニック・スタディーズの一環としての「アジア系アメリカ人」という比較移民論的アプローチの趨勢についても，その一端ではあるが触れ，その「文献目録」についても整理してきた(『参考書誌研究』No. 48, pp. 32-34)。更に，「マルチカルチュラリズム」「エスニシティ」「アイデンティティ」「ジェンダー」「カルチュラル・スタディーズ」「オリエンタリズム」「クレオール」「ブラック・カルチャー」等々の意識からする，融合的な研究も今後益々増えていくものと思われる(『参考書誌研究』No. 48, p. 41注15) 参照)[63]。これら最新の研究動向を整理するにはあまりにも制約が多すぎるので，以下，そのような動向の把握に資するような案内書及び論稿等を，最近の邦語文献を主に，掲出するにとどめる。

417. 阿部斉・五十嵐武士編『**アメリカ研究案内**』東京大学出版会，1998
　　　　　　　　　　　　　　　　　　　　　　　　　　　　　〈GH81-G8〉
418. 高村宏子・飯野正子・粂井輝子編『**アメリカ合衆国とは何か　歴史と現在**』雄山閣出版，1999　　　　　　　　　　　　　　　〈GH82-G18〉
419. 川上忠雄編『**アメリカ文化を学ぶ人のために**』世界思想社，1999　〈GH82-G20〉
420. 米山俊直「マイノリティ・グループとアメリカ文化」加藤秀俊編『**講座アメリカの文化　第4　多様の中の統一　地域と人種**』南雲堂，1970, pp. 219-251
　　　　　　　　　　　　　　　　　　　　　　　　　　　　　〈GH82-1〉
421. 米山桂三・松井洋一「アメリカの対外人種政策」慶應義塾大学地域研究グループ編『**アメリカの対外政策　藤原守胤先生古稀記念論文集**』鹿島研究所出版会，1971, pp. 113-154　　　　　　　　　　　　　　　　　　〈A99-U-19〉
422. 安武秀岳「移民の渡来と融合」猿谷要編『**総合研究アメリカ　1　人口と人種**』研究社出版，1976, pp. 39-70　　　　　　　　　　　　　　〈GH81-17〉
423. 綾部恒雄編『**アメリカの民族　ルツボからサラダボウルへ**』弘文堂，1992
　　　　　　　　　　　　　　　　　　　　　　　　　　　　　〈G161-E20〉
424. 野村達朗『**「民族」で読むアメリカ**』講談社，1992 (講談社新書) (邦語参考文献：pp. 235-241)　　　　　　　　　　　　　　　　　〈EC131-E7〉
425. 宮本倫好『**アメリカ　民族という試練**』筑摩書房，1993 (ちくまライブラリー　86) (参考文献・資料：pp. 234-236)　　　　　　　　　　〈A68-U-E9〉
426. 越智道雄『**エスニック・アメリカ　民族のサラダ・ボウル，文化多元主義の国から**』

明石書店，1995 　　　　　　　　　　　　　　〈EC131-G1〉
427．明石紀雄・飯野正子編『**エスニック・アメリカ 多民族国家における統合の現実**』新版，有斐閣，1997（有斐閣選書）（参考文献：pp. 339-344） 〈EC131-G8〉
428．ナンシー・グリーン著，村上伸子訳『**多民族の国アメリカ 移民たちの歴史**』創元社，1997（L'Odyssee des Emigrants et Ils Peuplerent l'Amerique. の翻訳）（「知の発見」双書 66）（アメリカ移民史年表：p. 149，参考文献：p. 157）
　　　　　　　　　　　　　　　　　　　　　　　　　　　　〈GH82-G8〉
429．「アジア系アメリカ人〈特集〉」『**地理**』36 (5)：1991. 5　　〈Z8-372〉
430．「多文化主義とマイノリティ集団〈特集〉」『**アメリカ史研究**』19：1996
　　　　　　　　　　　　　　　　　　　　　　　　　　　　〈Z8-1600〉
431．村上由見子『**アジア系アメリカ人 アメリカの新しい顔**』中央公論社，1997（中公新書）（参考文献／インターネット・サイト：pp. 261-268） 〈EC131-G10〉
432．飯野正子「アジア系アメリカ人―『汎アジア系』のアイデンティティ？」有賀貞編『**現代アメリカ 4 エスニック状況の現在**』日本国際問題研究所，1995, pp. 131-175 〈EC131-E14〉
433．有賀貞編『**日米関係におけるエスニシティの要素**』総合研究開発機構，1995（NIRA研究報告書 No.940052） 〈DC821-E30〉
　　／由井大三郎「第二次世界大戦とアジア系移民差別法の廃止過程」(pp. 51-65)／ゲイル・M. ノムラ「アジア系アメリカ人の日本観」(pp. 67-83)／飯野正子「『日本たたき』と日系及びアジア系アメリカ人」(pp. 85-97) ほか収録。
434．竹沢泰子「アメリカ合衆国におけるアジアとヨーロッパ―アジア移民とヨーロッパ系アメリカ人の遭遇と葛藤―」樺山紘一他編『**岩波講座 世界歴史 23 アジアとヨーロッパ 1900年代―20年代**』岩波書店，1999, pp. 111-134 〈GA32-G15〉
435．ダグラス・フランシス，木村和雄編著『**カナダの地域と民族 歴史的アプローチ**』同文館出版，1993（文献案内：pp. 296-303） 〈GH291-E28〉
436．吉田健正『**カナダ20世紀の歩み**』彩流社，1999（カナダ史略年表：pp. 367-380, 参考文献：pp. 381-386） 〈GH291-G21〉
437．Daniels, Roger. **Asian America : Chinese and Japanese in the United States since 1850**. Seattle : Univ. of Washington Pr., 1988. (Bibliography : pp. 345-372) 〈移(六)-Y6〉
439．Takaki, Ronald. **Strangers from a Different Shore : A History of Asian Americans**. Boston : Little Brown, 1989. 〈DC821-A99〉
　　Takaki, Ronald. **Strangers from a Different Shore : A History of Asian Americans**. New York : Penguin Books, 1990. 〈未所蔵〉
439．ロナルド・タカキ著，阿部紀子・石松久幸訳『**もう一つのアメリカン・ドリーム アジア系アメリカ人の挑戦**』岩波書店，1996（438. Strangers from a Different Shore. 1989 ed. の翻訳） 〈GH82-G7〉
440．Takaki, Ronald. **A Different Mirror : A History of Multicultural America**.

Boston : Little Brown, 1993. 〈未所蔵〉
441. ロナルド・タカキ著, 宮田虎男監訳『**多文化社会アメリカの歴史　別の鏡に映して**』明石書店, 1995 (440. A Different Mirror. の翻訳) 〈EC131-G2〉
442. Dinnerstein, Leonard, et al. **Natives and Strangers : A Multicultural History of Americans**. New York and Oxford : Oxford Univ. Pr., 1996. (Selected Bibliography : pp. 345-358) 〈EC131-A88〉

(3)　資料集・叢書

　近年, 移民研究における基本資料の復刻が顕著である (詳しくは, 注[3]参照)。ここでは, 主題別資料集以外の, 邦語文献として 2 種の重要な「通史的」資料集と, その先駆けとなった「叢書」及び読み物的なアンソロジーを, さらに英文資料の復刻シリーズについて収録する[64]。

【復刻資料集・叢書】

278. 阪田安雄監修『**日系移民資料集　北米編**』全18巻, 日本図書センター, 1991, 1994 (複製) 〈DC812-E118〉

　　日系移民史研究に不可欠な基礎資料21点を覆刻・収録。収録資料についての解題が第18巻『解説・資料編』(pp. 50-73) にある。以下各巻収録書目を掲げ, 国立国会図書館で原本を所蔵するものについては, その請求記号を ( ) 内に付す。

　　第 1 巻［北米移民史①］藤賀與一編著『**日米関係在米国日本人発展史要**』Oakland, 米国聖書協会日本人部, 昭 2 (〈山本-37〉)

　　第 2 巻［北米移民史②］藤岡紫朗『**米国中央日本人会史**』ロスアンゼルス, 米国中央日本人会, 昭15 (前掲365〈DC812-141〉)

　　第 3 巻［出稼・移住奨励論①］恒屋盛服『**海外殖民論**』博聞本社, 明24 (〈YDM41425〉, なお明治27年に訂二版〈YDM41426〉が出版されている。)／安部磯雄『**北米之新日本**』博文館, 明38 (〈YDM41361〉)

　　第 4 巻［出稼・移住奨励論②］高橋作衛『**日米之新関係**』清水書店, 明43 (〈YDM29568〉)

　　第 5 巻［渡米案内①］赤峰瀬一郎『**米国今不審議**』実学会英学校, 明19 (〈YDM26885〉)／周遊散人著, 石田隈治郎編『**来れ日本人　一名・桑港旅案内**』川上芳途, 開新堂 (発売), 明20 (〈YDM26892〉)／片山潜『**渡米案内**』労働新聞社, 明34 (国立国会図書館の目録では, 発行者・発行年それぞれ, 渡米協会, 労働新聞社・明34, 35　2 冊 (79p, 続編88p) となっている。〈YDM26915〉)[65]

　　第 6 巻［渡米案内②］吉村大次郎『**渡米成業の手引**』岡島書店, 明36 (〈YDM41516〉)／島貫兵太夫『**最新正確・渡米案内大全**』中庸堂, 明34 (〈YDM26917〉)[66]

　　第 7 巻［渡米案内③］清水鶴三郎『**米国労働便覧**』秀英舎, 明36 (国立国会図書館では, 清水鶴三郎 (曲川子)『米国労働便覧併英語会話』松田甚三郎,

　　　　明35〈YDM41618〉を所蔵。）
　　第8巻　［渡米案内④］飯島栄太郎『**米国渡航案内**』博文館，明35（〈YDM26950〉）
　　第9巻　［在米日本人史①］丸山道治（千曲）編『**亜都同胞大勢一覧**』オークランド，新世界新聞王府支社，明41（〈YDM41406〉）／鈴木六彦他編『**インターマウンテン同胞発達史**』デンバー，伝馬新報社，明43（〈YDM41415〉）
　　第10巻　［在米日本人史②］中山訊四郎『**加奈陀之宝庫**』（第一編—第十三編），中山訊四郎，昭4
　　第11巻　［在米日本人史③］中山訊四郎『**加奈陀之宝庫**』（第十四編—第二十九編），中山訊四郎，昭4（国立国会図書館では，ジャパンタイムス社，大正11年刊〈398-63〉を所蔵。）
　　第12巻　［在米日本人史④］絡機時報社編『**山中部と日本人**』Salt Lake City，絡機時報社，1925（前掲84〈DC812-138〉）
　　第13巻　［在米日本人史⑤］木原隆吉編著『**布哇日本人史**』文成社，昭10（前掲315〈334.476-Ki138h〉〈山本-224〉）
　　第14巻　［在米日本人史⑥］坂久五郎『**サンタマリア平原日本人史**』ガダループ日本人会，昭11
　　第15巻　［在米県人史①］竹田順一『**在米広島県人史**』ロスアンゼルス，在米広島県人史発行所，昭4（〈594-62〉）
　　第16巻　［在米県人史②］迎田勝馬・中村正敏『**在米の肥後人**』ロスアンゼルス，南加熊本海外協会，昭6
　　第17巻　［在米県人史③］廣畑恒五郎『**在米福岡県人ト事業**』ロスアンゼルス，在米福岡県人ト事業編纂事務所，昭11
　　第18巻　［解説・資料編］阪田安雄「移民研究の歴史的考察とその課題」（本号，pp. 22-23参照）
443．佐々木敏二編『**カナダ移民史資料**』全5巻，不二出版，1995（複製）
　　　　　　　　　　　　　　　　　　　　　　　　　　　　　　　〈DC812-E216〉
　　ブリティッシュ・コロンビア大学図書館及び編者所蔵本等から，戦前期カナダ移民に関する必須資料を復刻。第1巻に，佐々木敏二「『カナダ移民史料』解題・解説」（pp.1-20）があり，所収資料の解題の他，「戦前のカナダの邦字新聞」「今回収録しなかった戦前発行された資料について」「戦後に刊行された主な日系カナダ人関係書・論文」「外務省外交史料館所蔵・カナダ移民関係資料」等の解説があり，カナダ移民資料の道標となっている。
　　第1巻　大陸日報社編『**加奈陀同胞発展史**』バンクーバー，大陸日報社，明42，大6，大13（国立国会図書館では，第2，第3〈418-28〉を所蔵。第1はフォトコピー〈移-7〉で所蔵。）
　　第2巻　中山訊四郎編『**加奈陀同胞発展大鑑 附録**』上，中山訊四郎，大11
　　第3巻　中山訊四郎編『**加奈陀同胞発展大鑑 附録**』下，中山訊四郎，大11
　　第4巻　小林貞二『**須知武士道漁者慈善団体三十五年史**』昭10

第5巻 山崎寧翁伝記編纂会編著『足跡』山崎寧翁伝記編纂会，昭17（〈289-Y48ウ〉）

444．『**日本人海外発展史叢書**』全11巻，PMC出版

明治から昭和にかけて海外で刊行され，「後世，優れた記録と評されるに至った史料の復刻版」及び移民研究者によるドキュメント等を「従来なかった視点のもとに」「厳選収録」したシリーズ（本叢書宣伝文等による）。

　#伊藤一男『**明治海外ニッポン人**』1984（付（7p）：座談会「あめりか花嫁の詩」）
〈DC812-204〉

　#紐育日本人会［水谷渉三］編『**紐育日本人発展史**』1-2，1984（前掲360．紐育日本人会，大正10年刊〈398-3〉の複製）　　　　　〈DC812-213〉

　#在米日本人会事蹟保存部編『**在米日本人史**』1-3，1984（前掲364．在米日本人会，昭和15年刊〈334.45-Z11z〉の複製）　　　　　〈未所蔵〉

　#伊藤一男『**北米百年桜**』『**続・北米百年桜**』1-4，1984（付（16p）：対談「北米百年桜と遙かなニッポンの間」）（前掲374．日貿出版社，1973年刊〈DC812-195〉の複製）　　　　　〈DC812-241〉

　#日本人移民史研究会編『**日本人海外発展論の系譜**』　　　　　〈未刊〉

【アンソロジー】

445．田村紀雄編著『**海外へユートピアを求めて 亡命と国外根拠地**』社会評論社，1989（思想の海へ［解放と変革］26）（ブックガイド：pp. 307-309）
〈DC812-E85〉

「移民・避難・亡命・私費留学」者達の，祖国日本への「逆照射の橋頭堡」としての国外拠点という観点で，28篇のドキュメント（抄）を収録するアンソロジー。編著者田村の解説「"科学的"社会主義から"空想的"社会主義へ」が収録ドキュメントの時代背景を整理する。各ドキュメントのタイトル及び底本の書誌等を収載するには些か煩瑣であるので，因みに，北米関係ドキュメントにキーワードを付すにとどめる。

　＊新島襄　＊若松コロニー　＊自由民権結社（サンフランシスコ）　＊片山潜　＊当山久三　＊日系新聞（不敬・筆禍）　＊赤羽巖穴　＊岡繁樹　＊大和コロニー　＊我孫子久太郎　＊日系カナダ兵（第一次大戦）　＊鈴木悦　＊永井ゑい子　＊市川房枝　＊田村俊子　＊キャンプ・ミル労組　＊ジャック・白井　＊芳賀武　＊藤井周而　＊日系カナダ人（生活水準）

446．日本ペンクラブ編『**海を渡った日本人**』福竹書店，1993（福竹文庫）
〈DC812-E152〉

漂流者をはじめ「海を渡って，そのまま帰って来なかった日本人」に関する著作（抄）13編を収録。ハワイ・北米関係ドキュメントの，底本・書誌事項・国立国会図書館請求記号は，以下のとおりである（底本としたものを最初に掲げる）。

　＊春名　徹『**にっぽん音吉漂流記**』晶文社，1979〈GK158-38〉／中央公論社，1988（中公文庫）　　　　　〈GK158-E10〉

＊川合彦充『日本人漂流記』社会思想社, 1967（現代教養文庫）
〈683.21-Ka777n〉

＊牛島秀彦『行こかメリケン、帰ろかジャパン ハワイ移民の100年』サイマル出版会, 1978〈未所蔵〉／講談社, 1989（講談社文庫）〈DC812-E66〉（前掲326参照）

＊工藤美代子『カナダ遊妓楼に降る雪は』集英社, 1989（参考文献：p. 228）（集英社文庫）〈ED47-E8〉／晶文社, 1983（参考文献：pp. 236-237）〈ED47-43〉

【英文資料集】

447. Pozzetta, George E., ed. **American Immigration & Ethnicity**. 20v, New York : Garland, 1991. (reprint)

歴史学・政治学・社会学等の学術雑誌から、移民及びエスニシティに関する重要論文をテーマ別に復刻・収録したもの。全20巻のタイトル、及び日本人移民・日系人を内容とする収録論文（＊印）は、以下のとおりである[67]。原論文掲載誌の書誌事項を（　）内に記した。

　＃1. **Themes in Immigration History**. 〈DC821-A179〉

　＃2. **Emigration and Immigration : The Old World Confronts the New**. 〈DC821-A178〉

　＃3. **Ethnic Communities : Formation and Transformation**. 〈EC131-A53〉

　＃4. **Immigrants on the Land : Agriculture, Rural Life, and Small Towns**. 〈DC821-A177〉

　＊Higgs, Robert. "Landless by Law : Japanese Immigrants in California Agriculture to 1941.", pp. 59-79. (Journal of Economic History, 38(1) : 1978. 3, pp. 205-225. 〈Z51-A165〉)

　＃5. **Immigrant Institutions : The Organization of Immigrant Life**. 〈EC131-A52〉

　＊Ichioka, Yuji, "Japanese Associations and the Japanese Government : A Special Relationship, 1909-1926.", pp. 45-73. (Pacific Historical Review, 46(3) : 1977. 8, pp. 409-437. 〈Z52-B277〉)

　＊Ichioka, Yuji. "Japanese Immigrant Labor Contractors and the Northern Pacific and the Great Northern Railroad Companies, 1898-1907.", pp. 75-100. (Labor History, 21(3) : Sum 1980, pp. 325-350. 〈Z51-H273〉)

　＃6. **The Work Experience : Labor, Class, and Immigrant Enterprise**. 〈EL75-A99〉

　＊Bonacich, Edna. "Small Business and Japanese American Ethnic Solidarity.", pp. 110-126. (Amerasia Journal, 3 : Sum 1975, pp. 96-112. 国立国会図書館では14(1) : 1988〜所蔵 〈Z52-E79〉)

　＊Modell, John. "Tradition and Opportunity : The Japanese Immigrant in

America.", pp. 401-420. (Pacific Historical Review, 40(2) : 1971. 5, pp. 163-182. 〈Z52-B277〉)

#7. **Unions and Immigrants : Organization and Struggle.**
〈EL221-A85〉
#8. **Politics and the Immigrant.** 〈EC131-A51〉
#9. **Immigrant Radicals : The View from the Left.** 〈EC131-A50〉
#10. **Education and the Immigrant.** 〈FB82-A74〉
#11. **Immigrant Family Patterns : Demography, Fertility, Housing, Kinship, and Urban Life.** 〈EC84-A46〉
 * Modell, John. "The Japanese American Family : A Perspective for Future Investigations.", pp. 227-241. (Pacific Historical Review, 37(1) : 1968. 2, pp. 67-81. 〈Z52-B277〉)
#12. **Ethnicity and Gender : The Immigrant Women.** 〈DC821-A176〉
 * Ichioka, Yuji. "Amerika Nadeshiko : Japanese Immigrant Women in the United States, 1900-1924.", pp. 97-115. (Pacific Historical Review, 49(2) : 1980. 5, pp. 339-357. 〈Z52-B277〉)
#13. **Assimilation, Acculturation, and Social Mobility.** 〈EC131-A49〉
 * Feagin, Joc R. and Fujitaki, Nancy. "On the Assimilation of Japanese Americans.", pp. 51-68. (Amerasia Journal, 1(4) : 1972. 2, pp. 13-30. 国立国会図書館では14(1) : 1988〜所蔵 〈Z52-E79〉)
#14. **Americanization, Social Control, and Philanthropy.** 〈EC131-A48〉
#15. **Nativism, Discrimination, and Images of Immigrants.**
〈EC132-A20〉
 * Shankman, Arnold. "'Asiatic Ogre' or 'Desirable Citizen' ? The Image of Japanese Americans in the Afro-American Press, 1867-1933.", pp. 437-457. (Pacific Historical Review, 46(4) : 1977. 11, pp. 567-587. 〈Z52-B277〉)
#16. **Ethnicity, Ethnic Identity, and Language Maintenance.**
〈EC131-A47〉
#17. **Law, Crime, Justice : Naturalization and Citizenship.**
〈AU-741-A91〉

本巻には, Yuji Ichiokaの次の2論文が収録される予定だったが, 出版の段階で, 著者の要請により削除された。
 * Ichioka, Yuji. "The Early Japanese Immigrant Quest for Citizenship : The Background of the 1922 Ozawa Case." (Amerasia Journal, 4(2) : 1977, pp. 1-22. 国立国会図書館では14(1) : 1988〜所蔵 〈Z52-E79〉)
 * Ichioka, Yuji. "Ameyuki-san : Japanese Prostitutes in Nineteenth-Century America." (Amerasia Journal, 4(1) : 1977, pp. 1-21. 国立国会図書館

　　　　では14(1)：1988〜所蔵〈Z52-E79〉)
　　#18. **Folklore, Culture, and the Immigrant Mind**. 〈G185-A56〉
　　#19. **The Immigrant Religious Experience**. 〈HP77-A26〉
　　#20. **Contemporary Immigration and American Society**. 〈DC821-A175〉

Ⅵ．注

1） 資料抽出に利用した主な文献目録は，以下のとおりである。また各文献目録の複製版については，前掲「Ⅳ．文献・史資料目録」注1）(『参考書誌研究』No. 48, pp. 36-37) を参照されたい。
　　〇天野敬太郎編『法政経済社会論文総覧』刀江書院，1927，同『追篇』1928
　　〇黒正巌・菊田太郎『経済地理学文献総覧』叢文閣，1937
　　〇「人口問題文献（続）」上田貞次郎編『日本人口問題研究』第3輯，協調会，1937
　　〇総理府統計局図書館編『邦文人口関係文献並資料改題 附：人口関係論文目録』総理府統計局図書館，1951
　　〇英修道編『日本外交史関係文献目録』慶應義塾大学法学研究会，1961
2） 『日本の移民研究 動向と目録』p. 12
3） 移民研究にとってこの5年間は，「日本移民学会」の設立（「日本移民学会」第1回大会並びに設立総会開催，1991年10月）と学会誌『移民研究年報』の刊行（1995年3月），「移民研究会」による『日本の移民研究 動向と目録』の刊行（1994年9月），また『日系移民資料集』等基本文献の復刻等，極めて重要な基盤整備がなされた時期であった。この時期以降復刻・刊行された主な資料（集）は，以下のとおりである。（各資料の内容については，其々の収載箇所で記述する。)
　　〇『日系人強制収容所新聞「トパーズ・タイムズ」』全10巻・別巻1，日本図書センター，1990〈Z99-882〉
　　〇『日系人強制収容所資料集 日系人強制収容所白書』全2巻，日本図書センター，1991 (War Relocation Authority Quarterly and Semiannual Reports.)〈GA82-A209〉
　　〇『日系移民資料集 北米編』全18巻，日本図書センター，1991，1994〈DC812-E118〉(本号278)
　　〇『復刻「ユタ日報」 1940-1945』五月書房，1992〈YP21-97〉
　　〇『日系移民人名辞典 北米編』全3巻・別巻1，日本図書センター，1993〈D4-E422〉(前掲75)
　　〇『米国西北部日本移民史』全2巻,、雄松堂出版，1994〈DC812-E185〉(本号362)
　　〇『カナダ移民史資料』全5巻，不二出版，1995〈DC812-E216〉(本号443)
　　〇『ニューヨーク日米新聞 1945-1952』五月書房，1996〈UC151-G2〉
　　〇『日系アメリカ文学雑誌集成』全22巻・別冊1：『日系アメリカ文学雑誌研究―日本語雑誌を中心に』，不二出版，1997-98〈Z13-B779ほか〉
　　〇外務省通商局編『通商公報』全149巻（解説・総索引全4巻），不二出版，1997〜（刊行中）〈Z79-B51〉(『参考書誌研究』No. 47：pp. 6-7参照)
　　〇外務省通商局編『移民地事情』全10巻・別冊1，不二出版，1999〜（刊行中）〈未所蔵，

原本は，378-270ほか〉

4）　日系カナダ人の研究史については，収録した270. 飯野の「文献解題」が現在のところ唯一の纏ったものであるが，文献目録としては，一連の『カナダ関係邦語文献目録』（前掲205-207，『参考書誌研究』No.48, p. 31参照）及び，日本カナダ学会関西地区編『カナダ関係欧文文献目録』1981等がある。資料概観という点では，吉田健正「日本におけるカナダ研究の歩み」ジョン・シュルツ，三輪公忠編『カナダと日本―21世紀への架橋―』彩流社，1991, pp. 383-403も有用。最近の英語文献では，Gobbett, Brian & Irwin, Robert. Introducing Canada : An Annotated Bibliography of Canadian History in English. Magill Bibliographies, Lanham : Scarecrow Pr., ; Pasadena : Salem Pr., 1988. がある。本号443. 佐々木敏二「『カナダ移民史資料』解題・解説」『カナダ移民史資料』第1巻, pp. 1-20は，日系カナダ移民史研究上不可避なパイロットであるし，406．佐々木敏二『日本人カナダ移民史』「序章　私と日本人カナダ移民史」(pp. 5-8) 及び各章の資料解説も，限られた範囲ではあるが有用である。

5）　出移民に関する，社会地理学的，その他社会学的・経済学的諸研究について詳しくは，『日本の移民研究　動向と目録』pp. 22-30, 母国・母村への影響について同書pp. 38-40, 沖縄県における移民史研究について同書pp. 44-49を参照。また，「日本移民学会」第7回大会シンポジウムにおける石川友紀の報告は，報告者作成「移民母村関連文献目録 (1986～1997年)」所収主要論文を紹介する（「移民研究の現状と課題―移民送出側の視点から―」『移民研究年報』5：1998. 12, pp. 53-67)。

6）　太田勇「アメリカ少数派民族新聞の二つの動向」G. H. カキウチ先生退官記念会編『アメリカ・カナダの自然と社会』大明堂，1990, pp. 309-331〈GH131-E60〉も参照のこと。日系新聞に関する文献については，前掲211．山田晴通「北米日系新聞関係日本語文献表（第1稿）」が「日系新聞研究会」（後述）の研究成果を含め網羅的である。山田は，同稿発表以降の加筆修正・文献追加を，「北米以外の日系新聞関係」「関係機関所在地」を補足し，インターネット上で試みている (http://camp.ff.tku.ac.jp/TOOL-BOX/NAJP.html)。但し，2000年2月末現在，1996年7月3日が最終更新日である。

7）　英語文献に関する研究史・文献整理については，前掲215. Chan, "Asian Americans : A Selected Bibliography of Writings Published Since 1960s.", 257. Miller, A Handbook of American Minorities.（本書は，初学者向けのアメリカのマイノリティ・グループについての歴史的概観及び重要文献案内であり，Miller, Wayne C., et al. A Comprehensive Bibliography for the Study of American Minorities. 2v, New York : New York Univ. Pr., 1976. を基にしたものである。）等も参照のこと。竹沢泰子は，「日本移民学会」第7回大会シンポジウム報告において，"Social Science Index"における項目及びサブ項目の変化を一つの指標として，移民研究の動向を提示する（「グローバリゼーションと移民研究」『移民研究年報』5：1998. 12, pp. 68-81)。

8）　A Buried Past. 収録 (～1972年) 以降，1973-98年までに 'UCLA・JARPコレクション' に収蔵された日本語文献・個人文書等の目録として，Ichioka, Yuji, and Azuma, Eiichiro, comp. A Buried Past II : A Sequel to the Annotated Bibliography of the Japanese American Research Project Collection, 1973-1998. Los Angeles : UCLA Asian American Studies Center Pr., 1999. が刊行されている。本稿執筆時未見であるので，詳細については次稿以降の関係箇所で収載する予定である。

9) Spickardは，日本語文献の案内として，Yuji Ichioka. "Recent Japanese Scholarship on the Origins and Causes of Japanese Immigration." Immigration History Newsletter, 15(2): 1983. 11, pp. 2-5.（国立国会図書館では23(1)：1991. 6〜所蔵〈Z51-P808〉）をあげている（Spickard, pp. 199-200）。

10) 移民研究において，「政策レベルの検討はまだほとんど手がつけられていない段階」だと言われているが（『日本の移民研究 動向と目録』p. 17)，【移民政策・移植民論】に関する文献の詳細については，前掲Ⅳ. 文献・史資料目録［1］各機関所蔵目録―154, 155. 押本の「解題目録」中「移・植民政策論」, Ⅵ. 概説書［1］研究史整理―196, 265や木村の一連の論稿中「移民政策」の整理，及び『日本の移民研究 動向と目録』pp. 16-17（「移民政策」），pp. 35-38（「移民思想・教育」)等を参照のこと。若槻泰雄「移民政策百年史」『歴史公論』5(1)：1979. 1（「近代百年と移民〈特集〉」）pp. 48-54は，政府移民政策の簡単な纏めと問題提起。新渡部稲造・福沢諭吉・志賀重昻等個人の「移植民論」及びそれに関する研究論文については，後掲の予定である。278『日系移民資料集 北米編』には，［出稼・移住奨励論］として3点，［渡米案内］として7点の資料が覆刻・収録されており，未収録資料も含め阪田による解説（第18巻, pp. 56-67）が有用である（本号pp. 22-23参照）。387. 粂井『外国人をめぐる社会史 近代アメリカと日本人移民』pp. 26-39は，「移植民論」「渡米論」を概観する。

渡米案内の他に，ハワイ移民のための【渡布案内】書として，以下のようなものがある。
○小西直治郎編『布哇国風土略記 附・移住民之心得』兌晶堂，明17〈YDM26939〉
○桂馨五郎立案，福井太喜弥編『布国渡航者必携』福井太喜弥，明23〈YDM41355〉
○渡辺四郎『ハワイアメリカ出稼出世の宝』渡辺四郎，明34〈YDM41351〉
○山岸幹［等］『米国布哇渡航問答』宝文館，明35〈YDM26951〉
○木村芳五郎・井上胤文『最新正確布哇渡航案内』博文館，明37〈YDM26940〉

【渡米熱—渡米案内—渡米奨励機関—渡米雑誌】について，今井（粂井）輝子「明治期における渡米熱と渡米案内書および渡米雑誌」『津田塾大学紀要』16：1984. 3, pp. 305-342が通観する。立川健治「明治後半期の渡米熱―アメリカの流行」『史林』69(3)：1986. 5, pp. 383-417は，対米イメージを軸に排斥・黄禍論の台頭へと論を進める。今井，立川の論稿は，それぞれ直接手にした渡米案内書を基に，年代順にリスト化していて便利。立川健治「明治前半期 の渡米熱（1）―時事新報」『富山大学教養部紀要』人文・社会科学篇23(2)：1990, pp. 1-30, Alan T. Moriyama. "To-Bei Annai: An Introduction to Emigration Guides to America 1885-1905."『エコノミア』94：1987. 9, pp. 53-64, 岡林伸夫「『渡米雑誌』の出発―山根吾一の活動」『同志社法学』47(6)：1996. 3, pp. 1776-1823, 「『渡米雑誌』から『亜米利加』へ」『同志社法学』48((2)：1996. 7, pp. 463-512も参照のこと。渡米熱の背景にある「成功」願望につき，粂井輝子「日米両国の成功雑誌に関する一考察」『アメリカ研究』21：1987, pp. 92-109, 雨田英一「近代日本の「成功」・学歴―雑誌『成功』の「記者と読者」欄の世界」『学習院大学文学部研究年報』35：1988, pp. 259-321を参照のこと。また，これらの時代的・社会的基調をなす「立身出世主義」については，上掲今井の注（90）及び粂井の注5）所収の文献，並びに，竹内洋『立身出世主義―近代日本のロマンと欲望』日本放送出版協会, 1997（NHKライブラリー）（『NHK人間大学 立身出世と日本人』テキスト，1996に加筆・増補したもの。）等を参照のこと。また，「立身出世主義」という時代背景を顕著に現す社会風俗として，「出世双六」がある（『絵すごろく―遊びの中のあこがれ』（同展図録，於：東京都江戸東京博物館，1998年2月10日―3月22日）「2 立身出世を夢見て」pp. 57-

99〈KD958-G295〉参照)。

　「移民」と「植民」との差異・関係については，266.木村「近代日本の移植民研究における諸論点」が，石川(268)・佐々木(269)の論争まで踏まえ，研究史における「移植民の用語について」纏めている(pp. 8-11)。天沼香「移民史への視座-近代日本における移民の位相の認識のために-」『東海女子大学紀要』4：1985.3, pp. 17-31は，各種辞典・研究書の「移民」規定を踏まえ，その概念規定を試みる。石井陽一「移民と移住者の概念―用語の変遷とその歴史的背景」『人文研究』60：1974.11, pp. 79-110も参照のこと。「近代日本の『移民』を問いなおす〈特集〉」『歴史評論』513：1993.1は，上掲木村の論稿をはじめ，浅田喬二「戦前日本における植民政策研究の二大潮流について―矢内原忠雄と細川嘉六の植民理論―」(pp. 16-31)，広瀬玲子「国粋主義者の移民論・植民論覚え書き」(pp. 32-41, p31) 等関連論文を収録する。また，黒田謙一『日本植民思想史』弘文堂，昭17や小野一一郎「日本帝国主義と移民論―日露戦争後の移民論―」『世界経済と帝国主義』有斐閣，1973, pp. 314-348, 木村健二「近代日本の移民・植民論活動と中間層 (1990年度歴史学研究会大会報告-歴史認識における〈境界〉―近代史部会―近代世界における移植民と国民統合)」『歴史学研究』613：1990.11, pp. 135-143, 及び以下の最近の論稿も参照のこと。『岩波講座 近代日本と植民地 4 統合と支配の論理』岩波書店，1993，「Ⅲ 植民政策学とアジア研究」所収 北岡伸一「新渡部稲造における帝国主義と国際主義」(pp. 179-203)，村上勝彦「矢内原忠雄における植民論と植民政策」(pp. 205-237)，金子文夫編「戦後日本植民地研究史」(pp. 289-317)。キムチョンミ「国民国家日本と日本人『移民』」『岩波講座 現代社会学 15 差別と共生の社会学』岩波書店，1996, pp. 109-132

11)【長澤別天】(本名，説) 1868 (慶應4・明治元) -1899 (明32) について詳しくは，本文掲出各全集の年譜・解説等を参照されたい(『日本現代文学全集』：作品解説／稲垣達朗，明治思想家入門／長谷川泉，年譜，参考文献，『明治文学全集』：解題／松本三之介，年譜／佐藤能丸編，参考文献／佐藤能丸編，政教社文学年表／佐藤能丸編)。「政教社」についての最近の研究に，「民友社と政教社〈特集〉」『季刊日本思想史』30：1988.8, 中野目徹『政教社の研究』思文閣出版，1993，及び佐藤能丸『明治ナショナリズムの研究 政教社の成立とその周辺』芙蓉書房，1998等がある。長澤別天は，エドガー・アラン・ポーの詩を日本に紹介した先駆者の一人であり，また，スタンフォード大学留学中社会主義に傾倒し，サンフランシスコで雑誌『遠征』の編集に関わったりもした(1891年，明24「遠征社」入社。有山輝雄「雑誌『遠征』の言論活動――八九〇年代サンフランシスコにおける『有志』の軌跡―」田村・白水編『米国初期の日本語新聞』(前掲144) p.262参照)。ハワイ革命の折，ピストル一挺と『バイロン詩集』を携えてハワイ王宮に赴いたというエピソードが，何よりも別天の人柄を物語っているだろうか。別天の著作について，山田博光「長沢別天著作目録」『日本近代文学研究所所報』3：1960.5, pp. 36-39があるが，阪田278『資料集 解説・資料編』〈巻末資料〉は，主要雑誌ごとに移民関係記事をリストアップしており，『亞細亞』『日本人』に掲載された別天の移民関係記事が一覧できる。

12)【奥宮健之】(おくのみや けんし，けんのと読む説も) 1857 (安政4) -1911 (明44) は，明治初期の平民的自由民権運動の活動家。後に社会主義に傾倒し片山潜らの普通選挙運動にも参画したが，大逆事件に連座して死刑となる。自由民権・社会主義と移民に関する文献は，主題別主要文献(後掲)に収録の予定である。奥宮健之については，絲屋寿雄『奥宮健之 自由民権から社会主義へ』紀国屋書店，1972 (紀国屋新書) (参考文献：pp. 191-193, 年

譜：pp. 195-201）〈GK114-6〉，同『自由民権の先駆者 奥宮健之の数奇な生涯』大月書店，1981（史料と参考文献・奥宮健之略年譜：pp. 223-229）（上掲書に加筆，改訂増補したもの。）〈GK114-42〉が纏った評伝。阿部恒久編『奥宮健之全集』上・下，弘隆社，1988（奥宮健之年譜：下巻pp. 535-553）〈A22-E6〉は，上巻に著書・論稿，書翰，下巻に翻訳・関係文書を収め，編者による改題を付す。上・下巻それぞれに解説，富田伸男「青年期・奥宮健之の政治思想」，塩田庄兵衛「奥宮健之の後半生と『大逆事件』」があり，本全集により奥宮の全貌が明らかになった。「奥宮健之〈特集〉」『彷書月刊』2(2)：1986. 2, pp. 2-13は，全集刊行の前宣伝的なものだが，本邦初の試み。国立国会図書館憲政資料室所蔵「河野広中文書」中に，奥宮が北海道樺戸集治監から河野に宛てた獄中書簡があり，本全集下巻に九通が再録されている。奥宮は，1902年（明35），民権の同志を頼って渡米，シアトルで移民事業や新聞『新日本』（山岡音高主宰，明治34年創刊）に関係したと言われている。この数か月の滞米経験の所産が『北米移民論』である（上掲絲屋『自由民権の先駆者』pp. 124-129参照）。また，この渡米に先立つ1900年（明33），パリ万国博覧会に参加した新橋烏森芸妓一行に，帰国するフランスの風刺画家ジョルジュ・ビゴーとともに，通訳として同行した（「海外旅券下付表」目的欄に「岩間くに一行通弁として」とある。下掲倉田『海外公演事始』p. 162）ことも，しばしば引用されるエピソードである（篠田鉱造『明治百話』四条書房 昭6，岩波文庫 1996，塩田庄兵衛「奥宮健之覚書」『経済と経済学』10・11：1963. 2, pp. 267-285，宮岡謙二『異国遍路 旅芸人始末書』修道社，1959，私家版 1954，改訂版 1971，中公文庫 1978，倉田喜弘『海外公演事始』東京書籍，1994（東書選書 137），横田順彌『明治不可思議堂』筑摩書房 1995，ちくま文庫 1998等参照。この件に関し，「巴里大博を当込み 東京芸妓洋行」という新聞記事（『大阪朝日新聞』明33. 2. 18付）があるが，篠田『明治百話』が，実話の蒐集編纂という方針で「私共烏森芸者の一行が……」と一人称で記していることからも，篠田本がエピソードの出典になっているものと思われる。）。奥宮と烏森芸妓との関係について，絲屋は「烏森の一廓は自由党院外団の本陣であったから，そんなところから奥宮が乗り出」したのでは，としている（上掲『自由民権の先駆者』pp. 123-124）。

13) 大河平隆光及び東郷実は，ともに新渡戸稲造門下生。新渡戸稲造全集編集委員会編『新渡戸稲造全集』別巻，教文館，1987〈US21-3〉は，新渡戸の排日時のエピソードを交えた，東郷の追憶文「新渡部先生を憶ふ」（pp. 120-143）を収録する。新渡部は1904年（明37）京都帝国大学に，1909年（明42）に東京帝国大学に植民政策講座を新設した。東京帝国大学における大正初期の講義内容が，その頃学生だった矢内原忠雄によって（大5-6の矢内原の講義ノートを基幹とし，大正元-2は大内兵衛及び大3-4を高木八尺のノートで整理・補充），関連論文を加え，『新渡戸博士植民政策講義及論文集』岩波書店，1943〈334.7-N862n-Yほか〉（『新渡戸稲造全集』第四巻，1969に再録）として纏められている。矢内原は，1920年（大9）から東京帝国大学で植民政策講座を担当，『植民及植民政策』有斐閣，1926〈334.7-Y545s〉（揚井克己他編『矢内原忠雄全集』第一巻，岩波書店，1963〈081.8-Y545y〉に再録。底本は，改訂第四版，1933〈530-260イ〉），が，植民政策に関する体系的主著。新渡戸・矢内原らの「移植民論」及び関連研究論文については後掲の予定であるが，マーク・ピーティー著，浅野豊美訳『植民地―帝国50年の興亡』読売新聞社，1996（20世紀の日本 4）〈GB411-G28〉が，東郷・新渡戸・矢内原の植民地論を纏めている（「第四章 日本の植民地思想 理念と矛盾」pp. 120-161）。

14) 「通史・概説・研究」書の類について，単行図書の他に，例えば「講座」「論文集」等に

収録されるものがある（実際は，通史・概説というよりも，「講座」各巻の主題に特化した主題別論稿というべきものが多い。）。重要だと思われる論稿及び個人著作の該当「章」（論文）については主題別主要文献に後掲の予定であるが，以下，検索が必ずしも容易ではない「講座・論文集」等に含まれる主な関係論稿を，主題に分かたず刊行年順に掲げる。（アメリカ・カナダ移民一般及びアジア系アメリカ人については，本号pp.59-61【アメリカ・カナダ移民一般／アジア系アメリカ人】において後掲する。）（学術図書に収録された論文を検索するトゥールとして，『論文集内容細目総覧』全3巻：①記念論文集②一般論文集③シンポジウム・講演集，日外アソシエーツ，1993-94〈UP52-E4〉，及び『同 1993-1998』日外アソシエーツ，1999〜（刊行中）〈未所蔵〉がある。）

○一又正雄「日米移民問題と『国内問題』―国際法における国内問題理論出現の端緒―」植田捷雄等編『近代日本外交史の研究 神川先生還暦記念』有斐閣，1956, pp. 423-439〈319.1-U246k〉
○佳知晃子「在米日系人―その歴史と文化」加藤秀俊編『講座 アメリカの文化 第4 多様の中の統一 地域と人種』南雲堂，1970, pp. 287-327〈GH82-1〉
○鹿島守之助『日本外交史 8 第二回日英同盟とその時代』鹿島研究所出版会，1970, pp. 229-276（「第五章 日米協商の成立と移民問題」）〈A99-Z-8〉
○鹿島守之助『日本外交史 9 第三回日英同盟とその時代』鹿島研究所出版会，1970, pp. 79-102（「第二章 明治末期の条約改正」―「第三節 アメリカとの条約改正交渉」）〈A99-Z-8〉
○鹿島守之助『日本外交史 13 ワシントン会議及び移民問題』鹿島研究所出版会，1971, pp.258-427（「第四章 アメリカにおける日本移民問題」「第五章 カナダにおける日本移民問題」）〈A99-Z-8〉
○斎藤 真「日本におけるアメリカ像とアメリカ研究［Ⅰ］戦前日本」斎藤真他編『講座 アメリカの文化 別巻2 世界におけるアメリカ像―研究と展望』南雲堂，1972, pp. 11-35〈GH82-1〉
○隅谷三喜男「日本の社会運動とアメリカ」斎藤真他編『日本とアメリカ-比較文化論 2 デモクラシーと日米関係』南雲堂，1973, pp. 47-82〈EC211-27〉
○麻田貞雄「日米関係と移民問題」斎藤真他編『日本とアメリカ―比較文化論 2 デモクラシーと日米関係』南雲堂，1973, pp. 161-210〈EC211-27〉
○三輪公忠「徳富蘇峰の歴史像と日米戦争の原理的開始―大正十三年七月一日，排日移民法の実施をめぐって―」芳賀徹他編『講座比較文学 5 西洋の衝撃と日本』東京大学出版会，1973, pp. 183-210〈KE181-13〉（三輪公忠『隠されたペリーの「白旗」日米関係のイメージ論的精神史的研究』Sophia Univ. Pr., 1999に「第六章 皇室中心主義と生物学的決定論による日米戦争―徳富蘇峰の場合―」として加筆・再録。）
○若槻泰雄「日系人―このおだやかなアメリカ人」猿谷要編『総合研究アメリカ 1 人口と人種』研究社出版，1976, pp. 147-181〈GH81-17〉
○三輪公忠「日米関係の特徴―相互イメージを中心として」本間長世編『総合研究アメリカ 7 アメリカと世界』研究社出版，1976, pp. 97-121〈GH81-17〉
○亀井俊介編『アメリカ古典文庫 23 日本人のアメリカ論』研究社出版，1977〈GH81-14〉
○飯野正子・馬場伸也「移民問題をめぐる日・米・加関係」細谷千博編『太平洋・アジア圏の国際経済紛争史 一九二二――一九四五』東京大学出版会，1983, pp. 85-112〈DE6-

113〉
○三輪公忠「一九二四年排日移民法の成立と米貨ボイコット—神戸市の場合を中心として」細谷千博編『太平洋・アジア圏の国際経済紛争史 一九二二—一九四五』東京大学出版会, 1983, pp. 143-179〈DE6-113〉(三輪公忠『隠されたペリーの「白旗」日米関係のイメージ論的精神史的研究』に「第四章『排日』移民法に日中の提携と米貨ボイコットで応じた日本人」として加筆・再録。)
○有賀　貞「排日問題と日米関係—『埴原書簡』を中心に」入江昭・有賀貞編『戦間期の日本外交』東京大学出版会, 1984, pp. 65-96〈A99-Z-185〉
○飯野正子「日英通商航海条約とカナダの日本人移民問題」日本国際政治学会編『日本・カナダ関係の史的展開』日本国際政治学会, 1985（国際政治 79号）, pp. 1-18〈A99-ZC3-2〉
○若槻泰雄「海を渡る『出稼ぎ』」『海外視点・日本の歴史 13 和魂洋才の日々』ぎょうせい, 1986, pp. 152-163〈GB73-44〉
○永井　和「太平洋問題調査会の人々 新渡戸稲造とその弟子たち」『海外視点・日本の歴史 14 富国強兵の光と影』ぎょうせい, 1986, pp. 86-96〈GB73-44〉
○飯野正子「日系人の太平洋戦争」『海外視点・日本の歴史 14 富国強兵の光と影』ぎょうせい, 1986, pp. 152-161〈GB73-44〉
○岩野一郎「移民の帰化と人種による差別—日系移民を中心に」本間長世他編『現代アメリカ像の再構築—政治と文化の現代史』東京大学出版会, 1990, pp. 19-34〈GH118-E53〉
○佳知晃子「アメリカ社会における日系移民」細谷千博・本間長世編『日米関係史摩擦と協調の一四〇年』新版, 有斐閣, 1991, pp. 198-222（有斐閣選書）〈A99-ZU-E55〉
○パトリシア・ロイ著, 飯野正子訳「誰もが歓迎されるわけではなかった—移民問題に悩むカナダ—」（日加関係における移民の問題Ⅰ）ジョン・シュルツ, 三輪公忠編『カナダと日本—21世紀への架橋—』彩流社, 1991, pp. 15-42〈A99-ZC3-E1〉
○鶴見和子「『ステブストン』の日系カナダ人—戦中・戦後の体験がどのように人生路を変えたか—」（日加関係における移民の問題Ⅱ）ジョン・シュルツ, 三輪公忠編『カナダと日本—21世紀への架橋—』彩流社, 1991, pp. 43-66〈A99-ZC3-E1〉
○阪田安雄「移民史から見た日米関係—もつれ合う『自負心』と『強がり』—」上山和雄・阪田安雄編『対立と妥協 1930年代の日米通商関係』第一法規出版, 1994, pp. 373-404〈DE281-E18〉
○有賀　貞「日米外交史における移民問題」『日米関係におけるエスニシティーの要素』総合研究開発機構, 1995（NIRA研究報告書 No. 940052）pp. 31-50〈DC821-E30〉
○キム　チョンミ「国民国家日本と日本人『移民』」『岩波講座 現代社会学 15 差別と共生の社会学』岩波書店, 1996, pp. 109-132〈EC1-G14〉
○村川庸子「忠誠を問うこと・問われること『帰米』二世のナショナル・アイデンティティ」伊豫谷登士翁他編『講座外国人定住問題 1 日本社会と移民』明石書店, 1996, pp. 165-200〈DC812-G8〉
○竹沢泰子「『白人』と『黒人』の間で—日系アメリカ人の自己と他者—」青木保他編『岩波講座 文化人類学 7 移動の民族誌』岩波書店, 1996, pp. 263-292〈G121-G19〉
なお, 伊藤隆『日本の内と外（仮題）』中央公論新社（日本の近代 16）が近刊予定である。
15) 後年, 横山の関心は, 下層・労働階級の研究から資本家階級・殖民問題へと広がってい

った。移殖民関係書として『南米渡航案内』成功雑誌社, 明41〈YDM26932ほか〉,『南米ブラジル案内』南半球社, 大2〈348-99〉等のほか, 北米在留日本人実業家や移民会社に関する「経済的人物評論」を所収する『明治富豪史』易風社, 明43〈未所蔵〉(『明治文學全集 第96 明治記録文學集』筑摩書房, 1967〈918,6-M4482〉及び『明治富豪史』社会思想社, 1989〈現代教養文庫〉〈EC171-E4〉に再録。各稿初出につき, 現代教養文庫版, 立花雄一「解説」pp. 218-219参照)がある。木村毅編『横山源之助全集』第3巻, 1974, 明治文献〈US21-43〉所収『明治富豪史』には, 該当部分(「第三 海外の人」)が収録されていない。第1巻(隅谷三喜男編)が「日本の下層社会」と題して労働関係を, 第3巻が「人物論」と題して各種人物評論を所収しているが, 第2巻が未刊であり,『内地雑居後之日本』『海外活動の日本人』等, 他の主要著作とともに第2巻に所収される予定だったと思われる。立花雄一『評伝 横山源之助―底辺社会・文学・労働運動』創樹社, 1979〈GK162-25〉が纒まった伝記。「八章 後期作品管見」は, 横山の殖民問題関係論稿(主に南米)のリスト及び略述を含む(pp. 262-264, 272-273)。

16) 入江寅次は, 全五巻からなる［日本人海外進出史］の刊行を期していたが, 校了となったその第一巻［明治前期の海外日本人］の組版は戦災で焼失, 第二巻の原稿も散逸してしまった。戦争で貴重な資料は焼かれ「それと同時に, 入江氏をそのような仕事に強く駆りたてていたパトスも消えてしまった」という。矢野暢『「南進」の系譜』中央公論社, 1975(中公新書), pp. 27-29, 及び109『邦人海外発展史』下巻, 原書房版, 巻末pp. 3-4〈矢野暢「解説」〉参照。

17) 『日本人の海外活動に関する歴史的調査』については, 1973年, 龍溪書舎が復刻刊行を企画したが, 大蔵省が「報告書は(旧)著作権法11条1号にいう官公文書には該当せず, 国に著作権がある」として, 出版差し止めを求める仮処分を東京地裁に申請した。龍溪書舎側は「国民の知る権利の侵害であり, 著作権の濫用である」と主張したが, 結局1984年, 最高裁で上告が棄却された。この一年後, 韓国において復刻版(海賊版)が出版されたのである(『朝日新聞』1996.2.7付 参照)。憲法・著作権法をはじめ「情報公開」等々多くの問題を孕んでいる, いわゆる「龍溪書舎問題」については,『「日本人の海外活動に関する歴史的調査」復刻刊行中止仮処分執行事件資料集』『日本人の海外活動に関する歴史的調査』の刊行を促進する会事務局, 1974〈AZ-615-15〉が, 裁判関係資料・資料案内を収録する基本文献である。「『日本人の海外活動に関する歴史的調査』復刻刊行差し止め」図書館の自由に関する調査委員会編『図書館の自由に関する事例 33選』日本図書館協会, 1997(図書館と自由 14集), pp. 12-15〈UL11-G22〉は,「図書館の自由」の観点から本事件を纒める。

18) 本書については, 先に『参考書誌研究』No.47において, 資料番号50として収録し(［1］統計, p.29), 同号別箇所で資料番号110と二重に付与している(［3］年表, p.43)。更に『参考書誌研究』No.48, p.19でも110を付与してしまった。また出版年にも乱れが生じていたので, 他の文献も参考にして［1971］に統一した。このような資料番号の二重付与の訂正及び書誌上の訂正・補記等については, 連載最終稿に一括して収載する予定である。

19) しかし例えば, 村川庸子「書評」『歴史学研究』661：1994.8, pp. 54-56は, 手放しの評価に終わらず, 児玉の方法論に少しく疑問を呈している。

20) 本書についての書評で, 伊藤一男は,「国別の移民史だけでは日本人移民の実態は追い切れない……こうなると単なる移民史ではなく……〝複合移民史〟ないし〝総合現代史〟に拡大発展するだろう。……原本は光の当て方次第では全く別の世界が展開する。それが著者,

研究者それぞれの"移民史観"なのではあるまいか。……移民史は生乾きの歴史なだけで見方次第ではまるで万華鏡のように千変万化する」と，移民史研究観を述べている（『週刊読書人』1993.1.18）。

21) 「県史」「県人海外発展史」については，前述したが（『参考書誌研究』No.47, pp.18-22），『広島県移住史』同様，包括的で，日本人移民史としても有用なものとして，以下のものも参照のこと。
    ○三重県人北米発展史編纂委員会編『三重県人北米発展史』三重県海外協会，1966〈未所蔵〉
    ○和歌山県編『和歌山県移民史』和歌山県，1957〈334.4-W38w〉
    ○兵庫県海外発展史編集委員会編『兵庫県海外発展史』兵庫県，1970〈DC812-63〉

22) 【河上清】1879（明12）-1949（昭24）は山形県生まれ。若い頃はカール・マルクスに倣ってカールという英語名をつけたほどの社会主義者であり，阿部磯雄・片山潜らとともに，日本最初の社会主義政党「社会民主党」(1901（明34）5月結成，即日禁止・解散）の創設に参画した。1901年渡米し，アイオワ大学で政治学を学び修士号を取得した。その後は，社会主義思想から離れ，ジャーナリストとして活躍。1914年から1920年までは，日本政府が設立した「太平洋通信社 Pacific Press Bureau」のディレクターとして日本及び日本人移民の擁護に指導的役割を果たした。詳しくは，本号398. Ichioka, The Issei. pp.190-193.（邦訳399『一世』pp.211-215）を参照のこと。本書のほかに，日本人移民問題に関するものに，The Japanese Question : A Symposium. San Francisco : Japanese-American News, [19-].〈325.73-K22j〉, The Real Japanese Question. New York : Macmillan, 1921.〈未所蔵〉, New York : Arno Pr., 1978. (The Asian Experience in North America : Chinese and Japanese) (reprint of the 1921 ed.)〈DC812-23〉がある。その他の主要著作リストも含め，前掲153. Japanese American History : An A-to-Z Reference from 1868 to the Present. pp.197-198. も参照のこと。Jokichi Takamine : A Record of His American Achievement. New York : William Edwin Rudge, 1928. は，高峰譲吉の滞米時代の伝記。『米ソ戦わば？ 祖国日本に訴う』日米通信社，1949〈a302-76ほか〉（『祖国日本に訴う』時事通信社，1966〈319.04-Ka815s〉は1949年刊の複製）は，第二次大戦後の国際政治に関する著作であるが，渡米の動機，初期の政治思想など自伝的な叙述を含む。

23) 【市橋倭】1878（明11）-1965（昭40）は愛知県の旧士族の出。16歳で渡米し，スタンフォード大学で修士，ハーヴァード大学で博士号を取得し，1913年から1943年までスタンフォード大学で「日本研究」の講座を担当した。市橋は，日本人移民の「同化可能説」支持者であり，本書に先行するJapanese Immigration : Its Status in California. San Francisco : Japanese Association of America, 1913. (国立国会図書館では，1915年増補・再版されたMarshall Pr. 版を所蔵〈Ba-652ほか〉) にもその立場が反映されている。詳しくは，Yuji Ichioka. "'Attorney for the Defense' : Yamato Ichihashi and Japanese Immigration." Pacific Historical Review, 55(2) : 1986.5, pp.192-225, 本号398. Ichioka, The Issei. pp.193-195.（邦訳399『一世』pp.215-217），及び前掲153. Japanese American History : A-to-Z Reference from 1868 to the Present. p.169. を参照のこと。

24) 瀬川善信「日布移民問題（1, 2・完）」『国際法外交雑誌』66(1)：1967.6 pp.67-96, 66(3)：1967.10 pp.264-292は，「日本外交文書」「公文備考」等を典拠として，ヴァンリード，「元年者」から「移民上陸拒絶事件」に至る日布移民問題を略述。その他，日布移民問題に関す

る文献につき詳しくは,『日本の移民研究 動向と目録』pp. 84-95(「II 日系人―受け入れと定着に関する諸問題― 2 ハワイ」),同pp. 153-155(「III 国際関係の中の移民― 3 日布関係」)を参照のこと。また,1960年代までのハワイ日系移民資料については,前掲177,及び178. Matsuda文献目録(『参考書誌研究』No. 48, p. 24)も参照のこと。

　日本からハワイへの移民に先立つ1830年(天保元)には,20名のハワイ人が,5名の欧米人とともに,小笠原群島父島に入植している。当時の小笠原は,捕鯨の拠点として注目されており,ペリー来航の目的の一つが捕鯨船の避難・補給港の獲得にあったことは周知のとおりである。例えば,専ら開国と米国捕鯨業との関係を考察したものとして,桑田透一『鯨族開國論 ペルリは断じて開国日本の恩人にあらず』書物展望社,昭15〈210.593-Ku974g〉がある。また,最新のものとして,『日米交流のあけぼの―黒船きたる―』(同展図録,於:東京都江戸東京博物館,1999年9月28日-12月12日)「第4章 太平洋の捕鯨をめぐって」pp. 93-114〈K16-G507〉,及び同展関連図書である,小林淳一『海を渡った生き人形 ペリー 以前以後の日米交流』朝日新聞社,1999(朝日選書633), pp. 87-89〈GB383-G25〉がこの件に言及する。川澄哲夫「漂流民と鯨捕りの物語」『英語教育』48(1):1999.4~(連載中)〈Z12-54〉は,日本の開国と近代化の原動力としての漂流民及びアメリカの捕鯨業をヴィジュアルに描く。太平洋に出漁するアメリカの捕鯨船はサンドウィッチ諸島(ハワイ)のホノルルやラハイナを中継港としており,この入植の一団もホノルルで結成された。入植10年後の島の様子は「日常生活全体がハワイ風で,いわばリトル・ハワイとでもいうべき雰囲気があった」という(田中弘之『幕末の小笠原』中央公論社,1997(中公新書)pp. 41-50, 70-73〈GC72-G8〉)。ハワイからの対日接触について,後掲332. 渡辺『ハワイの日本人・日系人の歴史』上巻,pp. 62-67も参照のこと。

25)　山口県周防大島は,「第1回官約移民の⅓を占めるほどの全国屈指のハワイ移民の先進地」。他の瀬戸内地域や沖縄県及び「アメリカ村」と称される地域(広島県佐伯郡旧地御前村,滋賀県八坂,和歌山県日高郡三尾等)同様,出移民の卓越地域であり,移民母村としての研究が顕著である。出移民母村についての研究史につき,本号注5)参照。周防大島からの移民について,石川友紀「山口県大島郡久賀村初期ハワイ契約移民の社会地理学的考察」『地理科学』7:1967.6, pp. 25-38,及び石川友紀「山口県大島郡東和町における出移民の歴史地理学的考察」『琉球大学法文学部紀要 史学・地理学篇』34:1991.3, pp. 1-21が実証的な研究。これらは何れも加筆・再構成のうえ,前掲271. 石川『日本移民の地理学的考察―沖縄・広島・山口―』に纏められている(「各論 [I] 契約及び自由・契約移民時代,特に契約移民送出の中心地域(瀬戸内)からの移民」―「第7章 島嶼村:山口県周防大島からの移民」pp. 281-310)。

26)　財団法人「ハワイ移民資料保存館」は,「ハワイ日本人移民百年祭」(1968年)を契機に,「日本万国博覧会記念協会」からの建設補助金・ハワイでの募金等を基金とし,「移民資料保存会」と「ビショップ博物館」の共同事業として,同博物館敷地内に1976年10月26日落成,開館した。その業務内容は,主に「日本人移民資料の収集・保存」「日本人移民に関する学術研究と出版」等であり,「日本人移民並びにハワイ王朝あるいは両者の関連を示す一切の記録類」「生活道具類」等を収集してきた。しかしその後,ビショップ博物館の経営方針の変更により,「ハワイ移民資料保存館」は閉鎖,今日に至っている。『ハワイ移民資料保存館開設趣意書』〈移(四)-ハワイ-2-2-2〉及び『ハワイ報知』1976.10.27, 1976.12.2ほか〈Z98-2〉参照。

27) バーバラ・カワカミ（Barbara F. Kawakami, 川上房子）は，1921年熊本県生まれ，生後3ヶ月で両親と共に渡布，以後ハワイ在住。Japanese Immigrant Clothing in Hawaii, 1885-1941. Univ. of Hawaii Pr., 1993.〈DC812-A55〉（邦訳：香月洋一郎訳『ハワイ日系移民の服飾史 絣からパラカへ』平凡社, 1998（神奈川大学日本常民文化叢書）〈GD64-G19〉）（後掲）の著書がある。大久保清は，ヒロで36年間邦字新聞『ヒロタイムス』(1990年休刊）を発行し続けた，日系最後のジャーナリスト。「ハワイ島日本人移民資料保存館」長でもあり，『ハワイ島日本人移民史』（前掲91）ほかの編著書がある。大久保及び「ハワイ島日本人移民資料保存館」について詳しくは後述する。児玉正昭は現在，鈴峯女子短期大学（広島県）教授。『日本移民史研究序説』（本号305）をはじめ，移民母村・出移民史について多数の実証的研究がある。第一回官約移民（1885年）としてハワイに渡り，契約満了後，ハワイ日系社会の草創期に雑貨商を営んだのが「後藤濶」。商店が繁盛したことで白人の妬みをかい，1889年リンチの犠牲となった。後藤濶は嘉屋の伯父（養父の兄）にあたる。嘉屋文子著編『後藤濶のこと』渓水社, 1986〈DC812-E23〉（後掲）が事件の経緯を伝える。

28) 「ベイオネット憲法」（武力による強制憲法，の意）をめぐる動靜につき，後掲353. Kuykendall, The Hawaiian Kingdom 3, pp. 366-372, 354. Fuchs, Hawaii Pono. pp.29-31, 355. Daws, Shoal of Time. pp. 251-254, 及び126. 中島『ハワイ・さまよえる楽園』pp. 76-80 も参照のこと。

29) 「……この本はハワイにおける日系人の体験を扱った本の中でもっとも完全なものである。」後掲395. 邦訳『ジャパニーズ・アメリカン』p.165

30) 【ロナルド・タカキ】は，1939年ハワイ生まれの日系アメリカ人三世。地元の高校を卒業後ウースター大学（オハイオ州）に入学，公民権運動の洗礼を受け，アメリカにおける少数民族問題に開眼したという。1962年，カリフォルニア大学バークレー校大学院に進学。1967年，アフリカ奴隷貿易に関する論文 "A Pro-Slavery Crusade: The Movement to Reopen the African Slave Trade." で博士号を取得した。その後，カリフォルニア大学ロサンゼルス校の講師を経て，1972年，バークレー校に新設された民族研究学部に移り，アジア系アメリカ人研究科の教授として現在に至っている。
タカキの数多い著作に通底する特色は，「文学作品からの引用や隠喩をふんだんに使って，読者に明確で豊かなイメージを提供する，その手際のすばらしさにある」と言われている（下掲富田「タカキ（ロナルド）」p. 400）。タカキの主要著作が 'The American Award' はじめ数々の賞に輝き，日本でも翻訳出版されていることからも，その評価の高さがうかがえる。ロナルド・タカキについて詳しくは，後掲439. ロナルド・タカキ著，阿部紀子・石松久幸訳『もう一つのアメリカン・ドリーム アジア系アメリカ人の挑戦』岩波書店, 1996（438. Strangers from a Different Shore. 1989 ed. の翻訳）pp. 353-361「訳者あとがき」（石松久幸），441. ロナルド・タカキ著，富田虎男監訳『多文化社会アメリカの歴史 別の鏡に映して』明石書店, 1995（440. A Different Mirror. の翻訳）pp. 717-720「訳者あとがき」，及び主要著作の解説（『パウ・ハナ』『もう一つのアメリカン・ドリーム』『多文化社会アメリカの歴史』ほか）を含んだ評伝，富田虎男「タカキ（ロナルド）」尾形勇他編『20世紀の歴史家たち 3（世界編 上）』刀水書房, pp. 395-410〈G22-G4〉等を参照。
1995年，戦後50年記念事業として計画された，国立スミソニアン航空宇宙博物館での原爆展をめぐって激論が交わされた。タカキはこの時期，トルーマン大統領の性格分析から原爆投下の経緯を明らかにした, Hiroshima: Why America Dropped the Atomic Bomb.

Little Brown, 1995〈AU-651-A257〉(邦訳：山岡洋一訳『アメリカはなぜ日本に原爆を投下したのか』草思社, 1995〈GH113-E16〉)を著している。本書の中でタカキは, 太平洋戦争・原爆投下を, アメリカに根ざす人種的偏見が行き着いたところ, だとしている。いわゆる「拒絶された原爆展」については, 日米両国で実に多くの書物が刊行されているが, 例えば以下のものを参照のこと。Lifton, Robert J. & Mitchell, Greg. Hiroshima in America: Fifty Years of Denial. Putnam's Sons, 1995. (邦訳：大塚隆訳『アメリカの中のヒロシマ』上・下, 岩波書店, 1995), 由井大三郎『日米戦争観の相剋 摩擦の深層心理』岩波書店, 1995, 斎藤道雄『原爆神話の五〇年 すれ違う日本とアメリカ』中央公論社, 1995 (中公新書), Bird, Kai & Lifschultz, Lawrence, eds. Hiroshima's Shadow: Writings on the Denial of History and the Smithsonian Controversy. Pamphleteer's, 1996., Harwit, M. An Exhibit Denied Lobbying the History of Enola Gay. Springer, 1996. (邦訳：山岡清二監訳『拒絶された原爆展 歴史のなかの「エノラ・ゲイ」』みすず書房, 1997 [著者マーティン・ハーウィットは当時のスミソニアン航空宇宙博物館長。1987年8月就任後, 「エノラ・ゲイ」を単なる技術進歩の印としてではなく, 「原爆投下と終戦」「原子力時代と冷戦の幕開け」の象徴として展示する「原爆展」を企画し準備を進めてきた。しかし, 議会を巻き込んでの大論争の末, 1995年1月同展中止決定後, 同年5月に館長を辞任し, これまでの経緯を詳述した本書を公にした。ハーウィットは1997年8月, 広島で開かれた「世界平和連帯都市市長会議」に参加のため来日, 各地で「原爆展拒否の真相」について講演を行っている。] 本書について, 佐々木力「ハーウィット博士とヒロシマ・ナガサキ」『出版ダイジェスト』1650：1997.6を参照。), NHK取材班『アメリカの中の原爆論争 戦後50年スミソニアン展示の波紋』ダイヤモンド社, 1996 (NHKスペシャル), 平岡敬『希望のヒロシマー市長はうったえる』岩波書店, 1996 (岩波新書), Linenthal, Edward Tabor & Engelhardt, Tom ed. History Wars: The Enola Gay and other Battles for the American Past. Metropolitan Books, 1996. (邦訳：島田三蔵訳『戦争と正義 エノラ・ゲイ展論争から』朝日新聞社, 1998 (朝日選書 607))

31) タイトルにある1865 (年) は, ハワイ国外相ワイリー (Robert Crichton Wyllie) が, 日本人移民要請の書簡をヴァン・リード宛て出した年である (1865年3月10日付)。前掲153. Japanese American History: An A-to-Z Reference from 1868 to the Present., "Chronology of Japanese American History" は, 本書Cane Fires. をこの件の典拠としている。しかし, Cane Fires. 該当頁 (p. 19) は, Marumoto, Masaji. "'First Year' Immigrants to Hawaii and Eugene Van Reed." in East Across the Pacific: Historical and Sociological Studies of Japanese Immigration and Assimilation. (本号276) からの引用であり, 適切とは思われない。なおこの件に関し, 本号332. 渡辺『ハワイの日本人・日系人の歴史』上巻が, 関係資料を検証し詳細である (「第二節 『元年者』とその前後の模様」pp. 68-118)。

32) 'William Carlson Smith (WCS) Papers.' は, オレゴン大学の社会学者スミスが, 1926-27年にハワイの公私立高校・ハワイ大学等の生徒・学生に書かせた, ライフ・ヒストリーのコレクション。オリジナルはオレゴン大学図書館, ハワイ大学ハミルトン図書館ではマイクロフィルム (19巻) で所蔵。本書と同じ観点で「多文化社会における民族集団の社会・文化変容の位相を明らかに」したものに, 沖田行司『ハワイ日系移民の教育史一日米文化, その出会いと相克一』ミネルヴァ書房, 1997 (Minerva21世紀ライブラリー 35)〈FB14-G37〉, 沖田行司編『ハワイ日系社会の文化とその変容――九二〇年代のマウイ島の事例―』ナカニ

シヤ出版，1998（同志社大学人文科学研究所研究叢書 XXIX）〈DC812-G74〉（何れも後掲）がある。本書（346）は，歴史的所産として重要であるのみならず，移民とアファーマティヴ・アクション（affirmative action）に関する最近の論争についても重要な示唆を与えるものである。'book review' by David Yoo, Amerasia Journal. 25(2)：1999, pp. 193(-195)．

33)　【ハワイ史】について，以下のものも参照のこと。山中速人『イメージの〈楽園〉 観光ハワイの文化史』筑摩書房，1992（ちくまライブラリー 74），山中速人『ハワイ』岩波書店，1993（岩波新書），ハロラン芙美子『ホノルルからの手紙 世界をハワイから見る』中央公論社，1995（中公新書），Liliuokalani. Hawaii's Story by Hawaii's Queen. Honolulu：Mutual Publishing, 1990. (reprint of 1898 ed.), Wisniewski, Richard A., comp., ed. The Rise and Fall of the Hawaiian Kingdom. Honolulu：Pacific Basin Enterprises, 1979., Wisniewski, Richard A., comp., ed. Hawaii：The Territorial Years, 1900-1959. Honolulu：Pacific Basin Enterprises, 1984., Budnick, Rich. Stolen Kingdom：An American Conspiracy. Honolulu：Alohapr., 1992. また，『歴史地理教育』580：1998.7は，「ハワイ併合100年」を特集している。

　ハワイに関するガイドブックにおいても，外国で出版されたものでは，かなりの頁がハワイ史やハワイにおけるエスニック集団について割かれている。例えば，Bisignani, J. D. Hawaii Handbook. Chico, CA：Moon Publications, 1991, 3rd ed. では，History：pp. 22-42, The People：pp. 55-67, Booklist：pp. 846-852, またLueras, Leonard, ed. Hawaii. HK：APA Publications, 1992 (Insight Guides), 9th ed. では，History：pp. 4-65, People：pp. 68-97, Further Reading：pp. 378-380（1981年に日本語版刊行）という具合である。最近は日本でも，グレンダ・ベンデュレ，ネッド・フレーリー共著，五島武訳『ロンリー・プラネットのハワイ―オアフ島編』マガジンハウス，1992（「旅立つ前のハワイ物語 歴史」pp. 12-23）やハワイの多民族社会の理解を基調とした，CG編集室編『ハワイ 島・ひと・暮らしのもっと奥へ』トラベルジャーナル社，1999のようなガイドブックが発行されるようになったし，『裏ハワイ読本 絶対保存版』宝島社，1993（別冊宝島 EX）（ハワイ史・日系移史民関係記事：pp. 173-216），『ハワイ［極楽］読本』宝島社，1997（別冊宝島 WT 15）（ハワイ史・日系移民史関係記事：「イオラニ宮殿が語るハワイ王朝史」「日系二世たちの『午餐会』」「ワシはジャパン・ボーンのマクレじゃ」「路上探険!? ハワイ宗教建築巡礼記」）のようなハワイ関係書も目立つようになった。池澤夏樹『ハワイイ紀行』新潮社，1996，津田道夫『ハワイ 太平洋の自然と文化の交差点』社会評論社，1998（「ハワイ―太平洋の自然と文化の交差点」石塚正英編『世界史の十字路・離島』社会評論社，1998（社会思想史の窓 119），pp. 79-123は，冒頭部分の先行的掲載。）等は，ハワイ史を踏まえた一般書。

34)　この顛末については，本号305．児玉『日本移民史研究序説』（「日本人移民の参政権獲得運動」pp. 237-241），今井輝子「米布併合をめぐる日米関係」『国際関係学研究』（津田塾大学） 6 （1979年）：1980. 3, pp. 49-65等を参照。「ハワイ革命」に際し，日本政府も，在布日本人の保護を名目に，東郷平八郎指揮する巡洋艦「浪速」を派遣した。「浪速」には山階宮定麿親王が乗艦していたので，その後様々な憶測を生むことになった（注36）も参照のこと）。これ以後，日清戦争の期間を除き，「ハワイ併合」まではほぼ一年ごとに，帝国海軍艦艇のハワイ派遣が続けられた（本号314, 320ほか日布関係書に付されている「帝國軍艦ホノルル寄港年表」参照）。【愛国（有志）同盟】は，菅原伝・石阪公歴ら自由民権運動弾圧からの政治的亡命者によって，1888年1月，サンフランシスコ・チャイナタウンのはずれオファレ

ル街に設立された。日本の内治改良を目的とし，機関紙『第十九世紀』を発行して日本国内の同志に送付，連帯を図ったが，度重なる日本政府の弾圧にあい，発禁と改題の鼬ごっこが続いた。「愛国同盟」の活動について以下のものを参照のこと。本号398．The Issei. pp. 19-20, 49-51ほか（邦訳399『一世』pp. 21-22, 58-60ほか），新井勝紘・田村紀雄「自由民権期における桑港湾岸地区の活動（在米日系新聞の発達史研究 5）『東京経済大学人文自然科学論集』65：1983. 12, pp. 75-136（「4．愛国同盟活動史」pp. 100-115）〈Z22-394〉，田村紀雄『アメリカの日本語新聞』新潮社，1991（新潮選書），pp. 63-90, 91-119, 121-144〈UC151-E5〉（後掲），色川大吉『自由民権』岩波書店，1981（岩波新書）（「第六章 亡命民権家の戦い」pp. 185-214）〈GB431-103〉。「愛国同盟」の機関紙の変遷について，前掲143．蛯原『海外邦字新聞雑誌史』（「第五章桑港日本人愛國同盟の機關紙」pp. 105-136）〈UC123-7〉も参照のこと。「愛国同盟」に関する他の文献は，自由民権・社会主義と移民に関する主題別主要文献（後掲）に収録の予定である。

35) ハワイをめぐる日米関係については，以下のものも参照のこと。野崎圭介『日米戦の土俵布哇と比律賓』二松堂書店，昭7〈587-365〉，奥村多喜衛編『布哇に於ける日米問題解決運動』ホノルル，奥村多喜衛，昭7〈524-343イほか〉，上原敬二『日米の楔点ハワイ』先進社，昭7〈587-266〉〈山本-22〉，黒羽茂『日米外交の系譜―太平洋戦争への抗争史的展開』共同出版，1974〈A99-ZU-27〉，今井輝子「米布併合をめぐる日米関係」『国際関係学研究』（津田塾大学）6（1979年）：1980. 3, pp. 49-65, 福本保信「アメリカのハワイ併合―1―」『西南学院大学国際文化論集』1(1)：1986. 7, pp. 1-25．

36) 【カラカウア王訪日】に関する外交史料については前述した（『参考書誌研究』No. 47, p. 13）。石井研堂『明治事物起原』は，カラカウア王（カメハメハ第七世と記す）の来日をもって「外国元首来朝の始めとなす」としている（『明治事物起原 3』筑摩書房，1997（ちくま学芸文庫）p. 155 第三編 国際部「布哇国元首の来朝」──『明治事物起原』各版につき，佐藤洋一「『明治事物起原』の各版について」（ちくま学芸文庫）版 1, pp. 377-393, 坪内祐三「『明治事物起原』のアクチュアリティー」（ちくま学芸文庫）版 3, pp. 409-419を参照のこと──）。本号332．渡辺『ハワイの日本人・日系人の歴史』上巻は，本号352, 353ほかの基本資料の綿密な比較考証のもとに，「カラカウア王の日本訪問」について詳細に纏めている（pp. 405-468）。カラカウア王は訪日に際し，「アジア諸国同盟」「山階宮定麿親王（後の東伏見宮依仁親王）・カイウラニ王女婚約」「条約改正」「移民招致」「日本・ハワイ間海底電線敷設」の五提案をしたが，結局は日本側が丁重に断り，訪日の結果として，日本の基本的政策が変わることはなかった（外務省記録「布哇国国王宛 明治天皇御親翰関係一件」）。この件に関しては，ハワイ史・日布移民関係書では一応言及されており，小説の題材にもなっているが，以下のものも参照のこと。宮内省臨時帝室編修局編修『明治天皇紀』第五（明治十三年一月―明治十五年十二月）吉川弘文館，1971, pp. 290-299, 志賀重昂「隠れたる日本布哇史（日本某親王請嫁の内奏）」『続世界山水図説』pp. 226-230（志賀冨士男編『志賀重昂全集』第六巻，志賀重昂全集刊行会，昭3 及び，日本図書センター，1995（昭3刊の複製）に再録．），小笠原長生［等編］『依仁親王』東伏見宮家，昭2，pp. 539-540，河村一夫「明治十四年のハワイ皇帝来朝について」『外交時報』1109：1973. 9, pp. 42-45, 川口宏「幻のロイヤルウェディング―日本皇室とハワイ王室を結ぶ秘められた逸話」『裏ハワイ読本 絶対保存版』宝島社，1993（別冊宝島 EX），pp. 214-216, Kuykendall, Ralph S. Hawaiian Kingdom 3. ('Chapter 9 King Around the World', pp. 227-245), Ogawa, Dennis M. Jan

Ken Po : The World of Hawaii's Japanese Americans. Honolulu : Japanese American Research Center, 1973, (2nd ed., Honolulu : Univ. of Hawaii Pr., 1978, pp.82-108)。カラカウア王，及びカイウラニ王女につき，前掲Liliuokalani. Hawaii's Story by Hawaii's Queen. Zambucka, Kristin. Kalakaua : Hawaii's Last King. Mana-Marvin/Richard, 1983., Zambucka, Kristin. Princess Kaiulani : The Last Hope of Hawaii's Monarchy. Honolulu : Mana Publishing, 1982 (new ed., 1984) (A Cry of Peacocks. A Green Glass, 1993. としてビデオ化) 等を参照のこと。

37) ハワイ史を踏まえた現在のハワイの社会・文化状況につき，Kent, Noel J. Hawaii : Islands Under the Influence. New York : Monthly Review Pr., 1983. (1993, Univ. of Hawaii Pr. ed.), Buck, Elizabeth. Paradise Remade : The Politics of Culture and History in Hawai'i. Philadelphia : Temple Univ. Pr., 1993. を参照。また，ハワイの「主権回復運動」について，次のものも参照のこと。Dudley, Michael Kioni. Hawaiian Nation : Man, Gods, and Nature. Honolulu : Nā Kāne O Ka Malo Pr., 1990., Dudley, Michael Kioni & Agard, Keoni Kealoha. Hawaiian Nation : A Call for Hawaiian Sovereignty. Honolulu : Nā Kāne O Ka Malo Pr., 1990., DeFries, Eleanora M., ed. Light Upon the Mist : A Reflection of Wisdom for the Future Generations of Native Hawaiians, Akaiko Akana 1884-1933. Kailua-Kona, HI : Mahina Productions, 1992., Trask, Haunani-kay. From a Native Daughter : Colonialism and Sovereignty in Hawai'i. Monroe, ME : Common Courage Pr., 1993.

38) 『周航随行記』は，カラカウア王に対し礼を失している箇所が多く，それで王の没後に刊行されたと言われている。アームストロング自身が本書のなかで「この作品はしわを隠さない肖像画であり、いますぐにではなく、王の死後に刊行するつもりだ。というのも素直にありのままが書いてあるからである」と述べている（荒俣訳, p. 19）。カラカウア王の周航目的に関し，渡辺『ハワイの日本人・日系人の歴史』上巻（本号332）は，アームストロングが，随所で「カラカウア王をこきおろしたり、皮肉ったりしているので、必ずしも、その説を、そのまま信用」できないとし，Kuykendall (本号353) もアームストロングの著作に批判的であり，正確な資料として，ハワイ州立公文書館所蔵の書簡及び文書類をあげている，ことを指摘している（渡辺書, p. 408, 456, Kuykendall, Hawaiian Kingdom 3, p. 687）。これに対し荒俣は，「歯に衣着せぬアームストロングの筆のおかげで、カラカウア王の陽気さや無邪気さ……が、かえって印象ぶかく描きだされたともいえる。」としている（荒俣訳, p. 19）。

39) 三部作のうち，v. 1は1957年，v. 2は1953年に刊行されているが，v. 3が，Kuykendallの死 (1963年) の後，1967年に刊行されるに至った経緯について，v. 3, 'Publisher's Note'(pp. v-vi) 及び 'Preface' by Charles H. Hunter (pp. vii-viii) を参照。

40) 日米移民問題に関する文献については，主題別主要文献において後掲するが，瀬川善信「日米移民問題と外務省」『埼玉大学紀要 社会科学篇』15 (1967年) : 1968. 3, pp. 1-17は，日米移民問題を米国における排日問題とし，米国移民法及び各排日事件における，明治中期から大正末期までの日本外務省の対応を纏めている。『日本の移民研究 動向と目録』pp. 51-83（「II 日系人―受け入れと定着に関する諸問題― 1 アメリカ合衆国本土」），同pp. 155-160（「III 国際関係の中の移民― 3 日米関係」）は，1992年9月までの文献を集大成する。また，北米における「地方日本人史」「在米県人史」について詳しくは，阪田278『資料集 解

説・資料編』pp. 68-73を参照のこと。「在米日本人史」を含めこれら資料の問題点指摘（pp. 9-20）は傾聴に値する。'UCLA・JARPコレクション' 収蔵に限られるが，前掲183. Ichioka, A Buried Past. (『参考書誌研究』No. 48, pp. 26-27) は北米日系移民資料に関する基本的文献目録である（「在米日本人史」は12タイトル，「地方日本人史」はハワイを含む30タイトル，「在米県人史」については18タイトルを収録・解題する）。pp. 71-82. A Buried Past II. につき，本号注8）参照。また，奥泉栄三郎「『米国西北部日本移民史』解説」（本号362『米国西北部日本移民史』下巻，雄松堂，1994）は，「在米日本人関係史籍および発展史一覧表（戦前の部）」(pp. 解説六-八) を纏めている。

初期の日本人移民から，排日，太平洋戦争を経て，「モデル・マイノリティ」としての日系アメリカ人へ，アメリカにおける日本人移民・日系アメリカ人の立場の変化をとおして，19世紀後半から最近までの日米関係史を描く，飯野正子『もう一つの日米関係史 紛争と協調のなかの日系アメリカ人（仮題）』有斐閣，が近刊予定である。

アメリカ各州レベルでの日本との関係を概観するもの，及び日本の各都道府県側から米国との交流を調査したものとして，次の資料がある。構成は各州・各都道府の交流の度合いにより多様であるが，各地域における，日本人及び日系人の歴史及び現状の把握にも資するものである。

○国際交流基金日米センター編『米国の地域レベルの日本関連活動 調査報告』v. 1, v. 2, 国際交流基金日米センター，1993, 1994 〈UA81-E133〉

○Japan Foundation, Center for Global Partnership ed., The Survey Reports on Japan-Related Regional Activities in the U. S.. v. 1, v. 2, Japan Foundation, Center for Global Partnership, 1993, 1994. 〈UA81-A25〉

○国際交流基金日米センター編『日本の地域レベルの国際化と米国との交流活動調査報告』v. 1, v. 2, 国際交流基金日米センター，1994, 1996 〈UA81-E160〉

○Japan Foundation, Center for Global Partnership ed., The Survey Reports on Regional Internationalization and U. S.-Related Exchange Activities in Japan. v. 1, v. 2, Japan Foundation, Center for Global Partnership, 1994, 1996. 〈UA81-A38〉

41) 新井領一郎 (1855-1939) は，高峰譲吉と並ぶ，戦前のニューヨーク日本人社会の「重鎮」で，1870年代から1880年代にかけて日本産生糸の「直輸」(direct trade) に大きな貢献をなし，その後の日米貿易の礎を築いた。下掲『絹と武士』(邦訳) の著者ハル・マツカタ・ライシャワー（エドウィン・O. ライシャワー夫人）は，松方正義の子正熊と結婚した，新井の娘ミヨの子「春子」である。新井につき，前掲153. Japanese American History : A-to-Z Reference from 1868 to the Present. p.105., T. Scott Miyakawa. "Early New York Issei : Founders of Japanese American Trade." in Conroy and Miyakawa, eds. East Across the Pacific. 1972. pp. 156-186. (前掲276)，及びHaru Matsukata Reischauer. Samurai and Silk : A Japanese and American Heritage. Cambridge : Belknap Pr. of Harvard Univ. Pr., 1986. 〈GK81-A5〉ほか (邦訳：広中和歌子訳『絹と武士』文藝春秋，1987〈GK81-E3〉ほか) を参照のこと。また，阪田安雄『明治日米貿易事始―直輸の志士・新井領一郎とその時代』東京堂出版，1996（豊明選書）〈DE281-G3〉（後掲）は，UCLA図書館所蔵「新井領一郎文書」等に基づいた詳細な考察。

42) 「在米県人史」につき，注40) 参照。

43) 本書が「在米日本人史」であるにも拘わらず，内容がカリフォルニア州中心となってい

るのは「在留邦人の大多數が加州に居住して居り，邦人の發展が殆ど此處に端を發してゐるため……」だとしている（本書，「凡例」）。また本書が，在米日本人史並びにこれまでの記念刊行物等を総括するものとして，貴重であるとしながらも，「『事実』と『物語』が混ぜ織られている織物である」という指摘は，この時期の同種の「在米日本人史」に関する注意としても重要である（阪田278『資料集 解説・資料編』pp. 11-13, 16-19）。本書の編纂過程において「蒐集」した膨大かつ貴重な資料の消失につき，阪田同書，pp. 34-35を参照のこと。

44) 在米「日本人会」に関する実証的研究は少ない。消失等による資料自体の少なさがその大きな原因であると言われている（阪田278『資料集 解説・資料編』p. 55）。その意味で，「中央日本人会」の議事録等に依拠した本書は，基礎資料として重要である。初期「日本人会」の概略につき，398. Ichioka, The Issei. pp. 156-164.（邦訳399『一世』pp. 175-182），関係資料につき，183. Ichioka, A Buried Past. pp. 117-123. を参照のこと。

45) 本書には，藤岡の長年にわたるジャーナリストとしての経験から，他の文献に含まれない記述が多く含まれ貴重である。当初，278『日系移民資料集 北米編』にも覆刻・収録の予定であったが，刊行が戦後であることから収録の対象から外された（阪田278『資料集 解説・資料編』pp. 54-55）。なお，林かおり『日系ジャーナリスト物語』信山社，1997（「アメリカ西海岸の日本人指導者藤岡紫朗―彼にとっての祖国日本」pp. 129-176）〈UC151-G4〉（後掲）が，「忠誠登録」というサブプロットを持たせ，藤岡の軌跡を辿る。'UCLA・JARPコレクション'に，『羅府新報』連載時の取材資料が収蔵されている（'FUJIOKA PAPERS. 1954-1959.'）。

46) 『米国日系人百年史』の刊行事情及びその「資料」としての留意点につき，阪田278『資料集 解説・資料編』p. 19, p. 55を参照のこと。

47) 編者藤井は『シカゴ新報』(1945年創刊）の創刊者で，本書執筆時は編集長の職にあった。急進的な北米邦字紙のなかでもとりわけ「『シカゴ新報』は，赤狩りとマッカーシズムを系統的にとりあげ，告発していた」（陸井三郎『ハリウッドとマッカーシズム』筑摩書房 1990，社会思想社 1996（現代教養文庫）「あとがき」）。『シカゴ新報』及び藤井寮一につき，田村紀雄『アメリカの日本語新聞』新潮社，1991（新潮選書）pp. 219-225〈UC151-E5〉（後掲），田村紀雄「『シカゴ新報』の成立と日本人左翼の役割」内川芳美・森泉章編『法とジャーナリズム 清水英夫教授還暦記念論集』日本評論社，1983, pp. 217-234, 小塩和人「〝暗い過去〟から〝輝かしい現在〟へ―シカゴの日系人再定住がエスニック・コミュニティー再建に果した歴史的役割」『移住研究』25：1988. 3, pp. 46-56〈Z3-854〉を参照のこと。

48) アメリカ西部及び西北部における初期日本人移民の労働事情については，本号386. 村山裕三『アメリカに生きた日本人移民』（「第3章 就労」「第4章 労働請負人の盛衰」「第5章 賃金差別の解消」），同「日系人に対する賃金差別の消滅―米国西北部を中心に―」『アメリカ研究』18：1984. 3, pp. 157-176〈Z8-43〉，及び本号398. Ichioka, The Issei., 'Chap. III Labor-Contracting System' ' Chap. IV Labor Organizing and Organized American Labor'（邦訳399『一世』，「第二章 人夫請負制」「第三章 労働組織とアメリカの組織労働」）等の研究があるが，「西部開拓史」における位置づけという視点が斬新であろうか。西部開拓と日本人との関わりについて，鶴谷壽『アメリカ西部開拓博物誌』PMC出版，1987〈GH82-45〉，『同』増補版，1990〈GH82-E12〉も参照のこと。

49) 本書は，1970年代以降に展開したいわゆる「新しい社会史」研究に位置するものである。「社会史」研究の意義及びその業績について，後掲417. 阿部斉・五十嵐武士編『アメリカ研

究案内」東京大学出版会, 1998, pp. 67-85〈GH81-G8〉を参照のこと。また本書の評価につき, 『アメリカ研究案内』pp. 75-76, 及び伊藤一男(『週刊読書人』1995.11.10), 米山裕(『東京大学アメリカン・スタディーズ』1：1996.4, pp. 121-125) による書評を参考のこと。

50) 阪田安雄「脱亜の志士と閉ざされた白皙人の楽園―民権派書生と米国に於ける黄色人種排斥」(「II シナ人排斥と民権派書生―2 在米民権家書生と黄色人種排斥問題」pp. 109-110 ほか) 田村・白水編『米国初期の日本語新聞』〈UC151-9〉(前掲144), 前掲143. 蛯原『海外邦字新聞雑誌史』pp. 149-156ほか等参照。尺魔はまた, 自ら創刊した滑稽雑誌『腮はづ誌(腮笈誌)』(1895, 明28年創刊, 1898年33号で廃刊)に, 桑港福音会に関係のある英国婦人を誹謗する戯画を掲載したことで, 誹謗罪に問われ, 在米日本人筆禍の最初としても知られている。蛯原『海外邦字新聞雑誌史』「第十章 取締と筆禍」―「三, 雑誌筆禍実例」pp. 297-305参照。

51) 合衆国「移民法」の概略については前述したが(『参考書誌研究』No. 47, p. 12, p. 15注13)),「排日土地法」「排日移民法」等を含め関連文献については, 主題別主要文献において後掲する。

52) 'UCLA・JARPコレクション' については, 後述するが,「全米日系市民協会(JACL)」と「日系人研究プロジェクト(JARP)」(当初は 'Issei History Project') の関係につき, 本書邦訳395『ジャパニーズ・アメリカン』巻頭pp. 4-13「まえがき」(シゲオ・ワカマツ), 本号393『バンブー・ピープル』巻頭pp. 12-14「すべての一世のために―まえがき」, 及びHosokawa, Bill. JACL in Quest of Justice: The History of the Japanese American Citizens League. William Morrow, 1982, pp. 312-316.〈DC812-A31〉〈移(四)-Y24〉(邦訳：飯野正子他訳『120％の忠誠 日系二世・この勇気ある人びとの記録』有斐閣, 1984 (有斐閣選書R 20)〈DC812-199〉)(後掲)を参照のこと。なお,「全米日系市民協会」の活動・参考文献につき, 前掲153. Japanese American History: An A-to-Z Reference from 1868 to the Present. pp. 182-184., 前掲250. The Asian American Encyclopedia. vol. 3, pp. 712-715. を参照。Hosokawa, JACL in Quest of Justice. は, JACLの詳細な正史。
「日系人研究プロジェクト」では当初, アメリカにおける日系人についての「総合的な」歴史書の刊行を計画したが, 結局, 次のような「分野別」史の刊行となった。

　　［通　　史］本書394. Wilson & Hosokawa, East to America. 1980.（邦訳：395）
　　［社会史］Hosokawa, Bill. Nisei: The Quiet Americans. William Morrow, 1969.〈EC136-7〉〈岸-274〉(邦訳：井上勇訳『二世 このおとなしいアメリカ人』時事通信社, 1971〈DC812-20〉〈岸-1497〉)（後掲）
　　［法律史］本号392. Chuman, The Bamboo People. 1976.（邦訳：393）
　　［農業史］Iwata, Masakazu. Planted in Good Soil: A History of the Issei in the United States Agriculture. 2v, Peter Lang, 1992.〈DC812-A54〉（後掲）

53) 本書邦訳395『ジャパニーズ・アメリカン』p. 375「監訳者あとがき」(猿谷要)。

54) 日加移民問題に関する主題別主要文献については後掲するが, 詳しくは, 『日本の移民研究 動向と目録』pp. 96-101 (「II 日系人―受け入れと定着に関する諸問題―3 カナダ」), 同 pp. 160-162 (「III 国際関係の中の移民―5 日加関係」), 及び本号270飯野『日系カナダ人の歴史』「文献解題」(巻末pp. 7-20) 並びに本号注4) 所収文献等を参照のこと。

55) 「全加日系市民協会(NJCCA)」は, 1980年, 「全加日系人協会(NAJC) *National Association of Japanese Canadians*」と改称された。

56)　カナダ漁民及びスティヴストンについて，例えば以下のものも参照のこと（書誌事項等につき詳しくは，主題別主要文献において後掲する）。小林貞二『須知武士道漁者慈善団体三十五年史』(後掲443『カナダ移民史資料』第4巻〈DC812-E216〉所収)，蒲生正男編『海を渡った日本の村』中央公論社，1962〈334.451-G15u〉，鶴見和子『ステブストン物語 世界の中の日本人』中央公論社，1962〈334.451-Tu763s〉(『コレクション 鶴見和子曼陀羅 2〈人〉の巻-日本人のライフ・ヒストリー』藤原書店，1998〈US21-G27〉に再録。), 林林太郎『黒潮の涯に』[Steveston, 林林太郎], 1974〈DC812-E59〉，山形孝夫『失われた風景 日系カナダ漁民の記録から』未来社，1996〈DC812-G36〉, Rolf Knight. A Man of Our Times: The Life-History of a Japanese-Canadian Fisherman. Vancouver: New Star Books, 1976.〈DC812-A64〉

57)　日系移民第一号「永野万蔵」について，森研三・高見弘人『カナダの万蔵物語』尾鈴山書房，1977〈GK89-29〉を参照のこと。
　　1907年9月7日，ヴァンクーヴァー市の日本人街及び中国人街が暴徒に襲撃された「晩香坡暴動」が発生した。この暴動は，翌1908年1月の，日本人移民の「数量的制限」に関する「紳士協約」いわゆる「ルミュー協約」の発端となったものとして，日系カナダ人史において極めて重要な意味を持っている。本書では，この件に関し，「この暴動の詳細については，飯野正子・馬場伸也の『移民問題をめぐる日・米・加関係』という優れた研究が上梓されているので，ここでは繰り返さない。」として記述を省略している（本書，p.57)。しかし，飯野・馬場論文（本号注14）所収）は，日本人移民問題における「カナダの政策決定に与えるアメリカの影響力」について述べたものであり，「晩香坡暴動」に関しても，かかる文脈のなかで触れられているに過ぎない。本暴動に関しては，むしろ，飯野・馬場論文（注）に引用されている論稿，飯野正子・高村宏子「ヴァンクーヴァ暴動に関する一考察」『津田塾大学紀要』13：1981. 3, pp. 1-32, 及び同「ヴァンクーヴァ暴動からルミュー協約へ—日加間の交渉とアメリカ政府の働きかけ」『津田塾大学紀要』14(2)：1982. pp. 41-72等を引き合いに出すのが適切であったかも知れない。

58)　梶田孝道「書評」『學鐙』96(1)：1999. 1, pp. 54-57は，米加関係に即して，本書を鋭く分析している。また佐々木敏二「書評」『カナダ研究年報』18：1998. 9, pp. 66-68は，方法論の違いを前提として，各章にわたり感想を述べている。

59)　戦時下，東洋人の生活水準引上に関する『ニューカナディアン』紙掲載記事について，後掲445『海外へユートピアを求めて』pp. 264-268 (『ニューカナディアン』記事［戦時下，日系人への差別を憂う］) を参照。

60)　今井輝子「書評」『カナダ研究年報』1：1979, pp. 87-89は，各章内容を要約し，諸々不充分な点はあるものの，「日系カナダ人が直面したカナダ民主主義に内在する問題をみごとに提示して」おり，一般カナダ人の「啓発」という目的を十分に果たしている，としている。

61)　収録両書 (A Dream of Riches.〈DC812-49〉，『千金の夢』〈DC812-184〉) は同一のものであるが，書誌事項（出版地・出版者・出版年）に齟齬がある。本号書誌事項の記述にあたっては，両書を確認のうえ（奥付等かかる書誌事項を確認できる記載は一切ない），洋図書分類〈DC812-49〉書誌事項は，『国立国会図書館蔵書目録 洋書編 昭和23年-昭和61年8月』及び 'Library of Congress Online Catalog', 和図書分類〈DC812-184〉書誌事項は，『国立国会図書館蔵書目録 昭和52-60年』(前掲206『カナダ関係邦語文献目録 II』も同記述) に拠った。

62) 本号270. 飯野『日系カナダ人の歴史』の第一章(「移民の始まり」)から第五章(「再定住」)まで各章頭の掲載写真は,すべて本書Nikkei Legacy.からの転載である。移民初期から再定住期までの日系カナダ人及び日系社会の写真に関して,まず参照されるべきものであろう。

63) 例えば「黒人」との関連で,日系人強制収容に対する補償運動への「黒人革命」の影響が指摘されているし(猿谷要『歴史物語 アフリカ系アメリカ人』朝日新聞社, 2000 (朝日選書 641) pp. 332-335), 町村敬志『越境者たちのロスアンジェルス』平凡社, 1999 (平凡社選書 190) は,「越境者」と「エスニック」という概念を手懸かりにに, ロスアンジェルスという舞台空間での,黒人と日系人との共存関係を描き出している(「第3章 交錯する場所,重層する記憶—アフリカ系アメリカ人と日系アメリカ人」)。

64) 英語文献の復刻では,例えば,Arno Press (New York) から 'The American Immigration Collection' シリーズとして,第一期41巻(1969年)・第二期33巻(1970年)の基本資料が刊行されている(本号309. Ichihashi, Japanese in the United States. 等)。また,1978-79年には,政府刊行物を含む,日系・中国系移民に関する重要文献の復刻シリーズ 'The Asian Experience in North America : Chinese and Japanese' が同じくArno Pr. から刊行されている。同シリーズ中,国立国会図書館で所蔵する日系移民関係のタイトルは以下のとおり。(著者名アルファベット順,〈 〉内は複製版請求記号,原本のみ所蔵の場合に限り,原本請求記号である旨注記した。)

○Bell, Reginald. Public School Education of Second-Generation Japanese in California. 1935. 〈FB82-163〉
○California State Board of Control. California and the Oriental : Japanese, Chinese, and Hindus. 1922. 〈DC812-28〉
○Canada, Dept. of Labour. Two Reports on Japanese Canadians in World War II. 2 vols. in 1. 1944 1947. 〈GA82-200〉
○Canada, Royal Commission on Chinese and Japanese Immigration. Report of the Royal Commission on Chinese and Japanese Immigration. 1902. 〈DC812-34〉
○Coman, Katharine. The History of Contact Labor in the Hawaiian Islands. 1903. and Andrew W. Lind. Hawaii's Japanese. 1946. 2vols. in 1. 〈EL53-81〉
○Conroy, Hilary. The Japanese Frontier in Hawaii, 1868-1898. 1953. 〈DC812-26〉(本号335)
○Daniels, Roger. ed. Three Short Works on Japanese Americans. 1979. 〈DC812-35〉
○Daniels, Roger. ed. Two Monographs on Japanese Canadians. 1979. 〈DC812-31〉〈DC812-A66〉(本号411)
○Flowers, Montaville. The Japanese Conquest of American Opinion. 1917. 〈DC812-24〉
○Gulick, Sidney L. American Democracy and Asiatic Citizenship. 1918. 原本:〈325-G972a〉
○Hata, Donald Teruo, Jr. "Undesirables," Early Immigrants and the Anti-Japanese Movement in San Francisco, 1892-1893. 1979. 〈DC812-33〉
○Japan, Consulate General. Documental History of Law Cases Affecting Japanese in the United States, 1916-1924. 2vols. in 1. 1925. 〈AU-631-54〉

○Kachi, Teruko Okada. The Treaty of 1911 and the Immigration and Alien Land Law Issue Between the United States and Japan, 1911-1913. 1979. 〈DC812-29〉
○Kawakami, Kiyoshi K. The Real Japanese Question. 1921. 〈DC812-23〉
○LaViolette, Forrest E. Americans of Japanese Ancestry: A Study of Assimilation in the American Community. 1945. 〈DC812-37〉
○Matsumoto, Toru. Beyond Prejudice: A Story of the Church and Japanese Americans. 1946 〈GA82-199〉
○McClatchy, Valentine S. Four Anti-Japanese Pamphlets. 1979. 〈DC812-38〉
○Mears, Eliot Grinnell. Resident Orientals on the American Pacific Coast: Thier Legal and Economic Status. 1928. 原本:〈特9-0578〉
○Millis, H. A. The Japanese Problem in the United States. 1915. 〈DC812-27〉
○O'Brien, Robert W. The College Nisei. 1949. 〈FD25-280〉
○Okubo, Mine. Citizen 13660. 1946. 〈GA87-39〉
○Steiner, Jesse F. The Japanese Invasion: A Study in the Psychology of Inter-Racial Contacts. 1917. 〈DC812-36〉
○Sugimoto, Howard Hiroshi. Japanese Immigration, the Vancouver Riots and Canadian Diplomacy. 1979 〈DC812-39〉
○Thompson, Richard Austin. The Yellow Peril, 1890-1924. 1979. 〈DC812-32〉
○U. S. House of Representatives, Committee on Immigration and Naturalization. Japanese Immigration: Hearings. 1921. 〈BU-7-128〉
○U. S. House of Representatives, Select Committee Investigating National Defense Migration. National Defense Migration: Hearings. 〈DC812-22〉
○U. S. Dept. of State. Report of the Honorable Roland S. Morris on Japanese Immigration and Alleged Discriminatory Legislation Against Japanese Residents in the U. S. 1921. 〈DC812-25〉
○U. S. Dept. of War. Final Report: Japanese Evacuation from the West Coast, 1942. 1943. 原本:〈940.547273-Ua74f〉
○Wong, Eugene. On Visual Media Racism: Asians in the American Motion Pictures. 1979. 〈EC136-29〉
○Yatsushiro, Toshio. Politics and Cultural Values: The World War II Japanese Relocation Centers and the United States Government. 1979 〈GA82-201〉
○Young, Chales H., Helen R. Y. Reid and W. A. Carrothers. The Japanese Canadians. 1938. 〈DC812-30〉〈DC812-A23〉(本号407)

65) 渡米奨励機関の研究は、榎本武揚が中心となった明治前半期の「殖民協会」(後述)・中期の片山潜「渡米協会」・島貫兵太夫（次注参照）の「力行会」に集中しているという（『日本の移民研究 動向と目録』p. 37）。片山・島貫の両者については、前掲粂井『外国人をめぐる社会史 近代アメリカと日本人移民』(pp. 33-39) 及び今井 (粂井)「明治期における渡米熱と渡米案内書および渡米雑誌」(pp. 320-328) が整理していて便利である。
【片山潜】には、『渡米案内』(正続) の他に、『学生渡米案内』[労働新聞社]、明34〈未所蔵〉『新渡米』(正続) 出版協会、明37, 38〈YDM26907〉(本書についても、片山編著だという説がある。)『渡米の秘訣』渡米協会、[明39]〈YDM26923〉等の渡米案内書がある。これら

渡米案内書の書誌事項(編著者・出版者・出版年)について，各引用者により些かの齟齬があるので，各種目録も参照し，「付表」(本注末)に纏めた。

　片山の移民観・渡米奨励活動については，注8)所収【渡米熱……】関係論稿のほか，以下のものが参考になる。田村紀雄「若き片山潜―渡良瀬川の畔の一年―森鷗村との出会いから渡米まで」『現代の眼』21(9)：1980. 9, pp. 200-205, 立川健治「片山潜」『史林』66(2)：1983. 3, pp. 234-265, 立川健治「時代を吹きぬけた渡米論：片山潜の活動をめぐって」『汎』4：1987. 3, pp. 96-123, 菊川貞巳「片山潜とテキサス米作」『経済経営論叢』32(3)：1997. 12, pp. 35-57, Orii, Kazuhiko, and Hilary Conroy. "Japanese Socialist in Texas: Sen Katayama." Amerasia Journal, 8(2)：1981, pp. 163-170. なお，本号396. The Japanese Texans. (邦訳397『テキサスの日系人』)のように，テキサスにおける米作経営に関し，片山への言及は不可避であるが，テキサスにおける米作に関する文献については後掲する。また，盟友であった山根吾一(『最近渡米案内』渡米雑誌社，明39〈YDM26897〉等の編著がある。)との関係で，岡林伸夫による一連の論稿も重要である。岡林伸夫「ある社会主義者の肖像―山根吾一覚書」『同志社法学』47(3)：1995. 9, pp. 778-821,「山根吾一と雑誌『社会主義』」『同志社法学』47(5)：1996. 1, pp. 1343-1397, 前掲『『渡米雑誌』の出発―山根吾一の活動」『同志社法学』47(6),「片山潜との訣別―山根吾一の活動・その後」『同志社法学』48(1)：1996. 5, pp. 156-211, 前掲『『渡米雑誌』から『亜米利加』へ」『同志社法学』48(2),「アメリカ排日問題と山根吾一」『同志社法学』48(4)：1996. 11, pp. 1426-1475. 自伝としては，『自伝』改造社，大正11〈特103-226〉(『改造』に大正9-10年に連載されたもの。1954年に岩波書店から復刻〈289.1-Ka592z〉，これを底本に『アメリカ古典文庫 23 日本人のアメリカ論』研究社，1977〈GH81-14〉が抄録。),「歩いてきた道」(片山潜生誕百年記念会編『片山潜著作集』全3巻，片山潜生誕百年記念会，1959-60〈081.8-Ka592k〉第1巻所収),『わが回想』上・下，徳間書店，1967〈289.1-Ka592w〉等がある。著作目録については『片山潜著作集』第2巻，第3巻にそれぞれ「著作目録」「目録補遺」があるが，隅谷三喜男『片山潜』東京大学出版会，1960(近代日本の思想家 4)〈289.1-Ka592Sk〉「片山潜主要著作目録」(pp. 241-258)は，『著作集』の「著作目録」に脱漏している雑誌・新聞論文も収録している。

66)　【島貫兵太夫】は，後に南米移民の中心となる「力行会」の創始者であり，他に『最近渡米策』日本力行会，明治37〈YDM26898〉,『実地渡米』日本力行会，明治38〈YDM26903〉,『新渡米法』博文館，明治44〈YDM26909〉等の渡米案内書がある。島貫兵太夫『力行會とは何ぞや』警醒社，明治44〈YDM21430〉は自伝。相沢源七『島貫兵太夫伝 日本力行会の創立者』教文館，1986〈GK128-109〉，立川健治「島貫兵太夫と力行会」『史林』72(1)：1989. 1, pp. 106-132, 奥村直彦「島貫兵太夫の「力行教育」思想―その形成過程と移民事業への展開」『北米日本人キリスト教運動史』PMC出版，1991, pp. 497-549(前掲150)等が，その人と思想・活動を伝える。

67)　日本人移民・日系人に直接関わる論文の他に，他のマイノリティ集団との比較において日本人移民・日系人を扱っているものとして，例えば，次のような論文が収録されている。(原論文掲載誌の書誌事項省略)

　　＊Daniels, Roger. "Chinese and Japanese in North America: The Canadian and American Experiences Compared." (v. 1, pp. 91-105)
　　＊Saloutos, Theodore. "The Immigrant in Pacific Coast Agriculture, 1880-1940."

(v. 4, pp. 308-327)
* Swierenga, Robert P. "Ethnicity and American Agriculture." (v. 4, pp. 349-370)
* Masson, Jack and Guimary, Donald. "Asian Labor Contractors in the Alaskan Canned Salmon Industry, 1880-1937." (v. 5, pp. 159-179)
* Takagi, Paul. "The Myth of 'Assimilation in American Life'." (v. 13, pp. 293-302)
* Daniels, Roger. "Majority Images—Minority Realities: A Perspective on Anti—Orientalism in the United States." (v. 15, pp. 73-126)
* Dinnerstein, Leonard. "The Supreme Court and the Rights of Aliens." (v. 17, pp. 65-75)

(じん　しげじ　逐次刊行物部雑誌課)

―― 注 65)「付表」――

出典―NDL目録:『国立国会図書館目録 明治期』／和歌山目録:『和歌山市民図書館所蔵移民資料目録 和文編1』／UCLA目録:A Buried Past／阪田安雄:『日系移民資料集 北米編18 解説・資料編』／今井輝子:「明治期における渡米熱と渡米案内書および渡米雑誌」／立川健治:「明治後半期の渡米熱―アメリカの流行」／隅谷三喜男:『片山潜』

| | 『学生渡米案内』 | 『渡米案内』 | | 『新渡米』 | | 『渡米の秘訣』 |
		(正)	(続)	(正)	(続)	
NDL所蔵本 状 態 01/明34 02/明35 04/明37 05/明38 06/明39 07/明40	〈未所蔵〉	表紙なし/奥付 片山潜 著 労働新聞社 発行 明34.8 (初版)	表紙なし/奥付 片山潜 著 渡米協会 発行 明35.12 (初版)	表紙・奥付なし 出版協会 編 (第一章1頁) ＊友人宮本勘次郎 君一大抱負を以て 出版協会なるもの を興し、先づ『新 渡米』を出版すと (片山潜『新渡米』 序)＊明37.1.27 内交印	表紙/奥付 宮本勘次郎 編 出版協会 発行 明38.4 (初版)	表紙/奥付なし 片山潜 著 渡米協会 [発行] [ ] ＊渡米案内を発行 して既に六年 (「北米事情」緒論)
NDL目録		片山潜 著 渡米協会, 労働新聞社 発行 明34,35 (79, 続編88p)		出版協会 編 明37,38 (120, 続編140p)		片山潜 著 渡米協会 発行 [ ]
和歌山目録 (初版刊年):目 録注記による		片山潜 著 渡米協会 発行 7版/06.4 (1902.12)	片山潜 著 渡米協会 発行 12版/06.10 (1904.1)	出版協会 編 	宮本勘次郎 編 出版協会 発行 5版/06.11 (1905.4)	
UCLA目録		片山潜 著 労働新聞社 発行 1901	片山潜 著 渡米協会 発行 1902	片山潜 著 渡米協会 発行 1904		片山潜 著 渡米協会 発行 1906(?)
阪田 安雄	(記述なし)	片山潜 著 労働新聞社 発行 1901	片山潜 著 渡米協会 発行 1902	片山潜 著 労働新聞社 発行 1904	(記述なし)	片山潜 著 渡米協会 発行 1906
今井 輝子	＊明34年8月に『渡米案内』の初版ともいうべき『学生渡米案内』を出版……その増補版の『渡米案内』(p.309)	片山潜 労働新聞社 発行 明34	片山潜 明35	宮本勘次郎 出版協会 明37	(記述なし)	片山潜 渡米協会 発行 明40＊「渡米案内を発行して既に六年」から推定(注27)
立川 健治	1901.8.10『渡米案内』(8.30の第三版からその内容にふさわしく『学生渡米案内』となる)を刊行(『汎』4, p.98)	片山潜 労働新聞社 発行 明34.8	片山潜 渡米協会 発行 明35.12	宮本勘次郎 出版協会 発行 明37.1	宮本勘次郎 出版協会 発行 明38.4	片山潜 出版協会 発行 明39.7
隅谷三喜男	片山潜 著 労働新聞社 発行 1901	片山潜 著 渡米協会 発行 1903 ＊『学生渡米案内』の増補版(主要著作目録備考)	片山潜 著 渡米協会 発行 1903	(記載なし)	(記載なし)	片山潜 著 出版協会 発行 1906

＊ユウジ・イチオカは,片山潜は「一九〇一年、最初の渡米案内書を著わした。『学生渡米案内』と題する同書はたちまち成功を収め」としている。(『一世』p. 115)

＊岡林伸夫「片山潜との訣別-山根吾一の活動・その後」『同志社法学』48(1)は、片山と山根の確執を、『渡米雑誌』の動向を中心とした「渡米協会」の出版活動によって考察するが、『渡米の秘訣』を刊行(七月、渡米協会発行)」(同論文, p. 182)部分の注(44)を参考のために引用(抄)する。

――ただし、この『渡米の秘訣』(国立国会図書館所蔵)には奥付がないため、発行所については『光』……(1906年8月5日)……における紹介記事に基づき、刊行月はこの『光』の記事の掲載月日から推定した。なお『渡米の秘訣』の発行所はまもなく「出版協会」に移行されている。これは片山が再度の渡米にあたって委託して行ったものであろう――「出版協会」は――宮本勘次郎……が経営する出版社で、片山の序文を付けた宮本自身の著書『新渡米』『続新渡米』を出版していた……。しかし「宮本勘二郎、右の者一昨年三月限り解雇す目下関係なし、渡米協会」という告知が『渡米雑誌』……(1906年1月3日)…に掲示されている。――

ハワイ・北米における日本人移民および日系人に関する資料について(4)

神　繁司

はじめに
I. 外交史料（外務省資料）
　[1] 外務省記録
　[2] 日本外交文書
　[3] 領事報告
　[4] その他
II. 府県庁等地方公文書・県史等地方史誌
　[1] 地方公文書
　[2] 地方史誌
III. 統計・名簿・名鑑・年表
　[1] 統計
　[2] 名簿・名鑑
　[3] 年表
　　　（資料番号：1—153, 以上第47号）

IV. 文献・史資料目録
　[1] 各機関所蔵目録
　　(1) 国内諸機関所蔵目録
　　(2) ハワイ・アメリカ諸機関所蔵目録
　　(3) カナダ諸機関所蔵目録
　[2] 邦語文献目録
　[3] 欧文文献目録
V. レファレンス・ワーク
　[1] 辞典・事典
　[2] 参考図書

　　　（資料番号：154—264, 以上第48号）

VI. 概説書
　[1] 研究史
　[2] 通史・概説書
　　(1) 移民政策・移植民論
　　(2) 通史・概説
　　(3) 資料集・叢書

　　　（資料番号：265—447, 以上第52号）

Ⅶ. 新聞
　　［1］概説
　　　(1) ディレクトリー
　　　(2) 概説書
　　　(3) 新聞人の詳伝・研究論文
　　［2］ハワイ
　　［3］アメリカ本土
　　［4］カナダ
　　［5］国内発行新聞の記事集成等
　　　　　　（資料番号：448－567，以上本号）

Ⅶ. 新　聞

　「Ⅶ．新聞」では，まず［1］概説で，ハワイ・アメリカ本土・カナダで発行された日系新聞（各種団体等機関紙・強制収容所発行紙を含む，日本人・日系人が発行する邦字紙及び外字紙，以下同）について記載・記述のある「ディレクトリー」（年鑑・名簿類），全般的な概説・関連文献を収録し，新聞人の略伝に続けて評伝・研究論文を収録した[1]。［2］－［4］では，各地域の日系新聞についての概論的な文献を収録し，［5］では，日本国内発行紙等の「新聞集成」「記事目録」類を収録し，移民関係新聞記事検索の便とした。

［1］概説

　（1）　ディレクトリー

448．『**新聞総覧**』明治43年版－昭和18年版（欠あり），日本電報通信社
　　　　　　　　　　　　　　　　　　　　　　　　　　＜YDM101739ほか＞
　　北根豊監修『新聞総覧』明治43年版－昭和18年版，全33巻，大空社，1991-95（日本電報通信社刊の複製）　　　　　　　　　　　　　＜UC126-E23＞
　　『大阪朝日新聞』等の記者として活躍し，「日本電報通信社」（現，広告会社「電通」）を設立した光永星郎が，日本国内外の邦字新聞を網羅するという方針で創刊，1910年（明43）から1943年（昭18）までほぼ毎年刊行された[2]。新聞名・所在地・組織・創立年月・紙幅・広告料・印刷設備・幹部氏名等を纏める「全国新聞一覧」及び，各社沿革・現況・幹部略伝を記述する「日本新聞紙」等からなる。
　　第1巻（明43）では，「全国新聞一覧表」に『布哇日々新聞』『布哇新報』『日布時事』が，「日本新聞紙」に『布哇日々新聞』が記載されている。最終巻（昭18）では，内容体裁が異なっているものの，時局柄，ハワイ・北米の邦字新聞は記載されていない[3]。ハワイ・北米の日系新聞について参照するには全く不十分ではあるが，近代日本の新聞界の動向を知るうえで重要な資料である。
449．『**欧米諸国に於ける新聞調査**』大正11年12月現在，外務省情報部第二課，1924

450. 外務省情報部編『外国に於ける新聞』昭和12年版，[外務省情報部] [1937]（支那及満洲国は除く） <UC4-11>

451. 『世界新聞要覧』上巻（満・支以外の各国），昭和14年版，外務省情報部，1939 <UC123-3>

　　上掲449-451は，何れも，在外公館の調査報告に基づいて編纂された秘密調書。主要国の新聞界状況を概観し，各新聞について新聞名・主義・持主・主筆・備考（創立年・発行部数・経緯・特色等）を纏める。各国主要紙の対日論調が簡明に記されていて有用。邦人経営の新聞は，各国の部に，あるいは付録として収載されているが，網羅的なものではない[4]。また，記載事項，特に創立年について誤りがあることにも注意を払う必要がある。

452. 『世界新聞要覧 北米合衆国編』第1集，外務省情報部，昭21 <070.3-G15ウ>

　　戦後の新たな状況に応じ，上掲451の改訂版として，比較的資料入手の容易な北米合衆国の一部を第1集として刊行したもの。「連合軍総司令部民間情報教育部図書館」所蔵資料に基づいて編纂，ハワイ・カリフォルニア州等14州について収録するが，邦字紙についての記述はない。

453. 「海外にある日本字新聞早判り」『海外』3(15)：昭3.5（日本宣傳號），pp.90-94 <雑19-149>

　　海外雄飛を試みる者は，まず海外事情に精通することが必要であり，その手段の一つとして，海外邦字新聞の購読を勧めている。「南北両米布哇・爪哇（ジャワ）」の邦字新聞について新聞社住所を付し，簡単に案内する。

454. Chapin, Helen Geracimos. **Guide to Newspapers of Hawai'i : 1834-2000.** Honolulu : Hawaiian Historical Society, 2000. <未所蔵>

　　1834年，アメリカ人宣教師 Lorrin Andrews によって，ハワイで最初の新聞 'Ka Lama Hawaii' (The Light or The Hawaiian Luminary) が発行された。本書は，1834年から2000年までにハワイで発行された新聞約1,250タイトルのデータについて収録する[5]。

　　Section I "Alphabetical List of Newspapers" はタイトルのアルファベット順に，新聞のカテゴリー[①] (Establishment, Alternative, Military, School, Hawaiian, Japanese…)／言語[②]／発行地[③]／頻度[④]／発行期間[⑤]／発行者・編集者[⑥]／変遷[⑦]／典拠[⑧]／所在[⑨]等を，注釈[⑩]付きで収録する（下掲エントリー例参照）。Section II "Categories of Newspapers" はカテゴリーのアルファベット順 (African American, Alternative, Chinese…Japanese…Vietnamese) に新聞タイトルを収録。日系紙 (Japanese) は，別タイトルも含め146タイトルに及んでいる[6]。Section III "Newspapers in Print by Years 1834-2000" は，創刊年順リストであるが，創刊年のなかを新聞タイトルのアルファベット順で配列しているので，正確な創刊順は一覧することができない。

（エントリー例）[7]

Hawaii Hochi（Hawaii News Record）
Japanese[1]/Japanese and English[2]
Honolulu[3], weekly, then daily[4], 7 Dec 1912- Oct 1942. 1952-[5]. Pubs: Hawaii Hochi, Frederick K. Makino, Mrs. Frederick Makino, Shizuoka Shimbun, Konosuki Oishi, Paul Yempuku (2000). Eds: Frederick Makino, Kenji Hamada, Mitsunori Shoji, Keiri Kannbayashi (2000), et al. Eng Eds: George Wright, James Brown, et al.[6]
Sakamaki, Union List[8]
HSL mf, UHM mf[9]
One of Hawai'i's two most influential Japanese language papers (with Nippu Jiji). An English section added in 1925 as The Bee, George Wright ed. Makino (1912-1953) crusaded for equal rights and fair treatment for Japanese Americans.…[10]

Nippu Jiji
Japanese[1]/Japanese and English[2]
Honolulu[3], daily except Sun[4], 1 Nov 1905 -22 Oct 1942[5].
Pub: Honoruru-Shi Nippu Jiji Sha; Eds: Yasutaro Soga, Shigeo Soga.[6]
Conts Yamato Shimbun[7]
Cont by Hawaii Times[7]
Sakamaki, Union List[8]
HSL mf, UHM mf[9]
One of the 2 most influential general circulation Japanese language papers in this century (with Hawaii Hochi). Served to remind Island Japanese of their heritage and encouraged them to become good citizens in their new home. Soga was interned during World War II, and his son became editor. Special anniversary and New Year editions up to 60 pp.…[10]

（2） 概説書
199．移民研究会編『日本の移民研究 動向と目録』日外アソシエーツ，1994
　　　　　　　　　　　　　　　　　　　　　　　　　　　　　　　＜DC812-E190＞
　　「第1部 研究史整理—Ⅱ 日系人—受け入れと定着に関する諸問題—1 アメリカ合衆国本土—F ジャーナリズム」（pp.81-83）において，「邦字新聞」以外のメディアも含め，ハワイ・アメリカ本土の「日系ジャーナリズム」研究史を整理している。

455．藤野雅己「北米における初期日系新聞をめぐる諸問題」『上智史學』32：1987.11, pp.113-121　　　　　　　　　　　　　　　　　　　　　　＜Z8-473＞
　　最初の活版日刊紙『新世界新聞』創刊（1894年，明27）までの初期日系新聞に限定し，『第十九世紀』『愛国』『東雲雑誌』等の「史料」発見による新事実とそれに基づく研究を紹介し，従来の説，主に蛯原『海外邦字新聞雑誌史』（143）との異同及び今後の研究課題を整理する。

275．太田勇「アメリカの民族新聞研究の動向と課題」『地理学評論』Ser. A, 65(9)：1992.9, pp.689-715（文献：pp.711-713）　　　　　　　　　　　＜Z8-571＞
　　前掲，『参考書誌研究』No.52, pp.21-22, p.67参照。

211．山田晴通「北米日系新聞関係日本語文献表（第1稿）」『松商短大論叢』42：1994.3, pp.255-295　　　　　　　　　　　　　　　　　　　　　　＜Z3-287＞
　　ハワイ・北米における日系新聞に関する邦語文献（含新聞記事）に，簡単な説明を付したもの。1993年までの「日系新聞研究会」会員の研究成果をほぼ網羅す

る[8]）。山田は，「北米以外の日系新聞関係」「関係所在機関」を補足し，本文献表の加筆修正・文献追加をインターネット上で公開している（http://www.camp.ff.tku.ac.jp/TOOL-BOX/NAJP.html）。

143．蛯原八郎**『海外邦字新聞雑誌史』**學而書院，1936（附録：海外邦人外字新聞雑誌史）（海外邦字新聞雑誌創刊改題年表：pp.349-372） ＜UC126-11＞

蛯原八郎**『海外邦字新聞雑誌史』**名著普及会，1980（學而書院，1936年刊の複製） ＜UC123-7＞

東京帝国大学法学部附属「明治新聞雑誌文庫」（1981年，法学部附属近代日本法政史料センター明治新聞雑誌文庫と改称）所蔵資料及び帝国図書館等の資料に拠り，海外における邦字新聞・雑誌について網羅的に記述する[9]。初期日系新聞・雑誌に関する古典的文献として，多くの研究者の依拠・引用するところではあるが，1980年代以降「日系新聞研究会」会員による実証的研究が進むにつれて，その「補足訂正を含めた全面的再検討」の緊要性が指摘されている[10]。しかし，1868年（明治元）から1926年（大正15）に及ぶ**「海外邦字新聞雑誌創刊改題年表」**等，その評価の如何に関わらず，また検証されるべき原点として，現在もなお有用である。

456．榊原亀之甫「アメリカの邦字新聞・今と昔」**『総合ジャーナリズム研究』**59：1972.1, pp.32-41 ＜Z6-8＞

ハワイ・アメリカ本土の邦字紙の歴史及び現状について，日系コミュニティ・紙面等の分析を交えながら概観する。榊原は当時『北米毎日新聞』東京支局長。

457．「聴きとりでつづる新聞史 海外編 Ⅰ」**『別冊新聞研究』**9：1979.10＜Z21-670＞

458．「聴きとりでつづる新聞史 海外編 Ⅱ」**『別冊新聞研究』**17：1983.12

＜Z21-670＞

日系新聞関係者からの「聴きとり」による日系新聞史。聞き手は春原昭彦及び高須正郎[11]。「海外編Ⅰ」には，サンフランシスコ（『日米新聞』『日米時事』―浅野七之助／池添一馬／梅津孜，『北米毎日新聞』―ハワード今関／吉次茂生）・ロサンゼルス（『羅府新報』―駒井明／橋田悌穂／佐藤鉄雄，『加州毎日新聞』―菱木寛／丸谷潤子）・ハワイ（『ハワイ報知』―山本常一，『日布時事』『ハワイタイムス』―平井隆三）を，「海外編Ⅱ」には，ニューヨーク（『北米新報』『ニューヨーク日米新聞』―貴田愛作）・メキシコシティ・リマ・海外日系放送（ロサンゼルス「朝日ホームキャスト」，「ユナイテッドテレビ」，ハワイ「キクテレビ」ほか）を収録する。なお，「海外編Ⅲ」『別冊新聞研究』19：1985.4は，サンパウロ及びブエノスアイレスの日系新聞関係者を収録している。各氏談話を理解するためのバックグラウンドとして，各地域日系紙の発展略史を付している。

○「海外編Ⅰ」（全て春原昭彦記）：「サンフランシスコ日系紙の歩みと現況」「ロサンゼルスの日系紙の変遷と発展」「ハワイの日系紙その生い立ちと活動」

○「海外編Ⅱ」（全て高須正郎記）：「ニューヨーク日系紙の変遷と発展」「南

　　　　北アメリカで発展する日系放送」
　　　　○「海外編Ⅲ」（全て高須正郎記）：「ブラジルの日系新聞その変遷と苦闘」
　　　　「アルゼンチンの日系紙戦前からの歩みと役割」
459．田村紀雄・白水繁彦「在米日系新聞の発達史研究序説」**『東京経済大学人文自然科学論集』**61：1982.9, pp.33-90　　　　　　　　　　　　　　　＜Z22-394＞
　　　「日系新聞研究会」の研究プログラムの問題意識（問題の所在・研究の動機・研究の領域）を整理する。「日系人」「日系社会」「日系新聞」等主要概念を定義・整理し、「日本の移民新聞研究」「日系新聞の発達略史」「日系新聞の現状・問題点・将来」等を概観する。各種の文献から採取したアメリカ（含むハワイ）とカナダの日系新聞の「不完全」な事例として約200タイトルの日系新聞をリスト・アップしている（pp.35-40）。
460．白水繁彦「変わりゆく北米の日系新聞」**『新聞研究』** 377：1982.12, pp.58-63
　　　　　　　　　　　　　　　　　　　　　　　　　　　　　　　　　＜Z21-88＞
　　　日系新聞を「比較的大規模な日系新聞」「オーソドックスな日系新聞」「新しい傾向の日系新聞」「市民運動型の新聞」の四カテゴリーに類型化し、経営・紙面・日系社会の分析を通して、「日系新聞の新しい展開」を探る。
144．田村紀雄・白水繁彦編**『米国初期の日本語新聞』**勁草書房，1986（北米初期日系新聞関係年表：pp.435-453）　　　　　　　　　　　　　　　＜UC151-9＞
　　　「日系新聞研究会」最初の共同研究論文集。「米国の日系新聞の発達と日本の知識人」をテーマに開催された国際シンポジウム（1984年11月、於：東京経済大学）での報告・検討を基に新たに書き起こされたもの。1886年（明19）—最初の日本語新聞『東雲雑誌』創刊—から1924年（大13）—「排日移民法」制定—頃までの「米国・初期の日本語新聞」を対象とする。本書の刊行により、蛯原『海外邦字新聞雑誌史』(143)以来50年の空白が埋められ、日系新聞研究は本格的・実証的研究の段階へ入ったという意味で、評価が高い[12]。**「北米初期日系新聞関係年表」**が蛯原「海外邦字新聞雑誌創刊改題年表」北米部分をまず補足・訂正するもの。小玉「シンポジウムの視角」が、本シンポジウムの視座—日系新聞と「知識人」—について、収録論稿を踏まえて整理、問題点を指摘し総括する。以下の各論稿を収録。
　　　　田村紀雄「概説 初期の米国日系新聞の流れ」／阪田安雄「脱亜の志士と閉ざされた白皙人の楽園—民権派書生と米国に於ける黄色人種排斥」／ユージ・イチオカ「安孫子久太郎—永住を主唱した在米日本人先駆者」／新井勝紘「自由民権期の渡米邦人活動史（序）」／有山輝雄「雑誌『遠征』の言論活動——八九〇年代サンフランシスコにおける「有志」の軌跡」／白水繁彦「ハワイ日系新聞人の適応のストラテジー」／蒲池紀生「ニューヨークにおける星一の新聞・雑誌活動」／伊藤一男「米国西北部の帰国知識人」／「明治を超えて」＊関口英男「杉町八重充——九一九——九六七」＊藤野雅己「中島半三郎と『在米体験』—自由民権運動と労働問題」＊サエキ，バリー・山本英

政「二世の立場から」／小玉美意子「シンポジウムの視角」／田村紀雄「共同研究の方法論―『あとがき』にかえて［含資料］」

461. 田村紀雄「概説 初期の米国日系新聞の流れ」田村・白水編『**米国初期の日本語新聞**』1986, pp.1-45　　<UC151-9>

　　459. 田村・白水論文から462. 田村書へと発展する過程での纏め。日系新聞研究における理論的・思想的前提としての基本的視座を検討し，桑港(サンフランシスコ)・羅府(ロサンゼルス)・沙港(シアトル)・布哇(ハワイ)・紐育(ニューヨーク)・その他の都市の日系紙発達を概観する。『米国初期の日本語新聞』(144)所収各論稿への導入的概論であるとともに，この時期において，蛯原『海外邦字新聞雑誌史』(143)を補足・訂正する文献の一つとして重要である。

462. 田村紀雄『**アメリカの日本語新聞**』新潮社, 1991(新潮選書)　　　　　<UC151-E5>

　　海外で初めて発行された邦字紙『東雲雑誌』から太平洋戦争後の日系紙の「奇跡の復興」まで，日系コミュニティにおける「都市の装置」としての日本語新聞一世紀の消長を綴る。物語風の文体のなかにも，これまでの研究成果がふんだんに盛り込まれ，アメリカにおける日系新聞に関する，最適な入門書となっている。

463. 田村紀雄編著『**正義は我に在り 在米・日系ジャーナリスト群像**』社会評論社, 1995　　　　　　　　　　　　　　　　　　　　　　　　　　　　　　　　　　<UC151-G1>

　　「日系新聞研究会」三冊目の共同研究書。アメリカにおける排日・労働運動等をめぐって展開された，日系新聞・日本人ジャーナリストの言論とアメリカ側の対応の「社会的プロセス」を主な課題とする。日本人ジャーナリストの生き様を伝えるとともに，アメリカにおける個別の日系新聞の発達過程が詳述される。些末ながら，少なからず誤植があることが惜しまれる。以下の論稿を収録する。

　　飯田耕二郎「ハワイ・日系キリスト教会の草創期の機関紙」／田村紀雄「ポートランドの新聞事情と伴新三郎」／田村紀雄「海を渡った田中正造直訴ニュース」／山本英政「亜米利加丸(あめりか)事件―触診検査は凌辱的だったのか」／阪田安雄「『加州毎日新聞』と藤井整の周辺」／田村紀雄「一九二〇年耕地ゼネストと『洋園時報』」／有山輝雄「一九二四年移民法と『羅府新報』」／林かおり「『羅府新報』と愛国運動」／山中速人「日本語学校『試訴』事件と日系新聞」／ウエスリー・ウエウンテン「ハワイの日系二，三世と『ハワイ・ヘラルド』」／田村紀雄「反ファシズムの新聞『同胞』」

464. 田村紀雄・東元春夫「移民新聞と同化―『ユタ日報』の事例を中心に［含資料］」『**東京経大学会誌**』138：1984.11, pp.183-218(日系新聞研究ノート 6)

　　　　　　　　　　　　　　　　　　　　　　　　　　　　　　　　　　　　　<Z22-393>

465. 東元春夫「移民新聞の盛衰と同化に関する一考察―『羅府新報』の場合」『**新聞学評論**』36：1987.4, pp.43-56　　　　　　　　　　　　　　　　　　　<Z21-85>

466. 東元春夫「移民新聞購読と同化のレベルに関する一考察―在米日系人の調査から」『**芦屋大学論叢**』19：1990.6, pp.131-157　　　　　　　　　　　<Z22-978>

　　464-466は，東元のブリガム・ヤング大学での学位論文 "Assimilational Factors Related to the Functioning of the Immigrant Press in Selected Japanese Communities (Utah, California)."（ph. D., 1984）を敷延させた一連の論稿。アメリカにおける移民新聞研究の通説となっているM・ジャノヴィッツ　Morris Janowitz の仮説（移民新聞が長く存在すればするほど，①発行頻度は少なくなる。②発行部数は減少する。）を，「米国社会への同化に最大の抵抗を示してきた」日系人コミュニティを事例に分析し，その妥当性を検証する[13]。

　464では，カリフォルニア等西海岸諸州とは異なった日系コミュニティ環境が存続した，モルモン教の聖地ソルトレークシティにおいて，戦時中も発行され続け，また資料の散逸を免れた『ユタ日報』を対象とし，465では，創刊以来発行部数が増加し続けている『羅府新報』を対象として，ジャノヴィッツの仮説を検証する。『ユタ日報』事例では，発行部数の減少と日系人口の漸増により，『羅府新報』事例では，発行部数の増加にもかかわらず，その対人口比での減少によって，ジャノヴィッツ仮説の妥当性を裏付け，「移民新聞の機能（同化）と逆機能（衰退）の普遍性」を示唆する。466は，「同化の指標」（①所属集団の数　②職場の同僚との関係　③近隣関係　④友人のエスニシティ）を設定し，「送り手」側（新聞）ではなく「受け手」側（読者）についてのサンプリング調査によって，「個人の同化のレベルが高いほど移民新聞購読の傾向が小さくなる」という仮説の妥当性を実証する[14]。また464論稿は，ユタ州における日本語新聞事情についても略述する。

467. 白水繁彦編著『**エスニック・メディア　多文化社会日本をめざして**』明石書店，1996（在日エスニック・メディア　カタログ'96：巻末, pp. i-xxviii）

＜UC126-G5＞

　通信系を含む「在日」エスニック・メディアの現状に関する初めての纏め。日系コミュニティにおける日本語メディアの発展過程を考えるうえで，比較・参照されるべきであろう[15]。

468. 白水繁彦『**エスニック文化の社会学　コミュニティ・リーダー・メディア**』日本評論社，1998　　　　　　　　　　　　　　　　　　　＜EC131-G15＞

　「エスニック集団の変化とメディア」に関するこれまでの論稿を大幅に加筆修正し，著者の研究軌跡を踏まえて，「海外の日系人」に関するものと「日本国内のエスニック集団」に関するものに大別，再編する。「Ⅰ　協調か抵抗か：抑圧下の一世リーダーのストラテジー」（pp.2-26／(後掲480)「ハワイ日系新聞人の適応のストラテジー」田村・白水編『米国初期の日本語新聞』に加筆修正）は，「日本語学校試訴事件」をケースとして，牧野金三郎（試訴派・『布哇報知』）と相賀安太郎（反試訴派・『日布時事』）二人のコミュニティ・リーダーの適応のストラテジーを明らかにし，その背後にある「構造的文化的志向」を探る。「Ⅴ『エスニシティとメディア』：日本における研究の系譜」（pp.116-127／「エスニシティ」『マス・コミュニケーション研究』50：1997.1（現代マス・コミュニケーション理論のキーワード＜特集＞）に加筆）は，「エスニック・メディア研究の

開始：シカゴ学派の影響」「海外日系新聞の歴史的研究の系譜」「在日エスニック・メディの研究」「グローバリゼーション、民族イメージ」それぞれの研究史概観。「Ⅵ 在日エスニック・メディアの現在」(pp.129-158／「エスニック・メディアの現在」白水編著『エスニック・メディア』に新データを加え修正) は, 在日エスニック・メディアの内容・社会的機能についての概説。

469. 町村敬志「エスニック・メディアのジレンマ―ロスアンジェルス日本系メディアを事例に」奥田道大編著『**都市エスニシティの社会学―民族／文化／共生の意味を問う**』ミネルヴァ書房, 1997, pp.123-142 (都市社会学研究叢書 7)
 <EC121-G25>
 エスニック・メディアを, その役割によって「移民メディア」「マイノリティ・メディア」「越境者メディア」の三類型に分け, 日系メディアからアジア系アメリカ人メディアへと志向する『羅府新報』等, ロサンゼルスの日本語「移民メディア」の盛衰を例に, エスニック・メディアの孕む「グローバル」と「ローカル」という両義性を実証する。エスニック・メディアの究極的な課題として, インターネット上の電子ジャーナリズムにおける「移動者の新たな公共圏形成の可能性」を提起する[16]。

470. 町村敬志『**越境者たちのロスアンジェルス**』平凡社, 1999 (平凡社選書 190)
 <DC821-G20>
 多人種都市ロサンゼルスにおける日系コミュニティの変遷のなかで,「越境者」としての日系人・日本企業駐在員と日系紙等日本語メディアの関係を考察する (「第5章 遠隔地『日本』社会の構造―まつわりつくナショナリティ」pp.209-254)。(「第3章 交錯する場所, 重層する記憶―アフリカ系アメリカ人と日系アメリカ人」pp.109-161は,「越境者」と「エスニック」という概念を手懸かりに, 黒人と日系人との共存関係を描く。)[17]

471. 藤岡伸一郎「海外邦字新聞の現状と課題 第一回・世界日本語新聞代表者会議開催さる (上, 下)」『**総合ジャーナリズム研究**』71：1975.1 pp.149-156, 72：1975.4 pp.123-135 <Z6-8>
 第1回「世界日本語新聞代表者会議」(1974年10月, 於：経団連ホール) に参加した5ヶ国15社 (ハワイタイムス・ハワイ報知・日米時事・北米毎日新聞・羅府新報・加州毎日新聞・北米報知・シカゴ新報・大陸時報・ペルー新報・サンパウロ新聞・パウリスタ新聞・日伯毎日新聞・らぷらた報知・亜国日報各社) の現状と問題を探る。
 この会議において, 海外マスコミと日本の新聞界との交流・海外マスコミ相互の連絡をはかり, 日系社会の発展に寄与する目的で「海外日系新聞協会」が設立された。以後,「日本新聞協会」の新聞大会開催に合わせて,「海外日系新聞協会年次大会 (海外日系新聞大会)」が例年開催されている[18]。

472. 田村紀雄「国産技術の海外移転―アメリカ日系社会の場合」田村紀雄・志村章子編著『**ガリ版文化史 手づくりメディアの物語**』新宿書房, 1985, pp.240-

243（ガリ版印刷文化関係年表：pp.251-259, ガリ版文化史参考文献：pp.260-263）　　　　　　　　　　　　　　　　　　　　　　　　　　　　　　　　　<PE23-6>

　アメリカ日系社会におけるガリ版印刷についての簡単な纏め。このような視点からの研究もあるという好例であろう。印刷技術については，個々の研究で触れられているものも少なくないので，日系新聞の印刷技術について今少し詳細な纏めも期待される[19]。

（3）　新聞人の評伝・研究論文
【ハワイ】
① **小野目文一郎**：1863（文久3）-1906（明39）
　仙台藩士族の出。仙台中学校の同級生に「愛国同盟」の民権運動家菅原伝がいる。1886年（明19）布哇移住民局移民監督官として渡布。移住民局の日本人移民の扱いに義憤を覚え辞職，これを攻撃・批判するために，1892年（明25）6月3日，ハワイ初の日本語新聞**『日本週報』**を創刊した。一方で「小野目商店」「蚕糸銀行」等の事業も試みた[20]。

473．坪井みゑ子『**ハワイ最初の日本語新聞を発行した男**』朝日新聞社, 2000
　　　　　　　　　　　　　　　　　　　　　　　　　　　　　　　　　<GK115-G46>

　現存した『日本週報』との出会いを頂点に，知られざる「ハワイの叔父さん」小野目文一郎の生涯を15年間にわたり探し求めた，「主婦のナゾ解きの旅」の記録。「現物は残っていない」（462．田村『アメリカの日本語新聞』1991, p.167）と言われた『日本週報』の，第35号（1893年2月6日発行，「ハワイ州立公文書館 *Hawaii State Archives*」所蔵）の紹介は，ハワイの初期日系新聞研究の難しさを象徴するものである[21]。

② **奥村多喜衛**：1865（慶応元）-1951
　安芸郡奉行奥村又十郎の長男として高知県田野町に生まれる。同志社神学校卒業後，1894年（明27）ホノルル日本人基督教会（ヌアヌ教会）宣教師として渡布。以後ハワイ日系社会の伝導・教育・矯風，日米問題解決（「排日予防啓発運動 *Educational Campaign among Japanese Labor on Various Plantations*」の展開（1921-30年），「日系市民会議 *New Americans Conference*」の開催（1927-41年）等に尽力し，ハワイ在留邦人の地位向上に努めた。キリスト教の博愛不偏を標榜する**『ほのるゝ新聞』**（1900年12月12日創刊）に関与，また米化運動の機関紙として，1919年1月，**『楽園時報』**（『愛友叢誌』→『マキキ教報』→）を発行した。奥村が関与したいわゆる「キリスト教ジャーナル」は，ホノルルの「マキキ聖城基督教会」にほぼ完全に保存されている[22]。

342．Kotani, Roland. **The Japanese in Hawaii : A Century of Struggle**. Honolulu : Hawaii Hochi, 1985.（Bibliography：pp.165-169）
　　　　　　　　　　　　　　　　　　　　　　　　　　　　　<DC812-A30><移-Y2>

'Chapter 4 Okumura, Makino and the Japanese Community'（pp.47-63）において，日本人コミュニティの二大指導者,「サムライ牧師 *Samurai Reverend*」奥村多喜衛と「(白人との) 混血煽動家 *Hapa-Haole Agitator*」牧野金三郎の対照的な生き方を,「ストライキ問題」(1909年：日本人大ストライキ―1920年：オアフ島大ストライキ),「日本語学校試訴事件」(1922-27年), 及び「米化」への対応等を通して描写する[23]。

474．杉井六郎「排日予防啓発運動」同志社大学人文科学研究所「海外移民とキリスト教会」研究会編『**北米日本人キリスト教運動史**』PMC出版, 1991, pp.69-147
　　　　　　　　　　　　　　　　　　　　　　　　　　　　　　　　　＜HP77-E17＞
奥村の『布哇に於ける日米問題解決運動』を主な典拠とし，奥村多喜衛・梅太郎父子がハワイにおいて展開した「排日予防啓発運動」の足跡とその役割を検証する。

475．島田法子「奥村多喜衛と渋沢栄一―日米関係からみたハワイにおける排日予防啓発運動」『**日本女子大学紀要 文学部**』43：1994.3, pp.39-56　　＜Z22-535＞
1920年代に高まったハワイにおける「排日運動」解決のため，奥村が展開した「排日予防啓発運動」の背景には，日本の指導者層の協力があった。移民問題解決を「国益」とする渋沢栄一と奥村の関係を，日米関係の文脈の中で考察し，「米化運動」の歴史的意義を再評価する。

476．吉田亮「キリスト教化とハワイ日系人のアメリカ化―奥村多喜衛と日系市民会議」『**宗教研究**』67(1)：1993.6, pp.79-103（民族と宗教＜特集＞）　＜Z9-184＞
奥村は，将来のハワイ日系社会を担う二世指導者の養成を目的に，「排日予防啓発運動」の展開と並行して「日系市民会議」を主催した。本稿は，奥村の「米化運動」をケーススタディとし，『楽園時報』等の「キリスト教ジャーナル」に拠り，キリスト教が,「新武士道」として，ハワイ日系社会の「米化」「同化」に果たした役割を検討する[24]。

477．中川芙佐著, 物部ひろみ［ほか］訳『**土佐からハワイへ―奥村多喜衛の軌跡**』「奥村多喜衛とハワイ日系移民展」実行委員会, 2000（奥村多喜衛の経歴：pp.176-178, 大久保清の経歴：pp.179-180, 主な参考文献：pp.181-183）（英文併記）
　　　　　　　　　　　　　　　　　　　　　　　　　　　　　　　　＜HP113-G88＞
『高知新聞』に1998年12月23日から65回にわたって連載されたものを纏め，英訳を付したもの。この取材過程で「奥村多喜衛とハワイ日系移民展―土佐からハワイへ」（2000年3月25日-5月7日, 於：高知市立自由民権記念館）の開催が決定された（本書「奥村多喜衛とハワイ日系移民展」pp.170-175）。高知時代から1951年の昇天まで奥村の軌跡の全貌を明らかにする。

③ **林三郎**：1867(慶応3)-1943
福島県会津若松に生まれる。「会津の役」敗北後, 1870年(明3) 一家は他の会津藩士とともに陸奥国斗南藩に移住した。1884年, 青森県立医学校を主席で卒業し,

1885年渡米。1888年,ハネマン医科大学（サンフランシスコ）に入学,苦学をしながらも1891年主席で卒業した。この間知り合った岡部次郎牧師の要請で,1892年ハワイ島ホノムで開業し,その後コナに移り住んだ。医業の傍ら,日本語学校の創設等多くの社会事業にも寄与,コナの日本人を啓発する目的で,1897年(明30)2月13日,ハワイ島で初めての日本語新聞『**コナ反響**』を創刊した。『コナ反響』は,戦争による発行停止の後,J.B. Dixonにより再刊されたが（1950年4月,'Kona Echo'),林の『コナ反響』とは別の新聞と考えるべき[25]。[26]

478．Nakano, Jiro. **Kona Echo : A Biography of Dr. Harvey Saburo Hayashi**. Kona : Kona Historical Society, c 1990. (References : pp. 105-107)

<移(四)-Y43>

479．中野次郎『**ジャカランダの径 ハワイの医師林三郎伝**』中野好郎,1991（478. Kona Echo. の翻訳） <GK49-G7>

「コナの経済的、社会的および文化的進歩に貢献した最大の先駆者」林ハービィ三郎の生い立ちから晩年までを克明に描く。著者中野は当時,ヒロ在住の医師で,『Japanese Beach Press』に日系移民史を含む随想「ハワイ島便り」を連載していた（「コナ・エコー（反響）」『Japanese Beach Press』1993年8月13-26日号）。この連載記事からハワイアンのマナ（情念）とハワイアーナ（風物詩）を伝えるものを選び『ハワイ・マナ 楽園の風物詩』集英社,1996<GJ123-G2>として纏めている[27]。

④ **相賀安太郎**：1873（明6）-1957

「代々大江戸に住んでいた碌々たる平和の小市民の家」に生まれる。東京法学院（現,中央大学）及び東京薬学校中退,この間職を転々とす。志保澤忠三郎（1894年,『布哇新報』創刊）の招きで1896年（明29）渡布。『**布哇新報**』の編集者兼記者兼製版工として働く。1905年5月,『**やまと新聞**』を譲り受け編集方針を一新させた。翌年11月3日,『やまと新聞』は『**日布時事**』と改題（1942年11月『**布哇タイムス**』と改題),相賀は社長兼主筆として,『布哇報知』(1912年創刊) 牧野金三郎とともに,ハワイ日本人コミュニティを二分する指導者として,在布同胞の啓蒙活動を展開した。戦争中はサンタフェ収容所に抑留された。渓芳と号し筆硯に親しむ[28]。

320．相賀渓芳『**五十年間のハワイ回顧**』ホノルル,「五十年間のハワイ回顧」刊行会,1953（ハワイ日本人年表：巻末,pp.1-6）

<334.476-So624g><山本-201><移-13>

新聞人の当然の職域・責任として,また将来の参考に資するため,相賀自身の渡布（1896年）から終戦直後（1946年）まで,日本人移住の由来,発展の道程及び日米関係の真相を記録する（前掲,『参考書誌研究』No.52, pp.33-34参照）。

342．Kotani, Roland. **The Japanese in Hawaii : A Century of Struggle.** Hawaii Hochi, 1985.[23] <DC812-A30><移-Y2>

480．白水繁彦「ハワイ日系新聞人の適応のストラテジー」田村・白水編『**米国初期**

の日本語新聞』1986, pp. 279-310 　　　　　　　　　　　　　＜UC151-9＞
468. 白水繁彦「協調か抵抗か：抑圧下の一世リーダーのストラテジー」白水『**エスニック文化の社会学　コミュニティ・リーダー・メディア**』1998, pp. 2-26
　　　　　　　　　　　　　　　　　　　　　　　　　　　＜EC131-G15＞

⑤ 牧野（フレッド）金三郎：1877（明10）-1953

　英国人貿易商 Joseph Higgenbotham を父に横浜で生まれる。4歳の時父が死亡，義父との折り合いが悪く，1899年（明32）渡布。長兄牧野譲経営の商店をはじめ，精糖会社・耕地会社等で帳簿係を勤める。その後ホノルルで「牧野薬舗」を開業，「牧野法律事務所」なるものを併設し，日本人移民の面倒もみた。1909年，第一次オアフ島ストライキ時には「増給期成会 Higher Wage Association」会長に推され，後にライバル紙となる『日布時事』社主・相賀安太郎らとともに投獄された。在留同胞の権益擁護のためには邦字新聞が必要であることを痛感し，1912年（大正元）12月7日，「不偏不党独立不羈」を社是に『**布哇報知**』（→『**ハワイ報知**』）を創刊。その後幾多の事件・事案において敢然たる論陣を展開した。

481. 牧野金三郎伝編纂委員会編『**牧野金三郎伝**』ホノルル，牧野道枝，1965（英文併記） 　　　　　　　　　　＜289.1-M157＞＜山本-189＞＜移-78＞
　　「業績概略の敷延」（pp. 24-37），「日本語学校の試訴苦闘史」（pp. 38-64），「福永事件と助命運動」（pp. 65-67）等同胞の権益擁護のために戦った牧野金三郎と『布哇報知』の寄与した功績，「逝去と葬儀概略」（pp. 87-97）及び関係者の回想を纏める追悼出版。

342. Kotani, Roland. **The Japanese in Hawaii : A Century of Struggle.** Hawaii Hochi, 1985.[23]　　　　　　　　　　　＜DC812-A30＞＜移-Y2＞
　　「福永事件」につき 'Chapter 5 The American Dream'（pp. 65-78）も参照のこと。

482. 『**フレッド牧野金三郎氏の伝記**』［ホノルル，ハワイ報知社，1987］（英文併記）
　　　　　　　　　　　　　　　　　　　　　　　　　　　＜移（四）-102＞
　　『ハワイ報知』創立75周年を記念して発行されたパンフレット。「生い立ち」「第一回日本人ストライキ」「『ハワイ報知』創刊」「『報知』を通じての牧野の貢献」「戦争中と戦後の牧野とその死」「牧野のもう一つの面」を7頁（日本語頁）に収める牧野金三郎略伝。渡辺礼三編『**ハワイ報知創刊七十五周年記念誌**』ハワイ報知社，1987＜UC171-E6ほか＞は，『布哇報知』（→『ハワイ報知』）の記事・論説を中心に，ハワイ邦人社会における牧野の功績を辿る。併せて参照されたい。

480. 白水繁彦「ハワイ日系新聞人の適応のストラテジー」田村・白水編『**米国初期の日本語新聞**』1986, pp. 279-310 　　　　　　　　　　　＜UC151-9＞
468. 白水繁彦「協調か抵抗か：抑圧下の一世リーダーのストラテジー」白水『**エスニック文化の社会学　コミュニティ・リーダー・メディア**』1998, pp. 2-26

<EC131-G15>

⑥ **大久保清**：1905（明38）～

材木商大久保長二郎の三男として，新潟県北蒲原郡加治村に生まれる。1924年（大13）渡布，『**布哇新報**』記者，「布哇中央学院」（奥村多喜衛創立）日本語教師を経て，1928年から林三郎の『**コナ反響**』編集を手伝う。その後も『**電波新聞**』（ホノルル）記者，『**布哇報知**』ヒロ支局長として新聞界に身を置く。1955年，一世のための最後の日本語新聞『**ヒロタイムス**』を創刊，1965年には「ハワイ島日本人移民資料館」を開設した。95歳の今もなお，ヒロのラジオ局「KIPA」のパーソナリティを勤めるハワイ最後の新聞人，ジャパン・ボーン（日本生まれ）のマクレ（年寄り）である[29]。

483．朱鷺谷ゆみ「ワシはジャパン・ボーンのマクレじゃー頑固一徹の明治男が語るハワイ日系社会の礎」『**ハワイ［極楽］読本 その先の「楽園」へ**』宝島社, 1997, pp.224-227（別冊宝島 WT 15） <未所蔵>

484．須藤達也「ハワイの日系新聞人―大久保清のこと」『**朱夏**』11：1998.10, pp.59-68（内と外のジャーナリズム＜小特集＞） <Z13-4340>

477．中川芙佐, 物部ひろみ[ほか]訳『**土佐からハワイへ―奥村多喜衛の軌跡**』「奥村多喜衛とハワイ日系移民展」実行委員会, 2000（奥村多喜衛の経歴：pp.176-178, 大久保清の経歴：pp.179-180, 主な参考文献：pp.181-183）（英文併記）
<HP113-G88>

「ハワイ島日本人移民資料館」長・大久保清との出会いにより，著者の奥村多喜衛研究が触発された。本書は，最後の新聞人大久保と「ハワイ島日本人移民資料館」について初めて「本格的に」紹介する（「第二部 大久保清」pp.147-169）。

【アメリカ本土】

① **鷲津尺魔（鷲頭文三）**：1865（慶応元）-1936

新潟県三島郡飯塚村に酒造業鷲頭源次の三男として生まれる。自由党の活動を経て，1894年（明27）渡米。『**桑港新聞**』の筆耕生を皮切りに，『**腮はづ誌**』『**太平洋**』『**ジャパン・ヘラルド**』（→『**桑港日本新聞**』→『**日米新聞**』）『**新世界**』等々多くの新聞・雑誌の創刊に関わり，記者として健筆を揮う一方で，「日本勧業社」（社長・安孫子久太郎）等実業にも関わった。鷲津の『日米新聞』連載記事「歴史湮滅の嘆」「吾輩の米國生活」等は，当時の日系社会及び新聞界の事情を伝える貴重な資料である。『在米日本人史観』＜DC812-188＞（後掲）が唯一の纏まった著作。

388．佐渡拓平『**カリフォルニア移民物語 気骨のジャーナリスト尺魔が刻した**』亜紀書房, 1998（年表（「鷲津尺魔」「アメリカにおける日本人排斥等」関連）：pp.283-285, 主な参考文献等：巻末pp.1-3） <DC812-G107>

「第六章 安孫子久太郎と尺魔」（pp.211-247）は，「鷲津なくして安孫子なし，安孫子なくして鷲津なし」という畏友二人の関係を描く。

② **横川省三**：1865(慶応元)-1904(明37)

南部藩士三田村勝衛の次男として盛岡に生まれる。幼名は勇次。19歳の時，徴兵を忌避するため入婿して横川姓となる。自由民権運動に参画し，「加波山事件」で投獄。1890年(明23)『東京朝日新聞』入社し，郡司大尉の北千島探検同行記事，日清戦争海軍従軍記者としての威海衛夜襲実見記，三陸沖大津波実見記等々，横川の名記事が紙面を飾った。1896年退社し翌97年渡米。鷲津尺魔らと『**ジャパン・ヘラルド**』(→『**桑港日本新聞**』→『**日米新聞**』) を創刊した。ハワイで「熊本移民合資会社」代理人を経た後，日露戦争時，いわゆる「露探」として，東清鉄道爆破の秘命を帯び潜伏中，発覚し処刑された。その潔い最期が後々まで語り伝えられている。[30]

485．関口英男「アメリカにおける横川省三 —1— 邦字新聞編集者としての事蹟」『**帝京経済学研究**』18(1・2)：1984.12, pp.353-366　　　　　　　　　　　　<Z3-831>

関口英男「アメリカにおける横川省三 —2— 自由民権運動に占める邦人新聞の意義」『**帝京経済学研究**』19(1・2)：1985.12, pp.235-259　　　　　　　<Z3-831>

自由民権運動，東京朝日新聞記者時代を経て渡米。その背景及び『桑港日本新聞』(『ジャパン・ヘラルド』→)創刊の経緯を，海外初の邦字紙『東雲雑誌』発見とロサンゼルス自由民権派新聞の消長のなかに跡づけ，ハワイでの恵まれた生活から満州行へと，自由民権運動の激動期に「私」から「公」へと奉じた横川の事蹟を検証する。

③ **安孫子久太郎**：1865(慶応元)-1936

新潟県北蒲原郡水原町に生まれる。生後7日で母と死別，母方の祖父安孫子胎堂のもとで養育され，蠟燭や紙の行商を手伝う。17歳の時，「徒手空拳」を振るうべくアメリカを目指し離郷。志し達せず，東京で数年間を過ごすが，この間，仏学塾(中江兆民)・漢学塾(三島三洲)・英学塾(矢野文雄)に学び，1883年(明16)には京橋区肴町教会で洗礼を受けている。1885年，20歳の時，サンフランシスコ福音会の修学生として渡米，書生として働く。『ジャパン・ヘラルド』(→『**桑港日本新聞**』)及び『**北米日報**』(「ハイト青年会」機関紙)を買収・合併し，1899年『**日米新聞**』を創刊。その成功・興隆とともに，安孫子は「新聞事業家」として，排日運動批判・「土着永住論」の展開等その理想像を追求した。「ヤマト・コロニー」(1906年建設)をはじめとする3ヶ所の理想郷は今日も存続している[31]。余奈子夫人は，津田梅子の末妹で，安孫子の死後も，戦争による停止の日まで『日米新聞』を発行し続けた[32)33)]。

486．村山有「安孫子久太郎 排日移民法と戦う」『**続・越佐が生んだ日本的人物**』新潟日報社, 1965, pp.310-332　　　　　　　　　　　　<281.41-N693e2>

村山有「安孫子久太郎 排日移民法と戦う」『**越佐が生んだ日本的人物**』新潟日報事業社出版部, 1994, pp.310-332 (第1集-第3集, 昭40-42年刊の合本複製)
　　　　　　　　　　　　　　　　　　　　　　　　　　　　<GK13-E832>

郷土の先人，安孫子久太郎の家庭環境及び渡米前後の事情を関係者に語らせ，

『日米新聞』における米化運動・排日運動への対応,理想郷「大和殖民地〔ヤマトコロニー〕」建設の経緯について叙述する。安孫子の幼年時代に関する数少ない記録を含む略伝である。

487. Ichioka, Yuji.[ほか]「安孫子久太郎—永住を主唱した『日米』新聞経営者［含資料］」『東京経済大学人文自然科学論集』68：1984.12, pp.61-96（在米日系新聞の発達史研究 7） <Z22-394>

　　明治30年代サンフランシスコの日本語新聞事情を序に,安孫子の渡米時代,企業家としての成功,『日米新聞』経営,排日問題への対応,「永住論」と二世問題等を考察する[34]。「ヤマト・コロニー」及び『日米新聞』の源流の一つである『ジャパン・ヘラルド』についても概観する。

488. ユージ・イチオカ「安孫子久太郎—永住を主唱した在米日本人先駆者」田村・白水編『米国初期の日本語新聞』1986, pp.195-231 <UC151-9>

　　上掲487論文の,イチオカ執筆部分を大幅に加筆修正して,再編したもの。

④ 河上清：1873（明6）-1949 [35]

489. 古森義久『嵐に書く 日米の半世紀を生きたジャーナリスト』毎日新聞社, 1987（河上清の日本語の主要著書,K・K・カワカミの英文の著書：p.286, 主要な参考文献：pp.287-289） <GK73-132>

　　古森義久『嵐に書く 日米の半世紀を生きたジャーナリスト』講談社, 1990（河上清の日本語の主要著書,K・K・カワカミの英文の著書：pp.341-342, 主要な参考文献：pp.342-346）（講談社文庫） <GK73-E40>

　　「嵐に書く K.K.カワカミと日米の半世紀」と題し,1986年4月10日から10月25日まで161回にわたり『毎日新聞』に連載されたものを加筆修正。「情報公開法」に基づいて開示された,FBI・陸海軍当局等アメリカ政府当局資料も使用し,「国際ジャーナリスト」河上清の激動の生涯を日米関係を背景に描く。

⑤ 星 一：1873（明6）-1951

　　磐前県（のち福島県に合併）江栗村に生まれる。「開明的」な父,喜三太の下で育ち,12歳で小学校教師となった。1891年（明24）東京商業学校に入学。スマイルズ『西国立志伝』（中村正直訳）を座右の書とし,1894年渡米。サンフランシスコで,スクールボーイとして,安孫子久太郎の福音会宿泊所を居とした。ここで生涯の事業パートナー安楽栄治と知り合う。1899年,コロンビア大学在学中,『日米週報』（→『日米時報』）を創刊。1901年コロンビア大学卒業後,同年8月,英字誌 'Japan & America' を創刊するが経営悪化。1906年,『日米週報』を共同経営者安楽に譲り,'Japan & America' を廃刊し,「マスター・オブ・アーツ」の学位を携え日本に帰国。帰国後は,「星製薬」を創業し（1910年）,チェーン店制を導入,特約店子弟の教育のため「星製薬商業学校」（現,星薬科大学）を設立した。政界にも進出したが（1946年参院選では最高得票当選）,1951年ロサンゼルスで客死した。星の死後,

会社は長男親一（のち，作家・星新一）に引継がれたが，結局倒産した。[36]

490．大山恵佐『努力と信念の世界人 星一評傳』共和書房，1949 ＜289.1-H686Oh＞
　　大山恵佐『努力と信念の世界人 星一評伝』大空社，1997（伝記叢書 262）（共和書房，1949年刊の複製） ＜GK53-G42＞
　　　星の記憶を基に，「失敗の人」星一の努力を，誕生から死去の一年前まで，81のトピックで記録する「聞き語り」。星の生涯を通しての唯一の評伝であり，星一に関する基本文献となっている。

491．蒲池紀生「ニューヨークにおける星一の新聞・雑誌活動」(144) 田村・白水編『米国初期の日本語新聞』1986, pp. 311-325 ＜UC151-9＞
　　　主に上掲490．大山書及び前掲360．紐育日本人会編『紐育日本人発展史』＜398-3＞（444『日本人海外発展史叢書』に復刻・収録＜DC812-213＞）を典拠として，「星一の生涯」「ニューヨークなどでの新聞・雑誌活動」「帰国後の星とジャーナリズムの活動」について纏める。

⑥ 渋谷清次郎・駒井豊策・藤岡紫朗・坂井米夫

492．林かおり『日系ジャーナリスト物語 海外における明治の日本人群像』信山社出版，1997（主要参考文献：pp. 283-287） ＜UC151-G4＞
　　　渋谷清次郎[37]・駒井豊策[38]・藤岡紫朗[39]・坂井米夫[40]の『羅府新報』関係者に，移民史を彩るテーマ（渋谷―「脱亜入欧」・駒井―「徒手空拳」・藤岡―「忠誠登録」・坂井―「錦糸帰郷」）をサブプロットとして設定し，アメリカにおける四人の一世の軌跡を辿る。『羅府新報』に「心・わが町 羅府新報を生きた人々」として1996年春から71回にわたり連載されたもの。

⑦ 藤井整：1882(明15)-1954

　　山口県周東町に生まれる。1911年(明44) 南カリフォルニア大学法学部卒業，その後一時帰国して八幡製鉄所に勤務。1913年再渡米，リトルトーキョー（ロサンゼルス）を本拠地に日系社会指導者の一人として活躍し，南加中央日本人会幹部の勢力争いを遠因とする「密航者密告事件」では，『羅府日米新聞』を「世論を操る道具」として利用した[41]。『羅府日米新聞』廃刊（1931年9月）後，山口県人会を中心とした藤井信奉者の後援により，1931年11月5日，『加州毎日新聞』（1992年廃刊）を創刊した。毀誉褒貶の多い人物ではあったが，カリフォルニア州「外国人土地法」（1913年，1920年修正「インマン法」）に真向から挑戦・試訴し，勝訴を収めたことは（1952年4月17日，カリフォルニア州最高裁は「外国人土地法」を憲法違反と判断。），戦後の日系社会発展の礎を築いたものとして特筆されるべきである。[42]

493．佐藤健一『羅府ぎぎゅう音頭 排日土地法を葬った藤井整の記録』善本社，1983（参考文献：pp. 313-315） ＜GK56-57＞
　　　「密航者密告事件」『桑港日米新聞』の労働争議等，『加州毎日新聞』創刊の背景を踏まえ，「外国人土地法」との闘いを中心に，「人が右と言えば左，左と言え

ば右に走る」,藤井の「ぎぎゅう」(山口地方方言)的生き方を描く。
494. 大野芳『羅府に甦る 亜米利加を愛した男の物語』潮出版社, 1984(参考文献:pp. 293-294)　　　<GK56-67>

　　上掲493『羅府ぎぎゅう音頭』及びフランク・F．チューマン『バンブー・ピープル』(前掲392・393)を基調に,藤井の生涯を綴る。留学から八幡製鉄所時代まで,これまであまり知られていなかった部分についても触れられている。
495. 阪田安雄・田村紀雄「『炉端話』で農民の心をつかむ藤井整─『加州毎日新聞』を通じて垣間見る1937年の日系人社会［含資料］」『東京経大学会誌』146:1986.6, pp. 581-638(日系新聞研究ノート 10)　　<Z22-393>

　　1930年代の南カリフォルニアの日刊邦字紙発行状況及び『加州毎日新聞』創刊(1931年)の経緯を踏まえ,「アンクル・フジイ」こと社主兼主筆・藤井整のコラム「わたしの欄(英文欄'Uncle Fujii Speaks')」の検証により,農民の新聞・労働者の新聞として,『加州毎日』が日系人社会において演じた役割を考察する。
496. 阪田安雄「『加州毎日新聞』と藤井整の周辺」田村編著『正義は我に在り 在米・日系ジャーナリスト群像』1995, pp. 121-143　　　　　　　　　<UC151-G1>

　　上掲495論稿のうち,阪田の執筆部分「南カリフォルニアの日刊邦字紙─1930年代後半」及び「『加州毎日新聞』創刊の経緯─『密入国者』密告事件と藤井整の『私物日刊紙』」を加筆修正したもの。

⑧ 翁久允:1888(明21)-1973

　　富山県中新川郡六郎谷に,漢方医翁源指の二男として生まれる。幼少より父に漢籍を学ぶ。富山県立一中に入学するが放校処分となり,1905年(明38)上京し順天中学に編入学する。折りからの渡米熱で1907年渡米,シアトルで日雇労働を続け,1908年,20歳でシアトル近くブレマートンの小学校を卒業した[43]。1909年『旭新聞』(シアトル)の新年小説に二等入選,新聞小説への投稿時代が始まった。1909年秋には,翁の提唱で「シアトル文学会」を結成,多くの文士と交流を重ねた。1915年『桜府日報』スタックトン支社主任,1917年『日米新聞』オークランド支社主任を歴任し,1924年(大13)帰国。帰国後は『東京朝日新聞』社に入社,『週刊朝日』編集長として内外の文化人と接触を持った。自らも『中央公論』『改造』『新潮』等に,アメリカ時代の体験を基にした「移民地文芸」を発表した。「日本精神の源流を求めて郷土研究に打ちこもうと発心」し帰郷,1936年(昭11)9月,郷土研究誌『高志人』を創刊した[44]。自伝『わが一生』を含む,コスモポリタン翁の膨大な著作は,下掲500『翁久允全集』に収録,また1万数千冊の蔵書は富山市立図書館に寄贈,公開されている[45]。
497. 逸見久美『わが父翁久允 その青少年時代と渡米』オリジン出版センター, 1978
　　　　　　　　　　　　　　　　　　　　　　　　　　　　　　<KG583-90>

　　「おいたち」から富山一中放校事件を経て渡米するまでと,渡米後のシアトル時代を描く。「はじめに」は娘の目から見た翁の生涯の簡便な纏め,「あとがき」

は『翁久允全集』各巻の細目に簡単な解説を付している。
498．伊藤一男「米国西北部の帰国知識人」田村・白水編『米国初期の日本語新聞』
1986, pp.327-336（「4 翁久允」pp.333-335）　　　　　　　　　<UC151-9>
翁久允に関する簡単な紹介。
499．稗田菫平『筆魂・翁久允の生涯』桂書房, 1994（翁久允年譜：pp.251-265, 参考文献・資料：pp.265-280, 翁久允著書解題：pp.280-289）　　<KG583-E91>
「筆魂・翁久允その軌跡」として，『北日本新聞』に1991年4月から82回にわたって連載されたもの。「年譜」「参考文献」「著書解題」等資料も充実し，翁に関する最も詳細な評伝となっている。
500．翁久允全集刊行会編『翁久允全集』全10巻，翁久允全集刊行会, 1971-74
<KH471-11>
第1巻―「わが一生 生いたちの記」：幼少時代から渡米までの経緯／第2巻―「わが一生 海のかなた」：シアトル，ブレマートン時代の文学運動と移民地文芸の発祥／第3巻―「わが一生 金色の園」：スタックトン―『桜府日報』，オークランド―『日米新聞』時代／第4巻―「わが一生 帰国」：帰国から『高志人』創刊まで。翁の前半生を記す。

⑨ 清沢洌：1890（明23）―1945
長野県南安曇郡北穂高村の裕福な農家の三男として生まれる。1903年（明36）内村鑑三の影響を受けた井口喜源治の「研成義塾」に学ぶ[46]。井口の勧めで，1907年渡米，苦学をしながらウィットウォース大学で政治・経済学を学んだ。1913年（大2）研成義塾出身者の結束を目的に，シアトルで「穂高倶楽部」を結成し，機関誌『新故郷』を発行。1918年帰国するまで『北米時事』（シアトル）『新世界新聞』（サンフランシスコ）の記者として活躍。帰国後は『中外商業新報』をはじめ『東京朝日新聞』『報知新聞』『東京経済新報』等の要職を歴任，「リベラリストとしてラジカルな論陣を張」った。一方，外交問題特にアメリカ問題及び日米関係の専門家として『日本外交史』等の著作を残し，現在なお高い評価を得ている。また一般には，『暗黒日記』の著者としてよく知られている。
501．山本義彦編・解説『清沢洌選集』全8巻・別冊1, 日本図書センター, 1998
<US21-G34>
30冊をこえる清沢の著作から，清沢の生きた時代時代を代表する単行書を刊行年順に収録。別冊として，編者による各巻解題及び「解説」（下掲507）を付す。
502．清沢洌『暗黒日記』[49]
将来日本現代史を執筆するための「備忘録」として書き続けられたもの（1942-45年, 原題「戦争日記」）。政治・経済状況から身辺雑記まで記すなか，戦時期日本の政治・外交政策に対する鋭い批判は，リベラリスト清沢の真骨頂を示すものとして評価されている。
498．伊藤一男「米国西北部の帰国知識人」田村・白水編『米国初期の日本語新聞』

1986, pp. 327-336(「3 清沢洌」pp. 329-333) <UC151-9>
　　ジャーナリストとしての清沢に関する簡単な纏め。
503．北岡伸一『清沢洌 日米関係への洞察』中央公論社，1987(中公新書)(清沢洌略年譜：pp. 194-197, 参考文献：pp. 198-201)　　　　<GK74-170>
　　自由主義的言論人，清沢の全体像を解明する初の評伝。「序章 青年時代」(pp. 2-24)において，研成義塾・アメリカ時代の足跡を辿り，後年の思想的枠組に影響を与えた「移民問題」を取上げる[48]。
504．北岡伸一「若き日の清沢洌—サンフランシスコ邦字紙『新世界』より」『思想』765：1988.3, pp. 58-73　　　　<YA5-108>
505．Kitaoka, Shinichi. "Kiyoshi Kiyosawa in the United States—His Writings for the San Francisco *Shinsekai*." **Japanese Journal of American Studies.** 3：1989, pp. 65-87.　　　　<Z52-D309>
　　『北米時事』主宰松原木公が『新世界新聞』経営に移ったのを機に，1914年(大3)10月頃，清沢も『新世界新聞』記者となった。本稿は，『新故郷』(シアトル「穂高倶楽部」機関誌)及び『新世界新聞』に執筆した清沢の「移民問題」に関する記事・論説を手がかりに，後年の思想形成への影響を検証する。上掲503『清沢洌』の補論となるものであり，清沢の邦字新聞への具体的関与例として重要である。505は，504に加筆修正した英語訳。
506．山本義彦『清沢洌の政治経済思想 近代日本の自由主義と国際平和』御茶の水書房，1996　　　　<GK74-G10>
　　主に『静岡大学法経研究』に発表されたこれまでの論稿を改編，圧縮し纏めたもの。本書各章の出典・原題が「はしがき」(pp. iii-iv)に掲示されているので，個々の論稿についての書誌事項は省略する。「序章 清沢洌の生涯と自由主義の立場」「第一章 清沢洌の人物像」が渡米から在米時代の清沢の人となりを伝える。
507．山本義彦「清沢洌の生涯と自由主義、平和主義」山本義彦編・解説『**清沢洌全集 別冊 解説・解題**』日本図書センター，1998, pp. 7-73(二〇世紀世界の戦争と平和、清沢洌関連年表：pp. 85-88)　　　　<US21-G34>
　　上掲506『清沢洌の政治経済思想』「序章」を基本として，その後発表された「清沢洌のジャーナリズム論—『非常時』日本の自由主義と新聞」『静岡大学経済研究』1(3・4)：1997.3, pp. 33-59<Z3-B582>を加え補正したもの。上掲503. 北岡『清沢洌』とともに，清沢洌の全体像を照射する基本的論稿である。Yamamoto, Yoshihiko. "The Life of KIYOSAWA Kiyoshi and Its Lessons for Our Times—A Liberal Critic of Japanese Militarism During the Second World War."『静岡大学経済研究』5(2)：2000.8, pp. 1-24<Z3-B582>は，清沢の生涯・思想を簡明に紹介する英文論稿。

⑩ 浅野七之助：1894(明治27)-1993
　　岩手県盛岡市新穀町で代々「油商」を営む父幸三郎の四男として生まれる。盛岡

商業学校卒業後上京し，1913年（大2）原敬の書生となる。1916年『東京毎夕新聞』社入社，カリフォルニア州の日系人の状況を視察するために，1918年特派員として渡米。1920年『日米新聞』（サンフランシスコ）記者となる。『東京朝日新聞』の米国西部沿岸通信員嘱託を兼務し，1934年『日米新聞』編集局長に就任した。日米開戦によりトパーズ戦時転住所に移転，この間，戦時中も発行されていた『ロッキー新報』（『ロッキー日本』→）の編集に関わる。民族擁護の世論喚起のため，1946年5月18日，『日米時事新聞』を創刊，「外国人土地法」改正，帰化権獲得運動等を指導した。また，浅野の提唱した「日米難民救済運動」は米国全土に広がり，「アジア救済公認団体（LARA）Licensed Agencies for Relief in Asia」による，いわゆる「ララ物資」として知られている[49]。1987年5月16日，サンフランシスコ市は浅野の日系人の権利擁護及び「ララ物資」の父としての功績を認め，「サンフランシスコにおける浅野七之助デー」を制定した。

508．浅野七之助『在米四十年 私の記録』有紀書房，1962（年譜：pp.293-294）

<289.1-A897z>

原敬の書生時代から渡米時代・『日米新聞』記者時代・『日米時事新聞』創刊を経て，外国人土地法と帰化権問題の勝利までの活動を記述する「私の記録」と日本探訪記「戦後の日本を見る」で構成される。何れも『日米時事新聞』に連載されたもの。

509．「聴きとりでつづる新聞史 浅野七之助」『別冊新聞研究』9：1979.10, pp.12-29（「聴きとりでつづる新聞史 海外編Ⅰ」）　　　　　　　　　　　　<Z21-670>

浅野からの聴きとり（1978年3月20日）による略伝。「聴きとり」ならではの余話も多い。

510．長江好道『日系人の夜明け 在米一世ジャーナリスト浅野七之助の証言』岩手日報社，1987（参考資料・文献：pp.235-238，浅野七之助在米七〇年年譜：239-257）

<DC812-E30>

「プロローグ」「第一章 原敬の書生からジャーナリストの道へ」「第二章 太平洋戦争と日系人の強制収容」「第三章 ララ運動を提唱」「第四章 日系人のカリフォルニア外国人土地法改定の運動」「第五章 日本人の帰化権獲得の運動」「エピローグ」からなる詳細な評伝。原稿から三校まで，浅野と連絡を密にし「正確性を期した」という「年譜」は，日系新聞関連事項も多く有用である。

511．滑川巌「追憶 日米時事・浅野七之助氏の生涯」『季刊海外日系人』32：1993.5, pp.66-68　　　　　　　　　　　　　　　　　　　　　　　　　　<Z3-1360>

『日米時事新聞』会長・滑川による追悼記事。内容は概ね上掲文献に拠ったものである。

⑪ **寺沢国子**：1896（明29）-1991

長野県飯田町の素封家の次女として生まれる。飯田高等女学校卒業後，共立女子職業専門学校（現，共立女子大学）被服科に入学，教員の資格を得る。卒業後母校

の裁縫の教師を務め，1921年(大10) 同郷伊那出身で，『**ユタ日報**』(1914年創刊) を経営する寺沢畦夫と結婚，渡米する。1939年4月畦夫死去，国子は「亡夫の遺志を継いで新聞と死を共にする覚悟で」『**ユタ日報**』社長に就任した。爾来まさに，95歳でその生涯を閉じるまで，50余年間にわたり『**ユタ日報**』を発行し続けた。

512．猿谷要『**アメリカ大西部**』新潮社, 1978(新潮選書)　　　　　　　　　　＜GH237-5＞
　　「ソルトレーク・シティの女性編集者」(pp.181-187) として，比較的早い時期に，寺沢を日本に紹介した旅行記。

513．上坂冬子『**おばあちゃんのユタ日報**』文芸春秋, 1985　　　　　　　　＜UC151-7＞
　　上坂冬子『**おばあちゃんのユタ日報**』文芸春秋, 1992(文春文庫)　＜UC151-E6＞
　　創刊者・寺沢畦夫亡き後，社長兼記者兼植字工として『ユタ日報』を発行し続けた寺沢国子の気骨あふれる人生を，『ユタ日報』の変遷と日米関係を背景に描く。1985年3月1日から7月4日まで86回にわたって『信濃毎日新聞』に連載された「信州女のユタ日報」を大幅に加筆修正。寺沢の死後刊行された「文春文庫」版には，寺沢を初めて本格的に紹介した猿谷要による「解説―おばあちゃんと私たち」を付し，追悼する。

514．田村紀雄「おばあちゃん達の『ユタ日報』」『**図書**』528：1993.6, pp.18-21
　　　　　　　　　　　　　　　　　　　　　　　　　　　　　　　　　＜Z21-184＞
　　寺沢畦夫・妻国子・長女和子，家族で支えた『ユタ日報』略史。

515．本郷文男『**松本市・ソルトレークシティ姉妹提携35周年を迎えて「ユタ日報」寺沢国子さんを偲んで**』松本市ソルトレークシティ姉妹提携委員会, 1993(参考文献：p.380)　　　　　　　　　　　　　　　　　　　　　　　＜UA81-E135＞
　　1993年，松本市・ソルトレークシティ姉妹都市提携35周年の記念すべき年，『ユタ日報』原紙 (813号：1917年8月1日～) とその活字が松本市に寄贈された (松本市立中央図書館所蔵)。本書は，『ユタ日報』社長・寺沢国子 (松本市名誉市民) を偲び，寺沢と『ユタ日報』のこと (「序章」pp.1-57)，姉妹都市提携の経緯・交流経過，ソルトレークシティの概況及び『ユタ日報』寄贈の経緯 (「第6章『ユタ日報』松本市に寄贈」pp.243-290) 等を，関係資料・論文を収録し纏める。寄贈原本を基に開戦前から終戦前後まで (6719号：昭和16年1月1日-7449号：昭和20年12月28日) の『**ユタ日報　復刻版**』が刊行されている[50]。

⑫ **芳賀武**：1900(明33)-1988
　　山梨県東山梨郡中牧村に生まれる。1917年(大6) 父の呼び寄せで渡布，砂糖キビ耕地で働く。1918年『**布哇報知**』事務局に入り，夜学で英語を学ぶ。1923年，「ブランケット担ぎ」と呼ばれる季節労働者としてサンフランシスコに渡る。1927年ニューヨークに移り，コロンビア大学エクステンション・コースに入学。横浜正金銀行 (現，東京銀行) 行員として働き，1938年アメリカ共産党に入党する。この間の事情については，下掲516-521でそれぞれ詳しく述べられている。1941年5月，日本人排斥運動に対処するため「東部日本人共護委員会」を組織，日米開戦後は，日本軍国

主義に反対する「日米民主委員会」に改組し，機関紙**『紐育時事』**を発行。戦時中は，アメリカ「戦略奉仕局（OSS）*Office of Strategic Service*」に協力し，対日工作に従事した。終戦後1945年11月，芳賀をはじめ，貴田愛作ら「日米民主委員会」のメンバーによって**『北米新報』**（→『ニューヨーク日米新聞』1993年7月廃刊）が創刊された。1955年『北米新報』を貴田に任せ，マッカーシズムが席捲するアメリカを去る。帰国後は「アメリカ研究所」を主宰（1963年設立，1966年からは病気のため陸井三郎に引継ぐ），進歩派のリーダーとして，原水禁運動や各種住民運動に積極的に参加，活動した。[51]

516．芳賀武**『蒼氓の移民宿 大正六年ハワイを目ざした17歳少年のヨコハマ物語』**創英社,1990　　　　　　　　　　　　　　　　　　　　　　　　　　　　　　　<DC812-226>
517．芳賀武**『ハワイ移民の証言』**三一書房,1981　　　　　　　<DC812-123>
518．芳賀武**『カリフォルニア移民の断面』**創英社,1984　　　<DC812-226>
519．芳賀武**『自由の女神よアメリカを見よ』**未来社,1972　　<GH118-37>
520．芳賀武**『紐育ラプソディ ある日本人共産党員の回想』**朝日新聞社,1985
<DC812-231>

　　（家永三郎責任編集『日本平和論大系 20』日本図書センター，1994<A75-E212>に再録。445.田村編著『海外へユートピアを求めて』に抜粋・抄録。）

521．芳賀武**『ニューヨーク遊民団 大恐慌の目撃者たち』**PMC出版,1988
<GH158-E13>

　　上掲516-521は，芳賀の渡航時（横浜）・ハワイ・カリフォルニア・ニューヨーク各時代を記録する自伝。521は，雑誌『汎』に連載中絶筆となった「ハロー，黄金色のニューヨーク」を改題して刊行したもの。

522．芳賀武追悼文集をつくる会編**『追想・芳賀武』**芳賀武追悼文集をつくる会，1989（芳賀武の生涯：pp.213-247）　　　　　　　　　　　　<GK47-E16>

　　芳賀の一周忌に刊行された追悼集。寄稿29篇を，戦前の在米時代・戦後の在東京時代・横須賀時代に分け収録する。年譜「芳賀武の生涯」は詳細で有用。

【カナダ】

① **鈴木悦**：1886（明19）-1933

　愛知県渥美半島の漁村老津村（のち豊橋市に編入）の漁師の家に生まれる。1900年（明33）小学校卒業後奉公に出るが，懇願して，翌年成城中学へ入学。その後東京外語仏文科及び早稲田大学英文科を卒業し，黒岩涙香の『萬朝報』記者となり，『早稲田文学』を中心に多数の時評・創作を発表する。『婦人評論』編集長を最後に『萬朝報』を退社し，植竹書院に入社。翻訳部主任として「文明叢書」の刊行等意欲的な仕事を手がけた。この頃，田村俊子と知り合う。植竹書院の経営悪化し，1915年退社，『洪水以後』『朝日新聞』を経て，1916年，トルストイ『戦争と平和』全訳二巻本を翻訳刊行，長い間定訳テキストとして版を重ねた[52]。1918年三男が死去，最初の妻彦坂かねとの間に生まれた四人の男児すべてが早逝した（かねとは1922年に正式離婚，翌1923年，悦と田村俊子は正式に結婚している）。1918年4月『朝日新

聞』を辞め,5月『大陸日報』(1907年創刊)社長・山崎寧の招きでカナダに渡る。10月田村俊子も悦を追ってカナダへ。1919年後半から1920年にかけての製材所ストに直面し,『**大陸日報**』主筆としての悦は,日系人の労働運動に関与することになる。悦は,日系労働者の意識改革と組織の必要性を痛感し,1920年7月「加奈陀日本人労働組合」を組織,機関紙『**労働週報**』を発行した。労働運動への関与を強めた悦は,1924年3月『大陸日報』主筆を辞し,労働組合経営の一般紙『**日刊民衆**』を創刊した。1932年,悦は『日刊民衆』を梅月高市に任せ,一時帰国中急死した。ブリティッシュ・コロンビア州の日系カナダ人労働者は,今もなお,鈴木悦を精神的な支えとして慕っているという。

137. 新保満[ほか]著『**カナダの日本語新聞―民族移動の社会史**』1991

                      <UC151-E7>

「第三章 日系労働運動と『労働週報』」(pp.81-100),「第四章『日刊民衆』と鈴木悦・田村俊子」(pp.101-138)が『労働週報』から『日刊民衆』に至る日系カナダ人労働運動の意義と,鈴木悦及び田村俊子の役割を考察している。

523. 田村紀雄『**鈴木悦 日本とカナダを結んだジャーナリスト**』リブロポート,1992(シリーズ民間日本学者 35)(主要参考文献・資料ほか:pp.294-298,年譜:pp.300-305) <GK132-E106>

新聞記者・雑誌編集者・小説家・労働運動指導者等,日本とカナダを舞台に活躍した鈴木悦。日系人労働運動の歴史及び田村俊子との関係を軸に悦の多彩な生涯の「全容」を初めて描く[53]。

[2] ハワイ[54]

524. Sakamaki, Shunzo. "**A History of the Japanese Press in Hawaii.**" Master's Thesis, [History], University of Hawai'i, 1928. <未所蔵>

ハワイで発行された日系紙の歴史及び将来の課題を纏めた修士論文。直接の調査に基づき,当時発行されていた新聞10紙・雑誌7誌及び主な廃刊紙について記述する。ハワイ日系新聞に関する英語概説書が少ないなか,引用されることの多い文献であり,454. Chapin, Guide to Newspapers of Hawai'i:1834-2000. も日系新聞に関する記述の典拠としている。

525. 山下草園「ハワイ邦人言論機関発達史(上,中,下)」『**新聞研究**』22:1952.12 pp.25-31, 23:1953.2 pp.22-27, 24:1953.5 pp.22-27 p.34 <Z21-88>

ハワイ邦字紙の創刊意図は大衆の権利擁護にあり,そのため経営上の合理化に乏しく,少数の例外を除き永続しなかった,と特徴づける。また,在留邦人が邦字紙を要求する必要性とその編集・経営方針を分析し,ハワイ日系社会における主要事件への邦字紙関与例を記す。詳細な「**布哇邦字新聞雑誌、創刊改題年表**」を付し,ハワイ邦字紙六十年間の消長を概観する。

526. 田村紀雄・白水繁彦「ハワイ日系プレス小史(上,中,下・前篇)[含資料]」『**東

京経済大学人文自然科学論集』67：1984.7 pp.57-88, 69：1985.3 pp.145-196, 74：1986.12 pp.163-228(在米日系新聞の発達史研究 6,8,9)　　　<Z22-394>
　　ハワイ「日系プレス」のコミュニケーション論的・社会学的研究の基礎的資料として、その関与した事件・運動等を踏まえ、日系コミュニティの変遷に基づく日系プレスの消長を以下の年代順に「素描」する。第一期：前史1884年以前／第二期：黎明期1885-1907年／第三期：成長期1908-24年／第四期：全盛期1924-41年／第五期：受難期1941-45年／第六期：復興・転換期1946年-現在。なお、第五-六期については、日系コミュニティの「社会構造的」及び「社会意識的」側面の詳細な分析で終わっており未完である。先行諸文献に基づく詳細な研究は、ハワイ日系新聞に関する基本文献となっている。「1927年現在のハワイ日系プレス一覧」「1935年現在の日系プレス一覧」「日米開戦時（1941年）の主なる日系プレス」「ハワイ日系プレスの『黎明期』『成長期』『全盛期』の『新聞・雑誌創刊年代別一覧』」「開戦前ハワイにおける日系新聞・雑誌」を付す。

527．田村紀雄・飯田耕二郎「ハワイ初期の日本語新聞 1880～1930．キリスト教会を中心に［含資料］」『東京経済大学人文自然科学論集』94：1993.7, pp.61-93(在米日系新聞の発達史研究 19)　　　<Z22-394>
　　『日本週報』『布哇新聞』『布哇新報』『やまと』等10種の「ハワイ初期日本人による新聞」、及びマキキ聖城基督教会所蔵の「キリスト教ジャーナル」について、飯田が書誌的に記述、「ハワイの土になった勝沼富蔵と林三郎」及び「ハワイの宗教活動と日本人」を田村が記述し「ハワイ日本語新聞研究の課題」を纏めている。

528．飯田耕二郎「ハワイ・日系キリスト教会の草創期の機関紙」田村編著『正義は我に在り在米・日系ジャーナリスト群像』pp.13-38　　　<UC151-G1>
　　上掲527論稿の飯田執筆部分「初期の日本人による新聞についての一考察」「キリスト教ジャーナルについて」「奥村多喜衛の諸活動新聞事業との関係」を圧縮・修正し、再編したもの。

529．田丸忠雄『ハワイに報道の自由はなかった 戦時下の邦字新聞を編集して』毎日新聞社, 1978　　　<DC812-73>
　　日米開戦により、邦字刊行物は発行停止となった。その後『日布時事』及び『布哇報知』の二紙が発行停止を解かれ、軍政を徹底させるための「御用新聞」となった。厳密な検閲体制下で、「敵国語新聞」を編集し続けた田丸（当時『日布時事』記者）が「軍部提供社説」や「天皇漫画」等、その間の経緯を身辺の記録を交えて記録する。米国陸軍による「布告と全般命令」（抄）を付す。

530．Chapin, Helen Geracimos. **Shaping History：The Role of Newspapers in Hawai'i.** Honolulu：Univ. of Hawai'i Pr., 1996. (Bibliography：pp.347-371)
　　　　　　　　　　　　　　　　　　　　　　　　　　　<未所蔵>
　　1834年ハワイ初の新聞発行から現代まで、各時代において新聞が歴史形成に果たしてきた役割を検証し、衛星放送時代におけるその存在意義と可能性についても探る。ハワイ史における日本人及び日系人の重要さに応じ日系新聞についても

多くの頁が割かれている。初期日系新聞発行の概観，及び『日布時事』『布哇報知』等主要紙の事件関与例を記述し，ハワイ日系新聞に関する基本的な英語文献ともなっている。

[3] アメリカ本土 [55]

531. 新井勝紘・田村紀雄「自由民権期における桑港湾岸地区の活動［含資料］」『東京経済大学人文自然科学論集』65：1983.12, pp.75-136 (在米日系新聞の発達史研究 5) <Z22-394>
    『新日本』『世界の魁』『鶴鳴新聞』（以上オークランド）『東雲』『サンフランシスコレヴュー』『蒸気船』（以上サンフランシスコ）『第十九世紀』（愛国同盟）『新日本』（愛国同盟日本支部機関誌）等，サンフランシスコ湾岸地区における邦字新聞発行の経緯を，自由民権派の活動を踏まえて詳述する。本稿は主に，1990年，新井により日本国内で新たに発見された「史料」に基づいており，**在米邦人活動関係年表（1885〜1895）**（pp.118-132）も含め，蛯原『海外邦字新聞雑誌史』愛国同盟部分を補足・訂正するものとして重要である[56]。

532. 新井勝紘「自由民権期の渡米邦人活動史（序）」田村・白水編『**米国初期の日本語新聞**』1986, pp.233-256 <UC151-9>
    渡米邦人の思想・行動を自由民権運動と関連づける視点から，「渡米の動機」「在米生活」「在米日本人労働組合と愛国同盟との関係」等，その研究課題を整理し，課題の一つ「福音会の組織と活動」に焦点をあて考察する[57]。

533. 町田市立自由民権資料館編『**アメリカからの便り—1880/90年代の渡米青年たち**』町田市教育委員会, 1997 (在米邦人活動関係年表：pp.176-182) (民権ブックス 10) <GH94-G3>
    石阪公歴（町田市野津田町出身）の生涯を主軸に，南方熊楠・高野房太郎・福田友作・山口熊野ら民権家の軌跡を辿った展示会「アメリカからの便り—1880/90年代の渡米青年たち」（1996年11月2日-12月1日，於：町田市立自由民権資料館）の記録集。愛国同盟はじめ在米民権派新聞（展示資料）についての詳細な解題，及び「オークランドの邦字新聞『新日本』第八号」ほかの史料紹介が有用である。新井勝紘「在米民権家の行動と海を越えた連帯（講演録）」を収録する。

534. 田村紀雄・蒲池紀生・芳賀武「紐育日系新聞小史［含資料］」『**東京経大学会誌**』140：1985.3, pp.119-158 (日系新聞研究ノート 7) <Z22-393>
    ハワイやアメリカ西海岸の日系社会とは異なった事情にあった，ニューヨークにおける日系新聞発展史。ニューヨーク最初の邦字紙『紐育週報』（1897年創刊），星一の『日米週報』（1899年創刊，→『日米時報』），『紐育新報』（1911年創刊），芳賀武が関与した『紐育時事』『北米新報』（1945年創刊，→『ニューヨーク日米新聞』）等の発行経緯を記し，『北米新報』創刊者の一人，芳賀武へのインタビューを付す[58]。

535．田村紀雄「1880-1910, Portland日本語新聞と伴新三郎―外交官辞し，日本語新聞発刊へ」『東京経済大学人文自然科学論集』93：1993.3, pp.65-89（在米日系新聞の発達史研究 18） <Z22-394>

オレゴン州における日本人パイオニアの足跡を辿り，『砿崙新報』『オレゴン新報』（1904年創刊, →『央州日報』）等邦字紙創刊の経緯を考察する。元布哇総領事館書記生からポートランドで実業界に転じた，伴新三郎の新聞事業への援助と，オレゴン州における好日的な環境に果たした邦字紙の役割を検証する。

536．田村紀雄「ポートランドの新聞事情と伴新三郎」田村編著『正義は我に在り 在米・日系ジャーナリスト群像』1995, pp.39-79 <UC151-G1>

上掲示534と同内容。

537．田村紀雄・坂口満宏「シアトル初期の日本語新聞［含資料］」『東京経済大学人文自然科学論集』92：1992.12, pp.39-70（在米日系新聞の発達史研究 17） <Z22-394>

1890年代から1910年代におけるシアトル日本人社会の形成過程と日本語新聞の発展経緯を考察する。『シアトル週報』『おもしろ誌』『日本人』等初期日本語新聞の盛衰から『北米時事』（1902年9月創刊）『旭新聞』（1905年3月創刊）『大北日報』（1910年1月創刊）の三大日刊紙鼎立までを「主な記者たちのプロフィール」「不敬投書事件と『旭新聞』の没落」ほかのエピソードを交えて描く。「シアトル初期の日本語新聞一覧」がこの間の経緯を明解に示す。

538．小玉美意子・田村紀雄「コロラド日系新聞小史―戦時下『格州時事』の日文・英文ページを中心に［含資料］」『東京経済大学人文自然科学論集』64：1983.7, pp.101-157（在米日系新聞発達史研究 4） <Z22-394>

コロラド日系社会の発展過程における，『伝馬新報』『コロラド新聞』『格州時事』『ロッキー日本』等，日系新聞発行の経緯を序に，戦時中も発行され散逸の少ない『格州時事』（1918年2月創刊，『山東時事』『コロラド新聞』→，1969年『日米時事新聞』に吸収）の紙面分析を基に，「一世と二世の意識の相違」「コミュニティ・メディアの文化的変容」について考察する。戦後の『ロッキー・マウンテン時報』（1962年5月創刊）についても詳細に記述する。「コロラド州の日系新聞の系譜」（資料Ⅴ）で，これらの創刊・改廃経過を図示する。

539．水野剛也「日系アメリカ人立ち退き・収容におけるアメリカ政府の邦字紙管理政策 一九四一～一九四二」『マス・コミュニケーション研究』56：2000.1, pp.174-189（メディア支配と言論の多様性＜特集＞） <Z21-85>

540．水野剛也「日系アメリカ人強制収容所における新聞発行政策 一九四二―一九四三―収容所管理当局の基本的政策，およびその意図と運用」『アメリカ研究』34：2000.3, pp.211-228, 266-267 <Z8-43>

539-540は，「大戦中のアメリカ政府が戦争政策の促進と市民的自由保護とのバランスにおいて，自国内でどの程度の『言論・プレスの自由』を許容したか」という視座での一連の論稿。

539では、日米開戦による邦字紙発行停止の過程（1941年12月-42年5月）で、アメリカ政府は、より緩やかな言論統制をとりながら、「政策・命令の伝達」「アメリカ化の手段」「印刷施設の有効利用」という目的で邦字紙を管理・利用し続けた実態を、『羅府新報』『日米新聞』「山中部の日系新聞」を例に実証する。540は、539に引き続き、強制収容所内における日系新聞発行に対する「戦時転住局（WRA）*War Relocation Authority*」の政策決定過程、及びその運用の実態を検証する。何れも、アメリカ国立公文書館、カリフォルニア大学バークレー校バンクロフト図書館所蔵の一次史料に多く依拠しており、日本では本格的な研究がなされていない領域であり、貴重な論稿である[59]。

[3]　カナダ [60]

541．白水繁彦・田村紀雄「カナダにおける日系新聞発達小史」『**東京経済大学人文自然科学論集**』63：1983.3, pp. 37-62（在米日系新聞発達史研究 3）　　＜Z22-394＞
　　コミュニケーション分析の「S（送り手）―M（メッセージ）―C（チャネル）―R（受け手）―E（効果）」モデルをパラダイムとし、本稿では主に「送り手から見た日系新聞発達史」の再構成を試みる。「受け手」であるカナダ日系社会の消長を、新保満による時代区分（『カナダの素顔』1981, pp. 215-218）に従って概観し、カナダの日系新聞を―カナダ日系新聞の嚆矢：『晩香坡週報』（バンクーバー）（1897年創刊）の系譜、カナダの『萬朝報』：『大陸日報』（1907年創刊）の系譜、労働新聞の系譜：『日刊民衆』（1924年創刊）、二世の新聞の系譜：『ニュー・カナディアン』（1939年創刊）、「戦後の新聞」―とし、その系譜を鳥瞰する。

542．白水繁彦「カナダにおける日系新聞の役割と現状」海外日系新聞協会編『**報道関係者等国際交流（海外日系新聞）十年の歩み**』海外日系新聞協会, 1983
　　　　　　　　　　　　　　　　　　　　　　　　　　　　　　　　　　＜未所蔵＞

543．白水繁彦「カナダのエスニック・プレス」『**カナダ研究年報**』5：1984.9, pp. 57-69　　＜Z8-1643＞
　　270余りのカナダにおけるエスニック・プレスを、プレス数とコミュニティ、特に人口との関係で検証することで、カナダにおける日系プレスの位置づけをも試みる。

544．新保満・田村紀雄「戦前カナダの日系紙――一世の新聞と二世の新聞（上, 中, 下）［含資料］」『**東京経大学会誌**』133：1983.11 pp. 317-343, 135：1984.3 pp. 99-142, 136：1984.6 pp. 221-249（日系新聞研究ノート 2, 3, 4）　　＜Z22-393＞
　　上掲541. 白水・田村「カナダにおける日系新聞発達小史」を「社会学的分析」（「同化志向の強度」変数と「同化の難易度」変数）の方法論をもって補完することを意図した論稿。戦前のカナダ日系紙の変遷消長を、『加奈陀新報』『大陸日報』の成立とその展開過程を中心に、二世を対象とした『ニュー・カナディアン』の誕生まで、日系社会の構造変化を踏まえ論述する。

545. 田村紀雄・新保満「戦時中カナダの日系紙（上―『ニュー・カナディアン』の分析, 中, 下）[含資料]」『東京経大学会誌』145：1986.3 pp.233-267, 147：1986.9 pp.271-309, 150：1987.3 pp.223-258(日系新聞研究ノート 9,11,12)

<Z22-393>

　　カナダにおいて，戦時中も発行され続けた唯一の日系紙『ニュー・カナディアン』。戦時下日系コミュニティにおいて，『ニュー・カナディアン』が果たした役割を，紙面分析等様々な側面から検証する。「二世忠誠問題」について，アメリカの日系強制収容所新聞『トパーズ時報』とも比較を試みている。

546. 新保満「カナダの日系紙と日系社会」『移住研究』24：1987.3, pp.1-14

<Z3-854>

　　上掲544.545論稿の「あらすじ」ともなっている簡単な総括。移民草創から太平洋戦争に至る時代では，「同化志向」と「反同化志向」の対立という視座から日系新聞の盛衰を検証し，戦時期唯一発行を許可された『ニュー・カナディアン』を分析する。これらを踏まえ，日系社会及び日系紙の現状と展望を述べる。

137. 新保満[ほか]著『カナダの日本語新聞―民族移動の社会史』PMC出版, 1991((日系カナダ人／カナダ・日本)関係事項略年表：pp.262-275)

<UC151-E7>

　　「日系新聞研究会」二冊目の共同研究書。「カナダ日系紙のフレーム」「日系社会とメディア・システム」「日系労働運動と『労働週報』」「『日刊民衆』と鈴木悦・田村俊子」「戦時中の日系社会と新聞」「戦後の日系社会と言論」「カナダのエスニック・プレス概観」の構成で，カナダの日系紙と日系社会との相関関係を歴史社会学的に考証する。共同執筆者，新保満・田村紀雄・白水繁彦がこれまで発表してきた論稿を基に加筆修正したものである。ホスト社会カナダの政治的・社会的基盤変動により，理論的には「カナダの日系紙は、全体として減退」すると結論づけている。

[5]　国内発行新聞の記事集成等

【新聞集成・記事目録一般】

547. 明治編年史編纂会編『新聞集成明治編年史』全15巻(全巻索引), 財政経済学会, 昭9-11　　　　　　　　　　　　　　　　　　　　　　　<614-181>

　　『新聞集成明治編年史』全15巻(全巻索引), 財政経済学会, 昭9-11(編纂代表：中山泰昌)　　　　　　　　　　　　　　　　　　　　　<210.6-Sh61ウ>

　　新聞集成明治編年史編纂会編『新聞集成明治編年史』全15巻(全巻索引), 林泉社, 1936-40　　　　　　　　　　　　　　　　　　　<210.6-Si461-S>

　　中山泰昌編『新聞集成明治編年史』全15巻(全巻索引), 本邦書籍, 1982(財政経済学会, 昭9-11刊の複製)　　　　　　　　　　　　　　　　　<GB415-71>

548. (明治)大正昭和新聞研究会編『新聞集成大正編年史』全44巻, (明治)大正昭和

新聞研究会, 1969-1987　　　　　　　　　　　　　　　　　　＜GB461-16＞
549．『新聞集録大正史』全15巻（大索引），大正出版, 1978　　　＜GB461-20＞
550．明治大正昭和新聞研究会編『新聞集成昭和編年史』刊行中，明治大正昭和新聞研究会（新聞資料出版), 1955～　　　　　　　　　　　　　　　＜GB511-171＞
551．『新聞集成昭和史の証言』昭和元年-20年，全20巻（全索引），本邦書籍, 1983-87
　　　　　　　　　　　　　　　　　　　　　　　　　　　　＜GB511-152＞
　　『新聞集成昭和史の証言』昭和21年～，刊行中，SBB出版会, 1991～
　　　　　　　　　　　　　　　　　　　　　　　　　　　　＜GB511-152＞
552．神戸大学経済経営研究所編『新聞記事資料集成』明治44年-昭19年，全39巻，大原新生社, 1973-76　　　　　　　　　　　　　　　　　　＜GB411-59＞
553．明治ニュース事典編纂委員会編『明治ニュース事典』全8巻，総索引，毎日コミュニケーションズ, 1983-86　　　　　　　　　　　　　　　＜GB8-116＞
554．大正ニュース事典編纂委員会編『大正ニュース事典』全7巻，総索引，毎日コミュニケーションズ, 1986-89　　　　　　　　　　　　　　　＜GB8-163＞
555．昭和ニュース事典編纂委員会編『昭和ニュース事典』全8巻，総索引，毎日コミュニケーションズ, 1990-94　　　　　　　　　　　　　　　＜GB8-E35＞
556．国際ニュース事典出版委員会編『国際ニュース事典　外国新聞に見る日本』1852（嘉永5）-1945,全6巻，毎日コミュニケーションズ, 1989～　＜GB391-E24＞
557．『朝日新聞記事総覧』大正元年-昭和63年，全45巻，人名索引10巻，日本図書センター, 1985-1991（複製版）　　　　　　　　　　　　　　　＜Z99-5＞
　　上掲547-557の構成及び特色等につき，毛利和弘『文献探索法の基礎 98―レポート・論文作成・調査必携―図書，雑誌，新聞，電子情報編（ゼネラルから主題調査まで)』アジア書房, 1998（「3　新聞記事の探し方」pp.97-116）＜UL735-G1＞が詳細に解説しているので参照されたい。なお最新2000年版も刊行されている。
558．『外国の新聞と雑誌』（日本読書協会会報　乙種）日本読書協会　　＜雑56-35＞
　　外国の主要な新聞及び雑誌から時宜に応じた論説・記事を転載したもの。

【主題別の新聞集成・記事目録】
559．日米修好通商条約百年記念行事運営会編『万延元年遣米使節史料集成　第六巻』風間書房, 1961　　　　　　　　　　　　　　　＜210.593-M175-N＞
　　ハワイ王国及びアメリカ合衆国発行の新聞に掲載された，「万延元年遣米使節」関係の主要記事（英文）を集録する（ハワイ王国新聞記事：1860年3月8日（万延元年2月17日)-5月31日（万延元年4月12日)，アメリカ合衆国新聞記事：1860年1月21日（安政6年12月30日-1861年2月5日（万延元年12月27日))。移民前史として参照されたい（前掲『参考書誌研究』No. 47, I. 注19), pp.12-13）。
560．比嘉武信編著『新聞にみるハワイの沖縄人　戦前編』Honolulu, 比嘉武信, 1990
　　　　　　　　　　　　　　　　　　　　　　　　　　　　＜DC812-E93＞
561．比嘉武信編著『新聞にみるハワイの沖縄人　戦後編』Honolulu, 比嘉武信, 1994

<DC812-E93>

「ビショップ博物館図書室」等所蔵の『日布時事』(→『布哇タイムス』)『布哇報知』(→『ハワイ報知』)を中心に沖縄移民関係の記事を選択，編集したもの。沖縄県人移民史のみならず，ハワイ日系人史としても有用な史料となっている。

562. 『米国ハワイ州内発行新聞所載沖縄関係記事1941～1950』沖縄県立図書館，1994
<未所蔵>

563. 田港朝和「沖縄最初の移民に関する新聞記事」**『史料編集室紀要』** 13：1988.3，pp.96-101　　　　　　　　　　　　　　　　　　　　　　<Z8-1380>

「移民に関する新聞記事—明治36・37年」～**『史料編集室紀要』** 16：1991.3, pp.33-61～　　　　　　　　　　　　　　　　　　　　<Z8-1380>

「移民の歴史が概観できる基礎史料」として，『琉球新報』『沖縄毎日新聞』等から，沖縄の移民事情のみならず，日本全国及び移民地先の移民事情を伝える記事を年代順に収録する。このほか移民関係の記事集成として，特に沖縄では，「県史」をはじめ「市町村史」等で「新聞集成」の巻を立てているのが特徴的である。

564. 佐々木敏二「戦前のマスコミに見た移民関係記事を追って　湖東移民の実状」**『汎』** 2：1986.9, pp.156-157　　　　　　　　　　　　　　<Z23-548>

1913年から1940年までの『朝日新聞(京都・滋賀版)』の記事から，移民政策と滋賀県人の移民に関わる記事を紹介する。

565. 「新聞にみる移民の歴史」中国新聞『移民』取材班**『移民』**中国新聞社，1992. pp.460-463(中国新聞創刊100周年記念企画)　　　　　　<DC812-E153>

『中国新聞』及び『芸備日日新聞』掲載主要記事を，「出稼ぎ」「移民会社」「文化摩擦」「排日と戦争」「送出国から受け入れ国へ」の項目に分け，移民の歴史を辿る。

566. 大谷勲「『横浜貿易新報』にみるハワイ・北米移民関連記事一覧　明治三十一年編」**『郷土よこはま』** 123-124：1993.3, pp.1-40　　　　　　<Z8-55>

『横浜貿易新聞』(明治31年当時)に掲載されたハワイ・北米移民関連記事(時代的にハワイ併合及び契約移民問題が中心)及び広告を抽出，復刻・収録する。

557. 国立国会図書館所蔵**「新聞切抜資料」**

1948年から1993年までの国内紙からの「新聞切抜資料」。検索は『新聞切抜分類項目一覧』『新聞切抜事項名索引』等による。「国際十進分類法」(UDC)に準拠して整理。移民関係は，「325 移住．植民．亡命．民族運動」に分類されている。

VII．注

1) 「日系新聞」の定義につき，例えば，本号459．田村・白水「在米日系新聞の発達史研究序説」『東京経済大学人文自然科学論集』61, pp.61-62 (2 主要概念の定義・整理 (7)日系新聞) を参照のこと。

2) 光永星郎 (1866(慶応2)-1945) は，1901年(明34) 7月，広告代理業「日本広告株式会社」を創立し，同時にニュース通信業「電報通信社」も併立した。1906年

「株式会社日本電報通信社」(通称「電通」)を設立,前二社を吸収・併合し,日本初の本格的な広告代理業・通信業を確立した。『新聞総覧』の前身に,星郎の弟眞三が編集した『廣告寶典 成功之恩師』隆文館,明38＜YDM43536＞,『新聞名鑑』日本電報通信社(第1版は明治40年刊,国立国会図書館では第2版,明治42年刊を所蔵)＜YDM101741＞がある。両書とも山本武利・有山輝雄監修『新聞史資料集成 明治期編 8 便覧・目録 II』ゆまに書房,1995＜UC126-E37＞に復刻・収録されている。光永について,八火翁伝記編集委員会編『八火伝』日本電報通信社,1950(八火光永星郎翁年譜：pp.329-343)＜GK84-16＞を参照のこと。

3) ハワイでは,真珠湾攻撃直後「全般命令第14号 *General Order No.14*」(1941年12月10日付,現地時間,以下同)により,邦字刊行物が発行停止になるまで,日刊4紙・週刊紙8～9紙の邦字新聞が発行されていた(本号525.山下「ハワイ邦人言論機関発達史(上)」p.28(開戦当時現存した主なる日系新聞),526.田村・白水「ハワイ日系プレス小史(中)」p.170(日米開戦時の主なる日系プレス)及び529.田丸『ハワイに報道の自由はなかった』pp.13-14等参照)。各論稿の紙数(紙名)の相違は,下表に示す理由によるものである。

(○は対象としたもの,×は対象としなかったもの。( )内は記載内容等)

紙名	525.山下	526.田村・白水	529.田丸	454.Chapin
コナ反響*1	×	×	○	In Japanese only 1908-1925.
実業之布哇	○(ホノルル/頻度記載なし/元雑誌)	○*3(ホノルル/週刊/元月刊)	×(月刊雑誌として扱う)	Honolulu, monthly, 8 June 1937-5 Dec 1941.*2
布哇サンデーニュース	×	○*3(ホノルル/週刊/1941年創刊)	×	Hilo, weekly on Sun, 1925-7 Dec 1941.

＊1-『コナ反響』(1897年創刊)は,1925年以降英文欄を設けたが,1940年6月20日,日本語版を廃止し完全に英字紙となった。

＊2-Began as a magazine in 1911; became a newspaper in 1937.

＊3-田村・白水「ハワイ日系プレス小史(下・前篇)」pp.178-180(開戦前ハワイにおける日系新聞・雑誌)では,『コナ反響』を加え,『実業之布哇』を雑誌に分類(新聞型総合雑誌),『布哇サンデーニュース』については記載しておらず,田丸と同じ紙名・紙数となっている。

その後ハワイでは,「全般命令第40号」(12月22日付)で,『日布時事』及び『布哇報知』の発行停止を解き,「全般命令第49号」(1942年1月6日付)で両紙の再刊を許可している。その理由として,田丸は,両紙を「御用新聞」化し軍政を日本人社会に徹底させるため,だとしている(529.田丸『ハワイに報道の自由はなかった』pp.15-17)。また米本土では,「軍事地域 *Military Area*」から外れていた,いわゆる山東・山中部において,『ロッキー新報』(『ロッキー日本』→,コロ

ラド州デンバー），『格州時事』(コロラド・タイムス)（コロラド州デンバー）及び『ユタ日報』（ユタ州ソルトレークシティ）の邦字3紙，並びに「全米日系市民協会（JACL）*Japanese American Citizens League*」の機関紙（英語）'Pacific Citizen'（ユタ州ソルトレークシティ）が，戦時中も継続発行された。太平洋戦争と日系紙発行の経緯につき，例えば，本号539．水野剛也「日系アメリカ人立ち退き・収容におけるアメリカ政府の邦字紙管理政策 一九四一〜一九四二」『マス・コミュニケーション研究』56, pp.174-189参照。また，鶴谷寿「太平洋戦争と日本語新聞」『中日新聞』1978年12月7日夕刊，が簡便に纏めている。

4） 449-451各版を通じ，収載されている日系紙は以下のとおりである（紙名ママ，概ね創刊順）。

 ハワイ：布哇新報／日布時事／コナ反響／加哇新報／布哇毎日／馬哇新聞／布哇報知／火山／布哇日報／馬哇レコード／布哇朝日新聞／洋園時報／新時代／週刊布哇新報／日曜タイムス

 アメリカ本土：新世界新聞／日米新聞／日米時報／北米時事（シアトル，1902）／ユタ日報／羅府新報／央州日報／櫻府日報／大北日報／紐育新報／格州時事／中加時報／北米評論／南沿岸時報／加州毎日新聞／ニッポンとアメリカ／コースト時報／北米時事（サンフランシスコ，1936）／南加時報

 カナダ：加奈陀日々新聞／大陸日報／民衆

5） Helen G. Chapinには，本号530. Shaping History : The Role of Newspapers in Hawai'i. のほかに次のような論稿がある。"Newspapers of Hawai'i 1834 to 1903 : From He Liona to the Pacific Cable." The Hawaiian Journal of History, 18：1984, pp.47-86., "From Makaweli to Kohala : The Plantation Newspapers of Hawai'i." The Hawaiian Journal of History, 23：1989, pp.170-195.

6） 【日系新聞の所在について】日系新聞については，田村紀雄・白水繁彦ら「日系新聞研究会」（下掲 注10）参照）のメンバーにより精力的な調査・研究がなされ，日系新聞の「総合所蔵目録」の作成が積年の課題となっていた。田村紀雄「日系新聞の総合所蔵目録づくり」『季刊海外日系人』11：1982.5, p.7＜Z3-1360＞，144．田村・白水編『米国初期の日本語新聞』（田村紀雄「はじめに」及び「共同方法の方法論」p.415）を参照。1981年から始まったこの作業は，既に終了したものと思われるので，早期の公表・公刊が望まれる。この目録が公刊されていない現況下では，日本国内，ハワイ及び北米における日系新聞の所在・所蔵状況については，各機関のオンライン目録のほか，例えば下掲の所蔵目録を個別に検索するほかに手段はない（同種の目録については最新のものを収録）。

 〇国立国会図書館収集部編『国立国会図書館所蔵国内逐次刊行物目録』平成9年末現在，国立国会図書館，1998＜UP15-G9＞

 〇国立国会図書館収集部編『国立国会図書館所蔵国内逐次刊行物目録 追録』平成10年1月—平成11年6月，国立国会図書館，1999＜UP15-G15＞

○国立国会図書館編集・制作『NDL CD-ROM Line 国立国会図書館所蔵逐次刊行物目録』1999年末現在, 国立国会図書館, 2000［電子資料］＜YH21-1406＞
○国立国会図書館逐次刊行物部編『全国マイクロ新聞所蔵一覧』昭和62年, 国立国会図書館, 1988＜UP67-13＞
○国立国会図書館逐次刊行物部編『全国複製新聞所蔵一覧』平成5年7月1日現在, 国立国会図書館, 1994＜UP15-E124＞
○東京大学法学部明治新聞雑誌文庫編『明治新聞雑誌文庫所蔵新聞目録』東京大学出版会, 1977＜UP15-164＞
○『和歌山市民図書館所蔵移民資料目録 和文篇 1』1985＜D1-421＞（前掲158）
○The Japanese in Hawaii : An Annotated Bibliography of Japanese Americans. 1975.＜岸-730＞＜移(四)-Y11＞（前掲178）
○A Buried Past : An Annotated Bibliography of the Japanese American Research Project Collection. 1974.＜D1-207＞＜岸-702＞（前掲183）
○Ichioka, Yuji, and Azuma Eiichiro, comp. A Buried Past II : A Sequel to the Annotated Bibliography of the Japanese American Research Project Collection, 1973-1998. Los Angeles : UCLA Asian American Studies Center Pr., 1999.＜未所蔵＞
○Fading Footsteps of the Issei : An Annotated Check List of the Manuscript Holdings of the Japanese American Research Project Collection. 1992.＜移(四)-Y2＞（前掲184）＊本書のIndexを除いた部分 *Finding Aid for the Japanese American Research Project Collection of Material about Japanese in the United States, 1893-1977 (Collection 2010)* ' unedited versionが, UCLA Library, Department of Special Collectios のホームページで検索できる (http://www.library.ucla.edu/libraries/special/scweb/ → http://www.oac.cdlib.org:80/dynaweb/ead/...)。
○Sources for Researching the History of Japanese Canadian in British Columbia in the Special Collections and University Archieves Division. 1991.＜特別資料課事務用＞（前掲194）

なお, 2000年10月横浜に開館した「日本新聞博物館(ニュースパーク)」所蔵の, いわゆる「羽島コレクション」にも昭和初期「戦前の新聞」約50種ほどが収蔵されていると思われるが, 日系紙のタイトルにつき未確認である（羽島知之『羽島コレクション 新聞関係資料目録』1959, p.38＜070.31-H417h＞, 町田市立博物館編『明治の新聞展 羽島コレクション』1986, p.72＜UC126-E19＞, 羽島知之編著『写真・絵画集成 新聞の歴史 1』日本図書センター, 1997, pp.56-59＜UC126-G10＞, 羽島知之「新聞博物館に入る『羽島コレクション』」『日本古書通信』62(8)：1997.8, pp.5-8＜Z21-160TO#＞等参照）。

一方アメリカでは, 1983年, 'National Endowment for Humanities' (http://www.neh.fed.us/) 後援による 'United States Newspaper Program (USNP)' (http://www.neh.fed.us/preservation/usnp.html) が，植民地時代以降アメリカで発行された，現存するあらゆる新聞の所在及び所蔵を目録化し，主要なものをマイクロフィルム化するプロジェクトに着手した。この計画は，全米50州，ワシントンD.C.及び信託統治領の責任館各1館，'National Newspaper Repositories' 8館，並びに Library of Congress において実行されたが，2001年2月末現在，参加62館中46館がプロジェクトを完遂している。この目録は，各参加館（各州）のオンライン目録で検索できるほか，'Online Computer Library Center (OCLC)' の *'United States Newspaper Program National Union List'* により横断的に検索することができる。州によっては冊子体で 'Union List' を刊行しており，OCLCからはマイクロフィッシュ版による 'National Union List' も刊行されている（現在，5th ed.）。アメリカにおけるアジア系移民新聞の利用・保存とUSNPのプロジェクトについて，Chiu, Kuei. "Access to the Past of A Nation of Immigrants: Asian Language Newspapers in the United States." Journal of East Asian Libraries, 112: 1997.6, pp.1-8. ＜Z55-B307-TO＞参照。

　また日本においても，1997年度から，国立国会図書館が「全国新聞総合目録」データベース・システムの開発に着手している。このデータベースでは，公立図書館・大学図書館等国内約1,300機関が所蔵する，あらゆる新聞の原紙・復刻版・縮刷版・マイクロ資料等約18,400件の所在・所蔵状況を検索することができる。既にデータ入力及び検証作業を終了しており，国立国会図書館ホームページ (http://www.ndl.go.jp/) での公開が予定されている。本データベースによって，アメリカで発行された164件の日系紙（邦字紙及び英字紙），カナダ13件（邦字紙のみ）の参加館での所蔵が確認されている。

　ハワイで発行された新聞を検索するツールとして，これまで，McMillen, Sophia and Nancy Morris. Inventory of Newspapers Published in Hawaii: Preliminary List. Honolulu, n. d. 及び，OCLC の 'USNP National Unioin List' からプリントアウトした Hawaii Newspapers: Union List. Honolulu: Hawaii Newspaper Project, 1987. 等があったが，Chapin, Guide to Newspapers of Hawai'i: 1834-2000. の刊行により，ハワイの日系新聞に関しては，所在も含めその情報が簡便に得られるようになった。

7）　各エントリー中，氏名等日本語のヨミが正しく英語表記されていないか，または，誤植があることに注意を要する。例：小野目文一郎（『日本週報』創刊）→B. Oname，注ではOnomeと正しく表記。大石光之助（『静岡新聞』社長，『ハワイ報知』経営）→Konosuki Oishi。

8）　「日系新聞研究会（JANP) *Japanese American Newspaper Research Project*」は，田村紀雄編著『地域メディア　ニューメディアのインパクト』日本評論社，1983＜EC235-99＞執筆の「地域メディア研究チーム」メンバーを核として，日・米・加の研究者約20名の参加を得て，1981年に正式に発足した。1982年からはニューズレター『日系新聞研究資料』を発行。「日系新聞研究会」の初期の活動状況

は，田村・白水編『米国初期の日本語新聞』(144) 所収の田村紀雄「共同研究の方法論」(「7 日系紙研究会の足跡」pp. 415-421) 及び「資料」(pp. 429-434) が詳細に記録している。山田「北米日系新聞関係日本語文献表（第1稿）」(211) が，「日系新聞研究会」会員の1993年までの研究成果を概ね網羅しており，これをインターネット上で更新していることは，本文で述べたとおりである。「日系新聞研究会」は，田村紀雄・白水繁彦・阪田安雄らを中心にして，これまで三冊の共同研究書 (144. 田村・白水編『米国初期の日本語新聞』1986, 137. 新保[ほか]『カナダの日本語新聞』1991, 463. 田村編著『正義は我に在り』1995) を刊行し，また，「在米日系新聞の発達史研究」シリーズを『東京経済大学人文自然科学論集』に (109号：2000年3月刊行時で26回)，「日系新聞研究ノート」シリーズを『東京経大学会誌』に (184号：1993年11月刊行時で16回) 発表している。これらの論稿のなかには，加筆修正されて上掲共同研究書等に収録されてものも多い。この間の研究推移を見るに，また，本稿収録文献に「エスニク・メディア」「エスニシティ」等という言葉が散見されることも考慮するに，最近の「日系新聞研究会」の関心が「『日系新聞』に限らず，広くエスニシティ問題一般に向けられているよう」であると指摘していることは，移民研究一般の趨勢と一致するものであると思われる (211. 山田書, p. 258)。

9) 「明治新聞雑誌文庫」の概要について，北根豊「東京大学明治新聞雑誌文庫その設立過程と資料収集」国立国会図書館編『新聞の保存と利用 第2回資料保存シンポジウム講演集』日本図書館協会, 1991, pp. 141-151＜UL755-E6＞及び，宮武外骨『公私月報』1-50号＜雑14-41＞(1-109号・臨時号外，厳南堂書店, 1981 (複製版)＜Z21-2326＞) 等を参照。本文庫の所蔵目録『東天紅 東京帝国大学法学部明治新聞雑誌文庫所蔵目録』＜R050.3-To46ウ ほか＞は夙に有名。本書の姉妹書として『日本欧字新聞雑誌史』大誠堂，昭和9 (付：東亜大陸欧字新聞雑誌史)（日本欧字新聞雑誌創刊改題年表：pp. 277-289)＜070.21-E16n＞, 名著普及会, 1980 (昭和9年刊の複製)＜UC126-37＞がある。

10) 例えば，藤野「北米における初期日系新聞をめぐる諸問題」(455) p. 119, 田村・飯田「ハワイ初期の日本語新聞」(527) pp. 83-84, 飯田「ハワイ・日系キリスト教会の草創期の機関紙」(528) p. 34等を参照。

11) 高須正郎「アメリカ3都市の日系新聞」『日本新聞協会研究所年報』1977年度2号：1978.8, pp. 43-51＜UC111-8＞及び「アメリカー西海岸・ハワイの邦字新聞視察記」『総合ジャーナリズム研究』15(4)：1978.10, pp. 38-47＜Z6-8＞は，「聴きとりでつづる新聞史 海外編」の取材記録。併せて参照されたい。

12) 本書の意義を十分に評価したうえで，遠藤泰生「書評『米国初期の日本語新聞』」『比較文学研究』53：1988.4, pp. 146-150＜Z12-76＞は，比較文学・比較文化研究の視点から，「日系新聞」のみを資料とすることに内在する問題点を指摘している。

13) 詳しくは, Janowitz, Morris. The Community Press in An Urban Setting.

Glencoe : Free Pr., 1952. pp.29-35. ('The Decline of the Immigrant Press')＜071.73-J34c＞, 2nd ed. Chicago : Univ. of Chicago Pr., 1967.＜未所蔵＞参照.

14)　『ユタ日報』廃刊時（1991年）の読者調査を基に，日本語新聞の存在意義を分析する，東元「『ユタ日報』最後の読者」『新聞研究』495：1992.10, pp.90-96＜Z21-88＞，及び「『ユタ日報』の最後の読者たち」田村紀雄編『復刻「ユタ日報」（一九四〇～一九四五）』五月書房, 1992, pp.387-392＜YP21-97＞も参照のこと.

15)　在日エスニック・メディア42紙誌を詳細に紹介する，森口秀志『エスニック・メディア・ガイド』ジャパンマシニスト社, 1997＜UC126-G14＞も参照のこと.

16)　エスニック・メディアの発展と変容につき，町村の一連の論稿「エスニック・メディア研究序説」『一橋論叢』109(2)：1993.2, pp.191-209＜Z3-104＞,「エスニック・メディアの歴史的変容―国民国家とマイノリティの二〇世紀」『社会学評論』44(4)：1994.3, pp.416-429（情報化社会の中のエスニシティ＜特集＞）＜Z6-265＞,「ロスアンジェルス日本系コミュニティの成立と展開―グローバル化時代における想像力としての『地域社会』」『地域社会学会年報』9：1997.5, pp.71-105（＜地域・空間＞の社会学）＜Z6-4345＞, 及び玄武岩「グローバル時代における『ナショナル・メディア』の台頭―エスニック・メディアの発展と変容」『東京大学社会情報研究所紀要』59：2000.3, pp.155-183＜Z21-98＞等を参照.これらの研究動向は，日系移民研究が，アジア系アメリカ人の枠組みへ，また各マイノリティ間の相互関係へと，引照基準をシフトする趨勢と軌を一つにするものであろう.

17)　イ ヨンスク「町村敬志『越境者たちのロスアンジェルス』―『回収』と『順応』と『越境』の終わりなき営み」『論座』52：1999.8, pp.266-268＜Z24-B125＞は,「アジア系アメリカ人」に関する記述が少ないことが残念であるとし，更なる研究を期待している.

18)　この年次総会の概要は，海外日系新聞協会編集『季刊海外日系人』（1977年5月創刊）＜Z3-1360＞に「海外日系人大会」の概要とともに報告されている.季刊海外日系人編集委員会「海外日系人協会の歩み」『季刊海外日系人』6：1979.10, pp.13-18（第20回海外日系人大会記念特集）＜Z3-1360＞を参照のこと.

19)　蒟蒻版に始まる日本語新聞の印刷技術，就中「活字」の転変には幾多の物語がある.事実関係の細部において不明な点があるものの，例えば，岡繁樹が経営した「金門印刷所」・『桜府日報』の活字は，アメリカ共産党日本人部機関紙『労働新聞』（→『同胞』）の印刷に使用されたが，戦時中はそれぞれ，米国政府の対日宣伝文書・ビルマ戦線の対日宣伝ビラの印刷に転用され，戦後は，藤井寮ら日系左翼によって『シカゴ新報』（1945年11月創刊）の印刷に使われた.462.田村『アメリカの日本語新聞』（「日本町と新聞の奇跡の復興」pp.222-225）及び，岡直樹「兄岡繁樹の生涯」岡直樹［ほか］編著『祖国を敵として 在米日本人の反戦運動』明治文献, 1965, pp.3-24＜289.1-O416Os＞（445.田村編著『海外へユートピアを求めて』に抄録,「桑港の日系SRと兄・岡繁樹」pp.83-90）等参照.ビルマ戦線で

は岡繁樹自身が対日宣伝ビラの殆どを執筆，祖国日本を敵として宣伝活動に従事した。岡自身が語るこの間の経緯及び岡が執筆したとされる文書が，上掲『祖国を敵として』に収録されている（岡繁樹「遺稿」，藤原彰・解説「ビルマ戦線の反戦文書」）。平和博物館を創る会編『紙の戦争・伝単 謀略宣伝ビラは語る』エミール社，1990＜GB531-E74＞は，アメリカ軍及びイギリス軍が作成した「伝単」（戦時対敵チラシ）の写真を収録し，岡ら日系人の対日宣伝行動の経緯について概観する（岩倉務「日本とアメリカの心理戦・伝単について（解説）」pp. 198-206）。また，芳賀武らが，1944年『紐育時事』（1945年『北米新報』→『ニューヨーク日米新聞』）創刊に使用した活字は，「敵国財産」として没収された，星一の『日米週報』（→『日米時報』）の活字を買い取ったものであった。芳賀武「ニューヨークの邦字紙について」「聴きとりでつづる新聞史 海外編 II」『別冊新聞研究』17, pp. 2-4，白水繁彦「エスニック・メディアの送り手―『北米新報』『ニューヨーク日米新聞』を始めた人たち，支えた人たち」田村紀雄監修**『ニューヨーク日米新聞（一九四五～一九五二）敗戦後日系社会の情報機関紙 重要紙面・縮刷版』**五月書房, 1996, pp. 8-16＜UC151-G2＞，田村［ほか］「紐育日系新聞小史」(534) pp. 130-140，田村紀雄「反ファシズムの新聞『同胞』」田村編著『正義は我に在り』(463) pp. 269-308, ほか，等参照。一方，『ユタ日報』及び『ヒロタイムス』の活字が，それぞれ松本市（1993年，「松本市立中央図書館」収蔵），凸版印刷（1998年，「印刷博物館」収蔵）に寄贈，寄託され，日本に里帰りしている。

20) 前掲91.ヒロタイムス［大久保清］編『ハワイ島日本人移民史』pp. 265-264, 本号474.坪井書, pp. 233-248を参照。

21) 『日本週報』については，その第18号（1892年9月26日発行）が，321.川添樫風『移植樹の花開く』1960等に内容が詳しく紹介され（p. 184-188），328.王堂・篠遠『図説ハワイ日本人史 1885-1924』1985に表紙の写真が掲載されている（p. 145）。しかし結局，坪井はこの第18号の存在を現認できず，第35号を確認することになった（1997年）。しかし，ハワイ州立公文書館所蔵の『日本週報』第35号は近年の発見・収蔵とは思われず，これがなぜもう少し早い時期に，研究者によって確認されなかったのか，第18号の行方とともに不思議である。

ハワイ最初の日本語新聞である『日本週報』は，『やまと』『やまと新聞』『日布時事』『布哇タイムス』と連綿と続く，まさにハワイ日系紙の嚆矢であるが，現存しない後継紙もあり，その変遷については定かでない。526.田村・白水(上) pp. 80-81, 528.飯田p. 18等参照。田村・白水は，本号524.Sakamaki論文に拠り，他説として，前山北海「年輪：ペンを担いで50年」『East—West Journal』1980年連載（国立国会図書館では，1985.11.1～所蔵＜Z98-35＞）を紹介している。飯田もまた，田村・白水とは幾分異なった立場をとっている。本経緯についてのキーパーソンとして，ハワイはじめテキサス（米作事業）・ブラジル（1916年，最初の邦字新聞『南米』創刊）等で活躍した星名謙一郎がいる。星名について，飯田耕二郎「移民の先駆・星名謙一郎の生涯」『キリスト教社会問題研究』32：

1984.3, pp.146-172＜Z9-77＞，及び「明治期・テキサスの日本人米作者―西原清東・片山潜・星名謙一郎をめぐって」『同志社時報』59：1976.11, pp.50-54＜Z7-42＞があるが，ハワイにおける新聞発行の経緯については未詳である。また，蛯原は『日伯新聞』がブラジル最初の邦字新聞であるとし，(1916年(大5) 8月31日創刊，「年表」には月日記載なし) これに対抗して『南米』が創刊されたが，永続しなかったとしている (143. 蛯原書, p.225)。しかし内山勝男は，『南米』がブラジル最初の日本語新聞であるとし，『南米』と『日伯新聞』の創刊経緯を書いている (内山勝男『舞楽而留ラプソディ』PMC出版, 1993, p.56＜DC812-E161＞)。内山が『南米』第113号 (1918年3月3日発行) を所有していることからも，蛯原説は誤りであると思われる。内山書は，「日本語新聞畸人伝」「『ジャカレー』こと星名謙一郎」「御用新聞の撲り込み」(pp.48-69) において，星名について記述しているが，ハワイにおいて星名が「どの新聞とかかわったのかは，はっきりしない。」としている (同書, p.57)。

22) 奥村の新聞事業につき，田村・飯田「ハワイ初期の日本語新聞 1880～1930. キリスト教会を中心に」(527)，及び飯田「ハワイ・日系キリスト教会の草創期の機関紙」(528) (「4 奥村多喜衛牧師の諸活動と新聞事業」pp.27-34) を参照のこと。また，奥村の初期の業績の紹介，自叙等著作につき，以下のものを参照されたい。警醒社編『信仰三十年基督者列伝』警醒社書店，大10＜392-252＞(大空社, 1996, 伝記叢書 211＜HP4-G2＞に復刻・再録)，マキキ聖城教会編『奥村牧師説教集』ホノルル，マキキ聖城教会, 1955 (マキキ聖城教会創立五十周年記念)＜山本-14＞，奥村多喜衛 (以下全て奥村編・著)『成功の生涯』警醒社，明36＜YDM10704＞，『日曜講話 第1編, 第2編』警醒社書店, 大4＜360-132＞＜山本-103＞，『太平洋の楽園』三英堂書店，大6＜325-253＞，増補改版, 1926＜297.6-O623t-(s)＞＜山本-154＞，『布哇傳道三十年畧史』ホノルル，奥村多喜衛, 1917＜山本-450＞，『布哇に於ける日米問題解決運動』奥村多喜衛, 大14＜524-343＞＜山本-425＞, 4版, 昭7＜524-343イ＞, 5版, 1935＜移(一)-355＞, 『恩寵記略』ホノルル, 奥村多喜衛, 1933＜山本-320＞，『恩寵七十年』ホノルル，奥村多喜衛, 1935＜移(四)-66＞，『回顧四十年』奥村多喜衛, 1935＜未所蔵＞, 『楽園おち葉』1-31筥, 1941-50＜山本-247＞。

23) 奥村多喜衛・相賀安太郎, 牧野金三郎の日本人コミュニティにおける「適応のストラテジー」については，本号468・481. 白水論文等においても検証されている重要なイシューである。ドウス昌代『日本の陰謀 ハワイオアフ島大ストライキの光と影』文藝春秋, 1991＜DC812-E115＞, 1994 (文春文庫)＜DC812-E192＞は，オアフ島大ストライキが「排日移民法」(1924年) へと帰結する過程での，三人の動向を鮮やかに再現している。342. Kotani書, 'Chapter 3 Strike' (pp.33-46) 及び530. Chapin 書, pp.118-125, 131-139及び140-147も参照のこと。

24) 「排日予防啓発運動」「日系市民会議」等，奥村の「米化運動」につき，474-476論稿と異なる評価をするものも含め，337. Ogawa, Kodomo no Tame ni.＜DC812

-20ほか＞, 342. Kotani, The Japanese in Hawaii.＜DC812-A30ほか＞, 345. Okihiro, Cane Fires.＜未所蔵＞, 346. Tamura, Americanization, Acculturation, and Ethnic Identity.＜EC136-A84＞, Nomura, Gail M. "The Debate Over the Role of Nisei in Prewar Hawaii：The New Americans Conference, 1927-1941." Journal of Ethnic Studies, 15(1)：Spr. 1987, pp. 95-115.＜未所蔵＞, ドウス昌代『日本の陰謀』＜DC812-E115ほか＞, 吉田亮「奥村多喜衛の日系市民会議」, 沖田行司「奥村多喜衛と日本語学校問題—外国語学校取締法成立に至るまで」同志社大学人文科学研究所編『ハワイにおける日系社会とキリスト教会の変遷』1991（サントリー財団文化助成報告書）＜未所蔵＞等を参照のこと。

25) 'Kona Echo' 廃刊後, Dixon は1951年10月に 'Big Islander' ('Koko Nuts'→) を創刊したが, これも短命に終わった（1952年１月廃刊）。454. Chapin書, p. 11, 530. Chapin 書, pp. 224-226参照。

26) 林三郎の著作,『布哇実業案内』コナ反響社, 明42＜YDM42049＞＜山本-226＞, 増田禎司共編『布哇島一周』コナ反響社, 1925＜297.6-H385hほか＞＜山本-148＞＜移(四)-35＞も参照のこと。また,『コナ反響』発行を手伝った大久保清は, 自ら主宰した『ヒロタイムス』に, 林に関する記事を多数掲載している。

27) このほか中野には,『ホノム義塾 曽我部四郎伝』中野好郎, 1985（Samurai Missionary：The Reverend Shiro Sokabe. Honolulu：Hawaii Conference of the United Church of Christ, 1984.＜未所蔵＞の翻訳）＜HP112-E2＞,『カウボーイ木村寛』中野好郎, 1992（Parker Ranch Paniolo：Yutaka Kimura. Honolulu：United Japanese Society of Hawaii, 1992.＜移(四)-Y48＞の翻訳）＜GK74-G8＞等の日系移民に関する著作がある（文学作品を除く）。

28) 相賀の文筆活動につき, 例えば以下のものを参照のこと。『布哇その折り折り』ホノルル, 日布時事社, 1926,＜山本-25＞＜移(四)-88＞は, 1946年８月から『日布時事』に連載された, ハワイの事物や出来事を題材とした随筆集。『鉄柵生活』布哇タイムス社, 1948＜移(四)-87＞は転々たる抑留４年間の状況並びに心境を綴る貴重な記録。その間の短歌は, Soga, Keiho, [et al.]; edited and translated by Jiro Nakano, Kay Nakano. Poets Bihind Barbed Wire：Tanka Poems. Honolulu：Bamboo Ridge Pr., 1983.＜未所蔵＞に英訳, 収録されている。『布哇タイムス』に連載した「折りに触れて」及び「随想随話」は「布哇邦字新聞紙上切っての好文字として絶賛を博し」た。「潮音詩社」同人としての歌歴は,『夜開花』ホノルル, 潮音詩社, 1923＜未所蔵＞に, 相賀誠編『渓芳歌集』ホノルル, 相賀誠, 昭32＜山本-128＞＜移-77＞は,「潮音詩社」歌友の追悼歌も収録した遺歌集。その他,『韮の匂ひ』1925＜山本-74＞,『日満を覗く』1935＜山本-89＞等朝鮮・満州への旅行記もある。

29) 大久保には次のような編・著書がある。何れも独特の言い回しの中に, 大久保版「ハワイ日本人移民史」が綴られている。『ハワイ島日本人移民史』(91),『知られざる日布交流史』(351),『関東大震災とハワイ-1923-』ヒロ, ハワイ島日本人移

民資料館,ヒロタイムス新聞社,1980＜移(四)-75＞。また,かつてホノルルの日本語放送局「KZOO」で担当した「ハワイ島日本人移民資料館アワー」は,往時のハワイ日系社会を話題とし興味深い（国立国会図書館では1993-94年放送(部分)の録音カセット12巻(23回分)を所蔵＜録音資料-ハワイ-88～89＞）。

30) 皇国の烈士・志士としての横川の姿を伝えるものは,例えば以下に掲げるように多い。松島宗衛『烈士横川省三』烈士横川省三銅像建設会,昭3＜578-193ほか＞,利岡中和『真人横川省三伝』大空社,1996（伝記叢書 224）（『真人横川省三伝』刊行会,昭10年刊＜未所蔵＞の複製）＜GK162-G7＞,満鉄弘報課『横川省三爆破行』満州日日新聞社,1941（大陸開拓精神叢書 9輯）（紀元二千六百年記念出版）＜GE357-E40＞,萩原新生『決死の密偵行 国威宣揚物語』皇国青年教育協会,1942＜GK162-21＞,伊藤峻一郎『志士の生涯 横川省三伝』興亜書院,1944＜289.1-Y691Is＞,池野藤兵衛編著『明治の青春横川省三 日露戦争と志士群像』牧野出版,1980＜GK162-34＞,池野藤兵衛記『横川省三と其の時代』池野藤兵衛,1990＜GK162-E20＞。このほか,『岩手の先人100人』岩手日報社,1988（「大陸の露と消えた愛国の志士 横川省三」pp.85-87）＜GK13-E83＞,横田順彌『明治不可思議堂』筑摩書房,1995（「嗚呼! 殉国の勇士」pp.51-56）＜GB415-E52＞,1998（ちくま文庫),pp.60-66＜GB415-G18＞,才神時雄『メドヴェージ村の日本人墓標 日露戦争虜囚記』中央公論社,1983(中公新書)（「蒙古へ潜行するする志士たち／志士・横川,沖,ハルビン刑場に消ゆ」pp.39-50）＜GB441-90＞（446.日本ペンクラブ編『海を渡った日本人』福武書店,1993(福武文庫),pp.164-174＜DC812-E152＞に再録）等も参照のこと。名記事と謳われた横川の「威海衛夜襲」及び「三陸沖大津波」の記事が,朝日新聞社編『朝日新聞100年の記事にみる 8 特ダネ名記事』朝日新聞社,1979＜GB411-88＞（『朝日新聞の記事にみる特ダネ名記事［明治］』1997(朝日文庫)＜GB411-G44＞）に再録されている。ヒロタイムス［大久保清］編『ハワイ島日本人移民史』(91)が,ハワイにおける横川の知られざる一面を追想する（pp.267-274）。

31) 「ヤマト・コロニー」と呼ばれる農業コミュニティは,米本土に少なくとも3ヶ所は存在した。これらの「ヤマト・コロニー」につき,153. Niiya, ed. Japanese American History. 1993, pp. 356-357. 及び増補版, Encyclopedia of Japanese American History: An A-to-Z Reference from 1868 to the Present. up dated ed. New York: Facts on File, 2000. pp. 419-420.＜未所蔵＞を参照。更に詳しくは以下のものを参照のこと。安孫子のコロニー（カリフォルニア州）につき, Noda, Kesa. Yamato Colony: 1906-1960. Livingston: Livingston-Merced Chapter, JACL, 1981.＜移(四)-Y25＞,及び388.佐渡『カリフォルニア移民物語』（「第五章 カリフォルニアの『大和殖民地』pp.170-210）＜DC812-G107＞,鷲津尺魔「歴史湮滅の嘆」93-96『日米新聞』1922年(大11)7月10日～連載,岡省三「安孫子久太郎伝」『北米毎日新聞』1980年5月～連載（445.田村編著『海外へユートピアを求めて』pp.91-99に抄録）等々。なお,「アメリカ国立公園協会

(NPS) *The National Park Service*」のホームページ 'ParkNet' (http://www.nps.gov/) が, 'Five views：A History of Japanese Americans in California' のサイトで 'Yamato Colony' の誕生から現況までを紹介している。フロリダ州の「ヤマト・コロニー」につき, Pozzetta, George E. and Kesey, Harry A. "Yamato Colony：A Japanese Presence in South Florida." Tequst, 36：1976, pp. 66-77.＜未所蔵＞。テキサス州の「ヤマト・コロニー」につき, 396. Walls, The Japanese Texans.＜移(四)-Y26＞（邦訳, 397『テキサスの日系人』＜DC812-G50＞)。

32) 安孫子久太郎・余奈子夫妻と星一（1899年, ニューヨーク初の邦字紙『日米週報』創刊）との数奇な関係につき, 462. 田村『アメリカの日本語新聞』pp. 175-180, 及び492. 蒲池「ニューヨークにおける星一の新聞・雑誌活動」田村・白水編『米国初期の日本語新聞』pp. 324-325参照。

33) 「日記」（1891-1944年）をはじめ, 余奈子の個人文書を中心とする 'ABIKO FAMILY PAPERS.' が 'UCLA・JARP コレクション（Collection 2010）' に収蔵されている。また同じく, 社会主義者で「金門印刷所」経営者, 岡繁樹（1878-1959,『アメリカ新聞』『桜府日報』等を発行）関係文書 'OKA PAPERS. 1914-1957' に, 岡が安孫子の伝記を編纂する目的で集めた, 翁久允ら関係者の追悼草稿類が含まれている。安孫子の伝記は結局出版されなかったが, これらの資料を基に岡の甥, 岡省三が『北米毎日新聞』（安孫子の『日米新聞』のライバル紙,『新世界新聞』の後継紙）に「安孫子久太郎伝」を連載し, 後年の研究者が依拠する資料となっている。

34) 安孫子の「永住論」と『日米新聞』につき, 398. Ichioka, The Issei.（'Chapter V Permanent Settlement' pp. 146-175）（邦訳, 399『一世』,「第四章 永住」pp. 163-195）も参照のこと。

35) 河上清につき前掲,『参考書誌研究』No. 52, p. 30,74参照のこと。前号 注22) で河上の生年を1879（明12）と記したが（典拠：398. Ichioka, The Issei. p.190, 邦訳399.『一世』p. 211, 及び153. Niiya, ed. Japanese American History. pp. 197-198, 増補版, Encyclopedia of Japanese American History. updated ed. 2000. pp. 237-238も同記述), 古森『嵐に書く』(490) が河上の戸籍も調査しており, また 'UCLA・JARPコレクション（Collection 2010）' 収蔵 'KAWAKAMI FAMILY PAPERS. ca. 1906-1949' 解題も1873年としている（184. Sakata, comp. Fading Footsteps of the Issei. p.113）。これらに拠り, 1873年（明6）と訂正する。なお, 河上の著作につき,『参考書誌研究』No.52, p.74に加えて, 490. 古森書の「日本語の主要著書, 英文の著書」リストも参照のこと。

36) 星一についての纏まった評伝は, 本文で記したように491が唯一のものであるが, 文献案内として, 491. 大空社版（1997. 伝記叢書 262）所収の横田順彌「解説」, 及び猪口崇「星一関連文献調査」『文献探索』1997：1998.3, pp. 22-28＜Z71-B380＞がある。とりわけ, 星新一『人民は弱し官吏は強し』文藝春秋, 1967＜

289.1-H686 Hz＞，新潮社，1978（新潮文庫）＜GK53-39＞，『明治・父・アメリカ』筑摩書房，1975＜KH152-114＞，新潮社，1978（新潮文庫）＜KH152-201＞が，まず参照されるべきもの。三沢美和「『星一』言語録1,2,3」『薬史学雑誌』23(2)：1988 pp.98-101, 24(1)：1989 pp.115-119, 27(2)：1992 pp.109-116が未収録なので掲げておく。また，横田順彌『快絶壮遊［天狗倶楽部］―明治バンカラ交遊録』教育出版，1999（江戸東京ライブラリー 8）＜KG311-G134＞が，押川春浪の「天狗倶楽部」を中心に，文化人の交流史という視点から星を描いている（「第七章クスリはホシの『三十年後』」pp.95-112）。『日米週報』の活字の転変については，本号 注19）掲載文献を，安孫子久太郎・余奈子夫妻との関係については，注32）掲載文献を参照されたい。

37) 【渋谷清次郎】1878（明11）-1917（大 6）／新潟県古志郡に，旧長岡藩士で富裕な染物業を営む，渋谷朝吉の長男として生まれる。旧制長岡中学を経て，1901年（明34），大日本帝国政治学校（俗称「新聞学校」）を卒業。フィラデルフィア大学留学を目指し渡米するが，何故か**『新世界新聞』**（1894年 5月，副島八郎創刊）地方主任として，ロサンゼルス赴任。1902年 4月，中学時代の友人山口正治らと**『羅府新報』**（週刊，1904年から日刊）を創刊。1906年，日本人で初めて南カリフォルニア大学法学部を卒業，その後「羅府野菜市場」設立（1906年），「南加州新潟県人会」創立（1910年，1915年まで会長）等，羅府日系社会の発展に貢献した。この間1908年からは，『羅府新報』のライバル紙**『羅府毎日』**の主筆を勤めている。病を押して編纂した『新潟県人会五周年記念帖』（ロサンゼルス，南加州新潟県人会，大5）脱稿後，不帰の人となる。

38) 【駒井豊策】1881（明14）-1950／山梨県東山梨郡日川町の名家に生まれる。生家没落・一家離散のため，1899年（明32）18歳の時，トランク一つでサンフランシスコに渡る。中部カリフォルニア，フレスノの農場で働いた後，ロサンゼルスでオレンジ栽培に成功，その資金をビジネスに投資した。旅館・レストラン経営をはじめ，メロン・苺栽培，鮑・ロブスター採集，日米銀行ロサンゼルス支店相談役等，実業面でも活躍，成功した。1909年に渋谷清次郎らが新設した野菜市場をめぐり日系社会は二分，新市場派の購読ボイコットにより，『羅府新報』は経営難に陥った。1911年，駒井は他の日本人起業家とともに**『羅府新報』**を買収，新聞人としての第一歩を踏み出した。1913年支配人，1922年社長に就任。「排日移民法」成立（1924年）の動向を見取り，1926年 2月から「英語欄」を設け，二世もその視野に入れた編集方針をとった。1929年10月からの世界大恐慌による不況の中，数々の設備投資を行い，ライバル紙**『加州毎日』**（1931年，藤井整創刊, 1992年廃刊）と鎬を削った。戦時中はサンタフェ収容所に抑留された。1946年 1月 1日，『羅府新報』は再刊されたが，その経営は長男明に任せ，爾来在米日本人社会のための事業に情熱を傾けた。駒井は，不偏不党の経営に徹し，その新聞人生において「一行の記事も書かなかった」という。

39) 【藤岡紫朗】1879（明12）-1957／青森県弘前市に生まれる。旧制弘前中学卒業後，

犬養毅の書生となり早稲田大学に学ぶ。1897年（明30）シアトルに渡る。サンフランシスコで清瀬規矩雄と知り合い、『**新天地**』に寄稿する等文筆活動を始める。その後ニューヨークに移り、コロンビア大学に学び、『**紐育週報**』（1897年創刊）で本格的な記者生活に入る（184. Sakata, Fading Footsteps of the Issei. ほか 'UCLA・JARPコレクション（Collection 2010）' 解題では、『紐育新報』（1911年創刊）となっているが、藤岡自身が「『紐育週報』に二ヶ年間執筆し」としており（『民族発展の先駆者』「自序」）、年代・経歴から考えても『紐育週報』の誤りであると思われる。林『日系ジャーナリスト物語』も『紐育週報』としている（p. 137）。但し、『紐育週報』はいくらも続かず廃刊したという記述もある（360. 紐育日本人会編『紐育日本人発展史』pp. 408-409）。1905年、日露講和ポーツマス会議の『日本』（三宅雪嶺ら創刊）特別通信員を経て、シアトルの『**北米時事**』（1902年創刊）に招聘される。1914年（大3）、羅府日本人会の前身である南加日本人会書記長就任、爾来『南加中央日本人会 Central Japanese Association of Southern California』等、在米日本人団体の要職を歴任した。1920年代に『**羅府新報**』主筆として活躍、ライバル紙『加州毎日新聞』の藤井整をして「同胞間の第一人者―人格者」と評価せしめる程、在米日本人社会で評価された人物である。『民族発展の先駆者』同文社、昭2 <561-69>、『米国中央日本人会史』（365）、『歩みの跡』（366）等の著作は、藤岡のジャーナリストとしての資質が十分に活かされた名著として、また信頼すべき資料集として、高い評価を得ている。また、'UCLA・JARP コレクション（Collection 2010）' に 'FUJIOKA PAPERS. 1954-1959.' が収蔵されている。

40) 【坂井米夫】1900（明33）-1978／佐賀県佐賀市米屋町の米屋に生まれる。佐賀中学卒業後、関西学院大学文学部及び明治学院大学文科を何れも中退。国際情報社で『映画と演芸』の編集を担当し、1926年（大15）に渡米した。サンフランシスコで『**日米新聞**』（1899年、安孫子久太郎創刊）で働き、アメリカ各地を放浪、1930年ロサンゼルスに至る。『**羅府日米**』（1922年創刊、『日米新聞』姉妹紙）でアルバイトとして働くが、『日米新聞』ストライキが原因で退社。ロサンゼルス・オリンピック（1932年）取材のため、『東京朝日新聞』アメリカ特派員となり、開戦まで通信員・特派員として働いた。また『**羅府新報**』記者も兼務した。『東京朝日新聞』の「移動特派員 roving reporter」として「スペイン内戦」（1936-39年）等を取材し、国際記者としての地位を確立した。戦後は、『東京新聞』特派員として、敗戦国日本唯一の駐米記者として取材活動を続け、NHKの人気番組「アメリカ便り」にリポートを寄せた。坂井の経歴については、本書『日系ジャーナリスト物語』のほか、川成洋編『動乱のスペイン報告 ヴァガボンド通信――一九三七年』彩流社、1980 <GG572-26>が、「スペイン戦争」とルポルタージュの傑作『ヴァガボンド通信』の経緯も踏まえ詳細である（「ヴァガボンド vagabond」は漂浪・さすらい人の意）。坂井の主な編・著書は以下のとおり。『ヴァガボンド通信』改造社、昭14 <765-38>、『続ヴァガボンド通信』改造社、昭15 <765-38>、『ヴァガボ

ンド・裏』板垣書店, 昭23＜F13-Sa29ウ ほか＞,『アメリカ雑記帳』板垣書店, 1948＜a295-3＞,『アメリカ便り 第2,第3』名曲堂出版部, 1949＜a295-6＞,『新アメリカ便り』名曲堂出版部, 1949＜a295-6＞,『日系市民とYUKI』名曲堂出版部, 1949＜a913-1106＞(『日系市民YUKI』サンケイ新聞社出版局, 1969＜KH525-2＞),『坂井米夫詩集』思潮社, 1966＜911.56-Sa411s＞,『私の遺書』文藝春秋, 1967＜049.1-Sa411w＞, 平賀亀祐著・坂井米夫編『一本の釘』求龍堂, 1970＜KC222-11＞。(余談になるが, 横田順彌が古書店で購入した『ヴァガボンド通信』の393頁以降が脱落していたという。横田『雑本展覧会 古書の森を散歩する』日本経済新聞社, 2000, pp.248-249＜UM51-G19＞。国立国会図書館所蔵『ヴァガボンド通信』も433頁以降を欠いている。)

41) 「密航者密告事件」(1920年代後半-1931年) では,『羅府日米新聞』『南加タイムス』両紙上で「筆戦」が繰り広げられ, 結局, 南加中央日本人会の赤堀最, 籾井喜左衛門(『南加タイムス』社長)両参事らが密告の共謀者として除名処分となった。この事件を扇動した藤井整,「村八分」にされた赤堀・籾井は, 日米開戦後, 在米日本人社会の指導者として逮捕され, 同じ抑留所内で共同生活を余儀なくされたという。この事件に関し, 阪田・田村(495), pp.597-607, 阪田(496), pp.127-138参照。'UCLA・JARP コレクション (Collection 2010)' 収蔵 'AKAHORI FAMILY PAPERS: ca. 1908-1965' は, JARPコレクション中最大の量を誇るものの一つであり多くの貴重な資料が含まれているが, この中に「密航者密告事件」関係資料17点が含まれている。

42) 藤井整に関しては, その経歴・業績に比して,『米国日系人百年史』(80)『南加州日本人七十年史』(133) 等のような浩瀚な在米日系人史においても, あまり多くは触れられていない。この理由として, 日系人社会におけるライバル紙及び指導者間の確執が指摘されている(494. 大野『羅府に艶る』pp.280-283)。

43) 伊藤「米国西北部の帰国知識人」(498) は, 翁の渡米目的を「徴兵忌避」だとしている(p.333)。

44) 『高志人』1:昭11.9-398:昭48.2,『高志人 翁久允追悼号』(通巻399:昭49.3) (国立国会図書館では13(6):昭和23.6-通巻399:昭49.3を所蔵＜Z23-55＞)

45) 文庫には,『高志人』を主宰していた関係で郷土資料が多く, また, 滞米中に収集した洋書及び父源指蔵書の和漢書等が含まれている。富山市立図書館編『翁久允文庫目録』富山市立図書館, 1996＜UP171-G8＞参照。

46) 井口喜源治及び研成義塾につき, 同志社大学人文科学研究所編『松本平におけるキリスト教 井口喜源治と研成義塾』同朋舎出版, 1979＜GK57-37＞, 南安曇教育会井口喜源治研究委員会編『井口喜源治と研成義塾』南安曇教育会, 1981＜GK57-48＞, 宮原安春『誇りて在り「研成義塾」アメリカへ渡る』講談社, 1988＜DC812-E35＞, 田中収『内村鑑三とその継承者』愛知書房, 1995＜HP113-G49＞, 平林一「研成義塾と文学(キリスト教と日本社会)」『キリスト教社会問題研究』37:1989.3, pp.189-203＜Z9-77＞, 葛井義憲「巖本善治と研成義塾―井

— 123 —

口喜源治覚書」『名古屋学院大学論集』31(4)：1995.4, pp.1-25＜Z6-622＞等を参照のこと。

47) 『暗黒日記』の主な版につき以下のとおり。『暗黒日記』東洋経済新報社, 1954＜210.75-Ki345a＞，『暗黒日記 1-3』評論社, 1970-73(復初文庫)＜GB531-10＞，『暗黒日記 昭和17年12月9日-20年5月5日』評論社, 1979(復初文庫)＜GB531-85＞，山本義彦編『暗黒日記 1942-1945』岩波書店, 1990(岩波文庫)＜GB531-E75＞，橋本文三編集・解説『暗黒日記 戦争日記1942年12月-1945年5月』評論社, 1995＜GB531-E293＞, A Diary of Darkness: The Wartime Diary of Kiyosawa Kiyoshi. Princeton: Princeton Univ. Pr., 1999.＜GB531-A144＞。また, 臼井吉見編『現代教養全集 第18』筑摩書房, 1960＜081.6-U772g＞以降『精選復刻長野県稀覯本集成 第2期(昭和)[10]』郷土出版社, 2000＜KH6-G489＞まで, 多くの全集・大系等に収(抄)録, 復刻されている。

48) 北岡の本書以降の論稿「清沢冽におけるナショナリズムとリベラリズム—日中戦争下の欧米旅行日記より」『立教法学』42：1995, pp.1-38＜Z2-47＞も参照のこと。

49) 「ララ物資」について, 例えば,『ララ救援物資について』厚生省社会局, 1950＜EG44-G47＞, 上坂冬子「焼け跡の日本を救ったララ物資の生みの親」『中央公論』101(14)：1986.12, pp.259-273＜Z23-9＞, 田村紀雄「『ニューヨーク日米』とララ物資」『図書』576：1997.5＜Z21-184＞, 飯野正子『もう一つの日米関係史紛争と協調のなかの日系アメリカ人』有斐閣, 2000(「『ララ』救援物資」pp.143-168)＜DC812-G129＞等を参照。

50) 『ユタ日報復刻版』全7巻「ユタ日報」復刻松本市民委員会, 1994-95＜Z99-941＞は, 各巻に, 収載『ユタ日報』紙面に沿った解題を付し(1-3巻：篠田左多江, 4-5巻：飯野正子, 6-7巻：粂井輝子), 第1巻に山田晴通「概説『ユタ日報』—その歴史と意義」(pp.431-435)が, 第7巻には田村紀雄「ラジオ・トウキョウ,『ユタ日報』で伝えられた大本営発表」(pp.429-434)が収録されている。またこれに先立ち, 田村紀雄編『復刻「ユタ日報」(一九四〇〜一九四五)』五月書房, 1992＜YP21-97＞も刊行されており, 田村紀雄「解説『ユタ日報』」(pp.372-386)及び, 東元春夫「『ユタ日報』の最後の読者たち」(pp.387-392)が『ユタ日報』創廃刊の経緯を詳細に記録している。

51) 芳賀の新聞発行活動については『紐育ラプソディ』『自由の女神よアメリカを見よ』等に詳しい。田村[ほか]「紐育日系新聞小史」(534)は,『北米新報』創刊の経緯等についての芳賀へのインタビューを収録する(「3 芳賀武の『北米新報』」pp.131-143)。また, 田村紀雄監修『ニューヨーク日米新聞(一九四五〜一九五二)敗戦後日系社会の情報機関紙重要紙面・縮刷版』五月書房, 1996＜UC151-G2＞所収の「解説」(田村紀雄「『北米新報』の同人達」pp.2-7, 白水繁彦「エスニック・メディアの送り手—『北米新報』『ニューヨーク日米新聞』を始めた人たち, 支えた人たち」pp.8-16)も参照のこと。

52) 田村『鈴木悦』は, トルストイ『戦争と平和』完訳本の刊行を1917年(大6)初

夏としているが，国立国会図書館所蔵本は，島村抱月・鈴木悦共訳『戦争と平和全訳』上・下巻，目黒分店，大正5＜357-201＞であり，奥付も「大正5年12月18日発行」となっている。

53) 鈴木悦の生涯は，小説家・田村俊子（1884(明17)-1945）との関係抜きには語れない。この件に関しては多くの文献があるが，例えば，瀬戸内晴美『田村俊子』文藝春秋新社，1961(田村俊子年譜：pp.329-342)＜910.28-Sa913St＞ほか，工藤美代子，スーザン・フィリップ『晩香坡の愛 田村俊子と鈴木悦』ドメス出版，1982(参考文献：pp.258-259，田村俊子・鈴木悦年譜：pp.264-274)＜KG614-128＞が詳しいし，『田村俊子作品集 第3巻』オリジン出版センター，1988(田村俊子年譜：pp.445-465)＜KH589-E17＞は，二人の「日記」「書簡」を収録しており，悦・俊子の関係を解く資料として重要である。

54) ハワイにおける個別の日系新聞に関する文献について，例えば以下のものも参照のこと（含再録）。【日布時事・布哇タイムス】村山有「苦闘する邦字紙 布哇タイムスの六十周年」『新聞研究』57：1956.4, pp.14-15＜Z21-88＞，【馬哇新聞】沖田行司編『ハワイ日系社会の文化とその変容――一九二〇年代マウイ島の事例』ナカニシヤ出版，1998(同志社大学人文科学研究所研究叢書 29)＜DC812-G74＞，【布哇殖民新聞】沖田行司「海外移民の教育史的研究(上)――『布哇殖民新聞』の教育記事を中心として」『キリスト教社会問題研究』35：1987.3, pp.75-103＜Z9-103＞，【洋園時報】田村紀雄「Kauai島『洋園時報』創刊の背景――1920年日・比耕地労働者のゼネストの中から」『東京経済大学人文自然科学論集』96：1994.3, pp.165-180＜Z22-394＞，「一九二〇年耕地ゼネストと『洋園時報』」田村編著『正義は我に在り』pp.145-172＜UC151-G1＞，【Hawaii Herald】'The Hawaii Herald' 11(10)：1990.5.18 (10th Anniversary Issue), ウエスリー・ウエウンテン「ハワイの日系二，三世と『ハワイ・ヘラルド』」田村編著『正義は我に在り』pp.249-268＜UC151-G1＞。

55) アメリカ本土における個別の日系新聞に関する文献について，例えば以下のものも参照のこと（含再録）。【日米新聞】鶴谷寿「『日米』創刊号をめぐって幸徳秋水が見たもの」『汎』7：1987.12, pp.140-145＜Z23-548＞，【羅府新報】山本武利・田村紀雄「加州日系紙の新聞広告と経営――1910〜1940」『東経大学会誌』132：1983.9, pp.187-237(日系新聞研究ノート 1)＜Z22-393＞，田村紀雄・有山輝雄「1924年移民法と日系新聞［含資料］」『東京経済大学人文自然科学論集』75：1987.3, pp.135-168＜Z22-394＞，有山輝雄「一九二四年移民法と『羅府新報』」田村編著『正義は我に在り』pp.173-196＜UC151-G1＞，田村紀雄・ハヤシ カオリ「『羅府新報』の英文欄――1926〜1942 紙面分析と記者経歴」『東京経済大学人文自然科学論集』87：1991.3, pp.33-64＜Z22-394＞，林かおり「『羅府新報』と愛国運動」田村編著『正義は我に在り』pp.197-224＜UC151-G1＞，Hayashi, Kaori, "History of The Rafu Shimpo: Evolution of A Japanese-American Newspaper, 1903-1942." Master's Thesis, California State Univ. Northridge,

1990.（ユニオンプレスより刊行，未見＜未所蔵＞）【同胞】田村紀雄「反ファシズムの新聞『同胞』―1937年～1942年［含資料］」『東京経済大学人文自然科学論集』78：1988.3, pp.139-178＜Z22-394＞，『同胞復刻版』御茶の水書房, 1988（付録：田村紀雄「反ファシズムの新聞『同胞』」）＜Z99-790＞，田村紀雄「反ファシズムの新聞『同胞』」田村編著『正義は我に在り』pp.269-224＜UC151-G1＞，【シカゴ新報】田村紀雄「『シカゴ新報』の成立と日系人左翼の役割」内川芳美・森泉章編『法とジャーナリズム 清水英夫教授還暦記念論集』日本評論社, 1983, pp.217-234＜UC21-52＞，陸井三郎編『ヒステリー・エージ』月曜書房, 1952（邦字新聞"シカゴ新報"より編集）＜302.53-Ku776h＞。

56) 新井の新「史料」発見に基づく研究と蛯原『日本邦字新聞雑誌史』等との異同については，藤野雅己「北米における初期日系新聞をめぐる諸問題」(455) を参照のこと。史料発見を契機として，自由民権期邦字新聞に関する論稿が相次いで発表されている。例えば以下のものを参照のこと。新井勝紘「アメリカで発行された新聞『大日本』考―南方熊楠、福田友作、茂木虎次郎、堀尾権太郎、粕谷義三」『田中正造とその時代』3（通巻13）：1982.10, pp.118-127＜Z6-1077＞，藤野雅己「福田友作ノート」『田中正造とその時代』4（通巻14）：1983.7, pp.98-111＜Z6-1077＞，藤野雅己「『金門日報』創始者永井元と松本英子」『田中正造の世界』2（通巻16）：1984.11, pp.30-36＜Z6-2165＞，田村紀雄・藤野雅己「オークランド『新日本』新聞の基礎的研究［含資料］」『東京経大学会誌』144：1986.1, pp.363-406（日系新聞研究ノート 8）＜Z22-393＞，相川之英「謎につつまれた明治邦字紙の原形 海外で初めて発行された日本語新聞『東雲雑誌』一挙転載」『汎』1：1986.6, pp.203-274＜Z23-548＞，竹内善信「在米民権新聞『新日本』と南方熊楠」『ヒストリア』136：1992.9, pp.70-79＜Z8-95＞，田村紀雄・大沢隆「『蒸気船』新聞と萌芽期の桑港日本町―大澤栄三の活動を中心に」『東京経済大学人文自然科学論集』97：1994.7, pp.3-32（在米日系新聞の発達史研究 21）＜Z22-394＞，竹内善信「新日本新聞社からの手紙―熊楠と自由民権」『文学』8(1)：1997.1, pp.100-103（南方熊楠＜特集＞）＜Z13-B484＞，「南方熊楠 対 長坂邦輔―『珍事評論』の背景」『熊楠研究』1：1999.2, pp.14-20＜未所蔵＞等。南方と在米民権家との関係については，『熊楠研究』1所収「南方熊楠文献目録(1)（1980～1997年）」を参照のこと。新井が橋本家（入間市）で発見した『第十九世紀』『自由』『愛國』（「入間市博物館」に寄託）については，阪田安雄らによって解読が進められ，現代史料出版より復刻刊行が予定されている。

57) 在米日本人社会における「福音会」の歴史的重要性に着目する研究動向は，'UCLA・JARPコレクション (Collection 2010)' 所蔵「福音会沿革史料」及び阪田安雄私蔵資料を基に解読・整理され，280. 同志社大学人文科学研究所編『在米日本人社会の黎明期「福音会沿革史料」を手がかりに』現代史料出版, 1997＜HP77-G4＞として纏められている。また史料も，阪田安雄[ほか]共編『福音会沿革史料』現代史料出版, 1997＜HP3-G5＞として復刻刊行されており，その概要及

び意義等につき阪田「『福音會沿革史料』解説」が詳述する。

58) 『北米新報』(→『ニューヨーク日米新聞』)創刊号(1945年11月15日)から1952年12月までの重要記事が,田村紀雄監修『**ニューヨーク日米新聞(一九四五〜一九五二)敗戦後日系社会の情報機関紙 重要紙面・縮刷版**』五月書房,1996<UC151-G2>として復刻されている。

59) 強制収容所で発行された日系新聞については,『**トパーズ・タイムズ 日系人強制収容所新聞**』全10巻・別巻1,日本図書センター,1990<Z99-882>が復刻されているほか,アメリカ議会図書館所蔵の'Japanese Camp Papers'(含む『格州時事』(コロラド・タイムス)『ロッキー新報』)がマイクロ化されている<YD-350>。大戦時及び強制収容所発行の日系新聞関連文献として以下のものも参照のこと。水野剛也「日系アメリカ人戦時収容所のキャンプ新聞と冬季休暇報道—収容初年の冬季休暇報道に見る二面性とキャンプ新聞の言論活動の再検討」『マス・コミュニケーション研究』54:1999.1, pp.184-198<Z21-85>,「日系アメリカ人立ち退き・収容問題と日系人擁護派プレス 三つの日系人擁護論とその特質」『メディア史研究』8:1999.3, pp.56-75<Z21-B110>, 佐伯,バリー・田村紀雄・白水繁彦「アメリカ戦時収容所の新聞活動—『エル・ウォーキン』と『アウトポスト』」『東京経済大学人文自然科学論集』62:1982.11, pp.175-208(在米日系新聞の発達史研究 2)<Z22-394>, 田村紀雄[ほか]「Heart mountain Sentinel と Bill Hosokawa [含資料]」『東京経大学会誌』137:1984.9, pp.343-412(日系新聞研究ノート 5)<Z2-393>, 森田幸男「Heart mountain Sentinel 紙の一分析—日系二世男子の徴兵問題(1942-1947)」『金沢女子大学紀要文学部』1:1987.12, pp.30-52<Z22-1460>, Omura, James. "Japanese American Journalism During World War II." Nomura, Gail M. et al. ed. Frontiers of Asian American Studies: Writing, Research, and Commentary. Pullman: Washington State Univ. Pr., 1989, pp.71-80.<未所蔵>, Yoo, David K. Growing Up Nisei: Race, Generation, and Culture among Japanese Americans of California, 1924-49. The Asian Ameican Experience, Urbana: Univ. of Illinois Pr., 2000.<未所蔵>。

カリフォルニア大学バークレー校バンクロフト図書館所蔵 *Japanese American Evacuation and Resettlement Records Collection* は,*Japanese American Evacuation and Resettlement Study* (*JERS*)' 及び 'WRA' の史資料からなる(前掲,『参考書誌研究』No.48, pp.27-28, p.39を参照)。その概要は,187. Barnhart, Japanese American Evacuation and Resettlement. 1958<岸-703>で知ることができる。'JERS' の最近の動向につき, 'Bancroftina' 109:1995.9.(http://www.lib.berkeley.edu/BANC/Friends/)を参照のこと。また, Niiya, ed. Japanese American History. pp.185-186, updated ed. pp.221-222, 及び上掲 Yoo, Growing Up Nisei. pp.149-171 ('Recording Nisei Experience') も参照のこと。

60) カナダにおける個別の日系新聞に関する文献について,例えば以下のものも参照のこと。【大陸日報】田村紀雄「日系ランバージャック達の団結—IWW系機関

紙群と『大陸日報』の役割」『東京経済大学人文自然科学論集』109：2000.3, pp. 29-54(在米日系新聞の発達史研究 26)＜Z22-394＞，【大陸時報】小林多寿子「トロントの日系社会形成と日系新聞―1950年代の『大陸時報』分析」『浦和論叢』10：1993.4, pp.97-130＜Z22-1598＞，【日刊民衆】田村紀雄「梅月高月と『日刊民衆』―カナダ日系人『キャンプミル労組』の機関紙活動［含資料］」『東京経大学会誌』151：1987.6, pp.235-272＜Z22-393＞，「不況下の『日刊民衆』―1929～1936年の Camp Mill Union［含資料］」『東京経済大学人文自然科学論集』82：1989.7, pp.47-85(在米日系新聞の発達史研究 12)＜Z22-394＞，「1937年日中戦争時の『日刊民衆』―日本人労組 Local 31 と会社町 Ocean Falls［含資料］」『東京経済大学人文自然科学論集』89：1992.3, pp.143-157(在米日系新聞の発達史研究 14)＜Z22-394＞，「『日刊民衆』終刊事情―日米開戦とバンクーバー Local 31」『コミュニケーション科学』3：1995.6, pp.27-41＜Z6-B329＞，【The New Canadian】田村紀雄「New Canadian の創刊とその晩香坡時代―1938～1942」『東京経済大学人文自然科学論集』103：1997.2, pp.47-58(在米日系新聞の発達史研究 22)＜Z22-394＞，「戦時・日系人移動と世論形成過程―The Vancouver Sun と The New Canadian」『東京経済大学人文自然科学論集』105：1998.2, pp.79-94(在米日系新聞の発達史研究 23)＜Z22-394＞，「戦時, Kaslo の日本語新聞―The New Canadian と The Kootenaian, 文化の交差点」『東京経済大学人文自然科学論集』107：1999.1, pp.37-58(在米日系新聞の発達史研究 24)＜Z22-394＞，「The New Canadian エスニック集団の機関紙―1943.4～1945.7」『東京経済大学人文自然科学論集』108：1999.10, pp.57-80(在米日系新聞の発達史研究 25)＜Z22-394＞。

(じん　しげじ　逐次刊行物部雑誌課)

ハワイ・北米における日本人移民および日系人に関する資料について（5）

神　繁司

はじめに
Ⅰ．外交史料（外務省資料）
　　［1］外務省記録
　　［2］日本外交文書
　　［3］領事報告
　　［4］その他
Ⅱ．府県庁等地方公文書・県史等地方史誌
　　［1］地方公文書
　　［2］地方史誌
Ⅲ．統計・名簿・名鑑・年表
　　［1］統計
　　［2］名簿・名鑑
　　［3］年表

（資料番号：1－153，以上第47号）

Ⅳ．文献・史資料目録
　　［1］各機関所蔵目録
　　　（1）国内諸機関所蔵目録
　　　（2）ハワイ・アメリカ諸機関所蔵目録
　　　（3）カナダ諸機関所蔵目録
　　［2］邦語文献目録
　　［3］欧文文献目録
Ⅴ．レファレンス・ワーク
　　［1］辞典・事典
　　［2］参考図書

（資料番号：154－264，以上第48号）

Ⅵ．概説書
　　［1］研究史
　　［2］通史・概説書
　　　（1）移民政策・移植民論
　　　（2）通史・概説
　　　（3）資料集・叢書

（資料番号：265－447，以上第52号）

Ⅶ．新聞
[1] 概説　　　　　　　　　　　　[2] ハワイ
　（1）ディレクトリー　　　　　　[3] アメリカ本土
　（2）概説書　　　　　　　　　　[4] カナダ
　（3）新聞人の評伝・研究論文　　[5] 国内発行新聞の記事集成等
　　　　　　　　　（資料番号：448－567，以上第54号）

Ⅷ．雑誌　── 明治・大正期における移植民奨励・情報誌等を中心として ──
[1] 移植民奨励・情報誌類
　　　　　　　　　　　　　　　　　（資料番号：568－588，以上本号）
[2] 主要総合雑誌
付表：移民地で発行された主要雑誌一覧
　　　　　　　　　　　　　　　　　　　　　　　　　　（次号掲載予定）

　本稿の連載も今回で5回を数える。初載から既に6年という月日を費やしているものの，国内の博士論文・（文部科学省）科学研究費補助金研究成果報告書等の特殊文献，アメリカ議会の公聴会記録・アメリカ国立公文書館所蔵文書等々，なお収録すべき資料群も多い[1]。加えて，既収資料の書誌事項訂正やこの間に刊行・発表された主要な資料の追加など，加筆・訂正すべき点もまた多々残されている[2]。いずれにせよ，誌上に架空の「移民関係資料室」を構築するという，本稿の当初の目的を完遂することが，筆者早急の責務であることには違いない。
　また，国立国会図書館では，平成14年度における国立国会図書館関西館の設置と国際子ども図書館の全面開館に伴い，組織及び資料配置の再編成がなされた。移民関係資料についても，「岸」（アメリカのアジア系移民資料）「楡木」（ブラジル移民資料）「山本」（ハワイ移民資料）などのコレクションをはじめとする，特別資料室所管の日系移民関係資料群が，平成14年3月末の閉室に伴い，憲政資料室（東京本館）へ移管され，洋雑誌・国内の博士論文・（文部科学省）科学研究費補助金研究成果報告書が関西館の所管となっている。更に，平成15年度からの東京本館改修，専門資料室の統廃合（平成14年度に一部実施済み）に伴い，現法令議会資料室所管の公聴会記録等アメリカの議会資料及び法令資料等は，平成16年度以降は，議会官庁資料室（東京本館）での提供となる予定である。
　本稿（1）～（4）を参照される場合は，これらの変更点に留意されたい。いずれ機会があれば，内容の再構成を含め，全面的な改訂を望むものである。

Ⅷ. 雑　誌
── 明治・大正期における移植民奨励・情報誌等を中心として ──

「Ⅷ. 雑誌」では，明治中期の「移植民論」「渡米論」[3] 隆盛期に発行された移植民奨励・斡旋団体の機関誌類，近代日本の国民世論形成に大きな役割を果たした総合雑誌など，明治・大正期における主要な史料的雑誌を収録する。また，「資料検索でもっとも厄介な作業の一つ」であり（前掲坂田 278.『資料集　解説・資料編』p.77），「これらの雑誌に掲載された（南洋関係の）記事をたんねんにひろう作業が必要である」（矢野暢『「南進」の系譜』中央公論社，1975, p.207（中公新書）＜A99－Z－57＞），明治・大正期の雑誌記事の検索手段の一つとして，【目次・総索引】類を収録した。ハワイ・アメリカ本土・カナダで日本人移民及び日系人が発行した雑誌については，その多くが国外の図書館等に偏在し，かつ断片的であること，そのため十分な情報が得られないため，一表として付すにとどめた。頁数の関係上，本号ではこのうち［1］移植民奨励・情報誌類の部分を掲載し，［2］総合雑誌については次号掲載の予定である。また，「注」で例示した，移民論一般・日本人移民・日系人等に関する研究論文・記事が掲載されることの多い国内外の研究誌・研究機関誌・紀要類・一般雑誌及びその検索法の詳細については，稿を改めて収録することにしたい[4]。

　史料としての雑誌については，資料（史料）そのものが散逸しているという状況は同じであるにもかかわらず，前稿（『参考書誌研究』No.54, pp.79-128）で収録した日系新聞の研究に比べ，雑誌一般としても，個別移民研究の分野においても，その研究が活況を呈しているとは言えない。「社会の木鐸」としての新聞といわゆる「雑」誌というものへの，意識の向け方の差異であろうか。しかし近年，雑誌のテキストに基づいて，その受容過程，読者レベル及び世論形成に着目した，優れたメディア論が台頭し始めている。移民とメディアとの関わりにおいても，更なる研究が期待されるところではある。

［1］**移植民奨励・情報誌類**

　移植民（渡米）奨励機関の研究は，榎本武揚が中心となった明治前半期の「殖民協会」（1893.3, 明 26 設立），中期の片山潜「渡米協会」（1902.4, 明 35 設立）及び島貫兵太夫「日本力行会」（1897.1, 明 30「東京労働会」設立，1900.9 改称）に集中しているという（前掲 199.『日本の移民研究 ―動向と目録』p.37）。ここでは，これら三団体の機関誌をはじめ，主な機関誌・情報誌類を収録し，その掲載記事等によって，各移植民機関・団体設立の経緯，活動状況及びそれをめぐる人々について，当時の時代・社会状況を踏まえて記述する。各機関・団体及びその機関誌に関する参考文献については，原則として「注」に纏めて収録した。

下掲資料のうち，国立国会図書館で所蔵していないもの及び部分的にしか所蔵していない資料で，移民研究のうえで重要だと思われるものについては，NACSIS Webcatほかで確認した書誌事項によって補記し，併せて国立国会図書館所蔵の期間を記した。また，各雑誌の【目次・総索引】については，原則として本文中に収録したものは除き，全号採録のものを収録した。但し，なお重要だと思われる資料については，注記を加え収録した。東京大学法学部附属近代日本法政史料センター明治新聞雑誌文庫（以下「明治新聞雑誌文庫」と略記）5）で所蔵する「主要な」雑誌の目次を復刻収録する。『東京大学法学部附属明治新聞雑誌文庫所蔵雑誌目次総覧』全150巻，大空社，1993-98（明治新聞雑誌文庫所蔵雑誌目次総覧複製）＜UP54-E10＞については『明治新聞雑誌文庫目次総覧』と略記し，出版者・出版年及び国立国会図書館請求記号を省略した（以上［2］についても同じ）。本『目次総覧』のうち，145-150巻は「索引編」となっている（145巻：雑誌別著者名索引 総合・経済／146巻：雑誌別著者名索引 哲学・思想・宗教・憲政・教育／147巻：雑誌別著者名索引 医学・衛生・科学・工業・農林・水産／148巻：雑誌別著者名索引 文芸・芸術・風俗・子供・青年・婦人／149巻：雑誌別著者名索引 地理・歴史・交通・警察・軍事・外交・スポーツ／150巻：雑誌別発行年月日一覧）。併せて活用されたい。

　また，1983年12月末までに作成された各雑誌の総目次（2年以上にわたるもの）の所在について，天野敬太郎・深井人詩共編『日本雑誌総目次要覧』日外アソシエーツ，1985＜UP54-25＞，1984年以降1993年末までの補遺として，深井人詩・田口令子共編『日本雑誌目次要覧―1984～1993』日外アソシエーツ，1995＜UP54-E14＞，及び国立国会図書館が所蔵する雑誌等については，『国立国会図書館所蔵国内逐次刊行物総目録・総索引一覧 ―平成7年1月現在』国立国会図書館，1995＜UP54-E15＞を参照されたい。

568. 『殖民協会報告』殖民協会，1-68号：明26.4-32.6，以後569.『殖民時報』と改題　　　　　　　　　　　　　　　　＜雑22-11＞＜YA-46＞
569. 『殖民時報』殖民協会（568.『殖民協会報告』の改題，巻次を継承），69-100号：明32.8-35.11，国立国会図書館所蔵は69-86号：明32.8-34.3
　　　　　　　　　　　　　　　　　　　　　　　　＜雑22-11＞＜YA-46＞
570. 殖民協会編『殖民協会報告』全13巻，1-100号：明26.4-35.11，不二出版，1986-87（568.569の複製，69-100号のタイトルは『殖民時報』，別冊：「『殖民協会報告』解説・総目次・索引」）　　　　　　　　＜Z3-2073＞
　「殖民協会」は，明治以降の民族膨張的「移植民論」の昂揚及び北米への日本人移民制限の兆しを背景とし，人口・貧困問題の予防解決策の一翼をも担うものとして，1893年3月（明26）に設立された。国際情勢に精通した榎本武揚（1836：天保7-1908：明41）を会長に，その人脈の下，著名な政財界人・文化人が評議員となり運営され6），1897年3月，メキシコ（チアパス州ソコヌスコ郡エスクイントラ村）への，いわゆる「榎本殖民」が行われた。しかし，殖民

はわずか3ヵ月で失敗に終わり，1900年には榎本は殖民計画から完全に手を引くこととなった[7]。

『殖民協会報告』は，殖民協会の月刊機関誌。第69号（明32.8）より『殖民時報』と改題され，第100号（明35.11）までが現存するが，最終号については不明である[8]。『殖民協会報告』及び『殖民時報』の資料的特色については，570. 複製版「別冊」の児玉正昭による解説が簡にして要を得ている。『殖民協会報告』の掲載記事は，大別して①論説・論談②調査報告・探検談③移住適地に関する参考資料④雑録⑤会報に分けられ，移民調査報告・探検談に重点が置かれていたが，『殖民時報』となってからは，論説・論談の比重が高くなっているという（児玉解説，「別冊」pp.12 − 16）。記事の対象地域はメキシコ・中南米に限らず広範囲であり，「領事報告」からの転載も含め，ハワイ・北米地域に関する重要な資料が収録されている[9]。また，本号注7)の角山幸洋の一連の論稿も，各種史資料・『朝野新聞』『大阪朝日新聞』ほか明治20年代の主要新聞に掲載された移民関係記事一覧・外務省史料・『殖民協会報告』『殖民時報』の発行状況及び掲載記事の詳細な題目などを収録し，移民研究一般にとっても有用な資料となっている。

571. **『高知殖民協会報告』** 高知殖民協会，1−4号：明26.10 − 27.10　＜雑22−10＞
「高知殖民会」（『高知県歴史辞典』項目は「高知殖民会」と表記）は，「東邦協会」[10]・上掲「殖民協会」等の設立に触発された高知県内の有志によって1893年6月（明26）に設立された。『高知殖民協会報告』（以下『報告』と略記）第1号には，「殖民事業ト国家経済ノ関係」と題する『報告』発行を祝す論説や協会発足の経過（「高知殖民協会の経過」）が掲載されている。「高知殖民協会規則」によれば，協会は，海外及び北海道その他の島嶼等に殖民することの利害を講究し，殖民事業を奨励することを目的とし，殖民に関する調査及び新聞・演舌会等による知識の普及をその事業とした（『報告』第1号）。『報告』第1−4号には，上掲『殖民協会報告』から抜粋，転載された北米・メキシコ等の巡回報告や探検報告[11]のほか，メキシコ事情に関する記事が多く掲載され（第3号「墨国須知」ほか），また，記事及び雑報に殖民協会（「東京殖民協会」とも表記）の動向が記されている。このことからも殖民協会（明26.3 設立）と何らかの連携関係があったものと思われる[12]。しかし，北海道への移住は数次にわたり行われているが，海外への移殖民事業が実際に行われたか否かは，残存している『報告』からは判然としない[13]。このような県ないし地域をその構成単位とした殖民協会（団体）が存在したということは，この時期日本の社会状況を反映するものとして重要ではある。しかし，これらに関する研究は，知り得る限り，ほとんど皆無である[14]。

572. **『労働世界』** 労働新聞社，1−100号：明30.12.1 − 34.12.21，以後575.『内外新報』と改題（別タイトル：The Labor World）[15]　　＜未所蔵＞
近代日本の労働運動の淵源は，1891年（明24）サンフランシスコ在住の

高野房太郎らが結成した「職工義友会 The Friends of Labor」に遡る。在米中に「アメリカ労働総同盟 AFL:American Federation of Labor」会長ゴンパーズ Samuel Gompers の知己を得た高野は，1896年帰国し，日本での労働組合結成の時期を待った。第二次恐慌が起こり各地で労働争議・同盟罷工が相次ぐなか，1897年，在桑時の同志と「職工義友会」を再結成。6月25日，神田の基督教青年会館に於いて「わが国最初の労働問題演説会」を開催し，わが国労働運動最初の印刷ビラ「職工諸君に寄す」を配布した。7月5日「労働組合期成会」設立。12月1日，日本最初の近代的労働組合「労働組合期成会鉄工組合」が結成された（高野房太郎「労働組合期成会成立及び発達の歴史」『労働世界』第15－17号：明31.7.1－8.1，『明治日本労働通信 ―労働組合の誕生』岩波書店，1997（岩波文庫）pp.388－396に再録）。同時に，わが国初の労働運動機関紙『労働世界』が，片山潜を編集主筆として創刊された[16]。「労働は神聖なり」「団結は勢力なり」のスローガンを掲げ，安部磯雄・横山源之助・幸徳秋水・島田三郎らが寄稿，最終面には英文欄を設け海外との連携も推進した[17]。その後，労働者の社会主義への関心に応えるべく，日刊の労働新聞発行が企図され，『労働世界』は第100号（明34.12.21）をもって廃刊，日刊『内外新報』（明35.1中旬頃刊行）へと引き継がれることになった。

573. 労働運動史料委員会編『**労働世界**』1－100号：明30.12.1－34.12.21（欠：35, 37, 49, 78, 79, 86, 87, 90, 96, 97, 99号），労働運動史料刊行委員会，1960（572の複製，原紙の出版者は労働新聞社，別タイトル：The Labor World，隅谷三喜男「解題」：pp. v－XVI，本文補遺：pp.809－813，欄外記事補遺：pp.814－822，「目次」：pp.823－840）　　　　　　　　　　　　　　　　＜Z99－503＞

　　　明治以降昭和20年までの労働運動に関する基本史料を集成する，『日本労働運動史料』全11巻（1959～，未完）編纂の過程で，労働運動史料委員会が蒐集した，米国議会図書館（Library of Congress）所蔵原紙（ウイスコンシン大学旧蔵）を基本に，慶應義塾大学・労働科学研究所及び中央公論社所蔵分で補充し，復刻したもの。復刻された『労働世界』は，新聞型で発行された創刊号から最終第百号までで，雑誌『労働世界』や『社会主義』等の後継誌は含まれないが，隅谷三喜男「解題」は，『労働世界』の発刊から後継誌『亜米利加』及び『渡米』にいたるまでの各紙（誌）創廃刊の経緯と論調の推移をたどる。

574. 隅谷三喜男監修『**労働世界**』1号：明30.12.1, 17号：明31.8.1, 24号：明31.11.15, 30号：明32.2.15, 50号：明32.12.1, 86号：明34.8.1, 90号：明34.9.11, 97号：明34.11.21, 99号：明34.12.11, 100号：明34.12.21, 日本機関紙出版センター，1997（572の複製版抄，原紙の出版者は労働新聞社，別タイトル：The Labor World，日本初の労働運動機関紙実物大「復刻版」抄＜労働世界＞と片山潜 1897～1901，序文：隅谷三喜男，解説：小森孝児「＜労働世界＞と片山潜 1897～1901」）　　　　　　　　　　　　　　＜Z99－1027＞

　　　573.複製版刊行後に発見された欠号分（86, 90, 97, 99号）4紙を加え，『労

働世界』発行（1897年，明30.12.1）百年を記念して刊行された実物大10紙の復刻。小森孝児「戦前戦中の編集者たち＜労働世界＞創刊100年と片山潜」が諸資料も含み，『労働世界』創刊の経緯と片山潜について解説する。
【目次・総索引】
○大原社会問題研究所編『日本社会主義文献 第1輯 ―世界大戦（大正三年）に到る』同人社書店，1929, pp.117 - 131 ＜363.031 - O354n ほか＞、(但し，『労働世界』1 - 51号)

575. 『**内外新報**』労働新聞社（572.『労働世界』の改題），〔明35.1 - 2〕，以後 576.『労働世界』と改題（別タイトル：日刊内外新報） ＜未所蔵＞

『内外新報』は，労働者と社会主義のために，『労働世界』を廃刊してまで発行された日刊紙であったが，片山の健康問題をはじめ諸々の事情により極めて短命に終わった。その発行期間は1ヶ月とも2ヶ月とも言われているが，『内外新報』の原誌そのものが現存せず，幻の新聞と言われている[18]。

576. 『**労働世界**』労働新聞社（575.『内外新報』の改題，572.『労働世界』の巻次を継承），6年1号 - 7年6号：明35.4 - 36.2, 以後 578.『社会主義』と改題（別タイトル：再刊労働世界） ＜未所蔵＞

『内外新報』頓挫の後，1902年4月（明35），片山潜は捲土重来を期して『労働世界』を復刊した。「日本における労働者の唯一の機関紙」としての旧『労働世界』と異なって，再刊『労働世界』は「労働階級と社会主義の唯一の機関誌」としての立場をより鮮明にし，幸徳秋水・安部磯雄・木下尚江ら「社会主義協会」メンバーが多くの論説を寄せた。また，再刊初号から後継誌『社会主義』まで通して「渡米だより」「渡米協会記事」「渡米案内」欄を設け，同年春，片山が設立した「渡米協会」の機関誌としての性格も併せ持たせた。その『労働世界』6年1号には，「渡米せよ，渡米せよ，本会は此声実行せんが為めに起る其の会則左の如し」で始まる「渡米協会起る」という広告が掲載されている[19]。その後，労働運動が停滞するにつれ，労使協調主義から社会主義へと，その論調を移行させていった『労働世界』は「一層激烈に社会主義を説くの必要を」感じ（「労働世界改題予告」7年6号掲載），1903年3月『社会主義』（7年7号〜）と改題された。

577. 労働運動史研究会編『**労働世界 I－III**』6年1号 - 7年6号：明35.4 - 36.2, 明治文献資料刊行会，1963.（576.『労働世界』の複製，別タイトル：再刊労働世界，『**明治社会主義史料集 補遺第2－4**』として刊行，隅谷三喜男「解説」：『労働世界I』pp.III－XI,「**事項索引**」：I（6年1 - 10号）巻末pp.1 - 6／II（6年11 - 20号）巻末pp.1 - 5／III（6年21号 - 7年6号）巻末pp.1 - 5）
＜363.021 - M448 - R＞

明治期社会主義の研究に資するために，重要な機関紙を選び原型で復刻したもの。『労働世界』について隅谷三喜男が解説・整理する。『労働世界』の索引類がないなか「事項索引」は有用である。

578. 『**社会主義**』労働新聞社（576.『労働世界』の改題，巻次を継承），7年7号－8年14号：明36.3 － 37.12，以後580.『渡米雑誌』と改題（別タイトル：The Socialist） ＜未所蔵＞

　　『社会主義』は『労働世界』の後をうけ，「社会主義協会」の機関誌として，明白な社会主義を論調として発行され続けたが，社会主義運動が幸徳秋水の『平民新聞』（1903年，明36.11創刊）へと移行し，片山が再び渡米（1903.12）したことなどにより，社会主義協会（会長は安部磯雄であったが，実質的には幹事としての片山が運営）との関係は希薄化していった。片山の渡米に伴い，『社会主義』は8年1号（1904.1）から山根吾一を編集主幹として発行された。社会主義協会との疎遠化と機関誌『社会主義』誌面の変容は，既にその7年24号（1903.11）から表紙に「渡米者の良友」という文字が印刷されたことからも覗える。山根が編集主幹となってからは，「渡米協会機関」という文字がこれに取って代わり（5号～），社会主義運動の主流から更に離れ，専ら「渡米協会」の機関誌として機能していった。そして1904年12月，従来とは異なり，改題の予告をすることもなく，8年14号（1904.12）をもって最終号とし，『渡米雑誌』（1905年1月～）と改題された [20]。

579. 労働運動史研究会編『**社会主義 Ⅰ－Ⅲ**』7年7号－8年14号：明36.3 － 37.12，明治文献資料刊行会，1963，（578.『社会主義』の複製，別タイトル：The Socialist，『**明治社会主義史料集 補遺第5－7**』として刊行，岸本英太郎「解説」：『社会主義 Ⅰ』pp.Ⅲ－ⅩⅢ，**事項索引**」：Ⅰ（7年7－16号）巻末pp.1－7／Ⅱ（7年17－26号）巻末pp.1－5／Ⅲ（8年1号－14号）巻末pp.1－5）　　　　　　　　　　　　　　　　　　　＜363.021－M448－R＞

　　上掲577.『労働世界』同様，明治期社会主義の研究に資するために，重要な機関紙を選び原型で復刻したもの。『社会主義』については岸本英太郎が解説・整理する。『社会主義』の索引類がないなか「事項索引」は有用である。

580. 『**渡米雑誌**』渡米雑誌社（578.『社会主義』の改題，巻次を継承），9年1号－10年12号：明38.1 － 39.12，以後581.『亜米利加』と改題（別タイトル：The Socialist）　＜未所蔵＞

　　『渡米雑誌』は，山根吾一の編集・発行のもと「日本初の渡米・移民専門誌」として，渡米・移民関係記事の掲載を増やし，内務省警保局のブラックリストからも除外されるほどに，『社会主義』色を払拭していった。「渡米ブーム」の時流にも乗り『社会主義』時代とは比較にならないほど「渡米協会」及び『渡米雑誌』は興隆を極めたが，1906年1月（明39）に帰国した片山との経営権をめぐる諍いにより，片山と山根は袂を分かった（『渡米雑誌』10年4号：1906.4は「片山潜氏，自今本社に関係無し」と告知）。また，なお「渡米協会」を名乗り続けている片山との混乱を避けるためか，発行所を「渡米雑誌社」と変更した（片山は，ヒューストン及びサンフランシスコにも「渡米協会支部」を設置している）。片山はこの間，雑誌『成功』（本号586）を中心に「渡米論」「テキサス米作論」を

展開し、『渡米の秘訣』(渡米協会、1906＜YDM26923＞)を刊行、1906年7月、テキサスでの米作経営のために再び渡米して行った。1907年1月、渡米協会は「日米協会」(在米者の事業協賛を目的に、渡米協会会員のうち在米会員で構成)と「渡米研究会」(渡米奨励を目的に、渡米協会会員のうち在米会員を除いた会員で構成)に組織改変がなされ、同時に『渡米雑誌』も『亜米利加』(1907.1～)と改題された[21]。同年2月、テキサスでの米作経営に失敗した片山が帰国している。

581. 『**亜米利加**』亜米利加社 (580.『渡米雑誌』の改題、巻次を継承)、11年1号－13年5号：明40.1－42.5、国立国会図書館所蔵は11年5号－13年5号：明40.5－42.5 (別タイトル：11年4号～ The America)　　＜YA－49＞

『渡米雑誌』から改題された『亜米利加』は、「広き意味に於ける米利堅主義を鼓吹せん」との目的から、社名も「渡米雑誌社」から「亜米利加社」と変更している。折りしも世の中は第二次「立身出世ブーム」のさなか、1902年(明35)には、それを象徴する雑誌『成功』(下掲586)が創刊され、まさに成功を収めていた。『亜米利加』もまた「渡米＝成功」論を展開することになったのは当然の成り行きであった。ルーズベルト・ロックフェラー・カーネギー等々の「奮闘成功譚」、○○王と冠される在米日本人の「成功物語」及び米国・布哇事情が満載され、「渡米希望者向けの総合アメリカ情報誌としての内実を整えていった」のである (岡林伸夫『ある明治社会主義者の肖像』2000、p.270)。『労働世界』の流れを汲む『亜米利加』のあまりの変質ぶりに対しては、米国での日本人排斥運動とも相俟って、社会主義者からの批判もまた相次ぐことになった。就中、幸徳秋水の渡米論批判「渡米せしむべき人」が『亜米利加』11年11号(1907.11、明40)に掲載されたことは皮肉である[22]。米国での日本人排斥・移民制限運動は、日本政府が労働者に対して旅券を発行しないことを旨とする「日米紳士協約」の発効(1908年3月)により一つのクライマックスを迎えた。これと時を同じくして、『亜米利加』は12年4号(1908年4月)より『日米通信』の臨時増刊として刊行されることになった。臨時増刊としての『亜米利加』の発行所は、渡米雑誌社→日米通信社(12年3号)→日米通信発行所(12年4号～)、事務所も亜米利加社→日米通信社(12年5号～)と変更されている。『日米通信』は日刊新聞らしいが原紙の所在は確認されていないという(岡林上掲書、pp.298－300)。渡米の途を閉ざした「日米紳士協約」はまた、『亜米利加』からもその読者を去らせることになった。経営悪化を来たした『亜米利加』は、「日米未来戦記」ものや「南米」ものを掲載することで急場を凌ごうとしたが、13年5号(1909年、明42.5)をもって廃刊された。岡林上掲書は「そして、山根吾一の行方も、わからない…」と結んでいる[23]。

582. 『**渡米**』渡米協会支部、1－2巻1号(1－3号)：明40.11－41.1 ＜未所蔵＞

山根吾一と決別し『渡米雑誌』を離れた片山は、『亜米利加』に遅れること約1年、1907年11月(明40)、「渡米奨励を主として兼ねて国民的海外発展を計る」

ことを目的とし『渡米』を創刊した。片山の渡米援助の情熱は変わらなかったものの、その経営基盤は、山根『亜米利加』・島貫『渡米新報』(下掲583)に較べるべくも無く弱体であり、片山の個人雑誌としての感が否めなかった。「日米紳士協約」の影響も大きく、『渡米』そのものは三号雑誌に終わった。1908年4月から、日米経済問題を加味した『日米経済新報』と改題し存続を図ったが間もなく休刊、「渡米不振の際吾人は独立の雑誌発刊に困難を感ずると同時に従来の如き必要を認めず」として、1908年10月からは『社会新聞』(1907.6, 明40創刊, 主筆片山潜・西川光二郎)の「渡米案内」へと路線を縮小し、そこで片山渡米論は72号 (1910.10.15) まで掲載された[24]。

【目次・総索引】
○『明治新聞雑誌文庫目次総覧115 (外交編)』：『渡米』1－2巻1号

583. **『渡米新報』**日本力行会, 1巻1号－7巻3号：明40.5－42.3 (6巻1号：明41.1から『力行』を吸収合併, 7巻3号で廃刊, 以後『救世』に吸収合併)
<雑22-41><YA-57>

584. **『力行』**日本力行会, 1－〔 〕：明36.6－〔 〕(明41.1から『渡米新報』に吸収合併)
<未所蔵>

585. **『力行世界』**力行世界社, 299－408号：昭4.11－12.12, 574号：昭28.1－ (欠：339, 343, 635, 642, 644, 646－648, 657, 670－681, 686号)
<Z3-433>

『渡米新報』は、「日本力行会」渡米部の機関誌として、1907年5月 (明40) に創刊された。日本力行会は、島貫兵太夫 (1867：慶応3－1913：大2)[25] が1897年元旦、「救世軍新年伝道隊」に遭遇した時の天啓により始めた、苦学生救済事業「東京労働会」をその前身とする。島貫はその後、渡米視察により「米国で苦学成功することの容易さ」を実感し、キリスト教信仰に基づく「霊肉救済」の一環として、苦学生の渡米奨励・困窮者の海外移住に傾注していった。この間の経緯を、日本力行会100周年を記念して出版された『日本力行会百年の航跡』の目次を抜粋することで、以下に跡づける[26]。(括弧内は筆者補)
○明治30年元旦創業・苦学の援助と渡米奨励 (キリスト教牧師として苦学生救済活動に従事, 機関誌1895.3 (明28)－『救世』『慈善新報』, 1895.5 島貫『軍人と基督教』, **1897.1 (明30)**「東京労働会」創設, 1897.11－1898.5 渡米視察のち1898「苦学部」「渡米部」に分かつ) ○日本力行会と改称・東京小石川原町に移る (→「東京精勤会」→「東京造士会」→ **1900.9**「日本力行会」,「力行」は中国語「苦学力行」から仮借) ○盛んとなる「渡米部」・日本の海外進出気運の中で (「渡米熱」：1901 (明34) 島貫『成功の秘訣』『最新正確・渡米案内大全』1904『最近渡米策』1905『実地渡米』1911『新渡米法』刊行／／ **1902.4**「渡米協会」《**1902.10** 雑誌『成功』創刊》1902－03『労働世界』(「渡米だより」) 1903－04『社会主義』1905－06『渡米雑誌』1907－09『亜米利加』／片山潜1901『渡米案内』1902『続渡米案内』1906『渡米之秘訣』／山根吾一1906『最

近渡米案内』）○機関誌『力行』・**明治36年6月発刊**[27]（1903.6 苦学生を「教養せんが為に」創刊）○渡米部活況・苦学部にも多数の会員○**『渡米新報』の創刊**（1907.5, 明40創刊，発刊の主意：「十余年来此海外行者殊に渡米したる数百の青年を教育して好結果を得たる実験的知識を広く此らの発展者の為に用ふるは必ずや此らの人々の益となるべく国家の利となるべきを信じ一般の人々の為には殊に我会員を教育する機関の一なる**『力行』と区別して此渡米新報を発刊して**其用に供して些か我同胞発展の便益に供せん」）

『渡米新報』創刊号は，線路の彼方に太陽が輝く図の周りに，「渡米」「憤闘」「成功」「進歩」の四文字を円環状に配して，その表紙とし，島貫の力行思想をよく顕現したものであった。創刊号の内容は以下のとおりである。

〔論説：渡米者への注意－ハリス博士／米国へ来たらんとする人へ忠告－ストージ博士／日米の関係－大隈伯／渡米者の成功－島田三郎／渡米と新殖民－竹内正志／敢て諸君に渡米を勧む－田川大吉郎／テキサス米作談－西原清東／渡米奨励すべからざるか－エール学人／膨張的国民の品性－新渡戸稲造〕〔**立志憤闘**：我邦最初の渡米熱心家／成功片史（青年の熟考を求む）／渡米成功の人（根本正君）／渡米成功者（畑井新喜司君）・・・＜略＞〕〔**渡米実地通信**（在米会員の通信）：＜略＞〕〔**書翰訓**（実地効果ある文書）：＜略＞〕〔**渡米問答**：（一）渡米するには何か一番必要でありますか・・・＜略＞〕〔**渡米雑録**：新殖民地の建設／最新流行服談（小林亮氏談）／皇国殖民会社訪問談〕〔**渡米諸規則**：外国旅券規則（三月十五日改正）／帰化権（次号より順を追ふて日本全国三府四十八県の書式を記載す）〕

知名度の高い論説陣と多彩な記事を配した『渡米新報』は，内容的に充実した渡米専門誌として，人口に膾炙し，渡米希望者は増加の一途をたどった。島貫の「渡米論」は，キリスト教信仰に基づく精神力を重視し，力行会本部において「修養研究」を行い[28]，渡米後も本部との連絡をとらせるという用意周到なものだった。いわば「アフターケアーも考えた渡米論」だったのである（粂井『外国人をめぐる社会史』p.36）。当初，『力行』（明36.6創刊，『日本力行会百年の航跡』本文に拠る）とその役割を区別して刊行された『渡米新報』（明40.5～）であったが，6巻1号（明41.1）で既に『力行』を吸収合併している。その『渡米新報』も7巻3号（明42.3）まで刊行の後，明治42年5月からは『救世』（明28.3～）に合併されることになった。これは，片山・山根の「渡米協会」と同じく，アメリカでの排日運動，「日米紳士協約」による影響が大だったものと思われる。島貫の逝去後，第二代会長永田稠の時代になると，その移住活動の力点は，閉ざされたアメリカから南米・満蒙へと，愈愈傾斜していった。機関誌『救世』もまた，最終的には『力行世界』へと統合され，現在も刊行され続けている。

586. **『成功』** 成功雑誌社，1巻1号－30巻3号：明35.10－大4.12，国立国会図書館所蔵は4巻2号－30巻3号：明37.4－大4.12（欠：18巻3号，別タイトル：立志独立進歩之友）[29]　　　　　　　　　　　　　　＜雑52－13＞

1902年10月10日（明35），村上俊蔵（濁浪）は青少年の立志・努力・勤勉の精神を涵養するため，アメリカの雑誌『サクセス Success 』（1897.12，マーデン Orison Swett Marden 創刊）に倣い，雑誌『成功』を創刊した。村上の経歴及び創刊の経緯について，詳しくは知られていない[30]。『成功』の創刊は，片山潜が「渡米協会」を設立し，『労働世界』を再刊してから半年の後，島貫兵太夫「日本力行会」渡米部も活況を呈していた時期である。明治30年代に隆盛をみた「渡米論」「渡米熱」は，社会的下支えとしての，苦学生を中心とした，いわゆる「立身出世」「成功」ブームに乗ったものであった[31]。片山も島貫も，自らの在米経験を基に，「苦学」と「渡米」を結びつけることで，まさに「成功」したと言えよう。しかし，このようなブームのなかで，幸徳秋水ら社会主義者から批判があったことは上記した（p.70）。実際，苦学生を利用した営利事業も少なからず存在したようであり，「渡米熱」を利用した詐欺に注意するよう，警告する「苦学」本も出版されている[32]。このような状況のなかで，「立身出世・成功」ブームに先鞭をつける形で，『成功』が創刊されたのである[33]。『実業之日本』は翌1903年に「成功の栞」欄を設置，『太陽』『中央公論』『実業之世界』などの総合雑誌も追随して「成功」関連記事を掲載し始めることになった。またブームに肖り，『成功之少年』（明38.8）・『女子成功』（明39.7）・『店員成功雑誌』（大8.1）など「成功」を冠した雑誌も次々と創刊された。

　「今日の社会に要する人物は，…只自ら助け自ら重んじ，自ら営為し，自ら勤労し，自己の手腕を以て自らの運命を作り出す人物にあり，…国家は斯る人物の存在に因って興り，斯る人物の欠乏によって衰ふ…」とのスマイルズ『セルフ・ヘルプ』を髣髴とさせる「発刊之辞」を掲げ，自宅の一室で創刊された『成功』は，1905年（明38）には15,000部の発行部数を誇るまでになり，その後，夏目漱石の小説『門』（明43）に実名で登場するほど，時代を顕現するポピュラーな雑誌となった。村上は，外国偉人伝をはじめ小説・殖民案内の出版にも手を広げ，『探検世界』『殖民世界』など新たな雑誌も創刊した[34]。結局，『成功』で得た資財を，白瀬矗中尉による日本初の「南極探検」（1910－12年，後援会長は大隈重信，隊員のなかには「日本力行会」員が2名いた。南極探検後援会編『南極記』大隈重信，成功雑誌社発売，大2＜348-117ほか＞参照）につぎ込み，それが『成功』廃刊の遠因になったとも言われている。『成功』は，創刊当初から，労働者階級及び労働運動にも関与し，創刊号には『労働世界』の広告が掲載され，両誌に重複する寄稿者も多かった。『渡米雑誌』を離れた片山が，テキサスを中心とした渡米記事を，一時期『成功』に集中的に寄稿している[35]。著名な「特別賛成員」「名誉賛成員」と幅広い執筆陣を擁して[36]，兄弟誌『探検世界』『殖民世界』により未知の世界へと青少年を誘った『成功』もまた，「日米紳士協約」の発効により，セールスポイントの一つ「渡米＝成功」を失うことになった。「帝国主義」への傾斜を強めていた『成功』は，1915年9月号（大4）において旗幟「強者主義」を鮮明に宣言するが（29巻6号「本社の新旗幟『強者主義』

－73－

宣言」),間もなく廃刊。『サクセス Success』(1911年廃刊,1918年再刊)のように再び刊行されることはなかった[37]。

587. 『**殖民世界**』成功雑誌社,1巻1-5号：明41.5-9　　　　　　＜雑22-42＞
　　『殖民世界』は,『成功』を「殖民志望者」に特化する形で,1908年5月7日(明41)に創刊された[38]。創刊号巻頭において,(本誌は)「本邦に於ける殖民志望者の唯一伴侶と為り,海外に於ける総ての有利事業有望職業を同胞に向ひて紹介せんことを期す」「大陸的世界的の実業家を,我国民中に養成せんが為め能ふべき丈有益なる商業工業農業等の材料を掲載せんことを期す」「現に海外に活動しつゝある我が同胞の益友を以て任じ,其智識上に於て得る所多からしむると共に,之が最大の慰藉苦者たらんことを期す」「能ふべき丈海外に於ける新通信を掲げ,以て読者をして新時代の趨向を熟知せしめ,一世の指導者,率先者たらしめんことを期す」(「本誌綱領」)と,その編集方針を謳っている。大隈重信は,創刊号論壇「大和民族膨張と殖民事業」において,「それほど排斥する北米に,何も喧嘩腰になって押寄せ行く必要もあるまい。‥‥容易にして実効ある地方に行くが得策である。就中余は南米の如き曠漠豊饒なる地に行くの勝れる」とし,次いで「朝鮮」を挙げている。児玉花外の新体詩「行く鴻池」と並ぶ殖民文学のもう一篇は,堀内新泉の殖民小説「南米行」である。また,鎌田三之助『墨士哥殖民案内』(成功雑誌社刊)広告は「北米活動者必読書」とのコピーを掲げ「北米に於て目今本邦人の赴きて容易に殖民事業に従事し得べき処は墨士哥(メキシコ)」であると宣伝している。創刊号に掲載されたその他の記事も,メキシコ・ペルー等中南米及び中国・韓国関係がその殆どを占めている。短期間ではあるが,5号までこの傾向に大きな変化はなく,「有望」情報化された「南米」イメージが作り上げられて行った[39]。『殖民世界』1巻4号(明41.8)には,次号9月号より増頁・記事大精選を行い,趣味と実益を兼ねた大雑誌への転換を図る旨の「社告」が掲載された。同時に,この大計画を実行するための定価値上げ(12銭→15銭)についても,控えめに書き添えられている。その9月号は,「社告」どおり増頁されたこと(72頁→92頁),目次頁の体裁が変わったこと,及び奇抜で趣味に富む「殖民世界大懸賞『美人国』」[40]が発表されたことを除けば,紙面刷新の跡は些かも見受けられない。ただ表紙装丁だけは,これまでの「『殖民世界』の旗を立てる中世騎士風」から「世界地図に囲まれたハイカラ紳士」へとまさに刷新されている。その9月号をもって,海外奮闘家唯一の伴侶・世界的実業家必読の雑誌『殖民世界』は廃刊となった[41]。
【目次・総索引】
　○『和田敦彦ホームページ(http://fan.shinshu-u.ac.jp/~wada/index.html)』：『殖民世界』1巻1-5号

588. 『**日本移民協会報告**』日本移民協会,第1-16：大3.10-8.6,国立国会図書館所蔵は第2-16：大4.8-8.6　　　　　　＜雑22-52＞
　　「日本移民協会」は,アメリカの排日運動に対する緩和策としての「対米啓発

運動」の一環として，政府の要請でその設立が企図された[42]。1914年2月11日（大3）創立総会が開催され「日本移民協会設立趣旨（一次）」及び「同規約」を採択した。「在外国民の権利利益を擁護し一般国民の対外思想を喚起して益々移民を多からしめ以て世界に於ける最大利益を獲得するの法を講じ之と同時に国内の産業を発達せしめ以て通商貿易を隆盛ならしむる」ことが設立の目的である[43]。9月15日の第一回総会で大隈重信が会頭に推薦され，翌1915年5月大隈邸で開催された評議員会で副会頭に添田壽一を推薦，引き続き行われた第二回総会で，「設立趣旨（一次）」が改正され，「日本移民協会処務及会計規定」が制定された。「設立趣旨（第二）」は「移民問題ハ政治上経済上並社会上最大重要問題ノ一タリ…海外移住ノ志望ヲ抱ク者…ニ対シ適当ノ資料ヲ供シ之ヲ指導誘掖スル…海外ニ在ル移民ヲシテ規律徳義ヲ重ンシ母国ノ体面ヲ辱シメサルト同時ニ在留国人ノ指摘ヲ招カサラシムヘキ方法ヲ講スル…叙上ノ目的ヲ達シ我同胞ノ海外発展ニ資セン…」となっている。この設立趣旨に基づき，協会の事業として①移民発展の方法に関する立案②移民地の調査及び結果の紹介③移民の訓育指導④移民排斥に対する対処⑤移民事業に必要な人物の養成⑥雑誌・出版物の刊行及び講演会の開催[44]⑦移民に関する参考品・資料の蒐集⑧類縁機関との連絡⑨前記事業遂行のための調査員の派遣，などを定めている（「日本移民協会規約」第三条）。錚々たる役員については，名簿が『日本移民協会報告』第2号に掲載されており，注42）間宮論文が経歴を付して纏めている（p.162）[45]。間宮論文はまた，掲載の「論説」及び「移民地・移民関係の情報記事」「講演会開催状況」「移民講習会」「講習会受講者府県別分布」についても纏めている。

『日本移民協会報告』の内容は，論説・移民地情報・移民関連事項・協会記事などに大別され，その論調については，間宮論文が整理している。「東西文明調和論者」大隈会頭の論説（「世界の大局と日本」2号，「移住の神髄」14号，「世界的大変革」16号）が，この時期の日米移民問題を象徴している。「官民賛同のもと約700名の会員を持ち，活発な事業活動を行った」日本移民協会の存続期間及びその機関誌『日本移民協会報告』の最終号は，これまでに掲出した移民奨励団体と同様，確認されていない[46]。

【目次・総索引】
○『明治新聞雑誌文庫目次総覧 60（経済編Ⅱ）』：但し，『日本移民協会報告』第1–13

Ⅷ．注
1） 今後なお収録すべき形態別資料群として，①学位論文②（文部科学省）科学研究費補助金研究成果報告書等助成研究報告書③シンポジウム報告書④記念紙・誌⑤年鑑・年報等⑥写真集・絵画集・図録⑦オーラル・ヒストリー⑧ AV 資料⑨帝国議会会議録⑩公聴会記録等米国議会資料⑪米国法令・判例資料⑫米国国立公文書館所蔵資料を予定。また，形態別資料のほかに，⑬移民関係資料所蔵機関の概要（国内・国外）⑭メモリアル・サイト（遺跡・史跡等）⑮「主題別」主要文献などを収録する予定である。
2） これまで収録した資料群（構成につき本号目次を参照）につき，新たに収録すべき，あるいは追加を要すべき主なものは以下のとおりである（既収資料関係分のみ，雑誌論文及びエッセイ類を除く）。
【外交史料】＊外務省通商局編『通商公報』（12.『通商彙纂』の改題）全 145 巻・「解説・総索引」全 4 巻，1 － 1228 号：大正 2 年 4 月－ 13 年 12 月，不二出版，1997 〜（刊行中），(14.『通商公報』の複製，別冊：「『通商公報』解説・総索引」，解説／高嶋雅明）＜Z79-B51＞＊外務省通商局編『移民地事情』全 10 巻・別冊 1，1 － 27 巻：大正 11 年 5 月－昭和 6 年 9 月，不二出版，1999 － 2000（複製，別冊：「『移民地事情』解説・総目次」，解説／柳田利夫）＜DC812-G120＞（主に，<u>南米地域の移民受入地の視察報告</u>）＊広瀬順皓監修・編・解題『近代外交回顧録』全 5 巻，ゆまに書房，2000（複製，近代未刊史料叢書 5）＜A99-Z-G113＞（外交記録編纂の一助として，外務省調査部が昭和 13 － 14 年にかけて行った，外交官の談話速記及び関連史料。主に外務省外交史料館所蔵「外交資料蒐集関係史話集」を底本に，外務省調査部「外交史料編纂事業ニ就テ」，伊丹松雄「<u>創始時代ニ於ケル『ブラジル』移民</u>」，野田良治「<u>『リオ』州低地ノ開拓ト日本人</u>」，出淵勝次「二十一箇条問題、米国排日移民法修正問題」などを収録）
【統計】＊一橋大学経済研究所附属日本経済統計情報センター編『郡是・町是資料マイクロ版集成』〔マイクロ資料〕全 105 リール，丸善，1999＜YD1-403＞＊外務省通商局編『海外各地在留本邦人職業別人口表』全 5 巻・附録 1，明治 40 －昭和 15 年，不二出版，2002（複製，第 1 巻に解説／柳田利夫）＜未所蔵＞（61.『海外各地在留本邦人職業別人口表』ほかを年次別に整理して復刻したもの）
【名簿・名鑑】＊『日米年鑑』全 12 巻，1905 － 18，日本図書センター，2001 － 02（複製，原本の発行者は日米新聞社）＜D2-G284＞（国立国会図書館所蔵 77.『日米年鑑』は 1914 － 18：明治 42 － 45，明治 38 － 41 年は『在米日本人年鑑』第 1 － 4 号，国立国会図書館未所蔵。『日系移民資料集』の第 3 期として刊行。第 1 期は 278.『北米編』，第 2 期は下掲『南米編』。
【年表】＊村上義和・橋本誠一編『近代外国人関係法令年表』明石書店，1997＜A112-G103＞（107.「近代外国人関係法令年表」『法経研究』（静岡大

学)『静岡大学法政研究』掲載の単行書化)

【文献・史資料目録】＊『和歌山市民図書館移民資料索引』〔電子資料〕和歌山市民図書館，1999 ＜YH213－23＞，『和歌山市民図書館移民資料索引 ―平成11年1月20日現在』(改訂版)，1999.6 ＜YH213－24＞ (158.『和歌山市民図書館所蔵移民資料目録 和文編1』以降平成11年1月20日現在までの収蔵資料索引を3.5インチ，フレキシブル・ディスク1枚に収める) ＊『**海外発展関係書籍および資料目録集 ―(財)日本力行会発刊・所蔵－1**』日本力行会創立百周年記念事業実行委員会，1997 ＜D1－G85＞ (日本力行会が所蔵する書籍，海外移住・国際交流関係資料約13,000点のうち整理済み1,517点の目録。日本力行会のホームページで未収録分についても順次公開する。「力行会発刊・所蔵資料目録」http://www.rikkokai.or.jp/mokuroku－a.html) ＊ Ichioka,Yuji, Azuma,Eiichiro,comp. **A Buried Past Ⅱ：A Sequel to the Annotated Bibliography of the Japanese American Research Project Collection.** Asian American Studies Center,Univ. of California,Los Angeles,1999 ＜移( )－Y14＞ (183. A Buried Past.の続刊) ＊ Ito,Leslie A.revised and expanded. **Japanese American during World War Ⅱ：A Selected,Annotated Bibliography of Materials Available at UCLA.2nd ed.**UCLA Asian American Studies Center Reading Room,1997 ＜移(六)－ Y2＞ (185. Japanese American during World War Ⅱ.の改訂版)

【辞典・事典】＊アケミ・キクムラ・ヤノ編，小原雅代[ほか]訳『**アメリカ大陸日系人百科事典―写真と絵で見る日系人の歴史**』明石書店，2002 ＜DC812-H2＞ (1998年4月から始まった「国際日系プロジェクト *International NIKKEI Research Project* 」の研究成果の一つ。「国際日系プロジェクト」につき，本書 pp.7－9，及び「全米日系人博物館 *Japanese American National Museum*」のホームページ http://www.janm.org/inrp/japanese/を参照のこと) ＊ Niiya,Brian,ed.**Encyclopedia of Japanese American History：An A-to-Z Reference from 1868 to the Present.updated ed.**Facts on File,2000 ＜未所蔵＞ (153. Encyclopedia of Japanese American History.の増補改訂版)

【通史・概説書】＊戸上宗賢編著『**交錯する国家・民族・宗教 ―移民の社会適応**』不二出版，2001 (龍谷大学社会科学研究所叢書 45) ＜DC811－G6＞＊岡部牧夫『**海を渡った日本人**』山川出版社，2002 (日本史リブレット 56) ＜DC812－G182＞＊矢口祐人『**ハワイの歴史と文化 ―悲劇と誇りのモザイクの中で**』中央公論新社，2002 (中公新書) ＜GJ123－G44＞＊飯野正子『**もう一つの日米関係史 ―紛争と協調のなかの日系アメリカ人**』有斐閣，2000，＜DC812－G129＞＊坂口満宏『**日本人アメリカ移民史**』不二出版，2001 ＜DC812－G176＞＊ハルミ・ベフ編『**日系アメリカ人の歩みと現在**』人文書院，2002 ＜DC812－G205＞＊蓑原俊洋『**排日移民法と日米関係 ―「埴原書簡」の真相とその「重大なる結果」**』岩波書店，2002 ＜AU－631－G15＞＊ Hirabayashi,Lane

Ryo,et al.,ed. **New Worlds, New Lives：Globalization and People of Japanese Descent in the Americans and from Latin America in Japan.** Stanford Univ.Pr.,2002 ＜未所蔵＞（「国際日系プロジェクト *International NIKKEI Research Project*」の研究成果の一つ）＊奥泉栄三郎監修・解題・解説『北米剣道大鑑』上・下，文生書院，2001（籾井一剣『北米剣道大鑑』北米武徳会，昭 14＜774-25＞の複製）＜FS37-G537＞（主題別文献ではあるが，奥泉の「解説」が移民研究史としても有用）＊若槻泰雄『**外務省が消した日本人―南米移民の半世紀**』毎日新聞社，2001 ＜DC812-G168＞

【資料集・叢書】＊佐々木敏二，権並恒編・解説『**カナダ移民史資料 Ⅱ**』全 6 巻・別冊 1，不二出版，2000（複製，443.『カナダ移民史資料』の第Ⅱ集，巻次を継承，解題・解説／佐々木敏二は第 6 巻 pp. 1-23 に収録，別冊：「『解説』『英文目次』『加奈陀と日本人』英訳」）＜DC812-E216＞（別冊タイトルは Gonnami Tsuneharu et al. ed. **Historical Materials of Japanese Immigration to Canada：Supplement**，解説（英文）／権並恒治，「目次」は第Ⅰ集分も含む。＜DC812-A104＞）（吉田龍一編『加奈陀在留邦人々名録』，中山訊四郎『加奈陀同胞発展大鑑 全』『加奈陀と日本人』，林林太郎『黒潮の涯に』など 10 点を収録）＊石川友紀監修『**日系移民資料集 南米編**』全 30 巻・別巻 1，日本図書センター，1998-99（複製，「別巻」に解説・解題／石川友紀）＜DC812-G101＞（新刊ではないが，南米編のため収録しなかったもの。水野龍『南米渡航案内』，横山源之助『南米渡航案内』，永田稠『南米一巡』，拓務省拓務局『移植民講習会講演集』など全 30 点を収録）＊『**近代欧米渡航案内記集成**』全 12 巻，ゆまに書房，2000（複製）＜GG176-G100＞（福沢諭吉『西洋旅案内』，移民保護協会編『海外出稼案内』，吉村大次郎『青年之渡米 最新視察苦学者の天国』，藤本西洲他『海外苦学案内』，木村芳五郎他『最新正確 布哇渡航案内』，島貫兵太夫『最近渡米策』，山根홀一編『最近渡米案内』，片山潜『渡米の秘訣』など 16 点を収録）＊奥泉栄三郎監修・解説『**初期在北米日本人の記録**』全 34 冊，解説・総目次編 1，文生書院，2003～（複製）＜未所蔵＞（北米編全 25 冊：明治 23-昭和 15 年，布哇編全 9 冊：明治 35 年-昭和 15 年の各地「同胞発展史」「県人発展史」類を復刻，2003 年 2 月から刊行）

3) 「移植民論」（個人の「移植民論」及びそれに関する研究論文については後掲予定）「渡米熱・渡米案内・渡米奨励機関・渡米雑誌」につき前掲，『参考書誌研究』No.52，pp.24-26，61-62 及び各注（pp.68-70，86-87）を参照のこと。

4) 雑誌記事・論文の検索方法については，例えば，毛利和弘『文献探索法の基礎 ―レポート・論文作成・調査必携― 2000 ― 図書、雑誌、新聞、電子情報編』アジア書房，2000 ＜UL735-G1＞，実践女子大学図書館編『インターネットで文献探索― 2000 年版』実践女子大学図書館，2000 ＜UL41-G19＞

(2002年版も刊行されているが未見。最新情報については，同図書館のサイトを参照されたい。http://www.jissen.ac.jp/library/frame/index.html)，佐藤能丸編『文献リサーチ日本近現代史』芙蓉書房出版，2000＜GB1-G50＞など最新の情報を取り入れたガイドを参照されたい。また，国立国会図書館「雑誌記事索引」(1948年以降採録，「採録誌一覧」あり。http://opac.ndl.go.jp/)が採録していない明治・大正・昭和前期（昭和23年まで）の雑誌記事引として，例えば，石山洋〔ほか〕編『明治・大正・昭和前期雑誌記事索引集成』社会科学編全70巻，人文科学編全50巻，専門書誌編全63巻，皓星社，1994～＜UP54-E16ほか＞及び『東京大学法学部附属明治新聞雑誌文庫所蔵雑誌目次総覧』全150巻，大空社，1993-98（明治新聞雑誌文庫所蔵雑誌目次総覧複製）＜UP54-E10＞があるので利用されたい。「総目次・総索引」の所在については，本文P.65を参照のこと。ここでは，研究誌・紀要類などの最近の主な「移民関係＜特集＞号」を例示しておく。＊『季刊国際政治』79：1985.5（日本・カナダ関係の史的展開）＜Z1-30＞＊『歴史学研究』581：1988.6（人の移動から歴史を見る）／582：1988.7（人の移動から歴史を見る－2－）＜Z8-282＞＊『歴史評論』513：1993.1（近代日本の「移民」を問いなおす）／625：2002.5（移民と近代社会）＜Z8-284＞＊『歴史研究』414：1995.11（ブラジル移民の謎）＜Z8-512＞＊『歴史公論』5（1）：1978.1（近代百年と移民）＜Z8-1317＞＊『歴史地理教育』580：1998.7（ハワイ併合100年）＜Z7-248＞＊『地理』33（2）：1988.2（国境をこえる労働者―移民・難民問題に学ぶ）／36（5）：1991.5（アジア系アメリカ人）＜Z8-372＞＊『宗教研究』67（1）：1993.6（民族と宗教）＜Z9-184＞＊『キリスト教社会問題研究』34：1986.3（海外移民研究特集）／37：1989.3（廃娼・移民・平和－杉井六郎教授退職記念号－）／38：1990.3（海外移民研究特集）／41：1992.7（カナダ日系社会とキリスト教会―その歴史と現状）＜Z9-77＞＊『駿台史学』99：1996.12（西洋史特集 ―同化とアイデンティティ）＜Z8-354＞＊『社会学評論』44（4）：1994.3（情報化社会の中のエスニシティ）＜Z6-265＞＊『トレイシーズ』2：2001.8（人種パニックと移民の記憶）＜Z71-E843＞＊『思想の科学』430：1987.9（海外日本人の想像力―北アメリカより）＜Z6-1457＞＊『田中正造の世界』2（通号16）：1984.11（移民）＜Z6-2165＞＊『新沖縄文学』45：1980.6（沖縄移民）＜Z13-1198＞＊『芸術新潮』46（10）：1995.10（アメリカン・ドリームに賭けた日本人画家たち）＜Z11-97＞＊『世界』394：1978.9（沖縄―ハワイ移民ノート）／565：1992.3（日系人特集―ニッポンを見つめる日系人）＜Z23-12＞＊『海外移住』580：1998.3（ファインダー越しにみた日系移民）＜Z3-1565＞＊ **The Japanese Journal of American Studies.** 3：1989（Japanese Immigrants and Japanese Americans）＜Z52-D309＞

また，以下の雑誌（廃刊のものを含む）には，移民研究・移住関係誌は当然

ながら，「移民関係」記事・論文が掲載される（されている）ことが多いので，平素から通覧しておくことも必要である。＊『外交史料館報』＜Z1-442＞＊『移住研究』＜Z3-584＞（33号：1996.4で廃刊，33号に既刊内容紹介あり。山田晴通は，「日系新聞研究会」員の研究成果をほぼ網羅する「北米日系新聞日本語文献一覧」同様，『移住研究』掲載論文一覧」―刊行順目次・対象地域索引・執筆者名索引―をホームページで公開している。http://camp.ff.tku.ac.jp/TOOL-BOX/mig/iju.html）＊『季刊海外日系人』＜Z3-1360＞＊『移民研究年報』＜Z3-B399＞＊『アメリカ研究』＜Z8-43＞＊ The Japanese Journal of American Studies ＜Z52-D309＞（『アメリカ研究』及び The Japanese Journal of American Studies の目次は「アメリカ学会」ホームページにあり。http://www.ai-gakkai.or.jp/jaas/periodicals）＊『東京大学アメリカ研究資料センター年報』＜Z41-1712＞＊『東京大学アメリカン・スタディーズ』＜Z8-B527＞＊『アメリカ太平洋研究』＜Z71-F985＞（東京大学大学院総合文化研究所附属「アメリカ太平洋地域研究センター」―前身「東京大学アメリカ研究資料センター」，2000年4月機構再編に伴い改称― 刊行物のうち，『東京大学アメリカン・スタディーズ』の目次及び『アメリカ太平洋研究』の全内容をホームページで閲覧することができる。http://www.cpas.c.u-tokyo.ac.jp/）＊『カナダ研究年報』＜Z8-1643＞（既刊目次が「日本カナダ学会」ホームページにあり。http://www.jacs.jp/nenpobk.html）＊『沖縄県史料編集所紀要』『史料編集室紀要』＜Z8-1380＞＊『キリスト教社会問題研究』＜Z9-77＞＊『渋沢研究』＜Z9-930＞（「渋沢青淵記念財団竜門社付属渋沢史料館」ホームページに研究ノート・書評を除く掲載論文の一覧あり。http://shibusawa-museum.or.jp/study2.htm）＊『AALA Journal』＜Z12-B53＞＊『朱夏』＜Z13-4340＞（既刊内容が「せらび書房」ホームページにあり。http://www1.odn.ne.jp/serabi）＊『汎』＜Z23-548＞（15号：1990.1で休刊，15号に主要内容あり）＊ Pacific Affairs ＜Z52-B231＞＊ Pacific Historical Review ＜Z52-B277＞＊ Amerasia Journal ＜Z52-E79＞（'Amerasia Journal Cumulative Article Index 1971－1997'＜Z52-E79＞。'30th Year Index Guide to Asian American Studies' 2003＜未所蔵＞。UCLA Asian American Studies Center のホームページでキーワード検索が可能。http://www.sscnet.ucla.edu/esp/aasc/aj_index.html）＊ The Hawaiian Journal of History ＜未所蔵，一部憲政資料室で所蔵＞（'Index to the Hawaiian Journal of History' Vol.1－25：1967-91，3分冊＜移（四）-Y14＞。Vol.26：1992年以降は「ハワイ歴史協会 Hawaiian Historical Society」のホームページに掲載。http://www.hawaiianhistory.org/pubs）
なお，＊『初期社会主義研究』＜Z6-2186＞（「初期社会主義研究会」）＊『熊楠研究』＜Z71-E747＞（「南方熊楠資料研究会」http://www.aikis.or.jp/~kumagusu/）＊『メディア史研究』＜Z21-B110＞（「メディア史研究会」

http://www.ia.inf.shizuoka.ac.jp/~ikawa/media/）＊『Intelligence』＜Z71－G814＞（「20世紀メディア研究所」http://www8.ocn.ne.jp/~m20th/）などには，それぞれの研究視点からの移民（人物）関係論稿が掲載されている。各ホームページでは目次・内容紹介を公開する。

5）　「明治新聞雑誌文庫」については，『参考書誌研究』No.54, p114 所収の文献を参照のこと。ここでは，『「明治を読む」―明治の新聞雑誌展』（付「新聞・雑誌創刊年表（文久元年～明治 45 年）」）東京大学明治新聞雑誌文庫，〔1977〕（会期：昭和52年10月20日－25日，大丸東京店）＜UM84－31＞，「明治新聞雑誌文庫 ―臭いメシから生まれた宮武外骨の労作」『芸術新潮』46（11）：1995.11, pp.18－22（東京大学のコレクションは凄いぞ！＜特集＞）＜Z11－97＞及び雑誌『みすず』連載で未完に終わった，西田長壽『明治新聞雑誌文庫の思い出』＜リキエスタ＞の会，2001＜UC126－G42＞を追加しておく。

6）　「殖民協会成立の経過」「設立趣意書」「規則」「役員姓名」「会員姓名」等が『殖民協会報告』第1号に掲載されている。殖民協会の評議員（設立時28名）には，「政教社」メンバーを中心に，現職議員・官僚出身者・実業家・学者・ジャーナリストなど錚々たる顔ぶれが並ぶ（例えば，星亨，金子堅太郎，小村寿太郎，**近衛篤麿**，安藤太郎，田口卯吉，三宅雪嶺，島田三郎，志賀重昂，柴四郎，杉浦重剛など）。会員についても「相当の業務を有するか、社会的地位を有する者を標準に，紹介・考査を経る」ことが要件とされていた（「殖民協会規則」）。殖民協会は「広く国民の間に根をおろした団体というよりも，榎本の人脈を中心とした特定の選ばれた人々の団体であった」という指摘もある（児玉解説，570.「別冊」p.10 参照）。佐々木敏二「榎本武揚の移民奨励策とそれを支えた人脈」『キリスト教社会問題研究』37：1989.3, pp.535－549（杉井六郎教授退職記念号）＜Z9－77＞は，榎本武揚の移植民論をアメリカ・カナダへの視点と函館戦争以来の人脈のなかで考察し，「蝦夷共和国の愛」がそのモチーフであるとする。

7）　「殖民協会」及び「榎本殖民」につき，以下のものを参照。浅見登郎『海外発展の実際』宝文館，1929（研究の一「日本人とメキシコの開発」pp.1－319）＜594－94 ほか＞は，『外交時報』に連載された「榎本武揚とメキシコ移住計画（1）－（8）」（『外交時報』551－571：1928.1.15－9.15）を基にした早い時期の纏め。角山幸洋「榎本武揚とメキシコ殖民移住（1）－（5）」『関西大学経済論集』34(6)：1985.2, pp.983－1053／35(1)：1985.5, pp.1－69／35(2)：1985.6, pp.155－264〔史料・別表〕／35(4)：1985.11, pp.507－527／35(5)：1986.2, pp.761－851〔含 諸新聞掲載移民関係記事，外務省史料〕＜Z3－218＞は多数の関係資料を含む詳細な研究。『榎本武揚とメキシコ殖民移住』同文館出版，1986（主要参考文献：pp.229－240，付表「榎本武揚殖民関係年表」）＜DC812－259＞として刊行されたが，割愛されている部分もあり，資料的には雑誌論文の方が有用。角山幸洋「榎本武揚と殖民協会(1)

〔含「殖民協会報告」「殖民時報」掲載題目〕」『関西大学経済論集』41(2)：1991.7，pp.181 - 294 ＜Z3-218＞は続稿。上野久『メキシコ榎本殖民 —榎本武揚の理想と現実』中央公論社，1994（中公新書）（参考文献：pp.164 - 168）＜DC812-E180＞は，第二次世界大戦後までの榎本殖民地と入殖者たちの変遷をたどる。角川雅樹「メキシコにおける日系移民とアイデンティティ—榎本植民地建設の理想から百年を経て」東海大学外国語教育センター編『若き日本と世界 —支倉使節から榎本移民団まで』東海大学出版会，1998，pp.231 - 252 ＜GB381-G26＞は榎本殖民を導入部とするメキシコ日系人調査の概略。このほか，前掲199.『日本の移民研究』pp.37 - 38，113 - 115所収の文献を参照のこと。

8） 『殖民時報』原誌（69 - 100号）は，明治新聞雑誌文庫で全号を所蔵。

9） 『殖民協会報告』に転載された北米関係の主な領事報告につき前掲，『参考書誌研究』No.47，pp.6 - 9及び各頁注を参照のこと。

10） 「東邦協会」は，会頭副島種臣，**近衛篤麿**を副会頭として1891年（明24）7月に設立された。「東洋諸邦及び南洋諸島に関する地理・殖民等の講究」を事業目的とし，報告及び講談会等によって，その講究結果を世人に示した（「東邦協会事業順序」）。設立時の評議員は榎本「殖民協会」と同じく錚々たる顔ぶれであり，重複している者も多いが（星亨，三宅雪嶺，志賀重昂，杉浦重剛など），協会解散の経緯については不詳であるという（下掲安岡論文，p.61）。協会についての本格的研究は見当たらず，その活動については協会の機関誌『**東邦協会報告**』東邦協会，1 - 38：明24.5 - 27.7（欠：22号），以後『**東邦協会会報**』と改題＜雑21-131＞，『**東邦協会会報**』1 - 231号〔通号39 - 269号〕：明27.8 - 大3.7 ＜雑21-131イ＞によるしかない【目次・総索引】：『**明治新聞雑誌文庫所蔵雑誌目次総覧115（外交編）**』に収録。東邦協会に関する希少な研究として，安岡昭男「東邦協会についての基礎的研究」『法政大学文学部紀要』22：1976，pp.61 - 98 ＜Z22-102＞，狭間直樹「初期アジア主義についての史的考察（5）第三章　亜細亜協会について，第四章 東邦協会について」『東亜』414：2001.12，pp.56 - 75 ＜Z24-65＞がある（財団法人「霞山会」のサイトで，上掲論文も含め，『東亜』の最近のバックナンバーを閲覧することができる。(http://www.kazankai.org/)。「東邦協会」(『東邦協会報告』→『東邦協会会報』) もいわゆる民間の移植民団体（機関誌）であるが，その事業目的が専ら「東洋諸邦及び南洋諸島に関する地理・殖民等の講究」にあることから，本文中には収録しなかった。その他，「台湾協会」（1898年，会頭桂太郎，『台湾協会会報』）・「東亜同文会」（1898年，会長**近衛篤麿**，『東亜時論』→『東亜同文会報告』）・「朝鮮協会」（1902年，会長島津忠済，『朝鮮協会会報』）・「南洋協会」（1915年，会長芳川顕正，『南洋協会会報』→『南洋協会雑誌』→『南洋』）なども同例とした。これら東洋諸邦及び南洋諸島関係の「殖（植）民団体」も，北海道移住に始まる「内国（植）殖民論」

から「海外移民・殖（植）民論」（北米→中南米・満蒙等・南洋群島）への，移民論変遷及び移植民の実態を例証するものとして重要である。金子文夫「日本における植民地研究の成立事情」小島麗逸編『日本帝国主義と東アジア』アジア経済研究所，1979，pp.49－92（研究参考資料 277）＜DC664－5＞は，これら諸団体の活動，植民関係官庁の調査・研究及び各大学における植民政策講座などによって，戦前期日本の植民地研究の成立事情を概観する（本書には，国本伊代「戦前期における中南米移民と排日運動」pp.331－381（「排日関係年表」：pp.380－381）が収録されている）。金子編「戦後日本植民地研究史」『岩波講座 近代日本と植民地 4 統合と支配の論理』岩波書店 1993，pp.289－317＜GB411－E44＞は，戦後における日本植民地研究の展開と展望を地域別に概観する。なお本巻には，清水元「アジア主義と南進」pp.85－112，北岡伸一「新渡戸稲造における帝国主義と国際主義」pp.179－203，村上勝彦「矢内原忠雄における植民論と植民政策」pp.205－237 などが収録されている。

11）　『殖民協会報告』から転載（抜粋）された記事は以下のとおり（『高知殖民協会報告』は『報告』と略記）。＊渡辺勘十郎「合衆国太平洋沿岸巡回誌－ワシントン州ノ部」（『報告』第 2 号／『殖民協会報告』第 4 号掲載）＊根本正「墨国探検紀行」（『報告』第 2 号／『殖民協会報告』第 7，15 号掲載）＊根本正「墨国『チヤパス』州探検報告」（『報告』第 3 号／『殖民協会報告』第 9 号掲載）＊根本正「墨西哥探検」（『報告』第 4 号／『殖民協会報告』第 13－14 号掲載）＊藤田敏郎「墨国太平洋沿岸諸州巡回報告」（『報告』第 1－2 号／『殖民協会報告』第 1－3 号掲載）＊藤田敏郎「模範移民の適地」（『報告』第 2 号／『殖民協会報告』第 6 号掲載）

12）　高知殖民協会委員，長野源吉は，協会幹事に宛てた手紙のなかで「高知殖民協会」と「殖民協会」の連絡の必要性を説き，会員 1 名を協会の負担により「殖民協会」に加入させるべき旨述べている（明 26.8.12 付書簡，『報告』第 1 号，pp.26－27）。一方，短期間ながら，『殖民協会報告』「雑録」には，「高知殖民協会」関連記事が掲載されている。第 3 号（明 26.6）には「今般設立なりたる同協会の趣意書並に規則は左の如し」として「殖民高知協会設立趣意書及び規則」が，第 5 号（明 26.9）には 7 月の臨時総会において選挙が行われた「高知殖民協会ノ委員」が掲載されている。しかしその後の「高知殖民協会」事業及び解散等の記事については確認できなかった。

13）　『高知県歴史辞典』（高知市民図書館，1980）によれば，「高知殖民会は，キリスト教徒で民権運動家であった武市安哉（衆議院議員，筆者補注）が結成した移民の組織で，1893 年（明 26）7 月（6 月 27 日及び 7 月 1 日，筆者補注），第一次移民 31 名を送った。1894 年 4 月に第二次移民を送り，1900 年には移民 300 戸・人員 1600 人に達し，武市の信仰は聖園教会として団結の中心となった。」（傍点筆者）とある。しかし，海外への移殖民に関して言えば，「榎本殖民団」員のなかに高知県出身者はいなかったし，また，米国への出稼ぎ労働

者を要請する在米高知県人からの書簡が,『報告』第 2 号（明 27）に二通掲載されているが,その後の経緯については明らかでない。上記引用のように,高知殖民協会（高知殖民会）は「武市安哉が北海道開拓のため結成」『高知県歴史辞典』）となっている。協会規則は,「会頭は総会に於て之を選挙し任期一ヶ年とす」（第 5 条）と定めているが,明治 26 年 7 月 29 日の臨時総会で「会頭及び副会頭は之を置かず当分幹事に於て其事務を取る」と議決され,新委員の選挙が行われている。この時,武市は幹事にも委員にもなっていない。協会発足前の発起人会には度々出席しているので,発起人のうちの一人とみるべきであろう。この時武市は,自ら第一次移民として,既に北海道へ渡っていたのである。この間の経緯につき,武市安哉より山田平左衛門宛て手簡（第 1 号,pp.23 - 25）及び「本会の経過（前号より続く）」（第 2 号,pp. 22 - 24）を参照のこと。

　本稿脱稿寸前,田中彰・桑原真人『北海道開拓と移民』吉川弘文館,1996＜GC5 - G7＞という研究の存在を知った。土佐藩時代末期の蝦夷地への関心に始まり,高知県民の北海道への投資活動や移住・開拓という現象に発展していく過程をトータルに叙述し,その問題意識を,近年日本における移民研究の動向を踏まえた「はじめに ―本書の課題」において示している。「序章 北海道移民開拓史研究の動向」「第一章 明治維新と北海道」「第二章 高知藩と分領支配」「第三章 高知県の北海道移民 ―その統計的概観」「第四章 高知県民と北海道開拓」「第五章 高知県民の団体移住 ―その諸事例」「第六章 高知県の屯田兵」という構成。107 頁以降第五章を中心に,武市安哉及び聖園農場に関する記述があり,武市が制定した「高知殖民会規則（案）」全七条（『高知県史 近代編』pp.307 - 308 より引用）を掲出している。その第一条は「本会は高知殖民会と称し,高知県人にして北海道移住の実行を企図するものより成立す。」と規定している。これが何時の時点で起草されたものか定かではないが,明治 26 年 5 月 29 日の第三回発起人相談会（武市も出席）を経て,6 月 12 日の集会において起草・配布された,「海外及び北海道等への殖民」を目的として規定する「高知殖民協会規則」とは内容的に大いに相違している。武市は,前述したように,「高知殖民協会」設立直後の 6 月 27 日に北海道への第一次移住者を率いて高知を離れているのである。「高知殖民会」と「高知殖民協会」との異同・関係及びその規則（目的）改定の経緯については,更なる検証に委ねたい。『高知県史 近代編』高知,1970（「第六章 経済と社会／第五節 開拓移住と海外移民」pp.303 - 323）＜218.4 - Ko6753k2＞及び『聖園教会史』日本基督教会聖園教会,1982＜HP115 - 47＞も参照のこと。筆者資料不知のため,この件につき下記注 14）北海道開拓の部分も含め,記述がとりわけ冗長になっていることをご寛恕願いたい。

　なお,明治三十年代後半からの,移民会社による高知県における移民事業については,間宮國夫「水野龍と皇国殖民会社についての覚書 ―『高知県移

民史研究』の一齣」『社会科学討究』44（2）：1999.1，pp.285－307＜Z6－289＞及び「移民会社とブラジル移民の動向 —高知・竹村植民商館の設立と第二回移民の場合」『社会科学討究』41（3）：1996.3，pp.941－984（中村尚美教授退職記念号）＜Z6－289＞が系統立てている。

14）　「本会の経過（前号より続く）」のなかに，「北海道協会」「本会北海道支部」（先願者たる）「北越殖民協会」という表記がある（『報告』第1・2号，pp.23－25 pp.22－24）。また，『殖民協会報告』第8号（明26.12）「雑録」に，同年11月19日一ツ大学講義室で行われた「北海道協会講談会」次第が掲載されている。北海道協会は「1893年（明26）設立。本州と北海道との連係を密にしつつ開発を促進することを目的に，北海道に関係の深い貴衆両議員・大地主・実業家・道庁官吏らによって構成された官民一体の団体で，初代会頭は**近衛篤麿**，東京に事務所を置き，北海道拓殖についての調査研究・宣伝及び国会・政府への建議を行い，初期には移住者の保護事業も行っている（『北海道大百科事典』北海道新聞社，1981）。ここで，「殖民協会」「東邦協会」及び「北海道協会」に深く関与した**近衛篤麿**に着目する必要があろう。五摂家筆頭当主近衛篤麿の多彩な経歴については，屋上屋を重ねるまでもないが，時代的要請とはいえ，後述する「政教社」同人と同じく，国内外の移植民事業にこれほど多く関わっていたことは重要であろう。近衛については，明治28年2月から同36年3月までの日記及び近衛の論文・意見書・草稿，その他関係文書・資料を収録する，近衛篤麿日記刊行会編『近衛篤麿日記』全5巻・別巻1，鹿島研究所出版会，1968－69（「近衛篤麿年譜」：別巻，pp.697－706）＜289.1－Ko6463k＞が基本的史料として刊行されている。工藤武重『近衛篤麿公』大日社，1938＜745－65ほか＞をはじめ，従来，伝記的なアプローチによる研究が多いなか，博士論文のために，旧姓相原名で発表した一連の論稿を纏めた，山本茂樹『近衛篤麿 —その明治国家観とアジア観』ミネルヴァ書房，2001（Minerva日本史ライブラリー 10）（年譜「近衛篤麿とその時代」：pp.301－308）＜GK76－G107＞が，諸資料及び先行研究をふまえ実証的であり，まず参照されるべきものとなっている。 近衛の「北海道拓殖論」及び「北海道協会」への関与と「東邦協会」との関係については，「第六章 北海道論とアジア主義の論理的連関」pp.149－172（初出「近衛篤麿の北海道論 —アジア主義との論理的連関」『日本文化環境論講座紀要』1：1999.1，縦書きpp.1－21＜Z71－C138＞）を参照のこと。山本によれば，近衛の「北海道拓殖論」（「北海道拓殖論」『太陽』1（7）：明28.7，pp.1－3及び「北海道拓殖の急務」『立憲改進党々報』47：明28.8，pp.7－8など）は，国防が第一義でその経済的要素は第二義的に過ぎない，としている（p.161）。近衛がコミットした集団及び組織について，瀬岡誠「近衛篤麿と関係集団」『社会科学』（同志社大学人文科学研究所）54：1995.1，pp.1－38（覇権構造と政策協調＜特集＞）＜Z6－279＞があるが，「近衛がコミットした集団・組織は異常に多く，

一つ一つとりあげることは到底不可能である」としている。国立国会図書館憲政資料室では、「東亜同文会」関係・意見書・日記・を含む、陽明文庫蔵「近衛篤麿関係文書」（マイクロフィルム）を所蔵しているが、内容詳細につき精査していない。

「高知殖民協会」「北越殖民協会」のような、各県単位の「殖民協会」の存在及び活動については、余り知られていないところであり、各県史・地方新聞及び公文書等による、より綿密な調査が必要であると思われる（後掲587.『日本移民協会報告』第4号：大4, p.32には「広島殖民協会の成立」という記事が掲載されている）。

また、明治初期のロシアの南下政策への対抗及び殖産興業政策、士族授産としての北海道開拓・移住と海外移植民との関係についても未調査である。北海道開拓については多くの研究成果がある。就中、定説となっているのが、永井秀夫「北海道開拓政策の転換 ―道庁の設置を中心として」『北海道大学文学部紀要』7：1959.3, pp.55 - 75 ＜Z22-96＞（関秀志編『北海道の研究 5 近・現代篇 I』清文堂出版, 1983, pp.37 - 65 ＜GC5 - 136＞に一部削除・改訂のうえ再録。本書は開拓使設置、開拓移民と地域社会及びアイヌ民族など開拓に関する諸問題をさまざまな角度から取り上げている。）及び「殖産興業政策論」『北海道大学文学部紀要』10：1961.11, pp.129 - 158 ＜Z22-96＞である。『明治国家形成期の外政と内政』北海道大学図書刊行会, 1990 ＜未所蔵＞は、明治国家形成過程における国際環境のなかでの、国家指導者層の政策目標と対外政策及び外政と内政の関連を検証する。永井の研究業績について「永井秀夫先生業績一覧」『北大史学』29：1989.8, pp.54 - 6 ＜Z8 - 104＞が 一覧する。関秀志編『北海道の研究 8 文献目録・索引篇』清文堂出版, 1988（「14.拓殖・開発・移民」pp.156 - 163）も参照のこと。北海道開拓・移住と海外移植民との関係については、上掲『北海道開拓と移民』の共著者、桑原真人「北海道開拓論に関する覚書 ―海外移住論との関連で」『新しい道史』52：1972.6, pp.1 - 18 ＜Z8-478＞が北海道開拓論における移民＝労働力問題を中心に考察し、同時期に興隆をみた「海外移住論」との関連で分析している。桑原は、明治14年の「開拓使官有物払下事件」以降日清戦争終了後までの約20年間の論調を「殖民論一般」「北海道論・北海道開拓論」「海外移住論」に分類・表示する（第一表「明治前期における北海道開拓論と海外植民論」pp.13 - 18）。表出論説等は、『東京経済雑誌』『国民之友』『鼎軒田口卯吉全集』『若山儀一全集』『福沢諭吉全集』『陸羯南全集』「中江兆民著作目録」（桑原武夫『中江兆民の研究』）などから採録し、黒田謙一『日本植民思想史』＜334.71－Ku72ウ ほか＞・吉田秀夫『日本人口論の史的研究』＜334.1－Y86ウ ほか＞等で補正している。これにより、「明治二〇年代を中心とした時期には、北海道開拓＝国内移住論と共に海外移住＝殖民論が、同時的に存在し、主張され…北海道植民から海外植民への転換点を求めるならば、明治二十年代の「始め」ではなくて

「終り」＝日清戦争期にそれを設定すべきであろう。」としている (p.4)。本論稿は，近代北海道地方史に関する桑原の他の論稿とともに，『近代北海道史研究序説』北海道大学図書刊行会，1982 ＜GC5－142＞に再録されている（「第一章 北海道開拓論の興隆／第一節北海道開拓論の興隆」pp.19－43）。田村貞雄「内国殖民地としての北海道」『岩波講座 近代日本と植民地 1 植民地帝国日本』岩波書店 1993，pp.87－99＜GB411－E44＞は，内国殖民地としての北海道の複雑性を寸描する。

　また，近年の脱領域的な言説研究からのアプローチとして，小森陽一「『保護』という名の支配 ―植民地主義のボキャブラリー」小森陽一・紅野謙介〔ほか〕編『メディア・表象・イデオロギー ―明治三十年代の文化研究』小沢書店，1997，pp.319－334＜GB451－G1＞が示唆的である。

15) 『労働世界』の原紙は，労働運動史料委員会による 573.復刻当時（1960 年）「… その実物の所在が明らかでなかったばかりでなく，事実わが国の大学研究所等では辛うじてその一小部分を珍蔵するにとどまっていた状態 …」(573.複製版，大河内一男「刊行のことば」）であるが，NACSIS Webcat の検索によれば，国内の 7 大学で，573.複製版と同じ号数を所蔵している（欠号分も同じ）。これは，未確認ながら，『労働世界』原紙と 573.複製版の混同であると思われる。ちなみに，明治新聞雑誌文庫では 11，47 号のみ所蔵となっている。

16) 高野房太郎とわが国労働運動の黎明については，例えば以下のものを参照。片山潜・西川光二郎『日本の労働運動』労働新聞社，明 34 ＜YDM41609＞（明治文化研究会編『明治文化全集 6 社会篇』日本評論新社，1955 ＜081.6－M448－M（t）＞，明治文化研究会編『明治文化全集 22 社会篇（上）』日本評論社，1993（複製）＜GB415－G11＞に再録），岩波書店，1952（岩波文庫，片山潜著・山辺健太郎訳「日本における労働運動 ―社会主義のために（英語版）」を合刻）＜366.6－Ka592n＞は，米国から帰国（明 29）以降，日本の労働者階級開放に生涯を捧げた片山が，西川光二郎とともに，日本労働運動の成立期を総括する古典的著作。高野房太郎編『工場法案に対する意見書』労働組合成会，明 31＜YDM37556＞，ハイマン・カブリン編著『明治労働運動史の一齣 ―高野房太郎の生涯と思想』有斐閣，1959 ＜366－Ta354m－K＞，明治文化研究会編『明治文化全集 15 社会篇（続）』日本評論新社，1957 ＜081.6－M448－M（t）＞，明治文化研究会編『明治文化全集 23 社会篇（下）』日本評論社，1993（複製）＜GB415－G11＞，松本三之介編『近代日本思想体系 32 明治思想集』筑摩書房，1990 ＜HA121－9＞などに高野の論稿を収録する。高野房太郎著，大島清・二村一夫編訳『明治日本労働通信 ―労働組合の誕生』岩波書店，1997（岩波文庫）＜EL231－G24＞は，ゴンパーズ（ゴンパースとも）宛書簡，米国の労働組合機関誌（『アメリカン・フェデレイショニスト *American Federationist*』ほか）への寄稿，『労働世界』掲載の論稿などこれまで未収録の資料を多数収録。巻末，二村一夫「高野房太郎小伝」

(pp.491 – 540) も有用である。ゴンパーズは「高野房太郎によって日本にまかれた種子が日本労働組合友愛会という組織となって結実したことを信じて疑わなかった」と，その自伝で述べている（サミュエル・ゴンパーズ著，S・ゴンパーズ自伝刊行会訳『サミュエル・ゴンパーズ自伝 ―七十年の生涯と労働運動（下）』日本読書協会，1969（S・ゴンパーズと世界労働史年表：pp.608 – 624) p.179 ＜GK439－1＞）また，日本人移民制限問題に対する彼の立場につき，同 pp.257 – 276 を参照のこと。立川健治「高野房太郎 ―在米体験を中心として」『史林』65（3）：1982.5，pp.107 – 136 ＜Z8－342＞は，高野の思想を在米体験の分析により論証する。立川健治「労働組合期成会・鉄工組合の『大阪支部』結成をめぐる動向（上）（下）」『大阪地方社会労働運動史編集ニュース』4：1982.5，pp.2 – 4／5：1982.6，pp.1 – 3＜未所蔵＞は，労働組合期成会鉄工組合大阪支部結成とその後の動向に関する検証。関連して，大阪社会労働運動史編集委員会編『大阪社会労働運動史 1 戦前篇（上）』大阪社会運動協会，1986＜EB25－175＞がこの時期大阪の組合運動状況を纏める。前掲 399.ユウジ・イチオカ『一世 ―黎明期アメリカ移民の物語り』（「第三章 労働組織とアメリカの組織労働／初期日本人移民の労働団体，pp.101 – 105）＜DC812－E145＞（398.The Issei，pp.91 – 95＜DC812－A22＞）は，高野の在桑時代とゴンパーズとの関係を叙述する。当時のサンフランシスコ日系社会では，亡命民権家による『愛国』（「愛国同盟（在米日本人愛国有志同盟会）」機関紙）及び殖民・海外事業にも力点をおく『遠征』（「実業社」→「遠征社」機関誌）がジャーナリズムを二分していた。高野は『遠征』誌上で，最低賃金制をめぐって『愛国』記者と論争を戦わせている（上掲『明治日本労働通信』1997，岩波文庫，pp.294 – 308 に再録）。日本国内の自由民権派と連係した『愛国』と「政教社」と強固な繋がりを有した『遠征』，この対立の構造は，「移植民論」興隆期の日本社会の論壇状況をも反映したものであった。初期サンフランシスコにおける日系コミュニティ及びそのジャーナリズムについて以下のものを参照のこと（すべて前掲）。143. 蛯原『海外邦字新聞雑誌史』，144.田村・白水編『米国初期の日本語新聞』，280.同志社大学人文科学研究所編『在米日本人社会の黎明期 ―「福音会沿革史料」を手がかりに』，462.田村『アメリカの日本語新聞』，531.新井・田村「自由民権期における桑港湾岸地区の活動」，533.町田市立自由民権資料館編『アメリカからの便り ―1880/90 年代の渡米青年たち』，399.イチオカ『一世 ―黎明期アメリカ移民の物語り』，398.The Issei，及び『参考書誌研究』No.54，注 56）57），pp.126 – 127。

なお，上掲『明治日本労働通信』の共編者二村一夫は，「法政大学大原社会問題研究所」のスタッフ個人サイトで『二村一夫著作集』をオンライン刊行している（ http://oohara.mt.tama.hosei.ac.jp/nk/index.html ）。このサイトは，過去に発表された論文やエッセイ等を加筆，再録するのみならず，『高野房太郎とその時代』（第 6 巻）などの書き下ろしも掲載している。そのほか，第 7

巻『高野房太郎研究ノート』，別巻2『新資料発掘』，別巻3『高野房太郎関係資料 ―書簡と日記』，別巻4 *Correspondence between F.Takano and S.Gompers*，など高野房太郎に関する資料が満載されている。また，付録3『明治日本労働通信』（岩波文庫）補訂では，上掲『明治日本労働通信 ―労働組合の誕生』刊行後の新資料の増補，及び二村による解説「高野房太郎小伝」の訂正を行っているので，併せて参照されたい。日本の労働運動史関係資料については，本著作集第3巻『日本労働運動史参考文献案内』が便利である。資料の調査方法についても得るところの大きい，刮目に値するサイトである。大原社会問題研究所電子図書館・資料館（大原デジタルライブラリー）でも，オンライン展示「高野房太郎と労働組合の誕生」を公開している（http://oohara.mt.tama.hosei.ac.jp/takano/index.html ）。大原社会問題研究所編『日本社会主義文献 第1輯 ―世界大戦（大正三年）に到る』同人社書店，1929 ＜363.031－O354n ほか＞及び細川嘉六監修，渡部義通・塩田庄兵衛編『日本社会主義文献解説 ―明治維新から太平洋戦争まで』大月書店，1958 ＜363.031－W93n＞は，わが国の社会主義関係文献の体系的解説書として，未だに類書の追随を許さぬ先駆的レファレンスである。また，初期社会主義の研究動向については，『初期社会主義研究』（年刊）＜Z6－2186＞が特集関連論稿のほか「初期社会主義研究関係文献目録」を収載し，有用である。初期社会主義運動の機関紙の変遷につき，市原実〔ほか〕監修・日本機関紙協会大阪府本部編著『機関紙の歴史 ―戦前・戦中編』日本機関紙出版センター，1999（「第4章 労働組合と社会主義運動の初期機関紙」pp.85－110）＜UC191－G11＞が簡便である。

17) 　安部磯雄は「社会主義協会」会長。1891年（明24）渡米して，ハートフォード神学校に学んだ。帰国後1903年（明36）早稲田大学講師となり，1905年，野球部部長として早大野球部を率い，日本野球チーム初の米国遠征を果たしている。成績は7勝19敗と惨敗だったが，ポテト王・牛島謹爾はじめ在留日本人の絶大なる歓迎を受けたという。同年，移民奨励論『北米之新日本』＜YDM41361＞（前掲278.『日系移民資料集 北米編3』＜DC812－E118＞に収録）を刊行。社会主義者のなかでは，片山と比肩しうる渡米奨励論者であった。安部のハートフォード神学校時代については，山泉進「安部磯雄のハートフォード神学校時代」『初期社会主義研究』9：1996.9, pp.57－83（平民社群像 ―予は如何にして社会主義者となりし乎＜特集＞）＜Z6－2186＞が詳細に解説する。『阿部磯雄の研究』早稲田大学社会科学研究所，1990（研究シリーズ26）＜GK31－E10＞も参照のこと。安部は1959年「野球殿堂」入り，旧「安部球場」に名を残した。『日本之下層社会』の著者横山源之助は，有機逸郎の名で明治39年『海外活動之日本人』（前掲295）を著し，生活問題解決の一策としての移植民問題を論じている（『参考書誌研究』No.52, pp.26, 72－73, 61）。『横山源之助全集 第1巻 日本の下層社会』明治文献，1972 ＜US21－43＞に，『国

民之友』及び『労働世界』に掲載された横山源之助の論文が収録されている。また，2000年10月から，立花雄一編集『横山源之助全集』全9巻・別巻2（社会思想社）の刊行が開始された。本全集は，構成を「社会・労働」「富豪史」「殖民」「文学」及び「別巻」とし，今までに発見された横山源之助の全業績（単行書，新聞・雑誌掲載作品）を年代順に収録するという方針であった。第1巻－3巻が社会・労働（1－3），第7－8巻が殖民（1－2：明治35年～大正4年までの記事・論説等百篇余，『大阪朝日新聞』ブラジル殖民事情調査報告，『海外活動之日本人』，『南米渡航案内』を収録予定）にあてられ，期待された企画ではあったが，出版社の倒産により刊行が頓挫している。これまでに第1－2巻及び別巻1の刊行が確認されている。

18) 片山はこの間の経緯を，『(再刊)労働世界』創刊号（明35.4.3）の英文欄及び『日本の労働運動』(1952，岩波文庫版，注16参照)で回想している。

19) 旧『労働世界』は，27号（明32.1）以降「社会主義欄」を設け，「本誌に社主義欄を設くるの主意」において，社会主義の積極的な支持者としての立場を表明し，社会主義的論調を色濃くしていた。『労働世界』6年1号掲載の「渡米協会」会則は，「渡米を奨励することを目的とし，『労働世界』直接購読者を会員とし，会費は不要。渡米希望者の質問・相談に応じ，渡米者に忠告を与え，紹介の労を執る」と定めている。また、本稿冒頭で「渡米協会」の設立を1902年4月（明35）と記したが，その設立の正確な月日を記している資料は見当たらない。片山にとって「渡米奨励・援助」は，「当時の社会状況からいって，思想的にも心情的にも社会運動の一環だった」（下掲立川「時代を吹き抜けた渡米論・片山潜の活動をめぐって」p.97）のであり，社会主義運動となんら離齟するものではなかったのである。これは，キリスト教社会事業としての島貫兵太夫「日本力行会」（本号，pp.71－72参照）とも共通する位相であった。『労働世界』刊行及び論調の詳細につき，下掲中林『ある明治社会主義者の肖像』2000（「三 渡米協会」pp.35－48），577.労働運動史研究会編『労働世界 Ⅰ』の隅谷三喜男「解説」（pp.Ⅲ－ⅩⅠ）を参照のこと。

【片山潜】の著作及び参考文献については，『参考書誌研究』No.52, p.61, 注65) pp.86－87及び付表を参照のこと。就中，立川健治「時代を吹き抜けた渡米論・片山潜の活動をめぐって ―立志・奮闘のイデオロギー」『汎』4：1987.3, pp.96－123＜Z23－548＞が，「渡米協会」会費の変遷・会員渡米者数・例会演説会等について整理し，有用である。また，片山の盟友にして後に袂を分かつことになる，山根吾一（『渡米雑誌』主幹）についての岡林伸夫による一連の論稿，「ある明治社会主義者の肖像 ―山根吾一覚書」「山根吾一と雑誌『社会主義』」「『渡米雑誌』の出発 ―山根吾一の活動」「片山潜との訣別 ―山根吾一の活動・その後」「『渡米雑誌』から『亜米利加』へ」「アメリカ排日問題と山根吾一」（何れも『同志社法学』243, 245－248, 250＜Z2－3＞に掲載，掲載順に配列）は，加筆訂正のうえ，「あとがき ―その後の山根吾一と

山根千代」を加え,『ある明治社会主義者の肖像 ―山根吾一覚書』不二出版,2000＜GK158－G34＞として纏められている。岡林「『ある明治社会主義者の肖像』続稿 ―山根吾一覚書始末」『初期社会主義研究』14：2001, pp.161－179（兆民と秋水 ―没後100年と『帝国主義』＜特集＞）＜Z6－2186＞は,同書刊行後の新情報発見とその顛末を記す。これら新情報の成果を繰り入れて,「山根吾一年譜」（同誌, pp.180－194）を作成している。

20) 『社会主義』刊行及びその論調の詳細につき,上掲岡林『ある明治社会主義者の肖像』2000（「六 『社会主義』」pp.75－96）, 579.労働運動史研究会編『社会主義 I』の岸本英太郎「解説」（pp.Ⅲ－ⅩⅢ）を参照のこと。

21) 『渡米雑誌』刊行及びその論調の詳細につき,上掲岡林『ある明治社会主義者の肖像』2000（「九 『渡米雑誌』」pp.131－156）を参照のこと。『社会主義』時代からの寄稿者で,後にいわゆる「大逆事件」（1911年,明44）に連座して死刑となった紀州新宮の医師,大石誠之助と山根『渡米雑誌』との関係について,岡林伸夫「大石誠之助と『渡米雑誌』＜資料紹介＞」『初期社会主義研究』12：1999, pp.329－336＜Z6－2186＞は,大石「在米修学とコック」（山根吾一編『最近渡米案内』所収）を紹介し,解説する。大石について,『牟婁新報』＜YB－343ほか＞（1900：明33.4－1925：大14,毛利紫庵が主宰した紀州田辺の地方紙。「社会主義運動は紀州の海岸から」と堺利彦に言わしめたように,大石はじめ幸徳秋水・堺利彦・南方熊楠らが論陣を張り,管野すが・荒畑寒村らが記者として健筆を揮った。）, 森永英三郎・仲原清編集『大石誠之助全集』全2冊,弘隆社,1982＜EB25－143＞,森永英三郎『禄亭大石誠之助』岩波書店,1977＜GK112－14＞なども参照。「大石誠之助は死にました、いい気味な、機械に挟まれて死にました…」で始まる,与謝野鉄幹の追悼詩「誠之助の死」（与謝野寛『鴉と雨』東京新詩社,大4＜YD5－H－特102－968＞,『鴉と雨』至芸出版社,1988（至芸出版翻刻叢書）＜KH739－E52＞などに復刻,再録）は夙に有名。

片山のテキサス米作経営については,「テキサス米作論」が『東洋経済新報』305－306号：1904.5.25－6.25に掲載され,『渡米の秘訣』渡米協会,明39＜YDM26923＞（上掲『近代欧米渡航案内記集成』第4巻に復刻収録）にも纏められているが,参考文献として,例えば以下のものを参照のこと（テキサスの米作経営一般については主題別主要文献で後掲の予定）。上掲川「時代を吹き抜けた渡米論・片山潜の活動をめぐって」pp.109－112, 菊川貞巳「片山潜とテキサス米作」『経済経営論叢』32（3）：1997.12, pp.35－57＜Z3－352＞, Orii, Kazuhiko, and Hilary Conroy "Japanese Socialist in Texas :Sen Katayama." Amerasia Journal, 8 (2)：1981, pp.163－170＜未所蔵,国立国会図書館所蔵は14（1）：1988～＞,前掲396.The Japanese Texas.＜移（四）－Y26＞,邦訳397.『テキサスの日系人』＜DC812－G50＞（『参考書誌研究』No.52, p.53, p.87参照）。

22)　『亜米利加』11年11月号（1907.11.1）に掲載された，幸徳秋水「渡米せしむべき人」をめぐる動きにつき，岡林伸夫「幸徳秋水『渡米せしむべき人』＜資料紹介＞」『初期社会主義研究』11：1998.12, pp.258 - 264 ＜Z6-2186＞を参照のこと。大河内一男『幸徳秋水と片山潜』講談社，1972（「幸徳秋水・片山潜関連年表」；pp.251-256, 講談社現代新書）＜GK76-21＞は，対照的な二人の協調・対立のなかに，日本の社会主義運動の「宿命的特徴」を見る。

23)　『亜米利加』刊行及び論調の詳細につき，上掲岡林『ある明治社会主義者の肖像』2000（「十五　『亜米利加』」pp.247 - 272,「十六　米友倶楽部と排日問題」pp.273 - 292 及び「十七　『日米通信』」pp.293 - 316）を参照のこと。「日米未来戦記」ブームの詳細については後掲するが，例えば，横田順彌『明治「空想小説」コレクション 　一百年前のイマジネーション』PHP研究所，1995 ＜KG381-G12＞，猪瀬直樹『黒船の世紀 　―ミカドの国の未来戦記』小学館，1993（参考文献：pp.518 - 530）＜KH191-E364＞,『黒船の世紀 　―ガイアツと日米未来戦記』文藝春秋，1998（参考文献： pp.502 - 521, 文春文庫）＜KH191-G224＞を参照のこと。

24)　『渡米』につき，上掲岡林『ある明治社会主義者の肖像』2000, pp.295 - 297 及び立川「時代を吹き抜けた渡米論・片山潜の活動をめぐって」pp.117 - 120 を参照のこと。

25)　島貫兵太夫の著作及び参考文献につき，『参考書誌研究』No.52, p.61 及び注 p.87 を参照。Q＆A方式で渡米希望者の疑問に答える『最近渡米策』（日本力行会，明37）が，上掲注2）所収『近代欧米渡航案内記集成』ゆまに書房，2000, 第3巻に収録されている。また同『集成』第4巻には，片山・山根確執後の「渡米論」，片山潜『渡米の秘訣』（出版協会，明39）と山根吾一編『最近渡米案内』（渡米雑誌社，明39）が併録されている。このような「渡米奨励論」に対しては，先に幸徳秋水の批判「渡米せしむべき人」を引用したが，皮肉にも，自らがその思想的母胎として依った社会主義陣営からも，名指しで批判が相次いだことは重要である（岡林『ある明治社会主義者の肖像』2000, pp.217 - 224 参照）。

26)　「日本力行会」について，『参考書誌研究』No.52, 注66) p.87 を補記する。正史として，（永田稠著）『日本力行会創立五十年史』全2冊（海外篇共）日本力行会，1946 - 1949（海外篇の書名：力行五十年史海外篇）＜F4-31＞，（永田稠著）『力行会七十年物語』日本力行会七十年記念委員会，1967 ＜未所蔵＞及び日本力行会創立百周年記念事業実行委員会，記念誌編纂専門委員会編『日本力行会百年の航跡 　―霊肉救済・海外発展運動の展開、国際貢献』，日本力行会，1997（「日本力行会百年々譜 1867 - 1997年」：pp.504 - 528, 参考図書：p.502,「力行会関係出版目録」：p.503）＜F4-G72＞がある。相沢源七『力行会とは何ぞや』（宝文堂出版，1980 ＜Y88-2810＞）は，島貫の自伝『力行会とは何ぞや』（警醒社，明44 ＜YDM21430＞）を改稿したもの。永田

稠は，力行会員として渡米中に島貫の遺命を受け帰国，日本力行会第二代会長（大3－昭48）に就任した。永田の生地信州は，元来「信濃教育会」が五大教育方針の一つに「海外発展主義教育」を掲げ，日本でも有数の海外進出の意気に富む県であった（在米ジャーナリストで『暗黒日記』で有名な清沢洌は安曇野「研成義塾」出身，『ユタ日報』発行者寺沢国子は飯田出身。『参考書誌研究』No.54, pp.97－98, 99－100参照）。信濃教育会については，信濃教育会編著『信濃教育会五十年史』信濃教育会，1935＜225.1－125＞，『信濃教育会九十年史』1977＜FC27－43＞ほか多数の文献がある。機関誌『信濃教育会雑誌』（1－251号）→『信濃教育』(252号～）は，国立国会図書館では，『信濃教育』289号：明43. 11～＜Z7－276＞, 復刻版：1－889号：明19.10－昭35.12＜Z7－276＞, マイクロ資料：1－482号：明19.10－大15.12＜YA－37＞を所蔵。協会が鼓吹した満蒙開拓の功罪を検証するものとして，長野県歴史教育者協議会編『満蒙開拓青少年義勇軍と信濃教育会』大月書店，2000＜GB521－G171＞も参照のこと。永田は力行会長就任後1922年12月（大11），「県民の海外発展に関する諸般の事項を調査研究し其の発展に資する」（「信濃海外協会規約」第一条）ため「信濃海外協会」を設立，以後南米アリアンサ移住・満蒙開拓など移民県長野の海外発展に挺身した。永田稠『信濃海外移住史』信濃海外協会，1952（「第十二章 信濃海外発展年表」pp.285－300）＜DC812－81＞, 永田『信州人の海外発展』日本力行会印刷部，1973＜DC812－46＞及び同志社大学人文科学研究所編『松本平におけるキリスト教─井口喜源治と研成義塾』ほか「研成義塾」関係文献（『参考書誌研究』No.54, 注46）p.87）を参照のこと。信濃海外協会の機関誌は『海の外』（1922年：大11創刊，1944年3月：昭19協会解散と同時に廃刊─後継は「長野県開拓協会」及び『信濃開拓時報』─国立国会図書館未所蔵，日本力行会で部分的に所蔵，県立長野図書館所蔵についてはNACSIS Webcatヒットなし）。また『海の外 [内地版]』信濃海外協会海の外社，1輯：1933.7(昭8)－があるが，所蔵：県立長野図書館＜1－7：1933－33＞／大分大学経済学部教育研究支援室＜2－6：1934－1935＞／北海道大学附属図書館＜60－77,79－31,141,144,147,150,153,156：1927－1935＞と，号数と発行期間が一致しない。『海の外』信濃海外協会，所蔵：県立長野図書館＜7, 9－24：1951－53＞は，1950年10月22日（永田『信濃海外移住史』P.319による。再興された協会長林虎雄の同書序文では2月となっており齟齬がある）再興された信濃海外協会の機関誌。粂井『外国人をめぐる社会史』は，研成義塾生渡米に力行界員が関与したことについての，塾長井口喜源治の言葉（『海の外』7号）を引用しているが（p.34），どの版の『海の外』なのか，詳らかでない。永田については，永田久・林寿雄『永田稠の生涯と思想』日本力行会，1986＜未所蔵＞がある。また，ブラジル・サンパウロ州にあるアリアンサ移住地とユバ（弓場）農場の歴史を綴る『ありあんさ通信』が信濃海外協会について多くの頁を割く（ http://member.nifty.ne.jp/GENDAIZA/aliansa/ ）。

和田敦彦「流通する＜国家＞,複製される＜信濃＞ ―地域リテラシーと領土の表象」『日本近代文学』66：2002.5, pp.202 - 217（＜流通＞からみる日本近代文学＜小特集＞）＜Z13-447＞は, 信濃教育会及び信濃海外協会の活動（移民情報）と信州人の自己表象との相互関係を考察する。和田「ITと文学研究 ―移民情報の行方をめぐる問いへ」『国文学 解釈と教材の研究』46(6)：2001.5, pp.122 - 129（メディアを呼吸する＜特集＞）＜Z13-334＞及び「幻灯画像史料の保存と活用について ―日本力行会所蔵史料を中心として」『内陸文化研究』2：2002.3, pp.37 - 47＜Z71-F148＞では, 信濃教育会の全県運動の一つでもあった社会教育幻灯を素材に, 移民情報（史料）とその情報環境（プロセス・技術・保存）を問題意識として検討する。

日本力行会創立百周年記念式典は1997年5月11日に挙行。同時に各種記念祝賀行事の一つとして,「日本力行会百年歴史展」が開催され（5月11日 - 26日公開）, 同会発刊及び関係者の著作物とともに機関誌『救世』『力行』『渡米新報』『力行世界』『力行タイムス』『力行網』が展示されている。「日本力行会」のホームページ（ http://www.rikkokai.or.jp/ ）を参照されたい。

27) 『力行』の創刊年月につき以下のように齟齬がある。立川「明治後半期の渡米熱」（p.389→『力行』明治36年2月発刊）, 今井（粂井）「明治期における渡米熱と渡米案内書および渡米雑誌」（p.338→『力行』1号, 明治33年）, 日本力行会『日本力行会百年の航跡』（p.12→機関誌「力行」明治36年6月発刊, p.503→力行（会機関誌）発行年月：明治36／8）, 明治新聞雑誌文庫目録（NACSIS Webcat→1＜1900-1900＞, 1900＝明治33年）

28) 修養課程の内容は以下のとおりであった。1.毎朝礼拝 2.聖書輪講 3.基督教研究会 4.立志講話 5.西洋料理 6.米国研究 7.渡米クラブ 8.常識教練 9.感話会 10.雄弁会 11.体育会 12.図書館修学 13.野戦伝道 14.訪問 15.神音研究 16.西洋音楽 17.英語 18.各種労働（『日本力行会百年の航跡』p.39）。

29) 『成功』原誌は国立国会図書館及び明治新聞雑誌文庫で比較的長期間所蔵しているが, 完全に所蔵している機関はない。国立国会図書館では, 平成15年3月末まで本誌のマイクロフィルム化作業中であり, 本稿執筆に際し『成功』原誌を参照することができなかった。

渡米熱の歴史的背景としての「成功」関係文献については前掲した（『参考書誌研究』No.52）。ここでは, 雑誌『成功』及び『殖民世界』関係文献について, 最近の研究を含め, 再掲する。竹内洋「立身出世主義の系譜と論理 ―明治時代を中心に」『関西大学社会学部紀要』7（1）：1975.11, pp.33 - 49（創立九十周年記念特輯）＜Z6-671＞は, 近代日本の立身出世主義を「移動文化」及び「精神構造（史）」としてとらえ, スマイルズ『セルフ・ヘルプ』（中村正直訳『西国立志編』）に始まるその系譜を考察し, スマイルズに影響を受けた村上俊蔵編集『成功』の誌面分析を行う先駆的論稿。竹内『日本人の出世観』学文社, 1978（「Ⅲ 日露戦争前後の成功ブームとその変容 ―雑誌『成功』（一

九〇二～一九一五）に見る」pp.106－133）＜EC161-13＞は，「出世」「成功」に関する既出論稿の纏め。『成功』と『実業之日本』との比較，社会主義・報徳主義との関係について述べる。竹内『立志・苦学・出世 ―受験生の社会史』講談社，1991（講談社現代新書）＜FB35-E119＞も参照のこと。日本の近代化過程における「立身出世」意識の変容とその影響を，浩瀚な史資料と広範な視点で描く，Earl H. Kinmonth, The Self-Made Man in Meiji Japanese Thought:from Samurai to Salary Man.Berkeley:Univ.of California Pr.1981 (Bibliography:pp.357－371)＜HA123-A1＞は，その後の多くの研究者が依拠・引用する基本文献。原著刊行から四分の一世紀，漸く日本語版，E.H.キンモンス著，広田照幸〔ほか〕訳『立身出世の社会史 ―サムライからサラリーマンへ』玉川大学出版部，1995＜EC153-E102＞が刊行された。スマイルズ『セルフ・ヘルプ』の分析をはじめに，『穎才新誌』『少年園』『少年世界』『成功』などの読者層及び投稿欄分析により，1930年代までの「青年の社会史」を実証する（『成功』については「5章 成功青年」pp.143－187）。立川健治「明治後半期の渡米熱 ―アメリカの流行」『史林』69（3）：1986.5, pp.383－417＜Z8-342＞は，「オピニオンリーダー」としての『成功』をはじめ，この期の主要な渡米奨励本・雑誌・新聞を紹介し，渡米熱・成功ブームに隠された意味を探る。資料的にとりわけ有用な論文である。今井（粂井）輝子「明治期における渡米熱と渡米案内書および渡米雑誌」『津田塾大学紀要』16：1984.3, pp.305－342＜Z22-614＞は，『成功』の特徴的な記事を紹介し，明治42年までの英語欄以外の「渡米関係記事」をリストアップして便利（pp.340－341）。粂井輝子「日米両国の成功雑誌に関する一考察」『アメリカ研究』21：1987, pp.92－109（アメリカの夢＜特集＞）＜Z8-43＞は，日米の「成功雑誌」『サクセス Success 』及び『成功』を，創刊者マーデン及び村上俊蔵の生い立ちと創廃刊の経緯，論説・読者欄などの内容分析により，日米の社会情勢のなかで比較する。両誌を比較した数少ない論稿として重要。雨田英一「近代日本の青年と『成功』・学歴 ―雑誌「成功」の『記者と読者』欄の世界」『学習院大学文学部研究年報』35：1988, pp.259－321＜Z22-60＞は，記者が読者の悩みや質問に答える「記者と読者」欄の分析を通じ，ライバル誌『実業之日本』の「はがき便」に比べ量的に勝っていること，海外渡航・移民に関する質問が多かったことなどを指摘する。関肇「立志の変容 ―国木田独歩『非凡なる凡人』をめぐって」『日本近代文学』49：1993.10, pp.87－99＜Z13－447＞は，投稿欄を手がかりに明治30年代の青年層の意識形態を分析。中根隆行「語られる青年文化、＜地方＞、自然主義現象」筑波大学近代文学研究会編『明治期雑誌メディアにみる＜文学＞』筑波大学近代文学研究会，2000, pp.226－246＜KG314-G30＞も，日露戦争後の文化を語るキーワードとして，青年文化・＜地方＞・文学を取り上げるなかで，「あるべき＜地方＞像を構築する」ものとしての『成功』の「地方青年」欄を検討する。そこで中根は，支

配文化のイデオロギーを伝達するメディアとしての『成功』の役割を指摘し，これが例えば，『殖民世界』における「殖民文学」として，移植民政策にも活用されることになるとしている。久保田善丈「"アジア主義者"と雑誌『成功』（1902〜16）—"いざない"のなかの中国イメージ」『東洋学報』84（1）：2002.6, pp.87 - 115＜Z8 - 406＞は，アジア主義者が提示した中国イメージとそれを支える「まなざし」の在り方を基調に，これを「執拗に展開した雑誌」『成功』の「記者と読者」欄及び論説を分析する。

上掲注26）で引用した和田敦彦（信州大学人文学部，平成15年3月現在）は，読書論・メディア論の立場から日本の近現代文学を研究しており，そのホームページで，執筆論稿のテキストを掲載するほか，『殖民世界』（1巻1-5号）の目次及び本文の一部をテキストデータ化している（http://fan.shinshu-u.ac.jp/~wada/index.html）。和田敦彦「＜立志小説＞の行方 —『殖民世界』という読書空間」金子明雄〔ほか〕編『ディスクールの帝国 —明治三〇年代の文化研究』新曜社，2000, pp.383 - 332（「Ⅲ 内包される＜外部＞—越境と漂流」）＜KG314-G25＞は，『成功』及び『殖民世界』で「立志小説」「殖民小説」というジャンルを確立した堀内新泉に焦点をあて，「移民」「海外」をめぐる諸現象と，「立志」「実業」をめぐる諸言説の連接の態様及びその受容を，『実業之日本』の誌面をも踏まえ，検討している。和田「＜立志小説＞と読書モード —辛苦という快楽」『日本文学』48（2）：1999.2, pp.24 - 34＜Z13-438＞は，その先行的研究。上掲「流通する＜国家＞，複製される＜信濃＞ —地域リテラシーと領土の表象」『日本近代文学』66＜Z13-447＞は，長野県における地域メディアと移民情報の流通・再生産に関する考察。また，「ITと文学研究 —移民情報の行方をめぐる問いへ」『国文学 解釈と教材の研究』46（6）：2001.5, 122 - 129（メディアを呼吸する＜特集＞）＜Z13-334＞，「幻灯画像史料の保存と活用について —日本力行会所蔵史料を中心として」『内陸文化研究』2：2002.3, pp.37 - 47＜Z71-F148＞などでは，移民情報とその情報環境（プロセス・技術・保存）を問題意識としている。佐野正人「＜移動＞する文学 —明治期の『移植民』表象をめぐって」佐々木昭夫編『日本近代文学と西欧 —比較文学の諸相』翰林書房，1997, pp.221 - 237＜KG311-G86＞は，明治三十年代における普遍的・近代的な価値形成とボーダーをめぐる＜移動する＞文学の様相を考察する。小森陽一・紅野謙介〔ほか〕編『メディア・表象・イデオロギー —明治三十年代の文化研究』小沢書店，1997＜GB451-G1＞及び金子明雄〔ほか〕編『ディスクールの帝国 —明治三〇年代の文化研究』新曜社，2000＜KG314-G25＞は，ともに「明治三十年代研究会」の共同研究論集。明治三十年代は，近代国家制度整備期（〜明治二十年代）と帝国システム胎動期（明治四十年代〜）との狭間にある，近代日本の移行期であると言われている（吉見俊哉『メディア・表象・イデオロギー』書評，『朝日新聞』1997.8.24）。ここでとられている，メディアの言説・媒介・受容過程

を，他領域の言説との関係性のなかで捉えなおすというアプローチは，移民研究においても何らかの示唆を与え，また既に一つの流れとなりつつあるようにも思われる。

　　横田順彌の一連の著作，『明治不可思議堂』筑摩書房，1995＜GB415－E52＞，(1998,ちくま文庫＜GB415－G18＞)，『明治「空想小説」コレクション ―百年前のイマジネーション』PHP研究所，1995＜KG381－G12＞，『明治ワンダー科学館』ジャストシステム，1997＜KH734－G163＞，『明治の夢工房』潮出版社，1998（潮ライブラリー）＜UM84－G15＞，『快絶壮遊「天狗倶楽部 ―明治バンカラ交遊録』教育出版，1999（江戸東京ライブラリー 8）＜KG311－G134＞，『明治ふしぎ写真館』東京書籍，2000＜GB641－G70＞などは，『成功』『殖民世界』も含め，明治時代の三大冒険雑誌，『探検世界』(成功雑誌社，1巻1号－12巻6号：明39.5－44.8 ＜雑19－120＞)・『冒険世界』(博文館，1巻2号－4巻5号：明41.2－44.6（欠：3巻2－5，8号）＜雑19－121＞)・『武侠世界』(武侠世界社，6巻1号－12巻4号：大6.1－12.3（欠：10巻6号）＜雑52-22＞＜YA5－1072＞)，の掲載記事を通して，大衆の「壮大な夢」を細部に拘って追求する。長山靖生『偽史冒険世界 ―カルト本の百年』筑摩書房，1996（主要参考文献：pp.204－210）＜GB31－G9＞（2001,ちくま文庫＜GB31－G56＞）も，同様の視点からこの時期を捉える「周辺」本として参照のこと。

30)　上掲キンモンス『立身出世の社会史』は，一時期『成功』編集長を務めた，石井研堂『明治事物起原』(第十六編 地理部「南極探検の始め」)を引用し（p.158），粂井「日米両国の成功雑誌に関する一考察」は，『サクセス Success』1904年8月号掲載の「『成功』創刊に関する」記事中の，マーデン宛て村上の書簡を引用する（p.95）。

31)　上掲竹内『日本人の出世観』は，『国立国会図書館所蔵明治期刊行図書目録』を基に，1891年（明24）から1912年（明45）までの「明治期成功読本の年次別発刊（種類）数」表を掲出している（p.109）。全48種のうち，1903年（明36）の12種をピークに，1902年から1912年の約10年間に45種（94％）と集中しており，この時期がいわゆる「成功ブーム」期であると言えるだろう（キンモンス『立身出世の社会史』も竹内「表」を引用する。P.149）。ちなみに，明治30～40年代刊行の，国立国会図書館所蔵「苦学（生）」・「成功」「渡米」関係本（但し，主題または副題に各々の語がつくもののみ）は次のとおりである。

　　(雑誌は省略。重複するものは初出のみ収録。数字は刊行年，明治を省略)
【苦学（生）】30『前賢苦学伝』／34『自立自活東京苦学案内』『活学叢書 第1－7編』(-35)／35『東京苦学遊学手続』／36『異郷の客』『実験苦学案内』『自活苦学生』／37『海外苦学案内』『名流苦学談』『苦学の伴侶』『東京自活苦学案内』／38『苦学成功宮城時雨郎』／39『苦学生の成功』／40『東京苦

学案内』『苦学行商案内』『在米の苦学生及労働者』／41『苦学団』／42『東京苦学の栞』『東京苦学成功案内』／43『苦学の方法』『苦学力行の人』『小学校卒業苦学成功就職手続立身案内』／44『新苦学法』（島貫兵太夫）『新苦学職業学校案内』『米国苦学実記』『実地東京苦学案内』『少年百科叢書 第1－19編』(-45)／45『苦学奮闘録』【成功】（明治30～44年刊行で「成功」本は，海外翻訳を含め139件あり。各年主要なもの以外は無作為に抽出。）31『商業百話―立志成功』／32『成功要録』（博文館）／34『成功の秘訣』（島貫兵太夫）『貧児成功談』／35『富豪家成功憲法』／36『成功の生涯』（奥村多喜衛）『成功綿嚢』『成功座右銘』『青年立身訓』（実業之日本社）『学生と成功』／37『在米成功の日本人』『戦時成功事業』／38『成功之恩師』『男子成功談』『成功の心得』／39『空前絶後成功新論』／40『成功と人格』（博文館）『成功の順路』（博文館）『立身成功案内』／41『在米者成功之友』『哲理応用成功自由伝』『満期軍人の成功策』／42『渡韓成功法』（実業之日本社）『実業成功法』『成功之秘訣』／43『最新成功策』『成功之極意』『立志成功策』／44『進歩的成功法』『青年学生立身成功法』『東洋成功規範』／45『出世の階段』『新成功法』『実業成功の秘伝』【渡米】34『渡米案内』（片山潜）『最近正確渡米案内大全』（島貫兵太夫）『渡米の栞』／35『青年の渡米』『渡米ノ栞』『渡米のしるべ』／36『渡米成業の手引』『現今渡米案内』／37『最近渡米策』（島貫兵太夫）『渡米日記及余ノ米国観』『渡米羅針』『新渡米』／38『実地渡米』（島貫兵太夫）『英語知らずの渡米者』『渡米会話』『最新渡米案内』『新渡米案内』／39『最近渡米案内』（山根吾一）『渡米の秘訣』（片山潜）『新撰渡米案内』／41『新撰渡米者必携』『渡米者成功之友』『渡米者必携』／44『新渡米法』（島貫兵太夫）／45『渡米者必携米国事情』

32）　上掲日本力行会『日本力行会百年の航跡』p.4, 8ほか参照。渡邊光風『立志之東京』（東京市長尾崎行雄序・国民新聞社長徳富猪一郎題賛）博報堂，明42＜YDM41628＞（『近代日本青年期教育叢書 第4期（苦学・独学論）』第4巻，日本図書センター，1992＜F5－E2＞に復刻収録）は，上京者が注意すべき新聞広告を利用した詐欺の一種として「渡米周旋」を挙げている（「近頃青年間に渡米熱の高くなったのを利用して、渡船免状を貰って遣るの、渡米させて遣るのと旨いことを云ふて金を取る詐欺手段である・・・多く空想に燃えた青年が引つかゝるのである。一体渡米は非常に面倒な手続きを要するので・・・渡船免状は左様に安々と取れるものでない。・・・非常な法螺を吹き、三十銭も五十銭も会費を毎月に払はせて、下らぬ雑誌を売りつけたりしてゐる奴等もある。」pp.31－32）。また島貫兵太夫は，新聞配達・牛乳配達・羅宇のすげ換えなどの「旧苦学法」を後篇に付した『新苦学法』警醒社，明44＜YDM49071＞（上掲『近代日本青年期教育叢書 第4期（苦学・独学論）』第5巻＜F5－E2＞に復刻収録）刊行の理由を以下のように述べている（「坊間夥ぐ所の苦学に関する書籍は少なくないけれども、著者が之をゝ閲するに、其多く

は空想に於て行はるゝも、事実に於て行はれない種類のものが多い。…苦学志望者に対して其の偽なき、真実の苦学法でしかも世界的のものを知らしむると云ふ事は、之れ亦必要欠く可からざる所のものであると思ふ。…著者が此著書に対して、今流行のお可笑しな名目を附して出板(ママ)すると云ふ事は、ありもしない苦学生の財布を絞り取らんとするが如く見らるゝ所があるかも知らないけれども、…只それ利を思ふ世の著述とは、聊異るところがあると…」pp.1－3)。島貫は，本書のなかで「新苦学法」としての「海外発展」及び(より多くの金を速やかに得る方法として)「渡米」を勧めている(pp.114－117, 175－178)。

小川利夫・寺崎昌男監修『近代日本青年期教育叢書 第4期(苦学・独学論)』全16巻，日本図書センター，1992＜F5－E2＞は，明治以降の苦学案内書・独学案内書など18点を復刻収録する。

33) キンモンス『立身出世の社会史』は，「『成功』は明治後期における立身出世観(thought on self-advancement)を表すサンプルとして他の雑誌(『実業之日本』『中学世界』，筆者補注)より利用価値をもっている。」と指摘する(p.158)。

34) 国立国会図書館で所蔵する成功雑誌社の刊行物(図書)は，マーデン『運命開拓策』1907.9(明36)＜YDM9120＞から，堀内新泉『立志小説 帰郷記』(縮刷版)，1921(大10)＜26－417イ＞まで58件，その内容は概ね次のとおりである。

【立志・偉人伝：明36～】マーデン『運命開拓策』(世界成功文庫第1編)『猛志と成功』／ルーズベルト『奮闘的生活』『亜米利加魂』『鉄騎隊』／『世界大富豪立身伝』／村上俊蔵『東郷大将詳伝』／アンリー・ズー・ヌーサンス『現世界鉄腕王独逸皇帝』／石井研堂『中村正直伝』／堀内静宇『維新百傑』／戸川残花『海舟先生』／長田偶得『偉人日記』／狸爺家康』／吉田俊男『天下之快傑頭山満』【立志小説：明38～】堀内新泉『人の兄』『帰郷記』『観音堂』『血写経』『逆境の勇士』『人一人』『学生心学』『汗の価値』『此父此子』『唯一気』『人の妻』『故郷』『帰郷記(縮刷版)』／米光関月『礦山王』【処世・受験・成功術：明39～】『現代名家作文秘訣』／シャルル・ワグネー『現代青年活動要訣』／村上俊蔵『現代受験法』／勝峰大徹『内観法』／松村介石『真生涯の礎』／美土路昌一『二宮尊徳勤倹貯蓄法』／渋沢栄一『実業訓』／島田三郎『新論語』／前田定之介『英語演説法』【少年・冒険物語：明39～】米光関月『短刀英雄』『少年水滸伝』『礦山王』／江見水蔭『無人島』／久保任天『世界無銭旅行』／三津木春影『日本青年亜非利加猛獣国探検』／野村大濤『日本青年海底大探検』／飯村辰之助『黒熊自伝』／覆面浪人『現代支那四百余州風雲児』／三島霜川『月島丸の行衛』【移殖民案内：明41～】鎌田三之助『墨士哥殖民案内』『北米墨士哥殖民案内』／横山源之助『南米渡航案内』【その他】村上俊蔵『世界近代大博覧会写真帖』／幸田露伴『小品十種』／白

隠禅師『碧巌集秘鈔』

35) 例えば，西川光二郎「成功の人失敗の人」（1巻1号），片山潜「渡米希望者に告ぐ」（2巻2号）ほか，安部磯雄「如何にして失敗を避く可き乎」（2巻3号）ほか。キンモンス『立身出世の社会史』pp,159 – 161 参照。片山が『成功』に執筆した記事は以下のとおり。「渡米希望者に告ぐ」（2巻2号）「米国テキサス最大成功者岡崎常吉君立身伝」（8巻5号）「北米シャトル活動家西居君事業」（8巻6号）「北米富源と無資力者成功」（9巻2号）「赤手渡米者成功法」（9巻3号）「渡米者海外旅券入手法」（9巻4号）「米国テキサス移民者心得」（9巻5号）「北米西海岸成功者古屋君発展閲歴」（9巻6号）「最近米国西海岸の本邦人活動」（10巻2号）「最近北米渡米法」（11巻3号）「最近渡米事情」（12巻1号）「英領加奈陀出稼心得」（12巻4号）「新渡米者心得」（13巻1号）。上掲今井（粂井）「明治期における渡米熱と渡米案内書および渡米雑誌」pp.340 – 341 参照。

36) 「特別賛成員」リストに掲載された人々は，徳富蘇峰・井上円了・志賀重昂ら民友社及び政教社のグループ，幸田露伴・巌本善治（クリスチャン・女性教育指導者）・村上専精（信州の牧師）。「名誉賛成員」には加藤弘之・海老名弾正・井上哲次郎・松村介石が名を連ねていた。キンモンス『立身出世の社会史』p.161 参照。ほかに執筆者は，尾崎行雄（咢堂）・大隈重信・新渡戸稲造・頭山満・三宅雪嶺・内村鑑三・鳥居龍蔵・岩野泡鳴・泉鏡花・小林富次郎（ライオン歯磨創始者）等々。

37) 粂井「日米両国の成功雑誌に関する一考察」p.105 参照。　38) 主筆高橋山民（直臣）は『殖民世界』創刊の趣旨を，次のように述べている。（国立国会図書館所蔵『殖民世界』創刊号は当該部分欠落のため，以下の引用は，上掲和田敦彦のホームページ掲載テキストを使用した。）「…国内の状況如何と顧れば、人口は日々に増殖して人々職を獲るに窮し、物価は月々に騰貴して、萬衆生計の困難を訴ふ、…翻つて海外の地を観ば如何、萬里の郊野徒に横りて、人の来り耕さんことを俟ち、千里の長江空しく流れて、我の来りて其岸に商工業の旗を翻さんことを待つ、…噫時は来れり、我が国民が殖民すべきの時は来れり、…盛んに海外に活動して島帝国の富力を増進すべきの時は来れり、余輩は茲に時勢の要求に応じて本誌を発刊す、若し之に拠りて、我が帝国民が武力的戦争に依らず、平和的戦争に依りて、欧米の列強に劣らざる富力をばいようするの一助ともならば、何の幸慶か之に如かんや。」（「殖民世界発刊の主旨」）

39) 上掲和田「＜立志小説＞の行方 —『殖民世界』という読書空間」は，『殖民世界』における「南米イメージの生成」「植（殖）民の動機づけとレトリック」を同時代の言語状況のなかで考察し，『成功』の言説（立志・成功）と『殖民世界』との連関性を，堀内新泉「立志小説」「殖民小説」に焦点をあて分析する。

40) 「殖民世界懸賞『美人国』考物」（各記載により名称に異同あり）とは，中央に配された「結婚前の男」とそれを取り囲む「十四美女」の関係（許婚・妹・

最初の恋人・電車で遇った美人等々）を当てるもの。その考案要領に「凡そ殖民せんとする者は宜しく其殖民地に夫人を携帯すべし，…是に於てか，本社は此美人国考物を提出して世に問ふ」という最も奇抜にして趣味に富める懸賞。第一等から第百三等まで，上等銀側時計から『殖民世界』三個月分まで，賞品の行方は杳として知れない。

41) 表紙キャッチコピーの僅かな変化にも，『殖民世界』編集方針の揺れが現れていたのかも知れない。1 (1)：「本誌は（以下省略）海外奮闘家唯一の伴侶也（以下省略）」「世界的実業家必読の雑誌」，1 (2)：「海外事業家唯一の伴侶海外渡航者唯一の益友」「世界的実業家必読の雑誌」，1 (3 − 4)：前号と同じ，1 (5)：「本号には斬新奇抜なる大懸賞「美人国」用箋添付」

42) 「日本移民協会」については，間宮國夫「『対米啓発運動』と日本移民協会の設立」早稲田大学社会科学研究所日米関係部会『黎明期アジア太平洋地域の国際関係：太平洋問題調査会（I.P.R）の研究』早稲田大学社会科学研究所，1994（研究シリーズ 33）pp.155 − 181 ＜A76−E86＞が，殆ど唯一の研究であり，日本移民協会の設立を「北米移民問題」との関連で検討する。排日運動と日本外交の対応については，麻田貞雄『両大戦間の日米関係 ―海軍と政策決定過程』東京大学出版会，1993（「第六章 人種と文化の相克 ―移民問題と日米関係」pp.273 − 328）＜A99−ZU−E135＞が詳しい。高橋勝浩「大正二（一九一三）年カリフォルニア州排日土地法と日本の『対米啓発運動』」『國學院法研論叢』17：1990.3, pp.89 − 127 ＜Z2−801＞も参照のこと。ハワイにおける奥村多喜衛の「排日予防啓発運動」につき前掲，『参考書誌研究』No.54, pp.88 − 89及び注）pp.117 − 118を参照のこと。大隈重信の「東西文明調和論」について，間宮國夫「大隈重信と人種差別撤廃問題 ―一九一九年パリ講和会議との関連において」『早稲田大学史紀要』21：1989.3, pp.213 − 237（生誕150年記念大隈重信研究論集＜特集＞）＜Z7−327＞（本特集号を単行本化した，早稲田大学大学史編集所編『大隈重信とその時代 ―議会・文明を中心として― 大隈重信生誕一五〇年記念』早稲田大学出版部,1989, pp.213 − 237 ＜GK114−E13＞に再録），シンポジウム記録「『東西文明調和論』をめぐる大隈重信と浮田和民」同志社大学人文科学研究所編『自由の風土・在野の精神 ―近代日本における同志社と早稲田 ―人文科学研究所創立50周年記念シンポジウム』同志社大学人文科学研究所，1995, pp.33 − 42（人文研ブックレット No.2）＜FD4−E324＞,「大隈重信と『移民問題』」『社会科学討究』42 (3)：1997.3, pp.1103 − 1122 ＜Z6−289＞を参照。パリ講和会議と日本の政策については，上掲間宮「大隈重信と人種差別撤廃問題」注 (2) 掲出文献を参照。また，細野浩二「『脱欧』論としての東西文明融合論 ―大隈重信の対外論とその一展開」『史観』100：1979.3, pp.79 − 91 ＜Z8−326＞, 神谷昌史「『東西文明調和論』の三つの型 ―大隈重信・徳富蘇峰・浮田和民」『大東法政論集』9：2001.3, pp.159 − 180 ＜Z2−B594＞も参照のこと。大隈に関する研

究誌として，早稲田大学大隈研究室編『大隈研究』1－7：1951－1956＜Z210.6-O1＞がある。『大隈研究』は，1955年「大隈研究室」が大隈記念「社会科学研究所」に統合されたのに伴って，『社会科学討究』に吸収合併された。中村尚美「大隈研究の回顧と現況」上掲『大隈重信とその時代』pp. 3－25は，『大隈研究』の評価も含め，大隈研究史を整理する。

43) 　国立国会図書館では『日本移民協会報告』第1が欠号のため，当初の「設立趣旨」を確認することができなかった（『日本移民協会報告』は，明治新聞雑誌文庫で第1－13を所蔵，北海道大学附属図書館が第7, 9－16を所蔵）。『明治新聞雑誌文庫目次総覧』に拠ると，第1の記事内容は以下のとおりである。「日本移民協会設立趣旨」「日本移民協会之事業」「日本移民協会は何をするか」「創立総会」「会頭推薦」「第一回総会」「事業開始」「隠れたる賛助者」「日本移民協会規約」「役員」「会員名簿」。「設立趣旨（一次）」につき上掲間宮「対米啓発運動」と日本移民協会の設立」p.160を参照した。

44) 　日本移民協会が編集・刊行した主な出版物は次のとおりである。日本移民協会調査部編『最近移植民研究』東洋社，大6＜376－19＞，『最近移植民研究第2上』東洋社，大7＜376－19イ＞，『海外発展指針』東洋社，大7＜31－659＞，『伯剌西爾』東洋社，大6（海外叢書）＜327－956い＞，『比律賓』東洋社，大7（海外叢書）＜327－956ろ＞，日本移民協会編『海外移住』日本移民協会，大12＜512－202＞，ド・エッカ，宮尾舜治訳『平和なる海外発展地モザンビク』日本移民協会，昭3＜579－168＞

45) 　主な役員は次のとおり（括弧内は主な経歴）。井上通泰（御歌所寄人）・井上角五郎（日本製鋼所会長）・新渡戸稲造・小川平吉（東京弁護士会長）・鎌田栄吉（慶応義塾々長）・高田早苗（早稲田大学々長）・内田嘉吉（台湾総督府民生長官）・柳田国夫・志賀重昂・末広重雄（法博）・元田肇（逓信大臣）

46) 　上掲注44)の出版状況からすれば，日本移民協会そのものは，昭和3年には，まだ，活動していたことになる。

　　　　　　　　　　　　　　　　　（じん　しげじ　調査及び立法考査局議会官庁資料調査室）

ハワイ・北米における日本人移民および日系人に関する資料について（6）

　　　　　　　　　　　　　　　　　　　　神　繁　司

はじめに
I．外交史料（外務省資料）
　　［1］外務省記録
　　［2］日本外交文書
　　［3］領事報告
　　［4］その他

II．府県庁等地方公文書・県史等地方史誌
　　［1］地方公文書
　　［2］地方史誌
III．統計・名簿・名鑑・年表
　　［1］統計
　　［2］名簿・名鑑
　　［3］年表
　　　　　　（資料番号：1-153，以上第47号）

IV．文献・史資料目録
　　［1］各機関所蔵目録
　　　（1）国内諸機関所蔵目録
　　　（2）ハワイ・アメリカ諸機関所蔵目録
　　　（3）カナダ諸機関所蔵目録
　　［2］邦語文献目録
　　［3］欧文文献目録

V．レファレンス・ワーク
　　［1］辞典・事典
　　［2］参考図書

　　　　　　（資料番号：154-264，以上第48号）

VI．概説書
　　［1］研究史
　　［2］通史・概説書
　　　（1）移民政策・移植民論
　　　（2）通史・概説
　　　（3）資料集・叢書

　　　　　　（資料番号：265-447，以上第52号）

Ⅶ．新聞
　　［１］概説　　　　　　　　　　　　　［２］ハワイ
　　　（１）ディレクトリー　　　　　　　［３］アメリカ本土
　　　（２）概説書　　　　　　　　　　　［４］カナダ
　　　（３）新聞人の評伝・研究論文　　　［５］国内発行新聞の記事集成等
　　　　　　　　　　　　　　　　　　　（資料番号：448-567，以上第54号）

Ⅷ．雑誌　――明治・大正期における移植民奨励・情報誌等を中心として――
　　［１］移植民奨励・情報誌類
　　　　　　　　　　　　　　　　　　　（資料番号：568-588，以上第58号）

　　［２］主要総合雑誌類
おわりに　――残課題にかえて
　　　　　　　　　　　　　　　　　　　（資料番号：589-628，以上本号）

Ⅷ．雑　誌
――明治・大正期における移植民奨励・情報誌等を中心として――

　「Ⅷ．雑誌」では，明治中期の「移植民論」「渡米論」隆盛期に発行された移植民奨励・斡旋団体の機関誌類，近代日本の国民世論形成に大きな役割を果たした総合雑誌など，明治・大正期の主要な史料的雑誌を収録する。前号（『参考書誌研究』第58号 2003.3）では［１］移植民奨励・情報誌類の部分を掲載した[47]。本号では引き続き，［２］主要総合雑誌類について掲載する（本文及び注の番号は前号から続く。）。

＊国立国会図書館ウェブサイトの「近代デジタルライブラリー」（http://kindai.ndl.go.jp/index.html）で閲覧可能な資料は，本文及び注において「（⇒近デジ）」と略記する。

＊国立国会図書館＜未所蔵＞と記した資料は，平成19年2月20日のNDL-OPAC最終検索をもって判断した。なお，納本からNDL-OPAC収録までやや時間を要するので，特に平成18年刊行のものはこの時点では整理中の可能性がある。

[2]　主要総合雑誌類

　前述したように，雑誌記事の検索は「もっとも厄介な作業の一つ」(278. 阪田安雄『日系移民資料集 解説・資料編』p.77) である一方で，「記事をたんねんにひろう作業が必要」(矢野暢『「南進」の系譜』p.207) 不可欠でもある。これまでの索引類の蓄積に加え，現今の復刻版刊行に伴う総目次・総索引類の刊行，更に電子的資料の刊行に伴い，近年，雑誌記事・論文の検索が，それほど「厄介な作業」でなくなってきたことは確かである。しかし，明治・大正期及び昭和前期の雑誌については，未だに当を得ている言葉である。本号においても，明治・大正期等雑誌記事の主要な検索手段として，【総索引】あるいは主題別の【目次・索引】類を収録した[48]。

　移植民関係雑誌や専門雑誌のみならず，一般向けの雑誌，特に「総合雑誌(総合評論誌)」とよばれるものが，その時代状況を反映した論調を提示することは当然で，それが時代の転換期であれば，なおさらのことである。「一九〇〇年代には相次いで渡米案内書が刊行され，渡米斡旋機関が生まれ，『実業之日本』，『太陽』，『成功』といった一般雑誌にも渡米関連記事が掲載された」のである (387. 粂井輝子『外国人をめぐる社会史』p.33)。移植民がその時代時代の状況と政策を反映する事象であったように，新聞・雑誌等の論調及びその消長もまた，その時代のうねりを如実に映し出す鏡であったことは，既に[1]移植民奨励・情報誌類ほかで見たところでもある。そこに展開された言説等の綿密な解読は，歴史のグローバルな相関関係のなかで，移植民問題の背景をなす時代状況・社会情勢を検証し再構築することに資するであろう。また，国民心理の代弁者や世論形成のリードオフマンたちの対米観や日米相互イメージなど，いわゆる「対外観」の形成過程を解明するうえでも不可欠な作業である[49]。阪田前掲書は，そのような明治・大正期の雑誌のなかから移民研究に関連のある論説・記事をリストアップし (278. 阪田『日系移民資料集 解説・資料編』＜巻末資料＞「五、論文雑誌記事」pp.140-161)，矢野『「南進」の系譜』も，南洋・南進に関する論文掲載の頻度の高い雑誌を，参考文献として挙げている[50]。

　以下本号では，時代の論壇・論調を牽引していった主要な総合雑誌9誌 (経済雑誌[51]を含む) －『東京経済雑誌』『国民之友』『反省会雑誌』(→『中央公論』)『日本人』(→『日本及日本人』)『太陽』『東洋経済新報』『実業之日本』『改造』『キング』－の書誌及びその消長と特徴的な論調について，キ

-3-

ーパーソンを中心に,研究動向も踏まえながら,概ね創刊順に記述する[52)]。創廃刊年等各雑誌の基本書誌事項（☐内の雑誌名に続く部分）は,天野敬太郎編纂,深井人詩補訂『雑誌新聞文献事典』1999（p.46注52【雑誌の研究】参照）に拠って統一性を図った（凡例：①創廃刊年等②巻号③主宰者・主筆等④発行者⑤刊行頻度⑥その他特記事項）。但し,明らかに誤りと思われる記述ないし補記が必要なものについては,他の書誌類を参照して記述した（下線で明示）。また誌歴変遷の複雑な雑誌については,①〜⑤の事項が必ずしも対応した記述になっていないことを御了承願いたい。本号収録以外の比較的古い「参考文献」についても,『雑誌新聞文献事典』を参照されたい。

東京経済雑誌
①明12.1-大12.9②1（1）-85（2138）③田口卯吉④経済雑誌社→東京経済雑誌社⑤月刊→<u>半月刊</u>→<u>旬刊</u>→週刊→<u>半月刊</u>⑥『銀行雑誌』と『理財新報』が合併したもの

589. 『東京経済雑誌』経済雑誌社,1巻1号-85巻2138号：明12.1-大12.9,以後廃刊　　　　　　　　　　　　　　　＜雑22-7＞＜YA-56＞
590. 『東京経済雑誌』明治文献,1973-76,1巻1号-4巻92号：明12.1-14.12（589の複製,原誌の出版者は経済雑誌社）　　　　＜Z3-1132＞
591. 『東京経済雑誌』日本経済評論社,1981-96,1巻1号-85巻2138号：明12.1-大12.9（589の複製,原誌の出版者は経済雑誌社→東京経済雑誌社,別冊：杉原四郎・岡田和喜監修,明治期経済文献研究会索引グループ編『東京経済雑誌記事総索引』）　　　　　＜Z3-1707＞

　　『東京経済雑誌』は,「革命後の社会は百事草創に属す,一事に専なる能はず」をモットーとした百科全書派・（鼎軒）田口卯吉（安政2年-明治38年：1855-1905）が,明治12年（1879）1月29日に英国の経済雑誌『The Economist』誌を範として創刊した,わが国初の本格的経済雑誌である。同誌は一貫して田口の「自由放任主義経済学」理論に立脚し,明治・大正期の社会改革の一つの理念として,田口の死後も刊行され続け,大正12年（1923）の2138号をもって終刊となった。田口の幅広い活動を反映して,経済分野のみならず,文学・歴史学等の分野において果たした役割も大きく,一種の総合雑誌として近代日本全般の研究に不可欠の史料となっている[53)]。

田口の移植民思想における位相は,「自由主義経済学者にして体系的植民政策の樹立者」という点にあると言われている。田口は,その著書や『東京経済雑誌』を媒体とし,量的に多くはないものの,内地から外地に至る植(殖)民論を展開している。「北海道開拓論」(『東京経済雑誌』77号:明14.9.10,『鼎軒田口卯吉全集 4』pp.31-35＜US21-E23＞,書誌詳細はp.49注53参照。以下『全集』と略記),「殖民制」(『東京経済雑誌』155-160号,163号:明16.3.24-4.28,5.19,『全集4』pp.95-116),「南洋経略論」(『東京経済雑誌』513号:明23.3.22,『全集4』pp.371-373),『居留地制度ト内地雑居』経済雑誌社,明26＜18-344＞＜原本代替請求記号YDM29621(マイクロフィッシュ)＞(⇒近デジ),『全集5』pp.59-75),『破黄禍論 一名 日本人種の真相』経済雑誌社,明37＜97-192＞＜原本代替請求記号YDM39687(マイクロフィッシュ)＞(⇒近デジ,『全集2』pp.483-500)などが田口の移植民思想の核心を成している[54]。

　明治20年代になると,民権運動の衰退に伴う政治雑誌の凋落に取って代わり,実用的経済雑誌の抬頭をみることになる。その潮流の一つは,博文館による経済雑誌の乱発とそれらを統廃合しての『太陽』(後掲613,明治28年(1895)1月)の創刊であり,今一つはライバル誌『東洋経済新報』(後掲616,明治28年11月)の創刊である。明治30年代には『実業之日本』(後掲619,明治30年6月)や『三田商業界』(三田商業研究会,明治38年11月→『実業之世界』実業之世界社,昭和60年12月廃刊)など第二次とも言える経済雑誌の創刊ブームを迎え,『東京経済雑誌』は苦戦を強いられることになる。新興実用経済雑誌の攻勢の中で,「田口君の史談その他詩文の類が紙面の半ばを占めておる観があった」(町田忠治「創刊当時の思出」『東洋経済新報』創刊三十周年記念号,大14.11.14)評論的経済雑誌『東京経済雑誌』は,関東大震災(大正12年(1923)9月1日)の灰燼の中から再び蘇ることはなかった。

【目次・総索引】
○杉原四郎・岡田和喜監修,明治期経済文献研究会索引グループ編『東京経済雑誌記事総索引』全4巻,日本経済評論社,1996 ＜Z3-1707＞(注:本総索引は,国立国会図書館NDL-OPAC書誌情報では,上掲591.複製版の別冊と記述されているが,本来はNACSIS Webcatのように,別の書誌を作成すべき資料であると思われる。NDL-OPACでは,雑誌書誌事項の注記に記述された索引類は,例えば,タイトル「東京経済雑誌記事総索引」でヒッ

トしない，という検索上の不都合もある。）
　多くの研究者・図書館員が参加した「明治期経済文献研究会」の8年間にわたる作業の集大成[55]。第1巻「分類索引（1）」・第2巻「分類索引（2）」・第3巻「人名・団体名索引」・第4巻「各巻総目録」から成る。「分類索引」は「『東京経済雑誌記事総索引』分類表」により論題を配列。「M 人口・移殖民」分類（pp.1471-1494）は「人口理論」「人口問題・政策」「人口事情（史）」「内地殖民・内地移住」「移殖民・海外移住」に細分類され，約1,200件の論題を採録。そのうち7割強の約900件が「移殖民・海外移住」に関する論題となっている。「人名・団体名索引」は号筆名や通称も採用，「統一名称リスト」（pp.v-vii）により号筆名等が一覧でき便利である（例：剡川→志賀重昂，福沢雪池→福沢諭吉）。
○「主要論文（21号-1766号）」社会文庫編『**社会文庫自由民権社会主義文献目録**』柏書房，1966, pp.133-157（社会文庫叢書9）＜363.021-Sy9222-S＞
○「石炭関係主要記事（23号-2137号）」秀村選三〔ほか〕編『**九州石炭礦業史資料目録3**』西日本文化協会，1977, pp.341-380 ＜D1-142＞

国民之友
①明20.2-31.8　②1（1）-**23**（372）③徳富蘇峰④民友社⑤月刊→半月刊→旬刊→週刊→月刊⑥発行停止5回

---

592. 『**国民之友**』民友社，1巻1号-23巻372号：明20.2-31.8，以後廃刊，国立国会図書館所蔵は2巻14号-23巻372号：明21.1-31.8（総目次収録号あり）　　　　　　　　　　　　　　　　＜雑54-1＞
593. 『**国民之友**』明治文献，1966，1巻1号-23巻372号：明20.2-31.8（592の複製，原誌の出版者は民友社，総目次収録号あり，別巻：立命館大学人文科学研究所明治大正史研究会編『**国民之友総索引**』1968）
　　　　　　　　　　　　　　　　　　　　　＜Z051.3-Ko11＞
594. The Far East: An English edition of the Kokumin-no-tomo. Office of the Kokumin-no-tomo, Vol.1, no.1-〔Vol.3, no.30〕：1896-1898
（別タイトル：The Far East: An Exponent of Japanese Thoughts and Affairs. Vol.2, no.9～）　　　　　　　　　　＜未所蔵＞
　「嗟呼国民之友生れたり」（『国民之友』創刊の辞）。わが国の近代オピニオン・ジャーナリズムは，政治・社会・経済及び文学の評論を標榜す

-6-

255

る本格的な総合雑誌『国民之友』の創刊（明治20年（1887）2月15日）をもって，その草創とされている（例えば本号注52参照）。米国の週刊誌『The Nation』に倣い，「平民主義」を掲げ，蘇峰徳富猪一郎（文久3年－昭和32年：1863-1957）が興した「民友社」[56]の発行になる。「国粋主義」を社是とし，後に競争誌となる志賀重昂・三宅雪嶺ら政教社『日本人』（後掲605）は，明治21年の刊行となる。

　徳富蘇峰（猪一郎）は熊本「大江義塾」時代に，『第十九世紀日本ノ青年。及其教育』（徳富猪一郎，明18＜未所蔵＞，『新日本之青年』明20，集成社＜26-162＞ほか＜原本代替請求記号YDM50576（マイクロフィッシュ）＞ほか，として増補収録，⇒近デジ），『将来之日本』（経済雑誌社，明19＜26-51＞ほか＜原本代替請求記号YDM39616（マイクロフィッシュ）＞ほか⇒近デジ）などを著わし，一躍中央論壇において文名を馳せることとなった[57]。「わが邦の将来はいかになるべきか。吾人はこれを断言する。生産国となるべし，生産機関の発達する必然の理に従い、自然の結果によりて平民社会となるべしと。……故人曰く、『達人よく明了。すべて天地の勢に順う』と。実にしかり。ただこの天地の勢いに順うにあるなり。」（『将来之日本』第十六回「将来之日本（結論）」隅谷三喜男責任編集『徳富蘇峰　山路愛山』中央公論社，1984，pp.180-183（隅谷三喜男「明治ナショナリズムの軌跡」pp.5-56，「年譜」pp.524-530，中公バックス『日本の名著40』）＜US1-73＞より引用，下線筆者）。『将来之日本』は，ハーバート・スペンサーの「社会進化論」[58]に基づき，人民を中心概念に据え，武備社会・貴族社会・腕力社会から生産社会・平民社会・平和社会への転回を，蘇峰独自の明快さをもって提示し，青年層の熱烈な支持を得た。『将来之日本』に萌芽した蘇峰の思想は，民友社を母胎とし，『国民之友』並びに『国民新聞』[59]をその媒体として実践され，「無冠の帝王」[60]とも称された。

　「平民的欧化主義」を機軸とする『国民之友』は，明治21年（1888）4月以降「特別文芸付録」を発行し，文壇の登龍門の役割も担うようになる。民友社『国民之友』に集ったその多様多彩な執筆陣は，後述政教社『日本人』と好一対を成し[61]，まさに日本の近代史そのものを創出し，また発行部数も最盛期には一万部を超え商業的にも成功を収めていった。しかし，日清戦争（明治27-28年：1894-95）及びその後の三国干渉（明治28年4月23日）を契機に，『大日本膨脹論』（民友社，明27＜71-274＞＜原本代替請求記号YDM28167（マイクロフィッシュ）＞

⇒近デジ,植手通有編『明治文学全集34 徳富蘇峰集』筑摩書房,1974,pp.245-274 ＜918.6-M4482＞ほかに収録)に顕著な「帝国主義」「国家主義」へと転じ,世に言う「変節(説)」を遂げた[62]。深井英五を編集長に迎え(第一冊編輯人は谷村清太郎),口絵に富士山を配し,「英文国民之友」The Far East(『極東』上掲594)を創刊したのも,海外進取の気盛んとなったこの時期であった[63]。しかし『国民之友』の評判も,蘇峰の変節や蘇峰の松方内閣への任官などとともに急落していき,明治31年(1898)9月ついに『国民之友』及び『The Far East』を廃刊とし,蘇峰はジャーナリストとしての言説を『国民新聞』に絞って展開していくこととなった。

　日本の近代化を象徴する「膨脹主義」への傾斜と「排日移民法」(1924年7月1日発効,大正13)を頂点とする蘇峰の対米批判は,まさに「平民主義」以降の,大勢に従った漸次的・連続的な思想変遷(進化)の当然の軌跡であったとも言われている[64]。

【目次・総索引】
〇立命館大学人文科学研究所明治大正史研究会編『**国民之友総索引**』明治文献,1968(上掲593.複製版の別巻) ＜Z051.3-Ko11＞

　立命館大学人文科学研究所の専門研究会「明治大正思想史研究会」の総合研究「日本の近代思想形成過程における伝統思想と外来思想」(文部省科学研究費・総合研究)の成果。凡例に「創刊号(明治20.2)～372号(明治32年8月)収録」とあるのは,372号(明治31年8月)の誤記。「分類索引」は論説・創作・批評・雑録・社告・総目録等を内容によって分類・配列。「執筆者索引」「巻号年月対照表」を付す。「執筆者索引」は,同一人で複数の筆名がある場合は,統一せず各々の筆名を掲出する(例:石橋忍月→石橋友吉,石橋忍月,竹林道士……黄白道人,ドクトル・カイネ,ドクトル・ストーン・ブリッヂ等35の筆名)。「分類索引」に「6 社会-6,7移民」)があり22本の記事を収録。但し,「日本人排斥問題」は「12 海外事情-12,2対日問題」に,「米布合併問題」については「3 外交」に分類されているので,移植民関係記事については,労をいとわず関連分類を重ねて検索する必要がある。『国民之友』『The Far East』共に明治31年(1898)8月に廃刊となっているので,「排日移民法」(1924年7月1日発効,大正13)等その後の論調については,専ら『国民新聞』に拠る必要がある。

〇『**明治新聞雑誌文庫目次総覧85(総合編)**』

○「主要論文（1号－364号）」社会文庫編『社会文庫自由民権社会主義文献目録』柏書房，1966，pp.158-164（社会文庫叢書9）＜363.021-Sy9222-S＞

○「社会主義関係（1号－372号）」大原社会問題研究所編『日本社会主義文献 第1輯－世界大戦（大正三年）に到る』同人社書店，1929，pp.109-112＜363.031-O354n＞ほか

○「主要文芸作品（1号－372号）」岡野他家夫『明治文学研究文献総覧』富山房，1944，pp.349-361＜910.31-O526m＞ほか

○「英文国民之友目次」高橋虔「英文国民之友について」pp.101-137のうちpp.117-137『キリスト教社会問題研究』18：1971.3（民友社の研究＜特集＞）＜Z9-77＞（収録：1冊－2巻8号：明治29年2月-30年8月，同志社大学人文科学研究所所蔵資料に基づく）

○「『英文国民之友』目次」高橋虔「『英文国民之友』について」pp.353-390のうちpp.368-390，同志社大学人文科学研究所編『民友社の研究』雄山閣，1977（上掲高橋「英文国民之友目次」の再録）＜E4-75＞

○「THE FAR EAST 目次（第20号～第30号）」齋藤洋子「徳富蘇峰"The Far East"について」pp.273-282のうちpp.278-282『社学研論集』5：2005.3（収録：20号－30号）＜Z71-J480＞

反省会雑誌→反省雑誌→中央公論
①明20.8-25.3→明25.5-31.12→明32.1～②首巻-7（3）→7（4）-13（12）→14（1）～③→省略→（中央公論）桜井義肇→近松秋江→高山雲峰→滝田樗陰→嶋中雄作→蝋山政道→嶋中鵬二→④反省会本部→反省雑誌社→反省社→中央公論社（現・中央公論新社）～⑤月刊⑥明42.6，43.2，大2.1，5.3，6.4・11，昭9.9，13.3ほか発禁

---

595. 『反省会雑誌』〔マイクロ資料〕国立国会図書館（制作），1984，首巻-7年3号：明20.8-25.3，以後597.598.『反省雑誌』と改題（原誌の出版者は反省会本部）（「中央公論総目次」）　　　　　　　　＜YA5-54＞

596. 『反省会雑誌』反省会本部，14号-25号：明22.1-22.12，（継続後誌：597.598.『反省雑誌』，総目次収録号あり）　　　　＜Z23-243＞

597. 『反省雑誌』〔マイクロ資料〕国立国会図書館（制作），1984，（595.『反省会雑誌』の改題，巻次を継承），7年4号－13年12号：明25.5-31.12，以後601.『中央公論』と改題（原誌の出版者は反省雑誌社）

(「反省雑誌総目次」「中央公論総目次」)　　　　　　　　　＜YA5-54＞
598.『**反省雑誌**』反省雑誌社，(継続前誌：『反省会雑誌』)，12年1号－13年12号：明30.2-31.12，以後601.『中央公論』と改題（総目次収録号あり）　　　　　　　　　　　　　　　　　　　　　　＜Z23-9＞
599. The Hansei Zasshi: A Monthly Magazine, Hansei Zasshi Office, 12 (1)－13 (12)：1897.1-1898.1，以後600. *The Orient* と改題＜Z52-C524＞
600. The Orient, Office of the Orient, (599. *The Hansei Zasshi* の改題，巻次を継承)，14 (1) －16 (3)：1899.1-1901.7（欠：14 (12)）＜Z52-C524＞
601.『**中央公論**』中央公論新社，(597.598.『反省雑誌』の改題，巻次を継承)，14年1号：明32.1～（出版者変更：反省社→中央公論社→中央公論新社，欠：15年12号，19年12号，34年6号，59年8号－60年．総目次収録号あり）　　　　　　　　　　　　　　　　　　　　　　　　　＜Z23-9＞
602.『**中央公論**』〔マイクロ資料〕国立国会図書館（制作），1984-86，(597.598.『反省雑誌』の改題，巻次を継承)，14年1号－81年12号：明32.1-昭41.12（原誌の出版者は中央公論社，総目次収録号あり）(「**中央公論総目次**」，中央公論社編『**中央公論総目次 －創刊号より第1000号まで**』中央公論社，1970)　　　　　　　　　　　　　　　　　＜YA5-54＞
603.『**新公論**』新公論社，19年1号－36巻9号：明37.2－大10.9，以後廃刊
　　　　　　　　　　　　　　　　　　　　　　　　　　　　＜雑54-40＞
604.『**新公論**』ゆまに書房，1993-94，19年1号－27年7号：明37.2-45.7（603の複製，原誌の出版者は新公論社）　　　　　　　　＜Z1-B13＞

　『中央公論』の前身は，「禁酒進徳」をスローガンとする「反省会」の機関誌『反省会雑誌』（明治20年（1887）8月〔日付不明〕創刊，）に遡る[65]。反省会は，維新後の西洋偏重主義を見直し，質実剛健たる日本精神を再評価する動きのなか，西本願寺第21世門主・大谷光尊師の創設になる普通教校（現・龍谷大学）の教授や学生を中心に明治19年4月に結成され，仏教革新や社会改良を目指した。逓信省令改正により，明治25年（1892）5月，今で言う第三種郵便物認可のため『反省会雑誌』を『反省雑誌』とし，発行所も「反省会本部」から「反省雑誌社」と改めた。

　日清戦争（明治27-28年：1894-95）を契機とし，更なる発展を期すために，本社を京都から東京に移すこととなった。東転のいま一つの理由は，大谷光瑞師（のち第22世門主）の破天荒な行動を受容するためでもあった。「京都は師の抱負を容るゝに余りに小さかった」のであ

る[66]。大谷光瑞は，三次にわたるいわゆる「大谷探検隊」（明治35－大正3年：1902-14）で有名であるが，彼の海外発展意欲はまた，外国の新聞雑誌記事を翻訳・掲載する「海外新潮」欄に顕著に表れ，当時の雑誌界においてもひときわ異彩を放った。また，民友社『国民之友』同様，世界に向かって日本の情報を発信するため，「欧文反省雑誌」*The Hansei Zasshi: A Monthly Magazine*（上掲599）を刊行した。

日清戦争後，風教雑誌から評論雑誌へと脱皮を図り，明治30年以降は文芸にも多く頁を割き，次第に総合評論雑誌へと編集方針が移っていった。誌面刷新に伴い，また経営健全化をも企図し，明治32年（1899）1月『中央公論』（*The Central Review*）と改題，「欧文反省雑誌」*The Hansei Zasshi* も *The Orient*（上掲600）と改題され，発行所を「反省社」とした。

『中央公論』改題後は，経済・政治評論も増え，更に総合雑誌としての色合いを濃くしていく。日露戦争（明治37－38年：1904-05）へと傾斜していく世相のなかで，とりわけ注目すべきは，国民的性格の自己反省を中心とした「国病論」の連載である。これらは「わが国民性向における排他的狭量」を指摘し，「遊惰不活発乃至非実践的傾向」を衝き，「個人主義の未発達を説いて個人の自覚・権利の伸張」を要望するものであった[67]。また，これと並行して「移植（殖）民政策」をめぐる記事も多く掲載されたが，これらは「海外膨脹」という位相のなかで，表裏一体を成すものと言えるだろう[68]。日露戦争を契機とし，明治後期からは国勢伸張のなか，米国の排日問題や大陸の植民地政策など，国際外交上の諸問題がわが国に重くのしかかることになった。この時期，編集主宰桜井義肇は，「高輪仏教大学事件」により『中央公論』から追放されたが，『中央公論』の巻号を引き継ぎ執筆陣も引き抜き，『中央公論』の進化した形としての『新公論』（上掲603）を創刊した（明治37年（1904）2月〔日付不明〕）[69]。『新公論』は『反省会雑誌』以来の「教育・啓蒙路線」を踏襲したが，旧『中央公論』は高山覚威（雲峰）・滝田哲太郎（樗陰）を起用し文芸路線を強化，その命脈を今に保った[70]。滝田の編集主幹としての類稀なる才能は，文芸面のみならず，吉野作造らを寄稿者とし，『中央公論』をデモクラシー（民本主義）運動の牙城としたことを見ても顕著である[71]。総合雑誌の雄『中央公論』の現在に連なる礎は，名編集者滝田樗陰によって築かれたと言っても過言ではない。

『中央公論』（*The Central Review*）2007年1月号には，『反省会雑誌』

から数えての通巻号第122年第1号が記されている。
【目次・総索引】
○中央公論社編『**中央公論総目次 −創刊号より第1000号まで**』中央公論社，1970 ＜YA5-54＞（収録：明治20年−昭和45年）
○嶋中雄作編『**回顧五十年 −附「中央公論」総目録**』中央公論社，1935 ＜689-36＞（収録：『反省会雑誌』中頁pp.1-23／『反省雑誌』中頁pp.23-57／『中央公論』中頁pp.57-370，但し50年10号：昭10.10「中央公論五十周年記念特大号」まで）
○中央公論社編『**中央公論社七十年史**』中央公論，1955 ＜023.9-Ty997t＞（pp.511-610，収録：『中央公論』50年11号−70年10号：昭10.11−昭30.10）
○『**明治新聞雑誌文庫所蔵雑誌目次総覧133（総合編）**』：『新公論』

日本人（1）／亜細亜／日本人（2）／（3）→日本及日本人（1）／（2）〜①明21.4-24.6／明24.6-25.12，明26.2-27.〔10〕／明26.10-28.2／明28.7-37.11，明37.12-39.12→明40.1-大12.9，大13.1-昭20.2／昭25.9〜②1-73号／1-71号，2（1）-3（3）〔通85号〕／1-18号／1-223号，改400-449号→450-869号，復39-440号／1（1）〔通1297号〕〜③志賀重昂→三宅雪嶺④政教社⑤半月刊→<u>週刊</u>→<u>半月刊</u>→月刊→半月刊→月刊⑥発行停止多数（1650号：平成16.1で休刊，記述は『日本及日本人』第2期まで）

---

605. 『**日本人**』〔第1次〕政教社，1-73号：明21.4-24.6（総目次収録号あり）　　　　　　　　　　　　　　　　＜雑54-36＞＜YA-11＞
606. 『**亜細亜**』政教社，1-71号：明24.6-25.12，2巻1号-3巻3号〔通号72-85号〕：明26.2-27.〔10〕，3巻3号〔通号85号〕をもって廃刊，国立国会図書館所蔵は3巻2号〔84号〕：明27.7まで
　　　　　　　　　　　　　　　　　　　＜雑54-44＞＜YA-12＞
607. 『**日本人**』〔第2次〕政教社，1-18号：明26.10-28.2，以後廃刊（総目次収録号あり）　　　　　　　　＜雑54-36イ＞＜YA-13＞
608. 『**日本人**』〔第3次〕政教社，1-223号：明28.7-37.11，改号400-449号：明37.12-39.12，以後610.『日本及日本人』と改題（改号の号数は605.『日本人〔第1次〕』，606.『亜細亜』，607.『日本人〔第2次〕』を通算，総目次収録号あり）　　　　＜雑54-36ロ＞＜YA-14＞
609. 「日本人」刊行会編『**日本人**』日本図書センター，1983-84，1-73

号：明21.4-24.6, 1-71号：明24.6-25.12, 2巻1号-3巻3号〔通号72-85号〕：明26.2-27.10, 1-18号：明26.10-28.2, 1-223号：明28.7-37.11, 改号400-449号：明37.12-39.12（605・606・607・608の複製，原誌の出版者は政教社，別タイトル：亜細亜）(34巻:芳賀登「『日本人』の解説」pp.1-57,「**全巻記事総目録**」pp.59-231,「人名索引」巻末 pp.1-10) 　　　　　　　　　　　　　　　　　　　＜Z23-488＞

610. 『**日本及日本人**』政教社（608.『日本人〔第3次〕』の改題，巻次を継承），450-869号：明40.1-大12.9, 復刊39-440号：大13.1-昭20.2（欠：525, 666号，復刊141-146, 299号，総目次収録号あり）
　　　　　　　　　　　　　　　　　　　　　　　　＜雑54-36ハ＞

611. 『**日本及日本人**』〔マイクロ資料〕政教社，450-869号：明40.1-大12.9 　　　　　　　　　　　　　　　　　　　　　　＜YA-15＞

612. 『**日本及日本人**』日本及日本人社，第2期再刊1巻1号-16巻3号〔通号1297-1431号〕：昭25.9-40.10, 第3期復刊1-10号〔通号1432-1441号〕：昭41.1-10, 1444-1650号：昭42.1-平16.1, 以後休刊（欠番1440, 1442, 1443号ほか多し，出版者は1635号よりJ&Jコーポレーション）　　　　　　　　　　　　　　　　＜Z23-68＞

　民友社『国民之友』（明治20年2月15日創刊）に遅れること一年有余，思想・政論雑誌『日本人』は，明治21年（1888）4月3日，神武天皇大祭日に「政教社」より創刊された。創刊当初から志賀重昂（しげたか）が『日本人』誌上で展開した「国粋主義」（国粋保存旨義）[72]は，政教社の設立時の「社論」（社是）ではなく，その言論活動は，志賀重昂（東京英語学校グループ）と三宅雪嶺（哲学館グループ）に代表される，同人の高学歴即ち「半生所得スル学術」をもってする国家的課題への献身＝「報国」の使命感であったとも言われる[73]。政教社が『日本人』誌上特定の主義主張を世間に問うたのは，無署名の社説が掲載された第9号（明21.8.3「輿論は何にが故に高島炭礦の惨状を冷視するや」，第9号は高島炭礦問題の特集）からであり，志賀の唱える「国粋保存旨義」を核として，明確に「国粋主義」を標榜し始めるのも同時期である。第24号（明22.5.7）社告は，13名の同人連名のもと「国粋保存」（＝国粋顕彰）が既に政教社の社論であることを明言している[74]。以後，弾圧・機関誌の発行停止を繰り返しながらも，政教社は一貫して国粋主義を社論とし，条約改正反対・対外硬運動推進などの論陣を張っていった。また，陸羯（くがかつ）南（なん）の主宰する新聞『日本』と人的・思想的にも深い関わりをもち「政教

社グループ」を形成していたことにも注目すべきである[75]。陸羯南『日本』はやがて『日本人』に吸収合併され，明治40年（1907）1月，『日本及日本人』（上掲610）となった。

　政教社『日本人』及び新聞『日本』（「国粋主義」）は民友社『国民之友』『国民新聞』（「平民主義」）とともに論壇の二大潮流として，拮抗しつつも，日本の近代化と思想・文化形成に計り知れない影響を及ぼしていった。

【目次・総索引】

○日本近代史料研究会編『雑誌「日本人」・「日本及日本人」目次総覧 －Ⅰ・Ⅱ・Ⅲ』日本近代史料研究会，1977-79（解題：有山輝雄「雑誌『日本人』・『日本及日本人』の変遷 －その言論と同人」pp.1-54，日本近代史料叢書C-3）＜YA-14＞（収録：Ⅰ：『日本人』『亜細亜』『日本人〔第2次〕』『日本人〔第3次〕』通号1-449号，Ⅱ：『日本及日本人』通号450-670号，Ⅲ：『日本及日本人』通号671-869号）1984年までにⅣ・Ⅴが刊行されているが国立国会図書館＜未所蔵＞

○「全巻記事総目録」日本図書センター，1984（上掲609．複製版34巻に収録）＜Z23-488＞

○『明治新聞雑誌文庫目次総覧 86（総合編）』：『日本人』『亜細亜』『日本人〔第2次〕』『日本人〔第3次〕』／『87（総合編）』：『日本及日本人』通号453-720号／『88（総合編）』：『日本及日本人』通号721-869号『月刊日本及日本人』39-114号／『89（総合編）』：『月刊日本及日本人』115-343号／『90（総合編）』：『月刊日本及日本人』344-438号

○『日本及日本人』目次抄（「福本日南のファイル」石瀧豊美「イシタキ・ファイル」）

http://monokatari.jp/isitaki/file004.php?itemid=3333

　上掲日本近代史料研究会編『雑誌「日本人」・「日本及日本人」目次総覧』に基づき，『日本人』『亜細亜』『日本人〔第2次〕』『日本人〔第3次〕』『日本及日本人』（〜通号670号）から，福本日南・玄洋社・福岡県関係記事を抄出。

太陽
①明28.1－昭3.2 ②1（1）－34（2），増刊86冊 ③坪谷水哉→高山樗牛（→岸上質軒）→鳥谷部春汀→浮田和民→浅田江村→長谷川天渓→平林初之輔

263

④博文館⑤月刊→半月刊→月刊⑥19(12)：大2.9発禁

613. 『**太陽**』博文館，1巻1号－34巻2号：明28.1.5-昭3.2，以後廃刊（欠：2巻19-25号，総目次収録号あり）(「**太陽目次**」＜YA-67＞)
 ＜雑54-35＞＜YA-67＞
614. 『**太陽**』日本名著出版，1980-81，1巻1号－1巻12号：明28.1.5-12.5（複製，原誌の出版者は博文館） ＜Z23-399＞
615. 日本近代文学館編『**太陽**』〔電子資料〕八木書店，1999，1巻1号－34巻2号：明28.1.5-昭3.2.1（CD-ROM版近代文学館6，『**太陽総目次**』「**太陽システムディスク太陽総目次・執筆者索引（CD-ROM）**」とも）
 ＜YH247-145＞

　雑誌『太陽』は，日清戦争（明治27-28年：1894-95）勝利という時代状況のなか，大橋佐平創始になる出版王国「博文館」の既存5誌を継承し，エポックメーキングな「大雑誌」として，明治28年（1895）1月5日に創刊された[76]。博文館は明治27年末には13種の雑誌を刊行し，とりわけ『日清戦争実記』（1-50編：明27.8-29.1＜雑53-3＞）は「前古無比」と言われるほど大きな成功を収めた。日清戦争の終結とともに，その「読者層を吸収する装置」として『太陽』が創刊されたのである。

　大橋新太郎（佐平長男）は「太陽の発刊」（創刊号）に言う「今後の同胞四千余万は復た深窓に眠るの日本人に非ずして五大州中に闊歩するの大日本人と為れり」と。"The Sun.A Monthly Review of Politics, Economics, Sciences, Literature,and Arts"という英文誌名からも総合的な雑誌を企図する意気込みが窺えようか。

　この『太陽』の黄金期は，主幹高山樗牛（明治4年－35年：1871-1902）による「帝国主義的論調の時代」（明治30-35年頃）だと言われている[77]。それは「樗牛の日本主義が，資本家的な優勝劣敗主義を，階級間，民族間の問題に無慈悲に適用して，反人民的な国家主義や植民地主義，帝国主義のイデオロギーとして威力をふるった」時代でもあった[78]。樗牛の主幹期から，『太陽』の特徴の一つでもある特定テーマによる特集号や増刊号が頻繁に発行されるようになった[79]。

　「人物評論の雄」鳥谷部春汀（銑太郎）主幹の期を経て，浮田和民が健筆を揮った時期（明治42年2月－大正6年6月）が『太陽』第二の黄金期であると言われている。浮田和民（安政6年－昭和21年：1860-

－15－

264

1946）[80] は，いわゆる「熊本バンド」（注57参照）の一員であり，徳富蘇峰の畏友として，創刊時から『国民之友』に多くの論説を特別寄書している。明治20年代後半から明治30年代初頭における雑誌ジャーナリズムは，<『国民之友』から『太陽』へ>[81] という言葉に象徴されるが，言論思想界においては「主戦論・帝国主義的膨脹論」と「平和思想・反軍国主義」に二分されていた。蘇峰は「帝国主義を平和的膨脹主義」であるとしたのに対して，陸羯南は「帝国主義は侵略主義」であるとしてこれを批判した。少し遅れて明治34年以降に，浮田の帝国主義に関する三論説が，蘇峰の『国民新聞』に掲載された。これは，武断的侵略を排しつつも移民による実業上の帝国建設を唱える「倫理的帝国主義」論として新渡戸稲造の植民論や吉野作造の中国・朝鮮論へと連なることになる[82]。浮田は「太陽の読者に告ぐ」（『太陽』15巻2号：明42.2.1）において編集主幹就任の所信を表明し，「内部に向かっては立憲思想の普及を計り，外部に対しては倫理的帝国主義の実現を期」すとした。この浮田主幹期に，百科総覧的雑多性から「倫理的帝国主義」論を機軸とした主義主張の喧伝へと，編集方針が方向転換したことは注目すべきである（<『太陽』の『国民之友』化>）[83]。

　日露戦争（明治37-38年：1904-05）後から大正初期にかけて，『太陽』巻頭に掲載された「倫理的帝国主義」論に基づく浮田の論説は，吉野作造らに大きな影響を与え，「民本主義」の真の創始者とも言われている。また，日米移民問題に対しては，「米国に於ける排日問題」（『太陽』15巻4号：明42.3.1）に明らかなように，人種問題ではなく国民の「品格の問題」であるとした。この点も吉野作造の「学術上より観たる日米問題」と通底するものがあろうか[84]。

　しかし，この主義主張を喧伝する編集方針が，やがて『太陽』の凋落そして廃刊に至る序章となったことは皮肉である。「エスタブリッシュされた大家主義が時代の要求にあわなくな」り，円本に象徴される「都市大衆文化の興隆期に乗り遅れ」，社の経営方針とも抵触しかねない「プロレタリア文学」の取り込みにも頓挫し，出版界のコングロマリットたる博文館は「『太陽』の衰退をみすみす放置」したのである。総合雑誌の流れは『太陽』から『中央公論』『改造』そして『キング』（後掲624）へと分岐していくことになる[85]。

【目次・総索引】
○日本近代文学館編『太陽総目次 明治28年1月創刊号〜昭和3年2月

最終号』「太陽システムディスク太陽総目次・執筆者索引（CD-ROM）」八木書店，1999（上掲 615. 電子資料に付属，冊子体：「解題」pp.15-25)＜YH247-145＞

○『**明治新聞雑誌文庫所蔵雑誌目次総覧 4（総合編）**』：1巻1号-13巻16号／『**5（総合編）**』：14巻1号-27巻14号／『**6（総合編）**』：28巻1号-34巻2号

○「総合記事目録」鈴木正節『**博文館「太陽」の研究**』アジア経済研究所，1979，pp.43-331（文献解題 29，中国関係新聞雑誌解題 Ⅲ）＜UM84-30＞

「中国関係新聞雑誌研究会」の成果。日中関係基本資料の整備を目的とする本研究会の性格上，研究論考は「『太陽』解題とその中国観」pp.3-41のみ収録。「総合記事目録」の収録基準は①全ての論文・小説②署名入りエッセイ・記事はできる限り③重要と判断した無署名の雑記事・コラム④英文欄は第1巻のみ収録。

○「主要論文（1巻1号-34巻1号）」社会文庫編『**社会文庫自由民権社会主義文献目録**』柏書房，1966，pp.170-178（社会文庫叢書9）＜363.021-Sy9222-S＞

東洋経済新報
①明 28.11-昭 35.12 ② 1-2976号 ③町田忠治→天野為之→植松孝昭→三浦銕太郎→石橋湛山→宮川三郎 ④東洋経済新報社 ⑤旬刊→週刊

---

616. 『**東洋経済新報**』東洋経済新報社，1-2976号：明 28.11-昭 35.12，以後 618.『**週刊東洋経済**』と改題（欠：903号，1978-1986号，2153号，目録収録号あり）　　　　　　　　　　　＜Z3-38＞

617. 『**東洋経済新報**』龍渓書舎，1991〜刊行中，1-2976号：明 28.11-昭 35.12（616の複製，原誌の出版者は東洋経済新社，目録収録号あり，第1巻：長幸男「解題『東洋経済新報』-その一」pp.5-18)

＜Z3-3027＞

618. 『**週刊東洋経済**』東洋経済新報社（616.『**東洋経済新報**』の改題，巻次を継承），2977号：1961.1〜　　　　　　　　　　　＜Z3-38＞

『東洋経済新報』は，町田忠治（のち立憲民政党総裁）により明治28年（1895）11月15日創刊された。英国の二大経済雑誌『The Economist』誌及び『The Statist』誌を範とし，*"The Oriental Economist"* という英

文誌名も付された（昭和6年6月27日号まで併記）。日清講和（明治28年4月17日）後の，まさに日本経済近代化の出発点という時代であり，また三国干渉（明治28年4月23日）に対し，国を挙げて「臥薪嘗胆」が合言葉となった時期でもあった[86]。『東洋経済新報』の主調は，英国の二大経済雑誌を範とした如く，健全な個人主義に基づく「自由主義・民主主義・平和主義・国際協調主義」であり，その「しなやかで強靭な」策論は，言論抑圧の時期にあっても決して衰えることはなかった。

　第二代主幹天野為之(ためゆき)（のち早大学長）は明治期三大経済学者の一人と称され，ジョン・S・ミルの経済思想の継承において，「自由放任経済」「反帝国主義」を唱えるアダム・スミスの「小英国主義」と通底していた。第四代主幹三浦銕(てつ)太郎は天野の小英国主義を継承し，爾後『東洋経済新報』言論のバックボーンとなる「小日本主義」へと転化させた。三浦は既に『東洋時論』[87]において「帝国主義の暗影（上）（下）」（明44.3・4, 1911），「帝国主義の恐るべき側面」（明44.9）の署名入り二論説を発表，『東洋経済新報』においても「満州放棄乎軍備拡張乎（一）－（八）」（大2.1.5-3.15, 1913），「大日本主義乎小日本主義乎（一）－（六）」（大2.4.15-6.15）を発表し，『東洋経済新報』＝「小日本主義」を明白に提示したのである[88]。「小日本主義」は，武断的な専制政治や対外膨脹政策をとる，いわゆる「大日本主義」「大アジア主義」を排し，アンチテーゼとして，日本の主権的領土を本土四島に限定，経済的合理主義に立脚し平和的に発展を遂げることを標榜する。

　この小日本主義を，仏教哲学・プラグマティズム・自由主義等の思想的枠組みをもって，「近代化・先鋭化」させたのが，明治44年（1911）1月1日東洋経済新報社に入社した石橋湛山（明治17年-昭和48年：1884-1973, のち第五代主幹）である[89]。湛山は当初『東洋時論』の編集を担当していたが，『東洋時論』の終刊によって『東洋経済新報』編集に転じ，大正3年（1914）同誌編集長となった。日露戦争（明治37-38年：1904-05）を契機として「黄禍論」[90]が各国で声高に唱えられ，アメリカにおいても「日本人学童隔離問題」（1906年10月, 明39）を始め，カリフォルニア州を中心に排日運動が激化していた。「排日土地法」（1913年5月, 大2）を経て「排日移民法」（1924年7月1日発効, 大13）へと至る約20年に及ぶ日本人移民をめぐる日米問題は「大東亜戦争の遠因」（『昭和天皇独白録－寺崎英成・御用掛日記』文芸春秋, 1991, p.20-21 ＜GK132-E79＞）とさえ言われている[91]。この間「日

米開戦論」が流行するほど国民世論は激昂していたが，このような反米論調に抗して『東洋経済新報』が提示したのが，湛山「我れに移民の要無し」（大2.5.15社説）である[92]。湛山の「移民不要論」は概ね①人種問題の根本的解決策としての相互理解②人口過剰という「謬想」に基づく「北守南進」的移民政策批判，を核としている。対外膨脹政策に依拠する移植民政策と国民の盲従を憂慮する湛山「移民不要論」は，のちに満州放棄や台湾・朝鮮独立などの植民地放棄論へと連なり，『東洋経済新報』＝「小日本主義」を確立するものとして重要である。「内に立憲主義・外に帝国主義」という思潮を超克し，第一次世界大戦に反対を唱え続けたのは，言論界では唯一『東洋経済新報』のみであった。

【目次・総索引】
○「**東洋経済新報目録**」（上掲616及び617.複製版に附録として収録，例「自第壹號至第貳拾三號 東洋経済新報目録」第貳拾七號附録）＜Z3-38＞＜Z3-3027＞

　石橋湛山執筆記事は「論文目録・座談会記録・講演記録」後頁pp.45-207，石橋湛山全集編纂委員会編『石橋湛山全集15』（注89参照）で確認できるが，『東洋経済新報』の目次類は刊行されておらず，この「東洋経済新報目録」（目録収録号）を丹念に検索するほか方法はない。
○「社説（1-126号）」「**早稲田大学図書館紀要**」4：1962.12，pp215-227＜Z21-141＞

実業之日本
①<u>明30.6-平14.3</u>②1（1）-<u>105（3）</u>③編集発行：<u>光岡威一郎→増田義一</u>→，主筆：<u>石井勇（白露）</u>→<u>都倉義一</u>→<u>寺沢栄一</u>→～④大日本実業学会（事務所）→実業之日本社⑤<u>月刊→半月刊→月刊</u>

619.『**実業之日本**』〔マイクロ資料〕，国立国会図書館（製作），1998-99，1巻1号-42巻7号：明30.6-昭14.4，42巻8号-58巻30号〔通号995-1375〕：昭14.4-30.12（欠：7巻5号，17巻8号，1130号，1134-1138号，1374号，原誌の出版者は大日本実業学会→実業之日本社，総目次収録号あり，「**実業の日本総目次**」＜YA1-1020＞）　　＜YA1-1020＞
620.『**実業の日本**』実業之日本社，1巻1号-42巻7号：明30.6-昭14.4，42巻8号-103巻14号〔通号995-2342〕：昭14.4-平12（2000）.12，以後621.『JN 実業の日本』と改題（欠：7巻5号，17巻8号，1130

号，1134-1138号，1374号，1巻1号から67巻12号までのタイトルは実業之日本，出版者は大日本実業学会→実業之日本社，総目次収録号あり，「実業の日本総目次」（〜58巻30号：昭30.12収録＜YA1-1020＞）
＜Z3-511＞

621.『ＪＮ 実業の日本』実業之日本社（620.『実業の日本』の改題，巻次を継承），104巻1号－105巻3号〔通号2343-2357〕：2001.1-2002.3，以後休刊　　　　　　　　　　　　　　　　　　＜Z3-511＞

　明治30年（1897）6月10日「大日本実業学会」から『実業之日本』第1号が創刊された。大日本実業学会は，実業之日本社の創業者増田義一と光岡威一郎が「帝国実業の発達振興を図る」ために，明治28年5月に創立した学術普及機関で，「農科」及び「商科」の講義録を発行していた。日清講和（明治28年4月17日）による報償金により，帝国産業の発達振興が図られようとしていた時期であり，「今や実業振興の気運大に熟」し「茲に実際問題攻究の機関として雑誌『実業之日本』を発刊」したのである（「『実業之日本』の発刊に就きて禀告す」）[93]。一貫した「実業」路線は，先行する『東京経済雑誌』（明12.1創刊）及び『東洋経済新報』（明28.11創刊）の経済二誌とは一線を画し，『実業之日本』の発展とともに「実業」（Business）という訳語もまた人口に膾炙していった[94]。

　明治33年（1900）5月，大日本実業学会雑誌部を独立させ「実業之日本社」と称し，社長に増田義一が就任。翌34年，新渡戸稲造が「欧米農業の大勢」（『実業之日本』4巻4号：明34.2.15）を初寄稿，明治42年1月には編集顧問に就任した。「通俗雑誌」に執筆することへの批判に対し，「余は何故実業之日本社の編輯顧問となりたるか」（12巻1号：明42.1.1）を寄稿。明治43年からは大隈重信も毎号寄稿，増田・新渡戸・大隈の論説は『実業之日本』の看板記事として読者に感銘を与えた。

　この時期は「成功・立身出世」ブームであり，『実業之日本』も明治36年頃から成功・修養関係の記事を大幅に増やし，「成功の栞」欄を設置し，また初めての臨時増刊号「成功大観」（明36.5.12，1903）も発行した。これに先立つ明治35年11月にはアンドリュ・カーネギー著，小池靖一訳『実業の帝国』実業之日本社，明35（付：桑谷克堂「アンドリュ・カー子ギー翁」附録頁pp.1-32）＜86-251＞ほか＜原本代替請求記号YDM41873（マイクロフィッシュ）＞（⇒近デジ）（原著：

Carnegie, Andrew. *The Empire of Business : selected by "The English Student."* Eigaku-Shimpo-Sha, 1902 ＜原本代替請求記号 YDM107756（マイクロフィッシュ）＞）が初版を三日間で売り切り, 社に「成功」の時代の到来を告げていた[95]。「成功主義」を打ち出した『実業之日本』が,「海外における成功」へと誌面を雄飛させるにはそれ程時間を要しなかった。全国から選抜された小学校長によるアメリカ教育事情視察（大正6年, 1917), 実業学校校長団の南米視察（大正11年8月, 志賀重昂が同行), 中国視察（大正11年10月）などによって海外事情の紹介や海外発展の奨励を実地に行う一方,『実業之日本』誌面では明治36年以降, 論説記事のほかに「渡米案内」「海外渡航案内」「海外発展地」などの欄を設け海外雄飛・成功術を喧伝した。大隈・新渡戸らの寄稿のほかに,「在外憂国者」朝河貫一も度々寄稿しているのが特徴的である[96]。

大正2年に掲載された大隈重信「南洋諸島に雄飛せよ」（大2.5.15）を皮切りとして, 第一次世界大戦における独領南洋諸島の占領（大正3年 (1914) 10月14日) に伴い, 大正4年には春季増刊「南洋号」（大4.3.28) を発行, 南洋諸島の詳細な紹介と南洋進出の現実を報じた。更にシベリア出兵（大正7年 (1918) 7月) に伴う秋季増刊「西伯利亜号」（大7.10.10) のほか春季増刊「亜米利加号」（大8.4.10), 特別拡大号「支那問題号」（大8.6.15) などにより読者の海外知識を啓発し, また海外雄飛への関心を高揚することになった。この時期『太陽』なども大いに国民の海外膨脹・発展の気運を増大させてはいたが,「大衆的なレベルに及ぶ広汎な影響ということになると,『実業之日本』がいわば唯一無二のメディアであった」のである（前掲矢野『「南進」の系譜』p.73)[97]。『実業之日本』の海外膨脹性を考察する場合, 実業之日本社発行の『婦人世界』及び『日本少年』（両誌とも明治39年1月創刊）の誌面についても, また併せ考証する必要があるだろう。

【目次・総索引】
○「**実業の日本総目次**」＜YA1-1020＞以外「目次・総索引」類はない。実業之日本社社史編纂委員会編『実業之日本社百年史』実業之日本社, 1997＜UE57-G36＞の「実業之日本社百年史年表 明治30年 (1897)～平成9年 (1997)」巻末pp.13-72により, 重要記事は知ることができる。

> 改造
> ①大8.4-昭30.2②1（1）-36（2）③山本実彦→山本俊夫→平田貫一郎④改造社⑤月刊⑥大8.9，10.5，昭17.8・9ほか発禁

622.『**改造**』改造社，1巻1号-36巻2号：大8.4-昭30.2，以後廃刊（総目次収録号あり）　　　　　　　　　　　　　　　　　　　＜Z051.3-Ka1＞
623.『**改造**』〔マイクロ資料〕東京大学（制作），1971-2001，1巻1号-36巻2号：大8.4-昭30.2（原誌の出版者は改造社，総目次収録号あり）
　　　　　　　　　　　　　　　　　　　　　　　　　　＜YA-42＞

　雑誌『改造』は，石井柏亭描く，パリ講和会議（1919年1-6月，大正8）の会場ヴェルサイユ宮殿を表紙に，大正8年4月3日に創刊された。雑誌の形式及び編集方針とも，当時の指導的雑誌『中央公論』を踏襲し，特に新鮮味はなかったと言う。3号までは返本率も高く，いわゆる「三号雑誌」に終わるかの相を呈していた[98]。時勢は吉野作造「民本主義」・美濃部達吉「天皇機関説」などを理論的支柱とし，大正デモクラシー（明治38年-大正14年：1905-1925，日露講和反対-普通選挙法公布）のさ中にあった。しかし，大正デモクラシーが「内に立憲主義・外に帝国主義」という矛盾を内包していたことは前述した。この時期「ロシア革命」（1917年2月・10月，大正6）や「米騒動」（大正7年8-10月），民族自決運動の展開などを背景とし，吉野「第三階級のためのデモクラシー」に対して「第四階級のデモクラシー」の主張，すなわち社会主義の風潮が鮮明となっていた。大正時代のキーワードは「民衆（大衆）」そしてその「貧困や社会不安を解消するための国家および社会の「改造」であ」った[99]。

　「改造社」創立は大正8年4月，創業者山本実彦(さねひこ)は『改造』創刊に先立つ新雑誌披露「文星招待会」（2月27日）において「‥‥‥大戦後の日本は武的方面の努力から財的又は文化的方面に開展を策し，所謂新文化運動をなすべき時期に入りました。それについて意義ある運動の一機関として、私は来る四月三日、雑誌〝改造〟を創刊する」と言う[100]。

　その『改造』が三号雑誌の汚名を免れ，『中央公論』をやがて凌駕していく契機が，編集方針の大転換を図った第4号（大8.7）である。天辺にTHE RECONSTRUCTIONと英文誌名を赤刷りし，その下にゴシック体で誌名「改造」を記し，その下に赤で「労働問題・社会主義批判号」

と特集号タイトルを印刷した。このデザインは，終刊まで『改造』の原型となっている。労働問題批判に安部磯雄・阿部次郎ら，社会主義批判に賀川豊彦・堺利彦らを執筆陣に擁した刷新第4号は完売した。この後編集の視点を労働者階級に向けて特集を組み続けた[101]。『改造』はその後も，日本を代表する多くの文化人や思想家を執筆陣に擁し，時代をリードする総合雑誌となり，山本もいわゆる「円本」の刊行（大正15年12月～『現代日本文学全集』）やバートランド・ラッセル，アインシュタイン，バーナード・ショー，マーガレット・サンガーらの招聘という文化的・啓蒙的役割を果たし，打算を離れて，行動力あふれる出版活動を展開していった。しかし時代は関東大震災後の経済低迷と昭和恐慌，治安維持法の改定（昭和3年（1928）6月29日）を経て，次第にファシズムへの道を歩んでいた。そのようななかで，創刊以来約四十年にわたり，度重なる言論弾圧に耐え，『中央公論』を凌ぐ勢いで論壇を牽引してきた『改造』ではあったが，その突然の廃刊（昭和30年2月号）の事情については，諸説あるなか真偽のほどは明らかでない。

　『改造』の排日移民法（1924年7月1日施行，大13）等日米関係に対する論調については先行研究が殆どなく，今後に残された課題である[102]。

【目次・総索引】

○横山春一編『**改造目次総覧 上・中・下**』新約書房，1966-68（横山春一「雑誌『改造』について（一）（二）（三）」上 pp.3-39，中 pp.3-34，下 pp.3-31，収録:上：1巻1号-13巻12号，中：14巻1号-21巻13号，下：22巻1号-36巻2号）＜YA-42＞

○横山春一編『**改造目次総覧 執筆者索引**』新約書房，1972 ＜YA-42＞

　『改造』の記名執筆者を「日本人の部」と「外国人の部」に分け，「外国人の部」は更に漢字表示とカナ表示に分け，五十音順に配列。無記名の巻頭言・新刊紹介・編集後記などは除く。巻末に「人名一覧」pp.419-460を付す。

○「『改造』目次総覧」関忠果〔ほか〕編著『**雑誌「改造」の四十年**』光和堂，1977，pp.273-654 ＜UM84-17＞

　上掲横山春一編『改造目次総覧 上・中・下』の転載。

○『**明治新聞雑誌文庫目次総覧 11（哲学思想編）**』：1巻1号-16巻13号／『**12（哲学思想編）**』：17巻1号-時局雑誌「改造」3巻5号

> キング→富士→キング
> ①大14.1-昭18.2→昭18.3-20.12→昭21.1-32.12 ②1（1）-19（2）→19（3）-21（9）→22（1）-33（12） ③④大日本雄弁会講談社→~~講談社~~ ⑤月刊

624. 『**キング**』大日本雄弁会講談社，1巻1号-19巻2号：大14.1-昭18.2,
   以後625.『富士』と改題（欠多し，別タイトル：King,「**キング総目次**」＜YA5-103＞）　　　　　　　　＜雑52-27＞　＜YA5-103＞

625. 『**富士**』大日本雄弁会講談社（624.『キング』の改題，巻次を継承），19巻3号-21巻1号：昭18.3-20.1,以後627.『キング』と改題
   　　　　　　　　　　　　　　　　　　　　　　　　　　　＜雑52-27＞

626. 『**富士**』〔マイクロ資料〕国立国会図書館（製作），1991（624.『キング』の改題，巻次を継承），19巻3号-21巻9号：昭18.3-20.12,以後627.『キング』と改題（原誌の出版者は大日本雄弁会講談社，「**キング総目次**」）　　　　　　　　　　　　　　　　　　　　　＜YA5-103＞

627. 『**キング**』大日本雄弁会講談社（625. 626.『富士』より復題，巻次を継承）22巻1号-33巻12号：昭21.1-32.12,以後廃刊（欠多し，「**キング総目次**」）　　　　　　　　　　　＜Z051.6-Ki1＞　＜YA5-103＞

　大正13年（1924）11月28日,「日本一面白い！日本一為になる！日本一の大部数！」（創刊号目次頁）と大々的な前宣伝をもって国民雑誌『キング』大正14年新年号が野間清治の「大日本雄弁会講談社」から創刊された。本来，大正13年1月創刊を目途に,前年4月から新雑誌研究部を置き準備が進められてきたが，関東大震災（大正12年9月1日）により創刊を延期，まさに「満を持して」の創刊となった。『キング』創刊を機に，社名も「大日本雄弁会」「講談社」の二社名から「大日本雄弁会講談社」に統一改称した（昭和33年12月1日,現「講談社」と改称）[103]。

　『キング』は大正時代のキーワードである「大衆」を当初からその読者層として設定し,内容の徹底的な平易化と大規模な宣伝手法によって，やがて雑誌界初の100万部雑誌となる。「大衆雑誌」「国民雑誌」の誕生である。『キング』の国民各層への広がりは，円本とともに「読書の大衆化」をもたらしたとともに，立身出世主義を背景とする天皇制ナショナリズムの徹底した浸透をも意味していた。この時期，国民総動員化に向けてファシズムへの地ならしをしたメディアが農村部においては『家

の光』であり，婦人層における『主婦之友』であり，そして『キング』であったと言われている[104]。

『キング』創刊は野間が社運と面目を賭けた事業であった。『キング』論は同時に「大日本雄弁会講談社」論ともなり「野間清治」論ともなるほどにである。貴司山治「『キング』論」(p.89注103参照)は，博文館に取って代わった雑誌王国「大日本雄弁会講談社」の諸雑誌は「大仕掛けな反動雑誌」であり，「資本主義的立身出世成功美談等の宣伝雑誌」であるとしている。「ブルヂョア・ヂャーナリズム」としての『キング』は，①雑多断片的な遊戯的記事32.0%②封建的要素の煽動宣伝を主とする内容25.6%③通俗小説探偵小説及びこれにに類する実説話23.4%④資本主義的成功法の宣伝煽動18.0%⑤ナンセンス的内容12.8%⑥科学知識国際ニュース等進歩的内容8.1%⑦ブルヂョア的封建主義的道徳観の直接宣伝2.6%から成っている（数字ママ），とする貴司の分析が『キング』の総てを語っているのであろうか[105]。

『キング』は創刊当初から，朝鮮在留邦人や北米在留邦人及び日系人をも読者層として想定していたと言う[106]。社会現象としての『キング』の考証は，佐藤『「キング」の時代－国民大衆雑誌の公共性』(p.89注103参照)により，いま端緒に着いたばかりである。今後は植民地（勢力圏）における受容と言説のみならず，北米等移民地（非勢力圏）の読者に向けても発信されたであろう言説を，日米関係のなかで読み解いていく作業が必要であろう。

おわりに ―残課題にかえて

本稿（1）が『参考書誌研究』第47号に掲載されたのは1997年3月，まさに10年という歳月を費やすことになってしまった。訂正用の「抜き刷」に貼られた付箋紙の数そして増え続ける書き込みの跡が，間違いもなく，この間の「移民研究」の発展を物語っているだろう。

書誌のテーマとして「日本人移民」「日系人」を選んだことは，移民資料収集という個人的な経験を別にしても，筆者にとって非常に魅力的なものであった。それは「異郷・異国への移動」に伴う，人間の個としての集団としての「全て」が凝縮されているからである。「移民」という素材で，図書館

のレファレンス・ワークの原型を提示するという企みも秘めてのことであった。

　幸いにも、『書誌年鑑 '98』〜（日外アソシエーツ＜Z45-53＞）や The Hawaiian Journal of History 35：2001＜未所蔵＞〜（37：2003〜は電子ジャーナルで利用可）の "Hawaiiana in 2001: A Bibliography of Titles of Historical Interest" などに収録され、また井上真琴『図書館に訊け!』筑摩書房, 2004（ちくま新書）＜UL711-H12＞では、「ヒントの宝庫 −国立国会図書館の隠れた参考文献」の一つとして取り上げていただいた。移民研究の側からは、坂口満宏「アメリカに渡った日本人移民に関する歴史研究の現在 −『日本人アメリカ移民史』補論」『史窓』60：2003.2, pp.43-62＜Z8-346＞, 米山裕「太平洋戦争前の在米・在加日本人による日本語文献（1）−人名録等の伝記的資料」『立命館言語文化研究』17（4）：2006.3, pp.43-58（日系文化研究会＜特集1＞）＜Z12-830＞, で研究史の一端として、また考証の対象資料として扱っていただいた。そして何より、Ichioka, Yuji, and Eiichiro Azuma, comp. *A Buried Past II: A Sequel to the Annotated Bibliography of the Japanese American Research Project Collection*. Los Angeles: Univ. of California, Los Angeles, Asian American Studies Center, 1999＜未所蔵＞での本稿への言及は望外の喜びであった。奥泉栄三郎『パイオニア情報館：北米関係総合出版年表編』文生書院, 2006（『初期在北米日本人の記録』第一期 別冊②, Bunsei Shoin Digital Library）＜DC812-H193＞が、「続編あるいは改訂増補版が切に期待される」とするものの、書誌としての、また研究史の一端としての役割はある程度果たしたものと思料する（前号で約した「移民地で発行された主要雑誌（明治・大正期）」については、奥泉『パイオニア情報館：北米関係総合出版年表編』の掲出をもってこれに代えたい）。

　まさにこの10年の間に、図書館情勢及び移民研究動向は大きな変化を遂げた。多言は要さないが、移民資料の復刻刊行もさることながら、本稿に掲出した国立国会図書館所蔵の明治期刊行図書の殆ど全てが、インターネットで利用できるようになったことが象徴的であろうか。

　形態別資料群として、①学位論文②（文部科学省）科学研究費補助金研究成果報告書等助成研究報告書③シンポジウム報告書④記念紙・誌⑤年鑑・年報等⑥写真集・絵画集・図録⑦オーラル・ヒストリー⑧AV資料⑨帝国議会会議録⑩公聴会記録等米国議会資料⑪米国法令・判例資料⑫米国国立公文書館所蔵資料などを残し、⑬移民関係資料所蔵機関の概要（国内・国外）⑭メモリアル・サイト（遺跡・史跡等）⑮「主題別」主要文献なども提示すべき

課題ではあった(『参考書誌研究』No.58, p.76, 注1)。

それにしても,1冊の本(論文)と一人の研究者が想いだされる。1冊の本は恩師,関寛治編『国際政治学を学ぶ -危機状況打開のための現代国際政治理論のシナリオ』有斐閣,1981(各章末に参考文献あり,有斐閣選書)＜A71-64＞所収の,森祐二・松尾雅嗣「第8章 国際政治学文献の情報構造」pp.225-260である。本論文は,国際政治学文献の「情報構造」をテーマとし,国立国会図書館『雑誌記事索引』や*Social Sciences Citation Index*(SSCI)などの分析により,「同一の分類項目の表す研究領域が、時間と共に変容する契機と動機、経過を明らかに」したものである。「同一言語の意味内容の変質・変容」についての感覚・関心の重要性を認識させられた記憶がある。

少しはにかみながら微笑む,在りし日の,著者の写真をカバーに配した1冊の本がある。Yuji Ichioka[107] の遺稿集となった *Before Internment* である。訪問先のUCLAで,先生の研究室にアポイントメントなしで押しかけた出会いがなかったら,この10年間,果たして持ちこたえることができたであろうか。日本における移民研究の重要な資産である,移民研究会編『日本の移民研究 -動向と目録』1994＜DC812-E190＞(前掲199)が愈々改訂されると聞く。Yuji Ichioka. *Before Internment* が日本における移民研究のひとつの里程標であり,また新たな原点であることを改めて記して,本稿最後の資料番号を付す。

628. Ichioka, Yuji; Gordon H. Chang and Eiichiro Azuma. ed. **Before Internment: Essays in Prewar Japanese American History.** Stanford, Calif.: Stanford Univ. Press, 2006 (Bibliography:pp.309-345, Asian America) ＜DC812-B35＞

Ⅷ. 注

47) 前号で収録した明治・大正期の移植民奨励・情報誌類,及び本号収録の総合雑誌の他に,例えば,以下のような移植民・拓殖関係雑誌も重要である(本号注50も参照のこと)。

(国立国会図書館欠号表示及び論文掲載誌請求記号は省略)

○**『東京地学協会報告』**東京地学協会,1-14巻:明12-26,15巻1号-18巻4号:明26.4-30.3＜雑19-102＞,複製版＜Z15-704＞【目次・総索引】「東京地学協会報告(1879-1896)・地学雑誌(1889-1980)総目録」『地学雑誌』1981〔通号 総目録〕＜Z15-169＞

安岡昭男「初期の東京地学協会と軍人」『政治経済史学』400:1999.12,pp.149-162,石田竜次郎「『東京地学協会報告』(明治12~30年)-明治前半の日本地理学史資料として」『社会学研究』10:1969.3,pp.1-83など参照。

○**『殖民雑誌』**殖民雑誌社,1-6号:明22.5-11＜未所蔵＞(明治新聞雑誌文庫及び北海道大学附属図書館で所蔵,桑原真人『近代北海道史研究序説』pp.43-60参照)

○**『殖民公報』**北海道庁殖民部拓殖課,1-123号:明34.4-大10.12＜雑22-12＞,複製版＜Z2-870＞ほか

○**『殖民学会会報』**1:明44.5-〔 〕＜未所蔵＞(所蔵機関不明,杉原四郎『続 日本の経済雑誌』pp.125-126に言及あり)

○**『海外之日本』**海外之日本社,1巻1号-16巻10号:明44.1-昭17.12,以後『皇道世界』と改題＜雑22-43＞【目次・総索引】『明治新聞雑誌文庫所蔵雑誌目次総覧60(経済編Ⅱ)』

○**『皇道世界』**海外之日本社(『海外之日本』の改題,巻次を継承)17巻1号-18巻9号:昭18.1-19.10＜雑22-43＞

○**『海外』**海外研究会,1巻1号-5巻55号:大4.1-8.12＜雑19-150＞

○**『南洋協会会報』**南洋協会,1巻1号-4巻12号:大4.2-7.12,以後『南洋協会雑誌』と改題＜雑19-151＞,〔マイクロ資料〕3巻1号-4巻12号:大6.1-7.12＜YA-47＞【目次・総索引】『明治新聞雑誌文庫所蔵雑誌目次総覧118(外交編)』

○**『南洋協会雑誌』**南洋協会(『南洋協会会報』の改題,巻次を継承),5巻1号-23巻4号:大8.6-昭12.4,以後『南洋』と改題＜雑19-151ｲ＞＜YA-47＞【目次・総索引】『明治新聞雑誌文庫所蔵雑誌目次総覧118(外交編)』

○**『南洋』**南洋協会(『南洋協会雑誌』の改題,巻次を継承),23巻5号-30

巻9号：昭12.5-19.9＜雑19-151ィ＞，〔マイクロ資料〕23巻5号-27巻6号：昭12.5-16.6＜YA-47＞

　矢野暢『「南進」の系譜』pp.76-78，『日本の南洋史観』pp.102-107，河西晃祐「外務省と南洋協会の連携にみる1930年代南方進出政策の一断面-『南洋商業実習生制度』の分析を中心として」『アジア経済』44（2）：2003.2，pp.40-60，河原林直人「南洋協会という鏡-近代日本における『南進』を巡る『同床異夢』」『人文学報』91：2004，pp.113-140など参照。

○『**日本之関門**』日本之関門社，1編6巻-2編12巻：大5.7-6.12，3巻28号-7巻91号：大7.1-12.2（出版者は，第5巻52号：大9.1まで瞬報社出版部）＜雑19-116＞

○『**日本乃関門**』日本乃関門社，1巻1-6号：大12.5-9＜雑19-116ィ＞

○『**植民**』日本植民通信社，3巻2号-12巻12号：大13.2-昭8.1（別タイトル：The Colonial review）＜雑22-60＞

○『**移民地事情**』海外興業，1-12号：昭2.1-12＜Z3-1155＞

○『**海外**』海外社，1巻1号-13巻76号：昭2.3-8.6＜雑19-149＞

○『**移民情報**』外務省亜米利加局，1巻1号-8巻3号：昭4.2-11.3，8巻4号-9巻11号〔通号1-22号〕：昭11.6-12.3，以後『海外移住』と改題＜雑22-80＞【目次・総索引】『移民情報（第7巻）索引』外務省亜米利加局，昭11＜特248-668＞

○『**海外移住**』移民問題研究会（『移民情報』の改題，巻次を継承），10巻1号-14巻4号：昭12.6-16.4，以後『ラテンアメリカ研究』と改題＜雑22-80＞

○『**ラテンアメリカ研究**』ラテンアメリカ中央会（『海外移住』の改題，巻次を継承），14巻5号-17巻7号：昭和16.5-19.10（14巻6号までの編者及び出版者は移民問題研究会）＜雑22-80＞

○『**中南米**』日本中南米輸出組合連合会，1巻1号-5巻3号：昭13.1-17.3＜雑19-128＞

○『**海を越えて**』日本拓殖協会，2巻2号-7巻3号：昭14.2-19.3，以後『大東亜』と改題＜雑19-178＞（『海を越えて』1巻1号は昭13.5，所蔵は京都大学附属図書館ほか，出版者は拓殖奨励館→日本拓殖協会）

○『**大東亜**』大東亜協会（『海を越えて』の改題，巻次を継承）7巻4-11号：昭19.5-12＜雑19-178＞

○『**日本拓殖協会季報**』日本拓殖協会，2巻1-4号：昭15.7-16.3＜雑22-149＞

以上，既出の雑誌類に加え，重要だと思われる移植民・拓殖関係雑誌を改めて掲出した。これは，最近の「移民研究」において，「移民」ないし「植（殖）民」という既存の定義・概念を超えて，人の「移動」「越境」というフレームワークでの，また「人種」という視座に立った動向が顕著な故でもある。人種問題は，既に移植民思想の萌芽期に遡り甲論乙駁が重ねられてきた，古くて新しい普遍的な課題であり，非科学的な偏見を創出・流布させる政治的な具でもあった。

　以下に掲出する「国民国家」「移動・越境」などの視座による移植民研究の動向については，坂口満宏「アメリカに渡った日本人移民に関する歴史研究の現在－『日本人アメリカ移民史』補論」『史窓』60：2003.2，pp.43-62＜Z8-346＞，同「6 在外居留地・居留民研究の現在」京都女子大学東洋史研究室編『東アジア海洋域圏の史的研究』京都女子大学，2003，pp.351-373（京都女子大学研究叢刊 39）＜GE113-H5＞（植松正・代表『前近代東アジア海洋域圏の比較史的研究－日・中・朝三国の政治・社会的連環』文部省科学研究費補助金研究成果報告書・基盤研究（B），2002＜Y151-H12410095＞の一部），同「移民史研究の射程」『日本史研究』500：2004.4，pp.131-151（「日本」史を見直す＜特集＞）＜Z8-258＞など坂口満宏による一連の纏めが，「植（殖）民」地研究も踏まえ有用である。ここでは，「移植民と総合雑誌」という本稿の観点に即して，移植民研究の動向を掲出する。

【歴史の再構築】

　歴史における既存の境界から叙述を開放することによって，日本の近代像を再検証・再構築しようという試みは，青木保〔ほか〕編『近代日本文化論』全11巻，岩波書店，1999-2000＜GB621-G6＞ほか，小森陽一〔ほか〕編『岩波講座 近代日本の文化史』全10巻・別巻1（未刊），岩波書店，2002-2003＜GB451-G12＞ほか，栗原彬〔ほか〕編『シリーズ 越境する知』全6巻，東京大学出版会，2000-2001＜H45-G70＞ほか，などの代表的なシリーズものに収録されている。酒井直樹〔ほか〕編『歴史の描き方』全3巻，東京大学出版会，2006.11～＜東京本館未所蔵＞は最新の成果。『シリーズ日本近現代史』全10巻，岩波書店，2006.11～（岩波新書）＜GB421-H107＞ほかは，世界史の枠組みのなかで植民地政策等も踏まえた新視点での日本通史。井上勝生『幕末・維新』，牧原憲夫『民権と憲法』が既刊，原田敬一『日清・日露戦争』（2007.2）以下続刊予定。氏家幹人〔ほか〕編『日本近代国家の成立と

ジェンダー』柏書房，2003（KASHIWA学術ライブラリー 05）＜EF72-H127＞は，日本近代国家の成立と展開を「ジェンダー」との相互作用で分析する意欲的な学際論集。『IMAGE & GENDER』5:2005.3＜Z71-D352＞は，「戦争・ジェンダー・表象」を特集（pp.5-69）。千葉慶「戦争・ジェンダー・表象 -研究史の流れ」pp.7-16,「『戦争・ジェンダー・表象』の研究史参考年表」pp.62-69などを所収する。

【移民と植民】
　「移民」と「植（殖）民」の概念規定は，これまで多くの研究者が論じてきた課題であった（『参考書誌研究』No.52, p.69及び木村健二「書評」『移民研究年報』12：2006.3, pp179-180（p.72注75），上掲坂口満宏の一連の論考などを参照。大江志乃夫〔ほか〕編『岩波講座 近代日本と植民地』全8巻，岩波書店，1992-93＜GB411-E44＞並びに山本武利〔ほか〕編『岩波講座「帝国」日本の学知』全8巻，2006＜DC664-H6＞ほか，は植民地研究の新しい研究動向を踏まえた基本書）。
　しかしながら，以下の引用は，旧来の「厳密な」概念規定による一国史ないし一国移民史の「脆弱性」を，象徴的に示しているのかもしれない。＜朝鮮＞という記号＝イメージの生成過程と変遷を，文学作品を素材として読み解く，中根隆行『＜朝鮮＞表象の文化誌 -近代日本と他者をめぐる知の植民地化』新曜社，2004（「主要参考文献」pp.366-385）＜KG748-H48＞（「博士論文」筑波大学，2001＜UT51-2001-M33＞）は，島崎藤村『破戒』の主人公がテキサスへの移民を目指すことに着目する。

　　丑松のテキサス行きは＜殖民＞ではなく＜移民＞である。一九〇五（明38）年以降，朝鮮および満州と露西亜の一部への移住は＜移民＞扱いとはならなかったのだが，＜殖民＞＜移民＞二語の一般的使用法といえば，当時これを区別して使用する意見が知識人に多かった。……けれども，＜殖民＞なる語に「文明低き境域」へ赴くという文化的階層化が明らかに示唆されていた事実は注目してよい。（p.71）筆者注：1905年10月14日，日露講和条約（ポーツマス条約）批准により日露戦争終戦

　しかし，『『破戒』の作品世界を規定していた移民と殖民とのヒエラルキーは解除され，日本人は日韓併合によって日本人の絶対的な優位が保障された殖民＝植民地へと，……成功を求めて大きく舵を切ったので

ある。」(長沢雅春「明治日本から帝国日本への転位と自画像 -中根隆行著『＜朝鮮＞表象の文化誌』を読む」『日本近代文学』72：2005.5, pp.198-206＜Z13-447＞，引用 p.201)。高榮蘭「『テキサス』をめぐる言説圏 -島崎藤村『破戒』と膨脹論の系譜」金子明雄〔ほか〕編『ディスクールの帝国 -明治三〇年代の文化研究』新曜社，2000, pp.273-302＜KG314-G25＞は，テキサスをめぐる多様な立場からの「移動」言説を検証し，「日本の膨脹地」「新日本」建設の場としてのテキサスの表象機能を検証する。

【国民国家と越境】

　このような，国民国家の創造から国民文化の形成を経てナショナリズムへと至る過程の研究は，移植民研究への多様なアプローチをも内包している。小森陽一「『保護』という名の支配 -植民地主義のボキャブラリー」小森陽一〔ほか〕編『メディア・表象・イデオロギー -明治三十年代の文化研究』小沢書店，1997, pp.319-334＜GB451-G1＞，佐野正人「＜移動＞する文学 -明治期の『移植民』表象をめぐって」佐々木昭夫編『日本近代文学と西欧 -比較文学の諸相』翰林書房，1997, pp.221-237＜KG311-G86＞，青木保「『民族』と『アジア』から見た近代日本」青木保〔ほか〕編『近代日本への視角』岩波書店，1999, pp.137-171（近代日本文化論1）＜GB621-G6＞，市野川容孝「黄禍論と優生学 -第一次大戦前後のバイオポリティクス」小森陽一〔ほか〕編『編成されるナショナリズム』岩波書店，2002, pp.119-165（岩波講座 近代日本の文化史5）＜GB621-G15＞，鈴木貞美『日本の文化ナショナリズム』平凡社，2005（「引用・参考文献」pp.268-277，平凡社新書）＜EC211-H142＞などがその一例であろうか（『参考書誌研究』No.58, pp.96-97参照）。

　「越境の中の近現代日本＜特集＞」『大阪大学日本学報』22：2003.3＜Z8-1964＞は，同名のシンポジウム（2002年6月，於：大阪大学）における5報告を改稿・掲載する。杉原達「越境考 -『越境の中の近現代日本』特集にあたって」pp.1-6は，シンポジウムの課題を「世界資本主義の連関の中で、また『国民国家』の確立という連関の中で、そして『帝国』としての展開の中で、『日本』という枠組みを、幾層にもわたる問題群においてきびしく論究」することに求めている。水野守「『越境』と明治ナショナリズム ―一八八九年条約改正問題における政教社の思想」pp.39-54, 貴堂嘉之「帝国と国民国家のあいだ -アジア系移

民の越境・人種・アメリカ」pp.1-20 などを所収。水野守「政教社『国粋主義』の展開 －『人種主義』との関わりについて」『移民研究年報』12：2006.3, pp.131-140 ＜Z3-B399＞も併せて参照されたい（p.67注73【政教社・『日本人』】参照）。

　また, 米山裕「はじめに 近代における日本人の移動性 －移民研究から移動研究へ」『立命館言語文化研究』17（1）：2005.8, pp.3-6（連続講座「国民国家と多文化主義」第15シリーズ －日本人の海外進出とディアスポラ＜特集＞）＜Z12-830＞は、これまでの移民研究は、移民（移住）者の主体性及び本国との関係を等閑視してきたとし、「移動」を中心概念とした「国際労働力移動研究」「世界システム論的アプローチ」（奴隷・移民を包含する広範な人的移動研究）及び「カルチュラル・スタディーズ」の方法論の可能性を提示する。本特集にはほかにも、近代日本人の海外移住体験を再検討する連続講座の報告論文が多数収録されている（http://www.ritsumei.ac.jp/acd/re/k-rsc/lcs/lcs_index.htm；Internet; Accessed 31 December 2006. 以下ウェブサイト最終アクセス日は同年月日、記述省略）。

　米山裕「『日系アメリカ人』の創造 －渡米者＜在米日本人＞の越境と帰属」西川長夫〔ほか〕編『20世紀をいかに越えるか －多言語・多文化主義を手がかりにして』平凡社, 2000, pp.120-143 ＜A58-G4＞は、アメリカに一時滞在した「在米日本人」が、モデル・マイノリティ「日系アメリカ人」へと強制的に成型されるプロセスを「越境」概念を手がかりに考察。米山「『公式』な日系アメリカ人の創成 －日系アメリカ市民協会（JACL）と日系アメリカ人研究計画（JARP）」『立命館史学』24：2003, pp.85-99 ＜Z8-1701＞は、同様の問題意識を基に、カリフォルニア大学ロサンゼルス校（UCLA）「JARPコレクション *Japanese American Research Project Collection*」の意義を検証する。Yoo, David, foreword by Roger Daniels. *Growing Up Nisei: Race, Generation, and Culture among Japanese Americans of California, 1924-49*. Urbana: Univ. of Illinois Pr., 2000（Asian-American Studies）＜未所蔵＞も参照のこと。吉田亮編著『アメリカ日本人移民の越境教育史』日本図書センター, 2005（各章末に参考文献・推薦文献あり）＜FB82-H21＞は、まさに「越境史 *Transnational History*」観アプローチによる、アメリカ日本人移民のさまざまな局面での教育活動史の纏め。吉田亮「序章 日本人移民の越境教育史に向けて」pp.3-25 が、一国史枠によって既定された「同

－33－

化」・「領土」・集団間関係の限界性を指摘し（p.15），「地理的越境」「政治的越境」「文化的越境」の観点から研究史及びその意義を整理し，今後の検討課題を提起する。坂口満宏『日本人アメリカ移民史』不二出版，2001 ＜DC812-G176＞は，研究の空白期間とされる1930年代北米日本人社会を対象に，「国家と個人の同一化」を基軸とし，近代国民国家と移民との関係を考察する（松田京子「書評 坂口満宏著『日本人アメリカ移民史』」『史窓』60：2003.2, pp.63-68 ＜Z8-346＞参照）。以下の学位論文等もまた，同様の歴史認識に立脚したものと言えるだろう。広瀬玲子『国粋主義者の国際認識と国家構想 −福本日南を中心として』博士論文（早稲田大学，2002）＜UT51-2003-J180＞，芙蓉書房出版，2004 ＜A38-H14＞は，国際情勢と国家構想の相互関係を中心に，福本日南らの植民論の帰趨を実証的に分析する（本号pp.71-72参照）。田川真理子『「移民」思潮の軌跡』博士論文（名古屋大学，2004）＜UT51-2004-R187＞，雄松堂出版，2005（「参考文献」pp.ii-xi）＜DC812-H141＞は，時代・地域を限定した狭義の「移民論」の枠組みを超え，出（emigration）・入（immigration）及び国内移動も内包した概念に基づき，「労働力移動の歴史」に遡り，ブラジル移民・満州移民も含めた「移民」思潮の全体像を探る。塩出浩之『近代日本の移植民と政治的統合』博士論文（東京大学，2004）＜UT51-2006-C856＞は，「内地雑居論争」「北海道・ハワイ・樺太への移植民」を対象とし，帝国期日本における「政治的越境」「移動」の意味とその政治的アイデンティティを，一次史料に基づき体系的に分析する。レイン・リョウ・ヒラバヤシ〔ほか〕編，移民研究会訳『日系人とグローバリゼーション −北米、南米、日本』人文書院，2006 ＜DC812-H188＞（原著：Hirabayashi,Lane Ryo, et al. ed. *New Worlds, New Lives: Globalization and People of Japanese Descent in the Americas and from Latin America in Japan.* Stanford: Stanford Univ. Pr., 2002（Asian America）＜DC812-A118＞）は，「全米日系博物館 *Japanese American National Museum*」の主催による「国際日系研究プロジェクト *International NIKKEI Research Project* : INRP」（http://www.janm.org/projects/inrp/japanese/index_ja.htm）の共同研究の成果。日系移民の歴史から日本へのデカセギまで，日系人アイデンティティの発展にグローバル化が及ぼした影響についての18件の事例研究と論点（「回顧と展望」）から成る。学術的な成果に劣らず，まさに「越境」したコラボレーションという大きな意義もある。

一般書では，ギ・リシャール監修，藤野邦夫訳『移民の一万年史 －人口移動・遥かなる民族の旅』新評論，2002（「関連年表」pp.324-330,「参考文献一覧」pp.334-339）＜GA39-G49＞（原著：*Ailleurs, l'herbe est plus verte: histoire des migrations dans le monde* / sous la direction de Guy Richard; avec Marie-Sybille de Vienne...[et al.], [Paris]: Diffusion Le Seuil, c1996 ＜未所蔵＞），が，一万年にわたる地球規模の移民及び移民の個別史を概観する。日本人移民についても言及があり，ジャン＝ピエール・フィシュ「第9章 アメリカの移民」pp.205-251は，同化と多元主義をめぐるアメリカ移民史についての纏め。

【人種概念】

　「人種」概念の研究では，竹沢泰子編『人種概念の 普遍性を問う －西洋的パラダイムを越えて』人文書院，2005（各論文末に「参照文献」あり）＜SA51-H4＞が，「今後人種主義に対抗する言説を構築するために役立ちそうな「利用可能な過去（usable past）」を見つけることができる」（和泉真澄「書評」『移民研究年報』12：2006.3, pp.194-197 ＜Z3-B399＞）まさに学際的かつ壮大なプロジェクト。竹沢泰子『社会的構築物としての人種概念に関する理論的考察』文部省科学研究費補助金研究成果報告書・基盤研究（C），2001＜Y151-H11610314＞及び竹沢泰子・代表『「人種」の概念と実在性をめぐる学際的基礎研究』2冊，文部科学省科学研究費補助金研究成果報告書・基盤研究（B），「人種概念の普遍性を問う」国際シンポジウム報告書，2004＜Y151-H13410096＞が先行研究。京都大学人文科学研究所共同研究班（代表・竹沢泰子）「人種の表象と表現をめぐる学際的研究」については，ウェブサイト（http://kyodo.zinbun.kyoto-u.ac.jp/~race/index.htm）を参照されたい。古川博巳・古川哲史『日本人とアフリカ系アメリカ人 －日米関係史におけるその諸相』明石書店，2004（「関連年表」pp.447-477）＜A99-ZU-H22＞は，近世日本人と黒人との遭遇から現代に至る「日本人とアフリカ系アメリカ人との係わり」を歴史的・文学的に検証する（「日本人による人種問題の研究書」pp.103-107）。まさに「別の鏡 *different mirror*」に映し出された日本人移民の姿と見ることもできる。古川博巳には，先行研究『戦前の日米関係における日本人とアフリカ系アメリカ人の交流と影響の史的考察』文部省科学研究費補助金研究成果報告書・基盤研究（C），1996＜Y151-H07801049＞がある。

　J.F.スタイナー著，森岡清美訳『人種接触の社会心理学 －日本人移民

をめぐって』ハーベスト社，2006（「解題 -スタイナー博士の人と業績」pp.195-219,「文献」pp.224-241）＜DC812-H203＞は，日米関係の源泉に横たわる人種偏見・相互偏見を基軸に，人種問題としての日本人移民問題を社会心理学的に考察した学位論文（シカゴ大学，1915）の新訳。シカゴ学派で，「エスニックサイクル *Ethnic Cycle*」により移民の同化過程を解明する，指導教授パーク（Robert E. Park）の「序言」を付す。原著は，Steiner, Jesse Frederick. *The Japanese Invasion: A Study in the Psychology of Interracial Contacts*, with an introduction by Robert E. Park. Chicago: A.C.McClurg, 1917（Bibliography：pp.211-224, published also as thesis（Ph. D.）Univ. of Chicago, 1915）＜325.252-S822i＞ほか，1978年にArno社から叢書 *The Asian Experience in North America: Chinese and Japanese* の1冊としてリプリント版＜DC812-36＞が刊行されている。シカゴ学派のエスニシティ研究については，例えば，寺岡伸悟ほか「第4章 エスニシティ -移民と人種」中野正大・宝月誠編『シカゴ学派の社会学』世界思想社，2003，pp.121-144（「シカゴ学派に関する文献一覧」pp.352-371, Sekaishiso Seminar）＜EC29-H4＞，藤澤三佳「五 社会と個人 -その解体と組織化」宝月誠・中野正大編『シカゴ社会学の研究 -初期モノグラフを読む』恒星社厚生閣，1997，pp.133-170（「*Green Bible*の項目・出典表」pp.549-581,「シカゴ学派研究の参考文献」pp.582-595）＜EC29-G6＞，町村敬志〔ほか〕編訳『実験室としての都市 -パーク社会学論文選』御茶の水書房，1986＜EC121-149＞など参照。なお，スタイナー『人種接触の社会心理学』の本邦初訳は，ステーナー著，薄田貞敬訳『日本の侵略』大日本文明協会事務所，大正9（大日本文明協会刊行書 第4期第51巻）＜355-31-(4・51)＞＜原本代替請求記号YD5-H-355-31-(4・51)（マイクロフィッシュ）＞である。

　この訳書の刊行者大日本文明協会の会長は，「日本移民協会」会頭でもある大隈重信であった（『参考書誌研究』No.58, pp.74-75参照）。『日本移民協会報告』第1-16が2006年に復刻刊行されている（『日本移民協会報告』全2巻，不二出版，2006（坂口満宏「解説」，「総目次」，「執筆者索引」）＜未所蔵＞）。大隈重信と移民・人種問題については，間宮國夫「大隈重信と人種差別撤廃問題 --一九一九年パリ講和会議との関連において」『早稲田大学史紀要』21：1989.3, pp.213-237（生誕150年記念大隈重信研究論集＜特集＞）＜Z7-327＞（早稲田大学大学史編

集所編『大隈重信とその時代 −議会・文明を中心として− 大隈重信生誕一五〇年記念』早稲田大学出版部，1989＜GK114−E13＞に再録），「大隈重信と『移民問題』」『社会科学討究』42（3）：1997.3, pp.1103−1122＜Z6−289＞を参照のこと。また，関連文献として，間宮「大正デモクラットと人種問題 −浮田和民を中心に」『人文社会科学研究』30：1990.3, pp.105−115＜Z22−658＞がある（「人種差別撤廃問題」「東西文明調和論」の参考文献については，重複するものもあるが，『参考書誌研究』No.58, pp.101−102及び本号p.79も参照のこと）。大日本文明協会編『日米交渉五十年史』大日本文明協会，明42＜319.153−D17n＞＜原本代替請求記号YDM29567（マイクロフィッシュ）＞（⇒近デジ）も併せて参照されたい。

　　小森陽一『レイシズム』岩波書店，2006（「基本文献案内」pp.117−122, 思考のフロンティア）＜EC132−H13＞は，サイード『オリエンタリズム』・永井荷風『悪寒』などのテクストに拠り，現代における「人種差別主義（レイシズム）」の定義と仕組みを探り，差別のメカニズムにおける「言語システム」の重大性を指摘する。

48) 雑誌の【目次・総索引】類及び本稿における引用のしかたについては，前号で記述したとおりであり（『参考書誌研究』No.58, p.65, p.79参照），本号でもその例に倣った（国立国会図書館では雑誌のマイクロ化に際し，マイクロ資料からの複写によって「総目次」類を作成し利用の便に供している。これらの「総目次」類については，資料の書誌事項に記述するのみとし，【目次・総索引】の項には記述していない）。多数の雑誌の目次を集成する【目次・総索引】類について，最新の状況も踏まえ再掲する。

○『東京大学法学部附属明治新聞雑誌文庫所蔵雑誌目次総覧』全150巻，大空社，1993−98（明治新聞雑誌文庫所蔵雑誌目次総覧複製）＜UP54−E10＞

○石山洋〔ほか〕編『明治・大正・昭和前期雑誌記事索引集成』社会科学編全70巻，人文科学編全50巻，専門書誌編全3巻，皓星社，1994〜刊行中＜UP54−E16＞ほか。本集成の「説明と利用方法」については，http://www.libro-koseisha.co.jp/link11.html を参照のこと。また，ウェブ版として「明治・大正・昭和前期雑誌記事索引データベース（テスト版）」（http://www.annex-net.jp/ks1/）が公開されている。

○岡野他家夫監修『明治雑誌目次総覧』全5巻，ゆまに書房，1985（書

誌書目シリーズ21）＜UP54-38＞は，明治期に刊行された文学・歴史・地理などの代表的雑誌の細目集成。
○目次文庫編集委員会〔ほか〕編『近代雑誌目次文庫』ゆまに書房,1989～刊行中，／1-24「国語・国文学編」全24巻，1989-2000＜UP54-E4＞／25-50「外国語・外国文学編」全26巻，1995-2005＜UP54-E4＞ほか／51-70「社会学編」全20巻（予定），2003～刊行中＜UP54-H1＞ほかは，明治以降現代に至る学会誌・紀要・機関誌や関連領域の専門雑誌等の目次を集成。各シリーズに執筆者名索引等を付す。
○藤元直樹「幕末・明治初期雑誌目次集覧」『参考書誌研究』65：2006.10, pp.1-154＜Z21-29＞は，幕末から明治9年にかけて創刊かつ終刊した雑誌73誌の解題・国内所蔵状況・細目を記述する秀逸な書誌。

　以上のものは，「国立国会図書館雑誌記事索引」（http://www.ndl.go.jp/jp/data/sakuin/sakuin_select.html）及び「大宅壮一文庫雑誌記事索引」（http://www.oya-bunko.or.jp/sakuin0.htm）の「空白を埋めるもの」として重要である。また比較的新しい，限定された分野ではあるが，大阪経済大学日本経済史研究所「経済史文献解題」データベース（http://www.osaka-ue.ac.jp/nikkeisi/）は，日本経済史研究所編『経済史文献解題』（＜332.0031-N685k＞ほか）に収録された図書（解題として主に内容細目・目次を付す）及び雑誌論文を検索できる。2007年1月現在1989年版-2005年版まで検索可能で，順次遡及入力も行っている。第一部「総覧」・第二部「日本歴史」・第三部「日本経済史」・第四部「東洋経済史」・第五部「西洋経済史」に分類され，移植民関係は，それぞれ「近現代史」「対外交渉史」「民族・開拓」「人口・集落・移植民」などの項目に収録される。

　特定の雑誌の総目次・総索引等の所在を知るためには以下の書誌が有用である。
○天野敬太郎・深井人詩共編『日本雑誌総目次要覧』日外アソシエーツ，1985＜UP54-25＞，1984年以降の補遺として，深井人詩・田口令子共編『日本雑誌総目次要覧-1984～1993』日外アソシエーツ，1995＜UP54-E14＞及び深井人詩・中西裕共編『日本雑誌総目次要覧-1994～2003』日外アソシエーツ，2005＜UP54-H22＞がある。
○『国立国会図書館所蔵国内逐次刊行物総目録・総索引一覧 −平成7年

1月現在』国立国会図書館，1995＜UP54-E15＞は，機構改革等による所在等情報変更に留意が必要。

49) 近代日本の対米観・対米イメージ，ないしその逆パターンについては，「文化および教育の交流に関する日米会議 U.S.-Japan Conference on Cultural and Educational Interchange」の共同研究の成果である，Irie, Akira, ed. *Mutual Images: Essays in American-Japanese Relations.* Cambridge: Harvard Univ. Pr., 1975 (Harvard Studies in American-East Asian Relations 7)＜GB63-51＞及びその日本語版，加藤秀俊・亀井俊介編『日本とアメリカ －相手国のイメージ研究』日本学術振興会，1977＜A99-ZU-38＞，1991（学術選書 1）＜A99-ZU-E129＞をはじめ，既に，多様な視座から先駆的な研究が蓄積されている。本稿の目的に示唆を与えるものとして，澤田次郎『近代日本人のアメリカ観 －日露戦争以後を中心に』慶應義塾大学出版会，1999＜A99-ZU-G64＞は，同タイトルの「博士論文」（慶応義塾大学，1997）＜UT51-98-J119＞に加筆・修正したものであり，前編において徳富蘇峰を，後編において「『少年倶楽部』のアメリカ像」など昭和戦前期の言論人のアメリカ観を考察する。同書「まえがき」（pp.i-vi）は，太平洋戦争へと次第に傾斜していくこの期日本人の，対米観及びその研究の概観を与える。本書以降の，澤田による一連の「蘇峰とアメリカ関係」論考も重要である（本号 pp.53-54参照）。また，長谷川雄一編著『大正期日本のアメリカ認識』慶應義塾大学出版会，2001＜A99-ZU-G81＞は，排日土地法・排日移民法など「人種」を主な要素として，近衛文麿・宇垣一成・加藤高明・珍田捨己・米田實・半澤玉城・満川亀太郎らの対米観を考察する。鈴木晟「日本人の対米観・序論 －『阿闍世コンプレックス』の視点から」『社会科学討究』36（1）:1990.8, pp.1-21＜Z6-289＞，瀬尾幹夫「近代作家の対米観」『季刊日本思想史』44：1994, pp.57-66＜Z9-469＞，野村乙二朗「石原莞爾の対米観」『日本歴史』524：1992.1, pp.77-94＜Z8-255＞，広部泉「日本陸軍の対米観 －1924年移民法に対する反応を中心に」『言語文化論集』20（2）:1999.3, pp.113-121＜Z12-503＞，戸塚順子「『大東亜戦争』期における対外観の変遷について －対中・対米観を中心として」『寧楽史苑』46：2001, pp.36-57＜Z8-250＞などの雑誌論文も参照のこと。

図像・映像からのアプローチとして，以下のものも参照されるべきであろう。

長山靖生『相互誤解！ －ジャパン・バッシングの起源と深層』JICC出版局，1992（「主要参考文献・資料」pp.〔309-310〕）＜GB411-E40＞。『日米相互誤解史』中央公論新社，2006（「主要参考文献・資料」pp.324-325，中公文庫）＜未所蔵＞は『相互誤解！』を訂正・加筆したもの。門間貴史『欧米映画にみる日本 －アメリカ・ヨーロッパ』社会評論社，1995（フリクショナル・フィルム読本 3）＜KD712-E254＞。『日本映画の描く民族』（フリクショナル・フィルム読本 4）が刊行予定であるが未刊。村上由見子『イエロー・フェイス －ハリウッド映画にみるアジア人の肖像』朝日新聞社，1993 （「参考資料」pp.324-327，朝日選書）＜KD712-E139＞は，ハリウッドが創り出した日本人・アジア人像を検証。類書として，Marchetti, Gina. *Romance and the "Yellow Peril": Race, Sex, and Discursive Strategies in Hollywood Fiction.* Berkeley and Los Angeles: Univ. of California Pr., 1993（Bibliography: pp.239-248），Bernardi, Daniel, ed. *The Birth of Whiteness: Race and the Emergence of U.S. Cinema.* New Brunswick, N.J.: Rutgers Univ. Pr., 1996（Selected Bibliography: pp.355-365）＜未所蔵＞，Bernstein, Matthew and Gaylyn Studlar, ed. *Visions of the East: Orientalism in Film.* New Brunswick, N.J.: Rutgers Univ. Pr., 1997（A Select Bibliography: pp.315-318）＜未所蔵＞など。Dower, John W. *War without Mercy: Race and Power in the Pacific War.* New York: Pantheon Books, 1986（Bibliography: pp.367-384）＜GH113-A29＞ほか，邦訳：ジョン・W.ダワー著，猿谷要監修・斎藤元一訳『人種偏見 －太平洋戦争に見る日米摩擦の底流』TBSブリタニカ，1987＜GH113-E2＞もまず参照されるべき文献。アメリカ同時多発テロ（2001年9月11日）以降の特別寄稿を収録し，原著者ダワーの意向を受け改題した『容赦なき戦争 －太平洋戦争における人種差別』平凡社，2001（平凡社ライブラリー）＜GH113-G11＞は，索引も付され利用しやすくなった。ダワーの *Embracing Defeat: Japan in the Wake of World War II.* 1st ed., New York: W.W.Norton & Co, 1999＜GB561-A113＞，邦訳：三浦陽一・高杉忠明〔ほか〕訳『敗北を抱きしめて －第二次大戦後の日本人 上・下』岩波書店，2001＜GB561-G82＞（増補版，2004＜GB561-H15＞ほか）及び「風刺画のなかの日本人、アメリカ人 －日米関係における暗号化されたイメージ」細谷千博・有賀貞監訳，入江昭・R. A. ワンプラー編『日米戦後関係史 1951-2001』講談社インターナショナル，2001, pp.355-389＜A99-ZU-

G87＞も，併せて読まれるべきであろう。

　前掲169．『世界の見た日本 国立国会図書館所蔵日本関係翻訳図書目録』＜GB1-E18＞は，戦後刊行され1989年6月末までに整理された，外国人著作の日本関係邦文図書を収録（『参考書誌研究』No.48, p.23参照）。富田仁編『事典 外国人の見た日本』日外アソシエーツ，1992＜GB1-E36＞は，富田編『海外交流史事典』日外アソシエーツ，1989＜A2-E3＞及び前掲252．『海を越えた日本人名事典』（『参考書誌研究』No.48, p.48参照）とともに三部作を成す。国立国会図書館編『世界の中のニッポン －書物が語る日本像（展示会目録）』国立国会図書館，1993（於：国立国会図書館，平成5年11月24日-12月10日）＜GB1-E48＞は「国立国会図書館所蔵日本関係書誌一覧」pp51-61を付し，International House of Japan Library, comp. *An Exhibition of Information Resources on Japan.* Tokyo: International House of Japan, 1992＜未所蔵＞は，国際文化会館40周年記念事業「英語による日本情報展 －日本研究の系譜と現代日本情報」（1992年10月28日-31日）の展示カタログ。何れも対米観・対日観の沃野である「日本研究」の重要なレファレンス・ワークである。

　川西進・滝田佳子訳，佐伯彰一解説『アメリカ人の日本論』研究社出版，1975（アメリカ古典文庫22）＜GH81-14＞及び『日本人のアメリカ論』研究社出版，1977（アメリカ古典文庫23）＜GH81-14＞は，参考文献も付された基本文献。雑誌では『アメリカ研究』4:1970.3（日本人のアメリカ像＜特集＞）＜Z8-43＞など多くの特集号が刊行されており，『国文学 解釈と鑑賞』60（5）:1995.5（続 外国人の見た日本・日本人＜特集＞）及び62（12）：1997.12（続 日本人の見た異国・異国人 －明治・大正期＜特集＞）＜Z13-333＞には，それぞれ「外国人による日本論・日本人論 訳書目録」pp.166-176，「文学作品目録抄／近代文学研究書目録抄」pp.169-181も付されており手引きとなる。

50) 阪田が採録対象とした雑誌は，『殖民協会報告』及び『殖民時報』を含め以下のとおりである。また，『東京経済雑誌』及び『東洋経済雑誌』（『東洋経済新報』の誤記）についても作業中である，としている。『東京経済雑誌』は，経済雑誌というにとどまらず，近代日本において極めて重要な役割を演じた雑誌であり，『東京経済雑誌記事総索引』の刊行は，今後の移植民研究に大いに寄与するものと思われる（本号 pp.5-6参照）。

-41-

（各誌継続前・後誌のあるものは纏め，創刊順に配列した。）
○『国民之友』（創刊：明20.2，収録：明21.5-31.6）
○『日本人』→『亜細亜』→『日本及日本人』（創刊：明21.4，収録：明21.5-43.12）
○『殖民協会報告』→『殖民時報』（創刊：明26.4，収録：明27.11-34.1）
○『太陽』（創刊：明28.1，収録：明28.6-大2.10）
○『実業之日本』（創刊：明30.6，収録；明30.7-大2.5）
○『中央公論』（創刊：明32.1，収録：明33.7-大2.9，『反省会雑誌』創刊：明20.8→『反省雑誌』→『中央公論』と誌名変更）
○『三田商業界』→『実業之世界』（創刊：明38.11，収録：明40.2-大13.7）
　矢野「参考文献」（p.297）掲出雑誌は以下の通り。
『実業之日本』『地理教育』（→『地理学研究』）『南洋水産』『綿輸月報』『南洋』『新亜細亜』『ダイヤモンド』『海を越えて』『太平洋』『東洋』『エコノミスト』『海聯会報』『台湾時報』『南方』『拓殖評論』『太陽』（大正期）『新青年』（昭和期）

　簑原俊洋『排日移民法と日米関係』岩波書店，2002（「主要参考文献」pp.269-335）＜AU-631-G15＞（博士論文「カリフォルニア州における排日運動と1924年移民法の成立過程－移民問題をめぐる日米関係:1906～1924年」神戸大学，1998＜UT51-98-S231＞）は，主要参考文献において「排日移民法」に係る紀要・雑誌論文を広範に掲出している。既出及び戦後の研究論文誌・紀要を除く，主要な雑誌は以下の通りである（【目次・総索引】を掲出）。
○『龍門雑誌』【目次・総索引】『明治新聞雑誌文庫目次総覧13（経済編）』
○『外交時報』【目次・総索引】英修道編『日本外交史関係文献目録』慶応通信，1961＜319.1-H169n＞ほか
○『国際法外交雑誌』【目次・総索引】英編『日本外交史関係文献目録』ほか
○『国際知識』【目次・総索引】英編『日本外交史関係文献目録』
○『法学新報』【目次・総索引】『明治新聞雑誌文庫目次総覧36（憲政編）』
○『貿易』
○『東方時論』【目次・総索引】『明治新聞雑誌文庫目次総覧118（外交編）』／小島麗逸編『戦前の中国時論誌研究』アジア経済研究所，1978＜GE2-38＞参照
○『文明大観』
○『東拓月報』

○『政友』【目次・総索引】『政友』(複製版) 柏書房, 1980-81 ＜Z1-283＞
○『民政』【目次・総索引】『民政』(複製版) 柏書房, 1986-87 ＜Z1-434＞ほか
○『憲政』【目次・総索引】『憲政』(複製版) 柏書房, 1986 ＜Z1-447＞ほか
○『憲政本党党報』【目次・総索引】『憲政本党党報』(複製版) 柏書房, 1985 ＜Z1-380＞ほか
○『憲政公論』【目次・総索引】『憲政公論』(複製版) 柏書房, 1988 ＜Z1-449＞ほか

51) 報道性と評論性を兼ね備えた「経済雑誌」の意義と明治以降のわが国における発展については, 杉原四郎「明治時代の経済雑誌序説」『関西大学経済論集』16 (4・5): 1967.4, pp.71-83 ＜Z3-218＞,「明治20年代の経済雑誌 -博文館の諸雑誌を中心として」『甲南経済学論集』11 (1): 1970.6, pp.37-55 ＜Z3-267＞,「大正時代の学術経済雑誌」『甲南経済学論集』15 (1): 1974.6, pp.37-52 ＜Z3-267＞など, 杉原四郎の一連の論考, これらを敷衍させた杉原四郎『日本の経済雑誌』日本経済評論社, 1987 ＜UM84-77＞及び『続 日本の経済雑誌』日本経済評論社, 1997 ＜UM84-77＞, 杉原四郎編『日本経済雑誌の源流』有斐閣, 1990 ＜D1-E74＞などを参照のこと。

52) 早野喜久江「雑誌が果たした役割 -明治時代の婦人向け雑誌を中心に」『相模女子大学紀要』56A: 1992, pp.57-64 ＜Z22-299＞は, 明治20年代を, 雑誌というオピニオン・ジャーナリズムの揺籃期とし, 士族や民権派の代表でなく, まさに「国民」の代表として言論活動を開始した, とする (p.57)。また, 永谷健「近代日本における上流階級イメージの変容 -明治後期から大正期における雑誌メディアの分析」『思想』812: 1992.2, pp.193-210 ＜Z23-90＞は, 明治20年以前の総合雑誌は継続性が低く他誌との連続性にも欠けるとし, 分析対象テクストを『国民之友』『日本人』『太陽』『中央公論』に限定する (p.194)。

　以下, 明治・大正期の雑誌を史資料として移植民に関する調査・研究を行う際の, 資料的バックグラウンドを鳥瞰する。

【概観】
　新聞と雑誌の不分明なる時期を経て, わが国の雑誌は, 柳河春三(しゅんさん)が1867年 (慶応3) に創刊した『西洋雑誌』をもってその嚆矢とする。次いで1874年 (明治7) に, 福沢諭吉ら明六社によって創刊された『明六雑誌』は, わが国最初の啓蒙的評論雑誌・総合雑誌であり, 日本の近

代思想を研究するうえで不可欠な史料となっている。これらに続く近代日本の雑誌を概観するものとして，例えば以下のような資料がある。廢姓外骨「明治雑誌年表」『明治文化全集 19巻 雑誌篇』日本評論社，1992（復刻版）pp.495-526 ＜GB415-G11＞（巻次は昭3年・昭30年・昭42年発行各版により異同あり）は，明治元年～明治22年創刊の雑誌を拔記，西田長壽「明治初期雑誌について」pp.2-8も含む。木村毅「日本雑誌発達史」『現代ジァアナリズム研究』公人書房，昭8，pp.155-212 ＜643-20＞は，幕末から明治期の各ジャンルの雑誌及び出版社の盛衰を記す。西田長壽『明治時代の新聞と雑誌』至文堂，1961（日本歴史新書）＜070.21-N748m＞，増補版，1966 ＜UC126-14＞，『日本雑誌協会史 -第1部 大正・昭和前期』日本雑誌協会，1968 ＜UE3-1＞（第2部は戦中・戦後期）なども参照のこと。また，雑誌『流動』＜Z23-165＞が以下の特集をしており，「資料・出版社」「創刊の辞」なども付され，ダイレクトリーとしても有用である。「出版社の研究」『流動』9（13）：1977.12臨時増刊号（第一部「近代日本出版史」pp.60-128，第二部「出版社の研究」pp.130-181），「続 出版社の研究」10（6）：1978.6（「戦後出版産業三十年史」pp.52-165ほか），「総合雑誌の研究-80年代のメディア論へ」11（8）：1979.7（「総合雑誌百年史」pp.118-174ほか）。

【創刊号】

　雑誌刊行にかける編集者・発行者の意気込みとその社会的背景は，創刊号に凝縮されているだろうか。大宅壯一文庫編著『大宅壯一文庫創刊号コレクション -日本の雑誌』〔電子資料〕，明治編・大正編（一）-（三），紀伊國屋書店，2000-03 ＜YH231-24＞ほかは，文久2年（1862）から大正15年（1926）まで，大宅壯一文庫で所蔵する雑誌創刊号606誌の全文を収録する（http://www.oya-bunko.or.jp/soukan/cdrom3.htm）。日本近代文学館編『復刻 日本の雑誌』A-H・解説，全9冊，講談社，1982 ＜YP21-57＞は，『西洋雑誌』（慶応3年）から『文芸春秋漫画読本』（昭和29年）まで，主要な雑誌創刊号91冊の複製。『解説』編は収録各誌の解説のほか「近代雑誌略年表」pp.285-297を付す（本稿関係収録雑誌：『労働世界』『東京経済雑誌』『東洋経済新報』『国民之友』『日本人』『太陽』『キング』『婦人画報』『穎才新誌』）。うらわ美術館・岩波書店編集部編『創刊号のパノラマ -近代日本の雑誌・岩波書店コレクションより』岩波書店，2004 ＜UM84-H40＞（「うらわ美術館」展

示会図録は＜UM84-H29＞）は，岩波書店が所蔵する雑誌創刊号コレクション約2,900冊のうち，慶応3年（1867）から昭和26年（1951）までの主要な雑誌約1,500冊をカラー図版で紹介する。雑誌創刊号のコレクションとしては，ほかに旧香川大学初代学長神原甚造（1884-1954）旧蔵の，香川大学附属図書館「神原文庫」がある（http://www.lib.kagawa-u.ac.jp/www1/kanbara/kanbara.html）。東京都立多摩図書館「創刊号コレクション」(http://www.library.metro.tokyo.jp/14/14330.html)は，1946年創刊以降のもので戦後中心（東京都立多摩図書館参考奉仕課編『東京都立多摩図書館雑誌創刊号コレクション目録 1997年12月末現在』東京都立多摩図書館，1998 ＜UP15-G31＞），宇都宮市立図書館編『宇都宮市立図書館所蔵雑誌創刊号解題』宇都宮市立図書館，1988 ＜UP15-E31＞は，明治・大正期の37タイトルを含む，昭和30年以前刊行の創刊号308タイトルについて，創刊の辞・目次・関連人物情報なども収録し解題する。

かつて，慶応から昭和期まで約12,000点の雑誌創刊号が，「大塚文庫」という個人文庫に所蔵されていた。この数は国立国会図書館や大宅壮一文庫をはるかに上回るものであり，「創刊号図書館」設立の計画もあった。しかし「大塚文庫」は，『雑誌・創刊号蔵書目録 慶応-昭和』改訂版，大塚文庫，1986（田村紀雄・山本明「序文」）＜UP15-G66＞（初版は1984年刊＜未所蔵＞）を残し，バブル崩壊とともに散逸してしまった。その経緯については,大塚正基「一万冊の創刊号雑誌から編集者の情熱がたちのぼる」『ほんばこ』2（3）〔通号6〕：1992.9,pp.40-43 ＜Z21-2460＞及び「『大塚文庫』顛末記」『日本古書通信』57（12）〔通号761〕：1992.12, pp.22-23 ＜Z21-160＞，「雑誌の異色大文庫 - 10年で明治以来の6000点」『朝日新聞』1985.6.9（日曜版），「大塚文庫（創刊誌図書館）が閉館 - "幻の雑誌" 散り散り」『読売新聞』1992.11.24　などを参照のこと。

主要雑誌の名稿・粋稿等エッセンスを復刻再編集したものに，『復録日本大雑誌』全5冊，流動出版，1979（「明治篇」「大正篇」「昭和戦前篇」「昭和戦中篇」「昭和戦後篇」）＜GB411-98＞がある。

【雑誌の研究】

特殊コレクションではないにしても，明治以降の史料的な雑誌は，国立国会図書館や明治新聞雑誌文庫をはじめ，各地の図書館で所蔵している。しかし，本号に掲出した資料をみても分かるように，各雑誌につい

ての個別的研究は少なくないものの，これらを総体的に概観しうる資料や，各雑誌相互間の確執や社会状況との関連で研究された資料はそれほど多くはない。前者としては，『日本古書通信』に連載された，天野敬太郎編「雑誌新聞解題の案内」を複製・収録する天野敬太郎編纂，深井人詩補訂『雑誌新聞文献事典』金沢文圃閣，1999（複製，文圃文献類従1）＜UP54-G9＞が，誌紙歴・総目次索引や復刻の所在，解説や評論等の所在を含み至便であり，1997年以降を収録する続刊が待たれる。雑誌を「生き物」として捉え，時代状況ともにその消長を描く，浜崎廣『雑誌の死に方 - "生き物" としての雑誌、その生態学』出版ニュース社，1998 ＜UM84-G14＞及び『女性誌の源流 -女の雑誌、かく生まれ、かく競い、かく死せり』出版ニュース社，2004 ＜UM84-H42＞などは，後者の好例であろうか。植田康夫「総合雑誌の盛衰と編集者の活動」山本武利編『メディアのなかの「帝国」』岩波書店，2006，pp.143-170（岩波講座 「帝国」日本の学知 4）＜UC23-H12＞は，主要な「総合雑誌」間の歴史的な位相を簡明に提示している。『メディアのなかの「帝国」』（岩波講座「帝国」日本の学知 4）は，新聞・雑誌・放送・写真など各種メディアの，帝国統治下での展開と機能を検証し，本稿に関連する論文として，佐々木隆「徳富蘇峰と権力政治家 -帝国日本興隆へのアプローチ」pp.65-103 も収録されている。また，前号に収録した移植民奨励・情報誌類，特に『労働世界』との関連で，加藤哲郎「体制変革と情報戦 -社会民主党宣言から象徴天皇制まで」pp.105-142が重要。付録「メディア関係年表・文献解題」pp.1-72 も有用である。

「国際日本文化研究センター」では，共同研究として，平成6-8年度には「総合雑誌『太陽』の学際的研究」を，平成9-11年度に「大正期総合雑誌の学際的研究」を行った。この研究成果として，鈴木貞美編『雑誌「太陽」と国民文化の形成』思文閣出版，2001 ＜UM84-G43＞が刊行されており（本号pp.75-76参照），そのなかで鈴木は「総合雑誌研究の方法的意味」を述べている（『本共同研究の方法的意義 -あとがきにかえて」pp.606-616)。「大正期総合雑誌」についても，研究成果の包括的な公刊が待たれる（http://www.nichibun.ac.jp/research/kyodo_bac/taisho10.html）。

【移民とメディア】

雑誌に掲載された移植民関係記事の検索のみならず，雑誌メディアと移植民との相互（依存）関係について考察を進める場合，近代日本にお

ける図書・雑誌・新聞等メディアの流通・受容過程とその影響が，非常に重要な要因となるだろう。津々浦々の日本国民が，如何にして移植民に関する情報を知り，己を駆り立て，そして海を越えて行ったのか。この点に関しては，ほとんど未開拓の領域であると言えよう。前田愛『近代読者の成立』有精堂，1973（有精堂選書）＜KG311-90＞ほかや，長嶺重敏『雑誌と読者の近代』日本エディタースクール出版部，1997＜UG11-G14＞，『モダン都市の読書空間』日本エディタースクール出版部，2001＜UG11-G74＞及び『＜読書国民＞の誕生－明治30年代の活字メディアと読書文化』日本エディタースクール出版部，2004＜UG11-H12＞などのアプローチが有用なフレームワークを提供するであろうか。情報流通と国民という観点から，田中久徳「旧帝国図書館の和雑誌収集をめぐって－『雑誌』メディアと納本制度」『参考書誌研究』36：1989.8，pp.1-21＜Z21-291＞は，帝国図書館における雑誌に係る「納本制度」が十全に機能していなかったことと，その問題点を提起し，「雑誌情報」の流通を考察するうえでの希少な出発点となる。また，橋本由起子「読書する＜大衆＞－円本ブームにあらわれた『大衆』のイメージ」『東京都江戸東京博物館研究報告』9：2003.10，pp.41-58＜Z21-B263＞は，「円本」読者＝大衆 という図式のなかで，送り手及び受け手側からの「大衆イメージ」「読者階級」を分析する。

【青少年・婦人雑誌】

　移植民として同行する（した）子どもや女性の視線ないし視点もまた，今後の研究に待つところが大きい分野である。「総合雑誌」以外に，「青少年雑誌」や「婦人雑誌」に表れた立身出世・成功観や異国像など，移植民に関する言説を丁寧に読み解いていく作業が必要となるであろう（明治期の「立身出世」「成功」並びに雑誌『成功』等については前掲『参考書誌研究』No.52, pp.68-69, No.58, pp.72-74, 94-98を参照）。

　この分野でも，「復刻版」や「目次集成」の刊行，DVD-ROM版等「電子資料」の刊行が相次いでいる。例えば，『穎才新誌』全20巻・別冊1, 1-1102号：明10.3.10-31.12.17, 不二出版, 1991-93（複製版，原誌の出版者は製紙分社→明十社穎才新誌局→穎才新誌社，別冊：「『穎才新誌』解説・総目次・索引」）＜Z24-1249＞，『小国民』全16巻・別冊1, 1-25号：明22.7-23.12, 3年1号-7年18号：明24.1.3-28.9.15, 不二出版, 1998-99（原誌の出版者は学齢館, 別冊：「『小国民』解説・解題・総目次・索引」, 付・石井研堂編「『小国民』綜

覧」）＜Z79-B54＞。

　婦人雑誌については，『婦人教会雑誌』『婦人雑誌』『女子之友』『婦人界』など国立国会図書館所蔵資料を底本に，既に『近代日本婦人雑誌集成』第1期，全104巻〔マイクロ資料〕日本図書センター，1992が刊行されている。『婦人公論』『主婦之友』『婦人画報』『婦人倶楽部』など，いわゆる四大婦人（総合）雑誌については，『戦前期四大婦人雑誌目次集成』ゆまに書房，2002〜（書誌書目シリーズ）＜YA-97＞ほかが刊行中であり（『婦人公論』全10巻，1（1）-34（12）：大5.1-昭25.12／『主婦之友』全7巻，11（1）-34（12）：昭2.1-25.12／『婦人画報』全10巻，1（1）-555号：明38.7-昭25.12／『婦人倶楽部』全9巻，1（1）-31（13）：大9.10-昭25.12），電子資料として『婦人画報』（DVD-ROM版）1-482：明38.7-昭19.4，臨川書店，2004-05＜YH251-H154＞ほか，『婦人公論』（DVD-ROM版）1（1）〔通号1〕-29（3）〔通号346〕：大5.1-昭19.3，臨川書店，2006.9〜＜YH267-46＞ほかが刊行されており，検索用データベースで多様な検索が可能となっている。

　このような資料へのアクセス性の向上により，この分野においても，移植民に関する調査・研究が，今後一層進展するものと思われる。以下，最近の関連論考を例示する。

　上田信道「大衆少年雑誌の成立と展開 -明治期『小国民』から大正期『日本少年』まで」『國文学』46（6）〔通号669〕：2001.5，pp.98-104（メディアを呼吸する＜特集＞）＜Z13-334＞及び「小学生むけ雑誌のスタイルを開拓した『小国民』」（上掲『小国民』復刻版・解題），成田龍一「第三章『少年世界』と読書する少年たち 一九〇〇年前後、都市空間のなかの読書共同体」『近代都市空間の文化経験』岩波書店，2003，pp.112-155＜GB411-H11＞，大竹聖美「明治期少年雑誌に見る朝鮮観 -日清戦争（1894）〜日韓併合（1910）前後の『穎才新誌』・『少年園』・『小国民』・『少年世界』」『朝鮮学報』188：2003.7，pp.77-103＜Z8-413＞，今田絵里香「『少年』から少年・少女へ -明治の子ども投稿雑誌「穎才新誌」におけるジェンダーの変容」『教育学研究』71（2）：2004.6，pp.214-227＜Z7-143＞。岡谷英明「少年教育雑誌『とも』の研究」『美作女子大学・美作女子大学短期大学部紀要』46：2001，pp.36-44＜Z22-211＞は，岡山県津山で発行された少年雑誌『とも』を対象に，「地方」における『西国立志編』など「立志物語」の受容と影響を考察する。前掲澤田『近代日本人のアメリカ観 -日露戦争以後を

中心に』慶應義塾大学出版会,1999（p.39注49）は，後編「第二章『少年倶楽部』のアメリカ像」pp.253-282において，昭和戦前期に圧倒的な人気を博した『少年倶楽部』に，「平均的日本人が抱くアメリカ像が浮かび上がり、さらに読者の認識をリードするアメリカ像を見出すことができる。」としている（p.255）。堀まどか「野口米次郎『日本少女の米國日記』-奨励される女子の渡米と移民社会の現実」『日本研究』29：2004.12, pp.221-246 ＜Z21-1836＞，宮本なつき「明治の渡米熱と女性たちの『亜米利加』像 -渡米出版物から見た日本人移民女性史の一考察」『移民研究年報』11：2005.3, pp.61-80 ＜Z3-B399＞などは，これまでの「女性移民」像の再検討を提示する。Frederick, Sarah. *Turning Pages: Reading and Writing Women's Magazines in Interwar Japan.* Honolulu: Univ. of Hawai'i Pr., 2006 (Bibliography: pp. 223-239) ＜EF72-B37＞は，いわゆる戦間期における婦人雑誌を歴史的・文学的・文化的に分析する，外国人による「日本研究」最新の成果。前掲田川『「移民」思潮の軌跡』(本号 p.34) は，昭和初期から農村部を中心に圧倒的な購読者数を誇った，雑誌『家の光』に描かれた「移民」像を検証する（「第6章『家の光』にみる「移民」像」pp.103-124）。

53) 【田口卯吉】(安政2年4月29日-明治38年4月13日：1855-1905)

　田口については，枚挙に暇がないほど多くの著作並びに研究論考がある。経済のみならず歴史・政治と多方面にわたって先駆的な業績を残した，田口の思想の根幹を成す代表作として，『日本開化小史』巻之1-6, 田口卯吉，明10-15（国立国会図書館では，再版を所蔵＜210.1-Ta157n-t＞＜原本代替請求記号YDM875（マイクロフィッシュ）＞⇒近デジ，下掲『全集』2巻 pp.1-116）及び『自由交易日本経済論』経済雑誌社，明11（1878）＜32-119＞＜原本代替請求記号YDM40376（マイクロフィッシュ）＞⇒近デジ，下掲『全集』3巻 pp.1-73）は重要である。これらを始め田口の著書及び論文の多くは，鼎軒田口卯吉全集刊行会編『鼎軒田口卯吉全集』全8巻，鼎軒田口卯吉全集刊行会，昭2-4（1927-29）＜574-2ｨ＞（複製版，吉川弘文館，1990＜US21-E23＞）に収録されている（構成：1巻「史論及史伝」2巻「文明史及社会論」3巻「経済（上）理論及理論闘争」4巻「経済（下）事実及政策」5巻「政治」6巻「財政」7巻「金融」8巻「随筆及感想」，各巻末に「関連著作目録」があり初出及び全集収録・未収録が分かる）。また，『日本哲学思想全書18』平凡社，1957＜081.6-N6892-S＞ほか（『自由交易日本経済論』

-49-

収録)や『明治文学全集 14』筑摩書房，1977 ＜918.6-M4482＞(『日本開化小史』収録)などへの再録や，文庫等で再刊されているものも少なくない。

　田口と『東京経済雑誌』との関係については，例えば以下のものを参照のこと。松野尾裕「田口卯吉論序章 -『東京経済雑誌』創刊に至るまで」『立教経済学研究』45 (3)：1992.1, pp.55-77 ＜Z3-434＞,『田口卯吉と経済学協会 -啓蒙時代の経済学』日本経済評論社，1996 ＜DA6-G1＞,杉原四郎「『東京経済雑誌』」上掲『日本の経済雑誌』1987, pp.23-26,「雑誌が拓いた近代日本 -『東京経済雑誌』創刊一一〇年に寄せて」『日本の経済思想家たち』日本経済評論社，1990, pp.97-111 ＜DA6-E5＞,「『東京経済雑誌』とエコノミスト田口卯吉」上掲『続 日本の経済雑誌』1997, pp.55-67。杉原四郎・岡田和喜編『田口卯吉と東京経済雑誌』日本経済評論社，1995 (川又祐「田口卯吉の生涯と著作」pp.466-592) ＜DA6-E20＞は,『東京経済雑誌』の復刻(上掲591)を契機に結成された「明治期経済文献研究会」の共同研究の成果(本稿との関係では，杉原四郎「1 田口卯吉と『東京経済雑誌』」pp.1-23, 小峰和夫「7 田口卯吉の描いた開放経済国家日本の進路」pp.197-236, 有山輝雄「10 経済ジャーナリズムとしての『東京経済雑誌』」pp.309-338, 金沢幾子「12『東京経済雑誌』をめぐる雑誌群」pp.371-415 などを参照)。

　熊谷次郎「第2章 田口卯吉 -社会の『大理』と経済学」大森郁夫編『経済思想 9 日本の経済思想 1』日本経済評論社，2006, pp.43-82 ＜DA6-H11＞は，本稿執筆時で最新の田口卯吉論の整理である。

　なお,『東京経済雑誌』の復刻版(上掲590・591)の刊行経緯につき，杉原四郎「『東京経済雑誌』プロジェクト小史」『続 日本の経済雑誌』pp.71-73 を参照。『東京経済雑誌』の誌面については，溝川喜一「明治末期の自由貿易論 -『東京経済雑誌』および『東洋経済新報』を中心として」『京都産業大学論集 社会科学系列』8：1988.3, pp.1-27 ＜Z22-836＞,中村宗悦「明治20年代の雑誌メディアと経済情報 -『東京経済雑誌』を事例として」『杉野女子大学・杉野女子大学短期大学部紀要』32：1995, pp.35-52 ＜Z22-201＞などを参照。

　田口の帝国議会(衆議院本会議)における質問「対外商業政策ニ関スル件」，及びそれに対する答弁の要旨が間瀬文彦編『議会と外交』五車楼，明43 ＜96-480＞＜原本代替請求記号 YDM310676(マイクロフィ

ッシュ）＞（⇒近デジ）に掲載されている。本書は国際交渉に関する質疑を「外交」「条約」「移民」「貿易」に分類して収録するが，「外交」の章にも「対米移民問題」や「殖民政策」に関する件が含まれ，『衆議院議事速記録』＜BZ-6-11＞の検索に有用である。

54）黒田謙一『日本植民思想史』弘文堂書房，1942＜334.7-Ku882n＞ほかは，「日本自由主義殖民思想の確立－田口卯吉」pp.211-223において，田口を「自由主義植民思想の確立者であると同時に，南洋植民の先覚者である」としている（p.223）。矢野『「南進」の系譜』（pp.48-53）及び『日本の南洋史観』（pp.31-35）も，田口を「第一級の，ほんものの「南進論」者」と位置づけている。森久男「田口卯吉の植民論」小島麗逸編『日本帝国主義と東アジア』アジア経済研究所，1979，pp.3-47（「排日関係年表」pp.380-381，研究参考資料277）＜DC664-5＞は，「自由貿易の帝国主義者」田口の「北守南進」の植民思想の形成・展開・破綻について，『東京経済雑誌』の社説を基礎資料として分析する。同じく，田口を「対外膨脹主義者」と規定する，大島清〔ほか〕「第3章 田口卯吉」（「第2部 啓蒙イデオローグの群像」）『人物・日本資本主義4 明治のイデオローグ』東京大学出版会，1983，pp.138-181＜DC51-165＞も参照のこと。これに対し，上掲小峰和夫「田口卯吉の描いた開放経済国家日本の進路」杉原・岡田編『田口卯吉と東京経済雑誌』pp.197-236は，「自由貿易主義，政経分離主義，そして国家主義（愛国心）の三位一体」を田口の思想の特徴とし，「中継貿易国家構想を中核とする対外戦略論」（パックス・ジャポニカ）を展開したとする。これらは併せて参照されるべきである。

　　ギャラハー＝ロビンソンの提示した「自由貿易帝国主義」（Gallgaher, J. and R. Robinson. "The Imperialism of Free Trade." *The Economic History Review*, 2nd series, Vol.Ⅵ, No.1: 1953, pp.1-15 紙媒体は＜未所蔵＞，電子ジャーナルで閲覧可）については，Irie, Akira. "Robinson and Gallagher in the Far East: Japanese Imperialism." （pp.222-225）を収録する，Wm. Roger Louis.ed. *Imperialism: The Robinson and Gallagher Controversy*. New York: New Viewpoints, 1976（Suggestions for Further Reading: pp.234-239, Modern Scholarship on European History）＜DC646-10＞などを参照。

55）長谷川豊祐「『東京経済雑誌記事総索引』を図書館に!!」『大学の図書館』15（6）〔通号271〕：1996.6，pp.92-93＜Z21-1225＞は，本作業に関

わった図書館員の手記。『総索引』第3巻に編集責任者・金沢幾子の「編集を終えて」がある（p.1245）。

56）【徳富蘇峰】（文久3年1月25日-昭和32年11月2日：1863-1957）
　　　蘇峰についても数多くの先行研究がある。
【研究動向】
　　　杉原志啓「訳者解説」ビン・シン著，杉原志啓訳『評伝徳富蘇峰 -近代日本の光と影』岩波書店，1994，pp.211-227（「文献一覧」pp.195-209）＜GK138-E107＞が，広がりを見せ始めた1980年代後半からの蘇峰研究を中心に解説（「蘇峰研究の流れと新たな動向」pp.215-219），本評伝もそのような流れの中で，蘇峰「変節」に異を唱える有力な1冊。澤田次郎「徳富蘇峰の大日本膨脹論とアメリカ -明治20年代を中心に」『同志社アメリカ研究』41：2005, pp.21-53＜Z8-70＞は，ナショナリズムとの関係で先行研究をリストアップする（澤田p.22，注5）。「民友社」については，平林一「民友社研究の動向 -戦後から現在」『金城国文』78：2002.3, pp.37-47＜Z13-315＞が周到な読み込みを行っている。本論考は，西田毅〔ほか〕編『民友社とその時代 -思想・文学・ジャーナリズム集団の軌跡』ミネルヴァ書房，2003（西田毅・北野昭彦「民友社研究文献一覧」pp.488-496，和田守・北野昭彦「民友社関係年譜」pp.501-533）＜E4-H93＞に再録（pp.435-453）。
　　　以下主な論考及び関係資料を掲出する。
【蘇峰著作】
　　　徳富猪一郎『蘇峰自伝』中央公論社，昭和10＜687-39＞，徳富蘇峰著,草野茂松・松木仙太郎編『蘇峰文選』民友社，大正4＜356-150＞＜原本代替請求記号YD5-H-356-150（マイクロフィッシュ）＞，徳富猪一郎『皇室と国民』に始まる「蘇峰叢書」全12冊，民友社，昭和3-4＜566-39-（1）＞ほか，『徳富蘇峰 終戦後日記 -「頑蘇夢物語」』講談社，2006（「年表・徳富蘇峰の生涯」pp.428-441，解説：御厨貴）＜GB561-H70＞及び『徳富蘇峰 終戦後日記Ⅱ-「頑蘇夢物語」続篇』講談社，2006（解説：米原謙）＜GB561-H80＞は，現代に蘇る言論人蘇峰の面目躍如たる「幻の日記」。主要著作や研究論考・資料等を収録するものとして，植手通有編『明治文学全集 34 徳富蘇峰集』筑摩書房，1974（植手通有「解題」pp.354-406，和田守編「年譜」pp.407-430，和田守「参考文献」pp.431-435）＜918.6-M4482＞，神島二郎編『近代日本思想大系 8 徳富蘇峰集』筑摩書房，1978（和田守「若き蘇峰

の思想形成と平民主義の特質」pp.521-537, 杉井六郎「蘇峰の中国観」pp.538-563, 鳥谷部春汀「徳富猪一郎氏」pp.563-567, 神島二郎「解説」pp.568-588,「年譜」pp.589-596,「参考文献」pp.597-600)＜HA121-9＞など。

【評伝・研究書・論考】

早川喜代次『徳富蘇峰』徳富蘇峰伝記編纂会, 1968 ＜GK138-1＞ほかは, 安藤英男『蘇峰徳富猪一郎』近藤出版社, 1984 (「徳富蘇峰略年譜」pp.17-38,「主要参考文献」pp.477-498 ＜GK138-121＞が刊行されるまでの定番の評伝。杉井六郎『徳富蘇峰の研究』法政大学出版局, 1977 (叢書 歴史学研究) ＜GK138-35＞ (「第三章 蘇峰と『国民之友』－初期民友社の主張とその展開」pp.131-164,「第五章 蘇峰の中国観 －日清戦争を中心にして」pp.215-250が主な関係論考) は基本書。和田守『近代日本と徳富蘇峰』御茶の水書房, 1990 ＜EB11-E14＞は, 蘇峰言論の思想史的分析と, 『国民之友』及び『国民新聞』の論調を通じて言論形態と普及状況を検証する。米原謙『徳富蘇峰－日本ナショナリズムの軌跡』中央公論新社, 2003 (「主要参考文献」pp.247-252,「徳富蘇峰関係年表」pp.253-258) (中公新書) ＜GK138-H16＞は, 整理された最新の入門書。色川大吉『明治精神史』黄河書房, 1964 ＜121.9-I514m＞, 2冊, 講談社, 1976 (講談社学術文庫) ＜Y88-2283＞ (『新編 明治精神史』中央公論社, 1973 (「自由民権運動史関係年表1868～1890」pp.564-577) ＜HA123-10＞ほか) も, 蘇峰を「日本型モダニズムの方法の典例」として随所で論じている。岩崎達郎編『近代日本と徳富兄弟－徳富蘇峰生誕百四十年記念論集』蘇峰会, 2003 (「徳富蘇峰略年譜」pp.195-198,「徳富蘆花略年譜」pp.199-203) ＜GK138-H20＞は, 研究者・関係者による記念論集。蘇峰先生彰徳会より『晩晴蘇峰先生彰徳会報』1号-15号：昭42.3-昭51.3 ＜Z13-B266＞が刊行されていたが, 以後休刊。

前掲澤田『近代日本人のアメリカ観』慶應義塾大学出版会, 1999 (p.39注49) の前編「近代日本人の一典型としての徳富蘇峰とアメリカ」pp.1-218は,「排日移民法」を始め日米関係における蘇峰の言説を, 広範な史資料を駆使して検証する。本書以降の澤田の「蘇峰とアメリカ」に関する一連の論考も重要である。澤田次郎「徳富蘇峰とアメリカン・デモクラシー －自由民権運動後半期を中心に」『法学研究』74 (7)：2001.7, pp.59-125 ＜Z2-12＞,「徳富蘇峰とアメリカ人の交流 －書簡

を手がかりに」『尚美学園大学総合政策研究紀要』3・4：2002.11, pp.53-87 ＜Z71-F28＞,「少年期の徳富蘇峰とアメリカ-1863-1880年」『同志社アメリカ研究』39：2003, pp.11-35 ＜Z8-70＞,「徳富蘇峰のアメリカ旅行」『法学研究』77（6）：2004.6, pp.35-85 ＜Z2-12＞,「徳富蘇峰の大日本膨脹論とアメリカ-明治20年代を中心に」『同志社アメリカ研究』41：2005, pp.21-53（英文抄録：Tokuktomi Soho's Expansionism and America, 1887-1896：pp.145-147）＜Z8-70＞。

【民友社・『国民之友』】

　同志社大学人文科学研究所編『民友社の研究』雄山閣出版, 1977（同志社大学人文科学研究所研究叢書8）＜E4-75＞は, 1965年から開始された, 同志社大学人文科学研究所のプロジェクト「明治期キリスト教の思想史的研究」における「民友社研究」の成果。雑誌『キリスト教社会問題研究』及び『人文科学』に掲載された論文を中心に改訂, あるいは新たに稿を起こした8論文を収録する（杉井六郎「民友社の背景とその成立」pp.15-67, 今中寛司「民友社平民史論-愛山のSamurai-Christianity」pp.69-95, 森章博「民友社の教育思想-徳富蘇峰と『国民之友』の教育論を中心に」pp.97-137, 佐々木敏二「民友社の社会主義・社会問題論-『国民之友』を中心として」pp.139-198, ジョン・D・ピアーソン「『国民之友』に現れた民友社の社会・政治思想」pp.199-257, 中晧「民友社の詩歌論-『国民之友』を中心として」pp.259-293, 坂本武人「民友社の婦人・家庭論」pp.295-351, 高橋虔「『英文国民之友』について」pp.353-390）。民友社に関する初めての総合研究書であり, 第一に拠るべき基本書となっている。和田守〔ほか〕編『民友社思想文学叢書』全6巻・別巻1, 三一書房, 1983-86 ＜US1-75＞では, 第1巻『徳富蘇峰・民友社関係資料集』及び別巻・徳富蘇峰記念塩崎財団編『徳富蘇峰記念館所蔵 民友社関係資料集』が, 以後の蘇峰・民友社研究の進展に大きく貢献した貴重な基本資料を収録。本叢書の研究主体である「民友社文学研究会」（→民友社研究会）が「民友社全体像の解明」に向けて出版したのが, 上掲西田〔ほか〕編『民友社とその時代-思想・文学・ジャーナリズム集団の軌跡』ミネルヴァ書房, 2003（和田守・北野昭彦編「民友社関係年譜」pp.501-533）＜E4-H93＞である（主な関連論考は, 神谷昌史「『国民之友』から『太陽』へ-浮田和民の思想的展開を中心に」pp.341-354, 長妻三佐雄「『日本人』における「国粋主義」の諸相-構造としての「国粋」」pp.355-368, 林

葉子「日清戦争前後の『家庭雑誌』−英雄伝を物語る母／膨脹する国家」pp.369-385)。吉田正信『民友社とその周辺の文学史的・思想史的研究』文部省科学研究費補助金研究成果報告書・一般研究(D)，1979−＜Y151-S00461137＞も参照のこと。

雑誌論文では，中村完「民友社と政教社」『國文學』6（11）:1961.9，pp.57-62（近代初期の文芸思潮＜特集＞），「民友社と政教社」『國文學』9（3）：1964.2, pp.30-35（近代文学と結社・流派＜特集＞）＜Z13-334＞＜YA5-23＞，中村青史「徳富蘇峰と民友社」『熊本大学教育学部紀要 人文科学』29：1980, pp.1-8＜Z22-692＞，槙林滉二「徳富蘇峰と自由民権運動−民友社文化圏の射程」『佐賀大学教育学部研究論文集』31（1-1）：1983.7, pp.188-198＜Z22-296＞，宇野田尚哉「成立期帝国日本の政治思想−民友社系知識人の場合を中心に」『比較文明』19：2003, pp.15-33（帝国とネイション＜特集＞）＜Z22-1376＞などを参照。また『季刊日本思想史』30：1988.8, pp.3-87＜Z9-469＞が「民友社と政教社」を特集する（有山輝雄「民友社と明治20年代ジャーナリズム」pp.3-19, 和田守「大正デモクラシーと徳富蘇峰」pp.21-34, 岡利郎「民友社史論における歴史と政治」pp.35-49, 佐藤能丸「政教社の成立」pp.50-71,三宅桃子「福本日南論−『遭厄記事』を中心として」pp.72-87を収録）。

『国民之友』の誌面については，上掲同志社大学人文科学研究所編『民友社の研究』に再録されている，佐々木敏二「『国民之友』における社会問題論」『キリスト教社会問題研究』18：1971.3（民友社の研究＜特集＞），pp.138-193＜Z9-77＞が，『国民之友』創刊から廃刊までを四時期に区分し検証，最終号の福地桜痴（特別寄書）「国体社会主義」に『国民之友』の末路を象徴化させる。同じく，Pierson, John D.「『国民之友』に現れた民友社の社会、政治思想」『人文科学』2（3）：1974.7, pp.123-190＜Z22-448＞も参照のこと。

民友社及び『国民之友』については，下掲注73等の政教社及び『日本人』に関する文献も参照のこと。

【ウェブサイト】

○「徳富蘇峰のページ」（梶田明宏HP）

http://www.hi-ho.ne.jp/tastevin/soho/sohomain.html

○「徳富蘇峰記念館」（神奈川県二宮町）

http://www2.ocn.ne.jp/~tsoho/

57）若き日の蘇峰が参加した「**熊本バンド**」（明治9年（1876）1月30日，熊本の花岡山でキリスト教を日本に布教することを盟約した熊本洋学校生のうち，主にのち同志社英学校に進学した集団）の成立と発展については，同志社大学人文科学研究所編『熊本バンド研究 －日本プロテスタンティズムの一源流と展開』みすず書房，1965（「主要文献目録」pp.470-473，「熊本バンド成員並びに関係者の雑誌・新聞に発表された論文リスト」pp.474-526，「熊本バンド年譜」pp.527-648）＜198.58-D98k＞（平林一「浮田和民と徳富蘇峰 －若き日の思考と論理」pp.414-426を収録。「論文リスト」徳富猪一郎 pp.499-519・浮田和民 pp.519-525は有用。）が唯一の体系的な研究書。後掲松田義男『浮田和民研究 －自由主義政治思想の展開』改訂第3版，1998＜A31-H29＞に，三井久（竹中正夫編）『近代日本の青春群像・熊本バンド物語』（日本YMCA同盟出版部、1980年）との脚注があるが（p.31），『近代日本の青年群像・熊本バンド物語』＜HP113-95＞の誤植と思われる。

「**大江義塾**」（蘇峰が自宅に開いた私塾。明治15年3月－19年12月,1882-1886）については，花立三郎〔ほか〕編『同志社大江義塾徳富蘇峰資料集』三一書房，1978（「関係年譜」pp.907-912）＜GK138-47＞が，青年期蘇峰のキリスト教・自由民権運動との関わりなど思想形成期の資料を収録する。編者花立は『大江義塾 －民権私塾の教育と思想』ぺりかん社，1982＜FB14-252＞及び『徳富蘇峰と大江義塾』ぺりかん社，1982（「大江義塾関係年譜・参考文献」pp.331-354）＜FB14-265＞により，民友社以前の蘇峰研究に道を拓いた。

蘇峰のデビュー作『第十九世紀日本之青年及其教育』（自費出版）は田口卯吉が『東京経済雑誌』で紹介し,『将来之日本』は版を重ねるごとに，田口卯吉・中江篤介（兆民）・新島襄らが序文を寄せ，田口の「経済雑誌社」から発行されている。田口と蘇峰の初期思想の同質性も窺えようか。また,『将来之日本』に刺激を受け『三酔人経綸問答』を著した中江兆民は，「洋学紳士」（生産主義＝徳富蘇峰）と「東洋豪傑」（武備主義＝志賀重昂）の議論のなかで，「進化神」の在り様を揶揄し，既に蘇峰の思想の弱点を見抜いている。蘇峰と田口及び中江兆民との関係については，前掲色川『明治精神史』を参照のこと（『新編 明治精神史』pp.382-389, p.395, pp.430-439）。

「熊本バンド」「大江義塾」から蘇峰のデビューに至る経緯については，上掲米原『徳富蘇峰 －日本ナショナリズムの軌跡』2003（中公新書）が

簡明で理解に資する。『将来之日本』につき，田畑忍「徳富蘇峰初期の政治思想 −明治20年前後の論著、とくに『将来之日本』に見られる其の平民主義・平和主義について」『キリスト教社会問題研究』14・15：1969.3, pp.49-71 ＜Z9-77＞は，徳富蘇峰の政治思想を貫く「ナショナリズム」について，民友社設立前後（明治20年代）を中心に初期政治思想とし，「平民主義・平和主義」としてのナショナリズムを『将来之日本』に依拠して検討する。「徳富蘇峰の生涯と政治思想」『キリスト教社会問題研究』12：1968.3, pp.1-26（民友社の研究＜特集＞）＜Z9-77＞は，蘇峰の政治思想（ナショナリズム）変遷の一般論。

58) スペンサー（Herbert Spencer, 1820-1903）の「社会進化論」は，加藤弘之（天保7-大正5：1836-1916，「明六社」社員）らによって日本に紹介されたと言われている（加藤弘之『人権新説』谷山楼，明15 ＜特15-595＞＜原本代替請求記号YDM39620（マイクロフィッシュ）＞⇒近デジ）。袍巴土・斯辺瑣（ハーバート・スペンサー）著，松島剛訳『社会平権論』7冊（巻1-6），報告社，明14-17＜特28-664＞＜原本代替請求記号YDM39601（マイクロフィッシュ）＞（⇒近デジ），波・斯辺鎖（ハーバート・スペンサー）著，山口松五郎訳『社会組織論』松永保太郎，明15＜特16-481＞＜原本代替請求記号YDM39586（マイクロフィッシュ）＞（⇒近デジ），ハーバート・スペンサー著，大石正己訳『社会学』5冊，是我書房，明16＜原本代替請求記号YDM39542（マイクロフィッシュ）＞（⇒近デジ），ヘルベルト・スペンセル著，乗竹孝太郎訳，外山正一閲『社会学之原理』第1-8冊，経済雑誌社，明16-18＜特17-927＞＜原本代替請求記号YDM39563（マイクロフィッシュ）＞（⇒近デジ）などが当時の息吹を伝える。わが国におけるスペンサーの受容について，山下重一『スペンサーと日本近代』御茶の水書房，1983（御茶の水選書）＜HD26-2＞は，自由民権期におけるそのユニークな実例の一つとして徳富蘇峰に注目する（pp.104-120）。槙林滉二「H.スペンサー哲学受容の様相 −『哲学会雑誌』『国民之友』『日本評論』を中心に」『文学』53（11）：1985.11, pp.159-170（江戸から明治への文学＜特集＞）＜Z13-95＞，「H.スペンサー哲学受容の様相 −『東洋学芸雑誌』，『六合雑誌』，『中央学術雑誌』を中心に」『国文学攷』108・109：1986.3, pp.25-33＜Z13-337＞も参照のこと。米原謙「第三章 自由民権の思想」西田毅編『近代日本政治思想史』ナカニシヤ出

版, 1998, pp.87-129 (「幕末・明治思想史年表」pp.295-309) ＜A22-G23＞は, 自由民権思想を個々の構成要素に分解, それを時系列に再構成することでトータルな自由民権思想を叙述する (「三 スペンサー」pp.108-114)。

59) **『国民新聞』**民友社→国民新聞社, 1号-18277号：明23.2.1-昭17.9.30, 以後『都新聞』と合併し『東京新聞』となる。国立国会図書館所蔵：25号：明23.2.25, 1004号-18277号：明26.5.7-昭17.9.30,欠号：明30.4＜新-501＞,〔マイクロ資料〕1号-18277号：明23.2.1-昭17.9.30＜YB-188＞,（複製版）国民新聞復刻刊行会編, 1号-1784号：明23.2.1-明28.12.29, 日本図書センター, 1986-91＜Z99-719＞。

明治23年 (1890) 蘇峰は,『国民之友』の成功を受けて『国民新聞』を発刊した。社是「平民主義」の立場から政治問題を論じ, また「国民文学欄」を設けるなど,『国民之友』同様文学にも力を入れ, その多彩な紙面はインテリ青年層の支持を得た。弟徳富蘆花も社員で, 出世作『不如帰』は『国民新聞』に掲載された。明治20年代におけるわが国の社会主義思想は, 蘇峰の『国民之友』『国民新聞』によって培われたと言っても過言ではない。

既発表論考を基にした, 有山輝雄『徳富蘇峰と国民新聞』吉川弘文館, 1992＜UC126-E24＞は,『国民新聞』についての唯一トータルな研究, 昭和4年 (1929) の蘇峰退社までを纏める。概要については, 岩井肇「国民新聞の興亡とその評価」『政経研究』6 (1)：1969.7, pp.34-58＜Z1-97＞, 前掲西田〔ほか〕編『民友社とその時代 -思想・文学・ジャーナリズム集団の軌跡』＜E4-H93＞所収の和田守「『国民新聞』の御用新聞化と大衆化」pp.401-417, 栗林秀雄「『国民新聞』記者列伝」pp.418-433などを参照。松山悦「『国民の友』と『国民新聞』時代の蘇峰と蘆花」『日本歴史』133：1959.7, pp.74-77＜Z8-255＞＜YA5-24＞は, 元『国民新聞』記者として親しく蘇峰と接し蘆花とも親交のあった筆者の回顧。経営・紙面については, 和田守「『国民新聞』の発行部数 -発送報告帳 (明治23年5月16日～24年6月9日) をもとに」『法経研究』34 (3)：1986.2, pp.(156)-(146)＜Z6-85＞, 北原スマ子〔ほか〕編『資料 新聞社説に見る朝鮮 征韓論～日清戦争. 6』緑蔭書房, 1995 (複製)＜A99-ZK2-G2＞, 日本近代文学館編『国民新聞国民文学欄 明治四十一～四十五年』日本近代文学館, 1983 (複製, 近代文学研究資料叢書9)＜KG314-64＞などを参照。

60) 水府楼学人（久木東海男）「徳富猪一郎論」『無冠之帝王』敬文館，大正2, pp.41-72＜350-217＞を参照。

61) 「民友社」と「政教社」との比較については，鹿野政直「4 欧化と国粋」『近代日本思想案内』岩波書店，1999, pp.82-99（岩波文庫別冊14）＜HA121-G20＞が簡明である。西田毅「第四章 天皇制国家体制の確立と国家主義の抬頭 −民友社と政教社グループの思想を中心に」上揭西田編『近代日本政治思想史』1998, pp.131-214 は，日清戦争を機に民権論から国権論へと変化し，ナショナリズムが抬頭する明治20年代の時代思潮を，両社の言論活動を中心に考察する。愛卿学人末兼八百吉『国民之友及日本人』集成社，明21＜25-612＞＜原本代替請求記号YDM102117（マイクロフィッシュ）＞（⇒近デジ）は，民友社『国民之友』（創刊号-30号）と政教社『日本人』（1号-12号）を比較論評し，「『国民之友』がいかに当時の青年に，血湧き，肉躍る体の激越な響きをもっていたかを知らせてくれる。」とする（杉井六郎「まえがき」前揭同志社大学人文科学研究所編『民友社の研究』1977, 引用 pp.3-5）。（注：末兼八百吉は宮崎湖処子のこと，のち民友社入社。）上揭『季刊日本思想史』30：1988.8, pp.3-87（「民友社と政教社」＜特集＞）＜Z9-469＞も参照のこと（p.55 注56【民友社・『国民之友』】）。ケネス・B.パイル著，松本三之介監訳，五十嵐暁郎訳『新世代の国家像 −明治における欧化と国粋』社会思想社，1986＜GB451-16＞は，日本近代化の担い手である田口卯吉・徳富蘇峰・志賀重昂・三宅雪嶺・陸羯南らの社会心理的な分析により，民友社と政教社との論争を論理的に展開する注目すべき日本研究。「政教社」の思想は，本書によって「はじめて米国に紹介された」と言われている（同書「訳者あとがき」p.311）。原著は，Kenneth B. Pyle. *The New Generation in Meiji Japan: Problems of Cultural Identity, 1885-1895*. Stanford, Calif.：Stanford Univ. Pr., 1969 (A Revision of the Author's Thesis, Johns Hopkins University, 1966, Bibliography: pp. 225-232)＜GB451-2＞。

62) 蘇峰の「変節」について，同時代人鳥谷部春汀（銑太郎）の評がある。鳥谷部は明治30年代に『太陽』を主宰，「人物月旦」に健筆を揮い，その評は「天下の絶品」「人物月旦の雄」と称された。鳥谷部春汀『明治人物評論』本編・続，2冊，博文館，明31・33＜71-401＞＜原本代替請求記号YDM5082（マイクロフィッシュ）＞（⇒近デジ）は，「蘇峯は勢を見るに明にして、機を知るに敏なり。彼れの頭脳は固定したる理想

を有せず、唯だ勢来り、機に触れて之に応ずるの流動的智力あるのみ。……余は蘇峯が名利に急ぎて一世の疑惑を受くるの位地に立てるを悲む。」と複雑な心境で論じている（「徳富猪一郎」本編pp.97-109）。

米原謙「初期蘇峰と『平民主義』の挫折」『立命館法学』274：2000.6, pp.30-52 ＜Z2-48＞は、近代化と国民国家形成をめぐる蘇峰の初期構想を、『国民之友』論説を中心に解読し、『将来之日本』以降の構想が、大勢に従い「帝国主義」へと変節（＝進化）し、「政教社一派と手を握」るに至る過程を検討する。「変節」及び『大日本膨脹論』については、既掲出資料のほか、中村尚美「徳富蘇峰の『アジア主義』」『社会科学討究』37（2）：1991.12, pp.415-437 ＜Z6-289＞、米原謙「『膨脹』する『大日本』－日清戦争後の徳富蘇峰」『阪大法学』50（4）〔通号208〕：2000.11, pp.561-591 ＜Z2-142＞、柴崎力栄「日清戦争を契機とする徳富蘇峰の転換について －海軍力と国際情報への着目」『大阪工業大学紀要 人文社会篇』36（1）：1991, pp.1-36 ＜Z22-284＞、澤田次郎「徳富蘇峰の大日本膨張論とアメリカ －明治20年代を中心に」『同志社アメリカ研究』41：2005, pp.21-53 ＜Z8-70＞、「日露戦争後の徳富蘇峰とアメリカ －日米親善の期待と挫折」『法学政治学論究』32：1997.3, pp.1-42 ＜Z2-1585＞、齋藤洋子「日清戦争後の徳富蘇峰 －『変節』問題と欧米漫遊」『ソシオサイエンス』11：2005, pp.145-160 ＜Z22-B171＞など参照。梅津順一『「文明日本」と「市民的主体」－福沢諭吉・徳富蘇峰・内村鑑三』聖学院大学出版会，2001（聖学院大学研究叢書 1）＜EB11-G50＞は、明治初年から日清戦争後に至る時期の「文明日本」の構想と担い手としての「市民的主体」を、福沢諭吉・徳富蘇峰・内村鑑三の著作を基に検証し、「膨脹的国民」を核に相互の関連性を探る（本稿では、蘇峰と福沢との関係に関する資料については省略した）。

蘇峰の「変節」（対外膨脹論・帝国主義論）については、後述浮田和民の「倫理的帝国主義」（「内に立憲主義・外に帝国主義」）や民友社同人の主張（例えば、竹越三叉＝「自由帝国主義」^{リベラルインペリアリズム}、山路愛山＝「社会帝国主義」^{ソーシャルインペリアリズム}）など、同時代の思想展開との比較も含め、なお検討を要するであろう。

63) 英文国民之友（国民之友英文之部）『The Far East』については、高橋虔「英文国民之友について」『キリスト教社会問題研究』18：1971.3, pp.101-137（民友社の研究＜特集＞）＜Z9-77＞（同志社大学人文科

学研究所編『民友社の研究』雄山閣，1977, pp.353-390 ＜E4-75＞に再録）を参照。『The Far East』の完全なセットを所蔵する機関はないようだが，高橋論考は，「明治二十九年二月に第一冊が刊行された。深井英五の『回顧七十年』（昭和十六）によれば、三十一年七月まで続いた月刊誌であったから、約二年半ほど続いたことになる。」（『民友社の研究』p.354）としている。前掲隅谷編『徳富蘇峰 山路愛山』（本号p.7）「年譜」は，1895年2月（明治28）の創刊としているが，高橋論考は同志社大学人文科学研究所所蔵原誌（第1巻第1冊－第2巻第8号）に基づいており，隅谷編「年譜」は誤記であると思われる。NACSIS Webcatによる検索でも第1冊は1896年（明治29）刊，第3巻第30号（1898年，明治31）まで複数の大学図書館等での所蔵が確認される。齋藤洋子「徳富蘇峰の"The Far East"について」『社学研論集』5：2005.3, pp.273-282 ＜Z71-J480＞は，高橋論考以降，第20号から終刊第30号までの内容を簡単に解説し，目次も付す（和文のみ）。第20号（明30.9.20）は，『The Far East』が『国民之友』別冊（国民之友英文之部）から独立して発行されることになった重要な号でもある（齋藤p.274）。

　『The Far East』編集長・深井英五（明治4年－昭和20年：1871-1945）は，後に日本銀行第十三代総裁を務め，「金解禁」などわが国の金融政策史上において重要な貢献をなした。深井英五『回顧七十年』岩波書店, 昭16 ＜289-F71ロウ＞ほかが基本文献。金融から思想まで，深井に関するこれまでの多様な論考については，杉沢一美「深井英五をめぐる諸論考－今後への課題」『共愛学園前橋国際大学論集』4：2004, pp.1-24 ＜Z71-F155＞が，徳富蘇峰との関りも含め整理し，深井の全体像解明への出発点とする。国立国会図書館憲政資料室に「深井英五関係文書（徳富蘇峰書翰）」28点がある（検索手段「深井英五文書目録（仮）」）。

64)「排日移民法」及びそれに対する蘇峰の態度については，以下のものを参照のこと。

　三輪公忠編著『日米危機の起源と排日移民法』論創社, 1997 ＜DC812-G62＞は，上智大学アメリカ・カナダ研究所の共同研究「日本人の存在・移動・定住をめぐる太平洋圏の諸関係 －一九二〇年代を中心に」の成果。三輪公忠「徳富蘇峰の歴史像と日米戦争の原理的開始－大正十三年七月一日、排日移民法の実施をめぐって」芳賀徹〔ほか〕編『講座比

較文学 5 西洋の衝撃と日本』東京大学出版会，1973, pp.183-210 ＜KE181-13＞は，排日移民法を日米戦争の遠因とする。前掲米原『徳富蘇峰 -日本ナショナリズムの軌跡』2003（p.53注56）は「1 排日移民法」pp.203-216（「第六章 閉塞するナショナリズム」）を含む。前掲有山「第八章 大正末期における対外論」『徳富蘇峰と国民新聞』1992, pp.291-329（p.58注59）は，「排日移民法」を中心に『国民新聞』の対米論調を検証する。前掲簑原『排日移民法と日米関係』2002（p.42注50）は排日移民法成立の構図につき新たな解釈を提示し，簑原俊洋『カリフォルニア州の排日運動と日米関係 -移民問題をめぐる日米摩擦 1906～1921年』神戸大学研究双書刊行会，2006（神戸法学双書 33）＜東京本館未所蔵＞は，人種差別に根ざす「移民問題」を考察することで，「多面的・重層的な日米関係」を検証する。前掲長谷川編著『大正期日本のアメリカ認識』2001（p.39注49）は，排日土地法・排日移民法など「人種」を主な要素とした対米観の考察。

65) 【『反省会雑誌』『中央公論』】

『反省会雑誌』から『中央公論』までの歴史・経緯については，以下のものを参照のこと。

嶋中雄作「回顧五十年」嶋中雄作編『回顧五十年 -附「中央公論」総目録』中央公論社，1935, 前頁pp.1-25（「『中央公論』総目録」中頁pp.1-370,「出版目録」後頁pp.1-4）＜689-36＞,『中央公論社七十年史』中央公論社，1955（「『中央公論』総目次-昭和十年十一月号以後」pp.511-610,「中央公論社出版総目録」pp.611-648）＜023.9-Ty997t＞,『中央公論社の八十年』中央公論社，1965（執筆者:杉森久英，「年表・中央公論社の八十年」pp.371-542）＜023.9-Ty997t2＞, 三浦朱門『「中央公論」一〇〇年を読む』中央公論社，1986 ＜UM84-65＞。木佐木勝『木佐木日記 -滝田樗陰とその時代』図書新聞社，1965 ＜210.69-Ki256k＞,『木佐木日記』全4巻，現代史出版会，1975-76 ＜GB511-52＞も参照のこと。前掲永嶺『雑誌と読者の近代』（本号p.47）収録「第四章『中央公論』の受容過程」pp.133-156は，禁酒雑誌・仏教雑誌から総合雑誌としての形を成すまでにどのようなイメージ変遷を辿ったかを，対読者との観点から考察する。

66) 上掲嶋中「回顧五十年」pp.7-8
67) 上掲『中央公論社七十年史』pp.67-69
68) 『中央公論社七十年史』pp.70-71

69) この間の経緯及び『新公論』については，嶋中「回顧五十年」pp.10-11,『中央公論社七十年史』p.75, 上掲『中央公論社の八十年』pp.36-41, 紅野謙介「日露戦争下の雑誌から（6）『新公論』」『日本古書通信』69（6）〔通巻899〕：2004.6.15, p.1＜Z21-160＞などを参照。紅野は，日露戦争以降，羅馬字採用など「国語・国字問題」関係記事が増えたことを紹介し，「国家のもとで戦争を遂行し，大量死をもたらしながら，同時に国家語の輪郭が共有されていないという事態。まだそうしたブレを残しながら国民国家と帝国のはざまで揺らいでいた。」と言う。近代的な統一国家の「国語」の創始と帝国日本の膨脹に伴う「言語政策」については，安田敏朗『近代「国語」の歩み –帝国日本の言語政策』博士論文（東京大学，1996）＜UT51-97-Q171＞以降一連の論考があり，『統合原理としての国語 –近代日本言語史再考Ⅲ』三元社，2006＜KF32-H26＞などを基に『「国語」の近代史 –帝国日本と国語学者たち』中央公論新社，2006（「参考・引用文献」pp.268-278,「人物略歴」pp.279-287,「『国語』の近代史関連年表」pp.289-308, 中公新書）＜未所蔵＞が最新の纏め。

70) 三浦朱門「中央公論と明治大正の日本の小説」中公文庫編集部編『中央公論文芸欄の明治』中央公論新社，2006, pp.311-320（中公文庫）＜KH6-H749＞は，「目次から作品と作者をリストアップするだけで，日本の近代文学史が編める」とする（p.315）。

71) 【吉野作造】（明治11年1月29日-昭和8年3月18日：1878-1933）
　　大正デモクラット・吉野作造は，『中央公論』に掲載した「憲政の本義を説いて其有終の美を済すの途を論ず」（大5.1：1916.1, 下掲松尾尊兌〔ほか〕編『吉野作造選集2 デモクラシーと政治改革』pp.3-98, 以下『選集』と略記）で民本主義を高唱し，一躍論壇の注目を浴びた。これに先立ち，滝田樗陰に乞われて『中央公論』に初めて寄稿したのが「学術上より観たる日米問題」（大3.1：1914.1,『選集5 大戦期の国際政治1904-1918』pp.16-41）である。吉野はそこで，「加州土地法案問題」を米国における「排日問題」の一種に過ぎないとし，排日思想の経緯を労働問題・経済問題・社会問題・人種問題・国家問題の五段階に分け説明し，解決策の一端として「帰化権の獲得」と「キャンペイン・オヴ・エヂュケーション」，特に教育の向上による米国への貢献を説いている。後掲増田弘『石橋湛山研究 –「小日本主義者」の国際認識』東洋経済新報社，1990＜GK62-E23＞は，吉野論考と石橋湛山の「対米移

民不要論」(本号p.19参照)との比較考察を行う(「第一章 対米移民不要論 四 吉野作造との比較考察」pp.29-32)。

吉野の主要著作は,松尾尊兊〔ほか〕編『吉野作造選集』全15巻・別巻,岩波書店,1995-97(別巻,1997,松尾尊兊「吉野作造年譜」pp.71-106,「本選集表題索引」pp.1-13,土川信男編「吉野作造著作年表」pp.15-128,飯田泰三編「吉野作造単行本著作目録」pp.129-200)＜US21-E74＞に収録されている。

吉野は排日問題につき,ほかに「人種的差別撤廃運動者に与ふ」(『中央公論』1919.3,『選集6 大戦後の国際政治1919-1932』pp.26-31)「加州排日立法の対策」(『中央公論』1920.10,『選集6』pp.124-128)「日米両国間の懸案」(『中央公論』1920.11,『選集6』pp.129-135)「加州土地法の合法性」(『国際法外交雑誌』1920.11,『選集6』pp.136-144)などを発表している。これら一連の吉野の立場を,酒井哲哉は「この問題の解決困難性を理詰めに説くことで、国民の興奮を鎮める点に狙いが置かれているように思われる。」としている(酒井哲哉「＜解説＞吉野作造の国際民主主義論」『選集6』p.328)。また北岡伸一は,移民問題＝日米問題における吉野の議論のなかに「日本の偏狭なる国家意識に対する批判」と「日本のあり方を映し出す鏡としてアメリカの存在」が重要な位地を占めていることを指摘する(北岡伸一「＜解説＞吉野作造の国際政治思想」『選集5』pp.384-386)。吉野の帝国主義への関わりと中国・朝鮮論の推移については松尾尊兊「第一部 吉野作造と東アジア」『民本主義と帝国主義』みすず書房,1998,pp.1-230 ＜A22-G24＞を参照のこと。

一方吉野は,大正4年12月(1915)から,民友社刊「現代叢書」第二期全12冊の編集を担当,その第1冊(蘇峰)徳富猪一郎監修・吉野作造編『南洋』民友社,大正4(現代叢書)＜GJ51-13＞において「将来我が国民が大発展をなすべき南洋」に明確な定義を与えている。

(注:NDL-OPACでは,『婦人問題』大正5＜340-48-(2・1)＞＜原本代替請求記号YD5-H-340-48-(2・1)(マイクロフィッシュ)＞を現代叢書〔第2期 第1冊〕と記述している。しかし,『南洋』序文において蘇峰は「去月を以て第一期現代叢書を完成するを得たる我社は、本月を以て、更に第二期現代叢書の刊行に着手せんとす。……吾人は、其の第一冊を発行するに方りて……(大正四年十二月初八,蘇峰学人)」とし,『選集 別巻』「著作年表」の『南洋』の項の記述「本書以降の『現代叢書』第Ⅱ期12冊は吉野作

造編 なお第Ⅰ期12冊は1914年9月刊行開始（伊達源一郎編）」(p.30)からしても，『南洋』が第二期第1冊であると思われる。前掲矢野『日本の南洋史観』p.88も参照。なお「現代叢書」全24冊には，第一期・第二期及び冊番号の表記はない。)

蘇峰も『中央公論』に度々寄稿しており，滝田樗陰・吉野作造・徳富蘇峰の人脈が形成されていたことは興味深い。

吉野は後年，明治文化研究会を組織し『明治文化全集』を刊行，また宮武外骨とともに「明治新聞雑誌文庫」の設立に尽力したことも想起されるべきであろう（「明治新聞雑誌文庫」に関する主な文献については，『参考書誌研究』No.54, p.83, p.114及びNo.58, p.81を参照）。松本三之介「＜解説＞吉野作造と明治文化研究」『選集11 開国と明治文化』pp.369-388も参照のこと。山口昌男「大正日本の『嘆きの天使』-吉野作造と花園歌子」『へるめす』43：1993.5, pp.138-173 ＜Z23-517＞（『「敗者」の精神史』岩波書店，1995（「主要参考文献」pp.557-572）＜GB411-E77＞ほかに収録）は，「吉野の知性の周りに凝縮されたクラスターを成した」知的結合の多様なネットワークを物語る異色の吉野論。吉野と大正デモクラシーについては，研究誌『大正デモクラシー研究』1-4，大正デモクラシー研究会，1996-97 ＜A22-G8＞がある。

【ウェブサイト】

○「吉野作造記念館」（宮城県大崎市）
　http://www.yoshinosakuzou.jp/index.html

72) 例えば，志賀重昂の『日本人』に掲載された論説（「日本人」欄）「『日本人』の上途を餞す」（第1号：明21.4.3, 下掲松本三之介編『明治文学全集37 政教社文学集』pp.97-99 ＜918.6-M4482＞），「『日本人』が懐抱する処の旨義を告白す」（第2号：明21.4.18, 下掲『志賀重昂全集1』pp.1-7 ＜081.8-Si284s＞，松本編『政教社文学集』pp.99-102），「日本前途の国是は『国粋保存旨義』に撰定せざるべからず」（第3号：明21.5.3,『志賀重昂全集1』pp.11-16, 松本編『政教社文学集』pp.102-105）などである。

73) 有山輝雄「雑誌『日本人』・『日本及日本人』の変遷-その言論と同人」日本近代史料研究会編『雑誌「日本人」・「日本及日本人」目次総覧Ⅰ』pp.5-8を参照。戸松幸一「明治中期教育界・出版界における政教社の位置と役割」『教育・社会・文化研究紀要』7：2000.7, pp.123-134 ＜Z7-B336＞は，帝大卒業生を中心に「高学歴者による思想結社」

である政教社の社会的・思想的「布置関係」分析の端緒とすべく書かれた論考。「政教社」及び雑誌『日本人』については，以下の資料及び前掲注56, 61等「民友社」及び『国民之友』関連文献も参照のこと。同人については，紙幅の関係上志賀重昂のみに留めることを御了承願いたい。

【政教社・『日本人』】

　政教社及び『日本人』ほか，その機関誌についての研究は，民友社のそれに比べ量において多くはない。松本三之介編『明治文学全集37 政教社文学集』筑摩書房，1980（植手通有「『國民之友』・『日本人』」pp.401-410, 松本三之介「『日本及日本人』」pp.411-415, 山本武利「明治三十年代前半の新聞『日本』の読者層 ─知識人読者の新聞観をめぐって」pp.416-421, 松本三之介「解題」pp.422-449, 佐藤能丸編「年譜」pp.450-461, 佐藤能丸編「参考文献」pp.462-471, 佐藤能丸編「政教社文学年表」pp.472-496）＜918.6-M4482＞は，志賀重昂・杉浦重剛ら同人6人の著作を収録。長沢別天の『ヤンキー』「日本人問題」など北米移民関係諸文も収録する（長沢別天については『参考書誌研究』No.52, p.25, p.69参照）。巻末資料のほかに，既発表論考を再録した植手ほかの「研究」は当時の到達点を示すものとして重要。都築七郎『政教社の人びと』行政通信社，1974＜GB411-45＞は，最近まで刊行され続けた『日本及日本人』をめぐる，政教社同人の思想と業績をたどる。中野目徹『政教社の研究』思文閣出版，1993＜A22-E40＞は，明治中期における政教社の「思想的境位」を国粋主義の帰趨に即して解明，『日本人』の廃刊-『亜細亜』創刊という媒体の変化を「組織及び言論活動の変貌」としてとらえ，「東邦協会」との関係も踏まえて政教社の「移殖民論」について分析する（「第五章　政教社の変貌」pp.190-249）。佐藤能丸『明治ナショナリズムの研究 ─政教社の成立とその周辺』芙蓉書房出版，1998＜A22-G31＞は，『日本人』及び新聞『日本』で主張された，政教社及び同人の「歴史的使命を帯びた明治中期の発展途上の上昇期のナショナリズム」（「はしがき」p.2）に関する既発表論考を加筆訂正・再構成する。「Ⅳ　政教社系同人年譜・政教社系年表」pp.253-345は，政教社系ナショナリズムが，社会状況に応じ『東京電報』『日本』紙上及び『日本人』『亜細亜』『日本及日本人』誌上で示した論調を年表形式で詳述し有用。上掲長妻三佐雄「『日本人』における「国粋主義」の諸相 ─構造としての「国粋」」西田〔ほか〕編『民友社とその時

代－思想・文学・ジャーナリズム集団の軌跡』pp.355-368は，民友社との比較において政教社「国粋主義」の構造を検証する。松本三之介『明治思想における伝統と近代』東京大学出版会，１９９６，＜A22-G6＞は，「第七章 政教社－人と思想」pp.165-221で政教社及び『日本人』と同人（志賀重昂・杉浦重剛・陸羯南・福本日南・長沢別天・内藤湖南）を概説（上掲松本三之介「解題」『明治文学全集37 政教社文学集』の再掲），「第八章 陸羯南における『国家』と『社会』」pp.222-238では，陸羯南の「国民主義」を手がかりとし，峻別された「国家」と「社会」の概念を考察する。

　雑誌では，上掲『季刊日本思想史』30：1988.8, pp.3-87（民友社と政教社＜特集＞）＜Z9-469＞が，佐藤能丸「政教社の成立」pp.50-71, 三宅桃子「福本日南論－『遭厄記事』を中心として」pp.72-87の政教社関係論考を収録（p.55注56【民友社・『国民之友』】）。中村完「民友社と政教社」『國文學』6（11）：1961.9及び9（3）：1964.2＜Z13-334＞＜YA5-23＞（本号p.55），塚本三夫「『政教社』における組織とイデオロギー－ナショナリズムの思想構造」『東京大学新聞研究所紀要』17：1968.3, pp.63-85（近代日本の思想集団とコミュニケイション＜特集＞）＜Z21-98＞などは従来の視角による論考。上掲戸松幸一「明治中期教育界・出版界における政教社の位置と役割」『教育・社会・文化研究紀要』7は先行研究の纏め。水野守「『越境』と明治ナショナリズム－一八八九年条約改正問題における政教社の思想」『日本学報』22：2003.3, pp.39-54（越境の中の近現代日本＜特集＞）＜Z8-1964＞は，従来の政教社研究を「外圧としての欧米・蔑視の対象としてのアジア」という図式で総括し，「『越境』を可能にした『世界の一体化』」状況における「『グローバル』と『ナショナル』の『相補』的関係が人種主義とナショナリズムとを接合させた」という問題意識に立つ。その上で，政教社の「国粋旨義」の形成を「越境」との連関で，また「『国粋旨義』の形成過程が内包する自他認識論の問題」を外相大隈重信の「不平等条約改正案」に対する『日本人』の言説を中心に考察する。水野「政教社『国粋主義』の展開－『人種主義』との関わりについて」『移民研究年報』12：2006.3, pp.131-140＜Z3-B399＞は，同様の問題意識のもと，『日本人』『亜細亜』のテクスト分析により，大隈「不平等条約改正案」以降の「国粋主義」の展開及び「国際労働力移動」状況下での移民観・人種観との連関を考察する。「条約改正（日英）」と日清

戦争との関連については，井上清『条約改正 －明治の民族問題』岩波書店，1955（岩波新書）＜319.1-I435z＞を参照。水野の一連の論考は，先行研究を咀嚼した上での，特に上掲中野目徹『政教社の研究』(1993)へのアンチテーゼであり，両者論考の発表時期（研究視座の違い）をも意識しつつ併せ読まれるべきである。

『日本人』ほか政教社機関誌の改廃・消長については，上掲資料のほか，本号609.複製版34巻の芳賀登「『日本人』の解説」pp.1-57＜Z23-488＞，日本近代史料研究会編『雑誌「日本人」・「日本及日本人」目次総覧Ⅰ』の有山輝雄＜解題＞「雑誌『日本人』・『日本及日本人』の変遷 －その言論と同人」pp.1-54＜YA-14＞，原宗子『「亜細亜」の頃 －政教社における内藤湖南を中心に』学習院大学東洋文化研究所，1980（調査研究報告 No.10）＜GE41-28＞などを参照。

【志賀重昂】（文久3年11月15日-昭和2年4月6日：1863-1927）
（注：志賀重昂の表記については，重昂・重昻・重昂が通用されている。NDL-OPAC及び近代デジタルライブラリーでは重昂及び重昻が採られており，漢字検索に際し注意が必要である。本稿では原則的に「重昂」と表記し，書誌事項に関してはNDL-OPAC表示のままとした。）

志賀の代表作として，地理学者としての面目躍如，「日本国粋旨義」発想の原体験たる，『南洋時事』丸善商社，明20＜33-137＞＜原本代替請求記号YDM26779（マイクロフィッシュ）＞ほか（⇒近デジ，下掲『志賀重昂全集1』ほか収録）及び内村鑑三がスペンサーの言葉を借用し「Patriotic Bias（愛国偏）」と評した，『日本風景論』政教社，明27＜45-67＞＜原本代替請求記号YDM23039（マイクロフィッシュ）＞ほか（⇒近デジ，下掲『志賀重昂全集4』ほか収録）がまず挙げられるだろう。志賀の主要著作は，志賀重昂『志賀重昂全集』全8巻，志賀重昂，昭和2-4：1927-1929＜081.8-Si284s＞ほかに収録されている（構成：1巻「経世治国篇・海外事情篇」2巻「歴史地理篇・人文地理学講義・外国地理参考書」3巻「南洋時事・南洋時事附録・世界山水図説・山水叢書河及湖沢」4巻「日本風景論・眼前万里・地理学」5巻「大役小志（上）・世界の奇観」6巻「大役小志（下）・続世界山水図説・国民当用世界当代地理・知られざる国々」7巻「札幌在学日記（上）・講演集（上）・詩藻・序文集」8巻「札幌在学日記（下）・講演集（下）・随筆集・尺牘・諸家の追悼文・附:世界写真図説抜萃）。米布合併・加州排日問題等移植民に関する論考は，主に第1巻「経世治国篇・

海外事情篇」に収録されている。

研究論考では，中野目徹「政治と社会をめぐる思想 志賀重昂の思想－『国粋主義』とその変容」犬塚孝明編『明治国家の政策と思想』吉川弘文館，2005, pp.253-282 ＜GB415-H48＞が，志賀の実業論・植民論の側面からその「国粋主義」の構造と変容の契機を再検討し，近代ナショナリズムの一存在形態として再定位を試みる。中野目の最近の論考として，ほかに，「明治知識人の朝鮮観－志賀重昂を例として」『環』23：2005. Aut., pp. 158-161（「日韓関係」再考＜特集＞）＜Z71-D880＞がある。荻原隆「国粋主義の成立条件－志賀重昂と三宅雪嶺」『研究年報』12：1999, pp.69-100 ＜Z22-1498＞，「志賀重昂の国粋主義」『研究年報』13：2000, pp.79-100,「志賀重昂の保守主義－丸山真男の陸羯南論との関連で」『研究年報』15：2002, pp.109-130,「志賀重昂の思想－国粋主義以降」『研究年報』16：2003, pp.94-110,「三宅雪嶺の国粋主義－志賀重昂と対比して」『研究年報』17：2004, pp.154-172は，志賀のナショナリズムを同人との比較で検証する一連の論考。亀井俊介「四 志賀重昂の国粋保存主義」『新版 ナショナリズムの文学－明治精神の探求』講談社，1988, pp.112-138（講談社学術文庫）＜KG314-E5＞は，『南洋時事』『日本風景論』に反映された志賀ナショナリズムの形成と展開を考察。

以下，志賀の初期ナショナリズムと地理学との関連を検証する主な論考を，時系列で掲出する。

清水元「明治中期の「南進論」と「環太平洋」構想の原型－志賀重昂『南洋時事』をめぐって-1, 2-」『アジア経済』32（9）：1991.1, pp.2-20, 32（10）：1991.10, pp.27-44 ＜Z3-65＞，林原純生「『南洋時事』から『日本風景論』へ－初期志賀重昂における＜文学＞」『日本文学』44（1）：1995.1, pp.30-40（＜文学＞を越境する＜特集＞）＜Z13-438＞，安芸由夫「志賀重昂（しげたか）と『日本風景論』－国際的地理学者の国粋保存の視線」『日本及日本人』1634：1999.4, pp.98-106 ＜Z23-68＞，水野守「志賀重昂『南洋』巡航と「南洋時事」のあいだ－世紀転換期日本の『帝国意識』」『日本学報』20：2001.3, pp.89-112 ＜Z8-1964＞，米地文夫・増子義孝「アジア・ナショナリズムの勃興期における景観の役割－志賀重昂『日本風景論』と土屋健治『カルティニの風景』との視座の比較」『総合政策』5（1）：2004.1, pp. 119-135 ＜Z71-C586＞，帆苅猛「近代風景観の成立とナショナリズム－志賀重

-69-

昂の『日本風景論』を中心として」『関東学院大学人間環境研究所所報』4：2005年度，pp.20-30 ＜Z71-L293＞など。大室幹雄『志賀重昂「日本風景論」精読』岩波書店，2003（「参考文献」pp.331-332, 岩波現代文庫）＜GB641-H16＞も参照のこと。浅羽通明『ナショナリズム－名著でたどる日本思想入門』筑摩書房，2004（ナショナリズム関連年表：pp.i-vi, ちくま新書）＜A38-H18＞は，「否応もなくナショナリズムを自覚せざるをえない時代状況の中にある我々」のために「第四章 ああ、日本のどこかに－国土のナショナリズム 志賀重昂『日本風景論』」pp.92-117 及び「第五章 もののふとたおやめのあいだ－文化のナショナリズム 三宅雪嶺・芳賀矢一『日本人論』」pp.118-143を提示する。

　志賀重昂『南洋時事』（明20）は，「南洋」概念を定着させ，上掲田口卯吉「南洋経略論」（明23）及び田口卯吉閲，井上彦三郎・鈴木経勲『南島巡航記』（経済雑誌社，明26 ＜70-27＞ ＜原本代替請求記号YDM26275（マイクロフィッシュ）＞⇒近デジ）など明治20年以降の「南進論」噴出の先駆けとなったものとして，日本の移植民論上重要である（矢野暢『「南進」の系譜』『日本の南洋史観』参照）。

【ウェブサイト】

○「三宅雪嶺記念資料館」（流通経済大学）

http://www.rku.ac.jp/seturei/

○「はんちはんかい備忘録」（「明治のナショナリストたち」「矢島の人畑山呂泣」のコンテンツあり）

http://rokugou.cside.com/sub32hankaihankai.html

畑山呂泣（芳三）は『亜細亜』の編集発行人。呂泣については，畏友内藤湖南の文章及び呂泣の『日本人』『亜細亜』掲載記事によって知るしかない。「矢島の人畑山呂泣」はもともと生地秋田県矢島町（現・由利本荘市）のホームページに置かれた「サイバー記念館」にあったもの（現在更新はされていないが残存，http://www.town.yashima.akita.jp/kinenkan/index.htm）。

○「福本日南のファイル」（石瀧豊美「イシタキ・ファイル」）

http://monokatari.jp/isitaki/file004.php?blogid=168

74) 有山輝雄「雑誌『日本人』・『日本及日本人』の変遷－その言論と同人」日本近代史料研究会編『雑誌「日本人」・「日本及日本人」目次総覧Ⅰ』pp.16-19を参照。

75) 新聞『日本』の紙名変遷は以下の通り。

『商業電報』商業電報社（明19.9.?創刊）→『東京電報』東京電報社（明21.4.9改題）→『日本』日本新聞社（明22.2.11改題－大3.12.31以後廃刊）。『商業電報』は「明治新聞雑誌文庫」で所蔵（8-442号：明19.9.15-明21.2.28，欠あり），『東京電報』は国立国会図書館で全号所蔵（475-731号：明21.4.9-明22.2.9＜新-578＞＜YB-146＞）。『日本』日本新聞社，『東京電報』の改題，1-9194号：明22.2.11-大3.12.31，1889-1914，以後廃刊＜新-9＞＜YB-140＞（複製版，1-6087号：明22.2.11-明39.6.30，ゆまに書房，1988-91＜Z99-786＞）。

『日本』については，上掲山本武利「明治三十年代前半の新聞『日本』の読者層 －知識人読者の新聞観をめぐって」松本編『政教社文学集』pp.416-421を参照。陸羯南の著作については，西田長寿〔ほか〕編『陸羯南全集』全10巻，みすず書房，1968-85＜308-Ku776k＞が網羅し，第1巻に『近時政論考』などを収録するほか，殆どを『東京電報』及び『日本』の社説・論説が占め，政論ジャーナリスト羯南を彷彿とさせる。各巻末に解説を付し，第10巻には「年譜」pp.323-334を収録。植手通有編『近代日本思想大系4 陸羯南集』筑摩書房，1987（丸山真男「陸羯南 －人と思想」pp.475-483，遠山茂樹「福沢諭吉の啓蒙主義と陸羯南の歴史主義」pp.484-494，植手通有「解説 日清戦争後における陸羯南」pp.495-534，「年譜」pp.535-538，「参考文献」pp.539-541）＜HA121-9＞も参照。

『商業電報』から『東京電報』への改題経緯については，「実業者の政治思想及び改題の主意」（明21.4.9，『東京電報』475号掲載）『陸羯南全集1』pp.321-322，『東京電報』については，「解説 『東京電報』社説」『陸羯南全集1』pp.698-701を参照。また，陸羯南研究誌発行委員会編『陸羯南研究誌』1: 2004.5～＜Z71-L907＞が刊行されている。

徳富蘇峰をして「向う所敵無き健筆家」と言わしめた『日本』の記者に福本日南がいる（『蘇峰自伝』p.287）。福本日南に関する刮目すべき論考に，広瀬玲子『国粋主義者の国際認識と国家構想 －福本日南を中心として』芙蓉書房出版，2004（「福本家蔵 福本日南関係文書目録」pp.490-500）＜A38-H14＞がある。本書は，(平子玲子)『近代日本の植民論・移民論に関する研究』文部省科学研究費補助金研究成果報告書・基盤研究（C），1999＜Y151-H09610341＞等，既出論文を踏まえた，同タイトルの「博士論文」（早稲田大学，2002）＜UT51-2003-J180＞（http://dspace.wul.waseda.ac.jp/dspace/bitstream/2065/335/1/

Honbun-3438.pdf）を圧縮し，改訂を加えたもので，「事項・地名索引」「人名索引」が付され利便性が増している。明治10年代後半から日露戦争にかけての国際情勢の展開とそれに対する認識が，どのような国家構想や植民論を生み出し，それにいかなる影響を与えつつ変容させていくかを，福本日南を中心とする国粋主義思想に焦点をあてて考察しており，一国史的視野にとどまらない最近の歴史研究の動向を踏まえたものである。木村健二「書評 広瀬玲子著『国粋主義者の国際認識と国家構想－福本日南を中心として』」『移民研究年報』12：2006.3，pp179－181＜Z3－B399＞は，「国粋主義者の西欧及びアジア認識，さらに移民・植民論を理解し，その変遷をあとづけ，それがいかに現実の政策や人々の行動に影響を及ぼすことになったのか解明するうえで，大きくその一歩を記した著作」(p.181) と評する。

76) 『太陽』が継承したのは，読者対象の異なる『日本商業雑誌』『日本大家論集』『日本農業雑誌』『日本之法律』『婦女雑誌』の5誌。『太陽』創刊時の博文館雑誌の統廃合及び出版界の状況につき，鈴木貞美「明治期『太陽』の沿革、および位置」鈴木貞美編『雑誌「太陽」と国民文化の形成』pp.3－14参照。永嶺重敏「第三章 明治期『太陽』の受容構造」『雑誌と読者の近代』日本エディタースクール出版部，1997，pp.101－132＜UG11－G14＞は，やがて総合雑誌の雄として『国民之友』にとって替わる『太陽』を，その読者層の受容構造の変化によって考察，『太陽』の斬新さを雑誌のスタイル，とりわけ「量的膨大さ」（頁数）と「百科総覧的膨大さ」（質的）にあるとする。更に「写真・挿画を多用した視覚性」と日清戦争後の「膨脹主義」を反映した「英文欄」の設置を新機軸とする（pp.103－108）。上掲鈴木論考は，①百貨店式「総合雑誌」②「様ざまな文体」③「エディターシップの欠如」をその特徴として指摘する（pp.15－20）。『太陽』の創刊とその成功は，下掲①②表に示すように，博文館から同時に創刊された『文芸倶楽部』『少年世界』とともに，「『国民之友』から『太陽』へ」に象徴される雑誌界の再編を促すことになった。

【①明治29年～32年の主要雑誌発行部数】

誌　　名	創刊年月	頻　度	明29年	明30年	明31年	明32年
東京経済雑誌	明12.1 (1879)	週刊	117,984 (51) 2,313	148,089 (51) 2,904	151,265 (52) 2,909	131,381 (51) 2,576
国民之友	明20.2 (1887)	旬刊→ 月刊	794,268 (52) **15,274**	560,758 (36) **15,577**	118,778 (8) **14,847**	— —
反省雑誌→ 中央公論	明20.8 (1887)	月刊	･･･ (10) ･･･	46,630 (11) 4,239	49,414 (12) 4,118	53,296 (12) 4,441
日本人	明21.4 (1888)	半月刊	42,050 (21) 2,002	36,386 (24) 1,516	40,165 (24) 1,674	43,292 (24) 1,804
太陽	明28.1 (1895)	半月刊	2,162,140 (25) **86,486**	2,448,654 (25) **97,946**	2,310,113 (25) **92,405**	2,053,991 (27) **76,071**
東洋経済新報	明28.11 (1895)	旬刊	49,168 (36) 1,366	50,471 (35) 1,442	62,214 (35) 1,778	62,954 (35) 1,799
実業之日本	明30.6 (1897)	月刊→ 半月刊	— —	･･･ (7) ･･･	42,953 (12) 3,579	265,965 (19) 13,998

(「『東洋経済新報』創刊当時の主要な経済雑誌・総合雑誌の発行部数」『東洋経済新報社百年史』p.19から引用作成。発行部数は『警視庁統計書』による年間配布部数。下段は年間発行回数とそれに基づく1回当たり部数。その他凡例・注記等は同書を参照のこと。)

【②明治28年～32年の雑誌年間発行部数順位（＊博文館発行）】

順位	明28年	明29年	明30年	明31年	明32年
1	＊日清戦争実記 （月3） 2,783	＊太陽 （月2） 2,162	＊太陽 （月2） 2,449	＊太陽 （月2） 2,310	＊太陽 （月2） 2,054
2	＊少年世界 1,906	＊少年世界 1,582	＊少年世界 2,062	＊少年世界 1,756	＊少年世界 1,871
3	＊太陽 1,182	国民之友 （月3） 794	＊文芸倶楽部 598	東京小間物商報 410	＊中学世界 920
4	国民之友 （月3） 446	＊文芸倶楽部 536	国民之友 （月3） 561	＊文芸倶楽部 397	東京小間物商報 575
5	＊文芸倶楽部 217	東京商報 444	不眠不休警察眼 324	＊中学世界 397	＊文芸倶楽部 523
参考	日本人 25	＊日清戦争実記 （最終号） 33	反省雑誌 30	国民之友 （月3） 119	実業之日本 266

（鈴木貞美「明治期『太陽』の沿革、および位置」鈴木貞美編『雑誌「太陽」と国民文化の形成』pp.38-39から引用作成。発行部数は『警視庁統計書』による。単位千，百位を四捨五入。その他凡例等は同書を参照のこと。）

【大橋佐平・博文館】

　坪谷善四郎編『大橋佐平翁伝』博文館，昭和7＜618-113＞（複製版，栗田出版会，1974（「大橋佐平翁年譜」pp.129-139，附録「博文館小史」pp.141-206）＜GK112-13＞は，佐平の遺志により博文館15周年記念として創設された，大橋図書館（現・三康図書館）百年を記念した伝記。また，稲川明雄『龍の如く -出版王大橋佐平の生涯』博文館新社，2005（「主な参考文献」p.406，「大橋佐平年譜」pp.Ⅰ-Ⅴ）＜GK112-H14＞，矢田吉郎「〝明治〟とともに消えた出版王国」『流動』9（13）：1977.12臨増，pp.82-88＜Z23-165＞，山口昌男「明治出版界の光と闇 -博文館の興亡」『へるめす』40：1992.11, pp.171-189＜Z23-517＞（上掲『「敗者」の精神史』＜GB411-E77＞ほか，及び鈴木貞美編『雑誌「太陽」と国民文化の形成』思文閣出版，2001

＜UM84-G43＞に収録），坪谷善四郎編『博文館五十年史』博文館，昭12＜732-61＞，『彷書月刊』15（11）〔通号170〕：1999.11（博文館文化＜特集＞）＜Z21-1473＞（鈴木貞美「総合雑誌『太陽』と博文館」pp.2-5，林正子「高山樗牛と博文館」pp.16-17，大和田茂「浮田和民の登場」pp.18-19など11の小論考を収録），杉原四郎「明治20年代の経済雑誌－博文館の諸雑誌を中心として」『甲南経済学論集』11（1）：1970.6，pp.37-55＜Z3-267＞，浅岡邦雄「明治期博文館の主要雑誌発行部数」国文学研究資料館編『明治の出版文化』臨川書店，2002，pp.141-177＜UE17-G34＞などを参照。

博文館が刊行した膨大な雑誌及び図書については，内山正如編『博文館発行図書雑誌総目録』博文館，明44＜85-206＞＜原本代替請求記号YDM101582（マイクロフィッシュ）＞ほかで知ることができる。戦争報道メディアとしての博文館及びその出版コンツェルンについて簡便には，紅野謙介『書物の近代－メディアの文学史』筑摩書房，1999（「参考文献」pp.289-304，ちくま学芸文庫）＜KG381-G106＞pp.139-140，167-177，211-215ほかを参照。

【『太陽』】

「国際日本文化研究センター」で平成6-8年度に行った共同研究「総合雑誌『太陽』の学際的研究」の中間報告が，機関誌『日本研究 国際日本文化研究センター紀要』＜Z21-1836＞等に掲載されてきた（例：「＜共同研究報告＞総合雑誌『太陽』の総合的研究 中間報告－その1～3」『日本研究』13：1996.3，pp.63-167／15：1996.12，pp.129-183／17：1998.2，pp.255-340）。鈴木貞美編『雑誌「太陽」と国民文化の形成』思文閣出版，2001＜UM84-G43＞は，そのなかから22本の研究論考を収録。総合雑誌『太陽』を思想・文化の全体像の中に媒体として置くことにより，明治20年代以降の「国民国家」確立期・「国民文化」形成期における相互関係を考証する。本稿ととりわけ関係のあるものをピックアップすれば，大和田茂「編集主幹・浮田和民の位置」pp.193-221，北岡伸一「初期『太陽』に見るアメリカ像－日清日露戦間期日本外交に関する一考察」pp.225-249，銭鷗「日清戦争直後における対中国観及び日本人のセルフイメージ－『太陽』第一巻を通して」pp.250-279，三谷憲正「博文館『太陽』と朝鮮－「併合」に至る《喩》を中心として」pp.280-300，竹村民郎「十九世紀末葉日本における海洋認識の諸類型－創刊期『太陽』に関連して」pp.301-323，佐藤一樹「余白欄

のアジア主義 −大正期『太陽』の詩文欄と児玉花外」pp.324-348，鈴木貞美「明治期『太陽』に国民国家主義の変遷を読む」pp.349-387などがある。

　国際日本文化研究センターの共同研究とほぼ同時期，1995年から筑波大学近代文学研究会においても『太陽』の研究が行われている。対米・対朝鮮等の対外関係のなかでの文学の在り様を視座とする2冊の研究成果報告書のなかに，博文館及び『太陽』関係論考が収録されている（本稿関係論考のみカッコ内に掲出）。筑波大学近代文学研究会編『明治期雑誌メディアにみる＜文学＞』筑波大学近代文学研究会，2000＜KG314-G30＞（杉山欣也「夢みられた日露戦争、あるいは博文館の夢みた未来」pp.28-45，南富鎮「近代日本の朝鮮人像の形成 −総合雑誌『太陽』と『朝鮮』を軸にして」pp.46-69），筑波大学近代文学研究会編『明治から大正へ −メディアと文学』筑波大学近代文学研究会，2001＜GB415-G50＞（杉山欣也「博文館の日米戦争 −明治四〇年代の＜戦争未来記＞」pp.56-79，目野由希「『太陽』「医事」欄をめぐって −学問からエッセイへの階梯」pp.143-157，李承信「アメリカに向かう視線 −有島武郎『或る女』をめぐって」pp.297-315）。

　鈴木正節『博文館「太陽」の研究』アジア経済研究所，1979，（「総合記事目録」pp.43-331, 文献解題 29, 中国関係新聞雑誌解題 Ⅲ）＜UM84-30＞は，論考としては「『太陽』解題とその中国観」pp.3-41のみ収録。「総合記事目録」は，日本近代文学館編『太陽総目次』及びCD-ROM＜YH247-145＞（本号615.『太陽』〔電子資料〕付属）が刊行されるまで有用なツールだった。永嶺重敏「第三章 明治期『太陽』の受容構造」『雑誌と読者の近代』日本エディタースクール出版部，1997, pp.101-132＜UG11-G14＞は，総合雑誌の社会的支持基盤，即ち読者層の受容構造という視点から『太陽』の読まれ方を検証する。

【ウェブサイト】
○「大橋図書館」（三康図書館）
　http://www.f2.dion.ne.jp/~sanko/ohashitoshokan.html
○「高山樗牛文献目録」（山形県立図書館「縣人文庫」）
　http://www.lib.pref.yamagata.jp/kensaku/kenjin.html

77）例えば，上掲鈴木正節『博文館「太陽」の研究』p.16, 林正子「『太陽』に読む明治日本のドイツ文明批評と自己探求 −ドイツ関連記事と樗牛・嘲風の評論を視座として」鈴木貞美編『雑誌「太陽」と国民文化の形成』

p.465 など。色川大吉『新編 明治精神史』1973 は,「明治三十年代の文化問題、ひいては明治文化の断層の究明には、この樗牛を媒介としてみるとたいへん有効である。」とする (p.493)。

78) 色川『新編 明治精神史』pp.497-498。樗牛の移植民関係論考は,斎藤信策・姉崎正治編『樗牛全集 4 時勢及思索』博文館,大正 2 <45-316へ><原本代替請求記号 YD5-H-45-316へ(マイクロフィッシュ)>(⇒近デジ)に収録されている。前掲亀井「六『膨張的大日本』の文学」『新版 ナショナリズムの文学 -明治精神の探求』pp.173-203 も参照のこと。

79) 『太陽』の特集号や増刊号については,615. 日本近代文学館編『太陽』〔電子資料〕<YH247-145>付属の『太陽総目次』「解題」:pp.15-25 で通覧することができる。本稿関係では「海之日本」(8巻8号:明35.6.15),「陸之日本」(9巻7号:明36.6.15),「外人之日本観」(13巻15号:明40.11.3),「黄白人之衝突」(14巻3号:明41.2.15),「日本民族之膨脹」(16巻15号:明43.11.10),「戦争乎平和乎」(17巻15号:明44.11.15),「南進乎北進乎」(19巻15号:大2.11.15),「太平洋問題之真髄」(32巻4号:大15.9.1) などが重要。このほか,鳥谷部春汀・浮田和民主幹期に発行された一連の「明治史」シリーズ全7冊(議会史・財政史・外交史・産業史・交通発達史・政党史・文芸史)は,研究史上今なお重要である。

80)【浮田和民】(安政6年12月28日 - 昭和21年10月28日:1860-1946,安政6年12月28日(太陰暦)は,太陽暦1860年1月20日)

前掲平林「浮田和民と徳富蘇峰 -若き日の思考と論理」同志社大学人文科学研究所編『熊本バンド研究 -日本プロテスタンティズムの一源流と展開』みすず書房,1965,pp.414-426 <198.58-D98k>,前掲神谷「『国民之友』から『太陽』へ -浮田和民の思想的展開を中心に」西田〔ほか〕編『民友社とその時代 -思想・文学・ジャーナリズム集団の軌跡』ミネルヴァ書房,2003,pp.341-354 <E4-H93>,上掲大和田「編集主幹・浮田和民の位置」鈴木貞美編『雑誌「太陽」と国民文化の形成』2001,pp.193-221,松田義男『浮田和民研究 -自由主義政治思想の展開』改訂第3版,松田義男,1998(「浮田和民年譜」pp.267-271,「浮田和民著作目録」pp.272-290,「文献目録」pp.291-302)<A31-H29>,など参照。姜克實『浮田和民の思想史的研究 -倫理的帝国主義の形成』不二出版,2003(「主要引用文献」pp.544-548)<GK146-H5>は,「大

正知識人の対外認識に多大な影響を及ぼした倫理的帝国主義」論の形成過程と構造を考察。「第二節 浮田和民研究の現状と課題」(「序章 課題と方法」pp.18-26) が先行研究を纏める。

『帝国主義と教育』民友社，明34＜259-48＞＜原本代替請求記号YDM50658（マイクロフィッシュ）＞（⇒近デジ），『倫理的帝国主義』隆文館，明42＜328-113＞＜原本代替請求記号YDM11678（マイクロフィッシュ）＞（⇒近デジ），渡辺金三共著『日米非戦論』実業之日本社，大14＜535-178＞＜原本代替請求記号YD5-H-535-178（マイクロフィッシュ）＞など，雑誌論文等も含め浮田の著作については，上掲松田『浮田和民研究 -自由主義政治思想の展開』改訂第3版の「浮田和民著作目録」pp.272-290が網羅的であり，先行研究についても関連文献を含め「文献目録」pp.291-302が詳しい。

81) 政教社『日本人』も含め「『国民之友』から『太陽』へ」として象徴化される雑誌界再編成の状況については，上掲永嶺「第三章 明治期『太陽』の受容構造」『雑誌と読者の近代』pp.109-114を参照。

82) 例えば，前掲宇野田「成立期帝国日本の政治思想 -民友社系知識人の場合を中心に」『比較文明』19：2003, pp.26-29, 上掲姜『浮田和民の思想史的研究 -倫理的帝国主義の形成』2003, p.542, 上掲松田『浮田和民研究 -自由主義政治思想の展開』改訂第3版，pp.80-82など参照。『国民新聞』に掲載されたのは①「日本の帝国主義」（明34.4.7・9, 1901）②「帝国主義の教育」（明34.6.29-30, 7.2-6）③「帝国主義の理想」（明35.1.10-12, 14-19, 21-23）の三論文。①と②は上掲『帝国主義と教育』として民友社から刊行（明34.9）。その反響に応えたのが③で，「倫理的帝国主義」という言葉が初めて使われた。

83) 前掲神谷「『国民之友』から『太陽』へ -浮田和民の思想的展開を中心に」西田〔ほか〕編『民友社とその時代 -思想・文学・ジャーナリズム集団の軌跡』は，浮田が主幹就任にあたって蘇峰にあてた書簡のなかで「国民新聞と太陽との関係は略ぼ往時国民之友と国民新聞の如きもの」と述べていることを引用し，春汀亡き後の「人物月旦」担当に，民友社山路愛山を迎えるべく蘇峰に尽力を乞うた点も踏まえ，＜『太陽』の『国民之友』化＞として捉えている (pp.351-354)。

84) 移民問題に対する浮田の立場については，上掲姜『浮田和民の思想史的研究 -倫理的帝国主義の形成』2003, pp.512-514, 上掲松田『浮田和民研究 -自由主義政治思想の展開』改訂第3版，pp.130-133など参照，ま

た第一次世界大戦終結に伴うパリ講和会議（大正8年11月，1918）での人種差別撤廃問題については，池井優「パリ平和会議と人種差別撤廃問題」『国際政治』23：1963.10, pp.44-58（日本外交史研究－第一次世界大戦＜特集＞）＜Z1-30＞は，国立国会図書館憲政資料室所蔵文書等に拠り，人種差別撤廃案提出の意図及び会議での過程と背景を跡付ける。ほかに前掲間宮「大正デモクラットと人種問題－浮田和民を中心に」『人文社会科学研究』30：1990.3, pp.105-115, 鳥海靖「パリ講和会議における日本の立場－人種差別撤廃問題を中心に」『法政史学』46：1994.3, pp.1-18 ＜Z8-109＞，神谷昌史「『東西文明調和論』の三つの型－大隈重信・徳富蘇峰・浮田和民（政治学篇）」『大東法政論集』9：2001.3, pp.159-180 ＜Z2-B594＞，増田直子「パリ平和会議における人種差別撤廃案と在米日本人」『社会文化史学』43：2002.5, pp.1-16 ＜Z8-356＞などを参照。

『太陽』における対外認識全般については，上掲鈴木編『雑誌「太陽」と国民文化の形成』2001の国際関係・アジア主義・ナショナリズムを分析する第Ⅲ部所収の6論考を参照。

85) 鈴木貞美「明治期『太陽』の沿革、および位置」鈴木編『雑誌「太陽」と国民文化の形成』2001, pp.28-32参照。

86)【『東洋経済新報』】

小倉政太郎編『東洋経済新報言論六十年』東洋経済新報社，1955（「東洋経済新報社略年譜」pp.〔1〕-20）＜330.5-To6120t＞（第一部：大原万平「言論六十年」，第二部：（石橋湛山ほか著）小倉政太郎編「回想録」から成る）及び，東洋経済新報社百年史刊行委員会編『東洋経済新報社百年史』東洋経済新報社，1996（「主要参考文献」pp.1123-1124,「年譜」巻末pp.19-56）＜UE57-G10＞が纏まった資料であり，『東洋経済新報社百年史』は，明治28年（1895）創業から平成7年（1995）に至る東洋経済新報社100年の経営・言論両面の歩みを記録する希少な資料。

井上清・渡部徹編『大正期の急進的自由主義－「東洋経済新報」を中心として』東洋経済新報社，1972（京都大学人文科学研究所研究報告）＜GB461-12＞は，京都大学人文科学研究所日本部「大正期の世論と時代思潮」共同研究班の成果を纏めた学術的な先行研究。渡部徹「総論」pp.1-31, 松尾尊兊「急進的自由主義の成立過程」pp.33-83, 山本四郎「中国問題論」pp.85-113, 井上清「日本帝国主義批判論」

pp.115-186, 井口和起「植民政策論-1910年代の朝鮮政策論を中心として」pp.187-217, 木坂順一郎「大正期の内政改革論」pp.219-264, 飛鳥井雅道「ロシア革命と『尼港事件』」pp.265-306, 古屋哲夫「ファシズム前夜の政治論」pp.307-351, 江口圭一「山東出兵・『満州事変』をめぐって」pp.353-392, 渡部徹「経済・財政政策論」pp.393-441, 飯沼二郎「農業問題論-とくに『大阪朝日新聞』と対比して」pp.443-468, 渡部徹「労働問題・労働運動への論評」pp.469-526（何れも章立て省略）を収録し,『東洋経済新報』の誌面構成から, 国内政治の民主的改革と対外的な帝国主義・植民地主義反対に至る論調を報告する。松尾尊兊「日露後における非軍国主義の潮流の一波頭 -東洋経済新報の場合」高橋幸八郎編『日本近代化の研究 下 大正・昭和編』東京大学出版会, 1972, pp.477-507 ＜GB411-27＞は, 日露戦争後の政治情勢の推移を踏まえ『東洋経済新報』の「非軍国主義」論の形成過程を検証。井坂康志「初期 東洋経済新報社の思想形成過程に関する考察（上）（下）J・S・ミルの自由概念の継承を中心に」『自由思想』92：2002.12, pp.45-55, 93：2003.4, pp.51-55 ＜Z6-1043＞, 前掲溝川「明治末期の自由貿易論-『東京経済雑誌』および『東洋経済新報』を中心として」『京都産業大学論集社会科学系列』8：1988.3, pp.1-27 ＜Z22-836＞, 胆紅「1910年代日本の中国論-『東洋経済新報』を中心に」『政治思想研究』6：2006.5, pp.251-280 ＜Z71-F780＞, 上田美和「『東洋経済新報』の読者層 -1934・35年の調査報告を中心に」『自由思想』104：2006.8, pp.30-42 ＜Z6-1043＞を最新考とする一連の論考, などのほか本号注51掲出の「経済雑誌」関係文献に言及がある。

『東洋経済新報』には"The Oriental Economist"という英文誌名が付されていたが（昭和6年6月27日号まで併記）, 昭和9年5月8日（1934）東洋経済新報社創立40周年記念事業として, 月刊英文誌 *The Oriental Economist* が創刊された（**The Oriental Economist**, Toyo Keizai Shinposha, 国立国会図書館所蔵は2（1）-12（10/11）：1935.1-1945.10/11, 13（165）-53（901/902）：1946.1-1985.11/12, 以後 Tokyo Business Today と改題 ＜Z51-A136＞）。*The Oriental Economist* は, 戦時下においても休廃刊することなく刊行され続け,「唯一外国人の信頼を得ている外国向け雑誌」（清沢洌）と評され, のちにGHQ初代民政局長となったクレーマーも愛読していたと言う（『東洋経済新報社百年史』pp.410-413）。

87) 『**東洋時論**』東洋経済新報社，1巻1号-3巻10号：明43年5月-大1年10月，以後廃刊＜雑54-65＞（復刻版，全9冊，龍渓書舎，1995＜Z23-B53＞）

　　第三代主幹植松考昭(ひろあき)の時代，日露戦争後の社会・思想問題への発言の場として『東洋経済新報』に「社会」欄が新設された（創刊500号：明42年10月5日号～）。これは片山潜の入社によって具体化されたものと言われている。そして明治43年（1910）5月5日，三浦銕(てつ)太郎を編集責任者とし「第二維新」を旗印に，「社会全般にわたる問題を評論すべき雑誌」として，月刊『東洋時論』*The Oriental Forum* が創刊された。その論調は旧道徳思想への批判・攻撃とそれに代わる「個人主義」の鼓吹にあり，約二年の間に発売禁止二回という「ラディカル」さであった。石橋湛山入社の動機はこの『東洋時論』の編集にあった。「意気軒高たる筆陣とは裏腹に」部数は伸び悩み，主幹植松の急死とも相俟って通巻30号をもって廃刊，『東洋経済新報』に併合された。『東洋時論』の発刊及び挫折の経緯については，上掲『東洋経済新報社百年史』pp.48-56を参照。

88) 三浦銕太郎については，松尾尊兊編，三浦銕太郎著『大日本主義か小日本主義か -三浦銕太郎論説集』東洋経済新報社，1995（松尾尊兊「解説・三浦銕太郎小論」pp.399-438,「三浦銕太郎略年譜」pp.439-442,「三浦銕太郎論文・著作目録」pp.443-452）＜GB411-G3＞が，『東洋時論』『東洋経済新報』に掲載された三浦の主な論説等を収録する。『東洋経済新報』には総目録がないので，「三浦銕太郎論文・著作目録」は有用である。「帝国主義の暗影」pp.3-24,「帝国主義の恐るべき側面」pp.25-35,「満州放棄乎軍備拡張乎」pp.88-132,「大日本主義乎小日本主義乎」pp.133-174のほか「東洋経済新報の歴史と伝統 -創刊五十一周年を記念して」（『東洋経済新報』昭21.11.16号掲載）pp.391-398も収録。前掲松尾『民本主義と帝国主義』pp.367-382，下掲姜克実『石橋湛山の思想史的研究』pp.160-168，下掲田中彰『小国主義 -日本の近代を読みなおす』pp.110-125も参照のこと。

89)【**石橋湛山**】（明治17年9月25日-昭和48年4月25日：1884-1973）

　　石橋湛山全集編纂委員会編『石橋湛山全集』全15巻，東洋経済新報社，1970-72＜US21-16＞が，明治42年（1909）の『東京毎日新聞』掲載記事から昭和44年（1969）に至る文筆活動の集積を，発表年代順に収録，各巻に注解・解説・関係小年表を付す基本資料。第15巻（補

巻）は，『湛山回想』及び同補遺を収録し，付録：「石橋湛山全集総目次」pp.275-338「石橋湛山年譜」pp.339-418「論文目録・座談会記録・講演記録」後頁 pp.45-207「総索引」後頁 pp.1-44 が，『東洋経済新報』総目録がないので，貴重な資料かつ有用なツールとなっている。湛山の小日本主義的代表論考は，第１巻（明治42-大正3年）に「我れに移民の要無し」pp.354-357，「青島は断じて領有すべからず」pp.375-377，「重て青島領有の不可を論ず」pp.378-381など，第２巻（大正4-7年）に「出兵乎孤立乎」pp.27-31などの「シベリア出兵問題」が収録されている（『石橋湛山全集』については，長幸男「『石橋湛山全集』（全15巻）-思想家湛山の全貌」『世界』315：1972.2，pp.258-261＜Z23-12＞参照）。自伝，石橋湛山『湛山回想』毎日新聞社，1951＜289.1-I532t＞ほか，に「田口卯吉氏の『東京経済雑誌』」など「六経済雑誌の思い出」がある。増田弘『石橋湛山 -リベラリストの真髄』中央公論社，1995（「参考文献」pp.256-263，「石橋湛山略年譜」pp.264-270，中公新書）＜GK62-E64＞は，日本近代史のなかで湛山の全体像を描く。

　湛山の「小日本主義」思想については，一連の既発表論考を纏めた増田弘『石橋湛山研究 -「小日本主義者」の国際認識』東洋経済新報社，1990（「石橋湛山略年譜」pp.309-312，「参考文献」pp.313-318＜GK62-E23＞が，小日本主義「言論人」としての湛山の戦前期における国際認識とその思想・言論の本質を解明する。言論人湛山を再評価する研究は，長幸男「日本資本主義におけるリベラリズムの再評価 -石橋湛山論」『思想』437：1960.10，pp.17-33（民主主義をささえる原理＜特集＞）＜Z23-90＞＜YA5-108＞を端緒とすると言われているが，増田同書は刊行時点での研究の現状を整理する（pp.10-13）。これ以降の主な論考については，増田弘『石橋湛山の「小日本主義」外交思想研究』文部省科学研究費補助金研究成果報告書・一般研究（C），1992＜Y151-H01520035＞のほか，姜克実『石橋湛山の思想史的研究』早稲田大学出版部，1992＜GK62-E47＞が，「第二節『新報』流小日本主義の系譜」pp.160-168で植松孝昭・三浦銕太郎の小日本主義を検証，「第三節 湛山の小日本主義的対外認識」pp.168-172，「第四節 小日本主義の特徴と評価」pp.172-184で，湛山『東洋経済新報』の小日本主義について考察する（何れも「第四章 帝国主義的欲望の統制 -湛山の小日本主義的対外認識」）。前掲松尾尊兊「第四部『東洋経済新報』の帝国主

義批判」『民本主義と帝国主義』も，植松孝昭・三浦銕太郎から石橋湛山に至る小日本主義を，『東洋経済新報』『東洋時論』ほかの論説を読み込み検証する（「Ⅰ 大正デモクラシーの一水脈 -石橋湛山とその先行者たち」pp.367-382,「Ⅱ 明治後期の『東洋経済新報』」pp.383-464,「Ⅲ 戦中戦後の石橋湛山」pp.465-520）。本書も主要な研究を列挙し（pp.497-498）参考になる。井出孫六『石橋湛山と小国主義』岩波書店，2000（「主な参考文献」p.61,「本書ならびに石橋湛山関連年譜」pp.〔62-63〕,岩波ブックレット）＜GK62-G53＞，田中彰「Ⅲ『小日本主義』の登場 -大正デモクラシーの中で」『小国主義 -日本の近代を読みなおす』岩波書店，1999, pp.109-145（岩波新書）＜GB411-G87＞，田中彰『近代日本の歩んだ道 -「大国主義」から「小国主義」へ』人文書館，2005（Radical History Selections）＜GB411-H138＞なども参照のこと。Sharon H. Nolte. *Liberalism in Modern Japan : Ishibashi Tanzan and His Teachers, 1905-1960.* Berkeley : Univ. of California Pr.,1987（Bibliography:pp.343-370）＜EB11-A4＞は，湛山研究の国際化現象を示す一冊。田畑忍編著『近現代日本の平和思想 -平和憲法の思想的源流と発展』ミネルヴァ書房，1993（各章末に参考文献,「関係年表」pp.269-283（Minerva21世紀ライブラリー 5）＜EB11-E30＞が，明治時代の平和思想として「徳富蘇峰の『将来之日本』」pp.21-25,「大正デモクラシーと吉野作造の平和思想」pp.135-138,「ペン一本で反戦に生きた石橋湛山」pp.155-158（何れも著者名略）を収録する。

　「石橋湛山記念財団」（下掲【ウェブサイト】参照）から機関誌『自由思想』1号：昭50.5～＜Z6-1043＞が刊行されており，『石橋湛山全集』未収録論文等も随時掲載される（「創刊号～100号全目次・筆者名全索引」『自由思想』101号：2005.11, pp.66-80）。

　国立国会図書館憲政資料室に「石橋湛山関係文書」1,470点がある（検索手段「石橋湛山関係文書目録（仮）」，「石橋湛山関係資料の寄贈」『国立国会図書館月報』396：1994.3, p.14＜Z21-146＞参照。）

【ウェブサイト】
○「石橋湛山記念財団」（東京都中央区）
　http://www.ishibashi-mf.org/index.html

90)「**黄禍論 Yellow peril**」については，明治36年（1903）11月28日の早稲田大学課外講義を纏めた，森鴎外（林太郎）『黄禍論梗概』春陽堂，明37＜原本代替請求記号YDM39511（マイクロフィッシュ）＞（⇒近デジ）

等の，わが国への紹介と反論があり（前掲田口卯吉『破黄禍論――一名 日本人種の真相』経済雑誌社，明37 ＜原本代替請求記号YDM39687（マイクロフィッシュ）＞⇒近デジも参照），例えば橋川文三『黄禍物語』筑摩書房，1976 ＜A58-5＞ほか，平川祐弘「ロシヤにこだまする『黄禍論』-西洋帝国主義者のアジア観」『西洋の衝撃と日本』講談社，1985, pp.254-297（講談社学術文庫）＜GB411-162＞などがその経緯につき纏める。ハインツ・ゴルヴィツァー著，瀬野文教訳『黄禍論とは何か』草思社，1999（「文献目録」pp.254-261）＜A57-G29＞（原著： Gollwitzer, Heinz. *Die Gelbe Gefahr: Geschichte eines Schlagworts; Studien zum Imperialistischen*. Göttingen: Vandenhoeck & Ruprecht, 1962 ＜未所蔵＞）は，黄禍論の起源から，英米露仏独における言説を考察。黄禍論の日本における認識と対外政策形成については，中村尚美「日本帝国主義と黄禍論」『社会科学討究』41（3）：1996.3, pp.261-291 ＜Z6-289＞を参照。飯倉章『イエロー・ペリルの神話 -帝国日本と「黄禍」の逆説』彩流社，2004 ＜A57-H10＞は，「黄禍」の概念を検討し，その起源及び露英独米日における具体的言説等により通説と論争を検証，ステレオタイプとしてのイメージ＝「神話」を解体する。序章及びその注に先行研究を掲出（pp.17-18，後pp.7-9），「歴史はストーリー」という観点で書かれているが，今後の「黄禍」論研究において拠るべき基本書となっている。前掲市野川「黄禍論と優生学 -第一次大戦前後のバイオポリティクス」小森陽一〔ほか〕編『岩波講座 近代日本の文化史5 編成されるナショナリズム』pp.119-165, のほかpp.35-37注47【人種概念】及びpp.39-41注49掲出の文献も参照のこと。また，黄禍論に関する同時代の一次資料を復刻集成する「黄禍論：英語文献復刻シリーズ *Primary Sources on Yellow Peril*」の第1回，橋本順光編『英国黄禍論小説集成 *Yellow Peril, Collection of British Novels 1895-1913*』全7巻，日本シノップス，2006～ ＜未所蔵＞が刊行中，第2回『英国黄禍論短編小説集』及び第3回『英国黄禍論資料集』も予定されている。

91) 排日をめぐる，在米日本人・日本政府・日本言論界・移民多出県などの反応については，前掲象井387. 『外国人をめぐる社会史』雄山閣出版，1995（「参考文献」pp.226-231）＜DC812-E222＞が日米に残された史資料を読み込んで有用。本書は，「移民」を「人が国境を越えて生活の拠点を変えることであり，またその行為の当事者も含む」と定義，「永住する意思の有無」及び「滞在期間の長短」も「本質的な問題とはみな

さない」とする (p.14)。本号 pp.32-35 注47【国民国家と越境】研究の典型的な1冊として，再度掲出する。移民研究史を踏まえた本書の評価については，米山裕「書評」『東京大学アメリカン・スタディーズ』1：1996, pp.121-125 ＜Z8-B527＞を参照のこと。

92)「我れに移民の要無し」は『石橋湛山全集 1』pp.354-357,『自由』15(7)：1973.7, pp.145-147 ＜Z23-116＞などに再録。上掲増田『石橋湛山研究 -「小日本主義者」の国際認識』は「第一章 対米移民不要論」(「第Ⅰ部 小日本主義の形成期（一九一〇年代）」) pp.18-36 において，植松孝昭の対米移民不要論や吉野作造「学術上より観たる日米問題」(『中央公論』大3.1：1914.1, 増田同書 p.29 が <u>1915年</u>1月号掲載とするのは誤記）との比較考察を行う (pp.63-64 注71 参照）。

　日米移民問題に関連して，平和主義・自由主義を掲げるジャーナリスト清沢洌の存在が重要である。「昭和の吉野作造」清沢は湛山の深い信頼を受け，東洋経済新報社顧問・評議員として，また社員に等しい執筆活動により『東洋経済新報』論陣の強化に貢献した（上掲『東洋経済新報社百年史』pp.438-441 ほか参照）。清沢洌については，『参考書誌研究』No.54, pp.97-98, 123-124 掲出の文献を参照のこと。これ以降の主な文献は以下のとおり。①山本義彦編『清沢洌評論集』岩波書店，2002（「解説」pp.371-383,「清沢洌略年譜」pp.385-392, 岩波文庫）＜A99-Z-G183＞，②橋川文三編，清沢洌著『暗黒日記』全3巻，筑摩書房，2002（1巻：橋川文三「解題」pp.445-462, 3巻：「仮年譜」pp.399-434, 北岡伸一「解説 清沢洌と『暗黒日記』」pp.435-449, ちくま学芸文庫）＜GB531-G354＞は，前掲502.『暗黒日記』評論社版，1970-73 を底本として文庫化。③北岡伸一『清沢洌 -外交評論の運命』増補版，中央公論新社，2004（「参考文献」pp.247-251,「清沢洌略年譜」pp.252-256, 中公新書）＜GK74-H55＞は，前掲503.『清沢洌 -日米関係への洞察』1987（中公新書）に，「若き日の清沢洌 -サンフランシスコ邦字紙『新世界』より」（『思想』765：1988.3掲載）を補章として加筆，副題も変更。④山本義彦『清沢洌 -その多元主義と平和思想の形成』学術出版会，2006（学術叢書，静岡大学人文学部研究叢書 第13号）＜GK74-H87＞は，前掲506.『清沢洌の政治経済思想 -近代日本の自由主義と国際平和』御茶の水書房，1996以降の7論考を中心に纏める。「Ⅱ 清沢洌渡米時期の排日運動状況 -在米領事館等の報告による」pp.39-140 が資料としても有用，「Ⅲ ヴェルサイユ体制・ワシント

-85-

ン会議と日本の『大国』化-その陥穽 ケインズ、清沢洌、石橋湛山、吉野作造」pp.141-163 も収録する。

93) 【実業之日本社・『実業之日本』】についての資料・先行研究は多くない。社史として『実業之日本社七十年史』実業之日本社，1967＜023.9-Z32z＞及び実業之日本社社史編纂委員会編『実業之日本社百年史』実業之日本社，1997（「主要参考文献」p.277，「実業之日本社百年史年表 明治30年（1897）～平成9年（1997）」巻末 pp.13-72）＜UE57-G36＞があるほか，前掲天野敬太郎編纂，深井人詩補訂『雑誌新聞文献事典』に，小汀利得「＜産業経済雑誌論＞実業之日本と実業之世界」内外社編『綜合ヂャーナリズム講座11』内外社，昭6, pp.151-153 ＜070.8-So626-N＞，山崎安雄「実業之日本社と新渡戸稲造」『著者と出版社 第二』学風書院，昭30, pp.134-151 ＜023.9-Y511t＞などが採録されているが未見。本号注51掲出の「経済雑誌」関係文献も参照のこと。

　増田義一については，実業之日本社編『増田義一追懐録』実業之日本社，1950 ＜原本代替請求記号 YD5-H-a289-232（マイクロフィッシュ）＞を参照。『実業之日本社百年史』「主要参考文献」に『明治時代の増田義一書簡』実業之日本社があるが，国立国会図書館＜未所蔵＞，NACSIS Webcat でも該当件数0件。本稿『実業之日本』の記述は上掲『実業之日本社百年史』に拠るところが大きい（以後特に注記するほかは引用参照を省略）。

94) 『実業之日本社百年史』pp.16-17 参照。

95) 『実業之日本社百年史』pp.26-30,44-47 参照。「成功・立身出世」ブームについては，『参考書誌研究』No.52, 注 pp.68-69 及び No.58, 特に pp.71-74, 注 pp.94-100 を参照。前掲586.『成功』と『実業之日本』の誌面を比較検討するものが目立つ。

96) 【朝河貫一】（イェール大学教授，明治6年12月20日-昭和23年8月10日：1873-1948）は「アメリカという異国の地にきたり、人類史上の日本の相対的地位を知」り（『日本の禍機』1987（講談社学術文庫）＜A99-Z-242＞p.247），外交論の名著『日本之禍機』実業之日本社，明42 ＜特70-152＞ ＜原本代替請求記号 YDM29589（マイクロフィッシュ）＞（⇒近デジ）を著した（「第二章 日本と米国との関係に危険の分子少なからざることを論ず」後編「日本国運の危機」所収）。蘇峰も含め，朝河・新渡戸らの排日問題への意識については，三輪公忠「「人

道主義」の名において反撥した日本 —新渡戸稲造を中心として」前掲三輪編著『日米危機の起源と排日移民法』1997, pp.295-333 ＜DC812-G62＞を参照。阿部善雄『最後の「日本人」—朝河貫一の生涯』岩波書店，1983（「参考文献」pp.343-344）＜GK38-41＞ほか，朝河貫一研究会編『朝河貫一の世界 —不滅の歴史家偉大なるパイオニア』早稲田大学出版部，1993（「略年譜」pp.289-290）＜GK38-E38＞が，日米開戦回避のために奔走した激動の生涯を描く。母校イェール大学図書館に書簡・日記等を含む「朝河文書（ペイパーズ）」があり（http://www.library.yale.edu/mssa/about_archives.html），朝河貫一書簡編集委員会編『朝河貫一書簡集』朝河貫一書簡集刊行会，1991 ＜GK38-E17＞が，イェール大学図書館「朝河文書」を始め福島県立図書館・徳富蘇峰記念館などで所蔵する書簡類を集成。和文編（年代順）・英文編に分かち「略伝」「著作目録」「年譜」なども収録し有用である。最近の論考については，増井由紀美「朝河貫一 —明治の「国際人」」『津田塾大学紀要』38: 2006.3, pp.301-325 ＜Z22-614＞，「朝河貫一の日記に表われた国際化時代の日本 —1917-1919年」『敬愛大学国際研究』17: 2006.7, pp.69-103 ＜Z71-B236＞（http://www.u-keiai.ac.jp/issn/menu/ronbun/no17/0607masui.pdf#search='%E6%9C%9D%E6%B2%B3%E8%B2%AB%E4%B8%80'）を参照。

【ウェブサイト】

○「朝河貫一研究会」（「山岡道男の研究室」）
　http://www.wiaps.waseda.ac.jp/user/yamaoka/index1.html
○「朝河顕彰協会」「朝河電脳図書館」（矢吹晋HP）
　http://www25.big.or.jp/~yabuki/

97) 海外発展特に「南洋ブーム」における『実業之日本』の役割については，前掲矢野『「南進」の系譜』pp.73-75及び『日本の南洋史観』pp.98-102参照。

98) 本文【目次・総索引】掲出，関忠果〔ほか〕編著『雑誌「改造」の四十年』1977, p.17参照。本稿『改造』の記述は同書に拠るところが大きい（以後特に注記するほかは引用参照を省略）。

99) この間の経緯については，前掲鹿野『近代日本思想案内』（岩波文庫）pp.171-175，桂敬一『明治・大正のジャーナリズム』岩波書店，1992（シリーズ＜日本近代史＞15, 岩波ブックレット）＜UC23-E15＞，松本健一「都市大衆の誕生と文化」『季刊アーガマ』143：1997.9, pp.224-237（「大正文化」大研究＜特集＞）＜Z9-536＞など参照。

100)【山本実彦】(明治18年1月5日-昭和27年7月1日：1885-1952) 及び「改造社」については，関忠果〔ほか〕編著『雑誌「改造」の四十年』光和堂，1977 (『『改造』目次総覧』pp.273-654) ＜UM84-17＞，松原一枝『改造社と山本実彦』南方新社，2000 ＜GK158-G33＞，山本実彦『小閑集』改造社，昭9＜663-66＞，前掲木佐木勝『木佐木日記 -滝田樗陰とその時代』1965＜210.69-Ki256k＞，『木佐木日記』全4巻，1975-76＜GB511-52＞など参照。

101) 第1巻 (大正8年) における，特集タイトルは「資本主義征服号」(大8.8)，「労働組合同盟罷工研究号」(大8.9，発売禁止)，「社会主義研究新進創作家集秋季特別号」(大8.10)，「労働組合公認論生活現状打破号」(大8.11)，「階級闘争号」(大8.12) である。この特集形式は「時代の精神に触れた」問題を大胆に取り上げ，読者の支持を得，その後の総合雑誌の形式として定着していった。関忠果〔ほか〕編著『雑誌「改造」の四十年』p.49参照。

102) 日米問題に関係のある記事は，例えば以下のようなものである。
　　某外交大家「巴里講和会議の暗闘」(大8.4創刊号)，末広重雄「日米戦ふべきか」(大9.9)，「日米葛藤は遂に解決さるべきか」(大9.11)，堀江帰一「外交の失策と排日の前途」(大9.11)，室伏高信「排日と日本コロニー」(大10.4)，野口米次郎「米国人に与ふ」(大10.10)，杉本孝次郎「白，黄，黒人の本質的社会合作」(大10.11)，堀江帰一「華盛頓会議に就て我国民に警告す」(大11.1)，片山潜「日米の関係」(大13.4)，「日米問題と其対策＜特集＞」(米田実「米国排日法案の成立と其対策」ほか12論考，大13.5)，「東洋人聯盟批判＜特集＞」(安部磯雄「東洋人聯盟の必要なし」ほか7論考，ほかにエス・スレパック「排日法案の真意義」，大13.6)。

103) 『キング』の創刊につき，唯一の体系的な研究書である下掲佐藤卓己『「キング」の時代 -国民大衆雑誌の公共性』は，「『キング』創刊を翌々日に控えた一九二四 (大正一三) 年一二月三日『東京日日新聞』に掲載された……」(p.3) と記述している。これからすると，『キング』の創刊は12月5日になる。また別の箇所で「一九二四年一二月五日を挟んで……大キャンペーンを展開した」(同書p.6) としているのも12月5日を創刊日とするからであろう。これに対し，下掲『講談社七十年史年表』『講談社の80年』『講談社の90年』は，11月28日を創刊日としている (佐藤書が引用する『講談社の歩んだ五十年』及び野間『増補

『私の半生』には創刊の具体的日付の記述なし）。本稿では『講談社七十年史年表』等に拠って大正13年11月28日を創刊日とした。

【講談社・野間清治】
　以下の文献を参照。
　社史編纂委員会編『講談社の歩んだ五十年』2冊（「明治・大正編」、「昭和編」）講談社，1959 ＜023.067-Ko491k＞（「明治・大正編」に「野間清治論（明治・大正編の結語）」pp.735-748あり），社史編纂委員会編『講談社七十年史 戦後編』講談社，1985（「主な参考文献」p.428）＜UE57-87＞，『講談社七十年史年表』講談社，1981 ＜UE57-59＞（「年表」pp.1-82，「資料」pp.83-216に大正9年から昭和54年11月末までの「雑誌年間総発行部数の変遷」「定期刊行物の変遷」などを含む），講談社八十年史編集委員会編『講談社の80年 1909～1989』講談社，1990（「参考文献」pp.〔529-530〕，奥付タイトル：クロニック講談社の80年）＜UE57-E25＞，講談社社史編纂委員会編『講談社の90年』講談社，2001（「参考文献」pp.796-797，奥付タイトル：クロニック講談社の90年）＜UE57-H7＞，野間清治『私の半生』千倉書房，昭11 ＜710-62＞ほか，及び野間清治『私の半生』増補，大日本雄弁会講談社，昭14 ＜710-62ｲ＞は自伝，中村孝也『野間清治伝』野間清治伝記編纂会，1944 ＜289.1-N919Nn＞は正伝，関豊作『雑誌王野間清治伝』第3版，新聞解放社，昭6 ＜特209-726＞＜原本代替請求記号YD5-H-特209-726（マイクロフィッシュ）＞，芝園山人編著『積悪の雑誌王 －野間清治の半生』芝園書房，昭和11 ＜特212-271＞＜原本代替請求記号YD5-H-特212-271（マイクロフィッシュ）＞（雑誌記事・論文等は省略）。

【『キング』】
　佐藤卓己『「キング」の時代 －国民大衆雑誌の公共性』岩波書店，2002 ＜UM84-G56＞が，唯一の体系的な研究書となっている。本書は，佐藤「キングの時代 －ラジオ的・トーキー的国民雑誌の動員体制」『近代日本文化論 7 大衆文化とマスメディア』岩波書店，1999，pp.205-232 ＜GB621-G10＞などの先行論文を収録する。
　貴司山治「『キング』論」内外社編『綜合ヂャーナリズム講座 3』内外社，1930，pp.163-179 ＜070.8-So626-N＞ほか，赤石喜平「雑誌経営に就て」『綜合ヂャーナリズム講座 3』pp.235-244，長嶺重敏「初期『キング』の読者層とその意識 －大衆読者へのアプローチ」『出版研究』

17：1986, pp.44-78 ＜Z21-279＞（永嶺重敏「第六章 初期『キング』の読者層」『雑誌と読者の近代』日本エディタースクール出版部, 1997, pp.203-250 ＜UG11-G14＞に所収）なども参照。そのほか，南富鎭「『キング』と朝鮮の作家」『文学の植民地主義 −近代朝鮮の風景と記憶』世界思想社, 2006, pp.115-141（Sekaishiso Seminar）＜KG311-H133＞，井上寧子「国民大衆雑誌『キング』の台湾・朝鮮人読者の考察」『史艸』46：2005.11, pp.232-247 ＜Z8-347＞が，永嶺及び佐藤があまり触れていない植民地における『キング』の受容を考察する。徳永直『太陽のない街』は，労働者階級から『キング』の「ブルジョア・イデオロギーをひっこ抜」くと書いているが，この小説の背景となっている印刷所労働争議と，博文館そして野間『キング』の創刊に関する背景については，前掲紅野『書物の近代』（ちくま学芸文庫）「第六章 活字の氾濫、メディアの闘争」（本号 p.75）を参照。

104）上掲永嶺『雑誌と読者の近代』pp.203-204, p.249参照。

105）2006年9月13日，講談社から『KING』1（1）：2006年10月～＜Z71-R776＞が創刊された。月刊・A4版で349までの頁付，圧倒的な量の広告のなかに記事が埋もれている。「創刊のことば」はなく表紙に「日本男子！再生マガジン」と謳う。『キング』のタイトルは偶然だと編集長は言う。類似誌が多いなか驚きは少ない。国民雑誌『キング』の時代，国策周知も一家団欒もラジオ（大正14年3月22日放送開始）が主役だった。新『KING』の創刊もまた，インターネットに代表されるメディアの変遷を如実に反映しているようだ。

106）上掲佐藤『「キング」の時代』pp.39-40参照。

107）Yuji Ichioka（1936. 6. 23 - 2002. 9. 1）は，カリフォルニア大学ロサンゼルス校（UCLA）歴史学部教授及びアジア系アメリカ人研究センター（UCLA Asian American Studies Center）主任研究員を務めた日系二世。1999年10月から2000年3月まで東京大学大学院総合文化研究科客員教授として招聘された。「アジア系アメリカ人 Asian American」という言葉は，1960年代後半の「公民権運動」「ベトナム反戦運動」のうねりのなかで，Yuji Ichiokaによって創出された。著（編）書に *The Issei : The World of the First Generation Japanese Immigrants, 1885-1924.*（前掲398）（邦訳：前掲399.富田虎男〔ほか〕訳『一世 −黎明期アメリカ移民の物語り』），*A Buried Past; An Annotated Bibliography of the Japanese American Research Project Collection.*（前掲183）及び本号掲載 *A Buried*

Past II: A Sequel to the Annotated Bibliography of the Japanese American Research Project Collection., *Before Internment: Essays in Prewar Japanese American History.*（前掲628）など，ほか論文多数．

　自ら育んできた研究誌 *Amerasia Journal* 28（3）：2002 ＜Z52-E79＞ が Ichioka の追悼号となった。UCLA Asian American Studies Center 及び東京大学アメリカ太平洋地域研究センターの機関誌に追悼記事がある。"Professor Yuji Ichioka, 1936-2002," *Crosscurrents* 25（2）：Fall/Winter 2002, p.19 ＜未所蔵＞（http://www.aasc.ucla.edu/cm/ccxpdfs/v25n2cc.pdf），油井大三郎「ユージ・イチオカ氏を偲ぶ」『CPAS Newsletter』3（2）：2003.3, pp.9-10 ＜Z71-F278＞（http://www.cpas.c.u-tokyo.ac.jp/pub/CPASNL3-2.pdf）。
以下のウェブページも参照のこと。
○ http://www.aasc.ucla.edu/yi/default.htm
○ http://yellowworld.org/activism/164.html

　　　　　　　　　（じん　しげじ　資料提供部雑誌課）

ハワイ・北米における日本人移民および日系人に関する資料について（補遺）

神　繁　司

　本号では，『参考書誌研究』47号（1997.3）～66号（2007.3）に掲載された「ハワイ・北米における日本人移民および日系人に関する資料について」の訂正（1＜正誤表＞），状況変化についての補足（2＜追加記述＞）及び主な資料の追加（3＜追加資料＞）を，各号ごとに纏めた。

　訂正（＜正誤表＞）につき，以下の場合は逐一訂正していないことを，ご了承願いたい。

①句読点・記号等の不統一（例：、→，／- →～）
②軽微な文法上の誤り
③ゴシック・イタリック等，書体の不統一
④用語の不統一（例：本稿・本号・文献／論考・論稿）
⑤前後の記述から判断できる資料名・人名等の誤り
⑥書誌事項における記述順（出版社・刊行年・掲載頁等）の不統一
⑦収録時当館＜未所蔵＞資料の所蔵による＜請求記号＞付与，及び媒体変換に伴う新＜請求記号＞の付与
⑧複数箇所で引用されている資料については，資料番号を付したメインエントリーが誤っている場合のみ，メインエントリーを訂正し，他の引用部分の誤記はそのままとした。
　例1：正／199. 移民研究会編『日本の移民研究 動向と目録』（48号，p.29），誤／移民研究会編「日本の移民研究 動向と目録」（47号，p.18）→訂正せず
　例2：正／332. 渡辺礼三『ハワイの日本人・日系人の歴史』上巻（52号，p.36），誤／渡辺礼三『ハワイの日本人日系人の歴史』上巻（47号，p.12）→訂正せず
⑨資料番号付与の異同

単行資料中に複数の論文等を収録する場合，各論文等のエントリーは，単行資料の番号を付与するのを原則としたが，各論文等のエントリーに一連の固有番号を付与したものがある。この場合，煩瑣を避けるため，注記・引用等で混乱をきたさない範囲で，資料番号の訂正を行わなかったものがある。例：144. 田村紀雄・白水繁彦編著『米国初期の日本語新聞』勁草書房……／461. 田村紀雄「概説 初期の米国日系新聞の流れ」144. 田村・白水編著『米国初期の日本語新聞』……　→田村論文資料番号を461のままとした。(『参考書誌研究』54, pp.84-85)

なお，主な資料の追加については，本稿(5)，注2)(『参考書誌研究』58：2003.3, pp.76-78) 及び本稿(6)，注47)(『参考書誌研究』66：2007.3, pp.30-37) 以降の邦語単行書を中心に，主題的なものも含め，適宜，解題を加えた。両号も併せて参照されたい。

(1) 【外交史料／府県庁等地方公文書・県史等地方史誌／統計・名簿・名鑑・年表】
第47号：1997.3, pp.1-49

1 <正誤表>

頁 (行)	誤	正
40 (4)	日布時事	日布時事社
40 (15)	『布哇歴史』興学会教育部	『布哇歴史』改訂版, 興学会
43 (5)	年史叢書, 昭和17年刊の複製	年史叢書, 井田書店, 昭和17
43 (6)	110.「海外移住年表」	50.「海外移住年表」
43 (33)	120.「広島県移住史年表」	42.「広島県移住史年表」
44 (15)	129.「『元年者』移民関係年	85.「『元年者』移民関係年表
45 (21)	田村紀雄・白水繁彦編	田村紀雄・白水繁彦編著

2 <追加記述>
○【外交史料】
「外交史料館」所蔵史料の一部が，国立公文書館「アジア歴史資料センター」(2001.11.30開設, http://www.jacar.go.jp/ ; Internet Accessed 24 August 2007. 以下ウェブサイト最終アクセス日は同年同月, 記述省略) のデータベースから利用可能である。また，「外交史料館」ウェブサイトの所蔵史料ペ

ージには，戦前期「外務省記録」ほか外交史料の解説があり，「外交史料
（外務省資料）」の概要把握に資する。
　　http://www.mofa.go.jp/mofaj/annai/honsho/shiryo/
○**35．ハワイ日本人移民関係記録**《外交史料館所蔵》(p.11)
　昭和62年（1987）8月に，在ホノルル日本国総領事館から移管された本記録は，平成13年（2001）11月に「ハワイ移民関係史料」として一部公開された。明治9年から昭和16年までの移民関係書類及び日本への帰国届けなど全53冊。
○Ⅱ．注10）『奈良県史』に関する記述（p.24）
　「しかし，文書館・史料館がないという事情も反映してか……」
→平成17年（2005）11月3日，公文書館機能を併せ持つ「奈良県立図書情報館」が開館した。
　（奈良県立図書情報館　http://www.library.pref.nara.jp/index.html）

3＜追加資料＞
【外交史料一般に関する基本文献】（pp.3-4）
○『**外交史料館報**』10：1996.12（外交史料館開館二十五周年＜特集＞）
　　　　　　　　　　　　　　　　　　　　　　　　　＜Z1-442＞
　外交史料館開館25周年，『日本外交文書』刊行60周年，『外交史料館報』発刊10周年記念に因んだ記事を中心に収録。増田勝彦「公開活動のためには史料の保存をどう位置づけていくべきか－外交史料館所蔵史料保存管理検討委員会報告書に基づいて」pp.54-73，高橋久志「米国等における昭和戦前期日本関係史料について」pp.74-95，「外交史料館開館二十五周年関係年表」pp.116-127などを収録。
○『**外交史料館報**』20：2006.10（『日本外交文書』七〇周年＜特集＞）
　　　　　　　　　　　　　　　　　　　　　　　　　＜Z1-442＞
　外交史料館開館35周年，『日本外交文書』刊行70周年，『外交史料館報』発刊20周年記念に因んだ記事を収録。
○熊本史雄「『日本外交文書』の編纂と「外務省記録」－史料学的アプローチの前提として」『**社会文化史学**』47：2005.3，pp.31-50　　＜Z8-356＞
○小池聖一「外務省文書・外務省記録の生成過程－外務省文書の文書学的一試論」『**日本歴史**』584：1997.1，pp.1-15　　＜Z8-255＞
○小池聖一「外務省記録・文書と外交文書編纂」『**東アジア近代史**』7：2004.3，pp.5-20（東アジア近代の統治＜特集＞）　　＜Z71-B579＞

○柳下宙子「外務省における戦前期の公信書式の変遷について」『**外交史料館報**』9：1996.3, pp.40-50　　　　　　　　　　　　＜Z1-442＞

○柳下宙子「戦前期外務省における電信書式の変遷」『**外交史料館報**』15：2001.6, pp.105-122　　　　　　　　　　　　　　＜Z1-442＞

○高嶋雅明「復刻版『通商公報』解説」『**復刻版 通商公報 解説・総索引1**』不二出版, 1997, pp.1-15　　　　　　　　　　　　　＜Z79-B51＞

【領事報告】(pp.6-7)

○外務省通商局編『**日刊海外商報**』(14.『通商公報』の継続後誌) 全15巻・別冊1, 1-1136号：大14.1.6-昭3.3.31, 不二出版, 2005-2006 (15.『日刊海外商報』の複製, 継続後誌は16.『週刊海外経済事情』, 別冊『『日刊海外商報』解説・総目次」／高嶋雅明「『日刊海外商報』解説」pp.1-11)　　　　　　　　　　　　　　　　　　　　　＜Z79-B254＞

　外務省「領事報告」の継承関係については、『参考書誌研究』47号, pp.6-7を参照のこと。

【その他】(p.10)

○『**紀元二千六百年祝典記録**』全26巻・別巻1, ゆまに書房, 1999-2002 (国立公文書館蔵の複製, 別巻「総目次・解題」／古川隆久「『紀元二千六百年祝典記録』解題」pp.181-198, 近代未刊史料叢書2)
　　　　　　　　　　　　　　　　　　　　＜AZ-237-G11＞ほか

　昭和15年 (1940) 11月10日に行われた「紀元二千六百年祝典」に関する公式記録『紀元二千六百年祝典記録』(全13冊, 昭18) 及び関連資料の復刻。当時, 昭和天皇の伝記編纂用などとして12部のみ作成され, 関係機関に配布された。現存するのは, 国立公文書館・宮内庁・同志社大学・橿原神宮のみ。本祝典には在外同胞も多く参加し, 海外でも奉祝行事が行われた (参照：32.『紀元二千六百年奉祝 第一回在外同胞代表者会議議事録』拓務省・外務省, 昭15＜DC812-137＞)。

【地方史誌目録等】(pp.17-18)

○飯澤文夫編『**地方史文献年鑑**』1997〜, 岩田書院, 1999〜 (郷土史研究雑誌目次総覧)　　　　　　　　　　　　　　＜GB1-G42＞ほか
（「地方史研究雑誌データベース」岩田書院 http://www.iwata-shoin.co.jp/）

○日外アソシエーツ編『**CD 県史誌1　関東－近世（通史/資料）編**』〔電子資料〕日外アソシエーツ, 2006　　　　　　　＜YH231-H8884＞

○日外アソシエーツ編『**CD 県史誌2　関東－近現代（通史/資料）編**』〔電子資料〕日外アソシエーツ, 2006　　　　　　　＜YH231-H9224＞

ある事項が，どの県史誌のどこに記述されているかを横断検索することができる，CD-ROM版の内容索引データベース。目次に掲載されていない情報や引用史資料・論文名などからも検索可。関東に引き続き，東海・近畿も続刊予定。

○日外アソシエーツ編集部編『全国地方史誌総目録 北海道・東北・関東・北陸・甲信越』日外アソシエーツ，2007　　　　＜東京本館未所蔵＞
○日外アソシエーツ編集部編『全国地方史誌総目録 東海・近畿・中国・四国・九州・沖縄』日外アソシエーツ，2007　　　　＜東京本館未所蔵＞

明治以降刊行された地方史誌を，各都道府県・市区町村別に排列。原本調査により，それぞれの収録内容・範囲を記載。「自治体名索引」により，旧市区町村名からも検索することができる。

【統計】（pp.25-37）
○一橋大学経済研究所附属日本経済統計情報センター編『郡是・町村是資料マイクロ版集成』〔マイクロ資料〕全105リール，丸善，1999
　　　　　　　　　　　　　　　　　　　　　　　　　＜YD1-403＞
『参考書誌研究』58号，p.76＜新規追加資料＞において，『郡是・町是資料マイクロ版集成』と誤記。

○外務省通商局編『海外日本実業者の調査』全8巻，不二出版，2006-2007（複製，解説／高嶋雅明「『海外日本実業者の調査』解説」第1巻，pp.1-8）
　　　　　　　　　　　　　　　　　　　　　　　　　＜D4-H720＞ほか
日露戦争直前の明治36年（1903）10月から昭和戦前期まで，計22回にわたり実施された調査報告。「海外日本実業者ノ調査」「海外日本実業者之調査」「在外本邦実業者調」と改題。国立国会図書館では，60.外務省通商局編「在外本邦実業者調」（昭和10，11年12月末現在）のみ所蔵。

○柳田利夫「『海外各地在留本邦人職業別人口表』解説」『海外各地在留本邦人職業別人口表』第1巻，不二出版，2002，pp.1-21　　＜YP2-H1＞
外務省通商局編『海外各地在留本邦人職業別人口表』全5巻・附録1＜YP2-H1＞ほか（既出，『参考書誌研究』58号，p.76）は，61.『海外各地在留本邦人職業別人口表』などの「外務省調書」を中心に，明治44年（1911）〜昭和15年（1940）の計45表を，年次別に復刻・収録したもの。外務省記録の欠年度については，『日本帝國統計年鑑』等で補い附録とした。領事報告と『日本帝國統計年鑑』との関係，本表の変遷等につき解説。

【年表】（pp.42-46）
○法政大学大原社会問題研究所編『社会・労働運動大年表』新版，全2巻

(索引とも)労働旬報社,1995　　　　　　　　　　＜E2-E207＞
　開国以降の日本の労働運動・社会運動を中心に,政治・法律,経済・経営,社会・文化,国際事項などを詳細に記録する「民衆の側から見た近代総合年表」。旧版『社会・労働運動大年表』全3巻・別巻1,1986-87＜E2-235＞刊行以降,毎年の年表は,『日本労働年鑑』＜Z41-2861＞に同形式で収録されている。大原社会問題研究所の創立75周年(1994年)を機に,旧版を大幅に改訂・増補し,解説索引と年表索引を一本化し,利用の便を図った。各年表事項に出典が付され,索引巻に「出典一覧」がある。1995年以降の年表は,旧版同様,『日本労働年鑑』第66集(1996年版)以降に,同形式で収録。
　(大原デジタルライブラリー 大原クロニカ『社会・労働運動大年表』データベース　http://oohara.mt.tama.hosei.ac.jp/kensaku/nenpyo.html ,
解説編　http://oohara.mt.tama.hosei.ac.jp/khronika/index.html)

(2)【文献・史資料目録/レファレンス・ワーク】
第48号:1997.10, pp.18-53

1＜正誤表＞

頁(行)	誤	正
19(32)	110.「移住関係参考文献」	50.「移住関係参考文献」
19(33)	[1972]	[1971]
28(30)	「日系市民協会(JACL)	「全米日系市民協会(JACL) ＊「日系アメリカ協会」ほかの呼称もあるが,「全米日系市民協会」で統一
31(13)	207.『カナダ関係邦語文献目録』『カナダ関係邦語文献目	207.『カナダ関係邦語文献目録』1977-1988,『カナダ関係
32(31)	後掲218学位論文目録,	後掲220学位論文目録,
38(29)	『国立民族学博物館要覧』1997	『国立民族学博物館要覧』1977
47(4)	＜D2-A 78＞	＜D2-A 87＞
49(5)	254.吉田光邦編	113.吉田光邦編
51(13)	「日系市民協会(JACL)	「全米日系市民協会(JACL)

2 ＜追加記述＞
○【各機関所蔵目録】(pp.19-29)
　掲載当時未公開であった資料も含め，現在は，大学をはじめ多くの機関のウェブサイトで所蔵資料の検索が可能となっている。しかし，各テーマ別に編集された紙媒体目録の効用は減じるものではない。
　例①：ハワイ大学「梶山文庫 Kajiyama Collection 」
　　　　http://www.hawaii.edu/asiaref/japan/special/kajiyama/index.htm
　　　　→Immigration Related Resources （日系移民関係文献）
　例②：国立国会図書館「日系移民関係資料」（文書類・刊行物）
　　　　http://www.ndl.go.jp/jp/data/kensei_shiryo/index.html
○199. 移民研究会編『日本の移民研究 動向と目録』日外アソシエーツ，1994 ＜DC812-E190＞ (pp.29-30, ほか)
　本書刊行以降の移民研究の多様化と，質・量ともに進展した状況を反映して，今夏，研究視座の再検討を踏まえた改訂版が刊行の予定である。改訂版の構成は，概ね以下のようである（章立て省略）。
　　PartⅠ：移民と国家（出移民／国籍関係／越境，国家政策，帰米，新移民／経済活動／戦時収容，リドレス，再定住）
　　PartⅡ：コミュニティ（コミュニティ，異人種関係／宗教／教育・言語／マスメディア，ジャーナリズム／文化／女性／医療・健康福祉）
　　PartⅢ：アジア，オセアニア，中南米，その他（アジア／オセアニア／中南米，「出稼ぎ」）
　　復刻版の紹介／目録／事項・人名索引

3 ＜追加資料＞
【各機関所蔵目録】(pp.24-29)
○和田敦彦『書物の日米関係―リテラシー史に向けて』新曜社，2007 （「関連年表」pp.339-337）　　　　　　　　　　　　　　　＜UL613-H4＞
　米国議会図書館を含め，アメリカの主要大学で所蔵する日本語資料コレクションについての蔵書史。人の移動に伴う書物（資料）の移動，日本人・日本語・日本研究・占領・図書館，そこに織り成す諸要因の関係性を，「リテラシー史」という観点から論述する。米国の日本語資料コレクションに関する必読のレファレンスであろう。
　著者・和田敦彦については，『参考書誌研究』58，p.94，p.96を参照。なお，財団法人「日本力行会」（明治30年創業）刊行・所蔵資料の整理・

公開プロジェクトを2003年度より行っており，成果については，「日本力行会」のウェブサイト（http://www.rikkokai.or.jp/mokuroku-1.htm）で公開されている。「日本力行会」については，『参考書誌研究』58, pp.71-72, p.77, pp.92-94参照。

（和田敦彦ホームページ http://www.f.waseda.jp/a-wada/index.html ）

【邦語文献目録】（pp.29-31）

○米山裕「太平洋戦争前の在米・在加日本人による日本語文献（1）－人名録等の伝記的資料」『立命館言語文化研究』17（14）：2006.3, pp.43-58（日系文化研究会＜特集1＞）　＜Z12-830＞

○日外アソシエーツ株式会社編『「日本研究」図書目録 1985-2004 －世界の中の日本』日外アソシエーツ，2005　＜GB1-H41＞

○日外アソシエーツ編集部編『文献目録 日本論・日本人論 1996-2006』日外アソシエーツ，2007　＜東京本館未所蔵＞

『文献目録 日本論・日本人論の50年 1945-1995』1996＜GB1-G20＞の継続書誌。

【辞典・事典-歴史一般】（pp.44-45）

○『植民地資料事典』全4巻，日本図書センター，2003（『日本植民地要覧』『殖民地要覧』『植民地大鑑』の複製）　＜DC641-H4＞ほか

第2-4巻，深尾幸太郎『植民地大鑑』東洋タイムス社，大正5（複製版は大正6）＜347-46＞＜原本代替請求記号YD5-H-347-46（マイクロフィッシュ）＞は，関係各省の公文書及び領事報告や植民地関係の内外の書籍・雑誌等を資料とし，南米・カナダ・ハワイ・南洋諸島について記述。

『満州年鑑』『樺太年鑑』『南洋年鑑』『台湾年鑑』などを集成する『植民地年鑑』日本図書センター，1999-2001＜GE357-H13＞ほかも参照のこと。

(3) 【概説書】
第52号：2000.3, pp.17-88

1＜正誤表＞

頁（行）	誤	正
33 (36)	320. 相賀渓芳（安太郎）	320. 相賀溪芳（安太郎）
39 (37)	Japanese in Hawai'i,	Japanese in Hawai'i,

52（6）	「歴史煙滅の嘆」		「歴史湮滅の嘆」
54（5）	『一世 黎明期アメリカ移民の物語』		『一世 黎明期アメリカ移民の物語り』
63（29）	＊我孫子久太郎		＊安孫子久太郎
72（40）	なお，伊藤隆・・・予定である。		一行全削除
76（5）	（1990年休刊）		（1991年休刊）
77（7）	由井大三郎『日米戦争観の相		油井大三郎『日米戦争観の相
80（11）	History in Hawai'i,		History in Hawai'i,
80（19）	Hawai'i, Monroe,		Hawai'i, Monroe,
82（15）	信山社，1997		信山社出版，1997
87（3）	注8）所収		注10）所収
87（13）	「ある社会主義者の肖像・・・		「ある明治社会主義者の・・・
87（28）	「力行会」の創始者で・・・		「日本力行会」の創始者で・・・

2 ＜追加記述＞
なし

3 ＜追加資料＞
【通史・概説書】（p.24～）
○横田睦子『渡米移民の教育－栞で読む日本人移民社会』大阪大学出版会，2003（「参考文献」pp.187-198「資料」pp.199-200「年表「栞」と日本人移民史（1868-1924）p.201」 ＜DC812-H64＞
　博士論文『「栞（しおり）」で読む日本人移民社会－日米移民教育の諸相』大阪大学，2002＜UT51-2002-F792＞に加筆・修正したもの。初期移民渡米期・移民渡米全盛期・排日対応期における移民社会と移民教育を，各機関が発行した「栞」を通して考察する。
○小林英夫監修，大蔵省管理局［編］『日本人の海外活動に関する歴史的調査』全23巻（24冊），ゆまに書房，2002　　　＜DC812-H77＞ほか
　既出，303.『日本人の海外活動に関する歴史的調査』高麗書房，1985＜AZ-641-31＞（『参考書誌研究』52, p.28）は，いわゆる海賊版。本書の復刻・刊行をめぐる「龍溪書舎問題」については，『参考書誌研究』52, p.73，注17）及び『日本人の海外活動に関する歴史的調査の刊行を促進する会会報』「日本人の海外活動に関する歴史的調査の刊行を促進する会，1-13：1973.9-1980.7（欠：11, 12号）＜Z33-1904＞を参照。ゆまに書房

復刻版の「凡例」には「本書の内容について，大蔵省としては，原調査資料は公刊するために執筆されたものではなかったため，責任を持てるものではないとしている。」との記述がある。

本書の一部が，「アジア経済研究所図書館」のウェブサイト（南方軍政・海軍資料を中心とした「岸幸一コレクション」http://opac.ide.go.jp/kishi_collection/index.html ）で利用可能。

○小笠原省三編述『海外神社史』ゆまに書房，2004（『海外神社史』上巻，海外神社史編纂会，昭28＜HL61-142＞の複製，菅浩二「解題 海外神社運動の思想を読む」pp. (3)-(13)，保坂正康「『海外神社史』解説」pp. (15)-(25)，嵯峨井健編「小笠原省三年譜－海外神社活動家の軌跡」pp. (27)-(36)）
＜HL51-H18＞

○小笠原省三『海外の神社－並にブラジル在住同胞の教育と宗教』ゆまに書房，2005（『海外の神社－並に「ブラジル在住同胞の教育と宗教」』，神道評論社，昭8＜619-235＞の複製，菅浩二「解題「拓地植民」と神社」pp. (3)-(13)，保坂正康「解説 昭和史における本書の意味」pp. (15)-(25)）
＜HL51-H28＞

海外神社の布教・研究に活躍した小笠原省三の代表的著作の復刻版。新聞と同じく「日本人のあるところ必ず神社あり」と言われるように，宗教史のみならず，植民地史・移民史研究に多くの素材を提供する。

○守屋友江『アメリカ仏教の誕生－二〇世紀初頭における日系宗教の文化変容』現代史料出版，2001（「参考文献一覧」pp.262-280「今村恵猛著作一覧」pp.281-286，阪南大学叢書64）　　　　　　　＜HM168-G262＞

博士論文『アメリカ仏教の誕生－今村恵猛論（The Birth of Americanized Buddhism－A Historical Study of Japanese Buddhism with Special Reference to Bishop Yemyo Imamura）』明治学院大学，1999＜UT51-99-Z399＞を加筆・訂正したもの。ハワイの仏教（浄土真宗）布教に大きな影響力を持った今村恵猛（えみょう）の思想的変遷を歴史的な背景から分析することで，日本仏教が「アメリカ仏教」となる過程を明らかにする。ハワイにおける「アメリカニゼーション」運動など，日系コミュニティの動向が記されている。

【全般・ハワイ・北米】(pp.26-32)
○高橋幸春『日系人その移民の歴史』三一書房，1997（「参考文献」pp.266-268，三一新書）　　　　　　　　　　　　　　　＜DC812-G66＞

北米日本人移民排斥からの南米移民史。

○山田廸生『船にみる日本人移民史－笠戸丸からクルーズ客船へ』中央公論

社, 1998 (「主な参考文献」pp.230-233「移民船要目表」pp.234-239, 中公新書) <DC812-G91>

移民 (移動) に必須の手段であった「移民船」。「人間を運ぶ貨物船」から移民船の終焉まで, 北米航路・南米航路などの変遷を通じて, 知られざる移民史の一面を辿る。石川達三『蒼氓』をオーバーラップさせ,「神戸移民収容所」についても記す。

【ハワイ】(pp.32-40)

○飯田耕二郎『ハワイ日系人の歴史地理』ナカニシヤ出版, 2003 (「資料1 ハレイワ地域の日系人人名録」pp.145-153「資料2 ハレイワの主な人物の履歴」pp.154-157) <DC812-H19>

官約移民初期から第二次大戦前まで (1885-1940年頃), ハワイにおける日系人の居住地・人口変遷・職業・出身地などにつき, 外交史料館所蔵史料や領事報告, 当時の年鑑・統計類に基づき分析する。

○島田法子『**戦争と移民の社会史―ハワイ日系アメリカ人の太平洋戦争**』現代史料出版, 2004 (「引用文献」pp.298-311) <DC812-H115>

太平洋戦争時, アメリカ本土の日系人とは異なる境遇に置かれたハワイの日系人。多くの日本語資料に加え, ハワイ大学の「ロマンゾ・アダムズ社会調査研究所」(Romanzo Adams Social Research Laboratory)・「ハワイ戦争記録保管所」(Hawaii War Records Depository)・「ジョン・A・バーンズ・オーラルヒストリー計画」(John A. Burns Oral History Project) などの一次資料を多用し, 一世・二世・オキナワン (沖縄出身者とその子孫)・二世部隊・仏教・神道・日本語学校など, ハワイにおけるそれぞれの戦争体験を多角的に実証する。

ハワイ側の記録・証言として, 以下のものも参照のこと。Allen, Gwenfread E. **Hawaii's War Years, 1941-1945.** Kailua, Hawaii: Pacific Monograph, 1999 (Bibliography: pp.420-429, Chronology: pp.430-441, Reprint, Pacific War Classics) <未所蔵>, 国立国会図書館では原版及び著者の"Note & Reference" を所蔵。**Hawaii's War Years, 1941-1945.** [Prepared under the direction of the Hawaii War Records Committee of the University of Hawaii] Honolulu: Univ.of Hawaii Pr., [1950] (Bibliography: pp.379-390) <940.53969-A426h>, **Notes and References to Hawaii's War Years; with a complete bibliography**, by Gwenfread Allen, assisted by Lloyd L. Lee and the Hawaii War Records Depository staff. Rev. and edited by Aldyth V. Morris. Honolulu: Univ.of Hawaii Pr., 1952 <940.53969-

A426h＞．

Dye, Bob ed. **Hawai'i Chronicles Ⅲ: World War Two in Hawai'i, from the pages of Paradise of the Pacific**. Honolulu: Univ.of Hawai'i Pr., 2000（A Latitude 20 Book） ＜GB531-A158＞

【ハワイ史】（pp.40-43）

○ウィリアム・N.アームストロング［著］，荒俣宏訳・解説，樋口あやこ共訳『**カラカウア王のニッポン仰天旅行記**』小学館，2000（小学館文庫）
＜GB648-G13＞

既出，127.『カラカウア王のニッポン仰天旅行記』小学館，1995＜GB648-E27＞の文庫版，巻末資料は省略。

○猿谷要『**ハワイ王朝最後の女王**』文藝春秋，2003（「ハワイ王朝関係略年表」pp.249-252「参考引用文献」pp.253-258，文春新書）
＜GK462-H1＞

ハワイ王朝の興亡を，日本との関係も踏まえ描く。

【アメリカ】（pp.43-54）

○筒井正『**一攫千金の夢—北米移民の歩み**』三重大学出版会，2003
＜DC812-H114＞

北米移民史のなかに，愛知村・北米愛知県人会など，愛知県出身移民の足跡を記す。

【カナダ】（pp.54-59）

○山田千香子『**カナダ日系社会の文化変容—「海を渡った日本の村」三世代の変遷**』御茶の水書房，2000（「引用・参考文献」pp.xxv-xlii）
＜DC812-G130＞

「海を渡った日本の村」（和歌山県日高郡三尾村）からのカナダ移民の異文化接触と文化変容，エスニシティとアイデンティティについての，フィールドワークに基づいた民族誌。博士論文「カナダにおける日系移民のエスニック・アイデンティティとその変容—トロントとスティブストンの和歌山県出身者を事例として」お茶の水女子大学，1997＜UT51-98-W462＞を骨子として，加筆・修正したもの。「序章「海を渡った日本の村」三世代の変遷」pp.3-15及び「第一章 課題と方法」pp.17-59が，研究史・概念枠組み・理論枠組みの検討を行う。

○吉田忠雄『**カナダ日系移民の軌跡—移民の歴史から問い直す国家の意味**』増補版，人間の科学新社，2003（「カナダ日系移民関係年表」pp.320-325，人間の科学叢書2） ＜DC812-H23＞

既出，138.『カナダ日系移民の軌跡』人間の科学社，1993＜DC812-E160＞に「日本移民政策小史」pp.327-346を補章として付したもの。

○立命館大学日系文化研究会編『**戦後日系カナダ人の社会と文化**』不二出版，2003　　　　　　　　　　　　　　　　　　＜DC812-H28＞

　多文化主義社会カナダにおいて，再定住期から「リドレス redress」の時期まで，戦後日系カナダ人・社会が抱えた政治的・文化的諸問題を追究する8論文を収録。「リドレス」成功の鍵としての「日系移民百年祭」の意義が検討されている。

○横浜開港資料館編『**横浜＆バンクーバー――太平洋を越えて**』横浜開港資料館，2005（「略年表」p.31「主要参考文献」p.32）　　　＜GC76-H35＞

　横浜開港資料館で，2005年11月2日～2006年1月29日まで開催された同展の図録（姉妹都市提携40周年記念）であるが，展示会図録については，纏めて収録できなかったので，例示的に掲出した。展示会図録の資料的価値としては，出典（所蔵機関）の明示により，資料の所在把握に資することであろう。

　ホノルルの「ビショップ博物館」（1997年）を皮切りに，日米各地を旅した，全米日系人博物館巡回展「弁当からミックスプレートへ―多文化社会ハワイの日系アメリカ人」（From Bento to Mixed Plate: Americans of Japanese Ancestry in Multicultural Hawai'i）の図録は，**From Bento to Mixed Plate : Americans of Japanese Ancestry in Multicultural Hawai'i**. Los Angeles : Japanese American National Museum, c1997＜移（六）-Y21＞，日本語版は，例えば，新潟県立歴史博物館編『**移民物語―弁当からミックスプレートへ―多文化社会ハワイの日系アメリカ人**』新潟県立歴史博物館，2002（会期：平成14年10月12日-11月24日）＜DC812-H11＞となっている。

【アメリカ・カナダ移民一般／アジア系アメリカ人】（pp.59-61）

○五十嵐武士・油井大三郎編『**アメリカ研究入門**』第3版，東京大学出版会，2003（各章末に「文献解題」あり，「年表」pp.271-276）　＜GH81-H7＞

　『アメリカ研究入門』第1版（1969）及び第2版（1980）の目的意識を継承しつも，阿部小涼「19章　電子媒体による資料調査」pp.259-270に象徴的に見られるように，調査・研究環境の変化と爾後のアメリカ研究の発展を踏まえて，内容・形式を一新した。

○古矢旬・遠藤泰生編『**アメリカ学入門**』新版，南雲堂，2004（各章末に「文献解題」あり，「アメリカ史年表」pp.（7）-（10）　＜GH81-H11＞

各章末の「文献解題」はよく纏められており,「アメリカ学入門」者に相応しいガイドとなっている。

○S．マーフィ重松著，坂井純子訳『アメラジアンの子供たち―知られざるマイノリティ問題』集英社，2002（「引用・参考文献」pp.237-234，集英社新書）　　　　　　　　　　　　　　　　　　＜EG57-G713＞

アメリカ軍事戦略の一つの結果としての,新たなマイノリティ「アメラジアン」についてのフィールドワーク。

○アジア系アメリカ文学研究会編『アジア系アメリカ文学―記憶と創造』大阪教育図書，2001（「AALAライブラリーアジア系アメリカ文学書誌」pp.494-475)　　　　　　　　　　　　　　　　　　＜KS184-G111＞

「アジア系アメリカ文学研究会 Asian American Literature Association in Japan: AALA」（1989年発足）による,初めての本格的アジア系文学評論集。1993年以降開催されているフォーラムのテーマを骨子とし,1970年以降のアジア系アメリカ文学研究の主要な動向を反映する。植木照代「プロローグ記憶は未来を創造する力」pp.v-xviは,アジア系アメリカ文学の概観として有用。濱野成生「日系アメリカ人の歴史―ハワイへの移民」pp.17-30，桧原美恵「日系アメリカ人の歴史―アメリカ本土の移民」pp.31-43など,主なアジア系アメリカ人の歴史（「総論」）も簡明である。「戦争」「コミュニティ・家族」「ジェンダー・セクシュアリティ」「自伝」の各章テーマのほか,「第六章 新たな潮流」では,移動・越境・混血・エコロジーなどの新たな意識を提示する。AALA最初の成果とも言うべき,植木照代ほか『日系アメリカ文学―三世代の軌跡を読む』創元社，1997＜KS241-G13＞と併せ読むことで,この分野での研究の著しい進展と蓄積が感じ取られる。会誌は『AALA Journal』1：1994～　＜Z12-B53＞。（アジア系アメリカ文学研究会 http://www013.upp.so-net.ne.jp/aala/ ）

【資料集・叢書】（pp.61-66）

○奥泉栄三郎監修・解説『初期在北米日本人の記録』北米編全103冊（合本75冊）・布哇編全17冊（合本12冊），文生書院，2003～（複製，Bunsei Shoin Digital Library)　　　　　　　　　　　＜DC812-H30＞ほか

現在,第二期刊行中。本シリーズの刊行リストについては,文生書院のウェブサイト（http://www.bunsei.co.jp/denshi/hokubei01.htm ）を参照のこと。

本シリーズ第一期の別冊も有用。**パイオニア情報館①『人物情報編』**2006＜DC812-H192＞は1,600余名の日系人・日本人の人名録で385名

の肖像画を収録。**パイオニア情報館②『北米関係総合出版年表編』**2006
＜DC812-H193＞は1853年頃から2003年までの，初期在北米日本人に
関する出版情報のクロニクル。**パイオニア情報館③『目次総覧編』**2006
＜DC812-H194＞は第一期全34冊の総目次集，「総合人名索引」も付す。

【＜注＞掲出の資料】
○油井大三郎『**なぜ戦争観は衝突するかー日本とアメリカ**』岩波書店，2007
　（岩波現代文庫）　　　　　　　　　　　　　　　＜A99-UZ-H4＞
　　『日米戦争観の相剋－摩擦の深層心理』岩波書店，1995＜A99-UZ-
　E17＞に加筆，新稿を加え構成を一新し，タイトルを変更したもの。
○池澤夏樹『**ハワイイ紀行 完全版**』新潮社，2000（新潮文庫）
　　　　　　　　　　　　　　　　　　　　　　　＜KH177-G354＞
　　『ハワイイ紀行』新潮社，1996＜KH177-G72＞に新稿2編を加え，再
　構成したもの。
○野村實「アメリカのハワイ併合と日本海軍」『**日本海軍の歴史**』吉川弘文
　館，2002，pp.27-32（「参考文献」pp.231-235「年表」pp.236-243）
　　　　　　　　　　　　　　　　　　　　　　　＜AZ-664-G82＞
○宮内省臨時帝室編修局編修『**明治天皇紀**』全12巻・索引，吉川弘文館，
　2000-2001（吉川弘文館，1968-1977＜288.41-M448K4m＞の複製）
　　　　　　　　　　　　　　　　　　　　　　　＜未所蔵＞
○よしだみどり『**白い孔雀ーハワイ王朝最後の希望の星 プリンセス・カイ
　ウラニ物語**』文芸社，2002（「参考文献」pp.270-272）＜KH739-G268＞
○岡林伸夫『**ある明治社会主義者の肖像ー山根吾一覚書**』不二出版，2000
　　　　　　　　　　　　　　　　　　　　　　　＜GK158-G34＞

【移民研究の新動向】
　　（『参考書誌研究』66：2007.3，pp.30-37【歴史の再構築】【移民と植民】
　【国民国家と越境】【人種概念】も参照のこと。）
○村井忠政編著『**トランスナショナル・アイデンティティと多文化共生ーグ
　ローバル時代の日系人**』明石書店，2007（明石ライブラリー108）
　　　　　　　　　　　　　　　　　　　　　　　＜DC812-H254＞
　　グローバリゼーションの進展のなかで，非組織的な交流や国境を越えた
　労働力の移動といった「トランスナショナル」な移住が，日系人のアイデ
　ンティティに及ぼす影響を考察する。太平洋戦争の戦前・戦中及び戦後の
　北米日系人及び南米諸国日系人の還流型移住がメイン・テーマとなってい
　る。村井忠政「第1章 アメリカ合衆国における移民研究の新動向ートラン

スナショナリズムをめぐる論争を中心に」pp.17-41 が，移民研究においてパラダイム転換を迫る「トランスナショナル」な視座からのアプローチ論を整理する。
○アメリカ移民研究の動向を整理するものとして，以下のものも参照のこと。野村達朗「アメリカ移民史学の展開（1）－「新移民史学」以前のヨーロッパ系移民史研究」『人間文化』16：2001.9, pp.272-251＜Z22-1327＞，「アメリカ移民史学の展開（2）－「新移民史学」の台頭とその諸性格」『愛知学院大学文学部紀要』31：2001, pp.67-82＜Z22-789＞,「アメリカ移民史学の展開（3）－統合をめぐる今日の論議」『人間文化』17：2002.9, pp.278-257＜Z22-1327＞。

なお，日本移民学会第11回年次大会（2001年12月，於：白百合女子大学）シンポジウムは，「移民学 21世紀の展望－研究の射程と方法」をテーマとし，その報告が『移民研究年報』8：2002.3＜Z3-B399＞に掲載されている。野村達朗（基調講演）「アメリカ移民史学の新展開－プル・プッシュ理論からグローバルな移住史へ」pp.117-133, 田中きく代（シンポジウム報告①）「移民史研究の射程と方法－アメリカ合衆国の移民史研究から」pp.135-137, 有末賢（報告②）「グローバリゼーションと移民の社会学的研究」pp.138-140, 小島勝（報告③）「「異文化間教育学」からの提案」pp.141-142, 中牧弘允（報告④）「移民学における博物館活用のすすめ」pp.143-144。移民研究（⇒移民学）における新たな動向への，日本移民学会としての認識は，第7回大会（1997年12月，於：関西学院大学）シンポジウム「移民研究の現状と課題」に遡る。報告は「移民研究の現状と課題Ⅰ＜特集＞」『移民研究年報』5：1998.12, pp.53-97＜Z3-B399＞。この2大会の成果を踏まえ，第14回年次大会（2004年6月，於：早稲田大学所沢キャンパス）では，大会テーマを「グローバリゼーションと移民－新旧移民の相剋」として，抽象論から具体的歴史事象へと論を進めることになった。本年次大会報告の『移民研究年報』への掲載はされていない。
○米山裕・河原典史編『日系人の経験と国際移動－在外日本人・移民の近現代史』人文書院, 2007　　　　　　　　　　　　　　＜DC812-H264＞
立命館大学国際言語文化研究所のプロジェクト「環太平洋地域における日本人の国際移動に関する学際的研究」の共同研究の成果。「移動とエスニシティ」「移動の焦点としてのハワイ」「漁業と漁民の国際移動」「朝鮮と日本人の移動」に関する11論考を所収。米山裕「環太平洋地域におけ

る日本人の移動性を再発見する」pp.9-23，坂口満宏「新しい移民史研究にむけて」pp.239-261が，新しい移民研究の視座・方向性を提示し，研究動向を纏める。

○南川文里『「日系アメリカ人」の歴史社会学－エスニシティ，人種，ナショナリズム』彩流社，2007（「文献一覧」pp.後頁11-30）

              ＜DC812-H255＞

日本人移民や日系人が，アメリカ社会において「日系アメリカ人」化する・される過程を考察し，その過程でエスニシティや人種という要素がどのように関わったかを分析する。

○松本悠子『創られるアメリカ国民と「他者」－「アメリカ化」時代のシティズンシップ』東京大学出版会，2007   ＜東京本館未所蔵＞

「アメリカ化」における「私たち」と「他者」の境界の創出過程を考察。そのなかで，日本人移民の越境戦略を論述する（未見）。

---

(4)【新聞】
第54号：2001.3，pp.79-128

1 ＜正誤表＞

頁（行）	誤	正
82	（Hawaii Hochi エントリー中）Hawai'i's	Hawai'i's
84（17）	田村紀雄・白水繁彦編『米国	田村紀雄・白水繁彦編著『米
85（3）	田村・白水編『米国	田村・白水編著『米
93（32）	続けた 32) 33)。	続けた 32)。33)
97（33）	『暗黒日記』49)	『暗黒日記』47)
99（24）	七〇年年譜：239-257	七〇年年譜：pp.239-257
102（10）	民族移動の社会史』1991	の社会史』PMC出版，1991
105（10）	上掲示534と同内容。	上掲535と同内容。
111（26）	（下掲注10）参照）	（下掲注8）参照）
112（30）	「戦前の新聞」約50種	「戦前の外地の新聞」約50種
126（22）	竹内善信「在米民権新聞『	武内善信「在米民権新聞『
126（25）	竹内善信「新日本新聞社から	武内善信「新日本新聞社から

2 ＜追加記述＞

○⑥**大久保清：1905（明38）～** の記述（p.92）

「ハワイ島日本人移民資料館」館長・大久保清氏は，2001年12月10日逝去。資料館の資料は長く未公開のままで，その全容が明らかでなかったが，ハワイ島の「ハワイジャパニーズセンター」に移管される予定である（以下のインターネット情報に拠る）。

　→中川芙佐「大久保清さんを偲ぶ」『AALA News』No.20.21：2002.6（号数・年月不詳）http://www013.upp.so-net.ne.jp/aala/news2.htm

　→ http://hawaiianhealinghands.net/_wsn/page5.html

○*United States Newspaper Program （USNP）*（pp.112-113）

USNPの後を継いで，デジタル化計画 National Digital Newspaper Program（NDNP）が進行中である。http://www.loc.gov/ndnp/index.html
「全米電子新聞プログラム（NDNP）の進展」『カレントアウェアネス-E』112：2007.8.29，E684　http://www.dap.ndl.go.jp/ca/modules/cae/item.php?itemid=701 も参照のこと。

○「全国新聞総合目録」データベース公開予定（p.113）

国立国会図書館及び全国約1,300機関の新聞の所蔵が検索可（**公開済**）
http://sinbun.ndl.go.jp/

3 ＜追加資料＞

【概説書】（pp.82-88）

○白水繁彦『**エスニック・メディア研究―越境・多文化・アイデンティティ**』明石書店，2004（付録「海外日本語新聞」pp.459-463，「文献一覧」pp.464-482）　　　　　　　　　　　　　　　　＜EC235-H103＞

著者のこれまでの「論攷」を加筆修正ないし大幅改訂し，再構成したもの。第Ⅰ部「第1章　概説　エスニック・メディアの諸側面」pp.19-59は主要概念の定義及びエスニック・メディアの類型化をなし，その全体像を解明する。「第2章　エスニック・メディアの研究―日本における研究の系譜」pp.60-69も簡明で研究史の把握に資する。第Ⅱ部は「在日エスニック・メディアの諸相」，第Ⅲ部「海外エスニック・メディアの諸相」は，ハワイ・ニューヨーク・ブラジル・カナダにつき，発達史も含め詳述する。「終章　グローバリゼーションとエスニック・メディア―メディア，越境労働者，アイデンティティ」pp.434-453は，グローバリゼーションと文化及びアイデンティティの相互関係を考察することで，次なる研究への展

-34-

望としている。巻末「文献一覧」も浩瀚で，海外日系メディア研究の第一級のレファレンスとなっている。

○日本新聞博物館編『企画展「海外邦字紙」と日系人社会 図録』日本新聞博物館，2002　　　　　　　　　　　　　　　＜UC123-H1＞
　日本新聞博物館で，2002年10月1日〜12月23日まで開催された同展の図録。北米，ハワイ，中南米，アジア・オセアニア・ヨーロッパの各地域に分け，紙面を紹介し，沿革・現状を記す。各地域の「略年表」も付す。

【新聞人の評伝・研究論文】（pp.88-102）

○最相葉月『星新一――一〇〇一話をつくった人』新潮社，2007（「参考文献」pp.564-571）　　　　　　　　　　　　　　　＜KG536-H111＞
　『日米週報』を創刊（明治32年，1899）した星一(はじめ)の長男で，作家の星新一（本名・親一）の評伝。父の影響が強かっただけに，星一についても多く語られている。

○渡辺知弘「清沢洌論」長野県現代史研究会編『戦争と民衆の現代史』現代史料出版，2005，pp.71-82　　　　　　　　　　　　＜GC117-H51＞
　これまで「戦時下抵抗」という評価が定着している清沢を，「保守主義」の視角から論じ，清沢の「植民地論・帝国主義論」を検討する。北岡伸一・山本義彦らの研究を批判的に継承し，清沢の思想を再検討。なお本書には，小林信介「満州移民研究の現状と課題」pp.3-31も所収。

【アメリカ本土】（pp.104-106）

○水野剛也『日系アメリカ人強制収容とジャーナリズム―リベラル派雑誌と日本語新聞の第二次世界大戦』春風社，2005　　　　＜UC23-H7＞
　日系人の立ち退き・強制収容に対して，リベラル派雑誌『ニュー・リパブリック New Republic』『ネーション Nation』及び日本語新聞『ユタ日報』『日米』が，如何なる立場をとり，またジャーナリズムとして如何なる機能を発揮したのかを分析する。分析の枠組みとして，「番犬理論」（政府権力に対する監視機関）と「移民エスニック・ジャーナリズム理論」（当該エスニック集団の権益を擁護）に依拠する。ミズーリ州立大学（University of Missouri-Columbia）スクール・オブ・ジャーナリズムに提出した博士論文，Mizuno, Takeya. The Civil Libertarian Press, Japanese American Press, and Japanese American Mass Evacuation. Ann Arbor, MI: UMI, c2001, 2002 printing（Bibliographical References : pp. 366-381）＜UC44-B1＞を大幅に加筆・修正したもの。

【カナダ】（pp.106-107）
○田村紀雄『エスニック・ジャーナリズム―日系カナダ人，その言論の勝利』柏書房，2003（KASHIWA学術ライブラリ-04）　＜UC151-H1＞
　エスニック・マイノリティとしての日系カナダ人（「出稼ぎ労働者」）のジャーナリズムによる言論闘争に関する論考を集大成したもの。全体を通して，カナダにおける日系ジャーナリズムのキーパーソン・梅月高市(うめづきたかいち)の評伝という一面も併せ持つ。「あとがき」において，カナダ日系ジャーナリズム研究への，パークら社会学の「初期シカゴ派」の影響を述懐している。

(5)【雑誌=移植民奨励・情報誌類】
第58号：2003.3，pp.62-102

1 ＜正誤表＞

頁（行）	誤	正
64 (12)	ハワイ・アメリカ本土・カナ	全行削除
64 (14)	ダで……付すにとどめた。	
65 (20)	『日本雑誌目次要覧』	『日本雑誌総目次要覧』
67 (21)	pp.V-XVI	pp.v-xvi
76 (26)	『郡是・町是資料マイクロ版』	『郡是・町村是資料マイクロ
77 (22)	「国際日系プロジェクト	「国際日系研究プロジェクト
77 (23)	「国際日系プロジェクト	「国際日系研究プロジェクト
78 (3)	「国際日系プロジェクト	「国際日系研究プロジェクト
82 (38)	「殖（植）民団体」	「殖民団体」
82 (38)	「内国（植）殖民論」	「内国殖民論」
83 (33)	が結成した	が，北海道開拓のため結成
88 (28)	144.田村・白水編『米国	144.田村・白水編著『米国
89 (33)	『阿部磯雄の研究』	『安部磯雄の研究』
90 (14)	社主義欄を設くるの主意」	社会主義欄を設くるの主意」
100 (21)	参照。38)　主筆高橋	38)から行変え

2 ＜追加記述＞

○<u>571.『高知殖民協会報告』</u>高知殖民協会に関する記述（p.66, pp.83-84）

　本稿では，「高知殖民協会」と「高知殖民会」を同組織ないし分派的組織として記述した。しかし，間宮國夫「高知殖民協会の設立と活動――一八九三～四年における」『土佐史談』225：2004.3, pp.1-12 ＜Z8-396＞は，その注記において，「高知殖民会」は「規則書も異なり，高知殖民協会とは別組織で北海道移住を目的としたものである。」として，崎山信義『ある自由民権運動者の生涯―武市安哉と聖園』高知県文教協会，1960 ＜289.1-Ta557Sa＞を引用している（P.12）。崎山書には，「高知殖民会規則（案）」及び，その後の北海道移住についての記述はあるが，武市安哉が重要な発起人の一人であった「高知殖民協会」については言及されていない。この関係については，今後の課題としたい。なお，間宮の高知県移民史に関する最近の論考に「崎山比佐衛と海外植民学校―高知県移民史の一齣」『土佐史談』232：2006.7, pp.1-11 ＜Z8-396＞がある。

3 ＜追加資料＞

【移植民奨励・情報誌類】（pp.74-75）

○**『日本移民協会報告』** 第1-16：大3.10-8.6, 全2巻，不二出版，2006（588.『日本移民協会報告』＜雑22-52＞の複製，第1巻に「解説（坂口満宏）」「総目次」「執筆者索引」あり）　　　　　　　　　＜Z79-B326＞

　既述のように（『参考書誌研究』58, pp.74-75, p.102注43），『日本移民協会報告』には広範な移民関係情報が掲載され，極めて重要な基本資料となっている。詳しくは，坂口満宏「『日本移民協会報告』解説」pp.1-13を参照されたい。このたび，国立国会図書館及び「明治新聞雑誌文庫」所蔵資料を併せ，【総目次】を付し，現存する全号を通しての復刻がなされた。

【＜注＞掲出の資料】

○**『歴史学研究 総目録・索引1933-2006』**青木書店，2007（『歴史学研究』別冊）　　　　　　　　　　　　　　　　　　　　　　　　　＜Z8-282＞

　『歴史学研究』（歴史学研究会）の創刊号（1933.11）から822号（2006.12）までの総目録及び「会報」「月報」目録・執筆者索引を収録。『歴史学研究』の誌面変化と歴史学研究会の活動の軌跡を描く「解題」を付す。

○**『移民研究』**琉球大学移民研究センター，1：2005.3～

＜Z71-N979＞

琉球大学法文学部地理学教室所蔵の移民関係資料を移管して,平成15年(2003)12月に設置された学内共同利用施設「琉球大学移民研究センター」の機関誌。初代センター長は石川友紀。石川友紀「沖縄県における出移民の歴史及び出移民要因論」『移民研究』1:2005.3,pp.11-30は,「出移民」要因論の研究史として有用。石川「<資料1>ペルー沖縄県出身移民100周年記念誌(仮)資料としての若干の文献目録と解題」『移民研究』2:2006.3,pp.69-78は,関係資料の解題。
(琉球大学移民研究センター　http://www.imin.u-ryukyu.ac.jp/)

---

(6)【雑誌-主要総合雑誌類】
　　第66号:2007.3,pp.1-91

---

1 <正誤表>

頁(行)	誤	正
4(3)	(p.46注52【雑誌の研究】	(本号p.46注52【雑誌の研 以下同様に,本稿(号)の参照頁なのか,引用資料の頁なのか,分明でない表記が複数個所あるので,注意をされたい。

2 <追加記述>
○国立国会図書館「近代デジタルライブラリー」の記述 (p.26)
　「国立国会図書館所蔵の明治期刊行図書の殆ど全てが,……」
→平成19年7月,大正期刊行図書(資料)約7,200タイトルが追加公開された。明治期資料約240タイトルの追加とともに,近代デジタルライブラリーでの公開資料総数は,約97,000タイトル(約143,000冊)となった。
(近代デジタルライブラリー　http://kindai.ndl.go.jp/)

3 <追加資料>
【主要総合雑誌類『実業之日本』】(pp.19-21)
○鈴木範久編,新渡戸稲造[著]『新渡戸稲造論集』岩波書店,2007(「新渡戸稲造略年譜」pp.315-318,岩波文庫)　　　　　　　　<US21-H118>
　『新渡戸稲造全集』全23巻・別巻2,教文館,1969-2001<US21-3>

-38-

に未収録のものを含め，新渡戸の思想理解と今日のわが国にも資するという観点から，「教育論」「人生論」「デモクラシー論」「国際関係論」のテーマで纏めたもの。「デモクラシーの要素」(『実業之日本』22巻3号：大8.2)など，編輯顧問を勤めた『実業之日本』に寄稿した論稿5点を含む。

【＜注＞掲出の資料】
○『**徳富蘇峰 終戦後日記ー「頑蘇夢物語」歴史篇**』講談社，2007（付録「満洲国皇帝・溥儀との会見録」pp.379-385，解説：戸部良一）
　　　　　　　　　　　　　　　　　　　　　　　　　＜GB561-H88＞
○有山輝雄『**陸羯南**』古川弘文館，2007（「略年譜」pp.277-292「参考文献」pp.293-300，人物叢書・新装版）　　　　　　　　　＜GK77-H116＞

（じん　しげじ　新聞課）

主要事項索引

【あ】

アーウィン関係文書 (外交史料館所蔵) 11
腮はづ誌 172
旭新聞 176
アジア系アメリカ人 (日系を含む)
　ix, 64-68, 72-73, 79-80, 82-83, 91-93,
　117-123, 128-130, 185-186
亜米利加 214, 217
アメリカ移民法 11-12
暗黒日記 177
移民地文芸 x
黄禍論 46, 118, 267
桜府日報 112, 176
大江義塾 256
オーラル・ヒストリー (伊藤一男) 118
オーラル・ヒストリー (新聞) 163-164
オーラル・ヒストリー (ハワイ大学) 57
オーラル・ヒストリー (UCLA) 59

【か】

海外在留邦人 (統計) 27-37
外交史資料 (その他) 7-12, 98, 160-161
外交史資料 (統計) 30-37
外交史料 (外務省資料) 3-15, 76,
外交史料 (補遺) 342-344
改造 271-272
概説書 87-158, 224-225, 349-350
概説書 (アメリカ) 112-123, 352
概説書 (アメリカ・カナダ移民一般／アジア系アメリカ人) 128-130, 353-354
概説書 (アンソロジー) 132-133
概説書 (移民政策・移植民論) 93-95
概説書 (英文資料集) 133-135

概説書 (カナダ) 123-128, 352-353
概説書 (研究史) vi-viii, 87-93
概説書 (資料集・叢書) 130-132, 225, 354-355
概説書 (全般・ハワイ・北米) 95-101, 350-351
概説書 (ハワイ) 101-109, 351-352
概説書 (ハワイ史) 109-112, 352
外務省記録 4-5, 53
加州毎日新聞 175-176
キリスト教ジャーナル 168-169
キング (富士) 273-274
熊本バンド 265
研成義塾 177
黄禍論 (→おうかろん)
高知殖民協会 (報告) 213, 361
国民新聞 256, 263
国民之友 255-258, 263
国立国会図書館所蔵移民関係資料
　iii-iv, 1-3, 21-23, 53-55
高志人 176
コナ反響 104, 170, 172

【さ】

雑誌 (移植民奨励・情報誌類)
　211-249, 277-278, 361
雑誌 (索引) 252
雑誌 (主要総合雑誌) 252-340
参考図書 80-85
桑港新聞 172
桑港日本新聞 172-173
実業之日本 268-270, 362-363
辞典・事典 76-80, 224, 348
東雲雑誌 173
社会主義 (協会) 216

(1)

ジャパン・ヘラルド 172-174
自由民権運動 132,164,173,184
小日本主義 267-268
殖民協会 7,155,211-213
殖民協会報告 7,212
殖民時報 212
殖民世界 221
所蔵目録（カナダ諸機関）viii,61
所蔵目録（国内諸機関）51-56
所蔵目録（ハワイ・アメリカ諸機関）
　56-61,68,83-84
所蔵目録（補遺）347-348
職工義友会 214
新公論 259-260
新故郷 177
人種 279,284-286
新世界 172
新世界新聞 177-178
政教社 256,261-263
成功 216-217,219-221

【た】
大日本外交文書 5
大日本雄弁会講談社 273-274
太平洋 172
対米観 145-146,252
太陽 263-266,270
大陸日報 182
地方公文書 16-18
地方史誌 viii,18-22,344-345
中央公論（→反省会雑誌）
電波新聞 172
東京経済雑誌 253-255,269
統計 25-37,223,345
統計・名簿・名鑑・年表
　vii,25-49,223-224,345-346

東邦協会 213
東洋経済新報 266-268,269
渡米 214
渡米協会 155,211,215
渡米雑誌 216-217
渡米新報 218-219
渡米熱 137-138

【な】
内外新報 215
日米時事新聞 179
日米時報 174
日米週報 174
日米新聞 172-174,176,179
日米通信 217
日米問題 267,272
日刊民衆 182
日系新聞 ix,45,63,90,132,160-208
日系新聞（概説書）162-168
日系新聞（強制収容所）185-186,207
日系新聞（ディレクトリー）160-162
日系新聞（評伝・研究／アメリカ）
　172-181,184-186,191,359
日系新聞（評伝・研究／カナダ）
　181-182,186-187,191,360
日系新聞（評伝・研究・集成／ハワイ）
　168-172,182-184,188-189,191
日系新聞研究会 63,162-165,191
日布時事 170
日本 262-263
日本移民協会報告 221-222
日本外交文書 5-6
日本週報 168
日本人（亜細亜・日本及日本人）256,261-263
日本力行会（東京労働会）
　155-156,211,218-219

(2)

紐育時事 181
ニューヨーク日米新聞 181
年表 vii,42-46

【は】
博文館 263-265
ハワイ移民資料保存館 105
ハワイ島日本人移民資料館 104,172
布哇新報 170,172
布哇タイムス 170
ハワイ日本人移民関係記録（外交史料館所蔵）11,343
布哇報知（ハワイ報知）170-172,180
反省会雑誌（反省雑誌・中央公論）258-261,271-272
ヒロタイムス 104,172
府県庁等地方公文書・県史等地方史誌 16-25,343
文献・史料目録 vi-vii,50-76,224,348
文献目録（欧文）64-68
文献目録（邦語）61-63,348
北米時事 177-178
北米新報 181
北米日報 173
ほのるゝ新聞 168
ホレホレ・ソング（ホレホレ節）104-105

【ま】
民友社 255-256
名簿・名鑑 37-42,223
木曜午餐会（Thursday Luncheon Club）14

【や】
ヤマト・コロニー 132,173-174
やまと新聞 170

ユタ日報 166,180

【ら】
楽園時報 168
羅府新報 166,175
羅府日米新聞 175
ララ物資 179
力行 156,218
力行世界 218-219
立身出世 217-221,269-270,274
領事報告 6-7,223,344
レファレンス・ワーク 76-85
労働週報 182
労働世界 213-215
ロッキー新報 179
ロッキー日本 179

【英文】
The Far East 255,257,258
The Hansei Zasshi 259-260
Japan & America 174
Japanese American Research Project Collection（JARPコレクション）58-59,91,123,200
The Orient 259-260
The Oriental Economist 266
The Reconstruction 271
United States Newspaper Program（USNP）192-193,358

【補遺・正誤表】341-363

主要人名索引

【あ】

アーウィン（Robert Walker Irwin）11,53
朝河貫一 270
浅野七之助 178-170
安孫子久太郎 132,164,172-174
阿部磯雄 214,236
天野為之 266-267
石橋湛山 266-268
浮田和民 264-265
榎本武揚 7,155,211-213
大久保清 104-105,169,172,358
大隈重信 221-222,270
翁久允 176-177
奥村多喜衛 168-169
小野目文一郎 168

【か】

片山潜 132,155-156,211,214-218,220
カラカウア（David Kalākaua）44,110-111
河上清 99,174
清沢洌 177-178,359
陸羯南 262-263,265
駒井豊策 175

【さ】

坂井米夫 175
志賀重昂 256,261-262
渋谷清次郎 175
島貫兵太夫 155-156,211,220
鈴木悦 132,181-182
相賀安太郎 166,170-171

【た】

高野房太郎 214
高山樗牛 263-264
田口卯吉 253-254
田村俊子 132,181-182
寺沢国子 179-180
徳富蘇峰 255-257,265

【な】

新渡戸稲造 265,270
野間清治 273-274

【は】

芳賀武 132,180-181
林三郎 169-170
藤井整 165.175-176
藤岡紫朗 114-115,175
星一 164,174-175,359

【ま】

牧野（フレッド）金三郎 166,171
三浦銕太郎 266-267
三宅雪嶺 256,261-262
村上俊蔵（濁浪）221

【や】

山根吾一 156,216-218
ユウジ・イチオカ（Yuji Ichioka）
　58,123,133-135,164,174,275-276
横川省三 173
吉野作造 265,271

【わ】

鷲津尺魔（鷲頭文三）120-121,152,172-173

移民ビブリオグラフィー　〈普及版〉

発　行　2016年10月31日　初版第1刷

著　者　神　繁司（じんしげじ）
発行者　川　角　功　成
発行所　有限会社　クロスカルチャー出版
　　　　〒101-0064　東京都千代田区猿楽町2-7-6-201
　　　　TEL 03(5577)6707　　FAX 03(5577)6708
印刷・製本　石川特殊特急製本株式会社

ISBN 978-4-908823-09-1　C3500
2016 Printed in Japan

エコーする〈知〉 CPCリブレ シリーズ
A5判

No.1 福島原発を考える最適の書!!
今 原発を考える －フクシマからの発言
- ●安田純治(弁護士・元福島原発訴訟弁護団長)
- ●澤　正宏(福島大学名誉教授)
- ●本体1,200円+税
- ISBN978-4-905388-74-6

3.11直後の福島原発の事故の状況を、約40年前すでに警告していた。原発問題を考えるための必備の書。書き下ろし「原発事故後の福島の現在」を新たに収録した〈改訂新装版〉

No.2 今問題の教育委員会がよくわかる、新聞・雑誌等で話題の書。学生にも最適!
危機に立つ教育委員会 教育の本質と公安委員会との比較から教育委員会を考える
- ●高橋寛人(横浜市立大学教授)
- ●本体1,200円+税
- ISBN978-4-905388-71-5

教育行政学の専門家が、教育の本質と関わり、公安委員会との比較を通じてやさしく解説。この1冊を読めば、教育委員会の仕組み・歴史、そして意義と役割がよくわかる。年表、参考文献付。

No.3
21世紀の西脇順三郎 今語り継ぐ詩的冒険
- ●澤　正宏(福島大学名誉教授)
- ●本体1,200円+税
- ISBN978-4-905388-81-4

ノーベル文学賞の候補に6度も挙がった詩人西脇順三郎。西脇研究の第一人者が明解にせまる、講演と論考。

No.4 国立大学の大再編の中、警鐘を鳴らす1冊!
危機に立つ国立大学
- ●光本　滋(北海道大学准教授)
- ●本体1,200円+税
- ISBN978-4-905388-99-9

国立大学の組織運営と財政の問題を歴史的に検証し、国立大学の現状分析と危機打開の方向を探る。法人化以後の国立大学の変質がよくわかる、いま必読の書。

No.5
小田急沿線の近現代史
- ●永江雅和(専修大学教授)
- ●本体1,800円+税
- ISBN978-4-905388-83-8

鉄道からみた明治、大正、昭和地域開発史。
鉄道開発の醍醐味が〈人〉と〈土地〉を通じて味わえる1冊。
いま、小田急沿線史がおもしろい!

Cross-cultural Studies Series
クロス文化学叢書

第1巻 互恵と国際交流
- ●編集責任　矢嶋道文(関東学院大学教授)
- ●A5判・上製・総430頁　●本体4,500円+税　ISBN978-4-905388-80-7

キーワードで読み解く〈社会・経済・文化史〉15人の研究者による珠玉の論考。用語解説を付して分かり易く、かつ読み易く書かれた国際交流史。グローバル化が進む中、新たな視点で歴史を繙き、21世紀における「レシプロシティーと国際交流」のあるべき姿を探る。いま注目の書。

第2巻 メディア －移民をつなぐ、移民がつなぐ
- ●編集　河原典史(立命館大学教授)・日比嘉高(名古屋大学准教授)
- ●A5判・上製・総420頁　●本体3,700円+税　ISBN978-4-905388-82-1

移民メディアを横断的に考察した新機軸の論集　新進気鋭の研究者を中心にした移民研究の最前線。メディアは何を伝えたか―。新聞・雑誌以外の多岐にわたるメディアも取り上げた画期的なアプローチ、広い意味での文化論の領域においての考察、移動する人と人をつなぐ視点に注目した16人の研究者による珠玉の論考。